CHONG QING ECONOMY YEAR BOOK

2023

重庆经济年鉴

重庆市人民政府办公厅 主管　　刘嗣方 主编

CHONG QING ECONOMY YEAR BOOK

社会科学文献出版社
SOCIAL SCIENCES ACADEMIC PRESS (CHINA)

《重庆经济年鉴》编辑部

唯实争先　踔厉奋进

2022年，每个人都刻下了属于自己的记忆。

这一年，中国共产党重庆市第六次代表大会隆重开幕，提出更加紧密地团结在以习近平同志为核心的党中央周围，全面贯彻习近平新时代中国特色社会主义思想，弘扬伟大建党精神，进一步组织动员全市广大党员干部和人民群众，牢记殷殷嘱托，践行初心使命，推动高质量发展，创造高品质生活，为书写重庆全面建设社会主义现代化新篇章而努力奋斗。这一年，缙云山上人墙与火线构成大大的人字，“守望相助”感动了无数市民；这一年，3200万巴渝儿女唯实争先，踔厉奋进，向党的二十大胜利召开交上一份满意的答卷，奋力谱写重庆新征程上砥砺前行、不忘初心使命的新篇章。

这一年，我们全力稳投资、促消费、保市场主体，推动经济稳定恢复。组建稳住经济大盘工作专班，对接落实国家稳经济一揽子政策和接续措施，动态梳理发布稳经济政策包。开展抓项目稳投资专项行动，争取中央预算内投资、地方政府专项债券、政策性开发性金融工具等资金支持，加强高铁、轨道交通、高速公路、电力、水利等重大基础设施项目调度，滚动推进重大项目开工、在建、前期“三张清单”。

这一年，我们全力抓科技创新、促产业升级，高质量发展新动能更加强劲。提速建设西部（重庆）科学城、两江协同创新区、广阳湾智创生态城等科创载体，投用中科院重庆汽车软件创新研究平台、金凤实验室、卓越工程师学院等科教平台，启动实施专精特新企业高质量发展专项行动和科技型中小企业创新发展行动，实施汽车软件、生物医药等12个重大专项，一批科技成果实现产业化。

这一年，我们全力唱好“双城记”、共建经济圈，区域协调发展形成更多可视化成果。重庆都市圈发展规划获批实施，双核联动联建工作机制实质运行，双城“1+5”合作协议加快落地，成渝21个对口单位、27个市区开展结对合作，获批共建全国首个跨省域电子信息先进制造集群。开展外债便利化、数字人民币等试点，成渝金融法院揭牌，双城种业投资基金建立。

这一年，我们全力稳外贸、稳外资、优环境，内陆开放能级加速提升。制定高质量实施区域全面经济伙伴关系协定（RCEP）行动计划，启动实施《重庆市推动外贸高质量发展三年行动计划（2022—2024年）》和《重庆市建设高质量外资集聚地三年行动计划（2022—2024年）》，出台加快发展外贸新业态新模式实施方案。入选首批国家综合货运枢纽补链强链城市，智慧长江物流工程一期建成投用，万州机场航空口岸正式开放，获批国家市场采购贸易试点，国家级服务出口基地实现“零”的突破。

这一年，我们全力推进降碳、减污、扩绿、增长，生态环境质量持续改善。构建碳达峰碳中和政策体系，完成重点行业建设项目温室气体排放环评试点，两江新区入选国家气候投融资首批试点城市。制定实施《推动川渝能源绿色低碳高质量发展协同行动方案》，清洁能源电量消纳占比超过47%。全面开展长江入河排污口排查整治，广阳岛生态修复主体完工，制定实施制造业高质量绿色发展行动计划。

这一年，我们全力推动乡村振兴、城市更新提升，城乡融合发展步伐加快。精准落实“五个振兴”要求，做好巩固拓展脱贫攻坚成果同乡村振兴有效衔接。实施城市更新提升行动，完成“三区三线”划定。“两江四岸”十大公共空间基本建成，9个城市更新试点示范项目投用，市规划展览馆迁建完成，龙兴专业足球场建成。完成450个老城区环境“小而美”惠民项目，新建25个社区体育文化公园、73个口袋公园。启动33个片区路网更新，完成全国城市治理风险清单管理试点，中心城区数字化管理盲区全面消除。

这一年，我们全力惠民生、兜底线、防风险，人民群众的获得感、幸福感、安全感不断增强。妥善处置多轮疫情，防控工作重心从“防感染”向“保健康、防重症”平稳转段。民生实事年度任务全部完成。最低工资、城乡低保、残疾人“两项补贴”、孤困儿童保障和优抚对象抚恤补助标准稳步调增。有序推进保交楼工作，交付房屋3.8万套。科学应对极端高温干旱天气。严格落实安全生产“十五条硬措施”，开展燃气、危化品、自建房、高层建筑消防等专项整治，全市未发生生产安全重特大事故。食品药品安全形势稳定可控。推进信访“治重化积”专项工作，常态化开展扫黑除恶斗争，实施全民反诈、夏季治安打击整治等专项行动，社会大局保持稳定。

时节如流，脚步莫滞。2023年，是全面贯彻落实党的二十大精神的开局之年，更是新时代新征程全面建设社会主义现代化新重庆的起步之年。党的二十大提出推动西部大开发形成新格局、长江经济带发展、成渝地区双城经济圈建设、建设西部陆海新通道等紧密关系重庆的重大举措，无不向我们昭示：机遇已至，未来已来！

路虽远，行则将至；事虽难，做则必成。回首过去，我们行而不辍，一路闯关夺隘，终于玉汝于成；面向未来，我们信心如磐，必将披荆斩棘，行千里致广大。愿每个人不负时代、不负华年，以梦为马、奋斗作笔，将个人的奋斗融入滚烫的时代，融入重庆波澜壮阔的发展历程，在新的一年皆得所愿，书写新时代新征程新重庆的灿烂新篇章！

目　录

第一编　特载

第二编　部门经济运行与管理

第三编 产业发展

第四编 开发区与园区建设

第五编 区县经济

第六编 附录

CONTENTS

Secondary Industry

Tertiary Industry

Part IV The Construction of Development Zones and Industrial Parks

Part V Regional Districts

第一编　特载

重庆市人民政府工作报告

——2023 年 1 月 13 日在重庆市第六届人民代表大会第一次会议上

重庆市人民政府市长　胡衡华

各位代表：

现在，我代表市人民政府向大会报告工作，请予审议，并请市政协委员和其他列席人员提出意见。

一、过去五年及 2022 年工作回顾

过去五年，在以习近平同志为核心的党中央坚强领导下，在中共重庆市委直接领导下，我们全面贯彻习近平新时代中国特色社会主义思想，深入学习贯彻党的十九大、十九届历次全会和党的二十大精神，紧紧围绕把习近平总书记殷殷嘱托全面落实在重庆大地上这条主线，认真落实党中央、国务院决策部署，立足新发展阶段，完整、准确、全面贯彻新发展理念，积极服务和融入新发展格局，重整行装再出发、团结一致向前行，坚决打好三大攻坚战，大力实施“八项行动计划”，如期完成脱贫攻坚、全面建成小康社会的历史任务，顺利实现“十三五”圆满收官、“十四五”良好开局，各项事业发展取得新成效、迈上新台阶。

——这五年，我们坚定不移转变发展方式，高质量发展之路越走越宽广。全市地区生产总值从 2017 年的 2.01 万亿元增加到 2022 年的 2.91 万亿元、年均增长 5.4%，人均地区生产总值从 64176 元提高到 90663 元、高于全国平均水平。固定资产投资、社会消费品零售总额年均分别增长 4.7%、7.3%。规上工业增加值年均增长 5.2%，高技术制造业、战略性新兴产业增加值占比分别达到 19%、31.1%。六个支柱产业产值规模均迈上千亿级台阶，汽车、电子产业分别达到 4500 亿、7000 亿级规模。国家数字经济创新发展试验区和新一代人工智能创新发展试验区建设扎实推进，数字经济核心产业增加值预计达到 2200 亿元。预计全社会研发经费支出增长 1.9 倍，研发人员总量实现翻番，万人发明专利拥有量增长 1.2 倍，技术合同成交额增长 5 倍。科技型企业、高新技术企业、国家专精特新“小巨人”企业分别达到 42989 家、6348 家、255 家，上市公司增加 31 家、达到 90 家。实施重庆英才计划，举办重庆英才大会，累计引进各类优秀人才 15.6 万人，人才资源总量突破 600 万人。重庆经济实力、科技实力、综合竞争力进一步提升，高质量发展的基础更加巩固。

——这五年，我们坚定不移推动区域协调发展，成渝地区双城经济圈建设成势见效。双城经济圈建设规划纲要印发实施，配套政策体系基本形成，滚动实施三批次重大合作项目、完成投资 3916 亿元。合力打造全国交通四极之一，成渝中线、渝西、渝万、成达万高铁全线开工，江北国际机场 T3B 航站楼主体工程基本完成，在建及建成省际高速公路通道 20 个。启动建设成渝综合性科学中心、西部金融中心和巴蜀文化旅游走廊，获批共建国家网络安全产

业园区、工业互联网一体化发展示范区和全国一体化算力网络国家枢纽节点，川渝汽车、电子信息、装备制造、工业互联网等重点领域协同发展态势良好。开展碳达峰碳中和联合行动，推进长江、嘉陵江等生态廊道建设，深化跨界河流联防联控，川渝跨界国考断面水质达标率100%。10个毗邻地区合作平台加快建设，311项“川渝通办”事项落地见效。双城经济圈建设全面提速、整体成势，带动“一区两群”空间布局持续优化，全市常住人口城镇化率达到70.96%，“一区”与“两群”人均地区生产总值比值降至1.8∶1左右，区域协调发展的美好图景正徐徐展开。

——这五年，我们坚定不移深化改革开放，内陆开放高地建设实现新突破。中央部署的重大改革试点任务扎实推进，机构改革顺利完成，国企改革三年行动如期收官，投融资、民营经济、财税金融、能源价格、公共资源交易监管等重点领域改革持续深化，成功探索企业司法重整、全渝通办、双总河长制等一批可复制可推广的经验。全市营商环境持续改善，五年净增市场主体107.2万户、总量突破340万户，民营经济增加值年均增长5.9%。西部陆海新通道建设上升为国家战略，运输网络覆盖全球119个国家和地区的393个港口，中欧班列（成渝）运营水平全国领先，国际航线增至109条，中新多式联运示范基地投入运营，港口货物年吞吐能力、吞吐量均突破2亿吨，成功创建港口型、陆港型、空港型、生产服务型国家物流枢纽。新获批开放口岸2个，建成国际贸易“单一窗口”。中新互联互通项目累计签约政府和商业项目252.6亿美元、金融服务项目291.3亿美元，重庆自贸试验区151项改革试点任务全面落地，两江新区、重庆高新区、重庆经开区等开放平台能级不断提升，智博会、西洽会、中新金融峰会等影响力不断增强，国际消费中心城市建设、服务业扩大开放综合试点取得积极进展。实际使用外资稳中提质，外贸进出口增至8158.4亿元，服务贸易额累计达到3000亿元，新增国际友好城市和友好交流城市53个，新增驻渝总领馆3家，内陆开放的广度和深度不断拓展。

——这五年，我们坚定不移走生态优先、绿色发展之路，山清水秀美丽之地建设迈出坚实步伐。牢固树立绿水青山就是金山银山理念，严格落实长江保护法，全面推行河长制、林长制，完成第三次国土调查，治理水土流失面积7041平方公里，实施地灾重大工程项目319个，完成国家山水林田湖草生态保护修复工程试点、长江“十年禁渔”退捕任务和长江经济带小水电清理整改任务，涉自然保护地问题整改完成率达到99%。成功创建6个国家生态文明建设示范区和5个“两山”实践创新基地，获批绿色金融改革创新试验区，广阳岛片区成为长江经济带绿色发展示范，巫山五里坡国家级自然保护区列入世界自然遗产。三峡后续工作累计实施项目1746个，总投资289.9亿元。全市森林覆盖率达到55%，城市建成区绿化率达到42.5%，长江干流重庆段水质保持为优，城市生活污水集中处理率超过98%，生活垃圾无害化处理体系覆盖全市，空气质量优良天数稳定在300天以上，PM2.5平均浓度下降30%，单位地区生产总值能耗年均下降2.9%。长江上游重要生态屏障持续巩固，山水之城、美丽之地魅力更加彰显。

——这五年，我们坚定不移推动文化繁荣发展，社会文明程度持续提高。红岩精神第一批纳入中国共产党人精神谱系，长江国家文化公园（重庆段）列入全国重点建设区域，红岩文化公园一期工程建成投用。群众性精神文明创建活动深化拓展，6个区县成功创建全国文明城市，新时代文明实践中心实现全覆盖。选树“时代楷模”毛相林等一批全国重大先进典型。哲学社会科学持续发展能力增强，媒体深度融合发展，新闻发布实现制度化。120余件文艺作品、150余种出版物获国家级大奖，38项新闻作品获中国新闻奖。公共文化服务体系更加健全，基层综合性文化服务中心覆盖率达到100%，每万人拥有公共文化设施面积超过全国平均水平。创新推出“晒文化·晒风景”“晒旅游精品·晒文创产品”大型文旅推介活动，大都市、大三峡、大武陵旅游品牌影响力持续增强。成功创建国家级文化产业示范园区，持续加强7个示范基地建设，文化产业增加值年均增长8.3%。

——这五年，我们坚定不移践行以人民为中心的发展思想，创造高品质生活取得明显进展。坚持把民生作为财政支出的优先保障领域，每年滚动实施一批重点民生实事。累计城镇新增就业362万人。城乡养老保险、基本医保参保率分别达到97%、99.7%，城乡社区居家养老服务实现全覆盖，困难群众基本生活救助保障标准稳步提升。退役军人服务保障体系全新构建。学前教育普惠率、义务教育巩固率分别达到93.2%、95.7%，“双减”政策落地见效，义务教育基本均衡发展区县实现全覆盖。高中阶段教育、高等教育毛人学率分别达到98.6%、58%，10所高职院校入选“双高计划”，重庆大学、西南大学“双一流”建设取得积极成效，全市高峰学科实现倍增。国家区域医疗中心、国家临床医学研究中心实现突破，三甲医院增至44家，二甲医院实现区县全覆盖，疫情防控有力有序有效。城乡基础设施条件大幅改善，“一大四小”运输机场格局全面形成，高铁通车里程突破1000公里，轨道交通运营里程达到478公里，中心城区新增“7桥5隧”，高速公路实现县县通，通车里程突破4000公里，建成“四好农村路”7万公里，行政村客运通达率、邮政快递覆盖率和自然村宽带覆盖率达到100%。建成大中小型水库77座，新增城乡供水能力8.3亿立方米。“三农”工作取得积极进展，粮食产量稳步提升，乡村特色产业提质增效，190.6万农村贫困人口告别绝对贫困，全体居民人均可支配收入年均增长8.1%，达到35666元。

——这五年，我们坚定不移推进全面从严治党，政府自身建设不断加强。坚持把党的全面领导贯穿政府工作各领域全过程，扎实开展“不忘初心、牢记使命”主题教育和党史学习教育，深刻领悟“两个确立”的决定性意义，增强“四个意识”、坚定“四个自信”、做到“两个维护”的氛围更加浓厚。全面彻底干净肃清孙政才恶劣影响和薄熙来、王立军流毒，坚决肃清邓恢林流毒影响。出台法治政府建设实施方案，完善重大行政决策程序，完成行政复议体制改革，4个区、3个项目成功创建全国法治政府建设示范区、示范项目。五年提请市人大常委会审议地方性法规草案52部，制定政府规章39部，5930件人大代表建议、4977件政协提案全部办结。“放管服”改革持续深化，“渝快办”实现政务服务事项全覆盖，行政许可实现全面清单化管理、99%的事项“最多跑一次”，企业开办时间由34天缩短至1个工作日，工程建设项目全流程审批时限压缩50%以上。严格控制和压减政府一般性支出，“三公”经费实现只减不增。严格执行中央八项规定及其实施细则精神，落实纠治“四风”和为基层松绑减负措施，政府系统办事效率、服务效果、治理效能进一步提升。

各位代表！五年砥砺奋进，五年不懈奋斗，重庆发生了令人鼓舞的深刻变化，发展质量提高了，生态环境改善了，城乡面貌变美了，群众获得感增强了，重庆站上了新的发展起点，为全面建设社会主义现代化打下了坚实基础。

各位代表！刚刚过去的2022年，是本届政府履职的收官之年。这一年，经济社会发展面临多重挑战，我市遭遇了抗疫三年来最严峻的疫情、有完整气象记录以来最极端的高温干旱天气、近年来最严重的电力资源紧张，困难和压力超出预期。一年来，全市上下以迎接党的二十大和贯彻党的二十大精神为动力，坚持稳中求进工作总基调，坚决落实疫情要防住、经济要稳住、发展要安全的要求，统筹疫情防控和经济社会发展，统筹发展和安全，有力应对各种超预期因素冲击，全年地区生产总值增长2.6%，城镇新增就业70.7万人，居民消费价格上涨2.1%，经济发展保持了多重压力下的恢复态势，实现了稳增长稳就业稳物价的总体平衡。

一年来，主要做了以下工作。

（一）全力稳投资、促消费、保市场主体，推动经济稳定恢复

组建稳住经济大盘工作专班，对接落实国家稳经济一揽子政策和接续措施，动态梳理发布稳经济政策包。开展抓项目稳投资专项行动，争取中央预算内投资、地方政府专项债券、政策性开发性金融工具等资金支持，加强高铁、轨道交通、高速公路、电力、水利等重大基础设施项目调度，滚动推进重大项目开工、在建、前期“三张清单”，全年基础设施、工业投资分别增长9%、10.4%。出台促进消费持续恢复30条等专项政策，开展发放消费券、举办消费节等促消费活动，限上单位网络零售额增长31.1%。落实新的组合式税费支持政策，出台工业经济稳增长39条、服务业恢复发展56条、财政金融联动服务实体经济27条，推动政策免申即享、直达快享，为市场主体减负超过1500亿元，为实体企业节省融资成本83亿元。

（二）全力抓科技创新、促产业升级，高质量发展新动能更加强劲

提速建设西部（重庆）科学城、两江协同创新区、广阳湾智创生态城等科创载体，投用中科院重庆汽车软件创新研究平台、金凤实验室、卓越工程师学院等科教平台，启动实施专精特新企业高质量发展专项行动和科技型中小企业创新发展行动，实施汽车软件、生物医药等12个重大专项，一批科技成果实现产业化。开展制造业“一链一网一平台”试点示范，建成国家工业互联网数字化转型促进中心，新实施智能化改造项目1407个，新认定智能工厂22个、数字化车间160个，推动企业“上云”1.3万余家。专班推进汽车、电子等重点产业保链稳链和集群发展，制定实施世界级智能网联新能源汽车产业集群发展规划、软件和信息服务业“满天星”行动计划，加快布局卫星互联网、硅基光电子等产业新赛道，规上工业增加值增长3.2%，战略性新兴产业增加值增长6.2%，新能源汽车产量增长1.4倍，软件业务收入增长10.5%。

（三）全力唱好“双城记”、共建经济圈，区域协调发展形成更多可视化成果

重庆都市圈发展规划获批实施，双核联动联建工作机制实质运行，双城“1+5”合作协议加快落地，成渝21个对口单位、27个市区开展结对合作，获批共建全国首个跨省域电子信息先进制造集群。开展外债便利化、数字人民币等试点，成渝金融法院揭牌，双城种业投资基金建立。川渝第二批便捷生活行动事项全面落地，跨省公交线路增至20条，两地参保证明实现互认，养老服务、公共文化等资源实现共享。滚动实施167个“一区两群”区县协同项目，主城都市区

产业能级持续提升，“两群”清洁能源、绿色制造、生态旅游产业规模不断壮大。

（四）全力稳外贸、稳外资、优环境，内陆开放能级加速提升

制定高质量实施区域全面经济伙伴关系协定（RCEP）行动计划，启动实施外贸高质量发展三年行动计划和建设高质量外资集聚地三年行动计划，出台加快发展外贸新业态新模式实施方案。入选首批国家综合货运枢纽补链强链城市，智慧长江物流工程一期建成投用，万州机场航空口岸正式开放，获批国家市场采购贸易试点，国家级服务出口基地实现“零”的突破。西部陆海新通道运输货值增长36%，中欧班列（成渝）开行量超过5000列，外贸进出口增长2%，跨境电商交易额增长27.9%，预计全年实际使用外资18亿美元。100项营商环境创新试点事项取得阶段性成效。改革政府股权投资基金，新设立产业投资基金，西部首只基础设施REITs成功上市，新增上市（过会）企业18家。

（五）全力推进降碳、减污、扩绿、增长，生态环境质量持续改善

构建碳达峰碳中和政策体系，完成重点行业建设项目温室气体排放环评试点，两江新区入选国家气候投融资首批试点城市。制定实施川渝能源绿色低碳高质量发展协同行动方案，全市天然气产量达到145亿立方米，清洁能源电量消纳占比超过47%。全面开展长江入河排污口排查整治，建设改造城镇排水管网1900公里。锰行业落后产能全部淘汰退出。实施营造林500万亩，新增城市绿地1500公顷，广阳岛生态修复主体完工。制定实施制造业高质量绿色发展行动计划，获批全国智能建造试点城市，创建绿色工厂78家、绿色园区5个。

（六）全力推动乡村振兴、城市更新提升，城乡融合发展步伐加快

精准落实“五个振兴”要求，做好巩固拓展脱贫攻坚成果同乡村振兴有效衔接，新建高标准农田255万亩，整治农村危房4147户，新改建农村厕所5万户，完成30个小城镇环境提升示范项目，“三变”改革试点扩大到3797个村。实施城市更新提升行动，完成“三区三线”划定，郑渝高铁全线开通，枢纽东环线正线建成通车，江跳线等61公里城市轨道投入运营，红岩村大桥等桥隧项目建成投用，城开高速城口段等161公里高速公路通车，垫丰武高速公路等开工建设，寸滩国际新城邮轮母港港口工程全面开工，嘉陵江利泽航运枢纽船闸工程建成投用，川渝特高压交流工程、疆电入渝配套煤电项目启动建设，藻渡、向阳水库开工，新（扩）建城市水厂5座。“两江四岸”十大公共空间基本建成，9个城市更新试点示范项目投用，市规划展览馆迁建完成，龙兴专业足球场建成。完成450个老城区环境“小而美”惠民项目，新建25个社区体育文化公园、73个口袋公园。启动33个片区路网更新，打通“断头路”50条，完善提升人行道1900公里，建成1.2万个小微停车场泊位。完成全国城市治理风险清单管理试点，中心城区数字化管理盲区全面消除。

（七）全力惠民生、兜底线、防风险，人民群众获得感幸福感安全感不断增强

妥善处置多轮疫情，防控工作重心从“防感染”向“保健康、防重症”平稳转段。民生实事年度任务全部完成。最低工资、城乡低保、残疾人“两项补贴”、孤困儿童保障和优抚对象抚恤补助标准稳步调增。完成小区配套幼儿园治理任务，中小学学区化集团化办学占比超

过80%。跨省异地就医住院直接结算实现全覆盖，长期护理保险试点扩大到所有区县，2所中医院获批国家区域医疗中心。川剧《江姐》获第十七届“文华大奖”，图书《下庄村的道路》、电视剧《绝密使命》获“五个一工程”优秀作品奖，奉节县白帝城·瞿塘峡景区获评国家5A级旅游景区，武隆区荆竹村入选联合国世界旅游组织“最佳旅游乡村”。有序推进保交楼工作，交付房屋3.8万套。科学应对极端高温干旱天气，为74.8万群众应急送水，成功扑灭15起较大森林火灾。严格落实安全生产“十五条硬措施”，开展燃气、危化品、自建房、高层建筑消防等专项整治，全市未发生生产安全重特大事故。食品药品安全形势稳定可控。推进信访“治重化积”专项工作，常态化开展扫黑除恶斗争，实施全民反诈、夏季治安打击整治等专项行动，社会大局保持稳定。国防动员、双拥共建、退役军人事务工作迈出新步伐，民族宗教、国家安全、外事、侨务、港澳台、审计、统计、档案、保密、参事、史志、人防、气象、地震等工作取得新成效，工会、妇女、儿童、青年、老龄、慈善、残疾人、红十字等事业实现新发展。

各位代表！回顾过去一年，我们遇到的挑战前所未有，付出的努力尤为艰辛，成绩来之不易，最根本在于有以习近平同志为核心的党中央坚强领导，在于有习近平新时代中国特色社会主义思想科学指引，是市委团结带领全市干部群众真抓实干、埋头苦干的结果，是市人大、市政协和社会各界有效监督、鼎力支持的结果。在此，我代表市人民政府，向全市各族人民，向人大代表和政协委员，向各民主党派、工商联、人民团体和社会各界人士，向驻渝解放军和武警部队官兵、公安干警、消防救援人员，向关心支持重庆发展的中央各部门、兄弟省区市及港澳台同胞、海外侨胞和国际友人，表示崇高的敬意和衷心的感谢！

在肯定成绩的同时，我们也清醒地看到，对照2022年政府工作报告确定的年度目标，地区生产总值、固定资产投资、社会消费品零售总额、一般公共预算收入等部分指标未达到预期。这其中，有疫情等超预期因素的影响，也暴露出我市发展中面临的一些困难和问题。主要是：居民消费、文旅消费尚未完全恢复，民间投资预期不稳，市场主体特别是中小微企业和个体工商户生产经营仍然比较困难，营商环境还有较大提升空间；产业发展水平有待提高，传统产业转型升级任务较重，新兴产业尚未形成有效支撑；科技创新能力偏弱；城乡区域发展差距仍然较大，超大城市治理面临不少挑战；文化软实力还需进一步提升；民生保障依然存在不少短板，社会治理有待加强；财政收支压力较大，经济金融领域存在风险隐患；政府系统少数工作人员能力作风与现代化建设要求还不够适应。对这些问题，我们一定采取有效措施，切实加以解决。

二、今后五年政府工作的总体思路

未来五年，是全面建设社会主义现代化国家开局起步的关键时期。市委六届二次全会深入贯彻落实党的二十大精神，把全市工作放到中国式现代化的宏大场景中来谋划，细化量化未来五年“六个显著提升”的目标任务，作出了“十九个着力”的重要部署，描绘了新时代新征程全面建设社会主义现代化新重庆的美好蓝图。我们要按照市委六届二次全会决定，围绕“六个显著提升”，抓纲带目、综合集成，系统迭代、整体提升，以时不我待、只争朝夕的责任感使命感，拥抱新时代、奋进新征程、建设新重庆。

（一）推动经济实力显著提升

坚持把制造业高质量发展放到更加突出的位置，落实扩大内需战略，加快建设现代化经济体系，到2027年地区生产总值迈上4万亿元台阶，人均地区生产总值达到12万元。构建现代化产业体系，实施传统支柱产业提升行动和先进制造业产业集聚提升培育行动，建设智能网联新能源汽车、电子信息制造业两大万亿级产业集群，发展集成电路、新型显示、智能装备、先进材料、生物医药、新能源等特色产业集群，培育人工智能、卫星互联网、绿色低碳等未来产业集群，加快制造业数字化转型，培育壮大数字经济，全力打造国家重要先进制造业中心，培育更多具有竞争力的"重庆智造""重庆创造"品牌，力争制造业增加值占比达到28%，数字经济增加值占比超过50%，高技术制造业增加值增速高于工业增加值增速；构建优质高效的服务业新体系，大力发展金融、物流、会展、商贸、文旅等产业，深化服务业扩大开放综合试点，加快建设西部金融中心、国际消费中心城市、内陆现代服务业发展先行区，打造富有巴蜀特色的国际消费目的地和世界知名文化旅游目的地。发挥投资关键作用，加大科技和产业投资，实施一批战略性新兴产业重大项目，加强交通、能源、水利、农业、信息等重点领域补短板投资，系统布局工业互联网、物联网、新一代超算、云计算等新型基础设施，确保固定资产投资增速高于经济增速、产业投资增速高于固定资产投资增速。促进消费提质扩容，深入实施"巴渝新消费"八大行动，提升传统消费，培育新型消费，扩大服务消费，倡导绿色低碳消费，着力满足个性化、多样化、高品质消费需求。优化区域经济布局，全面增强中心城区发展能级和综合竞争力，培育发展现代化都市圈，推动双城合作、双核联建走深走实，辐射带动川渝全域和"一区两群"协调发展。激发市场主体活力，坚持"两个毫不动摇"、促进"两个健康"，推动国资国企高质量发展，促进民营经济健康发展，实现专精特新"小巨人"企业和制造业单项冠军"双倍增"，力争民营经济增加值占比达到62%。培育壮大开放型经济，加快建设国际性综合交通枢纽城市，实施自贸试验区提升战略，促进各类开放平台提档升级、协同发力，稳步扩大制度型开放，打造高质量外资集聚地，力争西部陆海新通道货运量、货运值年均增长15%以上，全市进出口总额达到1.1万亿元，实际使用外资保持在西部前列，内陆开放高地建设迈上更高台阶。

（二）推动科教实力显著提升

深入实施科教兴市、人才强市行动，力争全社会研发经费投入年均增长10%以上、研发投入强度超过全国平均水平。以科技创新赋能产业发展，加速各类创新要素向企业集聚，推动高新技术企业和科技型企业"双倍增"、总量分别超过1万家和8万家，部署建设技术创新中心、产业创新中心、制造业创新中心，促进创新链产业链资金链人才链深度融合，提高科技成果转化和产业化水平。办好人民满意的教育，强化学前教育、特殊教育普惠发展，推进义务教育优质均衡发展和城乡一体化，促进职普融通、产教融合、科教融汇，以"双一流"建设带动高等教育内涵式发展，构建覆盖全市的数字教育资源体系，加快建设教育强市。打造国家吸引和集聚人才平台，统筹推进科技创新主力军壮大、产才融合发展、人才引进攻坚、人才培养强基、人才改革赋能、人才生态创优六大工程，整合推出重庆英才集聚专项，建设世界重要人才中心和创新高地的重要承载区。

（三）推动城市综合实力显著提升

大力实施城市更新提升行动，促进城乡区域协调发展，加快建设国际化、绿色化、智能化、人文化现代大都市，力争常住人口城镇化率达到75%。提升城市国际化水平，以市场主体需求为导向深化改革开放，营造市场化、法治化、国际化营商环境，完善国际化公共服务设施体系，构建对外交流合作体系，加快建设中西部国际交往中心。提升城市绿色化水平，做靓“两江四岸”主轴，丰富拓展城市功能名片，支持渝东北三峡库区城镇群生态优先、绿色发展，支持渝东南武陵山区城镇群打造绿色创新发展新高地、人与自然和谐宜居新典范。提升城市智能化水平，建设数字政府，培育数字社会，健全数据管理体制机制，创建一体化数字资源系统，以全域数字化推动治理模式变革、方式重塑、能力提升。提升城市人文水平，实施红岩精神传承弘扬工程、文明创建工程、文艺作品质量提升工程，加大文化惠民力度，增强城市国际传播能力，建设文化强市。以城带乡推进农业农村现代化，加快以县城为重要载体的城镇化建设，实施千万亩高标准农田改造提升、千亿级优势特色产业培育、千万农民城乡融合共富促进、千个宜居宜业和美乡村示范创建“四千行动”，全市耕地保有量稳定在2665万亩以上，保障粮食和重要农产品稳定安全供给，村级集体经济组织年经营性收入高于10万元的占比达到80%。

（四）推动生态文明建设水平显著提升

坚持共抓大保护、不搞大开发，加快建设山清水秀美丽之地。推动发展方式绿色转型，加快产业结构、能源结构、交通运输结构等优化调整，强化长江经济带负面清单管控，完善支持绿色发展的政策和标准体系，遏制“两高一低”项目盲目发展。深入打好污染防治攻坚战，强化区域大气污染协同防治，统筹推进“五水共治”，深化生活垃圾和建筑垃圾分类，加强土壤污染源头防控，全市空气质量优良天数稳定在338天左右，长江干流水质稳定保持Ⅱ类，全域“无废城市”建设全国领先。提升生态系统的多样性、稳定性、持续性，全面深化河长制、林长制，实施长江生态环境系统性保护修复，提质建设“两岸青山·千里林带”、国家储备林，抓好长江“十年禁渔”，加强消落区保护修复、水域岸线管控、自然保护地管理和江心绿岛保护利用，筑牢长江上游重要生态屏障。积极稳妥推进碳达峰碳中和，深度融入全国碳市场，优化地方碳排放权交易市场，完善能源消耗总量和强度调控机制，碳达峰碳中和实现阶段性目标。

（五）推动社会治理水平显著提升

坚持以党建引领基层治理，不断优化共建共治共享的社会治理格局，建设更高水平的平安重庆、法治重庆。贯彻落实总体国家安全观，强化科技、网络、数据、生物、粮食、食品药品、能源资源、战略物资等重点领域安全，增强全民国家安全意识和素养。守住不发生区域性系统性风险底线，坚持标本兼治、远近结合，加强和完善金融监管，防范化解政府债务风险，推动房地产业向新发展模式平稳过渡。提升人民群众安全感，完善安全生产与自然灾害防治行政管理、组织指挥、应急救援、制度保障“四大体系”，推进安全生产风险专项整治，严防重特大安全事故发生；健全自治、法治、德治、智治相结合的基层治理体系，完善立体化社会治安防控体系，依法严惩各类违法犯罪活动。推动民主法治建设，积极发展全过程人民民主，扎实推进依法行政、简政放权，实施“八五”普法规划，推进市民法治素养提升行动，在法治政府、法治社会建设上走在中西部前列。

（六）推动人民生活水平显著提升

持续增进民生福祉，努力创造高品质生活。促进高质量充分就业，实施“就在山城 · 渝创渝新”就业创业促进计划，完善高校毕业生等重点群体就业支持体系，规范发展新就业形态，每年城镇新增就业60万人以上。健全多层次社会保障体系，深化企业职工基本养老保险全国统筹，完善医疗、工伤、失业保险市级统筹机制和动态监测救助帮扶机制，推进退役军人服务保障提质增效。加强普惠性民生建设，实施健康中国重庆行动，健全重大疫情防控机制，加快优质医疗资源有序扩容和均衡布局，促进医疗、医保、医药协同发展和治理，建设现代化体育强市，人均预期寿命提高到80岁；健全普惠性养老、育儿服务和政策体系，建立多主体供给、多渠道保障、租购并举的住房制度，筹集保障性租赁住房22万套（间），改造城镇老旧小区8600万平方米、棚户区10万户。完善收入分配机制，实施中等收入群体倍增计划，优化扶贫项目资产长效运行管理机制和利益联结机制，鼓励通过土地、资本等使用权、收益权增加居民财产性收入，确保居民收入增速高于全国平均水平、高于同期经济增速，城乡收入差距缩小到2.3∶1，共同富裕迈出坚实的步伐。

各位代表！实现“六个显著提升”，是未来五年建设现代化新重庆的主要目标任务，承载着重庆人民的美好期盼。建设现代化新重庆，“新”在全面贯彻落实习近平总书记殷殷嘱托上取得的新成效，“新”在以中国式现代化全面推进中华民族伟大复兴进程中作出的新贡献，“新”在国家高质量发展版图中争创的新地位，“新”在人民群众对更加幸福美好生活有实实在在的新感受，“新”在深入推进新时代党的建设新的伟大工程中展现的新气象。我们要一年接着一年干，一锤接着一锤敲，让蓝图兑现，让愿景成真！

三、对2023年政府工作的建议

今年是贯彻落实党的二十大精神的开局之年，是新一届市政府依法履职的起步之年，做好各项工作意义重大。我们要坚持以习近平新时代中国特色社会主义思想为指导，全面贯彻党的二十大精神和中央经济工作会议精神，认真落实市委部署要求，坚持稳中求进工作总基调，完整、准确、全面贯彻新发展理念，积极服务和融入新发展格局，着力推动高质量发展，更好统筹疫情防控和经济社会发展，更好统筹发展和安全，持续提振信心、持续扩大内需、持续深化供给侧结构性改革，努力实现稳进增效、除险清患、改革求变、惠民有感，确保新时代新征程全面建设社会主义现代化新重庆开好局、起好步。

今年经济社会发展的主要预期目标是：地区生产总值增长6%以上、争取实现更好的结果，规上工业增加值增长8%，固定资产投资、社会消费品零售总额、进出口总值分别增长10%、6%、3%，城镇新增就业60万人以上，高质量发展态势加快恢复呈现，经济活力创造力和质量效益进一步提升，城乡居民收入增长快于经济增长，居民消费价格涨幅控制在3%以内，粮食生产、节能减排降碳等指标完成国家任务。

上述预期目标，考虑了去年经济的低基数，兼顾了完成“十四五”发展目标的需要，与我市增长潜力相适应，体现了尽最大努力、争取最好结果的要求，有利于释放积极信号、提振市场信心，有利于推动经济运行整体好转，实现质的有效提升和量的合理增长。实现上述目标，任务重、挑战多、要求高，必须紧扣新时代新征程新重庆的使命任务，坚持稳字当头、稳中求进，按照中央“六个统筹”要求，把握国家“五大政策取向”，从战略全局出发抓主要矛盾，从改善社会心理预期、提振发展信心入手，抓住重大关键环节，奋力抓好十一个方面重点工作。

（一）奋力抓好扩内需稳增长，推动经济平稳运行、高质量发展。把恢复和扩大消费摆在优先位置，通过政府投资和政策激励带动全社会投资，激发市场主体活力，保持经济运行在合理区间

促进投资放量。深入开展抓项目促投资专项行动，编制实施市级政府投资项目三年滚动计划，做好项目前期工作，优化审批服务和要素保障，推动投资规模合理增长、结构不断优化。扩大基础设施投资，完成交通投资1100亿元，加快交通强市建设，力争启动建设渝宜高铁、黔江至吉首高铁等项目，开工建设重庆站改造、重庆新机场综合交通枢纽、洛碛港一期、乌江白马至彭水航道整治等工程，投用巫溪至镇坪等169公里高速公路，基本建成江北国际机场第四跑道主体工程、万州机场航站楼扩建等项目；完成城建投资1350亿元，开工中心城区至永川、南川、大足、綦江（万盛）等4条市域铁路和7号线一期、17号线一期等2条城市轨道，建成18号线等59公里城市轨道；完成水利投资390亿元，重点推进渝西水资源配置工程、藻渡水库、向阳水库、跳蹬水库等项目建设；完成能源投资400亿元，重点推进川渝特高压交流工程、重庆电厂环保搬迁、两江燃机二期、永川燃机热电联产、合川双槐电厂三期，以及万州、涪陵、江津天然气发电等项目，加快重点区块页岩气开发，实施一批新型储能示范项目；加大5G网络等新型基础设施投资，力争全年基础设施投资增长11%以上。加大产业投资，推进化合物半导体等项目签约落地，推动奥松半导体传感器芯片等项目开工，加快长安汽车渝北新工厂等项目建设，促进万凯聚酯材料扩建等项目投产、京东方柔性面板等项目产能提升，接续实施各区县工业项目，力争制造业投资增长12%以上，技改投资占工业投资的比重提高到36%以上。稳定房地产投资，扎实做好保交楼、保民生、保稳定各项工作，用好信贷、债券、股权等支持政策，完善财税、金融、产业等配套措施，合理安排供地规模、结构和时序，加快“久供未建”项目处置和新拿地项目开工，推动房地产投资逐步回稳。激活民间投资，深化投融资体制改革，完善民间投资支持政策，发挥产业引导基金、政府性融资担保机构的撬动作用，鼓励和吸引更多民间资本参与重大产业项目、基础设施补短板项目、社会民生项目和科技创新项目建设。

扩大消费需求。加快培育建设国际消费中心城市，推动消费恢复回暖。改善消费环境，保持商贸流通渠道畅通，强化消费者权益保护，统筹推进中央商务区、寸滩国际新城建设，提档升级解放碑—朝天门、观音桥等知名商圈，加快打造陆海国际中心、中環万象城等消费新地标，培育创建一批国际消费中心、区域消费中心、商文旅体融合发展试点示范城市、夜间经济示范区。增加消费供给，推动健康、文体、养老、托育、家政等服务消费扩容提质，培育避暑、冰雪、近郊游等文旅消费热点，繁荣发展“四首”经济、共享经济、新个体经济等新业态。稳住大众消费，适时推出消费促进政策，合理增加消费信贷，稳定吃穿住行等基本消费，鼓励智能网联新能源汽车、绿色智能家电、智能家居消费，支持刚性和改善性住房消费，扩大县乡、线上、外来消费，进一步聚集商气人气。

强化招商引资。秉承精准、舍得、执着的招商理念，瞄准跨国公司、头部企业、产业链关

键企业、专精特新企业，大力“走出去”“请进来”，开展以商招商、精准招商、产业链招商。办好双城经济圈全球投资推介会等重大活动，提升“投资重庆”招商品牌显示度、影响力。坚持“亩均论英雄”，完善规划、能耗、环境、投资强度、亩产税收等标准，优化提升园区服务功能和管理效能，增强园区综合效益。推进产科金服务平台建设，强化项目服务，加快招商项目落地。

壮大市场主体。优化企业服务，落实助企纾困政策和新的减负清单，建好用好“渝快融”“企业吹哨·部门报到”“一库四联盟”等助企平台，帮助企业解决市场开拓、项目融资、物流运输、稳岗拓岗等方面实际困难。加强企业培育，深入实施专精特新企业高质量发展专项行动、企业上市“育苗”行动和科技企业成长工程，健全大中小企业梯度培育机制和个体工商户分型分类培育政策体系。支持企业融通发展，发挥“链主”企业、领军企业的作用，完善大中小企业供需对接平台，健全公益化、市场化、数字化融通的中小企业服务体系，引导大中小、上下游、产供销企业有效衔接，促进企业创新能力、生产能力、市场能力高效协同。

处理好稳增长和防风险的关系。坚持在发展中防范化解经济金融风险，健全跨市场、跨业态、跨区域金融风险监测预警处置机制，加快高风险企业资产处置、债务重组和司法重整，防范化解债券违约、单体企业信用风险和社会领域金融风险，保持打击非法集资高压态势，防范产业、金融、财政风险交叉感染。统筹盘活资金资产资源，优化政府债务期限结构，降低利息负担，积极化解存量；禁止变相违规举债，防范国有企事业单位“平台化”，坚决遏制增量；推动财政平稳运行，增强收入预期，着力挖潜增收，优化预算安排，兜牢基层“三保”底线。

（二）奋力抓好以制造业为重点的产业转型升级，加快构建现代化产业体系。谋划实施制造业提质增效行动，深化制造强市、质量强市、网络强市、数字重庆建设，推进产业体系全面升级发展

推动制造业高质量发展。巩固传统产业优势地位，“链群并重”促进电子信息产业向上下游延伸，“整零协同”推动燃油汽车向高端化、智能化、新能源化转型，持续推动摩托车产业转型发展，提高传统机械装备成套化、精密化、智能化水平，加大冶金建材化工行业低碳化、清洁化、循环化改造力度，推动轻纺食品产业增品种、提品质、创品牌，提升煤电油气、原材料等资源保障能力，打造更具韧性和竞争力的产业链。壮大战略性新兴产业，深入实施世界级智能网联新能源汽车产业集群发展规划，提速建设长安、赛力斯等新能源汽车整车及配套项目，一体规划建设运营“充储泊”设施，构建完整的产业生态链；提速特色工艺集成电路项目建设，提升数模转换、汽车电子、传感器等领域的产业竞争力；做大做强机器人、轨道交通装备、风电机组等高端装备；加快建设国家重要轻合金、玻璃纤维及复合材料、合成材料产业基地；丰富体外诊断产品，推动疫苗、抗体药物等商业化，建设全国大健康产业融合发展先行区；加快海辰储能西南智能制造中心等项目建设，推进新能源与新型储能相互促进、协同发展，力争战略性新兴产业增加值增长12%。前瞻布局未来产业，积极参与国家未来产业孵化与加速计划，加快人工智能、硅基光电子等前沿技术产业化，提速建设重庆卫星互联网产业园，共建成渝国家氢燃料电池汽车示范城市群。

推动服务业提质增效。开展先进制造业和现代服务业融合发展试点，培育融合发展新业态新

模式。加快建设中国软件特色名城，深入实施软件和信息服务业“满天星”行动计划，统筹抓好场所、场景、企业、人才、生态等关键环节，打造工业软件、汽车软件、人工智能、信息安全等领域“名企名品名园名会”，创建中国软件名园和国家人工智能创新应用先导区。加快建设西部金融中心，深入推进绿色金融改革创新试验区建设，深化金融科技创新监管、私募基金跨境投融资、区域性股权市场创新、数字人民币等试点，推进特色金融机构落地，开展金融服务体系数字化提升工程，畅通融资渠道，引导更多金融活水流向实体经济。加快建设内陆国际物流枢纽，创建商贸服务型国家物流枢纽，推进智慧长江等物流工程，健全枢纽集疏运体系，提高干线运输规模化水平和扩大支线运输网络化覆盖面，大力发展国际物流、供应链物流、专业化物流，着力补齐冷链物流、应急物流等短板。加快建设国家工业设计示范城市，统筹推进设计主体、人才、活动、载体和生态建设，培育一批国家级、市级工业设计中心，打造优秀工业设计师“千人库”，办好工业设计大赛。加快建设国家检验检测高技术服务业集聚区，制定检验检测服务业发展专项规划，做大做强国家质检基地、食品药品检测基地，引进标准计量、认证认可、检验检测等产业技术服务机构，培育千亿级检验检测产业集群。

大力发展数字经济。加快推进智能制造，实施智能制造诊断评估“回头看”专项行动，发挥龙头骨干企业引领示范作用，加快中小企业数字化转型，推动数字化绿色化协同发展，提升产业链数字化水平。壮大数字产业规模，构建“五十百千万”数字产业发展体系，协同发展大数据、先进计算、数字内容、区块链等数字产业，建设数字软件产业园，优化升级礼嘉智慧园，提升“芯屏端核网”全产业链竞争力，力争数字经济核心产业增加值增长10%以上。夯实数字底座，推动5G和千兆网协同发展，扩容提质国家级互联网骨干直联点、工业互联网标识解析国家顶级节点、域名F根镜像节点、国家“星火·链网”区块链超级节点，深化拓展中新国际数据通道应用，积极参与“东数西算”工程，提升中科曙光、华为等计算中心支撑能力，高标准打造全国一体化算力网络国家枢纽节点。

（三）奋力抓好重点领域改革，激发各类市场主体活力。切实落实“两个毫不动摇”，把有为政府和有效市场结合起来，以数字化变革引领全面深化改革，加快构建高水平社会主义市场经济体制

推进数字化变革。以数字政府建设为牵引，构建多跨协同工作机制，完善高速泛在网络和公共数据资源管理平台、数字重庆云算力平台、数字重庆算法平台，迭代升级“城市大脑”，构建协同高效的数字化履职能力体系。坚持行业部门线条主抓和重大场景块状突破相结合，打造一批精品应用场景，构筑全民畅享的数字生活新图景。加快构建数据基础制度体系，促进公共数据共享开放和商业数据开发利用，增强数据安全预警和溯源能力。突出数字化引领、撬动、赋能作用，推动数字化改革向财税金融等领域延伸，加快形成实质性、突破性、系统性成果。

鼓励支持民营经济发展壮大。实施服务民营经济高质量发展行动计划，开展民营企业“龙头引领”行动，大力培育创新型民营企业。全面落实市场准入负面清单制度，清理与企业性质挂钩的规定和做法，依法保护民营企业产权和企业家权益，保障民营企业依法公平参与市场竞争、平等使用生产要素。支持民营企业参与国企改革，鼓励民营企业加快数字化发展、绿色化转型。打造渝商综合服务平台，建立民

营企业全周期全方位赋能机制，健全领导干部联系民营企业、民营企业问题交办等工作机制，为民营企业解难题、办实事。弘扬企业家精神，全面构建亲清政商关系，促进非公经济健康发展和非公经济人士健康成长，力争民营经济增加值占比达到60%。

深化国资国企改革。实施国企改革提效增能行动，推动国有企业聚焦主责主业、国有资本向重要行业和关键领域集中。开展整合国资基金助推产业发展专项行动，新培育一批国有领军企业、“链主”企业和专精特新企业，推动制造业国企高质量发展。加快国企上市步伐，推动上市国企发展质量提升。加快存量资产盘活利用，深化经营性国有资产集中统一监管，开展国企“合规体系建设强化年”专项工作。加强央地国企合作。

营造一流营商环境。扎实推进营商环境创新试点城市建设，抓好世界银行新一轮营商环境评估和中国营商环境评价，推出更多利企便民改革举措。深化“放管服”改革，推动“照后减证”和简化审批，建设水电气讯等“一站式”服务平台。恪守契约精神，带头守信践诺，建设“山城有信”平台。加快国际学校、国际医院、国际社区建设，完善国际化购物、休闲、娱乐等生活配套设施，持续提升政务环境、市场环境、法治环境、创新环境和要素保障环境。

构建高标准市场体系。积极融入全国统一大市场，落实“非禁即入”要求和公平竞争审查制度，加强反垄断和反不正当竞争。支持重庆破产法庭、重庆知识产权法庭建设，加快建设重庆知识产权保护中心。推进要素市场化配置综合改革试点，推动城乡建设用地增减挂钩结余指标、补充耕地指标跨区域交易先行先试，建设国家级人力资源产业园，壮大西部数据交易中心。深化电力、城镇供水等能源资源价格改革。

（四）奋力抓好科技创新，促进科技、产业、金融、人才良性循环。实施创新链产业链资金链人才链深度融合发展行动，全面提升体系化创新力和整体效能

加强企业主导的产学研深度融合。强化企业科技创新主体地位，启动实施高新技术企业和科技型企业“双倍增”行动计划，打造未来产业科创园，推动校区、园区、厂区联通联动，支持高校师生和社会力量创新创业，支持环大学创新生态圈示范建设，创建国家综合类技术创新中心，力争高新技术企业突破7000家、科技型企业突破4.8万家。优化创新组织体系，支持企业、高校、科研院所、科技社团组建创新联合体，实施电子芯片、绿色低碳、先进制造等科技专项，集中优质资源开展关键核心技术攻关。加快科技成果商业化产业化，构建综合性、专业化、全链条、贯通式科技成果转化和产业化体系，建设国家科技成果转移转化示范区，创建国家技术转移区域中心，建设高技术服务业集聚区。

打造高效能科创体系。建设科创核心承载区，提质建设西部（重庆）科学城、两江协同创新区、广阳湾智创生态城等创新高地，推进重庆国际生物城、荣昌畜牧科技城、潼南农科城等科创园区建设。培育核心科技力量，争取国家实验室重庆基地落地，加快建设超瞬态实验装置、金凤实验室二期、中科院重庆科学中心等科创平台，组建明月湖实验室，支持重庆卓越工程师学院产教融合发展，打造重庆脑与智能科学中心、智能网联新能源汽车基础设施示范区。加强基础研究，前瞻布局一批战略性、引领性、交叉性学科，瞄准应用数学、生命科学、物质科学等优势领域开展基础研究，提高原始创新能力。

优化科技创新生态。开展全面创新改革试验，深入推进市属科研院所改革，深化科技评

价、科技激励、青年科研人员减负等改革。强化科技金融支撑，推广知识价值、商业价值信用贷款，促进专精特新、科创培育等基金市场化运作，健全科技企业上市服务机制。优化人才发展环境，实施高水平人才集聚计划，支持高校、科研机构和企业联合培养人才，靶向引进高精尖缺科技人才和海外优秀人才。厚植创新文化，弘扬科学家精神，加大科普力度，以市场化社会化手段营造全民创新创业创造的浓厚氛围。

（五）奋力抓好双核引领、区域联动，推动成渝地区双城经济圈建设取得更大突破性进展。聚焦重点、聚焦共性、聚焦共赢，发挥中心城市优势带动作用，引领成渝地区统筹协同发展，加快建设有实力、有特色的双城经济圈

推进重庆都市圈建设。增强中心城区极核功能，加快重点功能片区开发，谋划建设现代都市功能新场景，强化产业引领、科技创新、门户枢纽、综合服务等核心功能，打造城市高端功能集中承载地、展示地。提升主城新区综合承载能力，提速建设两江新区至长寿等快速通道，完善同城化体制机制，梯次推动主城新区与中心城区功能互补、同城化发展。深化都市圈各地区合作，支持广安打造重庆都市圈北部副中心，加快川渝高竹新区、合广长协同发展示范区建设，构建主城都市区带动周边城市一体化发展格局。

推进“一区两群”协调发展。制定实施新一轮各片区建设政策举措，提高全市发展的协同性、整体性。突出特色发展，鼓励各区县因地制宜发展特色经济和支柱产业，支持渝东北承接沿江优势产业转移，深化三峡库区对口支援工作，加快万开云同城化进程，高水平打造“三峡库心·长江盆景”，提升三峡制造、三峡农家、三峡文旅影响力；支持渝东南立足生态资源、民族特色发展康养产业，打造大武陵、乌江画廊、武陵加工等品牌，建设国家文旅产业融合发展示范区。加快补齐短板，推动区县城产业配套设施提质增效、市政公用设施提档升级、公共服务设施提标扩面、环境基础设施提级扩能，增强产业和人口集聚能力，吸引农业转移人口就近城镇化。促进城乡融合，深化国家城乡融合发展试验区重庆西部片区、国家县城新型城镇化示范建设，推动城市基础设施和公共服务设施向农村延伸，促进县乡村功能衔接互补、城乡区域一体化发展。

推进川渝全域联动发展。加强双城合作、双核联建，加快推进成渝中线高铁、渝西高铁、渝湘高铁重庆至黔江段、成渝高速公路扩容等标志性工程，共建成渝跨境公路运输联盟、内陆无水港、重点实验室和新型研发机构，共同培育智能网联新能源汽车、软件信息、生物医药、文化旅游等产业集群，争取中欧班列（成渝）、成渝综合性科学中心等支持政策落地，完善政策协同和利益共享机制，提升双核发展能级。加强双圈互动、两翼协同，依托成渝高铁、渝遂铁路等交通廊道，联动内江、资阳等地一体化发展，促进重庆都市圈与成都都市圈高效衔接；推进行政区与经济区适度分离改革，支持万达开川渝统筹发展示范区、城宣万革命老区振兴发展示范区、泸永江融合发展示范区、明月山绿色发展示范带等建设，提升渝东北川东北一体化、川南渝西融合发展水平，打造便捷生活行动升级版。

（六）奋力抓好高水平对外开放，更好融入国内国际双循环。统筹商品要素流动型开放和制度型开放，培育内陆开放新优势

加快建设西部陆海新通道。发挥重庆通道物流和运营组织中心作用，启动实施西部陆海新通道建设三年行动计划，加密铁海联运班列，拓展国际联运班列覆盖范围，提升跨境公路班车运输效率。增强西部陆海新通道与中欧班列、长江黄

金水道、国际航空网络接驳联系，加快龙头港进港铁路等项目建设，新增并加密国际航线，推进国家多式联运示范工程。建设中欧班列（成渝）集结中心示范工程，提升重庆国际物流枢纽园区功能，在通道沿线布局国际经贸合作示范区、国际商品交易展示中心、分拨中心和海外仓，深化铁路运单金融服务试点，放大“通道 + 经贸 + 产业”联动效应。

完善开放平台功能。深化中新互联互通项目合作，推动重庆自贸试验区开展首创性差异化探索，加快建设高质量实施区域全面经济伙伴关系协定（RCEP）示范区。增强两江新区、重庆高新区、重庆经开区及各类园区国际贸易功能，引育一批高质量开放市场主体，提升贸易投资合作质量和水平。加快两路果园港综保区及大件码头建设，推动永川综保区、涪陵综保区二期封关运行，加快申报铁路口岸综保区。推进重庆港水运口岸扩大开放，促进一批口岸指定监管场地运营。拓展国际贸易“单一窗口”功能。

优化对外贸易结构。推动货物贸易优化升级，建设国家加工贸易产业园、国家外贸转型升级示范基地和国家进口贸易促进创新示范区，巩固计算机、手机等产品出口优势，促进新能源汽车、智能家居、智慧医疗等产品出口，扩大先进技术、重要设备、能源资源等进口规模，推进内外贸一体化试点。促进服务贸易创新发展，深入开展服务业扩大开放综合试点和服务贸易创新发展试点，培育壮大研发设计、检验检测、专业服务、保税维修等新兴服务贸易。发展数字贸易，依托中国（重庆）跨境电子商务综合试验区，办好 2023 年中国（重庆）跨境电商交易会，持续扩大工业互联网、智慧城市等领域数字贸易规模。

更大力度吸引和利用外资。为外资企业和外籍人士来渝提供便利，推动经贸人员常态化“走出去”招商引资，加快引进一批补链强链重大外资项目和技术含量高的中小外资项目。高标准办好智博会、西洽会、中新金融峰会、川渝地区—湄公河国家地方合作论坛、陆海新通道国际合作论坛，务实开展国际友城合作，发展民间外交，推动实际使用外资量质齐升。

（七）奋力抓好乡村全面振兴，建设宜居宜业和美乡村。把更多人力投入、物力配置、财力保障转到乡村振兴上来，着力解决农业农村发展最迫切、农民反映最强烈的实际问题，加快推进农业农村现代化

严守“三条底线”。完善防止返贫精准监测帮扶机制，推进脱贫村产业提质增效和脱贫群众稳岗就业，支持国家乡村振兴重点帮扶县和市级重点帮扶乡镇发展，守好不发生规模性返贫底线。落实粮食安全党政同责，实施种业振兴行动，推进“稳粮扩油”工程，健全种粮农民收益保障机制，守住粮食安全底线。落实最严格耕地保护制度，统筹实施高标准农田改造提升 200 万亩，守牢耕地保护红线。

推动乡村产业全链条升级。落实产业帮扶政策，做好“土特产”文章，向开发农业多种功能、挖掘乡村多元价值要效益，向一二三产业融合发展要效益。做强特色产业，推进全国农业科技现代化先行县共建工作，加强农业关键核心技术攻关和技术推广，重点打造火锅食材、重庆小面、柑橘、榨菜、荣昌猪、丰都肉牛、预制菜等产业集群，构建重点农业全产业链，建设成渝现代高效特色农业带，打造一批数字农业园区、数字农业工厂，新建 20 个智慧农业示范基地。强化品牌建设，深入实施农业生产“三品一标”提升工程，推广“巴味渝珍”“三峡柑橘”等区域公用品牌，办好首届全国乡村振兴国际博览会。促进“接二连三”，壮大农产品加工流通业，发

展农村电商、乡村旅游等新业态，完善“基地+电商+农民”等农产品产销新机制。

实施乡村建设行动。提高乡村基础设施完备度，推进农村清洁能源、农房质量安全、数字乡村等工程，持续推进“四好农村路”建设，启动农村水网建设试点，健全抗旱水源工程体系，加快补齐农产品仓储保鲜冷链物流短板。提高乡村公共服务便利度，加快建设乡镇为农服务区域中心，开展县乡村公共服务一体化示范。提高乡村人居环境舒适度，深入实施农村人居环境整治提升五年行动，推进农村改厕、垃圾和污水治理，加强传统村落保护，推动乡村建设、乡村治理融合发展。

全面深化农村改革。处理好农民和土地的关系，让广大农民在改革中分享更多成果。推进农村土地制度改革，稳慎推进宅基地制度改革试点和农村集体经营性建设用地入市试点，健全农村产权流转交易市场，完善土地增值收益分配机制。发展新型农村集体经济，支持发展家庭农场、农民合作社等新型经营主体，引育一批示范型农业龙头企业，大力发展农业生产社会化服务；巩固提升农村集体产权制度改革成果，深化“三变”改革、“三社”融合发展，搭建集体经济股份合作平台，多渠道增加村集体经营性收入，年经营性收入低于5万元的村级集体经济组织占比下降10个百分点。完善农业支持保护制度，加强财政涉农资金整合使用，建立健全以农村信用、政策性农业保险、政府性融资担保为重点的农村金融服务体系。

（八）奋力抓好城市更新提升，打造宜居、韧性、智慧城市。加快转变超大城市发展方式，提升城市规划、建设、治理水平

深化城市规划设计。出台全市国土空间总体规划，完成区县国土空间总体规划，编制完善中心城区重点功能片区专项规划，提升长嘉汇片区城市设计和整体规划。加强城市天际线、山脊线、水岸线规划控制，优化提升城市色彩、建筑形态、立面风貌，做好街头小景和小尺度空间设计。强化存量更新盘活，优化完善详细规划，分类有序开展实用性镇级规划和村庄规划。健全规划实施传导机制，确保规划刚性执行。

提升城市功能品质。提升城市经济品质，大力发展先进制造业和高端服务业，吸引更多国际人才、全球资本等高端要素和金融、商贸、软件信息等高端服务资源聚集，协同推进产业园区、生活社区、商贸街区、人文景区建设，促进产城融合、职住平衡。提升城市生态品质，深化“两江四岸”治理提升和中心城区“四山”保护提升，增加城市公共休闲空间，做靓山城步道、山城公园品牌，推进国家生态园林城市创建。提升城市生活品质，实施112个城市更新试点示范项目，推进中心城区交通缓堵促畅三年行动，分片区实施路网更新改造，打通一批“断头路”，加密接驳公交、小巷公交，增设停车场、充电桩、公厕等配套设施，打造15分钟便民生活圈。提升城市人文品质，加强历史文化名城、名镇、名村、街区、历史建筑和古树名木保护，推进鲁祖庙等传统风貌区保护修缮工程，让城市更具历史底蕴、独特风貌、烟火气息。

推动城市治理改革创新。加强城市环境综合治理，开展城乡接合部、背街小巷、房前屋后环境整治，推进市容市貌常态化管理，打造干净、整洁、有序的城市环境。提升城市社区治理能力，健全社区公共服务目录，完善网格化管理、精细化服务、信息化支撑的基层治理平台，健全志愿服务体系，关心关爱社区工作者，提高社区服务质量。增强城市安全韧性，持续开展城市体检，加快城市燃气管网更新改造，强化城市公共供水管网漏损治理和供水质量管理，推进海

绵城市建设和国家节水型城市创建，启动城市路桥隧安全整治三年行动，建设城市人口疏散和应急避难场所、城市地下综合管廊。促进城市智慧运行，建设市和区县一体化城市运行管理服务平台，新增数字化城管覆盖面积60平方公里，推进智慧社区和数字家庭建设，丰富交通出行、设施管养、安全监测、社区服务等智慧应用场景。

（九）奋力抓好生态环境保护，促进经济社会发展绿色转型。大力推进生态优先、节约集约、绿色低碳发展，让青山常在、绿水长流、空气常新

加强生态保护修复和系统治理。深入打好长江保护修复攻坚战，实施重庆三峡库区腹心地带山水林田湖草沙一体化保护和修复工程，建设“两岸青山·千里林带”50万亩、国家储备林100万亩，治理坡坎崖100万平方米。加强生物多样性保护，推动自然保护地整合优化，严格落实长江流域“十年禁渔”。稳步开展气候投融资试点，深化拓展地票功能内涵，完善生态保护补偿制度，建立健全生态产品价值实现机制。

深入推进环境污染防治。实施交通、扬尘、工业、生活污染控制行动，持续改善空气质量。落实最严格的水资源管理制度，强化三峡库区清漂保洁，深化长江入河排污口排查整治，巩固城市黑臭水体治理成果。加强农业面源污染和新污染物治理。抓好中央生态环保督察反馈问题整改和长江经济带生态环境警示片披露问题整改，基本完成秀山锰渣场整治，守住环境安全底线。

积极稳妥推进“双碳”工作。建立健全能源和碳排放统计、核算、监测体系，促进碳排放权、用水权交易，优化碳排放权配额分配机制。推动产业、能源、交通运输等绿色低碳转型，发展循环经济、清洁生产和清洁能源。鼓励建设资源循环利用基地，加强废弃物循环利用，推进土石方分类资源化利用，开展再生水利用试点，倡导绿色消费，强化绿色创建，促进生产生活方式绿色低碳转型。

（十）奋力抓好文化强市建设，满足人民日益增长的精神文化需求。编制实施文化强市规划，弘扬社会主义核心价值观，繁荣文化事业，发展文化产业，提高市民精神文明素质和社会文明程度

实施社会主义核心价值观融入工程。加强意识形态基础工程建设，创建重庆市习近平新时代中国特色社会主义思想研究中心，实施哲学社会科学创新工程。启动红岩文化公园二期工程，加快长江、长征国家文化公园（重庆段）建设。推进社会主义核心价值观入法入规审查。健全高校、国企等思想政治工作体系。建设一批全民国防教育基地。

开展文明新风满巴渝行动。推进新时代文明实践中心规范化、制度化。评选“富民兴渝贡献奖”，表彰“感动重庆”“重庆好人”，建设“时代新人库”“时代新人馆”。实施村（社区）书架工程，构建“书香重庆”全民阅读服务体系。创建全国精神文明城乡融合发展示范区。

提升重庆文化软实力。加大文艺出版精品创作力度，实施文化惠民工程，开展“文化进万家”活动。实施文化数字化战略，建设国家文化大数据体系重庆中心，发展新型媒体、智慧广电、数字出版、网络视听等新业态，力争文化产业增加值增长10%。实施重大文化遗产保护工程。推动文旅产业深度融合，支持武隆旅游国际化试点等项目建设，加快建设巴蜀文化旅游走廊。

全面启动西部国际传播中心建设。打造国际传播创新基地、对外话语创新基地、对外文化交流基地和高水平外宣智库，办好“感知重

庆”“重庆文化周”“陆海之约”等文化交流平台，强化世界文化遗产和非物质文化遗产的活态展示和国际传播，讲好重庆故事、传播重庆声音。

（十一）奋力抓好社会民生事业，提高市民生活质量。实施惠民暖心优服行动，解决人民群众急难愁盼问题

让健康服务更加公平可及。争创国家医学中心和国家区域医疗中心，支持“两群”地区创建三级医院。深入推动公立医院高质量发展，扩大药品、耗材集采范围。开展健康县区建设，深化医务人员“县聘乡用”改革。完善中医医疗服务体系，创建中医药传承创新中心。健全公共卫生体系，建设市级重大疾病防治中心，推进等级疾控中心和等级精神卫生中心建设，开展爱国卫生运动。稳妥有序实施新冠病毒感染“乙类乙管”，加强医疗救治资源准备，完善分级诊疗方案，加快老年人疫苗接种和加强免疫接种，抓好重点人群和农村地区防控，着力保健康、防重症。加快建设市奥体中心综合馆、武隆仙女山国家体育综合基地，办好中俄青少年运动会和全国田径大奖赛，升级打造全国户外运动首选目的地，加强青少年体育工作，广泛开展全民健身活动。

让就业社保更加健全有力。强化就业优先导向，持续做好援企稳岗扩就业工作，加强职业技能培训，拓宽高校毕业生、农民工、退役军人、困难群众等重点群体就业渠道，支持创业和灵活就业。推进长期护理保险提质扩面，调增社会救助标准，强化急难临时救助。推动普惠养老服务城企联动，制定基本养老服务目录清单，提升农村薄弱养老机构能力，深化家庭养老床位试点。深入推进退役军人服务保障精细化法治化。强化妇女儿童、残疾人权益保障。筹集保障性租赁住房 8.1 万套（间），解决新市民、青年人等住房困难。

让教育发展更加优质均衡。大力发展公办幼儿园，支持民办幼儿园普惠优质发展。积极拓展义务教育优质资源，加快义务教育优质均衡发展区县创建。实施普通高中发展促进计划，加强县域普通高中建设，逐步消除大班额。实施职业学校办学条件达标工程，加快西部职教基地建设，稳步发展本科职业教育。推进高等教育“双万计划”落地增效，完成重庆中医药学院设置。引导规范民办教育发展。培养高素质教师队伍。实施教育数字化战略行动，建设学习型社会、学习型城市。

让社会更加安定有序。坚持和发展新时代“枫桥经验”，深化市域社会治理现代化试点，加强和改进人民信访工作。深入开展安全生产专项整治，实施防灾减灾基础工程，加强国家综合性消防救援队伍建设，夯实应急管理基层基础。强化食品药品安全监管。促进各民族交往交流交融，依法管理宗教事务。深化国防动员和双拥共建。推进扫黑除恶常态化，依法严打涉枪涉爆、电信网络诈骗、诈骗老年人等违法犯罪，加强新业态新领域安全监管，确保社会大局和谐稳定。

各位代表！今年，我们将继续加大民生投入力度，滚动实施一批重点民生实事。包括：新开工改造城镇老旧小区 2069 个；新增婴幼儿托位 1.6 万个；公办幼儿园在园幼儿占比保持在 53% 以上；推进义务教育阶段学生“双减”；开展青少年心理健康教育；创建 100 家“渝馨家园（残疾人之家）”，实施困难重度残疾人家庭无障碍改造 1 万户；对 15 个轨道站点进行步行便捷性提升改造；建成“劳动者港湾”示范点 150 个；实施农村公路安全防护工程 4000 公里；新增小微停车场泊位 2 万个；实施 100 个街头绿地提质项目，建设 100 公里山城绿道；建设 10 个城市体育公园、100 个口袋公园；为 18 万名适龄在校

女学生免费接种 HPV 疫苗；推进公益性殡葬服务设施建设；安装 873 台化粪池安全监测系统，完成 2 万个窨井盖专项整治。我们将用心用情用力办好民生实事，让发展更有温度、幸福更有质感。

四、全面加强政府自身建设

人民政府根植人民、服务人民，政府前面的“人民”二字重于泰山。我们要站稳人民立场、守好百姓之心，加快建设为民政府、法治政府、效能政府、数字政府、廉洁政府，以赶考的清醒当好“三个务必”的答卷人。

（一）突出政治建设，切实把“两个确立”的政治成果转化为“两个维护”的政治自觉

深刻领悟“两个确立”的决定性意义，坚定自觉维护习近平总书记党中央的核心、全党的核心地位，维护党中央权威和集中统一领导，坚持不懈用习近平新时代中国特色社会主义思想凝心铸魂，不断提高政治判断力、政治领悟力、政治执行力。不折不扣落实党中央决策部署，严格执行市委工作要求。持续深入肃清孙政才恶劣影响和薄熙来、王立军流毒，全面彻底肃清邓恢林流毒影响，不断巩固发展良好政治生态。

（二）深化法治建设，让科学决策、依法行政成为鲜明标识

深入贯彻法治政府建设实施纲要及我市实施方案，加快转变政府职能，推进政务公开，全面实行政府权责清单制度。认真做好第五次全国经济普查。加强重大行政决策合法性审查、民意调查和决策后评估。加快重点领域、新兴领域创制性立法。完善基层综合执法体制机制，推进严格规范公正文明执法，加强行政执法监督机制和能力建设。建设覆盖城乡的现代公共法律服务体系。自觉接受人大监督和政协监督，主动接受监察监督、司法监督、群众监督、舆论监督，加强审计监督、统计监督，使党和人民赋予的权力始终用来为群众谋福祉。

（三）狠抓效能建设，让革新立新、担当实干蔚然成风

保持奋进者姿态、创造性张力，高质高效抓工作、促落实。注重解放思想、打开思路，冲破因循守旧的条条、破除惯性思维的框框、摆脱墨守成规的束缚，对理念、方法、机制进行全方位、系统性、重塑性变革。注重学习提能、实践赋能，加强思想淬炼、理论训练、政治历练、实践锻炼，提高面向现代化、适应现代化、引领现代化的能力，培养在复杂环境、多重约束下解决问题的能力。注重整体智治、高效协同，优化完善“渝快办”“渝快政”，推进跨部门数据共享、流程再造、业务协同，打造政令一键智达、执行一贯到底、监督一屏掌控等数字化协同工作场景。注重实干争先、闭环落实，坚持问题导向、清单管理，建立争先创优赛马比拼机制、服务企业服务群众服务基层机制、班子运行评估和群众口碑评价机制、最佳实践分析和典型问题案例复盘机制，健全“谋划—决策—执行—反馈”的工作闭环，完善“项目化实施 + 专班化推进”运作方式，以钉钉子精神干出一批有辨识度、有影响力的标志性成果。

（四）强化廉政建设，让清廉文化、新风正气持续充盈

弘扬伟大建党精神和红岩精神，永葆自我革命精神，筑牢落实中央八项规定精神堤坝，坚决破除特权思想和特权行为，对“四风”问题露头就打，对普遍发生、反复出现的问题深化整治。

精打细算过紧日子，持续压减非刚性、非重点、非急需支出。一体推进不敢腐、不能腐、不想腐，大力整治权力集中、资金密集、资源富集领域的腐败，坚决惩治群众身边的“蝇贪”，推动以自我革命引领社会革命的市域新实践。

（五）矢志团结奋斗，让凝心聚力、同心筑梦成为时代强音

以民主集中凝聚智慧，以政府协商增进共识，珍视科学家、专家、企业家资源，激发全社会团结奋斗的精气神，让干部敢为、区县敢闯、企业敢干、群众敢首创。人民群众是团结奋斗的力量源泉。要把屁股端端地坐在老百姓的这一面，始终同人民群众一道拼、一块干、一起奋斗，共同创造新时代新征程新重庆更加美好的明天。

各位代表！新征程是充满光荣和梦想的远征。让我们更加紧密团结在以习近平同志为核心的党中央周围，在中共重庆市委领导下，踔厉奋发、接续奋斗，埋头苦干、勇毅前行，确保把党的二十大精神全面落实在重庆大地上，全面建设社会主义现代化新重庆！

让我们踏上新征程，向着新目标，出发！

关于重庆市 2022 年国民经济和社会发展计划执行情况及 2023 年计划草案的报告

——2023 年 1 月 13 日在重庆市第六届人民代表大会第一次会议上

重庆市发展和改革委员会

各位代表:

受市人民政府委托，现将 2022 年国民经济和社会发展计划执行情况及 2023 年计划草案提请大会审查，并请各位政协委员提出意见。

一、2022 年国民经济和社会发展计划执行情况

2022 年，在以习近平同志为核心的党中央坚强领导下，全市上下全面贯彻习近平新时代中国特色社会主义思想，深入学习贯彻党的二十大精神，紧紧围绕把习近平总书记殷殷嘱托全面落实在重庆大地上这条主线，认真贯彻落实党中央、国务院决策部署，立足新发展阶段，完整、准确、全面贯彻新发展理念，积极服务和融入新发展格局，坚持全面落实“疫情要防住、经济要稳住、发展要安全”指示要求，高效统筹疫情防控和经济社会发展，统筹发展和安全，把稳增长放在更加突出的位置，进一步加大宏观政策实施力度，加力落实稳经济一揽子政策措施和接续政策措施，着力战高温、战旱情、战灾情、战疫情，着力保市场主体、稳就业、稳物价，积极应对超预期因素冲击，发展质效稳步提升，就业物价保持平稳，社会民生得到有效保障，经济发展保持了多重压力下的恢复态势，实现了稳增长稳就业稳物价的总体平衡。

——深入学习贯彻党的二十大精神，全面贯彻市第六次党代会和市委六届二次全会精神。全面落实习近平总书记对重庆所作重要讲话和系列重要指示批示精神，积极推进成渝地区双城经济圈和西部陆海新通道建设，高标准启动重庆都市圈建设，国家重要先进制造业中心建设成效显现，西部金融中心建设取得积极进展，郑渝高铁开通运营，渝西高铁、成渝中线高铁实质性开工建设，围绕进一步把习近平总书记殷殷嘱托全面落实在重庆大地上，重庆人民正奋力书写现代化建设新篇章。

——全力稳住经济基本盘，有力应对各种困难挑战。对接落实国家稳经济一揽子政策措施和接续政策措施，建立“1+X”常态化专班制度，打表推进“5 张清单”。坚持以人民为中心，有力应对疫情、高温、干旱、山火等困难挑战，出台系列助企纾困政策措施，全年为企业减负超过 1500 亿元。经济在多重压力下实现韧性增长，全年地区生产总值超过 2.9 万亿元、增长 2.6%。全力兜牢民生底线，城镇新增就业 71 万人，居民消费价格温和上涨 2.1%，15 件重点民生实事年度任务如期完成。

——积极培育经济增长点，不断增强高质量发展动能。全国首个全省域绿色金融改革试验

区、中西部首个区域性股权市场创新试点、国家网络安全产业园区（成渝）、国家市场采购贸易试点、内外贸一体化试点、国家进口贸易促进创新示范区等获批落地。万州机场国际航空口岸获批正式开放，成功创建生产服务型国家物流枢纽。营商环境创新试点100项首批改革事项取得阶段性成果，新设立市场主体53.2万户，新增上市（过会）企业18家，科创板实现“零突破”，高质量发展动能和内外部发展信心不断增强。

重点抓了以下八个方面的工作。

（一）聚焦扩大内需持续用力，全力畅通经济循环。把稳增长放在更加突出的位置，实施好扩大内需战略，充分发挥消费对经济发展的基础性作用和投资对优化供给结构的关键作用

一是积极扩大有效投资。深化“抓项目稳投资”专项行动，出台扩大有效投资的22条政策措施，制定市级重大项目前期工作管理办法，建立推进有效投资重要项目协调机制，形成政策性开发性金融工具、地方政府专项债券、市级重大项目、制造业中长期贷款及设备更新改造贷款贴息“四合一”的工作调度体系。市级重大项目全年完成投资4104亿元、实现年度计划的114%。轨道交通9号线一期、4号线二期建成通车，长寿硅基气凝胶复合材料等工业项目完工投用，渝西水资源配置工程、跳蹬水库等项目加快推进，成渝中线高铁、渝西高铁、成达万高铁、藻渡水库、向阳水库等重大基础设施项目开工建设。全年基础设施投资增长9%，工业投资增长10.4%。争取中央预算内投资173亿元，创历史新高。签约投放政策性开发性金融工具项目49个、291亿元。争取国家反馈我市设备贷款贴息项目341个、贷款需求252亿元，已完成投放48亿元。争取国家反馈我市扩大制造业中长期贷款投放项目571个。渝遂高速公路基础设施REITs上市发行、募集资金47.9亿元，为西部地区唯一的公募REITs。招商引资项目全年到位资金4220亿元、增长17.2%。

二是促进消费升级扩容。推动两江四岸核心区整体提升、中央商务区提档升级、寸滩国际新城高标准建设，加快解放碑—朝天门、观音桥等世界知名商圈建设。打出促消费政策“组合拳”，出台消费恢复发展19条、促进消费持续恢复30条，出台建设富有巴蜀特色国际消费目的地实施方案和促进绿色消费实施方案，举办“爱尚重庆”美好生活节、首届中国（重庆）国际消费节等系列主题促销活动，发放消费券，限上单位网络零售额增长31.1%。编制内外贸一体化试点实施意见。

三是加大助企纾困力度保市场主体。出台促进工业经济平稳增长39条、促进服务业恢复发展56条、支持个体工商户和中小微企业发展12条等政策措施。完善助企纾困和稳经济大盘专班工作机制，编印助企纾困政策措施清单及“口袋书”，动态发布“稳经济政策包”，全年为120万余户市场主体减税降费近700亿元。开展稳企惠企集中攻坚行动，常态化跟踪调度、阶段性评估政策实施情况。市场主体总量达341.6万户、增长6.6%。

（二）聚焦成渝地区双城经济圈建设持续用力，加快推动区域协调发展。聚焦“两中心两地”战略定位，做强“双核”、联动“双圈”、服务和融入“双循环”，深入推进“一区两群”协调发展，加快打造带动全国高质量发展的重要增长极和新的动力源

一是积极推进成渝地区双城经济圈建设。举办第五次、第六次重庆四川党政联席会议，启动共建巴蜀文化旅游走廊重大活动，成渝地区双城

经济圈建设沙盘入选党的二十大"奋进新时代"主题成就展。7 个配合国家部委编制的规划（方案）已出台 6 个，13 个两省市共同编制的规划（方案）已联合印发 10 个。组建重庆成都双核联动专项工作组，明确工作机制和第一批 34 项合作项目事项。印发实施《重庆都市圈发展规划》。160 个共建双城经济圈重大项目全年完成投资 2336 亿元、实现年度计划的 127%。加快培育壮大汽车制造、电子信息等优势产业集群，成渝地区电子信息先进制造集群入选国家先进制造业集群名单，全国一体化算力网络成渝国家枢纽节点、量子通信网络"成渝干线"等重大项目加快推进。实施第三批川渝通办政务服务事项。

二是加快推动主城都市区同城化发展。召开主城都市区座谈会，城市功能片区加快更新改造。产业规模不断发展壮大，电子信息产业加快补链成群，长安阿维塔 11 创我市自主品牌乘用车售价新高，赛力斯问界成为最快月销破万的造车新势力单一品牌，华润微电子功率半导体封测、台达电子西部生产基地、华峰新材料产业园、长寿湖文化产业园等项目稳步推进。同城化通道加快建设，市域（郊）铁路江津至跳磴线投运，璧铜线建设提速推进，两江新区至长寿快速通道加快建设，基本形成"三环十四射多联线"高速公路网。"一区两群"区县对口协同发展机制显效，17 对结对区县推动 15 个产业协同项目在"两群"区县落地，"一区"采购及助销"两群"区县农特文旅产品 3.6 亿元，实施科技成果转化应用项目 32 个。

三是全力推动渝东北三峡库区城镇群生态优先绿色发展。深入实施三峡后续工作规划。"万开云"同城化发展取得积极成效。云阳、奉节、巫山正式迎来高铁时代，城开高速建成通车、实现"县县通高速"，巫云开高速建设加速推进，万州新田港、忠县新生港等枢纽型、重点型港口联动成网，万州机场改扩建工程完工。开工云阳建全抽水蓄能电站，核准奉节菜籽坝抽水蓄能电站，新能源装机量占全市的比重达 60%。市级农业特色产业基地达 24 个，奉节脐橙、忠橙、大观蓝莓、巫山脆李、开州木香、渝产道地中药材等种植规模不断扩大。重庆大三峡旅游集团成立并投入营运，奉节县白帝城 · 瞿塘峡景区获评国家 5A 级旅游景区，丰都南天湖旅游度假区获评国家体育旅游示范基地。

四是全力推动渝东南武陵山区城镇群文旅融合发展。举办 2022 中国武陵文旅峰会，新创建 A 级旅游景区 3 个，武隆仙女山荆竹村成功入选 2022 年联合国世界旅游组织"最佳旅游乡村"。实施老旧小区改造，黔江"中国峡谷城 · 武陵会客厅"、武隆国际精品旅游城市、彭水新城、酉阳桃花源新城、秀山渝鄂湘黔毗邻地区中心城市建设提速。新建成黔江、石柱、酉阳等重点现代化农业产业园区。渝东南地区实现生活垃圾焚烧处理全覆盖，绿色发电量占全市绿电量的比例超 70%。黔江武陵山机场完成改扩建，渝湘高铁重庆至黔江段等重点项目加快推进。

（三）聚焦科技自立自强持续用力，加快提升自主创新能力。坚持创新在现代化建设全局中的核心地位，落实高水平科技自立自强要求，围绕"四个面向"，争取国家战略科技力量布局，加快建设具有全国影响力的科技创新中心

一是实施科创平台领航行动。高水平建设西部（重庆）科学城，中科院重庆汽车软件创新平台揭牌投用，超瞬态实验装置完成总体规划设计，种质创制大科学中心一期投用、二期启动建设，金凤实验室入驻科研团队 20 个、华大时空组学中心落地，累计引进建设新型高端研发机构 26 个、科技创新基地 184 个。高标准建设两江协同创新区，累计引进开放式、国际化新型研发机构50家，入驻两院院士团队25个、创新人才2900余人，重庆卓越工程师学院揭牌开学，“中国复眼”一期项目建成开机，卫星互联网产业园高起点布局推进。高质量建设广阳湾智创生态城，提速打造长江模拟器、长江上游生态航道国家野外科学观测研究站，启动建设广阳湾实验室，重庆脑与智能科学中心、碳捕集碳中和、绿色智能环保技术与装备技术创新中心加快建设。

二是着力突破关键核心技术。实施基础研究行动计划，聚焦智能科技、生命科技、低碳科技组织实施科技重大（重点）项目563项。编制科技进步路线图，实施汽车软件、生物医药等12个重大（重点）科技专项，取得车规级芯片设计等一批重大技术成果。推动形成“综合型＋专业型”研究院矩阵体系，重庆高新技术产业研究院重组为市级平台，成功孵化落地科技成果转化项目32个，储备项目超200个。深入实施产业基础再造工程，碳化硅功率器件、纳米银柔性显示等领域率先突破。

三是壮大优势创新力量。着力打造国家数字经济创新发展试验区和国家新一代人工智能创新发展试验区，华为人工智能算力中心建成投用，京东、中科曙光等高性能算力设施加快建设。提速建设重大科技平台，新建市级重点实验室38个。新引进国内外知名创新机构5家、累计达108家，建设新型研发机构179家。科技型企业达42989家、增长16%，高新技术企业达6348家、增长24.3%，3家企业通过科创板上市审核，山外山公司成为重庆首家科创板挂牌企业。全社会研发经费投入强度达2.3%左右、增加0.14个百分点。

四是激发人才创新活力。精准实施“重庆英才计划”等人才计划，在渝两院院士累计达18人，7人入选国家高层次人才特殊支持计划，新增国家“杰青”2人、累计56人，新增国家“优青”13人、累计69人，首次获得国家创新研究群体2个。全市外国高端人才1310人，高级职称人才21.6万人，高技能人才158万人，R&D人员总量超过20万人。万人发明专利拥有量16件，增长21.1%。

五是营造良好创新生态。出台成渝地区建设具有全国影响力的科技创新中心总体方案，共同形成“一带一路”科技创新合作区实施方案，联合实施研发项目60项。全面创新改革试验加快推进，科研项目实施、科技经费管理、科技成果转化、科研人员减负等重要改革取得实质性进展。深入推进知识价值信用贷款改革，新增发放知识价值信用贷款65.5亿元。新获批国家级科技企业孵化器和众创空间18家、累计95家，认定市级技术转移示范机构5家、累计35家，技术合同成交额超620亿元、连续两年实现翻番。

（四）聚焦振兴实体经济持续用力，加快建设现代化产业体系。坚持以大数据智能化为引领，加快传统产业转型升级，加快产业基础高级化和产业链现代化，构建市场竞争力强、可持续的现代化产业体系

一是着力推动制造业高质量发展。制定实施世界级智能网联新能源汽车产业集群发展规划，深蓝SL03、问界M7等高端新能源车型上市，龙兴智能网联新能源汽车产业基地、赣锋锂电等重大项目开工建设，比亚迪动力电池全球总部、长安渝北新工厂等重大项目有序推进。电子信息产业加快发展，惠普PC研发中心、信息通信技术中俄创新中心、百信服务器西南国际总部基地相继落地，全球首家智能家电5G互联工厂海尔智能洗碗机项目建成投产，华润微电子12英寸功率半导体晶圆产线投产、京东方第6代柔性显示

面板产线等投产上量。制定支持卫星互联网产业发展的指导意见。累计培育专精特新中小企业 2484 家，其中国家级专精特新“小巨人”企业 255 家。新增质量强镇 38 个、质量强园 34 个、质量强企 367 个，建成质量基础设施“一站式”服务平台 241 个。

二是着力推动数字经济高质量发展。启动实施软件和信息服务业“满天星”行动计划，新增软件企业 3500 余家，盘活存量楼宇超 100 万平方米，软件业务收入增长 10.5%。新实施智能化改造项目 1407 个，新认定智能工厂 22 个、数字化车间 160 个。实施“一链一网一平台”试点示范工程，川仪、宗申、青山等 3 个示范项目有序推进。忽米网、吉利广域铭岛入选国家“双跨”平台，15 个国家级“双跨”平台在渝布局，工业互联网转型促进中心建成投用。推动建设 131 个工业互联网新模式、新应用，工业互联网标识解析顶级节点（重庆）接入 9 省市、34 个二级节点。5G 基站数量达到每万人 19 个，位居全国第一梯队。成功举办 2022 智博会。数字经济核心产业增加值占 GDP 的比重超过 8%。

三是着力推动服务业高质量发展。深入开展服务业扩大开放综合试点，86 项试点任务已落地 75 项，出台试点配套政策文件 60 余个，开创首创性差异化改革探索 50 余项。召开全市培育建设国际消费中心城市推进大会，出台 23 条支持政策，储备重大项目 127 个，统筹推进“五大名城”“十大工程”建设。大力建设西部金融中心，金融机构本外币存贷款余额分别增长 8%、6.7%，累计实现跨境融资 192 亿美元。

四是着力推动现代农业高质量发展。全年粮食播种面积 3070 万亩，增长 1.7%，生猪、蔬菜、水产品等“菜篮子”产品稳步增产。新建高标准农田 255 万亩，启动建设 57.8 万亩丘陵山区高标准农田改造提升示范项目。创建全国农业现代化示范区 4 个、国家农村产业融合发展示范园 2 个、国家现代农业产业园 2 个、国家农业绿色发展先行区 2 个，国家生猪技术创新中心建设取得重要进展。成功创建潼南、垫江 2 个国家级制种大县。规上农产品加工企业达 1293 家，梁平预制菜、綦江健康食品、合川火锅食材、长寿有机鱼等新产业快速成长。

（五）聚焦深化改革开放持续用力，加快营造良好发展环境。深入抓好改革开放，大力推进深层次改革，不断扩大高水平开放，持续优化营商环境，加快建设改革开放新高地

一是大力推进营商环境创新试点城市建设。印发营商环境创新试点实施方案，构建起“1 个总体方案 +100 个专项方案”的制度体系。制定迎接世行新一轮营商环境评估工作方案。深化“证照分离”改革，办理涉企经营许可事项 63.8 万件，惠及企业 35.2 万户。上线运行“全国中小企业融资综合信用服务平台（重庆站）”，在全国范围内率先实现银政企数据全域互联互通。深入开展经营者集中案件反垄断审查试点工作。全市深化招标投标领域优化营商环境做法，被中央全面深化改革委员会办公室作为典型案例在全国推广。

二是大力推进更深层次改革。出台贯彻落实加快建设全国统一大市场重点举措及分工方案。深入推进要素市场化配置改革，西部数据交易中心正式投用。顺利完成国企改革三年行动 94 项重点任务，重庆渝富控股集团、三峰环境集团入选全国国有企业公司治理示范企业，重庆农商行数字化平台、庆铃集团分别入选国务院国资委管理提升标杆项目、标杆企业。毫不动摇鼓励、支持、引导非公有制经济发展，民营经济增加值占 GDP 的比重达到 59.4% 左右。

三是进一步畅通开放通道。牵头“13+2”省

（区、市）共建“单一窗口”西部陆海新通道平台上线，新开通线路78条，中老班列实现常态化运行，重庆经西部陆海新通道运输14.8万标箱、增长32%。中欧班列（成渝）开行5000列以上，占全国开行总量的近30%，新增3处境外集散分拨中心。渝满俄班列开行2000列、增长91%。沪渝直达快线开行1196艘次，完成智慧长江物流工程一期开发任务。国际航线增至109条。重庆成为拥有港口型、陆港型、空港型、生产服务型四种类型国家物流枢纽的城市。

四是进一步提升开放平台能级。深化自贸试验区改革探索，培育形成工业项目“标准地”出让新模式、“一站式”“一体化”移民事务服务体系等创新成果30项，在全市复制推广改革经验案例23项，落户中西部首个国家商标审查协作中心。高标准实施中新互联互通项目，累计落地政府和商业合作项目234个、总金额252.6亿美元，金融服务项目235个、总金额291.3亿美元，新加坡航空公司（重庆）保税航材分拨中心落地，中新多式联运示范基地建成投运，重庆中新肿瘤医院开诊运营。两路寸滩综合保税区正式调整为两路果园港综合保税区，万州综合保税区正式封关运行。重庆国际物流枢纽园区获批国家骨干冷链物流基地。太极集团获批中医药服务出口基地，中国重庆人力资源服务产业园获批人力资源服务出口基地，重庆在国家级服务出口基地上实现零的突破。

五是进一步提高开放型经济质量。出台推动外贸高质量发展三年行动计划、建设高质量外资集聚地三年行动计划、高质量实施RCEP行动计划，积极推进贸易促进、补链强链、“渝商出海”等八大行动。加快建设中西部国际交往中心，缅甸驻渝总领事馆开馆，新增4对国际友好交流城市，高职院校非独立法人中外合作办学机构实现“零突破”。智博会、西洽会、中新金融峰会、陆海新通道国际合作论坛等重大活动的国际影响力不断提升。外贸进出口达到8158.4亿元，增长2%。

（六）聚焦城乡融合发展持续用力，统筹抓好城市提升和乡村振兴两个基本面。提升新型城镇化建设质量，全面推进乡村振兴，加快形成工农互促、城乡互补、协调发展、共同繁荣的新型工农城乡关系

一是持续巩固拓展脱贫攻坚成果。制定坚决防止规模性返贫23条、脱贫人口稳岗就业13条等政策措施，识别监测对象近半数消除返贫风险。“一县一策”支持城口、巫溪、酉阳、彭水国家乡村振兴重点帮扶县发展，明确政策支持清单213项、规划实施项目168个。秀山农村电商入选第三届全球减贫案例。大力推进重点工程项目以工代赈，覆盖项目59个、总投资2586.6亿元。易地扶贫搬迁脱贫户零就业家庭实现动态清零。

二是持续全面推进乡村振兴。深入实施农村人居环境整治提升五年行动，新（改）建农村卫生厕所5万户，改造农村危房4147户，整治存在安全隐患的农房15.8万户，创建美丽宜居乡村1239个、最美庭院7.8万户。新建“四好农村路”3600公里、村道安防工程4050公里。大力实施农村饮水安全“一改三提”行动，农村自来水普及率达89%。农村“三变”改革试点覆盖3797个行政村。农村集体经济持续发展，村均经营收入稳定增长。在12个乡镇开展全域土地综合整治试点。创建国家乡村治理示范乡镇4个、示范村40个，成功举办2022年中国农民丰收节。

三是持续提升城市功能品质。基本建成“两江四岸”十大公共空间，统筹推进长嘉汇、艺术湾等城市功能名片及嘉陵滨江生态长廊建设，实施项目87个。城市更新试点示范项目投用9个。垫丰武高速公路等开工建设，161公里高速公路

通车，通车总里程突破 4000 公里。江跳线等 61 公里城市轨道投入运营。中心城区城市道路通车总里程达 6250 公里，建成投用红岩村大桥、白居寺大桥、龙兴隧道“2 桥 1 隧”。建设 38 处公共停车场，新增泊位约 3500 个。启动实施 33 个片区路网更新，新增小微停车场泊位 1.2 万个。新建、改造城市公厕 355 座。新开放“劳动者港湾”363 座。累计建设投用 17 条约 353 公里山城步道，滚动实施 150 个交通堵乱点治理。打造山城绿道 120 公里、山城花境 186 个，建成 73 个口袋公园。新开工改造城镇老旧小区 1304 个、3109 万平方米，完成棚户区改造 1.5 万户。完成西彭水厂扩建一期工程等 5 座城市水厂新（扩）建工程，新建改造城镇排水管网 1900 公里，完成 12 座城市污水处理厂新改扩建。新（扩）建生活垃圾处理设施 9 座。

四是深化新型城镇化和城乡融合发展。出台《重庆市新型城镇化规划（2021—2035 年）》。垫江、忠县、彭水县城新型城镇化建设示范扎实推进。统筹推进国家城乡融合发展试验区和市级城乡融合发展先行示范区建设，建立城乡融合发展重大项目库，7 项典型经验向全国推广。出台促进特色小镇规范健康发展的实施方案，发布特色小镇清单。

（七）聚焦绿色低碳发展持续用力，加快建设山清水秀美丽之地。坚决贯彻“共抓大保护、不搞大开发”方针，把修复生态环境摆在压倒性位置，深入打好污染防治攻坚战，加快建设山清水秀美丽之地

一是推动碳达峰碳中和实现良好开局。印发《中共重庆市委 重庆市人民政府关于完整准确全面贯彻新发展理念做好碳达峰碳中和工作的实施意见》，编制碳达峰行动计划（2022—2025 年），提出 20 项绿色低碳行动，碳达峰碳中和“1+2+6+N”政策体系基本形成。与四川省联合提出“十项联合行动”。完成重点行业建设项目温室气体排放环评试点。全市能耗强度下降 2.5% 左右，达到“十四五”期间序时进度。

二是切实筑牢长江上游重要生态屏障。完成“两岸青山 · 千里林带”建设 50 万亩，国家储备林建设 100 万亩，北碚、梁平、涪陵和大足荣获“国家森林城市”称号，梁平荣获“国际湿地城市”称号。出台实施生物多样性保护行动计划。统筹推进中心城区“四山”保护提升，成功申报三峡库区腹心地带山水林田湖草沙一体化保护和修复工程，综合利用建设弃土 7400 万方，修复矿山超 800 公顷。广阳岛生态修复主体完工。城口获批第六批国家生态文明建设示范区、国家水土保持示范县，巫山被命名为“两山”实践创新基地。

三是深入打好污染防治攻坚战。以钉钉子精神加强中央生态环境保护督察反馈问题、长江经济带生态环境突出问题整改。秀山、酉阳、城口锰行业落后产能全部淘汰退出。市双总河长签发实施第 4 号市级总河长令，开展查河要实、治河要实、管河要实专项行动，清理水域垃圾 12.1 万吨，74 个国考断面水质优良比例为 98.6%。累计完成 3.6 万家涉气中小微企业整治，空气质量优良天数达 332 天、较上年增加 6 天。川渝“无废城市”共建形成全国示范。

四是积极推动绿色低碳发展。创建绿色工厂 78 家、绿色园区 5 个。印发实施推动川渝能源绿色低碳高质量发展协同行动方案，全市生活垃圾焚烧发电约 23 亿度，全年清洁能源电量消纳占比超过 47%。两江新区成功入选国家首批气候投融资试点。重庆高新区成功入选全国首批数字化绿色化协同转型发展（双化协同）综合试点。进一步规范碳排放权交易管理，碳排放指标累计成交 4000 万吨、8.4 亿元。

（八）聚焦创造高品质生活持续用力，加快提高保障和改善民生水平。坚持以人民为中心的发展思想，加强民生保障和安全稳定工作，加快补齐民生领域短板，扎实推动共同富裕，滚动实施15件重点民生实事，不断增强人民群众的获得感、幸福感、安全感

一是积极稳就业促创业。出台3个新一轮稳就业政策文件，推出79项“降、缓、返、补、扶”政策包。组织开展就业援助月、春风行动、高校毕业生就业服务攻坚行动、困难人员就业帮扶、老兵招聘月等专项行动，筹集政策性和市场化岗位超100万个。开展补贴性职业技能培训28.5万人次，培训重点群体16.2万人次，带动重点群体就业超过10万人。发放创业担保贷款55亿元、扶持创业2.9万人。全年城镇新增就业71万人、超预期目标11万人，全年平均城镇调查失业率5.4%。

二是健全完善公共服务体系。实施学前教育发展提升行动计划，新增公办幼儿园107所。实施义务教育质量提升行动计划、县域普通高中发展提升行动计划，义务教育集团化办学、学区化管理占比超过80%，巩固提高义务教育“双减”成果。国家医学中心加快建设，4个项目获批纳入国家区域医疗中心建设项目名单，重大附属三峡医院等3家医院纳入省级区域医疗中心建设名单，市中医院成功入选国家中医药传承创新中心，黔江成功入围全国公立医院改革与高质量发展示范项目。推进基本养老服务体系建设，实现城乡社区居家养老服务全覆盖，养老床位达到23万余张。实施普惠养老及普惠托育服务城企联动专项行动。城乡养老保险、基本医保参保率分别达到97%、99.7%，城镇、农村居民低保标准分别提高至每人每月717元、581元。红岩文化公园二期等项目加快建设，巴蜀文化旅游走廊建设深入推进。全民健身公共服务体系基本建立，人均体育场地面积超过2.1平方米，龙兴足球场建成。每百户居民拥有社区综合服务设施面积30平方米的社区占比达到85%。

三是扎实做好重要民生商品保供稳价及粮食、能源安全保障工作。加强重要民生商品价格日常监测和动态调控，及时启动价格补贴联动机制。全面落实粮食安全党政同责要求，制定稳定粮食生产10条“硬措施”，全年粮食总产量107.3亿公斤。加快推动中储粮、中粮集团在渝160万吨仓容、80万吨粮食智能化加工基地项目建设，成立中储粮万州、涪陵直属库。制定电力保供三年行动方案，加快推进495万千瓦天然气发电项目建设，获批新增200万千瓦煤电指标。川渝1000千伏特高压交流工程、疆电入渝配套电源项目开工建设。

四是着力防范化解苗头性、倾向性、潜在性风险。科学应对持续极端高温干旱天气，为74.8万群众应急送水，成功扑灭15起较大森林火灾。成立市房地产领域风险防范化解和维稳处突工作专班，全力开展“保交楼、稳民生”工作，重点项目风险处置稳妥有序推进。加大隐性债务化解力度，遏制新增隐性债务，政府债务风险总体可控。落实好防范化解重大金融风险重点任务27项责任清单，银行业不良率、小贷不良率、融资担保代偿率指标优于全国平均水平。深入推进安全生产“两重大一突出”综合治理，安全生产形势稳定向好。持续加强食品药品安全监管。不断深化“枫桥经验”重庆实践，攻坚化解信访积案，推动扫黑除恶长效常治。建设覆盖城乡的现代公共法律体系。

受需求收缩、供给冲击、预期转弱“三重压力”和疫情散发多发、俄乌冲突“两个变量”影响，全市经济社会发展受到较大冲击。市五届人大五次会议批准的35项计划指标中，6项为约束

性指标，除 1 项指标国家暂未下达 2022 年目标值，其余全部完成；29 项为预期性指标，其中城镇新增就业人数、居民消费价格指数、高新技术企业数量等 13 项指标能够完成，15 项完成有难度，实际利用外资数据口径调整。具体情况详见附件 1。

2022 年，实施市级重大建设项目 934 个，总投资 2.6 万亿元，全年市级重大项目完成投资 4104 亿元，超年度计划 14 个百分点。政府工作报告强调的重点工作领域中，科技创新、产业转型升级、乡村振兴、城市提升、生态环保、社会民生六个板块项目，分别完成投资 43.5 亿元、1021.5 亿元、152 亿元、2440 亿元、154.5 亿元、292.5 亿元，分别占年度计划的 113.5%、118.3%、123.6%、104.7%、134.1%、113.7%，其中产业转型升级、城市提升、社会民生共完成投资 3754 亿元，占市级重大项目的 91.5%，引领带动作用显著。分投资来源看，政府投资项目 376 个，完成投资 1844 亿元、占年度计划的 106%；企业投资项目 558 个，完成投资 2260 亿元、占年度计划的 113.7%。截至 2022 年底，全市“十四五”规划纲要重大建设项目已启动实施 272 项，其中完工投用或试运行 31 项，累计完成投资超过 5800 亿元。

二、2023 年国民经济和社会发展计划总体考虑

2023 年是新时代新征程全面建设社会主义现代化新重庆的开局起步之年，必须迈好第一步、见到新气象。要全面对标对表党的二十大部署，对标对表中央经济工作会议要求，结合重庆实际，系统全面谋划，抓住关键环节，加快推动实现变革性实践、取得突破性进展、形成标志性成果。

（一）宏观形势判断

2023 年，外部环境更趋复杂严峻，国内改革发展稳定任务更加艰巨，我市发展面临一系列老难题和新挑战，不稳定不确定不平稳因素加大稳增长压力。

国际政治经济环境复杂多变。俄乌冲突存在较大不确定性，全球安全格局和大国博弈关系深刻调整。全球供给制约、需求不足问题交织，发达经济体政策调整外溢效应持续显现，美联储持续大幅加息，非美元货币对美元汇率持续贬值，欧元区、日本等经济下行压力加大。发展中国家资本外流，地缘政治冲突热点多发，外部风险进一步加大。

国内经济有望总体回升。当前经济恢复的基础尚不牢固，需求收缩、供给冲击、预期转弱“三重压力”仍然较大，但是我国经济韧性强、潜力大、活力足，各项政策效果持续显现，经济有望实现总体回升。

我市发展面临诸多机遇。一是党的二十大胜利召开，一系列重大决策部署给重庆发展带来前所未有的战略机遇。党的二十大对全面建设社会主义现代化国家作出战略部署，提出推动西部大开发形成新格局、长江经济带发展、成渝地区双城经济圈建设、建设西部陆海新通道等紧密关系重庆的重大举措，将为我市经济发展注入强劲动能。市委六届二次全会对新时代新征程新重庆进行部署，进一步明确目标路径，必将极大调动和激发全市上下干事创业的积极性和主动性。二是中央对 2023 年经济工作作出系列安排部署，我市经济恢复发展面临新的政策机遇。中央经济工作会议提出财政、货币、产业、科技、社会等五大宏观政策。国务院紧密推出更多新政策新举措。这些政策含金量高、惠及面广，将为我们推动经济运行整体好转提供重大支撑。三是经济持

续增长有利因素不断积累，我市高质量发展面临更大的市场机遇。随着疫情防控措施不断优化，产业链供应链加快畅通稳定，生产生活秩序加快回归正常，供需两端协同发力，市场预期逐步好转。中央对扩大内需、加快建设现代化产业体系等作出明确部署，将有力促进重庆在更大空间、更深层次、更高水平参与和服务构建新发展格局。

（二）总体要求

坚持以习近平新时代中国特色社会主义思想为指导，全面贯彻党的二十大精神和中央经济工作会议精神，认真落实市委部署要求，坚持稳中求进工作总基调，完整、准确、全面贯彻新发展理念，积极服务和融入新发展格局，着力推动高质量发展，更好统筹疫情防控和经济社会发展、更好统筹发展和安全，持续提振信心、持续扩大内需、持续深化供给侧结构性改革，努力实现稳进增效、除险清患、改革求变、惠民有感，确保新时代新征程全面建设社会主义现代化新重庆开好局、起好步。

（三）主要发展目标

2023 年国民经济和社会发展计划指标总体上继续沿用 2022 年指标体系，按照市委六届二次全会精神，进一步优化完善，共 39 项指标，其中约束性指标 5 项、预期性指标 34 项，具体情况详见附件 2。2023 年地区生产总值增速预期目标定为 6% 以上、争取实现更好的结果，是根据中央经济工作会议精神，兼顾需要与可能、长期与短期、速度与质量、总量与结构，按照“跳一跳、够得着”的低线目标和“咬咬牙、会更好”的高线目标确定的，主要考虑四个方面因素。

一是产业发展有支撑。随着疫情防控措施不断优化，生产生活秩序加快恢复，工业生产、投资、消费、交通运输等经济活动逐步恢复常态，将有力支撑经济实现较快增长。从工业看，预计汽车产业将保持较好的发展势头，同时装备、消费品、医药、能源等产业持续发力，电子、材料、摩托车等产业保持平稳增长。从建筑业看，在基础设施建设、工业招商项目落地、装配式建筑加快发展等带动下建筑业增加值将有条件实现较快增长。从服务业看，现代金融、大健康等现代服务业加快发展，其他服务业继续蓬勃发展，批发零售、住宿餐饮等传统服务业加快恢复，将支撑服务业企稳回升。从农业看，在巩固拓展脱贫攻坚成果同乡村振兴有效衔接政策引领下，扶贫产业、以工代赈、高标准农田、现代产业园等重点项目加快普及推广，如不发生极端天气和自然灾害，预计农业保持稳定增长。

二是统筹考虑目标衔接。全市“十四五”规划纲要明确“十四五”期间地区生产总值平均增长 6% 左右。市委六届二次全会提出未来五年全市地区生产总值迈上 4 万亿元台阶。2023 年目标定为 6% 以上、争取实现更好的结果，可为如期实现“十四五”规划和市委六届二次全会目标奠定基础。

三是经济发展客观需要。重庆作为中西部地区唯一的直辖市、国家重要的中心城市，在全国发展大局中的地位更加重要、责任更加重大。2023 年目标定为 6% 以上、争取实现更好的结果，与我市在全国经济版图、西南地区经济版图中的定位相一致，有助于加快提升重庆经济发展实力，增强重庆对西部地区经济发展的辐射带动作用。

四是有利于释放积极信号，提振市场信心。2023年目标定为6% 以上、争取实现更好的结果，比 2022 年更加积极，有利于提振各方面信心和激发全市上下干事创业热情。同时，考虑到要为加快结构调整、防范化解重大风险腾挪出时间和精力，经济增长目标也不宜过高，避免过度透支经济增长潜力和后劲。

（四）重大项目安排

2023年，计划实施市级重大建设项目1123个（暂列），总投资约3万亿元，年度计划完成投资约4296亿元、较上年初计划增长18.5%。从重点领域来看，产业优化升级领域计划实施市级重大建设项目283个（暂列），总投资约5759亿元，年度计划完成投资约868亿元；科技创新领域计划实施市级重大建设项目23个（暂列），总投资约309亿元，年度计划完成投资约31亿元；城市更新提升领域计划实施市级重大建设项目481个（暂列），总投资约2万亿元，年度计划完成投资约2809亿元；乡村振兴领域计划实施市级重大建设项目34个（暂列），总投资约422亿元，年度计划完成投资约134亿元；生态环保领域计划实施市级重大建设项目73个（暂列），总投资约1318亿元，年度计划完成投资约114亿元；民生领域计划实施市级重大建设项目229个（暂列），总投资约2237亿元，年度计划完成投资约340亿元。

三、2023年实现国民经济和社会发展计划的重点工作

为确保国民经济和社会发展达到预期目标，2023年要坚持稳字当头、稳中求进，把稳住经济大盘作为重大任务来抓，继续做好“六稳”“六保”工作，突出做好稳增长、稳就业、稳物价工作，下更大力气稳工业、稳市场主体，深入开展“十四五”规划中期评估，不折不扣落实好各项目标任务，确保经济运行在合理区间。

（一）以更加有力举措为广大市场主体减负担、添活力，进一步提振发展信心、激发市场活力。紧扣市场主体急需，创新实施宏观政策，出台“提信心、稳增长、强主体”系列政策文件，全力抓好助企纾困、融资输血、服务保障等工作，坚持政策靠前发力、精准滴灌，更好提振信心、激发活力，促进经济社会较快恢复发展

一是推动个体工商户和中小微企业尽快恢复发展。加大信贷支持力度，对受疫情影响暂时失去收入来源的个体工商户和中小微企业予以展期、续贷，出台加强数字普惠金融平台建设解决中小微企业融资难题实施方案。加大转贷应急周转资金支持力度，阶段性减免中小企业使用政府转贷资金产生的资金占用费。制定进一步完善全市政府性融资担保体系的政策措施。持续开展拖欠中小企业账款清理工作。

二是尽力尽快恢复市场需求。出台加力提效实施积极财政政策的政策措施，加大政府采购支持中小企业力度。制定进一步加强金融支持消费恢复促进扩大内需的政策措施。常态化开展“爱尚重庆·渝悦消费”系列主题消费促进活动。加大消费券发放力度。出台促进绿色智能家电和汽车消费政策措施，鼓励有条件的区县和企业开展新一轮家电下乡活动。支持生活服务类电商平台放宽中小微企业和个体工商户入驻条件，引导平台企业降低服务、推广和宣传费用，对优质小微商户给予一定的流量扶持。支持各区县以划定区域等方式扩大外摆经营场所，允许经营者适度拓展经营场地。

三是支持各类群体就业创业。健全重点群体公共就业服务体系，实施人力资源服务业创新发展行动计划。支持各类群体通过开设特色小店等方式创造灵活就业岗位，制定专项财税、金融支持政策，加大创业担保贷款、一次性创业补

贴等政策支持力度。实施离校未就业高校毕业生服务攻坚行动，积极鼓励和支持高校应届毕业生自主创业，在资金、场地等方面向毕业生创业者倾斜。用好东西部劳务协作、川渝合作、“一区两群”工作机制，提高脱贫人口劳务输出组织化程度。在重点工程项目中大力实施以工代赈。做好留乡返乡脱贫人口有序承接，打造特色劳务品牌，挖掘就近就地就业岗位，支持脱贫人口返乡入乡创业和灵活就业。实施困难人员就业帮扶专项行动。及时发放失业保险待遇，切实保障参保失业人员基本生活，按需提供职业介绍、职业培训、创业指导等精准帮扶。

（二）持续推动产业优化升级，促进数字经济和实体经济深度融合。聚力打造世界级产业集群，找准主攻方向，加快建设先进制造业集群，提升特色产业集群竞争力，培育高成长性未来产业群，构建竞争力强、可持续的现代化产业体系

一是大力推动制造业高质量发展。出台加力振作工业经济若干政策措施，实施传统支柱产业提升行动和先进制造业集群培育行动，加快提升制造业发展能级。汽车产业方面，制定加快智能网联新能源汽车产业发展壮大的政策措施，加快关键核心技术攻关，加快新车型开发，完善关键零部件本地配套体系，支撑产品和品牌向上发展，打造世界级智能网联新能源汽车产业集群，争创国家智能网联汽车准入管理试点城市，建设国家车联网先导区、国家电动汽车换电模式示范城市。电子信息产业方面，制定支持电子终端制造业稳定发展的政策措施，积极吸引更多电子品牌企业来渝布局，带动完善本地研发体系，加快发展核心模组和零部件，巩固作为全球计算机、手机生产基地的地位。装备产业方面，实施“整机＋零部件”双提升行动，丰富整机种类，提升基础件发展水平，巩固作为全球通机生产基地的地位。食品加工产业方面，面向消费升级需求，深入推进“三品”战略，打造具有国际竞争力的食品加工产业集群。材料产业方面，面向产业升级和城市建设需求，加快结构调整和新品开发，增加高品质原材料供给，建设具有全国影响力的绿色建筑材料、天然气化工和特色优势矿产精深加工产业基地。生物医药产业方面，制定加快生物医药产业高质量发展的政策措施，加快生物药上市步伐，推动医疗器械、化学药原料药及制剂、现代中药升级发展，建设国内一流的生物医药产业集聚区，积极创建生物经济先导区。新型储能产业方面，围绕构建能源储备调峰体系，加强储能电池新材料、新技术、新装备、新产品研发攻关，加大电力储能设施建设和电力储能场景应用推广支持力度，加快建设新型储能产业发展示范区。未来产业方面，推动硅基光电子技术、人工智能技术研发，实现产业化发展。不断强化质量强市，大力推进质量提升，着力加强标准质量品牌建设。

二是培育数字经济新增长极。加快推动数字产业化和产业数字化，优化完善“芯屏端核网”全产业链、“云联数算用”全要素群、“住业游乐购”全场景集。制定深化数字政府建设实施方案。实施软件和信息服务业“满天星”行动计划，打造国家网络安全产业园区、工业软件产业园等重点软件园区，争创中国特色软件名城和中国软件名园，建设国家工业设计示范城市。推动更多企业“上云用数赋智”，制定制造业数字化转型专项行动方案，梯度实施智能化改造，深入实施“一链一网一平台”试点示范。持续拓展应用场景，推动“住业游乐购”全场景开放，深化“AI+”“元宇宙＋”等融合赋能。制定大力发展平台经济的政策措施，支持平台企业更好发挥促消费、稳就业、保民生作用。继续高标准办好智博会，深度参与数字经济国际合作。

三是大力发展现代服务业。推动生产性服务业向专业化和价值链高端延伸，建设国家服务外包示范城市，培育科技服务、检验检测认证、专业中介服务、会展服务等现代服务业集聚区，构建金融、物流、软件信息、科技研发服务等生产性服务业产业集群。加快生活性服务业向高品质和多样化升级，推动健康、养老、托育、家政等行业补短板上水平，壮大商贸、文化、旅游、健康、体育等生活性服务业产业集群。深化国家先进制造业和现代服务业融合发展试点，引导制造业企业向产业链前端和后端等服务环节拓展，支持服务业围绕产品提供专业延伸服务，加快服务业与制造业双向融合，不断塑造产业竞争新优势。深入实施服务业扩大开放综合试点，聚焦科技、健康医疗、金融、数据等重点领域，优化开放发展机制，促进贸易投资便利化，形成市场更加开放、制度更加规范、监管更加有效、环境更加优良的服务业扩大开放新格局。

四是大力培育农业优势特色产业。改造提升高标准农田200万亩，加快农田宜机化改造。加快建设成渝现代高效特色农业带，持续提升现代山地特色高效农业质量效益和竞争力。做大做强农产品加工业，集约化发展农产品精深加工，推动农产品加工园区建设。实施乡村休闲旅游精品工程，建设乡村农耕文化科普教育基地，因地制宜培育农业嘉年华、星级农家乐等乡村休闲旅游产品，打造“巴渝人家”“巴渝民宿”“巴岳农庄”“金色黄庄”“三峡原乡”“大巴山森林人家”“黄水人家”“桃源人家”“大观原乡”等乡村休闲旅游品牌。加强农产品品质品牌建设，大力推广“巴味渝珍”“三峡”等区域公用品牌，深入推进国家农产品质量安全区县创建。打造一批数字农业园区、数字农业工厂，新建20个智慧农业示范基地。大力实施现代种业提升行动，加快构建农业种质资源保护体系，加强种源新产品和育种新材料创制。开展国家农业高新技术产业示范区创建，布局建设一批创新基地平台，积极创建国家级、市级农业技术创新中心和农业科技园区。

（三）大力实施创新驱动发展战略，加快打造具有全国影响力的科技创新中心。强化科技创新支撑作用，争取国家战略科技力量布局，打造高能级创新平台，强化关键核心技术攻关，加快成果转化，塑造发展新动能新优势

一是着力提升全域创新能力。高标准规划建设成渝综合性科学中心，加快建设中国科学院重庆科学中心，着力引进北京大学等建设高水平研究中心，集中布局建设一批重大科技基础设施、科教基础设施、基础学科研究中心和交叉研究平台。高水平建设西部（重庆）科学城，强化五区联动，赋能全域创新，加快建设北京大学重庆大数据研究院、中国电科联合微电子中心等一批新型高端研发机构。高标准建设两江协同创新区，深入推进重庆卓越工程师学院产教融合发展，高标准组建明月湖实验室，建设“一带一路”国际技术转移中心，积极筹建卫星互联网产业园。高质量建设广阳湾智创生态城，研究加快广阳湾智创生态城科技创新举措，建设重庆脑与智能科学中心、广阳湾实验室，积极打造广阳岛生态文明创新中心，新建一批绿色工厂、绿色园区，加快建设迎龙创新港。大力发展创新园区，支持涪陵、潼南、合川、綦江、大足、铜梁等创建国家高新区，提高产业发展现代化水平，推动高新区建成高新技术发展的创新高地、产业高地、开放高地、人才高地。

二是着力培育优势创新力量。加快构建完备的实验室体系，推动广州实验室重庆基地、张江国家实验室重庆基地落地建设，“一室一

策”优化重组国家重点实验室，优化整合、新建淘汰重庆市重点实验室，布局建设一批技术创新中心。加快推进重庆大学、西南大学“双一流”建设，支持市属高校建设高水平大学和优势学科，强化信息、生命、新材料、新能源、工业互联网、微纳制造、人工智能等新兴交叉学科建设，推动更多学科进入A类学科。培育壮大企业创新主体，实施高新技术企业、科技型企业“双倍增”行动计划，打造高技术服务业集聚区，加快建设科技成果转化公共服务平台，不断完善“概念验证 + 小试中试 + 示范推广”科技成果转移转化全链条服务体系。深入实施引进科技创新资源行动计划，加快引进国内外知名高校、一流科研院所、世界500强企业来渝设立新型研发机构。研究制定鼓励引进机构发挥作用的举措，推动引进机构与本地高校、科研院所和企业结对合作。

三是着力汇聚高层次科技人才。深入实施“重庆英才计划”，完善科技人才分类评价标准，培育一批优秀科学家、创新领军人才、创业领军人才和创新创业示范团队，“一厂一策”支持龙头企业引进高端紧缺人才。积极建设交叉学科博士点和博士后流动站，实施博士后倍增计划，力争再新增1000名博士后。推进科教、产教融合，实施产业人才攻坚专项行动，建设一批高水平职业院校和专业，着力打造西部职教基地。实施重庆英才集聚工程，落实高水平创新平台人才高质量发展举措，聚力引进国内外一流科学家及团队。支持高校、科研机构设立流动岗位，提供具有竞争力的科研条件和支持政策，拓宽海外高层次科技人才来华合作研究和学术交流渠道。深入开展“为科技工作者办实事、助科技工作者作贡献”行动，健全专业化、社会化人才服务体系，优化“英才服务卡”政策落地机制。

（四）积极推动成渝地区双城经济圈建设，携手唱好“双城记”、共建经济圈。对标对表“两中心两地”战略定位，准确把握重庆在双城经济圈建设中的定位和目标，树立一体化理念、完善工作机制，推动双城经济圈建设形成更多标志性成果，更好支撑引领西部地区高质量发展

一是深入推动川渝全方位合作。持续推进合作平台、政策协同和共建项目，强化双核联动联建，深化“五个共建”“五个互联互通”，加快培育现代化重庆都市圈，打造高水平区域协作样板。突出双核联动、双圈互动，协同推进2023年度248个共建双城经济圈重大项目。推进基础设施互联互通，合力打造世界级机场群，加快推进成渝中线高铁等标志性工程，构建成渝间、成渝与周边城市间1小时交通圈、通勤圈。推进产业发展协同协作，持续打造成渝地区双城经济圈全球投资推介会品牌，新建一批产业合作示范园，携手共建巴蜀文化旅游走廊。推进公共服务共建共享，新实施一批“川渝通办”和政务服务事项。推进生态环保联建联治，加强污染跨界协同治理，实施碳达峰碳中和联合行动。推进改革开放共促共进，深化经济区与行政区适度分离、区域市场一体化建设等重点改革，筹备首届“一带一路”科技交流大会，申办“一带一路”进出口商品博览会。推进毗邻地区合作走深走实，落实《重庆都市圈发展规划》，支持广安打造重庆都市圈北部副中心，加快川渝高竹新区、万达开川渝统筹发展示范区、泸永江融合发展示范区、遂潼一体化发展先行区等毗邻地区合作平台建设。

二是大力促进“一区两群”协调发展。建立健全与推动成渝地区双城经济圈建设相适应的“一区两群”协调发展机制，制定实施新一轮各片区建设政策举措。增强重庆主城都市区发展能级和综合竞争力，统筹布局重大功能设施，更

新提升一批高水平功能片区，支持主城新区承接中心城区功能和产业外溢，提速建设两江新区至长寿、涪陵等快速通道，适时启动研究长寿至垫江至梁平等快速通道，加快建设“轨道上的都市区”。推动渝东北三峡库区城镇群生态优先、绿色发展，深化落实三峡后续工作规划“十四五”实施方案，打好“三峡牌”，建好“城镇群”，支持依托郑万高铁、长江黄金水道等通道优势，主动承接沿江优势产业转移，培育壮大预制菜等特色产业，持续推动跨区域合作平台建设，纵深推进万开云同城化发展，高水平建设“三峡库心·长江盆景”，加快推进奉巫巫长江三峡“黄金三角”文旅协同发展，努力实现经济强、百姓富、生态美、治理优。推进渝东南武陵山区城镇群文旅融合、城乡协同发展，立足生态资源和民族特色，丰富拓展生态康养新业态，打造大武陵、乌江画廊等品牌，加快建设国家文化产业和旅游产业融合发展示范区，打造特色化、绿色化发展新标杆。深化“一区两群”对口协同发展机制，聚焦文旅协同发展、招商引资协作、公共服务共建等重点领域，强化结对区县市场、人才、资本全方位合作。统筹推进新型城镇化和城乡融合发展，加快垫江、忠县、彭水县城新型城镇化建设示范，研究实施“强镇带村”工程，深化国家城乡融合发展试验区重庆西部片区和市级城乡融合发展先行示范区改革探索。

（五）加快建设西部陆海新通道，更好在西部地区带头开放、带动开放。紧扣国家赋予重庆建设西部陆海新通道物流和运营组织中心定位，以西部陆海新通道为牵引，以内陆国际物流枢纽和口岸高地为抓手，更好促进内畅外联

一是加强通道物流和运营组织中心建设。深化通道建设运营机制，启动实施西部陆海新通道建设三年行动计划，落实省部际联席会议决策部署，发挥省际联席会议协调作用，及时解决跨行业、跨部门、跨地区重大问题，加强定期会商、统筹协调，推动区域协调发展。做大做强做优跨区域综合运营平台，会同沿线省（区、市）共建跨区域综合运营平台，成立区域运营平台、专业化公司和海外公司，支持陆海新通道运营有限公司做大资本规模。加强政策要素支持保障，会同沿线省（区、市）加大政策倾斜力度，协调推进重点项目建设，强化用地、资金、环评等支撑保障。

二是推动独特区位优势转化为开放发展优势。加快推进存量物流资源和产业要素集聚整合，统筹推动五种国家物流枢纽类型布局建设和政策协同，增强枢纽综合承载效能，促进枢纽互联成网，大幅提升枢纽组织效率和综合服务能力。完善国际交通枢纽功能，打造以重庆为枢纽、纵贯西北、联通中国西部与东盟国家（地区）的陆海新通道主轴，扩能中线通道，优化东线通道，拓展中（国）缅（甸）、中（国）老（挝）等线路，推动形成多路径、多方式的铁海联运、铁路国际联运。积极对接 RCEP 和澜湄流域经济发展带建设，加强与西部陆海新通道沿线国家（地区）在国家贸易、国家物流、规则制定、商事法律、人才培训等领域的务实合作。

三是加快大能力运输通道建设。实施干线铁路能力提升工程，全面提升铁路运能和效率，推动重要通道客货分离，释放既有干线铁路货运能力，加快建设渝湘高铁重庆至黔江段、渝昆高铁等铁路项目，推进渝贵高铁、沿江货运铁路、安张铁路前期工作，积极谋划渝桂高铁、兰渝高铁。开工建设重庆新机场综合交通枢纽，织密通道沿线地区主要城市航线。加密市域内畅外联交通路网，统筹推动铁路东环线南彭站国家“四网融合”示范枢纽建设，加快推进合璧津等高速公路项目，强化果园港片区交通基础设施互联互

通。优化物流运输组织，做强重庆至北部湾港铁海联运班列，做优至洋浦港铁海联运班列，做精至湛江港铁海联运班列，加密开行中越、中老班列，常态化衔接中欧中亚班列以及泛亚铁路网。稳定东盟公路班列运行，打造东盟服务贸易基地。

（六）深入实施扩大内需战略，增强经济发展内生动力。把恢复和扩大消费摆在优先位置，通过政府投资和政策激励带动全社会投资，加快培育完整内需体系，积极服务和融入新发展格局

一是拓展有效投资空间。开展“抓项目促投资”专项行动，出台促进各行业投资实施方案。全面加强基础设施建设，加快推动国家及全市“十四五”规划储备重大项目前期工作，全力推动重庆东站、渝西水资源配置工程、藻渡水库、向阳水库等在建项目加快放量。提速推进重大工业项目建设，围绕先进制造业集群建设方向滚动推进引领性项目、补链强链项目、技术改造项目实施，推进12英寸晶圆、化合物半导体等项目签约，推动信质新能源汽车电机定转子总成、奥松半导体8英寸MEMS芯片、中润新材料产业园、赣锋锂电年产20GWh动力电池、红马天泰新能源正极材料等项目开工，加快长安渝北新工厂、海辰西南智能制造中心、特瑞高端磷酸铁锂正极材料、吉利科技年产12GWh动力电池等项目建设，促进龙兴智能网联新能源汽车产业园（一期）、万凯PET扩建、恩捷锂离子电池隔膜等项目投产和京东方6代AMOLED面板、九龙万博年产360万吨特铝新材料等项目达产。稳住房地产投资，建立房地产项目前期审批绿色通道，进一步缩短前期开发、拿地、开工、销售全流程时间，督促已供地项目加快开工，已开工项目加快建设，加大“久供未建”“久建未完”项目处置力度。强化资金要素保障，抓紧使用好政策性开发性金融工具（基金）、地方政府专项债券、设备更新贴息贷款、制造业中长期贷款、保交楼专项借款等国家重点资金，加快推进REITs试点。分级分类保障新增建设用地指标，优先保障市级以上重大项目建设用地需求，支持低能耗高产出项目优先用能。

二是加快培育建设国际消费中心城市。提质升级消费平台，不断提升中央商务区消费能级，持续推进寸滩国际新城建设，加快建设解放碑—朝天门、观音桥世界知名商圈，升级打造九龙新商圈、三峡广场、南坪等重点商圈，培育一批国际消费中心、区域消费中心。优化消费供给体系，支持“首店经济”和“首发经济”，推动国内外知名品牌在重庆首发或同步上市新品，大力发展“渝货精品”，促进中华老字号、重庆老字号创新发展。塑造消费服务品牌，加强夜间经济规划布局，打造一批夜间经济集聚区、示范区，开展国际美食集聚区示范创建工作，持续推进国家文化和旅游消费试点示范城市创建，支持歌乐山·磁器口大景区等创建5A级景区，打造世界知名文化旅游目的地。创建营造放心消费环境，强化消费者权益保护，严厉打击制售假冒伪劣商品等违法犯罪活动，积极推进重要商品追溯体系和消费领域信用体系建设，积极改善农村地区消费基础设施。

（七）深入推动城市更新提升，加快建设国际化、绿色化、智能化、人文化现代大都市。以建成高质量发展高品质生活新范例为统领，以打造宜居、韧性、智慧城市为导向，聚焦互联互通、兴业兴城、共建共享、宜居宜游，努力建设“近悦远来”的美好城市

一是着力推进城市有机更新。提升城市规划水平，推动中心城区“瘦身健体”，强化“两江四岸”城市发展主轴功能，提升中心城区发展能

级和综合竞争力，高水平打造长嘉汇、广阳岛、科学城、枢纽港、智慧园、艺术湾、寸滩国际新城、国际生物城等城市功能名片，持续实施109公里岸线治理提升工程。提升城市建设水平，持续开展城市体检，加快推进112个城市更新试点示范项目建设，新开工改造城镇老旧小区2069个、4507万平方米，实施棚户区改造1.6万户。全面启动新一轮山城步道建设计划，建成“劳动者港湾”示范点150个，新建、改造城市公厕250座，实施街头绿地提质工程100个，打造坡坎崖绿化美化、山城花境、山城公园等特色品牌，更新提质41个城市公园，增加100个口袋公园，持续推进国家生态园林城市创建。提升城市治理水平，常态化开展城市综合管理巡查，逐步落实“一支队伍管执法”，推动城市综合管理服务重心向社区下沉，加快市、区县一体化城市运行管理服务平台建设，加大智能化市政设施的建设和改造力度，新增数字化管理覆盖面积60平方公里，开展“智慧泊车”试点。

二是着力完善城市交通功能。加快建设“米”字形高铁网，提速建设成渝中线、渝西、成达万、渝万等在建高铁项目，力争开工建设渝宜高铁，年内争取渝昆高铁联络线可研获批，争取黔江至吉首高铁可研获批、力争启动建设，争取涪陵至武隆高铁联接线纳入国家规划。打造“轨道上的都市区”，提速实施轨道成网计划，加速前三期在建城市轨道交通项目建设，推进轨道交通第四期8条、198公里线路建设，推动中部槽谷提质完善、东西部槽谷提速成网、主城新区贯通辐射，推动5条（段）59公里线路建成通车，开工建设中心城区至永川、南川、大足、綦江（万盛）城轨快线。加快形成“三环十八射多联线”高速公路网，开工成渝高速公路扩能、渝遂高速铜梁至潼南段加宽2个项目160公里，建成通车江津至泸州北线、铜梁至安岳和巫溪至镇坪3个项目169公里，高速公路通车总里程达到4169公里。推进长江上游航运中心建设，推进长江朝涪段和涪丰段等航道整治、嘉陵江利泽和乌江白马等航运枢纽建设，开工乌江白马至彭水航道整治，力争小江航道提升及生态修复工程开工建设，完成渠江等航道整治，实施寸滩国际邮轮母港改造。提升国际航空枢纽竞争力，基本完成江北国际机场T3B航站楼及第四跑道主体结构工程，新增并加密国际航线。系统推进中心城区路网建设和更新改造，大力实施中心城区缓堵保畅行动，建成郭家沱大桥及六纵线南段等一批重大项目，新开工鹿角隧道等11个重大项目，加密开行接驳公交、小巷公交，启动城市路桥隧安全整治三年行动，加快推动内环快速路二期整治工程。健全停车管理服务体系，优化停车设施供给，推进31处公共停车场建设，新增小微停车场泊位2万个，完成窨井盖专项整治2万个，探索分时段、分建筑类型停车共享共用机制。

三是着力增强城市生态韧性。持续改善城市水生态环境，着力整治城市黑臭水体，加快11个生活垃圾焚烧项目及厨余垃圾处理项目建设，完成“清水绿岸”河段治理。统筹城市涉水系统体系化、差异化建设，系统化全域推进海绵城市建设。加速供水设施建设，推进全国城市供水漏损试点工作，提升城市供水水质，持续创建国家节水型城市。着力补齐污水处理设施短板，加快城镇排水与污水处理领域治理能力和治理体系建设，推进雨污分流改造，建立全市城市雨、污水系统“厂网一体”管理机制。有序推进排水防涝项目，提升城市排水防涝能力，消除城市易涝积水点。积极发展城市综合管廊，加快推进管线条例修订工作，制定城市燃气、供水、排水管道老化更新改造方案，完成300公里城市老旧供水管网改造。全面推进城乡一体生活垃圾分类工作，提高生活垃圾减量化、资源化、无害化水平。

（八）全面推进乡村振兴，加快建设宜居宜业和美乡村。扎实稳住农业基本盘，大力实施“四千行动”，切实增强关键支撑，全面深化农村改革，推动农业农村现代化迈出新步伐

一是保障粮食等重要农产品有效供给。稳固“米袋子”，压实粮食安全、耕地保护两个党政同责，持续加大粮食生产扶持力度，加快发展粮食适度规模经营，持续深化撂荒地盘活利用，扎实开展第三次全国土壤普查，全面落实扩大豆、增油菜任务，实施粮油高产示范和单产攻关行动，确保粮食面积和产量分别不低于3005万亩、108.1亿公斤。丰富“菜篮子”，牢固树立和落实大食物观，统筹全市国土空间，科学高效利用耕地、林地和水域生态资源，深化粮经轮作套作，持续提升蔬菜保供水平，大力发展柑橘、榨菜、柠檬、蓝莓、方竹笋、调味品、特色经济林等优势特色产业。充实“肉盘子”，持续稳定生猪产能、年出栏量保持在1800万头以上，扩大牛羊等草食牲畜养殖规模，提质发展禽蛋产业，扩大稻渔综合种养规模，发展水库生态鱼和高山冷水鱼，稳步提高水产品自给水平。

二是稳步推进乡村建设和农村改革。推动基础设施向乡村延伸，加快农村道路升级，推动较大人口规模自然村（组）通硬化路，推进中型灌区续建配套与节水改造，实施农村饮水安全“一改三提”行动，加快农村光纤宽带、移动互联网、数字电视网和下一代互联网发展。实施农村人居环境整治提升行动，逐步健全城乡统筹的垃圾分类处置体系，深入实施城乡结合部和小城镇环境提升工程，分区分类推进农村生活污水治理，实施农村黑臭水体治理试点示范，持续实施“千村宜居”计划，开展巴蜀美丽庭院示范片建设。加快提升农村公共服务水平，多渠道增加农村普惠性学前教育供给，持续改善乡镇寄宿制学校办学条件，加快区县域紧密型医疗卫生共同体建设，提档升级农村养老服务设施，深入实施农民体育健身工程。全面深化农村改革，健全农业转移人口市民化机制，规范开展城乡建设用地增减挂钩，探索转移人口农村土地权益依法自愿有偿转移，深化农村承包地“三权”分置改革，扩面实施“三变”改革，实施“三社”融合主体培育工程，年经营性收入低于5万元的村级集体经济组织占比下降10个百分点。

三是推动巩固拓展脱贫攻坚成果同乡村振兴有效衔接。健全防止返贫动态监测和帮扶机制，建立健全易致贫人口快速发现和响应机制，分级分层及时纳入帮扶政策范围，实行动态清零。提升脱贫地区整体发展水平，实施好国家乡村振兴重点帮扶县“一县一策”，优先支持脱贫地区创建现代农业产业园、农业科技园区、星创天地、农村产业融合发展示范园等产业发展平台，深入实施农村创新创业带头人培育行动。加强农村低收入人口常态化帮扶，开展农村低收入人口动态监测，完善定期核查和动态调整机制，对有劳动能力人群坚持开发式帮扶，对丧失劳动能力人群强化保障性兜底帮扶。

（九）坚定不移深化改革扩大开放，持续增强发展活力动力。加快建设改革开放新高地，努力成为内陆省份改革开放探路先锋，把自身优势转化为发展胜势，促进各种资源高效汇集，高端要素加快汇聚，形成支撑共建“一带一路”和长江经济带发展的战略性枢纽

一是持续优化营商环境。着力营造高效便捷的政务环境，持续提升“渝快办”平台效能，优化涉企服务，减轻市场主体经营负担，加快推进“跨省通办”“全渝通办”。着力营造公平公正的法治环境，深入推进“双随机、一公开”

监管、信用分级分类监管、“互联网 +”监管和重点领域监管，推进“智慧法院”建设。着力营造优质有序的市场环境，全面实施市场准入负面清单管理，深化“证照分离”改革，维护公平竞争秩序，严格落实公平竞争审查制度。着力营造富有活力的创新环境，落实企业科技创新奖励政策，支持“一企一技术”建立研发平台，完善企业创新、科技成果、人才评价改革等相关政策措施，鼓励企业开展校企多元化合作。着力营造配套完善的要素保障环境，完善能源保供长效机制，加快建设水电气讯等“一站式”服务平台，持续减环节、减时间、减费用。

二是着力推进数字化变革。大力建设数字政府，持续完善高速泛在网络、公共数据资源管理平台、数字重庆云算力平台、数字重庆算法平台等“一网三平台”，迭代升级“城市大脑”。培育数字社会，聚焦城市安全、交通出行、公共卫生等领域，打造一批有温度的精品应用。推广基层智慧治理平台，加大协同管理力度，打造“掌上治理之城”。健全数据管理体制机制，加快构建数据基础制度体系，促进公共数据共享开放和商业数据开发利用。建立健全数据分类分级保护制度，强化关键数据资源保护能力，增强数据安全预警和溯源能力。

三是推动重点领域和关键环节改革。加快融入全国统一大市场建设，建立完善市场制度规则，加强反垄断和反不正当竞争，打破地方保护和市场分割，打通制约经济循环的关键堵点，促进商品要素资源在更大范围内畅通流动。深入推进要素市场化配置改革，健全城乡统一的建设用地市场，持续深化公共资源交易监管改革、户籍制度改革，大力发展区域性股权市场。深化社会信用体系建设，在全国率先开展“三农”信用体系建设，积极创建国家社会信用体系建设示范区。持续深化国资国企改革，出台进一步深化国资国企改革的意见等一揽子改革方案，大力实施对标培育建设世界一流企业、制造业企业高质量发展、整合国资基金助推产业发展、上市公司发展质量提升等专项行动。优化民营经济发展环境，建立各级领导联系重点民营企业工作机制，常态化开展走访调研民营企业活动，打造渝商综合服务平台，建立民营企业全周期全方位赋能机制。出台促进民营经济发展壮大的意见，开展促进民营经济数字化变革专项行动，健全“微成长、小升高、高壮大、大变强”梯次培育机制，完善上市企业培育库。深化能源价格体制改革，扩大售电侧改革试点范围，健全电力市场监管制度，完善差别化电价政策，扩大重庆油气交易中心影响力。

四是持续推进全方位开放。全力保障中欧班列稳定畅通运行，加强与西部陆海新通道、长江黄金水道互联互通，加快推动中欧班列集结中心建设，探索在波兰、白俄罗斯等沿线重要节点布局海外仓，做强新能源整车、医药、快消品、智能终端等重点运输业务，全年中欧班列（成渝）开行 5000 列以上。制定推动中新互联互通项目走深走实三年行动计划，加快推进中新金融科技合作示范区、中新航空产业园等项目建设，探索开展中新跨境服务贸易。全面实施自贸试验区提升战略，探索实施更高水平的对外开放政策，持续开展陆上贸易规则、数字贸易、多式联运等首创性、差异化改革探索。推进口岸通关模式和物流模式改革，拓展国际贸易“单一窗口”功能，完善国际化、数字化、智慧化综合服务体系，创新融资结算服务。持续推动口岸开放发展，推进万州机场航空口岸查验基础设施建设，加快推动江北国际机场航空口岸、果园港口岸综合性指定监管场地和铁路口岸进境肉类指定监管场地运营，支持长寿等区县建设物流保税中心（B 型）。发展壮大开放型经济，制定进一步落实 RCEP 的政策措施，加快建设国家外贸转型升级示范基地、国家加工贸易产业园、国家进口贸易促进创新示范区，出台扩大进口促进对外贸易协调发展的政策措施，加快培育总部贸易、转口贸易、跨境电商、汽车平行进口等外贸新增长点。实施“百团千企”国际市场开拓计划，出台支持企业“走出去”拓市场抢订单行动方案。制定以制造业为重点促进外资扩增量稳存量提质量工作方案，争取引进一批影响力大、带动性强的好项目。

（十）加强生态文明建设，进一步筑牢长江上游重要生态屏障。深学笃用习近平生态文明思想，大力推进美丽中国先行区建设，筑牢长江上游重要生态屏障，深入推进环境污染防治，推动发展方式绿色转型

一是强化生态环境保护。建设“两岸青山·千里林带”50 万亩、国家储备林 100 万亩。实施湿地用途管制，加强中梁山、缙云山、明月山、铜锣山等重要山体和广阳岛、桃花岛、皇华岛等江心绿岛保护。加大生态退化区域治理修复力度，进一步加强三峡库区水土流失综合治理和消落区的保护、修复，对石漠化土地实施人工造林、封山育林、森林抚育，加大新建和在建矿山地质环境的保护和修复监管力度，加大矿山污染治理和生态修复力度。保护生物多样性，持续开展生物多样性基础性调查观测，构建生物多样性保护大数据平台，推进大巴山生物多样性保护利用。深化生态文明体制改革，落实生态环境保护责任清单，全面推行林长制、河长制，强化中央生态环境保护督察问题和长江经济带生态环境突出问题整改。

二是深入打好污染防治攻坚战。持续深入打好蓝天保卫战，推动钢铁、水泥等重点行业大气污染物超低排放改造，以公转铁、公转水、多式联运为重点调整运输结构，强化柴油货车、非道路移动机械、机动船舶等移动源污染治理，持续淘汰老旧车辆，加快推动新能源汽车发展。持续深入打好碧水保卫战，加强河流水质目标管理，做深做实“一河一长”“一河一策”“一河一档”，高质量推进临江河全国幸福河湖建设，加快实施“清水绿岸”治理提升工程，推进生活污水集中处理设施新、改、扩建，补齐城镇污水收集管网短板。持续深入打好净土保卫战，加强安全利用类和严格管控类耕地管理，严格建设用地土壤污染风险管控和修复，开展化肥农药减量行动，加强耕地重金属污染治理和有机污染治理，开展地下水污染修复试点。

三是积极稳妥推进碳达峰碳中和工作。推动“1+2+6+N”政策体系更加完善，有计划分步骤实施碳达峰行动。开展重点行业绿色低碳升级行动，推动工业绿色低碳高质量发展。推动能源绿色低碳转型，科学有序发展风、光等新能源，加快天然气、页岩气勘探开发，完善加氢、加气、充电等能源终端设施，扩大清洁能源供给。开展城乡建设领域碳达峰行动，推动城乡建设绿色低碳化发展。开展交通运输领域绿色低碳行动，建设绿色低碳交通基础设施。完善能耗总量和强度调控机制，完成国家下达年度任务目标。制定减污降碳协同增效实施方案，统筹好生态环境保护和应对气候变化。深度参与全国碳市场联建联维，有序推进碳排放权、排污权等环境权益市场化改革。开展生态产品价值实现机制区县试点，建好用活“碳惠通”生态产品价值实现平台，常态化推动“两山”价值转化。发展碳金融，引导社会资本向绿色低碳领域聚集。推进近零碳园区等低碳领域系列试点示范，强化绿色低碳宣传教育，加快形成绿色低碳的生产方式和生活方式。

（十一）聚焦人民群众急难愁盼问题，进一步做好民生兜底保障工作。坚持量力而行、尽力而为，立足人民群众普遍关心关注的民生领域，实施惠民暖心优服行动，持续滚动实施一批民生实事，加快补齐短板弱项，持续增进民生福祉

一是着力促进居民增收。促进高质量充分就业，进一步强化就业优先政策导向，健全有利于更高质量和更加充分就业的促进机制，大力发展乡村富民产业，大规模、多层次、精准性开展职业技能培训，实现就业和收入良性循环。不断提高人民收入水平，实施中等收入群体倍增计划，健全劳动力、资本、土地、知识、技术、管理、数据等生产要素由市场决定报酬的机制，探索通过土地、资本要素使用权和收益权增加中低收入群体要素收入。完善再分配制度，加快构建有利于实现共同富裕的财税政策体系，完善收入增长和财富分配合理调节机制。

二是不断增强公共服务供给能力。建设普惠安全的幼儿照护体系，加快推进国家儿童区域医疗中心建设，实施普惠托育服务专项行动，新增婴幼儿托位1.6万个。建设现代化教育服务体系，持续拓展普惠性学前教育资源，大力发展公办幼儿园，积极扶持普惠性民办园，持续巩固提高义务教育“双减”成果。深入实施第四期农村中小学领雁工程项目，持续推进普通高中发展促进计划，加快职业教育“双高”“双优”建设。持续开展“健康中国巴渝行”“健康中国重庆行动15+2专项行动”等，持续提升全民健康素养。稳妥有序实施新冠病毒感染“乙类乙管”，最大限度保障人民群众生命安全和身体健康。健全医疗卫生服务体系，积极争取创建国家医学中心，持续推进国家区域医疗中心和省级区域医疗中心建设，率先推动重医附一院等15家医院高质量发展，加快推进中医药传承创新发展，全面提升基层医疗卫生服务能力。建设多元化养老服务体系，制定推进基本养老服务体系建设实施意见和基本养老服务目录清单，推动社区养老服务设施社会化运营，深入开展家庭养老床位试点工作。筹集保障性租赁住房8.1万套（间），解决新市民、青年人等的住房困难。健全多层次社会保障服务体系，全面实施全民参保计划。深入推进国防动员建设和国防教育，推进退役军人服务保障精细化法治化，推进国家级退役军人教育培训基地等重大项目建设取得突破。推动文化体育事业高质量发展，建设国家文化大数据体系重庆中心，加快建设重庆市青少年活动中心等重大文体设施项目，积极推进体育职业学院建设工作。

（十二）有效防范化解重大经济金融风险，全方位守住安全底线。坚定不移贯彻总体国家安全观，把防范化解重大风险摆在更加突出位置，紧盯重点领域，下好先手棋、打好主动仗，牢牢把握安全发展主动权，努力实现高质量发展和高水平安全良性互动

一是稳定房地产市场。促进市场平稳发展，全面落实房地产业良性循环和健康发展若干政策，加强政策储备，支持刚性和改善性住房需求。全力落实保交楼，强化市区联动，统筹协调解决保交楼项目处置问题，全力筹措项目后续建设资金，用好管好专项借款资金。加强存量房交易网签和资金服务，促进一、二手房市场良性循环。

二是促进财政金融平稳运行。健全区县财政平稳运行机制，持续推动财力下沉，持续压减非急需、非刚性支出。加快债券资金使用进度，出台防范化解地方政府债务风险的政策措施。建立高负债大型问题企业、地方融资平台和城投企业名单，“一企一策”制定债务违约风险应对预

案，制定持续防范化解重点领域金融风险行动方案。持续压降P2P网贷机构存量风险，开展虚拟货币、私募基金、第三方财富管理等风险分类处置专项行动。全面落实《防范和处置非法集资条例》，保持打击非法集资高压态势。

三是提升能源保障能力。加快市内电源建设，建成投用重庆电力环保搬迁、永川港桥园区“上大压小”热电联产项目，主体完工綦江蟠龙抽水蓄能电站、两江燃机二期等项目，开工建设奉节菜籽坝抽水蓄能电站，开工万州、涪陵等一批天然气发电和200万千瓦煤电项目。推进外电入渝，加快川渝特高压、疆电入渝工程建设，开展藏电、西北电入渝论证工作。持续做好煤炭稳供增供工作，全力提升电煤中长期合同履约水平。持续推进川渝天然气千亿立方米产能基地建设，加快铜锣峡、黄草峡储气库建设，力争年底前形成部分储气能力。建成投产中国航油西南战略储运基地，落实成品油政府储备能力建设任务。

四是强化灾害防治、安全生产等工作。优化应急管理体制，开展基层应急管理机构规范化建设。推进防灾减灾能力建设，强化队伍建设，加强自然灾害综合防治，深入开展森林火灾隐患排查清理，开展气象灾害风险普查，建设基于大数据的气象灾害风险管理平台，提升风险管理能力。全面加强安全生产工作，完善安全生产执法体系，持续推进矿山、交通、危险化学品、特种设备、建设施工、校园、医院、高层建筑消防和旅游景区等重点领域安全专项整治，严防重特大事故发生。强化食品药品安全监管，扎实推进食品安全放心工程建设攻坚行动。加强和改进人民信访工作，创新新时代网上信访工作，利用新技术提升信访工作整体效能。

附件（一）

2022年国民经济和社会发展计划主要指标预期目标完成情况

受需求收缩、供给冲击、预期转弱“三重压力”和疫情散发多发、俄乌冲突“两个变量”影响，全市经济社会发展受到较大冲击。市五届人大五次会议批准的35项计划指标中（2022年部分数据还未发布，为预计数），6项为约束性指标，除1项指标国家暂未下达2022年目标值，其余全部完成；29项为预期性指标，其中城镇新增就业人数、居民消费价格指数、高新技术企业数量等13项指标能够完成，15项完成有难度，实际利用外资数据口径调整。具体情况如下。

一、部分指标情况说明

一是第28项“实际利用外资”指标，按商务部新版统计制度，统一使用商务部反馈的实际使用外资（FDI）数据，不再使用“实际利用外资”这一地方口径数据。二是第19项“一般公共预算收入增速”和“税收增速”指标，为按照财政部算法，将2022年和2021年同期新老政策增值税留抵退税返加回收入计算的同口径增速。三是第31项“单位地区生产总值能耗下降”指标，按照中央要求在“十四五”规划期内统筹考虑。四是第 32 项“单位地区生产总值二氧化碳排放下降”指标，2022 年目标值国家尚未正式下达。

二、指标完成情况

2022 年以来，百年变局和世纪疫情相互交织，内外部环境更加复杂严峻。特别是 11 月以来，全市疫情防控遭遇前所未有的严峻挑战，对我市经济社会发展带来较大冲击，地区生产总值等主要经济指标波动下滑，不及预期。其中，受持续极端高温天气影响，主要粮食作物减产，粮食产量 107.3 亿公斤；疫情导致部分工厂停工，加之持续极端高温天气影响下企业有序用电，规上工业增加值增长 3.2%；疫情限制服务业企业生产经营和居民生活消费活动，服务业增加值增长 1.9%、社会消费品零售总额下降 0.3%；海外市场对电子终端产品需求走弱，手机、笔电等机电产品出口持续下滑，导致进出口总值增速下降至 2%；此外，战略性新兴产业增加值增速、数字经济核心产业增加值增速、规上工业企业利润增速、一般公共预算收入增速、全体居民人均可支配收入增速、文化产业增加值增速等主要经济指标也不同程度受到影响，完成情况不及预期。

同时要看到的是，除部分经济指标出现波动外，我市抓科技创新、抓市场主体、抓社会民生、抓生态文明建设等工作成效明显，新发展市场主体增长 16.6%、全社会研发经费支出占地区生产总值的比重达 2.3% 左右、万人发明专利拥有量 16 件、城镇新增就业人数 71 万人、城镇调查失业率 5.4%、居民消费价格指数 102.1、空气质量优良天数 332 天，均如期完成目标。

附表　2022 年重庆市国民经济和社会发展计划指标完成情况

序号	指标名称	2022 年预计目标	2022 年实际
1	地区生产总值增速（%）	5.5 左右	2.6
	一、推动高质量发展		
2	农业增加值增速（%）	4 左右	4
3	规上工业增加值增速（%）	6 左右	3.2
4	战略性新兴产业增加值增速（%）	12 左右	6.2
5	高技术产业增加值占工业比重（%）	20 左右	19
6	数字经济核心产业增加值增速（%）	10 左右	正增长
7	“一区”与“两群”人均地区生产总值比值	1.8 左右 : 1	1.8 左右 : 1
8	规上工业全员劳动生产率［万元 /（人 · 年）］	40 左右	40 左右
9	科技进步贡献率（%）	60.3 左右	60.3 左右
10	规上工业企业利润增速（%）	5 左右	负增长
11	新发展市场主体增速（%）	12.5 左右	16.6
12	服务业增加值增速（%）	5.5 左右	1.9
13	固定资产投资增速（%）	6 左右	0.7
	# 民间投资增速（%）	6 左右	−8.4
14	社会消费品零售总额增速（%）	7 左右	−0.3

续表

序号	指标名称	2022 年预计目标	2022 年实际
15	全社会研发经费支出占地区生产总值的比重（%）	2.3 左右	2.3 左右
16	万人发明专利拥有量（件）	14 左右	16
17	高新技术企业数量（家）	5500 以上	6348
18	民营经济增加值占地区生产总值的比重（%）	60 左右	59.4 左右
19	一般公共预算收入增速（%）	3 左右	同口径 -2.5
	# 税收增速（%）	5.5	同口径 -9.2
20	常住人口城镇化率（%）	71 左右	71 左右
	二、创造高品质生活		
21	全体居民人均可支配收入增速（%）	7 左右	5.5
	# 农村居民人均可支配收入增速（%）	7 以上	6.7
22	城镇新增就业人数（万人）	60 以上	71
23	城镇调查失业率（%）	5.5 以内	5.4
24	居民消费价格指数（%）	103 以内	102.1
25	文化产业增加值增速（%）	8	正增长
	三、内陆开放高地建设		
26	进出口总值增速（%）	5 左右	2
27	服务贸易增速（%）	正增长	正增长
28	实际利用外资（亿美元）	100 以上	18
	四、山清水秀美丽之地建设		
29	空气质量优良天数（天）*	320 以上	332
30	森林覆盖率（%）*	55	55
31	单位地区生产总值能耗下降（%）*	在“十四五”规划期内统筹考虑	2.5 左右（预计能达到“十四五”期间序时进度）
32	单位地区生产总值二氧化碳排放下降（%）*	—	—
33	主要污染物重点工程减排量（万吨）*		
	# 化学需氧量（万吨）	1.73	预计能完成
	# 挥发性有机物（万吨）	0.42	
	# 氨氮（万吨）	0.07	
	# 氮氧化物（万吨）	1.47	
	五、安全发展		
34	粮食产量（亿公斤）	108.7	107.3
35	每亿元地区生产总值生产安全事故死亡人数*	0.032 左右	不超过 0.03

注：1. 加“*”为约束性指标，其他为预期性指标。

2. 按商务部新版统计制度，统一使用商务部反馈的实际使用外资（FDI）数据。

3. 加“—”国家暂未下达目标值。

附件（二）

2023 年重庆市国民经济和社会发展计划草案

2023 年国民经济和社会发展计划指标在整体沿用 2022 年指标体系基础上进一步优化调整，优化调整后的指标共计 39 项，含空气质量优良天数、单位地区生产总值能耗下降、单位地区生产总值二氧化碳排放下降、主要污染物重点工程减排量、每亿元地区生产总值生产安全事故死亡人数等 5 个约束性指标，是政府履行公共职能必须达到的，其余 34 个为预期性指标，体现导向性。指标设置情况具体如下。

一、指标调整情况

一是严格对标市委六届二次全会精神，按年度细化五年目标任务，新增人均地区生产总值，科技型企业数量，西部陆海新通道货运量、货运值增速，长江干流水质，耕地保有量 5 项指标。二是 2022 年森林覆盖率已达 55%，处于较高水平，不再作为一项约束性指标。三是为了更加凸显导向性，将民间投资增速调整为制造业投资增速。

二、目标值设置情况及主要考虑

2023 年地区生产总值增长预期目标定为 6% 以上、争取实现更好的结果。主要考虑：一是产业发展有支撑。从工业看，预计汽车产业将保持较好的发展势头，同时装备、消费品、医药、能源等产业持续发力，电子、材料、摩托车等产业保持平稳增长。从建筑业看，在基础设施建设、工业招商项目落地、装配式建筑加快发展等带动下建筑业增加值将有条件实现较快增长。从服务业看，现代金融、大健康等现代服务业加快发展，其他服务业继续蓬勃发展，批发零售、住宿餐饮等传统服务业加快恢复，将支撑服务业企稳回升。从农业看，在巩固拓展脱贫攻坚成果同乡村振兴有效衔接政策引领下，扶贫产业、以工代赈、高标准农田、现代产业园等重点项目加快普及推广，如不发生极端天气和自然灾害，预计农业保持稳定增长。

二是统筹考虑目标衔接。全市“十四五”规划纲要明确“十四五”期间地区生产总值平均增长 6% 左右。市委六届二次全会提出未来五年全市地区生产总值迈上 4 万亿元台阶。2023 年目标定为 6% 以上、争取实现更好的结果，可为如期实现“十四五”规划和市委六届二次全会目标奠定基础。

三是经济发展客观需要。重庆作为中西部地区唯一的直辖市、国家重要的中心城市，在全国发展大局中的地位更加重要、责任更加重大。2023 年目标定为 6% 以上、争取实现更好的结果，与我市在全国经济版图、西南地区经济版图中的定位相一致，有助于加快提升重庆经济发展实力，增强重庆对西部地区经济发展的辐射带动作用。

四是有利于释放积极信号，提振市场信心。2023 年目标定为 6% 以上、争取实现更好的结果，比 2022 年更加积极，有利于提振各方面信心和激发全市上下干事创业热情。同时，考虑到要为加快结构调整、防范化解重大风险腾挪出时间和精力，经济增长目标也不宜过高，避免过度透支经济增长潜力和后劲。

其余 38 项指标中：一是设定制造业投资增

速高于固定资产投资增速、战略性新兴产业和数字经济增加值增速高于规上工业增加值增速、全体居民人均可支配收入增速高于经济增速、农村居民人均可支配收入增速高于全体居民人均可支配收入增速等预期目标，体现了我市优化结构、补齐短板的信心和决心。二是“单位地区生产总值二氧化碳排放下降”“主要污染物重点工程减排量”等指标国家尚未下达2023年目标值。三是“单位地区生产总值能耗下降”在“十四五”规划期内统筹考虑，不设置年度目标值。

附表 2023年重庆市国民经济和社会发展计划

序号	指标名称	2023年预期
1	地区生产总值增速（%）	6以上、争取实现更好的结果
2	人均地区生产总值（%）	6以上
一、推动高质量发展		
3	农业增加值增速（%）	4
4	规上工业增加值增速（%）	8
5	战略性新兴产业增加值增速（%）	12
6	高技术产业增加值占工业的比重（%）	20以上
7	数字经济增加值增速（%）	10以上
8	“一区”与“两群”人均地区生产总值比值	1.72:1
9	规上工业全员劳动生产率[万元/（人·年）]	42
10	科技进步贡献率（%）	61.3
11	规上工业企业利润增速（%）	5
12	新发展市场主体增速（%）	12.5
13	服务业增加值增速（%）	6
14	固定资产投资增速（%）	10
	#制造业投资增速（%）	12以上
15	社会消费品零售总额增速（%）	6
16	全社会研发经费支出占地区生产总值的比重（%）	2.35
17	万人发明专利拥有量（件）	17
18	高新技术企业数量（家）	7000
19	科技型企业数量（家）	48000
20	民营经济增加值占地区生产总值的比重（%）	60
21	一般公共预算收入增速（%）	同口径2.8
	#税收增速（%）	同口径5.3
22	常住人口城镇化率（%）	较上年提升0.5个百分点
二、创造高品质生活		
23	全体居民人均可支配收入增速（%）	6以上、不低于经济增速
	#农村居民人均可支配收入增速（%）	7以上
24	城镇新增就业人数（万人）	60万人以上

续表

序号	指标名称	2023 年预期
25	城镇调查失业率（%）	5.5 以内
26	居民消费价格指数（%）	103 以内
27	文化产业增加值增速（%）	10
三、内陆开放高地建设		
28	西部陆海新通道货运量、货运值增速（%）	15 以上
29	进出口总值增速（%）	3
30	服务贸易增速（%）	正增长
31	实际使用外资（亿美元）	保稳促优
四、山清水秀美丽之地建设		
32	空气质量优良天数（天）*	320 以上
33	长江干流水质	保持Ⅱ类
34	单位地区生产总值能耗下降（%）*	▽
35	单位地区生产总值二氧化碳排放下降（%）*	—
36	主要污染物重点工程减排量（万吨）*	
	# 化学需氧量（万吨）	—
	# 挥发性有机物（万吨）	—
	# 氨氮（万吨）	—
	# 氮氧化物（万吨）	—
五、安全发展		
37	耕地保有量	2665 以上
38	粮食产量（亿公斤）	108.1
39	每亿元地区生产总值生产安全事故死亡人数*	0.03

注：1. 加“*”为约束性指标，其他为预期性指标。

2. 加“▽”指标，“十四五”规划期内统筹考虑。

3. 加“—”以国家下达目标值为准。

4. 根据目前国家统计口径，数字经济增加值统计口径为集成电路、新型显示等核心产业。

关于重庆市 2022 年预算执行情况和 2023 年预算草案的报告

——2023 年 1 月 13 日在重庆市第六届人民代表大会第一次会议上

重庆市财政局

各位代表：

受市人民政府委托，现将重庆市 2022 年预算执行情况和 2023 年预算草案的报告提请大会审查，并请各位政协委员提出意见。

一、2022 年财政工作情况

2022 年是重庆发展进程中极不平凡的一年。严峻的疫情、极端高温干旱天气和严重电力资源紧张等超预期因素，给经济社会发展带来了多重挑战。受此影响，财政平稳运行承压，税收和土地出让收入下滑明显，加之政府债务还本付息进入高峰期，收支矛盾突出，平衡压力加大。全市上下以迎接党的二十大和贯彻党的二十大精神为动力，坚持稳中求进工作总基调，坚决落实疫情要防住、经济要稳住、发展要安全的要求，统筹疫情防控和经济社会发展，统筹发展和安全，有力应对各种超预期因素冲击，稳住经济大盘、稳定社会大局取得了实际成效。全市财政认真贯彻市委工作要求，严格落实市人大预算决议，坚持积极的财政政策提升效能、更加注重精准可持续，依法理财、科学理财、为民理财，为全市经济稳定恢复、民生政策及时兑现、社会大局保持稳定提供了财力支撑。

（一）主要政策落实及重点工作开展情况

一是落实政策推动经济稳定恢复。贯彻落实国家稳经济一揽子政策和接续措施，发挥财政逆周期调节作用，保持投入强度，加快支出进度，推动各项惠企利民政策落地见效。实施新的组合式税费支持政策，落实大规模增值税留抵退税政策，聚焦制造业、批发和零售业、住宿和餐饮业等受疫情影响较大行业进行税费帮扶，做到应减尽减、应免尽免、应退尽退，直接为企业增加现金流。全年新增减税降费超 695 亿元，其中留抵退税 422 亿元，超 90% 的退税主体为中小微企业。支持扩大有效投资，全年筹集市级资金 656 亿元，实施抓项目稳投资专项行动。发行新增政府债券 1467 亿元，争取政策性开发性金融工具 291 亿元，有力保障了基础设施、产业园区、医疗卫生、文化事业等重大项目建设。助推产业优化升级，安排 61 亿元，出台新一轮集成电路、生物医药、工业设计等扶持政策，实施软件和信息服务业“满天星”计划，推动传统产业设备更新和技术改造，支持渝北、巴南、江津、高新区等区县新培育国家级专精特新“小巨人”企业 137 户。组建重庆市产业投资基金，发挥财政资金“四两拨千斤”作用，支持重大战略类、重点行业类和科创培育类项目。保障产业链供应链安全，安排 18 亿元，有效改善缺电、缺芯、缺柜等生产要素短缺问题，实现用能、用工、物流成本持续降低，加强粮食、猪肉、蔬菜等物资储备，保障“菜篮子”“米袋子”供应。促进消费扩大内需，落实 25 亿元，支持渝中、江北、南岸、南川等 9 个区县国际消费中心城市建设试点，鼓励发放餐饮、文旅、商超消费券，落实新能源汽车购置补贴、免征车辆购置税等政策，扩大汽车、家电等大宗商品消费，增强居民消费意愿和能力。完善助企纾困政策，对经营困难的中小微企业、新型农业经营主体、个体工商户等，帮一把、扶一下、送一程。综合运用政府性融资担保、再贷款贴息、商业价值信用贷款、租金减免、社保费缓缴等措施，以及提高政府采购预留份额比例和价格评审优惠幅度等方式，保障大渡口、九龙坡、奉节等区县企业充分享受政策红利，支持市场主体高质量发展。

二是统筹财力保障重大战略任务。积极筹措资金，做好“资金池”与“项目池”、“资源要素池”平衡对接，确保各项重要政策、重大任务、重点项目落地见效。支持科技创新，落实“科技创新财金 30 条”，加快西部（重庆）科学城、两江协同创新区和广阳湾智创生态城建设，支持北京理工大学重庆创新中心深空域观测、陆军军医大学器官智能生物制造等重大科技基础设施集聚，打造国家生猪技术创新中心、金凤实验室等创新平台，引进北京大学重庆大数据研究院、重庆中科汽车软件创新中心等高端研发机构，实施生物医药、汽车软件等重大科技研发项目。推进财政科研经费管理改革，扩大包干制实施范围，赋予科研人员更大经费自主权，激发创新活力。推动区域协调发展，加快成渝中线、江北机场 T3B 航站楼和嘉陵江利泽航电枢纽等成渝地区双城经济圈重大项目建设，支持高竹新区、万达开等 10 个毗邻地区开展合作；深入推进以“两江四岸”为主轴的城市更新，持续打造长嘉汇、枢纽港、智慧园等城市名片，优化城市空间；加快两江新区至长寿快速通道、璧山至铜梁轨道交通等同城化通道建设，促进中心城区和主城新区交通同网、产业同链、发展同步；实施三峡库区山水林田湖草生态保护修复，郑渝高铁建成通车，加快忠县等区县“三峡库心 · 长江盆景”跨区域合作平台建设，推动渝东北区县生态优先绿色发展；加快武隆、秀山、石柱等区县旅游公路建设，引导渝东南区县文旅融合发展。建设内陆开放高地，安排 25 亿元，加快建设西部陆海新通道，强化物流和运营组织中心功能，支持中欧班列（成渝）提质上量，做强国际航空货运枢纽和长江上游航运中心，助力万州、沙坪坝、永川等区县市场主体依托通道扩大进出口规模。全面推进乡村振兴，投入衔接资金 75 亿元、整合涉农资金 83 亿元，预留份额采购脱贫地区农副产品 3 亿元，支持巩固拓展脱贫攻坚成果，持续推动城口、巫溪、酉阳和彭水 4 个国家乡村振兴重点帮扶县发展。安排 34 亿元，支持潼南、梁平、垫江等区县新建高标准农田 225 万亩。兑现耕地和种粮补贴 37 亿元，增加农民种粮收益，推动合川、开州等产粮大县稳产保供，保护粮食安全。推动农业产业融合发展，培育生猪、油茶、脆李等特色优势产业，支持荣昌、云阳、巫山等区县创建国家现代农业产业园、优势特色产业集群、产业强镇。安排 175 亿元，加快渝西水资源配置工程建设，支持农村饮水安全巩固提升，农村供水入户率、集中供水率分别达到 99.7%、88%。投入 39 亿元，支持綦江、丰都、万盛等区县“四好农村路”、农村公路安防工程建设，持续整治提升农村人居环境，打造美丽乡村。安排 83 亿元，打好蓝天、碧水、净土保卫战，加强锰污染整治，保障城市生活污水、垃圾转运处理，推进生态环境突出问题整治。支持“两岸青山 · 千里林带”以及涪陵、北碚、大足等区县国家森林城市建设。严格落实长江“十年禁渔”政策，加强自然保护地建设管理和生物多样性保护。强化财税、金融、政府采购等政策协同，稳妥推进碳达峰碳中和。

三是兜牢底线推动社会事业发展。坚持以人民为中心的发展思想，办好民生实事，解决好群众“急难愁盼”的问题。在病有所医方面，投入485亿元，将居民医疗保险、公共卫生服务经费人均财政补助分别从580元、79元提高到610元、84元，为适龄女性免费接种宫颈癌疫苗，把更多常见病门诊费用纳入医保报销范围，支持黔江全国公立医院改革与高质量发展示范项目建设。支持疫情防控，保障从“防感染”向“保健康、防重症”平稳转段。在劳有所得方面，安排51亿元，开展职业技能培训，兑现创业担保贷款贴息，对稳岗企业返还失业保险，实施公益性岗位补贴，支持高校毕业生、农民工、退役军人等重点群体就业。在幼有所育方面，发展普惠性托育服务，支持普惠性幼儿园发展，学前教育普惠率达到93.2%。在学有所教方面，投入822亿元，巩固“双减”政策成果，推动全市义务教育从基本均衡向优质均衡发展，义务教育巩固率达到95.7%、高中阶段毛入学率达到98.6%、高等教育毛入学率达到58%。在住有所居方面，安排67亿元，通过中央住房租赁市场发展试点验收，推进保障性住房建设，支持城镇老旧小区、农村危旧房改造，持续改善城乡居民住房条件。在老有所养方面，上调退休人员基本养老金4%，支持建设运营街道和乡镇养老服务中心943个、社区养老服务站1712个，基本实现城市社区养老服务全覆盖。在弱有所扶方面，兑现价格临时补贴政策，缓解疫情和物价上涨对困难群众生活的影响。持续提高城乡低保、特困人员供养、重点优抚对象抚恤补助标准，发展妇女、儿童、残疾人、慈善等福利事业，提高社会保障水平。同时，持续推进文体事业发展，安排61亿元，保障全市192家图书馆、美术馆、文化馆、体育馆等免费开放，加强革命文物、三峡文物、石窟寺保护利用，推进长征、长江国家文化公园（重庆段）建设，激发市级文艺院团生机活力，支持《江姐》等文艺精品创作。持续推进全民健身，推动群众体育、竞技体育、体育产业协调发展。

四是综合施策防范化解各类风险。深入贯彻总体国家安全观，牢固树立安全发展理念，全力防风险、保安全、护稳定。防范财经领域风险，持续推动财力下沉，全年下达区县转移支付1661亿元，加强民生和重点领域经费保障，完善财政资金直达机制，推动资金快速下达、精准使用。动态监测基层“三保”情况，加大重点关注区县财力补助力度，建立困难区县特殊救助机制，确保基层财政平稳运行。完善债券项目储备，提升债券项目质量，有效管住源头风险。发行再融资债券650亿元，缓释当期偿债压力，指导区县规范开展存量债务展期重组，优化债务期限结构。坚决遏制隐性债务增量，持续化解存量，完善应急处置机制，建立应急周转“资金池”，守住债务风险管控底线。积极应对人口老龄化，采取竞争性存放、委托投资等方式，促进社会保险基金和职业年金保值增值，确保社保待遇及时足额发放。配合化解金融领域风险，增强发现风险和处置风险的能力，支持“自建房”等房地产市场秩序专项治理，推动“保交楼”政策落地。保障安全生产和应急救灾，推动厂房库房、老旧小区消防和危化品、道路运输、食品药品等领域大排查大整治，支持战山火、战高温、战旱灾等工作，保护人民群众生命财产安全。提升社会治理能力，投入11亿元，支持科技强警，保障智慧公安、智慧法院、智慧检务、智慧司法建设，提升政法机关执法办案智能化水平。完善司法救助制度，支持改造薄弱人民法庭、派出所、司法所

200 余个，提升基层法治服务能力。健全社会治安防控体系，支持打击电信网络诈骗、跨境赌博等新型犯罪，推动扫黑除恶长效常治，建设更高水平的重庆。

五是深化改革提升财政治理效能。围绕更好配置财政资源、提高资金效益、提升政策效能、增强财政可持续性，持续推进财税体制改革，健全预算管理制度，提高财政管理水平。全面实施预算绩效管理，推动文化旅游、民政福利、生态环保、农业农村等行业领域的核心绩效指标和标准体系建设，指导区县建立“全方位、全过程、全覆盖”预算绩效管理体系。首次将专项债券项目纳入重点绩效评价范围，选取渝西水资源配置工程、长寿医院北城分院等项目实施绩效评价，着力提升资金使用效益。推动预算管理一体化系统全面上线，实现财政业务贯通、数据集中，强化资金预算约束、项目全生命周期管理，提升财政数字化、信息化水平。落实党政机关过紧日子要求，主动应对财政减收压力，提早调整预算，全市压减非急需、非刚性支出 120 亿元左右，持续优化支出结构，缓解财政收支矛盾，确保财政运行平稳可持续。启动省以下财政体制改革，明确改革时间表，稳妥有序推进各项改革任务。推进财经秩序专项整治，紧扣减税降费、国库管理、资产管理等七项重点任务，推进监督检查问题整改，进一步严肃财经纪律。

（二）落实市人大预算决议和服务代表委员情况

一是严格落实人大决议决定。坚持依法行政、依法理财，认真执行预算法、预算法实施条例、重庆市预算审查监督条例等相关规定，严格按照市五届人大五次会议批准的预算安排，以及市五届人大常委会第三十四、三十七、三十八次会议批准的预算调整方案，认真执行各项财政收支预算。依法向社会公开上市挂牌企业财政奖补、市级转贷应急周转资金等财税政策，以及政府性融资担保助力市场主体纾困、延长重点群体税收优惠政策等财政信息，主动宣传政策、回应关切。同时，完善财政法律法规体系，依法提请市人大常委会废止《重庆市罚款和没收财物管理条例》。

二是自觉接受人大、政协监督。完善工作联系报告制度，先后 11 次向市人大常委会议、市人大常委会主任会议、市政协常委会议报告财政运行、减税降费、债务防控、国有资产管理等情况，回答询问、接受监督、听取意见，并按照审议意见推进工作，提升财政资金和政策的效能。落实预算公开评审机制，在 2023 年市级预算编制过程中，邀请市人大专委会委员、人大代表、专家学者进行预算公开评审，累计审减部门预算 5 亿元左右，进一步规范预算编制。对接人大联网监督系统，灵活运用线上、线下监督平台，加强事前、事中、事后全过程监督，持续加强和改进财政管理工作。

三是认真办理代表建议、政协提案。坚持把办理代表建议、政协提案作为做好财政工作的重要抓手，把牢“办前关”、严控“过程关”、紧盯“转化关”，条件成熟马上办、条件欠缺创新办、难点建议合力办。2022 年，财政办理代表建议和政协提案 733 件，其中主办 54 件，代表委员关于促进中小企业发展、优化托育服务体系、解决民营企业融资难等方面的意见建议，转化为落实减税降费政策、加大托育投入、加快融资担保体系建设的具体措施，有力推动重点民生问题解决和经济社会持续健康发展。

四是完善服务代表委员机制。完善《重庆市财政局服务市人大代表政协委员暂行措施》，通过片区座谈、常态调研、专题调研、定期走访、寄送资料、网络互动等方式，提升服务代表委员的能力和水平。2022年，配合财政部召开在渝全国两会代表委员座谈会2次，接受市政协开展提案办理民主评议，书面征求部分代表关于财政工作的意见建议。为了便于代表委员了解、监督财政工作，组织报送《政府预算解读》《重庆财政》《财政工作信息》，内容涉及疫情防控、产业转型、科技创新、乡村振兴、财政运行等。

二、2022年预算执行情况

（一）全市预算执行情况

1. 全市一般公共预算

——全市一般公共预算收入2103亿元，完成预算的101.4%，其中，税收收入1271亿元，按自然口径计算分别下降8%、17.7%，扣除留抵退税因素后分别下降2.5%、9.2%，主要是受疫情散发、经济下行和房地产行业深度调整等因素影响。非税收入832亿元，增长12.2%。加上中央补助2309亿元、地方政府债务收入506亿元，以及动用预算稳定调节基金、调入资金、上年结转等1283亿元后，收入总量为6201亿元。

——全市一般公共预算支出4893亿元，增长1.2%，完成预算的93.2%。加上上解中央61亿元、地方政府债务还本支出394亿元，以及安排预算稳定调节基金、结转下年等853亿元后，支出总量为6201亿元。

2. 全市政府性基金预算

——全市政府性基金预算收入1754亿元，下降25.6%，完成预算的102.3%。其中，全市国有土地使用权出让收入1562亿元，下降23.6%。加上中央补助95亿元、地方政府债务收入1613亿元，以及上年结转等682亿元后，收入总量为4144亿元。

——全市政府性基金预算支出2955亿元，增长0.1%，完成预算的100.4%。加上地方政府债务还本支出267亿元，以及调出资金、结转下年等922亿元后，支出总量为4144亿元。

3. 全市国有资本经营预算

——全市国有资本经营预算收入99亿元，下降4.5%，完成预算的103%。加上中央补助1亿元、上年结转7亿元后，收入总量为107亿元。

——全市国有资本经营预算支出28亿元，下降30.2%，完成预算的81.5%。加上调出资金69亿元、结转下年10亿元后，支出总量为107亿元。

4. 全市社会保险基金预算

——全市社会保险基金预算收入2608亿元，增长1.9%，完成预算的103.5%。其中，基本养老保险基金收入1778亿元，基本医疗保险基金收入769亿元，失业保险基金收入31亿元，工伤保险基金收入30亿元。从资金来源看，财政补助651亿元，占比为25%。

——全市社会保险基金预算支出2269亿元，增长7.9%，完成预算的97.8%。其中，基本养老保险基金支出1581亿元，基本医疗保险基金支出628亿元，失业保险基金支出36亿元，工伤保险基金支出24亿元。加上本年收支结余339亿元，支出总量为2608亿元。历年滚存结余2604亿元。

（二）市级预算执行情况

1. 市级一般公共预算

——市级一般公共预算收入680亿元，完成预算的103.1%，其中，税收收入438亿元，按自然口径计算分别下降14.8%、18.1%，扣除留抵退税因素后分别下降7.8%、7.7%。非税收入242亿元，下降8%。加上中央补助2309亿元、地方政府债务收入506亿元，以及区县上解、动用预算稳定调节基金、调入资金、上年结转等685亿元后，收入总量为4180亿元。

——市级一般公共预算支出1610亿元，下降1%，完成预算的95%。加上补助区县1661亿元、地方政府债务转贷支出477亿元、地方政府债务还本支出26亿元，以及上解中央、安排预算稳定调节基金、结转下年等406亿元后，支出总量为4180亿元。

（1）市级主要支出执行情况为：一般公共服务支出66亿元，下降9.1%，完成预算的82.3%。公共安全支出102亿元，下降5.3%，完成预算的100.8%。教育支出149亿元，增长5.9%，完成预算的93.6%。科学技术支出27亿元，增长10.2%，完成预算的124.1%。文化旅游体育与传媒支出16亿元，下降11.7%，完成预算的101.1%。社会保障和就业支出577亿元，下降2%，完成预算的97%。卫生健康支出188亿元，增长2.1%，完成预算的93.2%。节能环保支出58亿元，增长17.6%，完成预算的92.9%。城乡社区支出100亿元，增长11%，完成预算的98.3%。农林水支出39亿元，下降27.5%，完成预算的81.5%。交通运输支出172亿元，增长4%，完成预算的94.5%。产业发展支出35亿元（资源勘探工业信息、商业服务业、金融、粮油物资储备四个科目之和，下同），下降18.7%，完成预算的91.2%。自然资源海洋气象等支出21亿元，下降15.2%，完成预算的100.2%。住房保障支出23亿元，增长1.7%，完成预算的90.3%。灾害防治及应急管理支出8亿元，下降8.9%，完成预算的92.3%。

（2）市级对区县转移支付预算执行情况为：市级对区县转移支付1661亿元。其中，一般性转移支付1276亿元，专项转移支付385亿元。

市级预算安排预备费25亿元，已全部按规定使用。主要用于疫情防控、电力电煤保供、困难群众临时价格补贴和抗旱防火救灾等。

2022年初，市级预算稳定调节基金余额为159亿元。年度执行中应对收入短收动用100亿元，年底通过统筹结转结余、零结转收回、政府性基金调入等方式补充274亿元。2023年初，动用240亿元用于平衡预算缺口，动用后预算稳定调节基金余额为93亿元。

2. 市级政府性基金预算

——市级政府性基金预算收入936亿元，下降34%，完成预算的107.6%。其中，市级国有土地使用权出让收入851亿元，下降32.6%。加上中央补助95亿元、地方政府债务收入1613亿元，以及区县上解、上年结转等442亿元后，收入总量为3086亿元。

——市级政府性基金预算支出716亿元，下降23.9%，完成预算的110.6%。加上补助区县846亿元、地方政府债务转贷支出1108亿元、地方政府债务还本支出113亿元，以及调出资金、结转下年等303亿元后，支出总量为3086亿元。

3. 市级国有资本经营预算

——市级国有资本经营预算收入30亿元，增长0.4%，完成预算的107.5%。加上中央补助、上年结转3亿元后，收入总量为33亿元。

——市级国有资本经营预算支出15亿元，下降33.3%，完成预算的85.1%。加上调出资金、结转下年18亿元后，支出总量为33亿元。

（三）地方政府债务限额、发行及余额情况

经国务院批准，财政部核定我市政府债务限额10281亿元。其中，一般债务限额3325亿元，专项债务限额6956亿元。

全市发行政府债券2117亿元。其中，新增债券1467亿元，再融资债券650亿元。全市政府债务还本付息支出984亿元。其中，市级政府债务还本付息支出237亿元，区县政府债务还本付息支出747亿元。

2022年底，全市政府债务余额为10071亿

元，在核定限额之内。按类型分，一般债务余额3180亿元，专项债务余额6891亿元。按级次分，市级债务余额2965亿元，区县级债务余额7106亿元。按财政部政府债务风险评估办法测算，预计我市政府债务率为130%，风险总体可控。

各位代表，刚刚过去的2022年，是本届政府履职的收官之年。五年来，在市委的坚强领导下，全市财政迎难而上、主动作为，充分发挥稳定经济、配置资源、收入分配等职能作用，有力保障了如期完成脱贫攻坚、全面建成小康社会历史任务，顺利实现“十三五”收官、“十四五”开局。

五年来，积极财政政策效应充分发挥。主动应对经济下行、疫情冲击，强化政策和资金保障，2018~2022年，全市新增减税降费累计超过2700亿元，中央补助力度持续加大，保障了经济社会持续健康发展。五年来，重大战略任务有力保障。统筹财力，推动成渝地区双城经济圈建设，促进“一区两群”协调发展，支持打好“三大攻坚战”、实施“八项行动计划”。五年来，民生保障水平稳步提升。坚持教育、就业、社保、医疗等投入“只增不减”，发展成果更多更公平惠及全市人民。五年来，债券使用管理成效显著。政府债券“借用管还”制度体系进一步完善，2018~2022年，全市累计发行新增政府债券5652亿元、再融资债券2946亿元，重大项目建设资金得以保障，到期债务本息及时兑付。五年来，财政管理改革纵深推进。预算管理制度更加科学规范，预算管理一体化建设初见成效，绩效管理改革全面实施，党政机关过紧日子措施落实落细，财政事权与支出责任划分、部门所属企业集中统一监管、流域横向生态保护补偿等改革顺利实施。

在取得成绩的同时，我们也清醒认识到，当前财经形势依然严峻复杂，财政工作还面临不少困难和问题，主要是：财政收入规模偏小，非税收入占比偏高，市级财力统筹能力偏低。预算编制不够细化，预算约束力度不够，部分项目支出偏慢。一些区县专项债券项目储备不足，债券资金使用不规范，存在“钱等项目”现象。一些项目绩效目标设定不科学，绩效自评不够客观，资金使用效益有待提升。一些部门国有资产处置收入解缴不及时，非税收入管理不够规范。一些基层单位还存在挤占挪用专项资金情况，财经纪律需持续强化。我们高度重视这些问题，将积极采取措施加以解决。

三、今后五年总体思路及2023年工作安排

（一）今后五年总体思路

未来五年，是全面建设社会主义现代化国家开局起步的关键时期。全市财政将全面贯彻落实党的二十大精神，按照市委六届二次全会决定，紧紧围绕新时代新征程新重庆这条主题主线，精准聚焦“六个显著提升”目标任务、“十九个着力”重要部署，大力弘扬奋斗精神、斗争精神、担当精神，积极发挥财政职能、全面深化财政改革、高效统筹财政资源，展示财政新风貌、实现财政新作为、作出财政新贡献。

——坚持实干争先，依法理财科学理财为民理财。全面提高政治“三力”，坚持以政领财、以财辅政，做到唯实惟先、善作善成。自觉按法定权限、法定程序办事，加强财政法治建设。打破思维惯性、路径依赖，用创新理念聚财用财。坚持尽力而为、量力而行，在发展中保障和改善民生，在做大蛋糕的同时分好蛋糕，推进共同富裕。

——坚持系统观念，统筹财力保障重大战略任务。围绕中心、服务大局，加强前瞻性思考、全局性谋划、系统性推进，抓纲带目、综合集

成、整体提升。完整、准确、全面贯彻新发展理念，使财税政策制定、制度安排设计、管理方式方法更好服务于现代化新重庆建设。把有为政府与有效市场结合起来，既厘清边界又相互促进，确保企业有利、社会有序、百姓受益。统筹任务所需、财力所能，做到有保有压、有促有控，集中财力办大事。

——坚持整体智治，全面提升财政治理效能。加快建立与高水平社会主义市场经济体制相适应的现代财税体制。着眼于“整体”，加强跨部门数据共享、流程再造和业务协同，实现财政与相关部门高效联动。加快财政数字化建设，全面推进预算管理一体化。稳妥推进省以下财政体制改革，充分调动市与区县两个积极性。纵深推进绩效管理、政府采购、国资监管、内控制度等改革，实现财政治理效能整体提升。

——坚持底线思维，有效防范化解财政风险。统筹发展与安全，加强财源建设，加大资金资产资源统筹盘活力度，提升应急处突能力。加强财力下沉，兜牢基层“三保”底线。主动应对人口老龄化，推动社会保险基金和职业年金保值增值。运用改革方法、市场化机制，规范开展债务展期重组，接续到期政府债务，化解存量隐性债务，守住财政风险底线。

（二）2023 年财政收支形势

外部环境不稳定、不确定、难预料，疫情冲击效应仍在持续，结构性问题比较突出。从财政收入看，2023 年经济有望总体回升，为财政收入恢复性增长奠定了基础，但经济恢复基础尚不牢固，减税降费政策的实施也将减少财政收入，财政收入增长面临较大不确定性。从财政支出看，科技、产业、乡村振兴、生态环保等战略任务需要保障，养老、教育、医疗卫生等重点支出刚性增长，预算平衡难度加大。从财政风险看，一些区县财力薄弱、收入增长乏力，基层“三保”、债务偿还等支出持续上升，区县财政平稳运行值得关注。总的来看，2023 年财政收入将呈恢复性增长，但可用财力有限，收支矛盾依然突出，财政运行总体仍呈现“紧平衡”特征。

我们既要正视困难，也要坚定信心。党的二十大对全面建设社会主义现代化国家作出战略部署，提出推动西部大开发形成新格局、长江经济带发展、成渝地区双城经济圈建设、西部陆海新通道建设等紧密关系重庆的重大举措，为我市经济发展注入强劲动能。中央经济工作会议提出财政、货币、产业、科技、社会等宏观政策，为推动经济持续稳定恢复提供重大支撑。随着疫情防控措施不断优化，生产生活秩序加快回归正常，市场预期逐步好转，为财政平稳运行提供了源头活水，为做好财政工作增强了信心底气。

（三）2023 年预算编制指导思想和财政工作总体要求

2023 年是全面贯彻落实党的二十大精神的开局之年，是新一届市政府依法履职的起步之年，做好财政工作意义重大。预算编制指导思想是：坚持以习近平新时代中国特色社会主义思想为指引，全面贯彻落实党的二十大精神和中央经济工作会议精神，认真落实市委部署要求，坚持稳中求进工作总基调，完整、准确、全面贯彻新发展理念，积极服务和融入新发展格局，着力推动高质量发展，更好统筹疫情防控和经济社会发展、更好统筹发展与安全，持续提振信心、持续扩大内需、持续深化供给侧结构性改革，努力实现稳进增效、除险清患、改革求变、惠民有感，确保新时代新征程全面建设社会主义现代化新重庆开好局、起好步。

财政工作的总体要求是：积极的财政政策要加力提效，更直接更有效发挥积极财政政策作用。重点把握五个方面：一是落实税费支持政策，助企纾困解难。增强政策的精准性、针对性，突出对中小微企业、个体工商户以及特困行业的支持。促进企业转型升级和提升创新能力。二是加强财政资源统筹，保障重大战略任务。加大财政资金资产资源统筹力度，优化组合财政金融工具，适度扩大财政支出规模，为落实国家重大战略和市域重大部署提供财力保障。三是坚持有保有压，优化支出结构。落实党政机关过紧日子要求，从严控制一般性支出，努力降低行政运行成本。健全县级财力长效保障机制，完善财政资金直达机制，持续推动财力下沉，确保基层“三保”不出问题。四是深化财税体制改革，增强财政治理效能。优化预算管理制度，推进省以下财政体制改革，强化国有资产和资本管理，加强财会监督，严肃财经纪律，全面提升财政管理现代化水平。五是着力遏增量化存量，防控政府性债务风险。加强财政承受能力评估，严格审查把关政府债券投资项目，增强投资有效性。压实各方责任，加大存量隐性债务化解力度，开展政府性债务风险防范化解行动。坚决制止违法违规举债行为，加强区县政府融资平台管理，确保财政可持续和政府性债务风险可控。

（四）2023年财政重点支出方向

1. 保持经济平稳运行方面

加强政策和资金保障，扩大基础设施投资，撬动产业投资，激活民间投资。优化完善政策，支持国际消费中心城市建设，扩大消费需求。加快建设西部陆海新通道，完善开放平台功能，全力稳外贸稳外资。优化财税营商环境，培育具有强大竞争力的优势企业。

2. 构建现代化产业体系方面

加强财政、金融、产业等政策协同，用好产业投资基金，巩固汽车、电子等传统产业的优势地位，壮大智能网联汽车、高端装备、新材料等战略性新兴产业，提升产业发展能级，推动制造业提质增效。建设中国软件特色名城、西部金融中心和内陆国际物流枢纽，推动服务业高质量发展。加快数字化改造，壮大数字产业规模，大力发展数字经济。

3. 抓好科技创新方面

提升科技投入效能，提质建设西部（重庆）科学城、两江协同创新区和广阳湾智创生态城等科创平台，支持打好关键核心技术攻坚战，切实保障重大科技基础设施、重大科技研发项目有序实施。完善科技金融服务体系，发挥科创培育、成果转化等基金的作用，推动政策、资金、资源向企业汇聚，强化企业的科技创新主体地位。支持实施人才强市战略。

4. 促进区域协调发展方面

加快建设重庆都市圈，增强中心城区极核功能，提升主城新区综合承载能力，鼓励渝东北发展特色经济和支柱产业，支持渝东南建设国家文旅产业融合发展示范区。深入实施城市更新提升行动，加快推进以区县城为重要载体的城镇化建设。完善政策协同和利益共享机制，加强双城合作、双核联建和双圈互动、两翼协同，推动川渝全域联动发展。

5. 推动乡村全面振兴方面

落实“五个振兴”要求，保持政策和资金总体稳定，严守不发生规模性返贫、粮食安全、耕地保护“三条底线”。构建重点农产品全产业链，培育特色优势产业。完善农村基础设施，优化农村公共服务，改善农村人居环境。

6. 加强生态环境保护方面

推进生态优先、节约集约、绿色低碳发展，打好长江保护修复攻坚战，推进“两岸青山·千里林带”建设，完善生态保护补偿制度，统筹生态保护修复和系统治理。支持交通、扬尘、工业、生活污染控制行动，巩固城市黑臭水体治理成果，加强农村面源污染治理，推进环境污染防治。持续推进碳中和碳达峰工作，促进生产生活方式绿色低碳转型。

7. 保障和改善民生方面

持续办好民生实事，提升基本公共服务水平。落实新阶段疫情防控各项举措，增加优质医疗资源供给和均衡布局，健全公共卫生体系，守护人民生命健康安全。落实落细就业优先政策，把促进青年特别是高校毕业生就业工作摆在更加突出的位置。健全多层次社会保障体系，继续上调退休人员基本养老金和居民医疗保险财政补助标准，加大养老服务有效供给，完善社会救助机制，加强对特殊和困难群体的关爱帮扶，完善生育政策支持体系。支持普惠性托幼服务专项行动，促进义务教育优质均衡，实施普通高中发展促进计划、职业学校办学条件达标工程，支持特殊教育、继续教育，推动高等教育高质量发展，办好人民满意的教育。践行社会主义核心价值观，深入推动文化事业繁荣发展，支持公共文化服务体系建设，保障公益文化场馆免费开放，资助文艺精品创作。加快长征、长江国家文化公园（重庆段）建设，保护传承红色资源，促进文物和文化遗产保护利用。支持竞技体育发展，促进体教融合，推进体育产业发展。

8. 加强和创新社会治理方面

深入贯彻总体国家安全观，深化市域社会治理现代化试点，支持基层治理体系和治理能力现代化，建设覆盖城乡公共法律服务体系，推进扫黑除恶常态化，依法防范和打击各类违法犯罪活动。保障安全生产各项工作，支持应急管理基层基础建设，提高防灾减灾抗灾救灾能力。

上述支出方向中，涉及预算草案批准前必须安排的人员、基本运转等支出，按照预算法第五十四条规定，已作相应安排。

四、2023 年预算草案

（一）全市预算收入预计和支出安排

1. 全市一般公共预算

——全市一般公共预算收入预计 2280 亿元，其中，税收收入预计 1460 亿元，按自然口径计算分别增长 8.4%、14.9%，扣除留抵退税因素后分别增长 2.8%、5.3%。加上中央提前下达转移支付、地方政府债务收入、动用预算稳定调节基金、调入资金、上年结转等 3353 亿元后，收入总量为 5633 亿元。

——全市一般公共预算支出安排 5279 亿元，加上上解中央、地方政府债务还本支出等 354 亿元后，支出总量为 5633 亿元。

2. 全市政府性基金预算

——全市政府性基金预算收入预计 1827 亿元。其中，全市国有土地使用权出让收入 1648 亿元。加上中央提前下达转移支付、地方政府债务收入、上年结转等 1980 亿元后，收入总量为 3807 亿元。

——全市政府性基金预算支出安排 2973 亿元，加上调出资金、地方政府债务还本支出 834 亿元后，支出总量为 3807 亿元。

3. 全市国有资本经营预算

——全市国有资本经营预算收入预计 74 亿元，加上上年结转 10 亿元后，收入总量为 84 亿元。

——全市国有资本经营预算支出安排 32 亿元，加上调出资金 52 亿元后，支出总量为 84 亿元。

4. 全市社会保险基金预算

——全市社会保险基金预算收入预计 2633 亿元。其中，基本养老保险基金收入 1767 亿元，基本医疗保险基金收入 799 亿元，失业保险基金收入 33 亿元，工伤保险基金收入 34 亿元。

——全市社会保险基金预算支出安排2433亿元。其中，基本养老保险基金支出1702亿元，基本医疗保险基金支出674亿元，失业保险基金支出32亿元，工伤保险基金支出25亿元。加上本年收支结余200亿元后，支出总量为2633亿元。

（二）市级预算收入预计和支出安排

1. 市级一般公共预算

——市级一般公共预算收入预计735亿元，其中，税收收入预计495亿元，按自然口径计算分别增长8%、12.9%，扣除留抵退税因素后分别增长0.7%、1.4%。加上中央提前下达转移支付、区县上解、地方政府债务收入、动用预算稳定调节基金、调入资金、上年结转等2841亿元后，收入总量为3576亿元。

——市级一般公共预算支出安排1705亿元，增长0.6%。加上市对区县提前下达转移支付、上解中央、地方政府债务还本支出、地方政府债务转贷支出等1871亿元后，支出总量为3576亿元。

（1）市级主要支出项目预算安排为：一般公共服务支出103亿元，下降22.8%。公共安全支出112亿元，增长5.1%。教育支出157亿元，增长4.1%。科学技术支出35亿元，增长2.3%。文化旅游体育与传媒支出18亿元，增长3.2%。社会保障和就业支出589亿元，增长3%。卫生健康支出199亿元，增长2.4%。节能环保支出53亿元，增长4.3%。城乡社区支出81亿元，下降16.7%。农林水支出25亿元，增长1.1%。交通运输支出160亿元，增长8%。产业发展支出42亿元，增长9.6%。自然资源海洋气象等支出21亿元，下降5.2%。住房保障支出44亿元，增长2.5%。灾害防治及应急管理支出9亿元，增长4.7%。

（2）市级对区县转移支付预算安排为：市级对区县转移支付1453亿元。其中，一般性转移支付1366亿元，专项转移支付87亿元。

（3）市级预备费安排30亿元。预备费在年度执行中根据实际用途分别计入市级支出和对区县的转移支付。

2. 市级政府性基金预算

——市级政府性基金预算收入预计877亿元。其中，市级国有土地使用权出让收入783亿元。加上中央提前下达转移支付、地方政府债务收入、上年结转等1719亿元后，收入总量为2596亿元。

——市级政府性基金预算支出安排709亿元，加上市对区县提前下达转移支付、调出资金、地方政府债务转贷支出、地方政府债务还本支出等1887亿元后，支出总量为2596亿元。

3. 市级国有资本经营预算

——市级国有资本经营预算收入预计25亿元，加上中央提前下达转移支付、上年结转等5亿元后，收入总量为30亿元。

——市级国有资本经营预算支出安排19亿元，加上调出资金11亿元后，支出总量为30亿元。

（三）地方政府债券发行计划和还本付息安排

2023年，按照财政部提前下达的新增政府债券限额，全市政府债券计划发行1752亿元。其中，新增债券948亿元，用于市级重大项目建设213亿元、区县政府投资项目建设735亿元；再融资债券804亿元，用于偿还到期政府债务本金。

2023年，全市政府债务还本支出安排812亿元，付息支出安排352亿元。其中，市级政府债务还本支出安排268亿元，付息支出安排104亿元。

待财政部正式下达 2023 年全年新增政府债券限额、批准再融资债券发行计划后，全市政府债券发行计划和支出安排将相应做出调整。

各位代表！做好 2023 年财政工作，责任重大，任务艰巨，使命光荣！既要看到“紧”和“难”，“三重压力”仍然存在，财政收支矛盾将更加突出；更要把握“稳”和“进”，党的二十大精神激励振奋，国家重大战略深入推进，稳经济政策落地见效。全市财政将坚持以习近平新时代中国特色社会主义思想为指导，全面贯彻落实习近平总书记对重庆的重要指示要求，在市委的坚强领导下，主动接受市人大的监督，认真听取市政协的意见建议，不忘初心、牢记使命，踔厉奋发、勇毅前行，以更加积极的态度、更加务实的作风、更加有为的担当，扎扎实实做好财政各项工作，确保把党的二十大精神全面落实在重庆大地上，全面建设社会主义现代化新重庆！

2022 年重庆市国民经济和社会发展统计公报

重庆市统计局　国家统计局重庆调查总队

2022 年，全市上下坚持以习近平新时代中国特色社会主义思想为指导，以迎接党的二十大和贯彻党的二十大精神为动力，坚持稳中求进工作总基调，坚决落实疫情要防住、经济要稳住、发展要安全的要求，统筹疫情防控和经济社会发展、统筹发展和安全，有力应对各种超预期因素冲击，经济发展保持了多重压力下的恢复态势，实现了稳增长稳就业稳物价的总体平衡。

一、综合

初步核算，全年实现地区生产总值 29129.03 亿元，比上年增长 2.6%（见图 1）。按产业分，第一产业增加值 2012.05 亿元，增长 4.0%；第二产业增加值 11693.86 亿元，增长 3.3%；第三产业增加值 15423.12 亿元，增长 1.9%。三次产业结构为 6.9∶40.1∶53.0（见图 2）。全年人均地区生产总值达到 90663 元，比上年增长 2.5%。民营经济增加值 17404.40 亿元，增长 3.0%，占全市经济总量的 59.7%。

年末全市常住人口 3213.34 万人，比上年增加 0.91 万人，其中，城镇常住人口 2280.32 万人（见表 1）。年末全市常住人口城镇化率为 70.96%，比上年末提高 0.64 个百分点。全年流出市外人口 403.53 万人，市外流入人口 221.45 万人。

全年人口出生率为 5.98‰，死亡率为 8.09‰，人口自然增长率为 -2.11‰。全市常住人口性别比（以女性为 100，男性对女性的比例）为 102.08，出生婴儿性别比为 108.18。

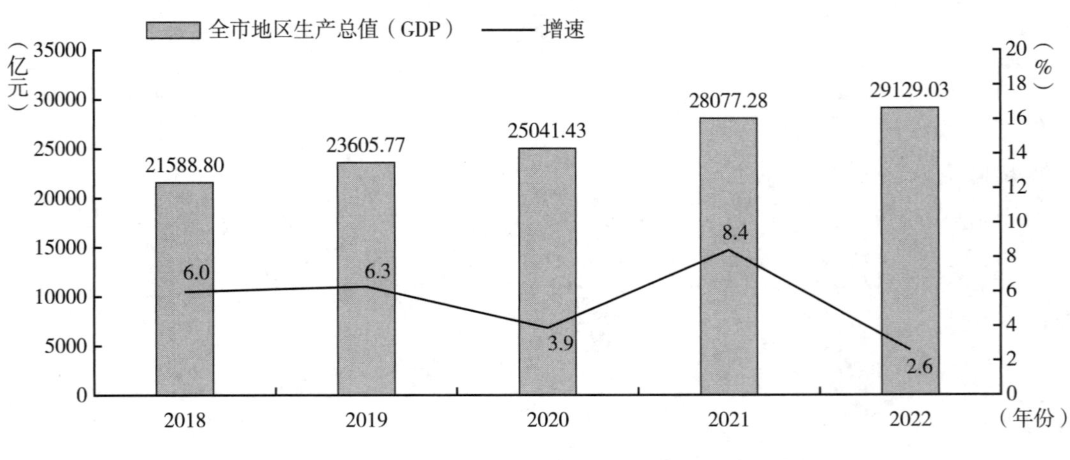

图 1　2018~2022 年全市地区生产总值及其增长速度

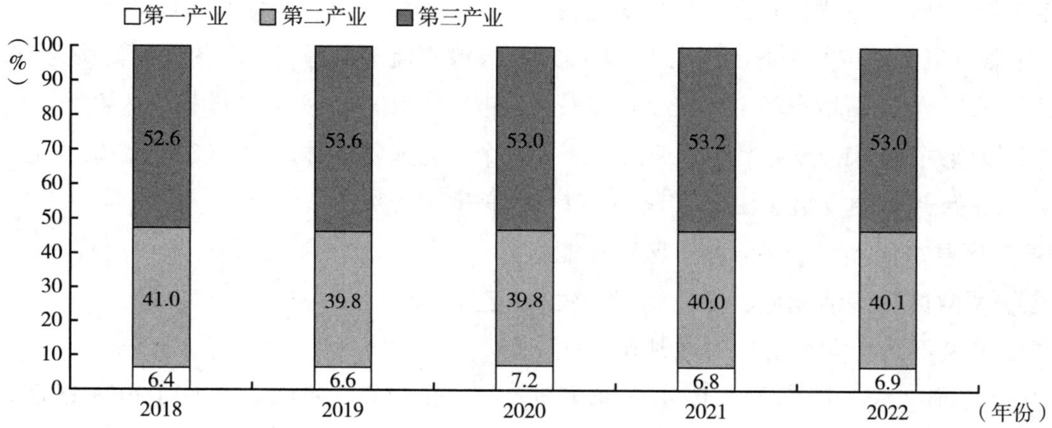

图 2　2018~2022 年三次产业增加值占全市地区生产总值比重

表 1　2022 年末常住人口数及其构成

单位：万人，%

指标	年末数	比重
全市常住人口	3213.34	100.0
按城乡分		
城镇	2280.32	70.96
乡村	933.02	29.04
按性别分		
男性	1623.17	50.51
女性	1590.17	49.49
按年龄段分		
0~15 岁（含不满 16 周岁）	509.05	15.84
16~59 岁（含不满 60 周岁）	1992.18	62.00
60 周岁及以上	712.11	22.16
#65 周岁及以上	588.16	18.30

城镇新增就业人员 70.67 万人，比上年减少 5.9%。全年城镇调查失业率平均为 5.4%。

全市农民工总量 751 万人，比上年下降 0.7%。其中，外出农民工 509 万人，下降 0.9%；乡内农民工 242 万人，下降 0.1%。

全年居民消费价格比上年上涨 2.1%（见表 2），其中，食品价格上涨 5.3%。工业生产者出厂价格上涨 2.3%。工业生产者购进价格上涨 4.4%。农产品生产者价格下降 1.3%。全年住宅销售价格呈回落走势。12 月，新建商品住宅销售价格环比下降 0.5%、同比持平；二手住宅销售价格环比下降 0.4%、同比下降 2.1%。

表 2　2022 年居民消费价格比上年涨跌幅度

单位：%

指标	比上年增长
居民消费价格	2.1
食品烟酒	3.9
衣着	0.0
居住	-0.1
生活用品及服务	1.4
交通通信	5.5
教育文化娱乐	1.6
医疗保健	-0.3
其他用品及服务	0.6

新动能保持较快发展态势。新能源汽车产业、生物产业、新材料产业、高端装备制造产业增加值分别比上年增长 136.3%、7.5%、12.3% 和 6.5%。全年规模以上工业战略性新兴产业增加值和高技术制造业增加值占规模以上工业增加值的比重分别为 31.1% 和 19.0%。高技术产业投

资比上年增长16.6%，占固定资产投资的比重为9.8%。全市限额以上单位实物商品网上零售额比上年增长31.1%。全年新增市场主体53.23万户，年末市场主体总数341.61万户。

区域经济保持协调发展。滚动实施167个"一区两群"区县协同项目，主城都市区产业能级持续提升，"两群"清洁能源、绿色制造、生态旅游产业规模不断壮大。全年主城都市区实现地区生产总值22352.42亿元，比上年增长2.3%；渝东北三峡库区城镇群实现地区生产总值5152.87亿元，增长4.1%；渝东南武陵山区城镇群实现地区生产总值1628.68亿元，增长3.2%。成渝地区双城经济圈建设重大战略深入实施，重庆都市圈发展规划获批实施，双核联动联建工作机制实质运行，双城"1+5"合作协议加快落地。全年成渝地区双城经济圈实现地区生产总值77587.99亿元，增长3.0%。

开放通道建设有序推进。2022年，重庆经西部陆海新通道运输14.8万标箱、货值251亿元，同比分别增长32%、34%，占通道沿线地区总量的28%；新开辟运行线路78条，通道网络覆盖119个国家和地区的393个港口。中欧班列（成渝）开行超5000列，占全国开行总量的近30%，已稳定运行线路近50条，辐射亚欧超100个城市节点。沪渝直达快线开行1196艘次、运输集装箱32.4万标箱，同比分别增长0.3%、17.4%，江海联运可通达环太平洋、大西洋200余个国家和地区的600余个港口。拓展国际航空通道，累计开通国际（地区）航线109条，覆盖全球36个国家的80个城市。

生态环境保护成效明显。全年全市万元地区生产总值能耗比上年下降2.7%。全市环境空气质量满足优良天数332天。环境空气细颗粒物（PM2.5）平均浓度为31微克/米^3。地表水总体水质为优，I～III类水质的断面比例为96.4%，集中式生活饮用水源地水质达标率为100%，库区一级支流水质呈富营养的断面比例为26.4%。全市自然保护区58个，其中，国家级自然保护区7个。完成营造林面积33.33万公顷。全市森林覆盖率55.0%。

二、农业

全年农林牧渔业增加值2058.63亿元，比上年增长4.1%。

全年粮食播种面积3070.07万亩，比上年增长1.7%。粮食综合单产349.5公斤/亩，下降3.4%。全年粮食总产量1072.84万吨，比上年下降1.8%。其中，夏粮产量122.40万吨，增长1.1%；秋粮产量950.44万吨，下降2.2%。全年谷物产量756.39万吨，下降0.7%。其中，稻谷产量485.24万吨，下降1.6%；小麦产量6.28万吨，增长2.1%；玉米产量256.37万吨，增长0.7%。全年猪肉产量149.96万吨，增长5.6%。生猪出栏1904.43万头，增长5.4%。年末生猪存栏1197.14万头，增长1.5%。

三、工业和建筑业

全年实现工业增加值8275.99亿元，比上年增长2.9%。规模以上工业增加值比上年增长3.2%。分经济类型看，国有控股企业增加值增长4.2%，股份制企业增长4.1%，外商及港澳台商投资企业下降2.4%，私营企业增长4.7%。分门类看，采矿业增加值增长3.5%，制造业增长2.3%，电力、热力、燃气及水生产和供应业增长12.4%。

全年规模以上工业中，分产业看，汽车产业增加值比上年增长10.2%，摩托车产业下降6.4%，电子产业下降3.0%，装备产业下降 0.3%，医药产业增长 6.1%，材料产业增长 3.9%，消费品产业增长 2.1%，能源工业增长 11.3%。分行业看，农副食品加工业增加值比上年增长 2.5%，化学原料和化学制品制造业增长 5.2%，非金属矿物制品业下降 5.4%，黑色金属冶炼和压延加工业下降 2.2%，有色金属冶炼和压延加工业增长 28.2%，通用设备制造业下降 6.0%，铁路、船舶、航空航天和其他运输设备制造业下降 5.7%，电气机械和器材制造业增长 12.3%，计算机、通信和其他电子设备制造业下降 8.4%，电力、热力生产和供应业增长 14.1%。

表 3 2022 年规模以上工业主要产品产量及其增长速度

单位：%

产品名称	产量	比上年增长
汽车（万辆）	209.18	4.1
# 新能源汽车	36.52	140.0
微型计算机设备（万台）	8631.92	−19.6
# 笔记本计算机	7411.21	−21.0
智能手机（万台）	7032.03	−18.7
液晶显示屏（亿片）	2.82	−22.7
钢材（万吨）	1690.59	28.6
铝材（万吨）	238.64	7.1
水泥（万吨）	5316.55	−14.7

全年规模以上工业企业利润总额比上年下降 9.1%。分经济类型看，国有控股企业利润下降 19.1%，股份制企业下降 6.3%，外商及港澳台商投资企业下降 22.6%，私营企业下降 5.8%。分门类看，采矿业利润比上年增长 62.6%，制造业下降 11.7%，电力、热力、燃气及水生产和供应业增长 14.1%。

全年建筑业增加值 3417.87 亿元，比上年增长 4.0%。全市总承包和专业承包建筑业企业总产值 10369.40 亿元，增长 4.3%。

四、服务业

全年批发和零售业增加值 2816.74 亿元，比上年增长 2.0%；交通运输、仓储和邮政业增加值 1083.96 亿元，下降 0.9%；住宿和餐饮业增加值 567.71 亿元，增长 0.9%；金融业增加值 2491.02 亿元，增长 2.4%；房地产业增加值 1668.59 亿元，下降 5.2%；其他服务业增加值 6795.10 亿元，增长 4.0%。全年规模以上服务业企业营业收入 5323.89 亿元，比上年下降 2.3%。

全年货物运输总量 13.54 亿吨，货物运输周转量 3871.90 亿吨公里（见表 4）。全年内河港口货物吞吐量 20655.37 万吨，增长 4.3%。空港货物吞吐量 41.58 万吨，下降 13.1%。国际标准集装箱吞吐量 176.54 万标准箱，其中，铁路吞吐量 47.37 万标准箱，增长 24.2%。

表 4 2022 年各种运输方式货物运输量及其增长速度

指标	绝对量	比上年增长（%）
货物运输总量（万吨）	135432.72	-6.1
铁路	1828.08	14.8
公路	111914.65	-7.6
水运	21677.69	1.0
航空	12.30	-15.6
货物运输周转量（亿吨公里）	3871.90	0.8
铁路	292.17	18.5
公路	1063.30	-8.0
水运	2513.22	3.2
航空	3.20	-0.6

全年旅客运输总量 2.11 亿人次，比上年下降 40.0%。旅客运输周转量 436.05 亿人次公里，下降 32.4%（见表 5）。空港旅客吞吐量 2246.09 万人次，下降 40.0%。

表 5 2022 年各种运输方式旅客运输量及其增长速度

指标	绝对量	比上年增长（%）
旅客运输总量（万人次）	21149.01	-40.0
铁路	4823.61	-25.8
公路	14432.14	-43.7
水运	377.76	-38.1
航空	1515.50	-39.3
旅客运输周转量（亿人次公里）	436.05	-32.4
铁路	126.28	-19.4
公路	77.94	-35.3
水运	1.25	-58.0
航空	230.56	-36.8

年末全市民用车辆拥有量 890.52 万辆，比上年末增长 6.5%，其中，私人汽车拥有量 820.21 万辆，增长 6.9%。民用轿车拥有量 289.70 万辆，增长 5.8%，其中，私人轿车 269.87 万辆，增长 6.0%。

全年完成邮政行业业务总量 189.45 亿元，比上年增长 16.1%。全年完成邮政函件业务 1301.46 万件，包裹业务 32.80 万件，快递业务 10.92 亿件。全年完成邮政行业业务收入 186.96 亿元，比上年增长 11.0%。

全年完成电信业务总量 381.74 亿元，比上年增长 23.5%。全市电话用户 4560.89 万户，其中，移动电话用户 3962.16 万户。移动电话普及率为 123.26 部 / 百人。互联网用户 5108.80 万户，其中，移动互联网用户 3448.03 万户，固定互联网宽带接入用户 1660.77 万户，5G 移动电话用户 1326.06 万户。

五、国内贸易

全年社会消费品零售总额 13926.08 亿元，比上年下降 0.3%。按经营地统计，城镇消费品零售额下降 0.6%，乡村消费品零售额增长 1.8%。按消费类型统计，商品零售额与上年持平，餐饮收入下降 1.9%。

在限额以上单位中，粮油、食品类商品零售额比上年增长 10.1%，饮料类商品增长 9.9%，烟酒类商品增长 0.6%，服装、鞋帽、针纺织品类商品下降 13.6%，化妆品类商品下降 4.0%，金银珠宝类商品下降 13.6%，家用电器和音像器材类商品下降 7.1%，中西药品类商品增长 7.5%，文化办公用品类商品增长 3.6%，家具类商品下降 3.6%，通信器材类商品下降 0.8%，建筑及装潢材料类商品增长 0.6%，石油及制品类商品增长 5.9%，汽车类商品增长 4.0%。

从零售业态看，全年无店铺零售比上年增长 8.2%，其中，网上商店增长 8.1%，邮购增长 21.7%；在有店铺零售企业中，仓储会员店增长 21.1%，便利店增长 12.5%，超市增长 11.3%。

六、固定资产投资

全年固定资产投资比上年增长 0.7%，其中，基础设施投资增长 9.0%，工业投资增长 10.4%，社会领域投资增长 27.6%（见表 6）。

表 6 2022 年按产业分固定资产投资增长速度

单位：%

指标	比上年增长
固定资产投资	0.7
第一产业	19.9
第二产业	11.0
# 工业	10.4
汽车产业	25.8
摩托车产业	11.3
电子产业	7.3
装备产业	3.4
医药产业	7.1

续表

指标	比上年增长
材料产业	-4.8
消费品产业	19.8
能源工业	18.6
第三产业	-3.4
#房地产开发	-20.4

全年房地产开发投资3467.60亿元，比上年下降20.4%。其中，住宅投资2608.98亿元，下降20.7%；办公楼投资61.50亿元，下降24.0%；商业营业用房投资344.90亿元，下降16.5%。

表7　2022年商品房建设与销售主要指标及其增长速度

指标	绝对量	比上年增长（%）
施工面积（万平方米）	22699.34	-15.6
#住宅	15033.09	-15.1
办公楼	538.01	-27.2
商业营业用房	2446.77	-15.6
新开工面积（万平方米）	2224.17	-54.4
#住宅	1540.96	-52.3
办公楼	35.07	-66.4
商业营业用房	167.39	-64.4
竣工面积（万平方米）	2795.66	-33.4
#住宅	1920.10	-29.5
办公楼	44.09	-68.8
商业营业用房	240.35	-39.8
销售面积（万平方米）	4438.98	-28.4
#住宅	2968.97	-40.0
办公楼	102.83	-6.9
商业营业用房	356.32	-4.2
销售额（亿元）	3101.59	-42.5
#住宅	2448.75	-48.8
办公楼	112.46	22.7
商业营业用房	276.82	-9.3

全市高速公路通车总里程4002公里。公路路网密度226公里/百平方公里。铁路营业里程2781公里。轨道交通营运里程463公里，日均客运量249.98万人次。

七、对外经济

全年货物进出口总额8158.35亿元，比上年增长2.0%。其中，出口5245.32亿元，增长1.5%；进口2913.03亿元，增长2.9%（见表8）。按美元计算，货物进出口1228.30亿美元，比上年下降0.8%。其中，出口790.89亿美元，下降1.1%；进口437.41亿美元，下降0.2%。全市对东盟、欧盟、美国三大贸易伙伴分别进出口1266.32亿元、1247.58亿元、1134.78亿元，增速分别为-2.0%、0.7%、-5.4%；对“一带一路”沿线国家进出口2214.02亿元，比上年增长0.3%。

表8　2022年货物进出口总额及其增长速度

单位：亿元，%

指标	绝对量	比上年增长
进出口总额	8158.35	2.0
出口额	5245.32	1.5
#国有企业	188.85	4.7
外商投资企业	2547.42	-3.9
民营企业	2507.96	7.4
#一般贸易	1920.92	21.5
加工贸易	2860.46	-7.3
#机电产品	4497.82	-4.7
#高新技术产品	3377.40	-10.1
#笔记本电脑	1774.73	-11.3
进口额	2913.03	2.9
#国有企业	399.46	-19.4
外商投资企业	1275.56	8.6
民营企业	1233.14	6.5
#一般贸易	1007.23	-9.0
加工贸易	679.49	24.5
#机电产品	1981.45	-4.0
#高新技术产品	1957.12	6.3

全市新增外商投资企业268家，比上年下降23.7%。全年实际使用外资金额18.57亿美元，下降16.9%。截至年底，累计有316家世界500强企业落户重庆。

全年对外承包工程新签合同额3.63亿美元，比上年下降19.6%；对外承包工程完成营业额3.09亿美元，下降27.3%。

中国（重庆）自由贸易试验区新增注册企业（含分支机构）17272户，注册资本总额1565.79亿元。其中，新增注册外资企业（含分支机构）128户，注册资本12.56亿美元。引进项目485个，签订合同（协议）总额2873.95亿元。

八、财政金融

全年一般公共预算收入2103.4亿元，扣除留抵退税因素后下降2.5%，按自然口径计算下降8.0%。其中，税收收入1270.9亿元，扣除留抵退税因素后下降9.2%，按自然口径计算下降17.7%。一般公共预算支出完成4892.8亿元，增长1.2%。

年末全市金融机构本外币存款余额49567.20亿元，比上年末增长8.0%，其中，人民币存款余额48218.18亿元，增长8.9%。金融机构本外币贷款余额50051.89亿元，比上年末增长6.7%，其中，人民币贷款余额49365.86亿元，增长7.2%（见表9）。

表9　2022年末金融机构存贷款余额及其增长速度

单位：亿元，%

指标	年末数	比上年末增长
本外币存款余额	49567.20	8.0
#人民币存款余额	48218.18	8.9
#住户存款	25458.85	14.5
非金融企业存款	11645.39	2.5

续表

指标	年末数	比上年末增长
政府存款	7247.37	6.8
非银行业金融机构存款	3826.74	-0.7
本外币贷款余额	50051.89	6.7
#人民币贷款余额	49365.86	7.2
#短期贷款	7736.89	1.8
中长期贷款	36193.43	4.9
#个人贷款及透支	19200.66	-0.8

全市共有证券公司总部1家，证券营业部200家，证券分公司53家。辖内上市公司70家，总股本1010.08亿股，股票总市值9347.16亿元。

保费总收入981.09亿元，其中，财产保险收入226.63亿元，人寿保险收入520.15亿元，健康和意外伤害保险收入234.30亿元。全年赔付各类保险金342.99亿元，其中，财产保险赔付145.19亿元，人寿保险赔付75.28亿元，健康和意外伤害保险赔付122.53亿元。

九、居民收入消费和社会保障

全市居民人均可支配收入35666元，比上年增长5.5%。按常住地分，城镇居民人均可支配收入45509元，增长4.6%；农村居民人均可支配收入19313元，增长6.7%（见表10）。按全体居民五等份收入分组，低收入组人均可支配收入11533元，中间偏下收入组人均可支配收入21105元，中间收入组人均可支配收入31386元，中间偏上收入组人均可支配收入45231元，高收入组人均可支配收入80209元。

全市居民人均消费支出25371元，比上年增长3.1%。按常住地分，城镇居民人均消费支出30574元，增长2.4%；农村居民人均消费支出 16727 元，增长 3.9%。全市居民恩格尔系数为 33.9%，比上年上升 0.7 个百分点，其中，城镇为 33.0%，农村为 36.5%。

表 10　2022 年居民人均可支配收入及其增长速度

单位：元，%

指标	全市居民		城镇居民		农村居民	
	绝对量	同比增长	绝对量	同比增长	绝对量	同比增长
人均可支配收入	35666	5.5	45509	4.6	19313	6.7
工资性收入	19178	5.7	26556	4.6	6921	8.4
经营净收入	5525	3.1	5098	4.2	6235	2.0
财产净收入	2217	6.1	3265	5.1	476	6.7
转移净收入	8746	6.4	10591	4.8	5681	10.2

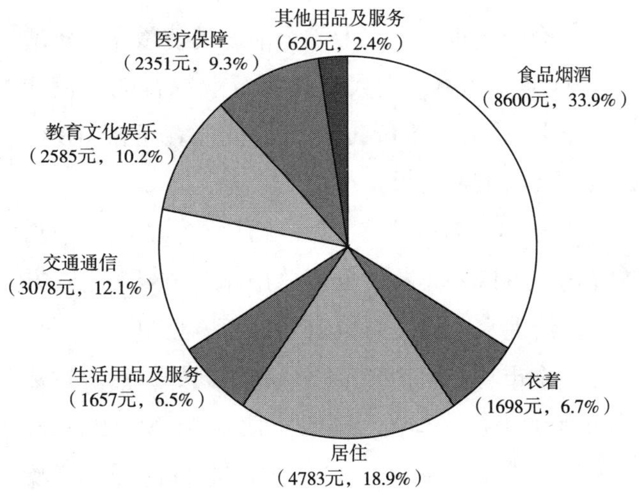

图 3　2022 年全市居民人均消费支出及其构成

全市城镇职工基本养老保险参保人数 1431.76 万人，比上年增长 5.7%。城乡居民基本养老保险参保人数 1140.32 万人，比上年增长 0.03%。城镇职工基本医疗保险参保人数 808.45 万人，城乡居民基本医疗保险参保人数 2398.18 万人，基本医疗保险综合参保率 99.7%。生育保险参保人数 547.87 万人，增长 2.1%，享受生育保险待遇 44.69 万人次。工伤保险参保人数 752.82 万人，下降 1.7%。失业保险参保人数 614.24 万人，增长 2.7%。

年末全市共有 21.80 万人享受城市居民最低生活保障，55.80 万人享受农村居民最低生活保障。城市特困人员救助供养人数 7.80 万人，农村特困人员救助供养人数 9.74 万人。全年资助 141.76 万困难群众参加医疗保险。

城市居民最低生活保障标准为 717 元 / 月，农村居民最低生活保障标准为 581 元 / 月，特困人员救助供养标准为 932 元 / 月，其中，集中供养孤儿补助标准 1582 元 / 月，社会散居孤儿补助标准 1382 元 / 月。

十、科学技术和教育

截至年底，市级及以上重点实验室 220 个，其中，国家重点实验室 10 个。市级及以上工程技术研究中心 364 个，其中，国家级中心 10 个。新型研发机构 179 个，其中，高端研发机构 82 个。有效期内高新技术企业 6348 家。全年技术市场签订成交合同 6919 项，成交金额 630.4 亿元。

全年专利授权 6.65 万件，其中，发明专利授权 1.22 万件。有效发明专利 5.19 万件。

全市共有有效注册商标 78.21 万件，比上年增长 12.7%。驰名商标 162 件，地理标志 309 件。

年末全市共有产品检验检测机构 78 家，其中，国家质检中心 18 个。现有认证机构 12 家。法定计量技术机构 14 个，全年强制检定计量器具 546.6 万台（件）。全年修订、制定地方标准（不含工程建设、食品安全）211 项。

全市共有普通高等教育学校 70 所，成人高校 3 所，军队院校 2 所，中等职业学校 128 所（不含技工校），普通中学 1120 所，普通小学2637所，幼儿园5667所，特殊教育学校39所。高等教育毛入学率62.6%，高中阶段教育毛入学率98.99%，初中入学率99.91%，小学入学率99.99%，学前教育毛入园率92.35%。普惠性幼儿园覆盖率93.99%。九年义务教育巩固率95.79%。

表11　2022年全市教育主要指标

单位：万人

指标	招生数	在校学生数	毕业生数
研究生教育	3.47	10.55	2.31
普通高校本专科教育	35.06	106.61	27.10
成人本专科教育	2.88	6.11	2.10
中等职业学校教育	13.81	37.97	10.68
普通高中教育	23.21	66.33	20.53
普通初中教育	35.05	108.75	39.67
普通小学教育	33.76	203.19	34.40
特殊教育	0.46	2.66	0.61
指标	入园人数	在园幼儿数	离园人数
学前教育	24.14	96.14	33.92

十一、文化旅游、卫生健康和体育

全市共有博物馆130个，文化馆41个，公共图书馆43个，公有制艺术表演团体19个。广播综合人口覆盖率99.55%，电视综合人口覆盖率99.66%。全年生产电视剧3部、电影18部、电视动画片279分钟。出版各类报纸16187万份，各类期刊3420万册，图书16178万册（张）。全市共有国家级综合档案馆40个、市级专业档案馆1个、市级部门档案馆4个。

全市旅游及相关产业实现增加值1063.26亿元，较上年下降1.2%，占地区生产总值的比重为3.7%。年末全市拥有国家A级景区272个，其中，5A级景区11个，4A级景区140个。

年末全市共有各级各类医疗卫生机构22243个，其中，医院857个，社区卫生服务中心（站）638个，乡镇卫生院810个，村卫生室9629个。医疗卫生机构实有床位数25.08万张，其中，医院床位18.61万张，乡镇卫生院床位4.62万张。全市共有卫生技术人员25.28万人，其中，执业医师和执业助理医师9.46万人，注册护士11.73万人。

年末全市共有体育场地14.53万个，体育场地面积7291.37万平方米，人均体育场地面积2.27平方米，我市获全国最高水平比赛奖牌33枚，其中，金牌6枚。

十二、资源、环境和应急管理

全年规模以上工业综合能源消费量比上年增长2.4%，其中，六大高耗能行业综合能源消费量增长2.9%。单位工业增加值能耗下降0.8%。全社会用电量增长4.7%。

全年水资源总量373.46亿立方米。年平均降雨量945.2毫米。全年总用水量68.83亿立方米。治理水土流失面积1617.4平方公里。

全市功能区声环境质量稳中向好，点次达标率为97.1%，其中，昼间点次达标率为98.8%，夜间点次达标率为95.4%。全市昼间区域环境噪声等效声级平均值为52.5分贝，声环境质量总体评价为“较好”；全市昼间道路交通噪声等效声级平均值为64.8分贝，声环境质量总体评价为“好”。

全年生产安全事故死亡人数632人（含道路运输事故次责及以下），比上年下降27.9%；较大生产安全事故10起，比上年上升25.0%；未发生重大生产安全事故。亿元地区生产总值生产安全事故死亡人数0.021人，比上年下降32.3%。

注释：

1. 本公报中2022年数据均为初步统计数，部分数据因四舍五入的原因，存在与分项合计不等的情况。

2. 地区生产总值、三次产业及相关行业增加值、人均地区生产总值绝对量按现价计算，增长速度按可比价计算。

3. 外出农民工是指在户籍所在乡镇地域以外从业6个月及以上的农村劳动力；乡内农民工是指在户籍所在乡镇地域以内从业6个月及以上的农村劳动力。

4. 工业战略性新兴产业包括新一代信息技术、高端装备制造、新材料、生物、新能源汽车、新能源、节能环保和数字创意等八大产业中的工业相关行业。

5. 高技术制造业包括医药制造业，航空、航天器及设备制造业，电子及通信设备制造业，计算机及办公设备制造业，医疗仪器设备及仪器仪表制造业，信息化学品制造业。

6. 高技术产业投资包括医药制造、航空航天器及设备制造等六大类高技术制造业投资和信息服务、电子商务服务等九大类高技术服务业投资。

7. 规模以上工业企业财务指标增速按可比口径计算。

8. 其他服务业包括农、林、牧、渔业及辅助性活动，信息传输、软件和信息技术服务业，租赁和商务服务业，科学研究和技术服务业，水利、环境和公共设施管理业，居民服务、修理和其他服务业，教育，卫生和社会工作，文化、体育和娱乐业，公共管理、社会保障和社会组织等行业。

9. 邮政业务总量按2020年价格计算。

10. 电信业务总量按上年价格计算。

11. 基础设施投资是指建造或购置为社会生产和生活提供基础性、大众性服务的工程和设施的支出。本公报中的基础设施投资包括电力、热力、燃气及水生产和供应业，交通运输、邮政业，电信、广播电视和卫星传输服务业，互联网和相关服务业，水利、环境和公共设施管理业投资。

12. 社会领域投资包括教育，卫生和社会工作，文化、体育和娱乐业投资。

13. 根据国家商务主管部门印发的《外商投资统计调查制度（2022年）》，将外商投资统计口径统一规范为“实际使用外资”指标，即外商直接投资（FDI）。

14. 居民五等份收入分组是指将所有调查户按人均收入水平从低到高顺序排列，平均分为五个等份，处于最低20%的收入家庭为低收入组，依此类推依次为中间偏下收入组、中间收入组、中间偏上收入组、高收入组。

15. 体育场地调查对象不包括军队、铁路系统所属体育场地。体育场地面积是指体育训练、比赛、健身场地的有效面积。

16. 行业统计标准：

规模以上工业：年主营业务收入2000万元及以上的工业法人单位。

有资质的建筑业：有总承包和专业承包资质的建筑业法人单位。

限额以上批发和零售业：年主营业务收入2000万元及以上的批发业、年主营业务收入500万元及以上的零售业企业（单位）。

限额以上住宿和餐饮业：年主营业务收入200万元及以上的住宿和餐饮业企业（单位）。

房地产开发经营业：全部房地产开发经营业法人单位。

规模以上服务业：年营业收入2000万元及以上服务业法人单位。包括交通运输、仓储和邮政业，信息传输、软件和信息技术服务业，水利、环境和公共设施管理业三个门类和卫生行业大类。

年营业收入1000万元及以上服务业法人单位。包括租赁和商务服务业、科学研究和技术服务业、教育三个门类，以及物业管理、房地产中介服务、房地产租赁经营和其他房地产业四个行业大类。

年营业收入500万元及以上服务业法人单位。包括居民服务、修理和其他服务业，文化、体育和娱乐业两个门类，以及社会工作行业大类。

资料来源（部门排序以文中数据为序）：

城镇新增就业、社会保障数据来自市人力社保局；市场主体、质量检测数据来自市市场监管局；开放通道建设数据来自市政府口岸物流办；噪声、空气、水质监测数据来自市生态环境局；自然保护区、林业、森林数据来自市林业局；交通数据来自市交通局；民用汽车数据来自市公安局；邮政数据来自市邮政管理局；通信数据来自市通信管理局；货物进出口数据来自重庆海关；对外经济数据来自市商务委；财政数据来自市财政局；部分金融数据来自市金融监管局和人行重庆营管部；证券数据来自重庆证监局；保险数据来自重庆银保监局；医疗保险数据来自市医保局；城乡低保、城乡特困人员救助数据来自市民政局；科技数据来自市科技局；专利、商标、地理标志数据来自市知识产权局；教育数据来自市教委；文化、旅游数据来自市文化旅游委；电影、报纸、期刊、图书数据来自市委宣传部；档案数据来自市档案局；医疗卫生数据来自市卫生健康委；体育数据来自市体育局；水资源数据来自市水利局；生产安全事故数据来自市应急局。其他数据来自市统计局、国家统计局重庆调查总队。

第二编　部门经济运行与管理

重庆经济发展概况

重庆市发展和改革委员会

一、2022年发展回顾

2022年，在以习近平同志为核心的党中央坚强领导下，全市上下全面贯彻习近平新时代中国特色社会主义思想，深入学习贯彻党的二十大精神，紧紧围绕把习近平总书记殷殷嘱托全面落实在重庆大地上这条主线，认真贯彻落实党中央、国务院决策部署，立足新发展阶段，完整、准确、全面贯彻新发展理念，积极服务和融入新发展格局，坚持全面落实"疫情要防住、经济要稳住、发展要安全"指示要求，高效统筹疫情防控和经济社会发展，统筹发展和安全，把稳增长放在更加突出的位置，进一步加大宏观政策实施力度，加力落实稳经济一揽子政策措施和接续政策措施，着力战高温、战旱情、战灾情、战疫情，着力保市场主体、稳就业、稳物价，积极应对超预期因素冲击，发展质效稳步提升，就业物价保持平稳，社会民生得到有效保障，经济发展保持了多重压力下的恢复态势，实现了稳增长稳就业稳物价的总体平衡。全年地区生产总值达到2.91万亿元、增长2.6%，规上工业增加值、固定资产投资、社会消费品零售总额、进出口总值分别增长3.2%、0.7%、-0.3%、2%，全体居民人均可支配收入达到3.57万元、增长5.5%。

（一）聚焦扩大内需持续用力，经济循环更加畅通高效

出台扩大有效投资的22条政策措施，制定市级重大项目前期工作管理办法，全年基础设施投资增长9%，市级重大项目全年完成投资4104亿元，成渝中线高铁、渝西高铁等重大基础设施项目开工建设。加快解放碑—朝天门、观音桥等世界知名商圈建设，出台消费恢复发展19条等政策措施，举办"爱尚重庆"美好生活节、首届中国（重庆）国际消费节等系列主题促销活动。编印助企纾困政策措施清单及"口袋书"，动态发布"稳经济政策包"，全年为120万余户市场主体减税降费近700亿元。

（二）聚焦成渝地区双城经济圈建设持续用力，区域发展更加协调均衡

印发实施《重庆都市圈发展规划》。7个配合国家部门编制的规划（方案）已出台6个，13个两省市共同编制的规划（方案）已联合印发10个。160个共建双城经济圈重大项目全年完成投资2336亿元、实现年度计划的127%。加快推动主城都市区同城化发展，产业不断发展壮大，同城化通道加快建设，中心城区国际交往、科技创新、先进制造、现代服务功能加速集聚。全力推动渝东北三峡库区城镇群生态优先绿色发展，深入实施三峡后续工作规划，"万开云"同城化发展取得积极成效，云阳、奉节、巫山正式迎来高铁时代，城开高速建成通车、实现"县县通高速"。全力推动渝东南武陵山区城镇群文旅融合发展，举办2022中国武陵文旅峰会，武隆仙女山荆竹村成功

入选2022年联合国世界旅游组织“最佳旅游乡村”。

（三）聚焦科技自立自强持续用力，科技创新更加自主可控

高水平建设西部（重庆）科学城，高标准建设两江协同创新区，高质量建设广阳湾智创生态城，超瞬态实验装置完成总体规划设计，金凤实验室入驻科研团队20个。着力打造国家数字经济创新发展试验区和国家新一代人工智能创新发展试验区，新建市级重点实验室38个，建设新型研发机构179家，科技型企业达42989家、高新技术企业达6348家，科创板上市企业实现“零突破”。实施“重庆英才计划”等人才计划，在渝两院院士累计达18人，7人入选国家高层次人才特殊支持计划，新增国家“杰青”2人、国家“优青”13人，首次获得国家创新研究群体2个。全社会研发经费投入强度达2.3%。

（四）聚焦振兴实体经济持续用力，现代化产业体系更加健全完善

制定实施世界级智能网联新能源汽车产业集群发展规划，启动实施软件和信息服务业“满天星”行动计划，累计培育专精特新中小企业2484家，其中国家级专精特新“小巨人”企业255家。成功举办2022中国国际智能产业博览会，数字经济核心产业增加值占GDP的比重超过8%。深入开展服务业扩大开放综合试点，86项试点任务已落地75项，探索首创性差异化改革50余项。大力建设西部金融中心，金融机构本外币存贷款余额分别增长8%、6.7%，累计实现跨境融资192亿美元。新建高标准农田255万亩，启动建设57.8万亩丘陵山区高标准农田改造提升示范项目，创建全国农业现代化示范区4个、国家农村产业融合发展示范园2个、国家现代农业产业园2个、国家农业绿色发展先行区2个。

（五）聚焦深化改革开放持续用力，发展环境更加健康有序

印发《重庆市营商环境创新试点实施方案》，构建起“1个总体方案+100个专项方案”的制度体系。深化“证照分离”改革，办理涉企经营许可事项63.8万件，惠及企业35.2万户。出台贯彻落实加快建设全国统一大市场重点举措及分工方案，顺利完成国企改革三年行动94项重点任务，毫不动摇鼓励、支持、引导非公有制经济发展，民营经济增加值占GDP的比重达到59.4%。重庆经西部陆海新通道运输14.8万标箱、增长32%。中欧班列（成渝）开行5000列以上，占全国开行总量的近30%。高标准实施中新互联互通项目，外贸进出口达到8158.4亿元，增长2%。

（六）聚焦城乡融合发展持续用力，城市乡村更加宜居宜业

制定坚决防止规模性返贫23条等政策措施，“一县一策”支持城口、巫溪、酉阳、彭水国家乡村振兴重点帮扶县发展。大力推进重点工程项目以工代赈，覆盖项目59个、总投资2586.6亿元。持续全面推进乡村振兴，新建“四好农村路”3600公里、村道安防工程4050公里，农村自来水普及率达89%。统筹推进长嘉汇、艺术湾等城市功能名片及嘉陵滨江生态长廊建设，基本建成“两江四岸”十大公共空间。垫丰武高速公路等开工建设，通车总里程突破4000公里。江跳线等61公里城市轨道投入运营。建成投用红岩村大桥、白居寺大桥、龙兴隧道“2桥1隧”。新开工改造城镇老旧小区1304个、3109万平方米，完成棚户区改造1.5万户。

（七）聚焦绿色低碳发展持续用力，建设山清水秀美丽之地成效更加显著

碳达峰碳中和“1+2+6+N”政策体系基本形成，全市能耗强度下降2.5%、达到“十四五”期间序时进度。统筹推进中心城区“四山”保护提升，综合利用建设弃土7400万方，修复矿山超800公顷。加强中央生态环境保护督察反馈问题、长江经济带生态环境突出问题整改。秀山、酉阳、城口锰行业落后产能全部淘汰退出。74个国考断面水质优良比例为98.6%，空气质量优良天数达332天、较上年增加6天。川渝“无废城市”共建形成全国示范。创建绿色工厂78家、绿色园区5个，全市生活垃圾焚烧发电约23亿度，全年清洁能源电量消纳占比超过47%。两江新区成功入选国家首批气候投融资试点，重庆高新区成功入选全国首批数字化绿色化协同转型发展（双化协同）综合试点。

（八）聚焦创造高品质生活持续用力，民生保障更加殷实有力

出台3个新一轮稳就业政策文件，推出79项“降、缓、返、补、扶”政策包，组织开展就业援助月、春风行动、高校毕业生就业服务攻坚行动等专项行动，全年城镇新增就业71万人、超预期目标11万人，全年平均城镇调查失业率5.4%。新增公办幼儿园107所，义务教育集团化办学、学区化管理占比超过80%，巩固提高义务教育“双减”成果。4个项目获批纳入国家区域医疗中心建设项目名单，重大附属三峡医院等3家医院纳入省级区域医疗中心建设名单。实现城乡社区居家养老服务全覆盖，养老床位达到23万余张，城乡养老保险、基本医保参保率分别达到97%、99.7%，城镇、农村居民低保标准分别提高至每人每月717元、581元。

（九）聚焦发展和安全持续用力，防范化解重大风险更加有力有效

成立市房地产领域风险防范化解和维稳处突工作专班，全力开展“保交楼、稳民生”工作，重点项目风险处置稳妥有序推进。加大隐性债务化解力度，遏制新增隐性债务，政府债务风险总体可控。落实好防范化解重大金融风险重点任务27项责任清单，银行业不良率、小贷不良率、融资担保代偿率指标低于全国平均水平。强化粮食能源安全保障，全年粮食总产量107.3亿公斤，加快推进495万千瓦天然气发电项目建设，获批新增200万千瓦煤电指标，川渝1000千伏特高压交流工程、疆电入渝配套电源项目开工建设。深入推进安全生产“两重大一突出”综合治理，安全生产形势稳定向好。持续加强食品药品安全监管。不断深化“枫桥经验”重庆实践，攻坚化解信访积案，推动扫黑除恶长效常治。

二、发展中存在的问题

在肯定成绩的同时也应看到，我市发展仍面临一些矛盾和问题，一是居民消费、文旅消费尚未完全恢复，民间投资预期不稳，市场主体特别是中小微企业和个体工商户生产经营仍然比较困难，营商环境还有较大提升空间；二是产业发展水平有待提高，传统产业转型升级任务较重，新兴产业尚未形成有效支撑；三是科技创新能力偏弱；四是城乡区域发展差距仍然较大，超大城市治理面临不少挑战，文化软实力还需进一步提升；五是民生保障依然存在不少短板，社会治理有待加强；六是财政收支压力较大，经济金融领域存在风险隐患。对这些问题，我们必须采取有效措施，切实加以解决。

三、2023年发展思路

一是着力推动经济企稳恢复提振。深入开展抓项目促投资专项行动，编制实施市级政府投资项目三年滚动计划，扩大基础设施投资，扩大产业投资，稳定房地产投资，激活民间投资。加快培育建设国际消费中心城市，加大消费券发放力度，常态化开展“爱尚重庆·渝悦消费”系列主题消费促进活动，鼓励有条件的区县和企业开展新一轮家电下乡活动。推动个体工商户和中小微企业尽快恢复发展，阶段性减免中小企业使用政府转贷资金产生的资金占用费，持续开展拖欠中小企业账款清理工作。

二是着力建设现代化产业体系。实施创新链产业链资金链人才链深度融合发展行动，加强企业主导的产学研深度融合，启动实施高新技术企业和科技型企业“双倍增”行动计划，创建国家综合类技术创新中心。实施传统支柱产业提升行动和先进制造业集群培育行动，积极培育数字经济新增长极，加快提升制造业发展能级，积极谋划新型储能产业和未来产业。大力发展现代服务业，推动生产性服务业向专业化和价值链高端延伸，深化国家先进制造业和现代服务业融合发展试点，深入实施服务业扩大开放综合试点。

三是着力增强市场主体活力。持续深化国资国企改革，大力实施对标培育建设世界一流企业、制造业企业高质量发展、整合国资基金助推产业发展、上市公司发展质量提升等专项行动。出台促进民营经济发展壮大的意见，建立各级领导联系重点民营企业工作机制，开展促进民营经济数字化变革专项行动，健全“微成长、小升高、高壮大、大变强”梯次培育机制，完善上市企业培育库。持续优化涉企服务，减轻市场主体经营负担，加快推进“跨省通办”“全渝通办”，全面实施市场准入负面清单管理。

四是着力推动成渝地区双城经济圈建设。深入实施成渝地区双城经济圈建设“一号工程”，加快培育现代化重庆都市圈，协同推进世界级机场群、成渝中线高铁等标志性工程，持续推进产业发展协同协作、公共服务共建共享。大力促进“一区两群”协调发展，落实三个片区建设行动方案，增强重庆主城都市区发展能级和综合竞争力，推动渝东北三峡库区城镇群生态优先、绿色发展，推进渝东南武陵山区城镇群文旅融合、城乡协同发展。

五是着力推进西部陆海新通道建设。启动实施西部陆海新通道建设三年行动计划，完善国际交通枢纽功能，打造以重庆为枢纽、纵贯西北、联通中国西部与东盟国家（地区）的陆海新通道主轴，扩能中线通道，优化东线通道，拓展中（国）缅（甸）、中（国）老（挝）等线路，推动形成多路径、多方式的铁海联运、铁路国际联运。加快建设渝湘高铁重庆至黔江段、渝昆高铁等铁路项目，推进渝贵高铁、沿江货运铁路、安张铁路前期工作，积极谋划渝桂高铁、兰渝高铁。

六是着力防范化解重大风险。全力落实保交楼，支持刚性和改善性住房需求。健全区县财政平稳运行机制，持续推动财力下沉，持续压减非急需、非刚性支出，建立高负债大型问题企业、地方融资平台和城投企业名单，“一企一策”制定债务违约风险应对预案。加快市内电源建设，积极推进外电入渝，加快川渝特高压、疆电入渝工程建设，开展藏电、西北电入渝论证。强化灾害防治、安全生产等工作，推进防灾减灾能力建设，加强自然灾害综合防治，全面加强安全生产工作，严防重特大事故发生。

七是着力提高人民生活品质。着力促进居民增收，进一步强化就业优先政策导向，健全有利于更高质量和更加充分就业的促进机制，实现就业和收入良性循环。建设现代化教育服务体系，持续拓展普惠性学前教育资源，持续巩固提高义务教育“双减”成果，持续推进普通高中发展促进计划，加强职业教育“双高”“双优”建设。健全医疗卫生服务体系，积极争取创建国家医学中心，全面提升基层医疗卫生服务能力。建设多元化养老服务体系，推动社区养老服务设施社会化运营，深入开展家庭养老床位试点工作。健全多层次社会保障服务体系，全面实施全民参保计划。

（执笔人：陶祥飞）

科技管理

重庆市科学技术局

一、2022 年发展回顾

2022 年，坚持以习近平新时代中国特色社会主义思想为指导，牢记习近平总书记殷殷嘱托，抢抓成渝地区双城经济圈建设战略机遇，深入推进以大数据智能化为引领的科技创新，推动建设具有全国影响力的科技创新中心取得积极进展。全市研发经费投入总量预计 690 亿元、较上年增长 14.4%，研发经费投入强度预计 2.3%、较上年提高 0.14 个百分点。万人发明专利拥有量 16.14 件，较上年增长 22.2%。综合科技创新指数排名保持全国第 7 位。

（一）突出高位推动，明晰科技发展新方向

一是对接国家部门高站位谋划。积极争取国家发展改革委、科技部支持，推动出台《成渝地区建设具有全国影响力的科技创新中心总体方案》，研究制定《关于进一步加快建设西部科学城的意见》，加快编制《“一带一路”科技创新合作区实施方案》《“一带一路”科技交流大会方案》，积极推进部市工作会商。科技部支持我市实施各类国家科技计划项目 994 项、资助经费 8.55 亿元。

二是市委、市政府高起点推进。市第六次党代会把“科教实力显著提升”作为未来五年重要目标之一，对“深入推进创新发展，加快建设具有全国影响力的科技创新中心”进行总体部署。市委六届二次全会对标对表党的二十大精神，细化“科教实力显著提升”量化目标，谋划推进科教兴市、人才强市建设。市政府印发《成渝地区建设具有全国影响力的科技创新中心总体方案》，发布《重庆市科技创新“十四五”规划》《重庆市科技型中小企业创新发展行动计划》等政策文件，部署推进科学城与大学城融合发展、科创培育基金设立等重大工作。

三是川渝两地高效率协同。川渝党政联席会议审定《成渝地区共建“一带一路”科技创新合作区实施方案》《推动川渝共建重点实验室建设的实施意见》。川渝两地科技部门召开协同创新专项工作组会议 2 次，共建重点实验室等创新平台 9 个，共享科研仪器设备 1.2 万台（套），联合实施研发项目 60 项，协同推进毗邻地区科技合作。

（二）突出资源导入，塑造科技发展新优势

一是大力培育战略科技力量。加快推进国家实验室重庆基地落地，首批 3 个国家重点实验室通过重组评审认定，高起点建设国家生猪技术创新中心、国家应用数学中心，加快建设“重庆实验室”，新建重庆基础学科研究中心 3 个。超瞬态实验装置等 5 个科技基础设施年度投资计划圆满完成。

二是高水平建设核心承载区。西部（重庆）科学城加快建设成渝综合性科学中心，金凤实验室、中科院重庆汽车软件创新平台等重大科技平台揭牌投用，累计引进建设新型高端研发机构 26

个、集聚市级以上研发平台 323 个。两江协同创新区引进建设开放式国际化研发机构 50 家、各类研发平台 430 个。广阳湾智创生态城启动建设广阳湾实验室、脑与智能科学中心，集聚各类研发平台 111 家。

三是加快推动区县科技创新。出台《关于支持区县科技创新发展的指导意见》，加快建设重庆国际生物城、畜牧科技城等区县特色科创平台，着力打造“一区一平台”“一区一特色”。奉节成为首批国家创新型县。选派 2819 名科技特派员服务 870 个乡镇、2948 个村，解决技术难题 3820 项。

（三）突出战略导向，提升科技发展新水平

一是实施基础研究行动计划。构建国家自然科学基金区域创新发展联合基金、市级自然科学基金、行业部门联合基金、重点企业联合基金、重点区域联合基金等多层次资助体系，组织实施市级自然科学基金项目 1800 项，在金属强化、肿瘤免疫、干细胞移植等领域取得重大原创性理论突破。我市“世界首张千蚕高精度基因遗传变异图谱”“‘从鱼到人’探源研究”两项基础研究成果入选 2022 年度国内十大科技新闻。

二是推进关键核心技术攻关。组织实施汽车核心软件、生物医药 2 个重大专项和人工智能、新能源等 10 个重点专项，集中安排财政科技经费 6.7 亿元，带动社会投入超过 30 亿元。发布首款具有自主知识产权的国产通用型科学计算软件，研发国内首台光电混合计算原型验证机、全球首款光磁一体化手术导航医疗器械。采取快速响应机制组织实施救灾复产应急专项项目 13 项、新冠病毒防控应急专项项目 8 项，以科技助力减灾复产和病毒防控。3 个 I 类新药、9 项品规和适应症获批开展临床试验，36 件第三类医疗器械首次获批注册。

三是建设国家新一代人工智能创新发展试验区。获批建设视听交互国家新一代人工智能开放创新平台，启动建设工业软件云创实验室，遴选 L4 级自动驾驶网约车无人化示范运营等应用场景项目 13 个，深入推进人工智能、大数据等技术与重庆特色场景应用。

（四）突出成果转化，培育科技发展新动能

一是高质量发展科技园区。新增开州高新区，形成“4+12”高新区（国家级 4 个、市级 12 个），规上工业总产值 11700 亿元、同比增长 7%，企业营业收入 11500 亿元、同比增长 3.8%，高新技术企业营业收入突破 3800 亿元、同比增长 10.8%。加快建设渝北农高区，提质发展 22 个农业科技园区。

二是大力培育科技型企业。新增科技型企业 6050 家、累计 42989 家，较上年增长 16%。新增高新技术企业 1240 家、累计 6348 家，较上年增长 24%。3 家企业通过科创板上市审核，山外山公司成为重庆首家科创板挂牌企业，科创板上市实现突破。

三是加速科技成果产业化。聚焦建设国家科技成果转移转化示范区，构建“点、线、网、面”成果转化体系，启动建设金凤未来产业科创园，提质发展环大学创新生态圈 10 个，新增重庆理工大学国家大学科技园、国家科技企业孵化器 4 个和国家众创空间 14 个。技术合同成交额 630.5 亿元，较上年翻了一番。

四是加快发展科技服务业。研究制定科技服务业高质量发展三年行动计划，谋划打造科技创新全链条的服务体系和高技术服务业集聚区，科学研究和技术服务业营业收入增速保持在 15%。

五是强化科技金融支撑。谋划设立科创培育基金，实行种子、天使、风险投资“全周期、一体化”运行管理。深化知识价值信用贷款改革，

新增为2403家企业发放知识价值信用贷款70.7亿元，较上年分别增长30.8%、31.2%。

（五）突出开放创新，拓展科技发展新空间

一是扩大科技开放合作。筹办“一带一路”科技交流大会，组织中新企业对接、中匈技术转移对接活动30场，举办中韩生物技术合作发展论坛。获批科技部政府间国际科技创新合作重点专项5项、经费2009万元，创近年新高。签署渝宁科技合作协议，渝鲁科技合作、科技援疆援藏项目深入推进。

二是引进高端创新资源。新引进国内外知名创新机构5家、累计108家，落地建设各类高水平研发机构65家，布局各类实验平台283个，集聚高层次人才5430人，实施科研项目843项，开展产业化项目409项、孵化科技型企业196个。

三是汇聚高层次科技人才。柔性引进“两院”院士84名，新增国家“杰青”2人、国家“优青”13人，首次同年获得2个国家创新研究群体，新增外国高端人才（A类）32人。入选国家人才计划7人，其中，科技创新领军人才1人、科技创业领军人才5人、青年拔尖人才1人。

（六）突出生态营造，释放科技发展新活力

一是深化科技体制改革。研究制定我市科技体制改革三年攻坚实施方案，推进“地方科学基金项目‘负面清单+包干制’”等4项国家全面创新改革，整合优化科技资源投入与支持方式，开展生物医药研发用物品进口试点，启动首批技术经纪专业职称认定。

二是加强科技监督管理。抽取597个科技项目进行绩效评价，开展创新券兑付专项检查、新型研发机构建设专项评价，在全国率先实行项目结题、绩效评价、监督检查结果互认。探索主动发现机制，重点查处代写代投、论文造假、抄袭剽窃、署名不当等科研不端行为。升级科研诚信信息管理系统，实现科技计划类别、过程管理和责任主体“全覆盖”。

三是培育特色创新文化。编制新时代进一步加强科普工作实施方案，创新举办科技活动周等大型科普活动，打造《求问科学》《少年科学梦》等线上科普品牌，遴选5个轨道站点布局创新文化墙。在渝启动“系好学术生涯‘第一粒扣子’”全国系列宣讲，举办院士专家“科学家精神”宣讲活动和“科学精神、榜样引领”短视频大赛。

二、发展中存在的问题

同时，发展中仍然还存在一些突出问题和短板。

一是研发经费投入仍然不足。全市研发经费投入总量不到广东的1/6、江苏的1/5、北京的1/4、上海的1/3、浙江的1/3，研发经费投入强度低于全国平均水平，且差距呈拉大趋势。二是创新型产业和企业规模不大。高新技术企业数量仅为广东的13.3%、浙江的20.7%、四川的49.7%。科创板上市企业仅1家，远少于广东76家、浙江42家、四川17家的水平。国家级专精特新“小巨人”企业仅为浙江的1/4、广东的1/3、江苏的1/3、北京的2/5、上海的1/2。三是关键核心技术受制于人。产业“缺芯少魂”问题突出，电子行业95%的高端专用芯片、70%以上的智能终端处理器和存储芯片均来自进口。科技支撑产业发展能力不强，全市产业链仍面临652项“卡脖子”技术问题，断链风险较高。四是高端创新资源比较缺乏。“国字号”重大创新平台偏少，中央在渝科研院所仅4家，国家实验室、国家产业创新中心尚未实现“零突破”。在渝“两院”院士数量与上海（194名）、江苏（118名）、广东（102名）、浙江（59名）相比差距明显。

高水平研究型大学不多，“双一流”大学仅2所，远低于北京（34所）、江苏（16所）、上海（15所）、四川（8所）、陕西（8所）的水平。五是科技创新体制机制欠完善。科技创新目标体系、工作体系、政策体系、评价体系尚不完善，工作合力有待加强。科技创新投入机制有待健全，科技金融支撑能力较弱。科研成果与市场需求匹配度不高，高水平科技成果转化服务机构不足。科创文化氛围不够浓厚，创新创业活力有待释放。

三、2023年发展思路

2023年，坚持以习近平新时代中国特色社会主义思想为指导，全面贯彻党的二十大和二十届一中、二中全会精神，深入落实市第六次党代会和市委六届二次全会部署要求，坚决贯彻落实中央决策部署和市委工作要求，按照市政府工作报告目标任务，深刻把握创新制胜工作导向，奋力抓好科技创新，促进科技、产业、金融、人才良性循环，力争全市研发经费投入强度2.35%左右，科技型企业超过4.8万家、高新技术企业突破7000家。

（一）以重大项目重大平台建设为核心，着力推进科技创新中心高质量发展

一是实施高能级创新平台提升行动。积极谋划国家实验室，争取国家实验室重庆基地落地，加快推进国家重点实验室优化重组，着力建设金凤实验室、明月湖实验室等“重庆实验室”，力争创建国家技术创新中心。持续推动中科院重庆科学中心等科创平台建设，引育国内外一流创新资源，支持发展高水平研究型大学，推动市属科研机构改革创新。

二是高质量建设科创核心承载区。大力推进科学城和大学城深度融合，着力构建“原始创新—产业协同—产业落地”创新体系，切实推动智能制造、集成电路、软件服务、生物医药等产业发展。积极支持两江协同创新区聚焦“科创+产业”，围绕先进制造、新能源、航空航天等产业方向，构建明月湖产业创新和协同创新生态体系。加快促进广阳湾智创生态城智能化绿色化发展，大力建设重庆脑与智能科学中心，着力打造迎龙创新港，推动发展智能终端、软件信息、大健康、节能环保等产业。

三是加快推动区县科技创新。持续实施《关于支持区县科技创新发展的指导意见》，深入推进“一区一平台”建设。支持打造各类高新区、农业科技园区、国家创新型县，加快推动科技园区高质量发展。支持中心城区发展人工智能、硅基光电子、卫星互联网、氢燃料电池等未来产业，支持主城新区完善电子信息、汽车、高端装备、生物医药等制造业技术创新体系，支持“两群”大食品、大健康产业绿色化特色化发展，着力形成“一区一特色”。

（二）以引领性关键性科技攻关为载体，着力提升企业主导有组织的产学研创新水平

一是实施基础研究发展行动。聚焦前沿、新兴、交叉领域，加快在脑科学、量子科学、合成生物学等重点领域布局。鼓励一批科技领军企业开展前沿性、引领性研究，支持设立市自然科学基金创新发展联合基金。加快建设重点实验室、科技基础设施、野外科学观测研究站和基础条件平台，推动科技资源开放共享。

二是实施关键领域核心技术攻关行动。围绕重点产业发展需求，组织实施汽车核心软件、人工智能、高端器件与芯片、先进制造、生物医药等科技创新重大（重点）专项，强化企业主导的产学研协同创新，提升创新能力，加快攻克一批关键领域核心技术，力争形成一批重大科技

成果。

三是加快建设国家新一代人工智能创新发展试验区。布局建设人工智能技术创新公共服务平台，组织实施人工智能重大专项，打造智能工厂、智慧城市等示范应用场景，一体化推进人工智能技术、场景、产业和生态发展。

（三）以“双倍增”行动计划实施为抓手，着力增强服务重庆现代产业体系建设的能力

一是实施高新技术企业和科技型企业“双倍增”行动计划。把“双倍增”行动作为全市科技创新工作的重要任务，以提升企业创新力和竞争力为根本，以构建科技型企业梯次培育体系为抓手，形成政府引导、企业主导、全社会参与、各类机构竞相发力的工作格局，推动创新资源和要素向企业聚焦，多措并举、引育结合、量质齐飞，加快培育更多创新型、高质量市场主体。

二是实施科技服务业发展行动。实施“推动科技服务业高质量发展三年行动计划”，打造未来产业科创园，建设大型创新创业孵化社区和科技企业孵化园，实施科技成果进区县专项行动，构建“点、线、网、面”成果转化格局，加快重庆国家科技成果转移转化示范区建设，力争全市科学研究和技术服务业营业收入增速保持在15%以上。

三是大力发展科技金融。发挥政府基金的引导和放大作用，有效吸纳社会投资，壮大科创培育基金。深化知识价值信用贷款改革试点，加大对科技型企业的信贷支持力度。持续服务企业科创板上市，力争科创板上市企业总数达到3家。

（四）以科技人才队伍建设为根本，着力形成优秀人才脱颖而出、创新活力竞相迸发的生动局面

一是实施高水平科技人才集聚行动。依托科技型企业、新型研发机构，加快引育一流科技领军人才和创新团队。开展外籍“高精尖缺”人才认定标准试点工作，完善外国人来渝工作管理服务，引进外国高端人才和华人科学家。深入开展“为科技工作者办实事、助科技工作者作贡献”行动，增强科技人才的幸福感、获得感。

二是优化科技人才发展环境。实施《重庆市完善科技激励机制的若干举措》，向用人主体充分授权，积极为人才松绑，构建充分体现知识、技术等创新要素价值的收益分配机制。持续开展减负专项行动，加大支持力度，推动青年科技人才挑大梁、增机会、减考核、保时间、强身心。讲好创新故事、宣传创新典型，打造“近悦远来”的人才环境。

（五）以优化创新生态为基础，着力营造主体协同互动、要素顺畅流动、资源高效配置的良好环境

一是实施科技体制改革攻坚行动。实施《重庆市科技体制改革三年攻坚实施方案（2023—2025年）》，将改革向关键、纵深、系统领域推进。围绕企业创新发展这个重心，探索高校、院所与企业科研人员“双向流动”机制，构建产学研用联合创新体系。围绕成果转化这个焦点，优化科技成果国有资产管理机制，探索开展职务科技成果单列管理改革，深化赋予科研人员职务科技成果所有权或长期使用权改革和“先投后股”试点，促进科技成果走出实验室、走向大市场。

二是实施“一带一路”科技创新合作区建设行动。加快建设“一带一路”科技创新合作区，精心编制“一带一路”国际技术转移中心建设方案，高水平举办首届“一带一路”科技交流大会。高质量推进川渝科技合作，争取创建成渝综合类国家技术创新中心，着力推动“万达开”协同创新示范区建设，高起点谋划打造成渝中线科

技创新走廊。

三是实施新时代科学普及行动。出台《重庆市关于新时代进一步加强科学技术普及工作的实施方案》，创新举办科技活动周、科普日等群众性科普活动。制定《重庆市科学技术局科研守信激励实施方案》，加强科研诚信建设，弘扬科学家精神，涵养优良学风，营造创新氛围。

（执笔人：谢朝晖）

民政工作

重庆市民政局

一、2022年发展回顾

2022年，市民政局坚持以习近平新时代中国特色社会主义思想为指引，深化落实习近平总书记对民政工作重要指示精神和对重庆提出的重要指示要求，全面落实党中央、国务院决策部署以及市委、市政府工作要求，全力克服旱情、灾情、疫情“三情叠加”不利影响，统筹疫情防控、安全稳定和事业发展，推动各项工作取得明显成效。市民局在2022年全国民政工作座谈会上作口头交流发言，相关工作得到出席会议的王勇国务委员肯定；连续三年在民政部重点工作综合评估中被评为优秀。

（一）坚定捍卫“两个确立”，党的建设纵深推进

一是深入推进政治建设。坚持局党组会“第一议题”制度，及时跟进学习习近平总书记重要讲话、重要指示批示精神48次123篇，中心组集中学习17次，其中研讨交流14次。高标准做好党的二十大和市第六次党代会代表选举工作，局系统2名党代表参加市第六次党代会。二是不断巩固思想建设。采取领导带头学、专题集中学、个人自觉学等方式，学习贯彻党的二十大精神和市第六次党代会、市委六届二次全会要求，做到学深悟透、融会贯通、真信笃行，教育引导干部职工在坚决拥护“两个确立”、坚决做到“两个维护”中提振创新实干的精气神。印发《市民政局突发事件新闻舆论和舆情引导工作措施》《市民政局党组网络意识形态工作责任制实施办法》，定期召开意识形态分析研判会，及时发现和处置敏感信息和负面舆情22起。三是持续深化党风廉政建设。落实《2022年度持续加强作风建设和切实整治群众身边腐败问题十项重点任务》，群众身边腐败得到有效整治。依法依规监督执纪，对4个直属单位党组织、26名同志予以追责问责处理。印发《关于加强巡查整改和成果运用的实施措施》，完成对市石桥铺殡仪馆党总支第一轮巡察整改综合评估和第二轮对市第十一人民医院党支部、市婚姻收养登记管理中心党支部的巡察工作。圆满完成市委巡视整改成效综合评估反馈问题整改任务。

（二）聚焦保障和改善民生，困难群众基本生活兜住兜牢

一是全力抓好审计整改。认真贯彻落实习近平总书记重要批示精神，扎实开展困难群众救助问题专项整治，对审计发现的孤残儿童、流浪乞讨、低保救助、特困供养等问题不折不扣抓好整改工作，标本兼治推动相关制度进一步完善，切实维护了困难群众生命安全和合法权益。二是稳步提高保障水平。城镇、农村居民低保标准分别提高到每人每月717元、581元，特困人员基本生活标准提高到每人每月932元。截至2022年12月，全市共有城乡低保对象77.6万人、支出低保资金50.05亿元，特困供养人员17.54万人、

支出特困供养资金20.9亿元。三是扎实开展急难救助。及时对因疫情、旱情、灾情等影响导致基本生活出现困难的群众给予临时救助，全年临时救助11.84万人次、支出临时救助金3.56亿元；救助受疫情影响困难群众2.72万人次，发放临时救助金4489.17万元；救助受高温旱情影响困难群众412人次，发放临时救助金143万元；救助符合条件的未参保失业人员997名、发放临时救助金45.3万元。四是助力稳住经济大盘。按照农村低保对象每人100元、城镇低保对象每人127元、特困人员每人165元的标准为低保对象、特困人员增发一次性生活补贴1.13亿元。连续6个月启动物价联动机制，对95万名困难群众发放价格临时补贴2.35亿元。扎实推进低保扩围扩面，市政府办公厅印发《重庆市最低生活保障条件认定办法（修订）》，困难群众救助范围进一步拓展。

（三）聚焦积极应对人口老龄化国家战略，养老服务水平持续提升

一是优化城市社区居家养老服务。落实国家居家和社区基本养老服务提升行动项目，推行“机构建中心带站进家庭”可持续社会化运作模式，打造“中心带站”联合体162个，整合社区养老服务站1513个，初步形成街道社区“一网覆盖、一体服务”联网运营模式。深入开展“三助”行动，全市设置助餐点1391个、助浴点597个、助医点1003个，累计助餐65.7万人次、助浴5.2万人次、助医19万人次。二是稳步推进农村养老服务。建成乡镇养老服务中心743个，设置村级互助养老点8000个，城乡社区居家养老服务实现全覆盖。建成失能特困人员集中照护机构60个、护理型床位8000余张；改造升级乡镇敬老院529家，实现农村特困人员“应养尽养”。探索推行农村“四有五助”互助养老模式，累计提供服务50余万次。三是全力为养老服务机构纾困解难。市级财政投入1743万元，对22家社会办养老机构发放建设补贴，全市享受租金减免的养老服务设施133个，减免租金2298万元；享受留抵退税的养老服务设施157个，留抵退税18万元；享受六税两费顶格减免的养老服务设施162个，减免六税两费49万元。四是扎实抓好养老服务安全。建立健全养老服务综合监管制度，制定养老机构等级划分与评定地方标准，评选四星级以上养老机构20家、四叶级以上养老机构11家。深入推进打击整治养老服务诈骗专项行动，创新养老服务机构资金监管方式，建立押金、保证金监管平台，养老服务机构运行更加安全规范。

（四）聚焦儿童福利和未成年人保护体系建设，未成年人关爱保护力度不断加大

一是完善未成年人保护机制。认真履行市未保办职责，印发《重庆市儿童福利与未成年人保护事业发展“十四五”规划（2021—2025年）》，全市建立1个市级、40个区县级未成年人保护中心和650个乡镇（街道）未保工作站，配备1031名乡镇（街道）儿童督导员、1.1万名村（居）儿童主任，初步构建起市、区县、乡镇（街道）、村（社区）四级未成年人保护工作网络。二是精准做好儿童福利保障工作。建立信息共享比对核查机制，全面摸排孤儿、事实无人抚养儿童和农村留守儿童近6万人次，实现应保尽保。稳步提升保障标准，集中供养孤儿、分散供养孤儿基本生活标准分别提高至1582元/（人·月）、1382元/（人·月），为1.1万余名儿童发放基本生活费1.4亿元。三是持续深化儿童关爱服务。常态化开展孤儿、事实无人抚养和农村留守儿童关爱服务，元旦、春节、六一等重要节点走访慰问8万余人次，为7195名父母在外“就地过年”的留守儿童开展关爱服务。四是切实提升兜底监护

能力。出台儿童福利机构管理办法实施细则，8家儿童福利机构基本实现优化提质，6家机构完成转型。稳妥做好收养登记管理工作，办理国内收养登记143例，处置收养个案27例。

（五）聚焦基层治理体系和治理能力现代化建设，基层社会治理成效不断巩固

一是创新推进城乡社区治理。市级设立加强和创新基层治理工作联席会议，区县党委、政府普遍建立基层治理议事协调机制，党领导基层治理的体制机制更加完善。印发《重庆市"十四五"城乡社区服务体系建设规划》，城乡社区综合服务体示范建设、城乡社区工作者能力提升经验做法分别被全国社区建设部际联席会议和民政部简报刊发。二是加大社会组织监管力度。深入抓好社会组织登记管理与社会组织党建"六同步、三纳人、一共享"工作，推动社会组织党组织班子成员与协会负责人"双向进人、交叉任职"，基本实现党的组织和党的工作两个全覆盖。印发《重庆市推动社会组织高质量发展工作指引》，一批新兴产业、新兴业态领域的社会组织蓬勃发展。扎实开展行业协会商会乱收费整治、"僵尸型"社会组织清理整治等专项行动，社会组织运行管理更加规范。三是慈善和社会工作扎实推进。大力推进慈善募捐，"99公益日"互联网公开募捐活动募集3.21亿元，"乡村振兴·重庆专场"活动筹集3.79亿元，全市慈善组织接受慈善款物20.81亿元。加快构建社会工作三级服务体系，全市共建设区（县）社会工作指导中心41个，覆盖率100%；乡镇（街道）社会工作站916个，覆盖率88.8%；村（社区）社会工作室6351个，覆盖率56.6%。推动志愿服务信息化、规范化、常态化发展，全国志愿服务信息系统注册实名志愿者640万余人，注册志愿服务队伍4.1万余个，累计服务时长9684万小时。

（六）聚焦提升基本社会服务能力和水平，民政专项社会事务加快推进

一是不断深化殡葬领域改革。认真落实习近平总书记重要批示，全面开展"活人墓"整治专项行动，将"活人墓"、硬化大墓整治工作纳入对区县经济社会发展业绩考核内容，武隆等14个区县基本"清零"。市委、市政府成立市殡葬改革管理服务工作领导小组，启动编制城乡公益性安葬（放）设施专项规划，12个市级部门联合发文解决殡葬领域突出问题，殡葬领域改革深入推进。二是不断优化婚姻登记服务。深化婚姻登记"跨省通办""全市通办"试点，探索开展"婚育一件事"联办服务，办理结婚登记17.4万对、离婚登记7.16万对，其中婚姻登记"跨省通办"2485对、"全市通办"1.43万对。三是不断强化救助管理和增进困难残疾人福利。完善部分区县救助设施，做好落户安置和源头治理，全年救助流浪乞讨人员1.1万人次，将3.2万余名易流浪走失人员纳入信息库管理，成功寻亲40人，落户安置48人。困难残疾人生活补贴标准调整为每人每月80元，一、二级重度残疾人护理补贴标准分别调整为每人每月90元、80元，发放残疾人"两项补贴"4.5亿元，惠及49.7万名残疾人。全市41个区县、55个机构开展精神障碍社区康复服务。四是稳步开展区划地名工作。深化落实党中央、国务院《关于加强和改进行政区划工作的意见》，推动制定贯彻落实举措，探索建立了行政区划调整效果评估机制。扎实抓好地名服务，主城中心城区地名命名183条，处理不规范地名123条，整改不规范地名标志1055块，重庆区划地名文化展示馆建成投人使用。进一步深化界线管理，圆满完成1854公里省界渝川线和16条915公里县级行政区域界线的第四轮联合检查，全面启动乡镇行政区域界限勘界工作。

（七）聚焦守住安全稳定底线，基础保障能力进一步增强

一是突出抓好“一老一小”服务领域疫情防控，全年民政系统累计体温监测2600.83万余人次，核酸检测842544人次，疫苗接种5223人，排查发热人员129人，督查机构16345家（次）。二是切实加强安全生产，全面规范“日排查、日报告、日整治、日清零”工作制度和“日排查、周抽查、月通报、季研判、年考核”工作机制，以推动岗位风险清单、岗位职责清单、岗位操作卡、岗位应急处置卡“两单两卡”全覆盖为抓手，全面深化民政系统安全生产稳定工作，累计排查安全风险隐患2790条，完成整改2751条，整改率98.6%。三是大力推进民政法治建设，《重庆市慈善条例》《重庆市地名管理条例》于9月1日起正式施行。四是有序推进成渝民政合作，29项年度重点任务走深走实。五是不断强化民政政务服务，46项“全渝通办”事项、7项“川渝通办”事项、5项“跨省通办”事项有序实施；重庆民政自建系统与“渝快办”平台全面对接，婚姻、困难群众等相关数据及电子证照及时全量归集。六是加强民政信息化建设，智慧社区智慧养老云平台全面应用，乡镇（街道）、村（社区）应用覆盖率达到99%以上，渝快社区居民用户超过100万。

二、存在的问题

对标习近平总书记对重庆提出的重要指示要求和对民政工作的重要指示精神，参照北京、上海、浙江、深圳等先进地区，结合推进全市民政工作进入全国前列的目标，我市民政事业发展还存在一些短板和弱项。

一是投入资金不能满足事业发展需要。党中央、国务院和市委、市政府高度重视民生民政工作，全市民政事业发展经费已有一定规模，但各项民政资金仍然无法完全满足事业需要。比如，养老服务方面，目前中央和市级各类资金已奖补街道养老服务中心220个、社区养老服务站969个、乡镇养老服务中心351个，还有743个社区养老服务站和392个乡镇养老服务中心奖补资金未落实到位，缺口5.406亿元。

二是殡葬事业发展不平衡不充分。施行20多年的《重庆市殡葬管理条例》《重庆市殡葬事务管理办法》等缺乏重新修订的上位法依据，已不适应我市殡葬事业发展需要。殡葬服务设施供给不足，全市有5个区县应建设火化殡仪馆，殡仪服务站街道（乡镇）覆盖率仅为8%；市级城市公益性公墓年供墓位仅占主城中心区年死亡人口的10%，26个区县没有城市公益性公墓，农村公益性公墓乡镇覆盖率仅为18%，超过80%的农村乡镇没有集中安葬的公益性公墓。惠民殡葬政策主要针对低保、特困、孤儿等困难群众，覆盖面窄、标准低、项目少。

三是未成年人保护工作能力有待提升。实际工作中仍存在政策举措碎片化、部门资源重复投入、基层权责不对等、职能部门难协同等问题。儿童福利和未保人才队伍的年龄结构、知识结构、能力结构不尽合理，特别是基层工作人员调整变动大且身兼数职，存在专业能力不足、工作流程不熟、服务意识不强等问题。家庭监护主体责任落实不够，仍存在留守儿童监护质量不高、个别父母拒绝或怠于履行监护职责时教育惩戒力度不大等问题。

三、2023年发展思路

2023年，市民政局将坚持以习近平新时代中国特色社会主义思想为指导，深入贯彻党的

二十大精神，深化落实习近平总书记对民政工作重要指示精神和对重庆重要指示要求，全面落实党中央、国务院重大决策部署及市委、市政府工作安排，高举中国特色社会主义伟大旗帜，统筹“两件大事”，落实“三基”职责，实施“八大行动”，强化“四大保障”，奋力推动全市民政事业在进入全国前列的道路上迈出坚实步伐，在建设社会主义现代化新重庆征程中展现民政作为。

（一）高举“一面旗帜”

高举中国特色社会主义伟大旗帜，深刻领悟“两个确立”的决定性意义，进一步增强“四个意识”、坚定“四个自信”、做到“两个维护”，全力将党的全面领导贯穿于民政工作的各领域和全过程。

（二）统筹“两件大事”

一是统筹疫情防控。严于社会面管理养老机构、社会福利机构等脆弱人群集中场所，落细落实内部分区管理措施，配合做好疫苗接种工作，指导社区（村）协助做好重点人群健康服务。二是统筹安全稳定。推进安全智能化监管，全面检验安全生产“两单两卡”落实成效。落实“日排查”制度，压紧压实民政部门监管责任和民政服务机构主体责任。加强和改进民政信访工作。

（三）实施“八大行动”

一是实施川渝合作行动。深化落实《成渝地区双城经济圈建设规划纲要》和重庆市建设成渝地区双城经济圈工作推进大会决策部署，通过健全机制、搭建平台、撬动资源、共享信息、合作研讨等路径，推动成渝地区双城经济圈建设民政领域合作走深走实。二是实施精准保障行动。坚持保基本、兜底线、救急难、可持续的总体思路，以统筹救助资源、增强兜底功能、提升服务效能为重点，持续深化社会救助制度改革，全面建立分层分类社会救助体系，抓好特殊困难群众救助保障和福利政策的及时精准落实，确保兜住底、兜准底、兜好底。三是实施治理强基行动。坚持以人民为中心，坚持强基导向，深化“党建统领、三治结合、三事分流、五社联动、智能支撑”的治理实践，不断提升城乡社区治理社会化、法治化、智能化、专业化水平，努力建设人人有责、人人尽责、人人享有的社会治理共同体。四是实施愉悦养老行动。认真落实积极应对人口老龄化国家战略，加快推动养老事业和养老产业发展，优化孤寡老人服务，建立健全覆盖全体老年人、权责清晰、保障适度、可持续的基本养老服务体系，让全市老年人老有所养、老有所依、老有所乐、老有所安。五是实施渝童守护行动。以促进儿童全面发展为出发点和落脚点，着力消除安全风险隐患，优化成长环境，通过制度创制助推体系建设、典型示范带动整体发展、精准施策优化管理服务、基层赋能强化能力提升，推进全市儿童福利工作机制更加健全，政策制度更加完善，保障服务水平稳步提升，工作队伍逐步壮大，全社会关心关爱困境儿童和农村留守儿童的氛围更加浓厚。六是实施地名乡愁行动。建立健全地名管理服务机制，加大地名文化资源保护力度，开展乡村地名“点亮美丽家园”活动，强化数字地名建设，深化平安边界创建，助力宜居宜业和美乡村和平安重庆建设，助推区域经济社会发展和乡村振兴。七是实施善满山城行动。建立健全推进慈善事业发展的体制机制和政策措施，加快福利彩票市场发展，引导、支持有意愿有能力的企业、社会组织和个人积极参与公益慈善事业，促进慈善事业高质量发展，实现处处有善、时时可善、人人慈善、共享慈善。八是实施逝有所安行动。着力完善殡葬法规政策，切实加大资金投入，持续整治殡葬领域问题，大力推进丧葬礼俗改革，全市殡葬管理法治化、专业化水平显著提升，殡葬服务体系更加健全、服务设施更加完善、服务保障更加高效，着力解决人民群众关注的殡葬操心事、烦心事。

（四）强化“四大保障”

一是强化资金保障。健全以公共财政投入为主、与民政事业发展相适应的多元化资金投入机制，通过加强制度建设、推动金融创新、落实优惠政策等多种措施，吸引更多社会资金投向民政事业，抓紧补上基本养老服务、殡葬服务、精神卫生等群众反映强烈领域的“空白点”。二是强化人才保障。加大系统学习、专题培训力度，加快推动干部队伍认知迭代、能力重构、作风重塑，把“内在潜力”变成“硬核实力”，提高与建设现代化新重庆的适配度。积极引导高校毕业生投身养老服务、未成年人保护、社区服务、乡镇（街道）社会工作站建设，发挥社会组织吸纳和推动就业的作用，为民政事业高质量发展提供人才支撑。三是强化法治保障。以建立适应民政事业高质量发展需要的民政政策法规体系为方向，坚持“大块头”和“小快灵”并重，稳步推进《重庆市养老服务条例》《重庆市未成年人保护条例》等立法项目，并立足“小切口”适时制定出台一些规范性文件，及时回应社会关切。加大民政标准推广实施力度，持续推进标准化试点，加强民政重点领域标准制修订，提升民政机构服务标准化、规范化水平。四是强化创新保障。持续深化民政领域“放管服”改革，推进政务服务“跨省通办”“全渝通办”“一件事一次办”，提升便民服务水平。坚持以新迎新、革新立新，持续实施民政创新项目工程，办好民政创新论坛，鼓励引导全系统一体推动理念创新、方法创新、机制创新，谋划推进一批新的具有民政辨识度的有形载体和抓手，让改革创新“关键变量”成为民政事业高质量发展的“最大增量”。

（执笔人：蒋洪）

重庆财政

重庆市财政局

一、2022 年发展回顾

2022 年，全市一般公共预算收入 2103 亿元，其中，税收收入 1271 亿元，按自然口径计算分别下降 8%、17.7%，扣除留抵退税因素后分别下降 2.5%、9.2%，主要是受疫情散发、经济下行和房地产行业深度调整等因素影响；支出 4893 亿元，增长 1.2%，教育、科技、卫生、社保就业等重点支出得到有力保障。全市政府性基金预算收入 1754 亿元，下降 25.6%，其中，全市国有土地使用权出让收入 1562 亿元，下降 23.6%；支出 2955 亿元，增长 0.1%，重大战略、重点项目建设得到有力保障。全市财政积极作为、攻坚克难，积极的财政政策提升效能、更加注重精准可持续，为全市经济社会持续健康发展提供了支撑。

（一）落实政策推动经济稳定恢复

贯彻落实国家稳经济一揽子政策和接续措施，发挥财政逆周期调节作用，保持投入强度，加快支出进度，推动各项惠企利民政策落地见效。实施新的组合式税费支持政策，落实大规模增值税留抵退税政策，聚焦制造业、批发和零售业、住宿和餐饮业等受疫情影响较大行业的税费帮扶，做到应减尽减、应免尽免、应退尽退，直接为企业增加现金流。全年新增减税降费超 750 亿元，其中留抵退税 422 亿元，超 90% 的退税主体为中小微企业。支持扩大有效投资，全年筹集市级资金 656 亿元，实施抓项目稳投资专项行动。发行新增政府债券 1467 亿元，争取政策性开发性金融工具 291 亿元，有力保障了基础设施、产业园区、医疗卫生、文化事业等重大项目建设。助推产业优化升级，安排 61 亿元，出台新一轮集成电路、生物医药、工业设计等扶持政策，实施软件和信息服务业“满天星”计划，推动传统产业设备更新和技术改造，支持渝北、巴南、江津、高新区等区县新培育国家级专精特新“小巨人”企业 137 户。组建重庆市产业投资基金，发挥财政资金“四两拨千斤”作用，支持重大战略类、重点行业类和科创培育类项目。保障产业链供应链安全，安排 18 亿元，有效改善缺电、缺芯、缺柜等生产要素短缺问题，实现用能、用工、物流成本持续降低，加强粮食、猪肉、蔬菜等物资储备，保障“菜篮子”“米袋子”供应。促进消费扩大内需，落实 25 亿元，支持渝中、江北、南岸、南川等 9 个区县国际消费中心城市建设试点，鼓励发放餐饮、文旅、商超消费券，落实新能源汽车购置补贴、免征车辆购置税等政策，扩大汽车、家电等大宗商品消费，增强居民消费意愿和能力。完善助企纾困政策，对经营困难的中小微企业、新型农业经营主体、个体工商户等帮一把、扶一下、送一程。综合运用政府性融资担保、再贷款贴息、商业价值信用贷款、租金减免、社保费缓缴等措施，以及提高政府采购预留份额比例和价格评审优惠幅度等方式，保障大渡口、九龙坡、奉节等区县企业充分享受政策红利，支持市场主体高质量发展。

（二）统筹财力保障重大战略任务

积极筹措资金，做好“资金池”与“项目池”、“资源要素池”平衡对接，确保各项重要政策、重大任务、重点项目落地见效。支持科技创新，落实“科技创新财金30条”，加快西部（重庆）科学城、两江协同创新区和广阳湾智创生态城建设，支持北京理工大学重庆创新中心深空域观测、陆军军医大学器官智能生物制造等重大科技基础设施集聚，打造国家生猪技术创新中心、金凤实验室等创新平台，引进北京大学重庆大数据研究院、重庆中科汽车软件创新中心等高端研发机构，实施生物医药、汽车软件等重大科技研发项目。推进财政科研经费管理改革，扩大包干制实施范围，赋予科研人员更大经费自主权，激发创新活力。推动区域协调发展，加快成渝中线、江北机场T3B航站楼和嘉陵江利泽航电枢纽等成渝地区双城经济圈重大项目建设，支持高竹新区、万达开等10个毗邻地区开展合作；深入推进以“两江四岸”为主轴的城市更新，持续打造长嘉汇、枢纽港、智慧园等城市名片，优化城市空间；加快两江新区至长寿快速通道、璧山至铜梁轨道交通等同城化通道建设，促进中心城区和主城新区交通同网、产业同链、发展同步；实施三峡库区山水林田湖草生态保护修复，郑渝高铁建成通车，加快忠县等区县“三峡库心·长江盆景”跨区域合作平台建设，推动渝东北区县生态优先绿色发展；加快武隆、秀山、石柱等区县旅游公路建设，引导渝东南区县文旅融合发展。建设内陆开放高地。安排25亿元，加快建设西部陆海新通道，强化物流和运营组织中心功能，支持中欧班列（成渝）提质上量，做强国际航空货运枢纽和长江上游航运中心，助力万州、沙坪坝、永川等区县市场主体依托通道扩大进出口规模。全面推进乡村振兴，投入衔接资金75亿元、整合涉农资金83亿元，预留份额采购脱贫地区农副产品3亿元，支持巩固拓展脱贫攻坚成果，持续推动城口、巫溪、酉阳和彭水4个国家乡村振兴重点帮扶县发展。安排34亿元，支持潼南、梁平、垫江等区县新建高标准农田225万亩。兑现耕地和种粮补贴37亿元，增加农民种粮收益，推动合川、开州等产粮大县稳产保供，保护粮食安全。推动农业产业融合发展，培育生猪、油茶、脆李等特色优势产业，支持荣昌、云阳、巫山等区县创建国家现代农业产业园、优势特色产业集群、产业强镇。安排175亿元，加快渝西水资源配置工程建设，支持农村饮水安全巩固提升，农村供水入户率、集中供水率分别达到99.7%、88%。投入39亿元，支持綦江、丰都、万盛等区县“四好农村路”、农村公路安防工程建设，持续整治提升农村人居环境，打造美丽乡村。安排83亿元，打好蓝天、碧水、净土保卫战，加强锰污染整治，保障城市生活污水、垃圾转运处理，推进生态环境突出问题整治。支持“两岸青山·千里林带”以及涪陵、北碚、大足等区县国家森林城市建设。严格落实长江“十年禁渔”政策，加强自然保护地建设管理和生物多样性保护。强化财税、金融、政府采购等政策协同，稳妥推进碳达峰碳中和。

（三）兜牢底线推动社会事业发展

坚持以人民为中心的发展思想，办好民生实事，解决好群众“急难愁盼”的问题。在病有所医方面，投入485亿元，将居民医疗保险、公共卫生服务经费人均财政补助分别从580元、79元提高到610元、84元，为适龄女性免费接种宫颈癌疫苗，把更多常见病门诊费用纳入医保报销范围，支持黔江全国公立医院改革与高质量发展示范项目建设。支持疫情防控，保障从“防感染”向“保健康、防重症”平稳转段。在劳有所得方面，安排51亿元，开展职业技能培训，兑现创业担保贷款贴息，对稳岗企业返还失业保险，实施公益性岗位补贴，支持高校毕业生、农民工、退役军人等重点群体就业。在幼有所育方面，发展普惠性托育服务，支持普惠性幼儿园发展，学前教育普惠率达到93.2%。在学有所教方面，投入822亿元，巩固“双减”政策成果，推动全市义务教育从基本均衡向优质均衡发展，义务教育巩固率达到95.7%、高中阶段毛入学率达到98.6%、高等教育毛入学率达到58%。在住有所居方面，安排67亿元，通过中央住房租赁市场发展试点验收，推进保障性住房建设，支持城镇老旧小区、农村危旧房改造，持续改善城乡居民住房条件。在老有所养方面，上调退休人员基本养老金4%，支持建设运营街道和乡镇养老服务中心943个、社区养老服务站1712个，基本实现城市社区养老服务全覆盖。在弱有所扶方面，兑现价格临时补贴政策，缓解疫情和物价上涨对困难群众生活的影响。持续提高城乡低保、特困人员供养、重点优抚对象抚恤补助标准，发展妇女、儿童、残疾人、慈善等福利事业，提高社会保障水平。同时，持续推进文体事业发展，安排61亿元，保障全市192家图书馆、美术馆、文化馆、体育馆等免费开放，加强革命文物、三峡文物、石窟寺保护利用，推进长征、长江国家文化公园（重庆段）建设，激发市级文艺院团生机活力，支持《江姐》等文艺精品创作。持续推进全民健身，推动群众体育、竞技体育、体育产业协调发展。

（四）综合施策防范化解各类风险

深入贯彻总体国家安全观，牢固树立安全发展理念，全力防风险、保安全、护稳定。防范财经领域风险，持续推动财力下沉，全年下达区县转移支付1661亿元，加强民生和重点领域经费保障，完善财政资金直达机制，推动资金快速下达、精准使用。动态监测基层“三保”情况，加大重点关注区县财力补助力度，建立困难区县特殊救助机制，确保基层财政平稳运行。完善债券项目储备机制，提升债券项目质量，有效管住源头风险。发行再融资债券650亿元，缓释当期偿债压力，指导区县规范开展存量债务展期重组，优化债务期限结构。坚决遏制隐性债务增量，持续化解存量，完善应急处置机制，建立应急周转“资金池”，守住债务风险管控底线。积极应对人口老龄化，采取竞争性存放、委托投资等方式，促进社会保险基金和职业年金保值增值，确保社保待遇及时足额发放。配合化解金融领域风险，增强发现风险和处置风险的能力，支持“自建房”等房地产市场秩序专项治理，推动“保交楼”政策落地。保障安全生产和应急救灾，推动厂房库房、老旧小区消防和危化品、道路运输、食品药品等领域大排查大整治，支持战山火、战高温、战旱灾等工作，保护人民群众生命财产安全。提升社会治理能力，投入11亿元，支持科技强警，保障智慧公安、智慧法院、智慧检务、智慧司法建设，提升政法机关执法办案智能化水平。完善司法救助制度，支持改造薄弱人民法庭、派出所、司法所200余个，提升基层法治服务能力。健全社会治安防控体系，支持打击电信网络诈骗、跨境赌博等新型犯罪，推动扫黑除恶长效常治，建设更高水平的平安重庆。

（五）深化改革提升财政治理效能

围绕更好配置财政资源、提高资金效益、提升政策效能、增强财政可持续性，持续推进财税体制改革，健全预算管理制度，提高财政管理水平。全面实施预算绩效管理，推动文化旅游、民政福利、生态环保、农业农村等行业领域的核心绩效指标和标准体系建设，指导区县建立“全方位、全过程、全覆盖”预算绩效管理体系。首次将专项债券项目纳入重点绩效评价范围，选取渝西水资源配置工程、长寿医院北城分院等项目实施绩效评价，着力提升资金使用效益。推动预算管理一体化系统全面上线，实现财政业务贯通、数据集中，强化资金预算约束、项目全生命周期管理，提升财政数字化、信息化水平。落实党政机关过紧日子要求，主动应对财政减收压力，提早调整预算，全市压减非急需、非刚性支出120亿元左右，持续优化支出结构，缓解财政收支矛盾，确保财政运行平稳可持续。启动省以下财政体制改革，明确改革时间表，稳妥有序推进各项改革任务。推进财经秩序专项整治，紧扣减税降费、国库管理、资产管理等七项重点任务，推进监督检查问题整改，进一步严肃财经纪律。

二、发展中存在的问题

当前财经形势依然严峻复杂，财政工作还面临不少困难和问题，主要是：财政收入规模偏小，非税收入占比偏高，市级财力统筹能力偏弱。预算编制不够细化，预算约束力度不够，部分项目支出偏慢。一些区县专项债券项目储备不足，债券资金使用不规范，存在“钱等项目”现象。一些项目绩效目标设定不科学，绩效自评不够客观，资金使用效益有待提升。一些部门国有资产处置收入解缴不及时，非税收入管理不够规范。一些基层单位还存在挤占挪用专项资金情况，财经纪律还需持续强化。

三、2023年发展思路

2023年是全面贯彻落实党的二十大精神的开局之年，做好财政工作意义重大。全市财政坚持以习近平新时代中国特色社会主义思想为指引，认真落实市委、市政府工作部署，坚持稳中求进工作总基调，完整、准确、全面贯彻新发展理念，积极服务和融入新发展格局，着力推动高质量发展，坚持积极的财政政策加力提效，努力实现稳进增效、除险清患、改革求变、惠民有感，确保把党的二十大精神全面落实在重庆大地上，全面建设社会主义现代化新重庆。

（一）落实税费支持政策，助企纾困解难

增强政策精准性针对性，突出对中小微企业、个体工商户以及特困行业的支持。促进企业转型升级和提升创新能力。

（二）加强财政资源统筹，保障重大战略任务

加大财政资金资产资源统筹力度，优化组合财政金融工具，适度扩大财政支出规模，为落实国家重大战略和市域重大部署提供财力保障。

（三）坚持有保有压，优化支出结构

落实党政机关过紧日子要求，从严控制一般性支出，努力降低行政运行成本。健全县级财力长效保障机制，完善财政资金直达机制，持续推动财力下沉，确保基层“三保”不出问题。

（四）深化财税体制改革，增强财政治理效能

优化预算管理制度，推进省以下财政体制改革，强化国有资产和资本管理，加强财会监督，严肃财经纪律，全面提升财政管理现代化水平。

（五）着力遏增量化存量，防控政府性债务风险

加强财政承受能力评估，严格审查把关政府债券投资项目，增强投资有效性。压实各方责

任，加大存量隐性债务化解力度，开展政府性债务风险防范化解行动。坚决制止违法违规举债行为，加强区县政府融资平台管理，确保财政可持续和政府性债务风险可控。

（执笔人：冯探）

人力资源和社会保障

重庆市人力资源和社会保障局

一、2022年发展回顾

2022年，全市人力社保系统深学笃用习近平新时代中国特色社会主义思想，始终胸怀“国之大者”、心系“民之关切”，在市委、市政府坚强领导下，推动就业与产业良性互动、第一资源与第一要务紧密结合、发展速度与民生温度同频共振，全市人力社保事业在增进民生福祉、推进共同富裕、服务发展大局的征程中阔步前行。

（一）对标对表，政治统领有高度

坚持一级抓一级，层层抓落实，推动全面从严治党持续深入。一是永葆政治忠诚。制定贯彻落实习近平总书记重要指示批示精神和党中央重大决策部署清单并逐项抓好分解落实。坚持每季度召开全面从严治党和党风廉政建设工作调度会。严格执行重大事项请示报告制度，全年向市委请示报告重大事项23件次。二是筑牢政治信仰。举办学习贯彻党的二十大精神宣讲会、学习研讨会，全局党员干部撰写心得体会330余篇。建立推动党史学习教育常态化长效化机制，全面完成24件民生实事。三是强化政治担当。严格落实党组书记和班子成员党支部工作联系点制度，坚持直属机关党委委员、纪委委员“划片包干”联系基层党组织制度，组织基层党组织书记抓基层党建述职评议。印发《关于加强干部队伍建设措施（2021—2025）》，选派援藏工作队员1名、到基层挂职锻炼1名、到乡村振兴一线5名，挑选17名优秀年轻干部参与重大任务工作专班，组织各类干部学习培训109班次。四是保持政治定力。持续深入开展贯彻执行中央八项规定精神及其实施细则和市委实施意见突出问题专项整治，以“人社清风”行动为统揽，广泛开展“青春倡廉”“家庭助廉”活动，深入开展“以案四说”警示教育和以案促改、以案促治工作。局党组书记经常与干部交心谈心，及时对新提任干部开展廉政谈话，局党组成员与分管领域党员干部谈心谈话全覆盖。

（二）围绕大局，服务发展有力度

坚持观大势、顾大局、抓大事，凡是发展所需，必尽人社所能。一是积极应对新冠疫情。出台人社领域应对疫情影响19条措施，开发临时防疫公益性岗位9611个，开展“承匠心·展绝技·送技能”线上展播教学等活动，推进“不见面、在线办”经办服务。二是多措并举稳经济大盘。推出79项“降缓返补扶”人社政策包，为1.2万户困难企业阶段性缓缴社保费43亿元，为28.7万户企业降低失业保险费31亿元，为15万户企业稳岗返还13亿元，发放社保补贴等政策资金15.7亿元；联合银行实施“减息让利援企稳岗”行动，为7000家企业减息让利2.7亿元，稳岗23.6万人。三是积极作为优营商环境。新推出人社领域优化营商环境措施50条，发布外籍

"高精尖缺"人才地方认定标准，制定境外人才参加专技类职业资格考试目录并全域实施，发布首批87项境外职业资格证书认可清单，数量居全国前列。

（三）突出重点，人社保障有厚度

坚持以人民为中心的发展思想，以"稳"应变，以"进"固稳。一是就业形势稳中有进。预计全年全市城镇新增就业70.7万人，完成全年目标的117.8%；1~11月平均调查失业率5.4%，低于控制目标，优于全国平均水平（5.6%）。27.7万名重庆籍应届高校毕业生去向落实率97.6%，同比增加1.1个百分点。发放创业担保贷款56亿元，扶持创业2.76万人。二是深入实施全民参保计划。全市城乡养老、失业、工伤保险参保人数分别达2572万人、614万人、752万人，其中135.3万困难群体养老保险参保率达99.9%。三是强化人才支撑。实施"重庆英才计划"，引进人才6.3万人、同比增长6.8%；助力"满天星"行动计划，引进软件和信息服务业急需紧缺人才5000人；新招博士后1066人、同比增长5%。四是劳动关系总体和谐。处置农民工欠薪案件1061件、涉及1.2万人、涉及金额1.57亿元，分别同比下降40%、39%、38.8%，治欠保支形势平稳可控。全市劳动人事争议仲裁结案率97.23%，劳动保障监察举报投诉结案率100%，劳动关系治理效能得到提升。

（四）推进试点，改革创新有力度

坚持以改革促发展，努力在先发优势中形成比较优势。一是推动"试点"变"亮点"。在全国首批启动新就业形态就业人员职业伤害保障试点，覆盖试点平台企业员工22.5万人。在全国首批开展"一卡通"应用试点，纳入应用132项。全面启动人社领域基本公共服务标准化综合试点，推动"无差别受理、同标准办理"。推进"15+5"人社便民服务圈建设，人社服务好评率达99.99%。二是推动"先行"变"先成"。承担个人养老金试点任务，加快建设全国首个"智能+技能"数字技能人才培养试验区，培育数字技能人才5万人、总量达66万人。成立全国首家数字经济人才市场。三是推动"探路"变"拓路"。实施卓越工程师培养集聚行动，招收启航专项781人、海聚专项174人、赋能专项6320人次；启动全国首个卓越工程师大赛。联合出台快递员、外卖送餐员、网约车驾驶员权益维护配套文件，形成"1+1+3+N"新就业形态政策体系。

（五）数字赋能，人社服务有精度

坚持以算力换人力、智能换效能，推动人社业务数字化转型、智能化升级。一是加快平台建设"夯基"。推进"智慧人社"146项建设任务，上线新版重庆人社公共服务平台，206项服务实现"一网通办"，全年提供线上服务6740万件次。人社西部（重庆）数据实验室启动建设，着力构建数网、数治、数脑、数营、数盾五大支撑体系。二是推进数据互联"强核"。健全数据归集共享机制，加快多源数据挖掘、分析、应用，强化人社内部业务协同及跨区域、跨部门信息共享，融合人力资源社会保障部56项、市级部门30项共享数据，全年调用超过9000万次；完善川渝人社信息共享协同平台；探索对接金融机构、互联网企业等社会资源，让人社服务更加集约精准、智慧便捷。三是加强运行管理"提质"。健全"数说人社"机制，聚焦产业链绘制高层次人才图谱；创新发布人才流动综合指数、青年人才发展指数，建立引人用才"晴雨表"。在全国率先上线自主研发的职业年金监管系统，建立数字化风控新模式。

（六）打造精品，品牌建设有亮度

持续焕发品牌活力，丰富品牌内涵，以品牌力量激发新动能。一是做亮就业创业品牌。举办“重庆英才·职等您来”网络直播招聘50场；917个以工代赈项目吸纳3.8万人次参与工程建设，发放劳务报酬2.8亿元；云阳面工、巴渝大嫂获评“全国我最关注的劳务品牌”。二是做亮培训品牌。新建高技能人才培训基地、技能大师工作室69个。申报“火锅料理师”成为国家新工种。重庆选手夺得世界技能大赛特别赛2块金牌，实现新突破。组建6个技工教育集团，新增3所技师学院，新建7个校企联办实训基地，产教融合更加深入。三是做亮英才服务品牌。深化重庆英才服务港建设，在区县建成4个英才服务示范港，服务事项增至69项，累计发放英才服务卡1.2万张，全年提供“一站式”服务26.32万人次、服务好评率达99.71%。

（七）抓好协同，区域合作有广度

坚持互促共进，切实增强区域发展的协同性、联动性、整体性。一是川渝合作更深入。落实部省市战略合作协议任务，“五件大事”“十件实事”“六项举措”和两批便捷生活行动落地见效，40项“川渝通办”事项高效运行，全年互办业务48万件。二是“一区两群”更协调。开展“一区两群”高校毕业生就业结对帮扶，组织近千场专场招聘活动，“一区”为“两群”提供就业岗位6.2万个；在“两群”地区开展补贴性职业技能培训9.1万人次。三是鲁渝协作、对口援藏更有力。新选派31名专技干部对口援助西藏昌都。选派349名专技人才赴山东交流。山东帮扶我市农村劳动力转移就业5.27万人，其中脱贫人口1.42万人，分别完成目标任务的586%、237%。四是助力乡村人才振兴更强劲。实施乡村人才振兴“五万计划”，聚集乡镇公共服务人才5844人，培育乡村治理人才4482人、农村合作社带头人10280人、劳务经纪人2.6万人，培训“互联网”营销师4200人次，引导乡村工程技术人员服务3686人次。

二、存在的问题

一是就业总量压力大与结构性矛盾并存。预计2023年全市高校毕业生将达35万人，较上年增加4.6万人。同时，部分企业反映存在招工难，从事生产操作的一线普工短缺，技能人才求人倍率一直保持在1.5以上。二是社保基金收支平衡压力较大。我市失业保险、工伤保险基金结余在全国均处于较低水平，基金备付月数未达到国家规定条件，暂无法执行降低工伤保险费率、失业保险留工培训补助等助企纾困政策。三是根治欠薪难度依然较大。受经济增长放缓、新冠疫情冲击等因素影响，企业工资支付能力减弱，欠薪问题存在从工程建设领域向商贸流通、加工制造等领域扩散的趋势，在一定程度上影响到劳动关系和谐稳定。

三、2023年发展思路

2023年，全市人力社保系统将以习近平新时代中国特色社会主义思想为指导，全面贯彻党的二十大精神和中央经济工作会议精神，按照市委六届二次全会部署要求，践行以人民为中心的发展思想，坚持稳中求进工作总基调，树立整体智治、聚焦特色、抓纲带目、闭环落实等理念，用好对标对表、问题导向、细化量化、专班推进、持续改进等方法，努力实现稳进增效、除险清患、改革求变、惠民有感，全力推动人力社保事业高质量发展，为现代化新重庆建设贡献人社力量。

（一）稳岗扩岗并推，促进高质量充分就业

深入实施就业优先战略，强化就业优先政策，全年实现城镇新增就业60万人以上，将调查失业率控制在合理区间，扩大县域就业容量，确保就业局势总体稳定。实施“就在山城”重点群体就业帮扶工程，推进百万青年就业促进计划，加强脱贫人口就业帮扶，持续强化高校毕业生、农民工、困难人员等重点群体就业支持。实施“渝创渝新”创业扶持工程，大力支持创业和灵活就业。健全完善就业公共服务体系，建立高质量充分就业评价指标体系，开展就业失业统计监测，切实防范化解规模性失业风险。

（二）扩面提质并重，织密织牢社会保障网

深化企业职工基本养老保险全国统筹。推进统一社保费征收模式改革、工伤保险跨省异地就医结算、个人养老金试点等改革任务，全力构建多层次社保体系。深入实施社保扩面提质专项行动，打造参保“直通车”，健全农民工、灵活就业人员、新业态从业人员等重点群体参保机制。深入实施社保基金管理提升行动，强化“四位一体”风险防控和“四防”协同机制，守住社保基金安全底线。确保各项社保待遇按时足额发放到位。拓展社会保障卡“一卡通”应用场景，持续推动一卡多用、跨省通用。

（三）引育留用并举，激发人才创新创造活力

办好2023重庆英才大会和首届卓越工程师大赛，优化落实博士后制度政策，提速建设中国重庆数字经济人才市场、“智能＋技能”数字技能人才试验区，实施“满天星”人才引进专项行动。深入落实加强新时代高技能人才队伍建设的意见，实施“巴渝工匠”终身职业技能培训工程。办好“一带一路”国际技能大赛、“巴蜀工匠”杯乡村振兴技能大赛等活动。落实优化高层次人才工资分配激励政策，深化公立医院薪酬制度改革。运用高层次人才图谱、急需紧缺人才目录、重庆英才服务热力图等推动“政策找人”。拓展重庆英才“渝快办”，持续推进“重庆英才服务港”建设。

（四）预防治理并抓，持续构建和谐劳动关系

加强企业工资分配宏观指导，以非公有制企业为重点推行工资集体协商机制。深化国有企业工资分配制度改革。实施“渝你同行”和谐劳动关系创建工程，指导企业规范用工和妥善处理劳动关系，加强劳动关系运行情况监测，从源头上减少矛盾纠纷，探索建立全市劳动关系和谐指数区域评价标准，加强灵活就业和新就业形态劳动者权益保障。强化劳动保障监察执法和争议调解仲裁，加强农民工欠薪案件处置，在全市推广应用农民工工资支付监控预警平台，开发“渝薪无忧”欠薪线索反映平台。

（五）线上线下并行，强化人社服务数字赋能

提速打造“智慧人社”、人社西部（重庆）数据实验室、汇人大数据等人社数据平台。提质增效“一库四联盟”，持续深化智慧就业服务机制改革，推动社会保险经办服务数字化转型升级，推动业务经办与数字运用深度融合，实现更多人社服务“一窗综办”“全渝通办”“跨省通办”。持续加强系统行风建设，深化人社领域基本公共服务国家级标准化试点，加快建设人社便民服务圈，全面提升人民群众的获得感、幸福感、安全感和认同感。

（六）思想行动并管，深入推进全面从严治党

把学习宣传贯彻党的二十大精神作为首要政治任务，把“两个确立”政治成果转化，坚决做到“两个维护”政治自觉。加强政治机关建设，把旗帜鲜明讲政治贯穿于工作全过程各方面。坚持不懈以党的创新理论凝心铸魂，全面落实意识形态责任制，全面加强基层组织建设。建立处室（单位）一把手例会机制，开展区县人社创新案例、处室亮点工作、全系统“金点子”评选活动，倡导争先创优、赛马比拼。落实常态化“三服务”机制，继续开展“大走访大调研大落实”行动。扎实开展作风建设突出问题专项整治和“以案四说”警示教育，严肃查处不正之风和腐败问题。

（执笔人：王婵娟）

城乡规划和自然资源

重庆市规划和自然资源局

一、2022 年发展回顾

2022 年，在市委、市政府的坚强领导下，全市规划自然资源系统以迎接党的二十大和贯彻党的二十大精神为主线，全面贯彻落实习近平总书记对重庆提出的营造良好政治生态，坚持“两点”定位、“两地”“两高”目标，发挥“三个作用”和推动成渝地区双城经济圈建设等重要指示要求，坚持稳中求进工作总基调，坚决落实疫情要防住、经济要稳住、发展要安全的要求，统筹疫情防控和经济社会发展，统筹发展和安全，圆满完成全年目标任务，为保持平稳健康的经济环境、国泰民安的社会环境、风清气正的政治环境贡献了应有力量。

（一）统筹国土空间保护与发展布局，完成“三区三线”划定

坚持国土空间的唯一性，强化底线约束，统筹布局农业、生态、城镇功能空间，着力保障粮食安全、生态安全、国土安全，协调解决 3300 余个重大基础设施项目空间矛盾问题，科学划定“三区三线”，成为率先通过审查并获准正式启用划定成果的 10 个省市之一，夯实了全市高质量发展空间基底。坚持立足当前、着眼长远，积极协调争取，《全国国土空间规划纲要》确定 2035 年重庆市耕地保有量任务 2664.45 万亩、永久基本农田保护任务 2064.03 万亩、生态保护红线面积 1.92 万平方公里，确定城镇开发边界增量空间 584 平方公里。加上已经批准的存量建设用地，能够较好地满足全市未来发展空间需要。

（二）优化“多规合一”国土空间规划，打牢高质量发展基础

优化完善市规划委员会工作机制，强化市规划委员会决策、协调和监督职能，加强党对规划工作的全面领导，优化市规划委员会人员组成，实行委员制，引入表决制，成立 7 个专业委员会，强化规划工作的计划性，加强对中心城区规划工作和“两群”区县规划委员会的指导，国土空间规划现代化治理能力不断提升。会同四川省自然资源厅高标准编制《成渝地区双城经济圈国土空间规划（2021—2035 年）》，深化遂潼川渝毗邻地区一体化发展先行区、川渝高竹新区国土空间规划编制。《重庆市国土空间总体规划（2021—2035 年）》已按要求报送国务院审批，各区县国土空间总体规划（分区规划）编制基本完成。深化完善详细规划编制管理体系，构建形成“单元—街区—地块”三个层级的纵向“穿透式”编制体系和“图则 + 导则 + 规则”相结合的管理体系。高水平建设国土空间规划“一张图”实施监督信息系统，获自然资源部满分评定。“万开云一体化”“三峡库区 · 长江盆景”“嘉陵滨江生态长廊”等重大专项规划有序实施，交通、市政、建筑等一批重点专项规划编制完成。

（三）严格落实耕地保护责任，不断形成显现成效

建立市、区（县）、乡（镇）三级耕地保护建设工作专班，进一步健全耕地保护责任目标考核制度，落实党政同责和部门责任。开展耕地恢复补足专项行动，恢复补足耕地20.72万亩，全市耕地持续减少势头得到遏制。加强耕地动态监测，建立“人防+技防”的耕地保护网格员制度，初步形成“早发现、早制止、严查处”的常态化耕地监测监管和卫片监督工作机制。对涉及占用永久基本农田的33个重大建设项目，严格选址踏勘论证和占用补划，实现永久基本农田数量不减少、质量不降低、布局基本稳定。坚持从严查处，完成2021年度卫片执法收尾，积极开展2022年度卫片执法工作，全市立案查处土地违法案件823件。坚持大力整改，积极攻坚克难完成393个国家自然资源督察发现问题整改，超额完成计划任务。稳妥有序推进农村乱占耕地建房非住宅类房屋专项整治试点，试点整治房屋199宗、面积1576亩。

（四）科学配置自然资源要素，保障经济稳进发展

用足用好用活政策工具箱，出台加强规划自然资源要素保障一揽子政策，助推稳定经济大盘。深化要素跟着项目走，持续优化用地审批流程，高效保障了一大批重大项目落地。主动对接区县党委政府收集堵点难点问题，支持36个区县推进100余个项目建设，促进500余亿元投资项目顺利推进。大力推进土地储备整治，中心城区新增储备土地2.88平方公里。加强土地供应统筹，全年供应国有建设用地23.89万亩，土地价款财政入库1562亿元。强化市场形势研判，优化住宅用地结构，合理确定供地规模、布局和时序，全市住宅用地出让1.68万亩，精准实施中心城区三批次住宅用地出让，35宗土地全部成交。持续支持实体经济发展，全年出让工业用地3.69万亩，实现工业项目标准地出让8959亩。积极做好新一轮找矿突破战略行动准备，促进找矿突破、增储上产，出让非油气矿业权37个，新产页岩气91.66亿立方米，建筑砂石保供能力持续增强。

（五）强化存量资源盘活利用，推动发展方式转变

树立“精明增长”发展理念，聚焦城市功能增补，主动优化一批详细规划，大力提升产业用地比重。全面梳理存量土地资源，处置批而未供和闲置土地9277公顷。积极推进轨道站点周边未利用土地开发利用，全面梳理中心城区可调整为其他用途进行开发利用的空置轨道设施用地11宗、73亩，“一地一策”推动盘活利用。加快轨道设施存量资产盘活，首批237个已建成轨道站点用地划拨手续全部办结，办理不动产登记111个，全面完成建设工程竣工规划核实，拉动约39.52亿元财政资金效能。全力推动“积案”建设项目和久供未建项目形成更多实物工作量，主动追着企业办理已供未建住宅规划许可468.8万平方米。积极推进国有建设用地收储，助力企业转型升级发展。深化废弃矿坑资源利用、中心城区弃渣场布局等研究，积极推动综合开发利用。

（六）大力实施生态保护修复，更加彰显山水之城美丽之地独特魅力

会同四川省自然资源厅编制“六江”生态廊道建设规划，川渝地区生态保护修复协同更加紧密。聚焦三峡库区整体保护系统修复，成功申报国家“十四五”期间第二批山水林田湖草沙一体化保护和修复工程项目，获得中央奖补资金20

亿元，皇华岛等134个项目有序实施。加快推进规划自然资源领域生态产品价值实现机制试点，积极拓展生态产品价值实现模式和路径。组织开展规划自然资源领域生态环境损害赔偿线索实地核查，推动生态环境损害应赔尽赔、修复有效。统筹深入推进中心城区“四山”保护提升，开展规划编制、违建综合整治、生态修复等工作54余项，同步实施保护提升项目64个。核定全市未治理历史遗留矿山图斑3715个、3476公顷，实施矿山生态修复1248公顷。持续推进全域土地综合整治国家试点，按期保质完成国家试点项目7个。

（七）深化城市更新为背景的规划提升，提升城市功能品质

围绕城市功能布局完善，优化调整城市更新背景下国土空间规划，创新完成中心城区儿童友好城市规划指引，开展重点片区控规及城市设计40余项，形成智慧园、广阳湾智创生态城、国际生物城等一批亮点成果。持续推进TOD综合开发，大力推进大学城、金山寺等示范站点城市设计和规划优化，完成12个轨道站点步行提升。强化城市特色风貌塑造，推行“小街区”规制，积极打造组团式社区、鼓励多样式建筑。深化历史文化保护传承，新增市级历史文化名城1个、传统风貌区6个，大力推进山城巷、十八梯等后续项目建设，指导鲁祖庙传统风貌区等项目有序实施。开展“巴山渝水记乡愁—重庆历史文化名镇、街区大型媒体寻访活动”，取得较好反响。市规划展览馆新馆迁建工程正式开放并成为城市新名片。

（八）着力村庄规划和要素支撑，服务乡村振兴和城乡融合发展

把区县城作为城乡融合的重要切入点，统筹城乡全域全要素功能布局，推进区县乡村功能衔接互补。研究制定《乡镇国土空间规划编制导则》，统筹开展乡镇国土空间规划和实用性村庄规划，深化责任规划师服务帮扶活动，更好服务乡村振兴。稳妥推进农村集体经营性建设用地入市各项前期工作。优化整合规划师队伍300余人，统筹开展“下乡技术服务”帮扶活动，有力推动了一批乡村振兴项目落地。加大乡村发展用地支持，出台《保障和规范农村一二三产业融合发展用地政策的实施细则》，集中建立“指标池”，差异化配置农村集体建设用地指标，审批农村产业及基础设施建设用地5200亩。大力推动农村资源资产盘活，争取增减挂钩结余指标跨省调剂2080亩、6.24亿元。持续深化地票制度改革，交易8336亩、16.56亿元。大力推进耕地占补平衡指标交易，交易2.18万亩、11.11亿元。

（九）持续深入推动改革创新，治理能力稳步提升

全面推进营商环境社会创新试点“用地清单制”改革工作，深化投资审批制度改革，持续提升投资和建设便利度。深化“放管服”改革，行政许可事项100%纳入“全渝通办”，解决城镇房屋遗留问题办证6.42万户。积极推进全民所有自然资源资产所有权委托代理机制试点，阶段性工作成效得到自然资源部好评。深化矿产资源管理制度改革，大力推行“净矿”出让，矿业权登记办理时限进一步压缩。高度重视科技创新，新增自然资源部工程技术创新中心1个，组织实施市规划自然资源局年度科研项目46项。统筹推进自然资源专项调查，自然资源家底更加明晰。完成分阶段整合测绘事项改革，全市已有1305个项目开展综合测绘事项办理。积极完善现代测绘基准，大力推进重点需求基础测绘数据建设，

全市航空航天遥感影像数据统筹共享与北斗三号服务系统建设取得新进展，测绘地理信息服务保障能力持续增强。

（十）全力防范化解风险隐患，为全市安全稳定大局添砖加瓦

夯实“人防”基础，强化“技防”建设，建立地质灾害“点线面”一体化风险管控机制和村社（企业）地质灾害防治员工作制度。选派 480 名地质队员驻守乡镇（街道），组织 1.5 万余名“四重”网格员严防死守，开展防灾减灾宣传培训 10928 次，制发“地灾避险随身书”2 万余份。梳理分析近年来地质灾害伤亡人事故规律，专项摸排管控危岩（崩塌）4280 处，有序推进三峡库区消落区岩体劣化防治。强化避险搬迁和应急抢险处置，将永久搬迁避让市级补助标准从 0.8 万元 / 人提高至 1.5 万元 / 人，妥善处置地质灾害 163 起，提前转移撤离群众 20480 人，预警预报灾险情 8 起，直接避免 114 人死亡，成功应对 17 次强降雨和 7~8 月历史罕见连晴高温天气。深入推进以打击“矿霸”为重点的自然资源领域专项整治，非法采矿持续减少。常态化开展矛盾纠纷排查及化解，大力织密矛盾防控网络，加强网络舆论引导，信访形势总体平稳。严守网络安全底线，网络安全事件“零发生”。

二、发展中存在的问题

发展中仍然还存在一些突出问题和短板。一是规划的战略性、科学性、协调性还需提升。二是耕地后备资源匮乏，耕地保护压力较大。三是创新推动存量资源盘活利用的方法不够多。四是生态修复欠账多，社会资本参与生态保护修复机制还不够健全。五是生态产品价值实现机制还不够多元。六是极端天气下地质灾害防治任务较为艰巨。七是科技创新和数字化治理能力还存在短板。八是全面从严治党还需深化。

三、2023 年发展思路

2023 年，全市规划自然资源系统将在市委、市政府的坚强领导下，坚持以习近平新时代中国特色社会主义思想为指导，深刻领会“两个确立”的决定性意义，坚决做到“两个维护”，在全面学习、全面把握、全面落实党的二十大精神和市委六届二次全会精神上下足功夫，紧紧围绕把习近平总书记殷殷嘱托全面落实在重庆大地上这条主线，全身心投入全面建设社会主义现代化新重庆，强化前瞻性思考、全局性谋划、整体性推进，坚持整体智治、聚焦特色、抓纲带目、闭环落实的工作理念，落实好对标对表、实干争先，问题导向、改革破题，细化量化、层层放大，专班推进、高效协同，持续改进、迭代升级的工作方法，积极展现新状态、担当新使命、作出新成效。

（一）深化规划区域协调发展格局

一是深化成渝地区双城经济圈国土空间规划。二是服务支撑西部陆海新通道建设。三是打造“一区两群”协调发展规划升级版。

（二）完善国土空间规划体系

一是充分发挥市规划委员会、市历史文化名城保护委员会的作用，促进全市规划工作水平不断提升。二是做好国土空间总体规划深化完善和报批实施工作。三是系统科学深化各层次国土空间规划。四是做好重大专项规划。

（三）牢牢守住耕地保护红线

一是全面压紧压实耕地保护责任。全面实施

严格落实耕地保护责任，严守耕地保护红线18条硬措施。二是深化耕地“两平衡”机制落实。三是强化耕地问题早发现、早制止、早处置。四是加强耕地保护督察执法。

（四）优化提升保障经济社会发展空间和资源的能力

一是扎实做好重大项目用地保障。二是优化完善土地供应政策。三是提升矿产资源保障能力。四是深化优化营商环境。

（五）做好城市更新和乡村振兴规划

一是强化山水城市独特风貌。二是传承城市历史文脉，完善形成《重庆市城乡历史文化保护传承体系规划》。建立区县历史文化保护传承三年项目实施库，积极推动名镇、名村、街区及历史建筑保护修缮。三是做好实用性镇村规划。四是深化农村土地管理制度改革。五是保障乡村发展的合理用地需求。

（六）做好生态保护修复

一是积极推动生态保护修复。二是深入实施山水林田湖草沙工程。三是统筹推进“四山保护”提升。

（七）加强自然资源资产管理

一是深入推进自然资源调查监测。二是有序开展不动产和自然资源统一确权登记。三是健全完善自然资源资产产权制度。

（八）全面深化空间治理数字化变革

一是提升数字化基础工作能力。二是推动数字化应用场景建设。三是增强测绘地理信息服务能力。

（九）除险清患筑牢安全稳定防线

一是规划增强城市韧性。二是筑牢地质灾害防治防线。三是加强矿产资源开发秩序管理。四是积极防范化解矛盾隐患。

（执笔人：张艺扬）

生态环境

重庆市生态环境局

一、2022年发展回顾

2022年，重庆市生态环境局深学笃用习近平生态文明思想，坚决贯彻落实党中央、国务院决策部署，深化实化落实生态环境部和市委、市政府工作安排，协同各区县、市级各有关部门（单位）一体行动，有效应对超预期因素冲击，推动生态环境保护工作拓展新局面、取得新进步、跃上新台阶。生态环境部下达的9项环境约束性指标和市委、市政府下达的21项考核目标圆满完成。国家污染防治攻坚战成效考核连续3年获“优秀”；长江干流重庆段水质保持为优，74个国控断面水质优良率达到98.6%，比国家考核目标高1.3个百分点；空气质量优良天数达到332天，同比增加6天，比国家考核目标多4天；土壤、地下水、声、辐射等环境质量持续向好。全市生态环境质量稳定性和坚韧性不断增强，实现由量变到质变，山清水秀美丽之地气质更佳、颜值更高。

（一）聚焦履行生态文明建设政治责任，做到更高站位抓落实见成效

坚持把学习宣传贯彻党的二十大精神作为首要政治任务，始终牢记生态环境保护这个“国之大者”，自觉做习近平生态文明思想的坚定信仰者、积极传播者、模范践行者。我市首次实行市委常委、市政府常务副市长分管生态环境工作，更好统筹发展与保护，形成了全国示范。在生态环境部的指导支持，市委、市政府的坚强领导下，认真落实全国生态环境保护工作会议，以及市第六次党代会、市委六届二次全会等会议精神，召开局党组会、局党组理论学习中心组学习会、局务会等47次，第一时间领会精神实质，第一时间跟进落实工作措施，制定实施重要规划、政策性文件30余个，清单化、项目化、事项化抓好贯彻落实。推进习近平生态文明思想市级宣讲团开展专题宣讲127场，塑造理论阐释“重庆品牌”。受邀在全国“2022年深入学习贯彻习近平生态文明思想研讨会”上作主题发言（全国仅2个省级生态环境部门），讲好重庆践行习近平生态文明思想的生动故事。

（二）聚焦筑牢长江上游重要生态屏障，做到更大范围抓落实见成效

坚持共抓大保护、不搞大开发，生态保护红线评估调整成果通过自然资源部审批，成功申报“十四五”国家第二批山水林田湖草沙一体化保护和修复工程项目、共将获得中央奖补资金20亿元，梁平区获评西南地区唯一国际湿地城市，广阳岛生态修复主体工程完工。深入推进生态文明示范建设，城口县、巫山县分获第六批国家生态文明建设示范区和“绿水青山就是金山银山”实践创新基地命名，新命名市级生态文明建设示范县1个、示范乡镇（街道）38个以及市级“绿水青山就是金山银山”实践创新基地8个。加力构建生物多样性保护格局，成立市生物多样性保

护委员会，实施《重庆市生物多样性保护行动计划（2022—2025年）》，完成全市外来入侵物种调查，专题片《巴山渝水 万物生灵》在《生物多样性公约》第十五次缔约方大会（COP15）第二阶段会议期间展播。深入推动成渝地区双城经济圈生态共建环境共保，98项生态环保合作协议兑现落实，32项年度重点任务全面完成，首创跨省域“无废城市”共建先例，大清流河流域联防联治、大气污染联防联控、危险废物跨省转移“白名单”、川渝联合执法等实践案例形成示范，共同守护巴山蜀水的行动务实、工作扎实。

（三）聚焦深入打好污染防治攻坚战，做到更深层次抓落实见成效

在精准、科学、依法治污上下深功夫，打表推进污染防治攻坚战299项重点任务落地落实。深入打好碧水保卫战，认真落实市级总河长令，工业、生活、农业面源等污染治理协同强化，入河排污口排查整治、污水治理基础设施补短板等扎实推进，梁滩河等河流水质根本好转，城市集中式饮用水水源地水质达标率保持100%，全国人大常委会执法检查组肯定我市依法治江管水取得显著成效。深入打好蓝天保卫战，深化细颗粒物和臭氧协同防控，强化“一区一点一策”精细管控，修订实施重污染天气应急预案，淘汰老旧车、推广纯电动车、划定高污染燃料禁燃区“十四五”任务基本完成，实现连续3年评价空气质量6项指标100%达标、连续5年无重污染天气。深入打好净土保卫战，完成建设用地土壤污染状况调查321块、污染地块修复19块，提供净地面积2490亩，重点建设用地安全利用有效保障，受污染耕地安全利用率达到国家要求；实施全市域“无废城市”建设，危险废物环境监管、利用处置、环境风险防范“三个能力”不断提升，尾矿库环境风险有效管控。深入打好农业农村污染治理攻坚战，入选全国农村黑臭水体治理试点，完成330个行政村（社）环境整治和41条农村黑臭水体治理，农村人居环境有效改善。

（四）聚焦推动绿色低碳高质量发展，做到更有章法抓落实见成效

推进“双碳”工作开局良好，协同构建“1+2+6+N”政策体系和工作推进体系，编制形成减污降碳协同增效实施方案，率先制定钢铁等8个重点行业减污降碳工程指南，获批建设绿色金融改革创新试验区，两江新区入围全国首批气候投融资试点城市，启动气候投融资市级试点，碳排放数据质量控制、碳监测评估试点走在全国前列，“碳惠通”平台获评“美丽中国 我是行动者”2022年十佳公众参与案例，碳排放指标累计成交3999.54万吨，排污权累计交易3.73万次。坚持服务稳住经济大盘、推动经济高质量发展“两手抓”，制定落实生态环境领域助企纾困稳住经济大盘政策包70余项措施，在全国首创首发“建设项目选线选址环境准入自助查询系统”服务企业“云研判”3万余次，大幅扩容环评告知承诺制实施范围、带条件“容缺”审批等10余项改革事项广泛惠及市场主体，全市高效审批项目环评2510个、涉及投资5158.62亿元；特别是在生态环境部的关心支持下，提前3个月实现渝西高铁等年度重大项目通过部里的环评审批，得到市委、市政府高度肯定，一系列措施落地落实，有力支撑稳增长、降成本、增效益。

（五）聚焦解决群众身边突出生态环境问题，做到更大力度抓落实见成效

持续深化督察整改，两轮次中央生态环保督察214项整改任务已完成211项，交办的5687件群众举报投诉总体办结率为100%，四年度长江经济带生态环境警示片37项整改任务已完成

32项，锰污染治理、主城排水系统溢流整治、铁峰山违建拆除等重大事项攻坚成效明显，14个整改正面典型案例在中央媒体宣传推介，群众获得感和满意度有效提升。切实保障生态环境安全，率先建立省级生态环境部门安全生产工作集体领导机制、领导班子环境安全责任清单，系统构建预案管理、风险排查整治、应急响应处置、案例复盘警示等工作体系，连续2年实现突发事件响应数、突发环境事件处置数“双下降”，连续16年未发生重特大突发环境事件。有力保障核与辐射安全，全市在用2053枚放射源和5827台射线装置安全可控，未发生核与辐射事故。守住疫情防控“最后一道关口”，做到医疗废物、废水处理处置监管和服务“两个100%”，安全处置医疗废物5.88万吨，特别是全力处置疫情歼灭战期间医疗废物2万余吨，有力守护生命健康安全。

（六）聚焦构建现代环境治理体系，做到更有突破抓落实见成效

生态文明体制改革34项年度任务有效落实，获各方面肯定报道百余次。强化法治保障，修正《重庆市环境保护条例》，推进土壤、固废领域地方立法和噪声污染防治办法修订，率先启动生态环境损害惩罚性赔偿试点；执法效能不断提升，连续5年获生态环境执法大练兵省级表现突出集体。聚力推进科技创新和数字化转型，得益于生态环境部大力支持，中国环科院西南分院（首个区域分院）在渝落地，并布局生态环境科技创新基地一期、绿色智能环保技术与装备技术创新中心等；生态环境大数据平台建设成果获评“全国党政信息化最佳实践案例”、中国地理信息科技进步二等奖等多项荣誉。积极创新环境治理模式，北碚区、沙坪坝区生态环境导向的开发（EOD）模式项目入选第二批国家试点名单，新增储备5个区EOD模式项目。大力培育生态环境文化，市级及以上主流媒体宣传报道1500余篇，六五环境日等主题宣传有声有色，环境教育体系不断健全，社会公众生态环保意识持续提升。

（七）聚焦营造风清气正的政治生态，做到更严标准抓落实见成效

坚决扛起全面从严治党政治责任，完善强化局党建工作领导小组运行机制，研究落实全面从严治党重要工作40余项，从局党政主要负责人严起、从班子成员做起、从领导干部管起，坚定拥护“两个确立”、坚决做到“两个维护”。推动党建与生态环保工作深度融合，系统推进模范机关和绿色机关建设，全面开展“四强”党支部创建，局机关及8个直属单位通过市文明单位复查，获国家4部门联合表彰为“节约型机关”，局系统2个市管领导班子和3名市管领导干部受嘉奖，企业群众赠送多面锦旗致谢，530余名党员干部深入疫情歼灭战第一线，全市最美生态环保人等一批先进典型持续涌现。坚持严管与厚爱并重，严格落实意识形态责任制，加强纪律规矩监督执行，加固中央八项规定的堤坝，深化巡视、审计整改，设立巡察办并制度化开展巡察，深入落实为基层减负等专项工作。为事业选人用人，更加突出公正规范透明；常态长效开展干部职工意见征集、谈心谈话等；用心用情为干部职工办暖心实事；群团工作充满生机活力。全市生态环境系统政治生态和干事创业氛围持续向好、整体向好，全面过硬、全程过硬、全员过硬的生态环保铁军建设迈出坚实步伐。

二、2023年发展思路

2023年，生态环境领域将全面贯彻落实党的二十大精神，认真落实市第六次党代会、市委

六届二次全会精神，按照生态环境部和市委、市政府工作安排，坚持稳中求进工作总基调，强化稳进增效、除险清患、改革求变、惠民有感的工作导向，努力在坚持生态优先绿色发展上探索新路子，着力打造山清水秀美丽之地、人与自然和谐共生的美丽中国先行区，力争形成一批有辨识度、有影响力的标志性成果，为新时代新征程全面建设社会主义现代化新重庆开好局、起好步，作出新的更大贡献。

一是围绕推动发展方式绿色转型展现新作为。用好用活生态环境保护法规、政策、标准，充分结合市情，积极推动产业结构、能源结构、交通运输结构等调整优化，坚决遏制“两高一低”项目盲目发展，全力支持符合高质量发展要求的项目落地，更好服务经济实现质的有效提升和量的合理增长。

二是围绕筑牢长江上游重要生态屏障彰显新担当。加强自然保护地和生态保护红线监管，协同推进重要生态系统保护和修复重大工程、江心绿岛保护利用和广阳岛片区长江经济带绿色发展示范建设，持续开展生态文明示范建设，完善生物多样性保护体系，防范化解生态环境风险隐患，严守生态环境安全底线。

三是围绕持续改善生态环境赢得新成效。深入打好污染防治攻坚战，突破碧水、蓝天、净土保卫战以及农业农村污染治理攻坚战的关键环节，在流域综合治理、入河排污口排查整治等方面锻长板，在实现细颗粒物与臭氧治理协同增效上筑底板，在农村环境整治、农业面源污染治理、全市域“无废城市”建设、土壤污染治理等领域搭跳板，稳定实现生态环境质量由量变到质变。

四是围绕积极稳妥推进“双碳”构建新格局。推动“1+2+6+N”政策落实，突出打造减污降碳协同增效西部地区示范模式，编制适应气候变化行动方案，深度参与全国碳市场联建联维，培育提升地方碳市场，加强“碳惠通”平台产品开发供给，抓好气候投融资等试点示范，提高经济发展“含绿量”、降低“含碳量”。

五是围绕强化川渝生态共建环境共保干出新业绩。提速推进双城经济圈生态环境保护规划落地见效，锚定琼江、大清流河、南溪河流域打造跨省联动治水示范，强化大气污染协同防控，深化“无废城市”共建，加强跨区域数据信息互联共享，实施“双碳”联合行动、联动督察执法等，助力建设高品质生活宜居地。

六是围绕激发生态文明建设活力实现新提升。深化生态文明体制改革，在加快构建现代环境治理体系上做亮点、出特色，聚力迎接第三轮中央生态环保督察、启动第二轮市级生态环保例行督察，严格执法与助企纾困、为民解难并举，突出抓好中国环科院西南分院与市环科院融合发展，加快建设生态环境科技创新平台，迭代升级生态环境保护数字化治理，培育生态环境宣传教育品牌，提升生态环境治理现代化水平。

七是围绕打造生态环境保护铁军取得新突破。加强理论武装，学懂弄通做实习近平新时代中国特色社会主义思想，深学笃用习近平生态文明思想，提高政治“三力”。加强党的全面领导，深入推进全面从严治党，坚持以严的主基调强化正风肃纪，持续加强干部人才队伍建设，保持干事创业、唯实争先的精神状态，以政治生态的山清水秀守护自然生态的山清水秀。

（执笔人：黄丽容）

住房和城乡建设

重庆市住房和城乡建设委员会

2022年，市住房城乡建委党组坚持以习近平新时代中国特色社会主义思想为指导，以迎接党的二十大和贯彻党的二十大精神为动力，以全面落实习近平总书记关于住房城乡建设工作的重要指示批示精神为主线，按照市第六次党代会和市委六届二次全会部署，坚持以党的政治建设为统领，统筹住房保障和住房市场、统筹城市提升和乡村振兴、统筹行业经济运行与绿色低碳发展，团结带领广大党员干部，在"战疫情、稳投资、保交楼"等重大攻坚任务中，冲锋在前、奋勇争先，以满格状态、顶格标准、真格措施，推动各项工作取得新成效、迈上新台阶。

一、2022年工作成效

（一）抓项目、稳投资，城市基础设施不断完善

紧紧围绕增强城市发展能级和综合竞争力，推动重大项目投资放量，把握好基础设施建设的"时度效"，住建领域完成城市基础设施投资超1213.5亿元、同比增长7.2%，全市经济增长"排头兵"作用充分彰显。一是城市轨道加速成网。加快打造"轨道上的都市区"，新建成投运轨道线路2条（段）61公里，城市轨道交通通车里程达到478公里，中心城区基本形成"环+放射"轨道交通运营网络，轨道交通占公共交通出行比例达42%，成为市民绿色出行的首选。二是城市道路提速联网。中心城区建成投用红岩村大桥、白居寺大桥等重大路桥隧项目，新增通车里程224公里，总里程达到6250公里，基本形成"五横六纵一环三联络"快速路网结构，城市路网密度达7.1公里/公里^2、排名全国前十。三是"缓堵促畅"深入推进。不断优化"马路上的老城区"，更新改造33个片区路网，打通城市断头路50条，完成交通堵乱点整治150个，建成山城步道353公里，实施轨道站点步行便捷性提升工程15个，新增公共停车泊位4902个，城市交通"微循环"更加通畅。

（二）抓市场、强保障，城镇住房水平显著提升

始终坚持"把人民宜居安居放在首位"，不断完善住房市场和住房保障体系，全市城镇住房达1028万套、11.1亿平方米，人均住房面积提高至40.6平方米，全市人民从"住有所居"向"住有宜居"稳步迈进。一是保交楼稳民生推进有力。"一楼一策"化解问题楼盘，争取到国家保交楼专项借款176亿元，推动有保交楼任务的项目全部复工在建，顺利交付房屋3.8万套，最大限度维护了购房群众合法权益。二是住房市场平稳健康发展。加强供需两端调控，牵头制定出台促进房地产业良性循环和健康发展系列政策措施，推进实施房地产开发项目1350个，完成房地产投资3467.6亿元，商品房销售面积4439万平方米。三是住房保障体系不断健全。以盘活存量为主、适当新建为辅，筹集保障性租赁住房

9.1万套（间）、新增分配公租房3.4万套，大力提升住房公积金管理使用效率，全市保障性住房实物房源达140万套、惠及337.5万群众，对城镇低保、低收入等住房困难家庭实现应保尽保。

（三）抓提升、促更新，城市人居环境大幅优化

始终坚持“人民城市人民建、人民城市为人民”，统筹推进城市更新提升行动，实施重大项目761个、完成投资2205亿元，累计完成投资7586亿元，城市功能日臻完备、城市品质日益提升。一是城市发展主轴更加靓丽。重塑“两江四岸”国际化山水都市风貌，聚焦中心城区109公里岸线，实施治理提升项目87个，基本建成开放花溪河湿地公园等十大公共空间，长嘉汇、艺术湾逐步成为城市新名片，嘉陵滨江生态长廊启动建设，“山水之城·美丽之地”独特魅力充分彰显。二是城市生活空间更有品质。以城市体检推动城市更新，实施试点示范项目112个，改造城镇老旧小区1277个、城市棚户区1.5万户，累计改造城镇老旧小区3993个、城市棚户区33.4万户，经验做法获住房城乡建设部肯定并向全国推广。三是城市居住环境更为舒适。持续巩固城市黑臭水体治理成效，接续推进“清水绿岸”治理提升和海绵城市建设，新增城市地下综合管廊33.7公里，新改扩建城市污水处理厂12座、新建改造排水管网1621公里，城市污水处理厂累计达88座，生活污水集中处理率达98%以上，城市水环境质量大幅提升。

（四）抓振兴、美环境，乡村建设步伐全面加快

紧紧围绕推动巩固拓展脱贫攻坚成果同乡村振兴有效衔接，大力实施乡村建设行动，持续改善乡村面貌，使广袤乡村加速成为农村群众幸福生活的美好家园。一是住房条件有效改善。持续保障农村低收入群众住房安全，动态消除农村困难群众危房4147户；全面实施农村自建房排查整治，销号解决存在安全隐患的农房15.8万户，整改率100%。指导5个区县开展装配式农房建设试点，加快推进农房建设现代化。二是村容村貌持续提升。精心打造川渝两地乡村高品质生活宜居示范窗口，启动建设“巴蜀美丽庭院示范片”14个，打造巴蜀美丽庭院10033户。大力推动传统村落保护发展，分类实施保护发展项目117个，指导秀山县、酉阳县获评全国传统村落集中连片保护利用示范县。三是乡镇功能明显增强。积极开展30个美丽宜居示范乡镇建设，实施环境综合整治项目185个，新改扩建乡镇污水处理厂42座，新建乡镇污水管网567公里，小城镇在推动城乡融合发展中的纽带作用充分发挥。

（五）抓转型、增效益，行业综合实力明显增强

始终坚持走建筑业工业化、智能化、绿色化融合发展道路，全市建筑业总产值达到10369亿元、同比增长4.3%。一是建筑工业化迈出新步伐。不断完善产业布局、政策引导和技术标准，实施装配式建筑1100万平方米，持续培育6个国家级装配式产业基地、30个市级产业基地，中心城区装配式建筑实施比例接近40%，成功获评全国装配式建筑范例城市。二是建筑绿色化跃上新台阶。围绕住建领域碳达峰碳中和目标，建设绿色社区780个、绿色生态住宅小区41个，全市城镇新建建筑执行绿色建筑标准的比例达到97.9%，民用建筑绿色建材应用比例达60%，行业发展“含绿量”更足。三是建筑智能化取得新成效。大力发展智能建造，稳步实施“新城建”试点，初步建成住建领域CIM基础平台框架，推

动20个工程项目数字化建造试点，成功获评全国智能建造试点城市。

（六）抓整治、固底板，住建安全形势稳中向好

始终坚持把安全生产摆在重要位置，抓紧抓实行业安全风险防范化解，住建领域安全生产形势平稳有序、总体可控。一是建筑施工安全抓牢抓实。严格落实项目业主单位质量安全主体责任，深入开展安全生产大排查大整治大执法行动，组织12轮在建项目质量安全飞行检查，全市房屋建筑和市政工程生产安全事故起数同比下降55.8%、死亡人数同比下降53.6%。二是房屋住用安全持续巩固。扎实开展城镇自建房安全专项整治，排查自建房429.32万栋、经营性自建房22.66万栋，对798栋存在严重安全隐患的经营性自建房采取了停用、加固等处置措施。三是建筑消防安全不断强化。加强建设工程消防设计审查验收管理，开展建设工程消防设计审查质量抽查和建设工程消防验收质量“回头看”检查，从源头上有效防范化解了消防安全隐患。

（七）抓党建、优生态，队伍干事激情持续高涨

坚定不移推进全面从严治党，全委上下政治生态风清气正，党员干部攻坚克难的劲头更足、奋勇前行的决心更大。一是政治引领从严从实。坚决拥护“两个确立”，增强“四个意识”、坚定“四个自信”、做到“两个维护”，党员干部政治判断力、政治领悟力、政治执行力不断提升。二是思想教育入脑入心。严格执行党组中心组学习制度，全面深入学习习近平总书记系列重要讲话和重要指示批示精神，及时跟进学习中央、市委有关会议文件精神。严格落实意识形态工作责任制，党员干部理想信念更加坚定。三是队伍建设有力有效。全面贯彻新时代好干部标准，注重在实干实践中考察识别干部，完善年轻干部选拔任用机制，高素质专业化干部队伍加快形成。坚持以严的基调强化正风肃纪，一体推进不敢腐、不能腐、不想腐，忠诚干净担当的队伍形象加快塑造。

二、2023年工作

2023年，将以习近平新时代中国特色社会主义思想为指导，全面贯彻党的二十大精神、中央经济工作会精神，认真落实市委六届二次全会、市委经济工作会各项部署，坚持稳中求进工作总基调，强化稳进增效、除险清患、改革求变、惠民有感工作导向，主动融入成渝地区双城经济圈建设和西部陆海新通道建设等国家战略，团结带领广大干部职工，不断创新工作理念、方法、机制，加快谋划一批推动工作的有形抓手和有效载体，更好统筹住房保障和住房市场“两个体系”、更快推动城市更新提升和乡村建设“两个行动”、更加提升行业创新开放和风险防控“两种能力”，加快构建住房城乡建设工作“四梁八柱”，着力提高服务全市发展大局贡献度，推动全市住房城乡建设事业取得新的突破性进展、形成更多标志性成果、实现整体性跃升。

（一）进一步完善城镇住房体系，在提振市民居住消费上拓展新空间

坚持房子是用来住的、不是用来炒的定位，加快构建多主体供给、多渠道保障、租购并举的住房制度，促进居住消费健康发展。持续保障新市民、青年人和困难群众基本住房需求，新筹集保障性租赁住房8.1万套（间）、分配公租房2.6万套。推动房地产业向新发展模式平稳过渡，保持房地产开发投资与上年持平，供应商品

住房3000万平方米。扎实做好保交楼、保民生、保稳定各项工作，用好国家保交楼专项借款，加快逾期交付风险项目处置，确保房地产市场平稳健康发展。健全住房公积金缴存、使用、管理等机制，逐步扩大制度惠及面。促进物业行业与家政、养老、托幼等业态融合创新，探索“物业服务+生活服务”模式。

（二）进一步优化城市功能品质，在推动城市更新提升上取得新成效

坚持人民城市人民建、人民城市为人民，深入实施城市更新提升行动，加快打造宜居、韧性、智慧城市。完善城市轨道、城市道路、城镇排水、地下综合管廊等基础设施，建成投用18号线等59公里城市轨道线路，新开工7号线一期等38公里城市轨道以及中心城区至永川等278公里市域（郊）铁路，启动实施鹿角隧道、宝山嘉陵江大桥等12个重大城市路桥隧项目，力争基础设施投资增长12.5%。接续实施交通缓堵促畅三年行动，更新改造城市路网，提升城市道路运行效率。持续扮靓中心城区“两江四岸”城市发展主轴，丰富拓展城市功能名片。常态化开展城市体检，推动112个城市更新试点示范项目，实施城镇老旧小区改造2069个、城市棚户区改造1.6万户。

（三）进一步提升乡村建设水平，在促进乡村宜居宜业上迈出新步伐

坚持示范带动、区域联动、协同发展，精心打造宜居宜业和美乡村，让更多农村居民共享乡村振兴成果。大力实施农房质量安全提升工程，接续推进农村危房改造，保障农村困难群众住房安全。不断提升农房设计建造水平，推广农房建设示范图集，建成一批装配式宜居农房。扮靓川渝两地乡村高品质生活宜居示范窗口，串联打造10个巴蜀美丽庭院示范片，创建美丽庭院1万个。有效保护传统村落、民族村寨、乡村风貌，精心谋划实施一批传统村落保护发展项目。加快建设30个美丽宜居示范乡镇，积极打造城乡融合的纽带、乡镇振兴的龙头、宜居环境的样板。

（四）进一步加快改革创新步伐，在推动行业转型升级上厚植新优势

将扩大内需与转变发展方式有机结合起来，以更加主动的姿态加速拥抱数字化，推动建筑业转型升级和高质量发展。大力开展绿色建筑创建行动，推动装配式建筑占新建建筑比例达到25%，完成既有建筑绿色化改造70万平方米。持续开展工程项目数字化建造试点，大力引导企业“上云用数”。积极推进两江新区、高新区等智能建造重点示范区建设，打造全国先进的智能建造高地。进一步优化住建领域营商环境，持续推进工程建设项目审批制度改革，为本土企业做大做强和民营经济蓬勃发展营造良好的政务环境、法治环境、市场环境、创新环境和要素保障环境。

（五）进一步加强风险防范化解，在筑牢住建安全屏障上彰显新担当

坚决把安全发展理念贯穿于住房城乡建设各方面、全过程，深入开展精准治理、科学治理、综合治理，不断提高住建领域治理现代化水平。紧盯工程建设领域的重要部位和关键环节，持续深入开展质量安全执法检查，最大限度减少一般事故总量，有效防范和坚决遏制重特大安全事故。深入开展城镇既有房屋安全隐患排查整治，逐步探索建立城镇既有房屋质量安全定期“年检”制度。加强消防设计审查验收与施工过程联动监管，不断提升建设工程消防设计、施工

质量水平。强化物业管理、房地产等领域信访突出问题排查化解，及时高效解决好群众合理信访诉求。

（六）进一步推进全面从严治党，在涵养良好政治生态上展示新作为

坚持把党的政治建设摆在首位，严明政治纪律和政治规矩，不断提高党员干部的政治判断力、政治领悟力、政治执行力。坚持不懈用习近平新时代中国特色社会主义思想凝心铸魂，深入学习宣传贯彻党的二十大精神，认真落实“第一议题”制度，扎实开展主题教育，切实提升党员干部以学促用水平。加强干部斗争精神和斗争本领养成，着力培养现代化建设能力，推动干部队伍系统化提升。持续深化正风肃纪反腐，把惩治震慑、制度约束、思想教育融于一体，推进以案促改、以案促治，加强新时代廉洁文化建设，引导党员干部知敬畏、存戒惧、守底线。从严规范党员干部行权用权，着力构建亲而有度、清而有为的新型政商关系。

（执笔人：周翔）

城市管理

重庆市城市管理局

一、2022 年发展回顾

2022 年，市城市管理局全面贯彻习近平新时代中国特色社会主义思想，紧紧围绕把习近平总书记殷殷嘱托全面落实在重庆大地上这条主线，以迎接党的二十大和学习贯彻党的二十大精神为动力，按照市第六次党代会部署，坚持稳中求进工作总基调，以城市更新提升为抓手，推进了一系列大事要事、应对了一系列急事难事、办成了一系列好事实事。239 件市领导批示基本办结，政府工作报告和全市经济工作会议各项年度任务全面完成；全国城市治理风险清单管理试点顺利推进并通过验收；国家生态园林城市、国家节水型城市创建取得实质性进展；生活垃圾分类持续保持全国第一档次、西部第一；获评全国"十大公园城市"，入选全国"十大厕所数字化城市""十大司机如厕友好城市"；市民对城市管理满意度得分为 94.1 分，较 2021 年提升 1.23 分。

（一）深化全面从严治党，自身能力建设全面加强

1. 抓牢政治建设，坚定正确政治方向

坚持以党的政治建设统领党的建设各项工作，深刻领悟"两个确立"的决定性意义，牢记"国之大者"，把学习宣传贯彻党的二十大精神作为一项重大政治任务，切实提高党员干部的政治判断力、政治领悟力、政治执行力，把不断增强"四个意识"、坚定"四个自信"、做到"两个维护"体现在行动上、落实到工作中。全年召开党建工作会、党风廉政建设工作会 10 余次，推动全面从严治党在各方面各环节全覆盖。印发强化政治机关意识教育和对党忠诚教育 17 项重点任务清单，持续推进市委巡视整改成效综合评估反馈问题整改，制定巡察工作五年规划，完成第二轮巡察工作。

2. 抓牢组织建设，凝聚强大工作合力

认真落实"三会一课"、主题党日等组织生活制度，组织开展"永远跟党走 · 奋进新征程"和"学习新思想、展现新作为、喜迎二十大"微宣讲等系列活动，引导党员干部坚定理想信念。毫不放松意识形态工作分析研判，切实抓好意识形态领域主阵地。聚焦党支部标准化规范化建设，积极开展"四强"党支部创建。局系统 800 余名党员干部参与疫情防控志愿服务，彰显城市管理系统党员干部良好风采。

（二）聚焦大局抓重点，展现城市管理担当作为

1. 围绕中心，助力稳经济促发展

坚持把城市管理工作放在服务全市经济发展大局下来考量，从要素保障、项目投资等方面细化落实 37 条稳经济措施。供水"欠费不停供"政策覆盖全市，为小微企业和个体工商户缓缴水费约 1724 万元。实行建筑渣土处置"一对一"服务，保障市级重大项目出渣 2600 万方。牵头启动水电气讯联合报装改革，加快供水接

入“一站式”服务平台建设。全市生活垃圾焚烧发电23亿度、产生经济效益约11.8亿元。规范设置占道经营规范管理摊区2.48万个，“两江四岸”夜景灯饰服务夜经济，助力国际消费中心城市建设。

2. 善作善成，奋力应对风险挑战

统筹发展与安全，全力应对极端高温与疫情防控双重考验。城市供水充足、水质达标，高温期间全市供水总量达3.84亿吨，同比增长17%，高峰供水平稳有序。科学抗旱保苗，城市绿化浇水量同比增长217%，城市园林绿化得到有效保护。积极应对电力短缺，合理设置照明灯饰运行时间，节电约2330万度。采取错时作业、机械作业等方式，保障清扫保洁、设施维护、城管执法等有序运转。关心关爱一线工人，累计向环卫工人发放高温补贴2409万元。积极参与疫情防控，城市生活垃圾收运处置规范有序、城市公园安全运转。

3. 凝心聚力，着力惠民生办实事

坚持把城市管理的落脚点放在提高人民获得感幸福感安全感上，把群众“急难愁盼”的事办好办实。完成老城区环境“小而美”惠民提升项目450个，完成街头绿地提质项目217个，开放“劳动者港湾”363座，建成投用社区体育文化公园25座，在“四老”区域新增小微停车泊位1.2万个，新建改造城市公厕355座，整治暗盲区1150处，惠及居民160万余人，持续照亮百姓安全回家路。

（三）全力以赴促改革，打开城市管理事业新局面

1. 抓机制，生活垃圾分类更成体系

以贯彻实施《重庆市生活垃圾管理条例》为契机，制定配套政策文件5件。推动城市生活垃圾分类体系覆盖全市243个镇街、1.7万个小区，50.4%的行政村开展生活垃圾分类。完成新（扩）建生活垃圾处理设施10座，生活垃圾分类处理总能力达3.44万吨/日，城市生活垃圾无害化处理率保持100%，中心城区生活垃圾实现全焚烧、零填埋，餐厨垃圾资源化应用水平全国领先。

2. 抓创建，城市园林绿化更显特色

坚持走科学、生态、节俭的绿化发展之路，国家生态园林城市创建迈出坚实步伐。持续推动城市绿化品质提升，完成坡坎崖绿化美化项目41个，建设山城绿道120公里，布置山城花境186个。推进“山城公园”品牌打造，建成73座口袋公园，更新提质42座老旧公园。完成第五次古树名木挂牌管理工作，充分挖掘古树价值，打造古树主题公园、游园，让城市更有人文范。

3. 抓试点，城市安全运行更有保障

完成全国城市治理风险清单管理试点，探索出城市运行安全“一张图表呈现，一个平台通览，一套机制保障”的治理经验，得到住房城乡建设部肯定并向全国推广学习。开展城市快速路及主干道道路状况智能监测，加大城市桥梁、长隧道结构运营状态监测系统和化粪池危险源、窨井盖、路灯智能监测管理的建设力度，结构设施做到“应检必检、有病必治”。深化打通“生命通道”集中清障行动，强化安全生产大排查大整治大执法，落实“常态化”安全生产十条措施，安全生产专项整治三年行动圆满收官。

4. 抓效能，城市智慧管理更加高效

中心城区新增数字化管理覆盖面积50平方公里，数字化管理盲区全面消除。区县平台系统参数设置和流程标准管理进一步规范，受理市民诉求4.1万件，结案率达99%以上。城市综合管理服务平台建设加快推进，市级平台全体系架构、全业务应用建设基本完成。深化城市管理行业数据治理，完成城市管理大数据平台二期建设。

（四）以人为本强管理，日常管理服务实现新提升

1. 聚焦精细管理，擦亮城市颜值

开展“全民动手共同缔造山城美丽家园”和“深入推动城市环境提升喜迎党的二十大”专项行动，为重要节庆和重大活动提供良好的市容环境。围绕道路、设施、立面、隧道以及水域等区域，实施规范化作业、标准化评价、智慧化管理和全范围、全过程、全时段监管，全面提升精细化保洁水平，让干净整洁有序成为常态。建成“五长制”“门前三包”示范道路 131 条，完成 30 个小城镇环境提升示范项目。

2. 聚焦基础设施，提升城市能级

增强城市供水服务能力，5 座城市水厂新（扩）建完工，实施供水管网建设与改造 460 余公里，推进城市供水管网向镇村延伸。稳步推进城市道路、桥梁、隧道及附属设施更新改造，印发实施《重庆市城市道路全要素设计导则》，完成路平整治 800 公里，人行道完善提升 1900 公里。持续规范路内停车位设施设置，完成重点区域停车治理、路内停车泊位智能化改造 1 万个。

3. 聚焦秩序优化，提高城市品质

按照“消存量、遏增量、建机制、管长远”要求，全面完成 330.7 万平方米违法建设专项治理重点任务。加大建筑垃圾运输车辆、人行道占道停车、共享单车停放秩序等重点领域执法力度，持续巩固扬尘控制示范道路成果，新创建扬尘控制示范道路 106 条。持续净化立面空间，规范整治户外广告 7 万余平方米，提升 40 条街区招牌品质。

二、发展中存在的问题

工作中还存在一些短板和差距：一是停车难问题较突出，公共停车场建设落地难，“四老”区域停车位供给明显不足，智能化建设相对滞后。二是城市“有限空间”安全监管不够，窨井盖、化粪池等空间管理效果存在差距。三是市容环卫管理存在盲区，部分背街小巷、城乡结合部、桥下空间、房前屋后等地带存在环境脏、乱、差现象。

三、2023 年发展思路

坚持以习近平新时代中国特色社会主义思想为指引，全面学习宣传贯彻党的二十大精神，深化落实市六次党代会、市委六届二次全会精神，认真贯彻落实全国及全市“两会”、市委经济工作会议和全国住房城乡建设工作会议等工作部署，坚持“人民城市人民建，人民城市为人民”，围绕打造宜居、韧性、智慧城市，突出稳进增效、除险清患、改革求变、惠民有感的工作导向，以现代化理念推动高质量发展，以城市更新提升加速建设高品质宜居地，以数字化变革赋能高效能治理，不断创新管理体制机制，推动实现变革性实践、取得突破性进展、形成标志性成果，奋力打造新时代“红岩先锋”变革型组织，为新时代新征程全面建设社会主义现代化新重庆作出积极贡献。

（一）坚持稳进增效，在推动高质量发展上做出新业绩

坚持高质量发展不动摇，紧紧围绕全市中心大局，不断夯实城市管理主责主业，不断开辟发展新领域新赛道，做到落实国家战略有进、服务经济发展有进、提升城市品质有进，以良好的城市环境为加快建设山清水秀美丽之地、打造带动全国高质量发展的重要增长极蓄势赋能。

（二）强化除险清患，在实现高水平安全上取得新成效

增强忧患意识、坚持底线思维，实施系列安全生产专项治理和重大风险防范化解行动，完善突发事件应急响应和处置机制，积极推动构建大安全大应急框架，以新安全格局保障城市安全运行。准确把握疫情防控的新阶段新形势新任务，深入推进更高水平的平安重庆建设。

（三）突出改革求变，在推进高效能治理上实现新突破

以数字化变革引领全面深化改革，统筹运用数字化技术、数字化思维、数字化认知，推进增智赋能平台建设，拓展实战实用应用场景，构建城市“智”理新格局。深化体制机制改革创新，聚焦治理能力、营商环境、体制机制等领域重点攻坚，推动形成更多全局性、引领性、标志性改革成果。

（四）注重惠民有感，在创造高品质生活上展现新作为

树牢以人民为中心的发展思想，坚持在发展中保障和改善民生，采取更多惠民生、暖民心举措，着力解决好群众关心关切的身边事、家门口的事等急难愁盼问题，全面提升人民群众的获得感、幸福感、安全感和认同感。

（执笔人：付真真）

交通建设

重庆市交通局

一、2022 年发展回顾

2022 年，是众志成城、共克时艰、应对大考的一年。市交通局始终坚持以习近平新时代中国特色社会主义思想为指导，认真落实市委、市政府工作部署，以迎接党的二十大、贯彻党的二十大为主线，深入贯彻新发展理念，加快构建新发展格局，着力推动高质量发展，统筹疫情防控、交通发展和安全生产，全力推动习近平总书记重要指示要求和党中央决策部署落实落地。

（一）持续推进重大战略落地，交通支撑内陆开放和区域协调成效明显

一是西部陆海新通道等大通道建设走深走实。西部陆海新通道上升为国家战略，运输网络覆盖 119 个国家和地区的 393 个港口，运输货值同比增长 36%。中欧班列（成渝）运营水平全国领先，累计开行突破 2 万列、占全国的 40% 以上、排名第一。我市成为全国首个实现中欧班列双向运邮政策落地的城市，成为全国首个中欧班列进口运邮城市和铁路邮件进口第一口岸。二是成渝交通一体化发展成势见效。实质性开工成渝中线、成达万高铁等标志性引领性重大项目，双核间实现 1 小时高铁直达、年日均开行动车 125 对，在建及建成省际高速通道 21 个、日均高速车流 8.2 万辆。联合印发《共建长江上游航运中心实施方案》，成渝双核成功入选国家首批综合货运枢纽补链强链城市。常态化开行嘉陵江干支直达集装箱班轮，泸州港 90% 以上集装箱经重庆中转，成渝两地实现公交“一卡通”“一码通”，跨省城际公交达到 20 条，19 个川渝通办交通事项全程网办。三是“一区两群”交通加快互联互通。郑渝高铁全线开通，巫山、奉节、云阳结束不通高铁历史。城开高速城口段、万州环线、黔江环线建成通车，城口结束不通高速历史，万州、黔江迈入高速环线时代。主城都市区与渝东北“高铁双通道”、渝东北与渝东南“高速双通道”全面形成。

（二）持续推动交通高质量发展，交通强市建设迈出坚实步伐

一是交通投资突破 1000 亿元大关。成立交通稳经济大盘工作专班，坚持专班专人推进、高频高效调度，推动国务院稳经济一揽子政策措施落实落地，全年完成投资 1023.9 亿元、为历史之最，到位中央和市级资金、专项债券、政策性开发性金融工具资金 444.6 亿元以及银行战略合作协议资金 100 亿元，新增乌江白马航运枢纽、万开高速和成渝高速原路加宽 3 个项目中央承诺补助资金 75.6 亿元。二是“米”字型高铁网加速加密成型。全线开工渝西、渝万等 4 条高铁 568 公里，在建高铁数量达到 6 条、为历史之最，完成渝万城际铁路提质改造，全市高铁在建规模接近 1000 公里、营业里程突破 1000 公里，加快进入全面高铁时代。重庆东站、重庆站改造等项目有序推进，枢纽东环线、新田港集疏运铁路建成

投用，铁路客货运输能力大幅增强。三是“三环十四射多联线”高速公路网全面形成。建成合璧津一期等5个项目，通车里程迈上4000公里里程碑，实现县县通高速目标，路网密度保持西部第一。开工垫丰武、开万梁和酉永高速小坝至花田段3个项目，在建规模达到1391公里。四是港口航道体系加快构建。长江涪丰段航道整治开工建设，朝涪段航道整治有序推进。嘉陵江利泽航运枢纽船闸工程建成投用，全线15梯级通航建筑物调度实现“一次报闸，全线通过”。乌江实现全面复航，涪江双江等航运枢纽有序建设，渠江航道整治主体工程完工。九龙坡黄磏港一期、寸滩游轮母港开工建设，长江上游规模能力最大的长寿危化品码头竣工验收。五是“双枢纽”机场格局初步拉开。江北国际机场T3B航站楼钢结构主体工程基本完成，万州机场改扩建工程完工、T2航站楼基本完工，黔江机场完成改扩建，重庆新机场选址取得重大进展。

（三）持续完善城乡交通路网，脱贫攻坚成果巩固拓展

一是路网通畅水平日益提升。新改建“四好农村路”4018公里，新解决1005个村民小组通硬化路、30个乡镇通三级及以上公路，具备条件的村民小组实现100%通达、95%通畅。改造普通干线公路374公里，国道二级及以上、省道三级及以上占比分别达到90.5%、72%，基本实现3A级旅游景区和市级重点工业园区均有三级及以上公路连接。二是路网管养水平不断提高。积极开展农村公路技术状况评定市县两级自动化检测、全路网自动化检测比例达40%，全年完成普通国省道路面灌缝105万延米、病害修补52万平方米、预防养护工程1075公里，2022年“国评”成绩全国领先。推动出台我市《深化农村公路管理养护体制改革实施方案》《全面实施农村公路“路长制”工作方案》等规范性文件，设置路长1.8万名，县乡村三级“路长制”实现全覆盖。三是路网服务水平逐步提升。推动城市公交向乡村延伸和农村客运班线公交化改造，开行镇村公交20条，落实农村客运补贴政策，“村村通客运”成果持续巩固。农村物流三级服务体系不断健全，邮政快递“两进一出”全国试点圆满完成，行政村实现100%通邮通快递，巫山成功创建全国第三批农村物流服务品牌。

（四）持续提升运输服务品质，人民满意交通加快建设

一是客运服务不断优化。建成投用空铁联运城市候机楼3座，新建公交站场6个，完成适老化公交站台改造85个、公交首末站改造11个，中心城区新增调整公交线路81条，开行省际、同城、小巷和接驳公交29条，公交化列车达到35对。轨道交通运营里程突破500公里、居全国第八，实现互联互通跨线运行，核心区段运能提升15%。二是货物运输快速恢复。铁路、民航、港口码头、邮政快递全部正常运行，高速公路货车通行费优惠等政策严格执行，货运主要指标企稳回升，2022年全社会货运量、货运周转量分别达到13.5亿吨、3871.9亿吨公里，邮政快递业务总量达到189.5亿元、同比增长16.1%、增速居全国第二。三是交通创新步伐加快。城开高速完成国内首次大跨度拱桥复合转体施工，全行业获省部级科研奖励17项，发布智慧工地等技术规范5项。西部（重庆）科学城智能运输项目入选交通运输部自动驾驶首批试点，智慧建设管理平台全面应用，果园港智能闸口等系统建成投用、效率提升30%。四是助力“双碳”初显成效。交通运输绿色低碳方案编制实施，完成“三江”流域及森林“四乱”整治暗访问题整改，推动长江经济带生态环境警示片问题销号。船舶岸电建设

完成“十四五”目标任务的85%，重点旅游码头岸电基本实现全覆盖。中心城区新增新能源出租车2000余辆，占比由3%提升至18%。

（五）持续守牢发展红线底线，行业安全形势总体向好

一是安全基础不断夯实。安全生产专项整治三年行动、铁路沿线环境安全隐患专项整治圆满完成，实施农村公路安防工程4071公里，改造危旧桥113座、整治地灾22处，除险加固航运枢纽大坝28座，治理船舶碰撞桥梁隐患269项。二是安全监管有力有效。车辆二级维护作业在全国率先实现视频联网监管，危货运输监管实现企业、车辆、人员全覆盖，“风险管理+集中监控”道路货运管理模式全市推广，水上交通安全监管成效继续保持全国第一，全行业未发生重特大安全事故。三是应急处置高效快速。成功应对多次洪峰过境，实施应急救援248次，救助船舶10艘、群众158人次、处置溢油13次。全力配合山火扑救，迅速调配挖掘机、及时出动应急队，确保救援队伍、物资运输畅通无阻。

二、发展中存在的问题

对照新时代新征程新重庆建设新部署，对照交通强市建设、成渝地区双城经济圈建设、“一区两群”区域协调发展新要求，对照推动高质量发展、创造高品质生活新需求，对照人民群众新期盼，我市构建一体化综合交通运输体系还存在一些薄弱环节，有待进一步加强改进、持续发力。

（一）对外大通道方面

全市与长三角、粤港澳大湾区等主要城市尚无250公里以上时速高铁直连。西部陆海新通道能力不足、运行不畅，东线、中线铁路通道运能未完全释放。三峡船闸通过能力不足，常态化拥堵严重，已在2011年提前19年达到设计通过能力，实际年过闸运量超过设计能力近50%。机场基础设施建设还需加强、覆盖范围有待扩大，民航空域资源较为紧张。

（二）区域互联互通方面

成渝地区双城经济圈交通与京津冀、长三角、粤港澳大湾区相比仍有差距，支撑都市圈拓展的轨道交通、公路网络仍需加强，缺乏非收费公路快速物流通道。成渝地区高速公路建设时序尚未完全协调统一，如潼南至南充、大足至内江高速公路重庆段建成通车，但四川段尚未建成。“一区两群”之间交通联系还需加强，“两群”内交通短板仍然存在。

（三）交通融合发展方面

干线铁路、城际铁路、市域（郊）铁路和城市轨道交通融合发展不够，轨道上的双城经济圈建设仍需发力，一定程度制约国际性综合交通枢纽能级发挥。交通与建筑业、装备制造业、运输服务业等深度融合有待加强。交通基础设施、运输服务、行业管理数字化水平有待提高，如“交通联合”卡优惠政策尚未统一。

三、2023年发展思路

2023年是全面贯彻党的二十大精神开局之年，也是新时代新征程新重庆建设的起步之年，做好交通各项工作意义重大。我们将紧紧围绕成渝地区双城经济圈建设“一号工程”、加快建设西部陆海新通道等战略部署，认真落实市委、市政府着力构建“五项机制”、建立“七张高分报

表”、用好“八张问题清单”、打造具备适应和引领现代化能力的新时代“红岩先锋”变革型组织等要求，突出稳进增效、除险清患、改革求变、惠民有感工作导向，推动交通强市建设走深走实。

（一）扎实抓好交通有效投资，助力经济稳定增长

按照“跳一跳、够得着”底线目标和“咬咬牙、会更好”高线目标，全年计划完成投资1100亿元、计划投资同比增长10%。

（二）扎实建好高铁大通道，推动“米”字型高铁网建设

重点推进成渝中线高铁、渝西高铁、渝昆高铁、渝万高铁、成达万高铁和渝湘高铁重庆至黔江段6条高铁917公里建设，加快推进重庆东站等项目，大力实施成渝铁路重庆站至江津站段改造、黄茅坪支线、涪陵龙头港铁路专用线等项目，推进渝贵高铁、兰渝高铁、安张铁路巫溪至奉节段等前期工作并纳入国家“总盘子”。

（三）扎实织密完善公路网络，增强通行服务能力

加快建设渝湘复线、万州至达州等25个在建项目1391公里，开工成渝高速公路扩容、渝遂高速铜梁至潼南段改扩建2个项目160公里，建成江津至泸州北线、铜梁至安岳和巫溪至镇坪3个项目169公里，加快渝宜和渝邻高速加宽改造、沿江南线北线等项目前期工作。新完工普通干线公路改造300公里，新改建农村公路3000公里，建设农村公路安防工程4000公里，实施预防性养护1000公里，新解决一批乡镇通三级路和村民小组通硬化路。

（四）扎实推进内河航运发展，打造长江上游航运中心

推进长江朝涪段和涪丰段航道整治，加快嘉陵江利泽、乌江白马、涪江双江等航运枢纽建设，加快九龙坡黄磏一期、万州新田二期、涪陵龙头二期等货运港口，以及寸滩邮轮母港等客运港口建设，开工渝北洛碛一期、乌江白马至彭水航道整治等项目，建成主城果园港大件码头，完成渠江、黛溪河等航道整治。用好渝川黔滇陕五省市合作机制，深化嘉陵江适用标准船型研究，提升川渝“港船货”合作水平。

（五）扎实抓好机场布局建设，增强国际航空门户枢纽功能

全力建设江北国际机场T3B航站楼及第四跑道，基本建成主体结构工程，加速新机场前期工作，建成万州机场T2航站楼，深化涪陵、万盛等支线机场布局研究，提速石柱、忠县等通用机场前期工作。

（六）扎实优化运输服务保障，推动交通服务品质提升

协助推动公交优先道建设，完成公交站场和首末站建设5个，新开行城际、小巷和接驳公交10条，中心城区调整优化公交线路40条，深化公交适老化改造和应用，提升出租车、网约车服务质量，推进轨道与常规公交错位协调发展，提高公交与轨道接驳换乘效率。

（七）扎实推动创新绿色发展，助推山水之城美丽之地建设

深化交通数字化变革，集成整合行业数字平台，促进行业数据融合、分析与示范应用。深化

港口岸电设施标准化改造，探索新能源船舶试点应用，打造一批交通低碳示范项目。

（八）扎实抓好行业安全生产，守牢交通发展底线红线

实施改造公路危旧桥90座、整治地灾20处，持续推进港口靠泊能力提升，加快建设航道支持保障系统、跨江长大桥梁结构健康监测系统，推进“平安工地”全覆盖，切实增强交通安全保障能力。

（执笔人：宋秉科）

水利建设

重庆市水利局

2022年，市水利局坚持以习近平新时代中国特色社会主义思想为指导，深入学习贯彻党的二十大精神，认真贯彻习近平总书记关于治水的重要论述精神和对重庆提出的系列重要指示要求，真抓实干、服务大局，推动全市水利高质量发展取得新成效。全年争取包括三峡后续资金在内的中央水利资金137亿元，同比增长19.1%；完成水利固定资产投资257.1亿元，同比增长28.7%；完成全口径水利投资261亿元，同比增长39.2%，均创历史新高。河长制、水利建设获2022年国务院督查激励，落实最严格水资源管理制度考核再获国务院考核优秀等次。现将2022年工作开展情况报告如下。

一、2022年发展回顾

（一）重庆水网建设全面提速

争取市政府出台《重庆市深化水利投融资改革创新十条政策措施》，在全市掀起水利投融资改革热潮；全年落实水利建设资金近280亿元、同比增长47%，为稳定全市经济大盘作出积极贡献。国家“150”重大水利工程藻渡、向阳大型水库可研接连获国家批复并临建开工，创造同月同时开工2座大型水库的“重庆纪录”；渝西水资源配置工程提前半年实现投资建设“双过半”，跳蹬水库主体工程加快建设。通过积极争取，《成渝地区双城经济圈水安全保障规划》升格为国家级规划并印发实施，启动《重庆市水网建设规划》编制工作。全年新开工水源工程19座，完成中小型水库前期工作65座，完成大江大河治理11公里、中小河流治理242公里；落地7个国家级水美乡村试点项目，试点数量位居全国前列。

（二）防汛抗旱保卫战坚决打赢

面对罕见旱情，在市委、市政府主要领导的亲自部署和相关市领导的调度推动下，立足抗大旱、抗长旱，落实“精准范围、精准对象、精准措施”要求，及时启动水旱灾害防御Ⅳ级应急响应并升级为Ⅲ级应急响应。组织26个工作组深入区县蹲点督导、巡回指导，引导3万余名干部投入抗旱保供水一线。通过因地制宜合理调水、管网延伸、新辟水源、应急送水等措施，及时解决131.3万人、62.88万头大牲畜饮水困难，坚决守住了不发生农村人口因水返贫和不发生整村连片缺水两条底线，挽回粮食损失5.53亿元。加强监测预警，全覆盖、常态化开展防洪风险点防御演练，科学开展水库群联合调度，成功应对7次区域暴雨天气过程、34次中小河流超警超保洪水和旱涝急转严峻形势，全市未亡一人、未溃一坝。

（三）乡村振兴水利保障水平持续提升

大力实施农村饮水安全“一改三提”行动，

开工建设农村供水工程706处、完工495处、有效提升326万人饮水条件，农村自来水普及率由83%提升到89%，千人以上供水工程覆盖农村人口比例由71%提升到75%，规模化人口覆盖比例由49%提升到57%。实施10个中型灌区续建配套与节水改造项目，打造西南山地特色多功能灌区，新增、恢复灌溉面积9万亩。新策划申报中型灌区续建配套与节水改造项目30个。倾斜支持脱贫区县市级及以上水利资金，落实国家级乡村振兴重点县水利支持政策8项、项目19个，实施市级乡村振兴重点帮扶乡镇水利帮扶项目31个。推广以工代赈项目83个，吸纳劳动力2.5万余人。

（四）三峡后续工作扎实推进

深层次、多角度、全媒体开展全国对口支援三十周年主题宣传活动，引进经贸合作项目资金107亿元。实施长江柑橘带、沿江美丽乡村示范带、农村饮水安全巩固提升等建设项目310个，开展“两江四岸”治理提升、消落区库岸环境综合整治、三峡库区重要支流系统治理等生态环保项目70个，实施蓄退水影响安全监测与设施修复、高切坡监测与维护、库岸除险加固工程等地灾防治项目124个，惠及库区城乡居民120万人，三峡水库连续13年保持安全运行。

（五）水生态治理保护有力有序

持续推进取水许可告知承诺制，编制完成嘉陵江、乌江等9条跨省河流生态流量保障方案，水资源刚性约束体系逐步完善。江津、黔江等6个区县完成县域节水型社会达标建设，全市创建率达46%。市委书记、市长共同签发第4号市级总河长令，市级河长带头巡河查河46次，带动各级河长巡河83万人次、处置问题3.4万个。全覆盖下达市级河流“一河一策”年度任务，高标准开展永川临江河全国幸福河湖建设，25条市级示范河流建设有序推进。全市地表水总体水质为优，74个国考断面水质优良比例达98.6%、超过国家考核目标，81条川渝跨界河流涉及25个国考断面水质达标率达100%，长江、嘉陵江、乌江干流重庆段水质稳定达到Ⅱ类。新增治理水土流失面积1617平方公里。持续开展河道“清四乱”，排查整改问题211个。第二轮中央生态环保督察涉水问题完成整改销号。

（六）安全生产和信访工作总体稳定

深入开展水利建安行动，常态化开展水利安全排查，全市共检查水利工程7841个，整改安全隐患8996个、整改率99.4%，未发生较大以上安全生产事故。完成小型病险水库除险加固190座、超目标任务73.7%，完成213座水库安全鉴定。全市水利行业办理群众信访1376件批次2768件人次，市级办理416件，受理率、按期回复率、办结率均达100%。抓实矛盾纠纷排查和积案化解，落细重点人员“一人一专班一对策”稳控措施，坚持敏感时段战时工作机制，实现党的二十大等重要敏感时期进京“零上访”目标。

二、发展中存在的问题

虽然2022年全市水利工作取得一定成绩，但还面临以下问题：一是工程性缺水短板仍较突出。全市水利基础设施较为薄弱，且跨区域骨干供水工程少、网络化程度低、调配能力弱，高海拔山区缺乏稳定水源且未配套备用或应急水源，预计2035年全市缺水30亿立方米。二是防洪压力仍然较大。全市1/3以上的面积属山洪灾害重点防治区，70%的城镇临河而建，“人水争地”矛盾突出；长江、嘉陵江干流重庆辖内无控制性防洪调蓄工程，且现状城乡防洪标准不高、防洪能力偏低，加之近年极端天气频发，面临较大防洪压力。三是水利建设筹资困难。目前国家层面更倾向于通过金融工具投放建设资金，对水利的直接投入呈减少趋势，由于水利项目公益性较强、偿债能力差，水利项目投融资面临巨大挑战，水利项目建设资金缺口较大。四是三峡后续政策面临接续。国家重大水利工程建设基金将于2025年底停止征收，届时库区经济社会可持续发展将面临重大挑战。

三、2023年发展思路

2023年，市水利局将立足党的二十大赋予水利的新使命、新任务，按照市第六次党代会和市委六届二次全会部署，笃行不怠、真抓实干，启动实施全市水利高质量发展三年行动，助力成渝地区双城经济圈建设和全市经济社会高质量发展，为全面建设社会主义现代化新重庆贡献水利力量。

（一）聚焦推动高质量发展，加快建立可持续的现代水利工程体系，全力开创“稳进增效”新局面

以构建现代化重庆水网为牵引，承接国家水网建设要求，抓好“纲、目、结”谋篇布局，启动实施水利高质量发展三年行动，全力推动水利大干快上，计划全年完成各类水利投资同比增长50%、达到390亿元。重点提速渝西水资源配置工程和藻渡、向阳、跳蹬水库等国家重大工程建设，持续推进长征渠引水、渝南和重庆中部水资源配置等跨流域、跨区域重大引调水工程规划建设，科学谋划、超前论证一批控制性骨干水源工程，加快146座骨干水源工程建设。启动丘陵山区农村水网建设试点。合力打好“三峡牌”，积极推进三峡后续接续政策论证研究、规划编制、政策争取。

（二）聚焦统筹发展和安全，全面提升防范处置安全风险能力，奋力夺取“除险清患”新胜利

加快建设以“一干十八支”为重点的防洪护岸综合治理工程，着力解决城乡防洪薄弱环节，加强应急抗旱供水保障，全面提升水旱灾害防御能力。统筹做好工程建设和运行管理、三峡库区地灾防治、移民信访稳定等工作，努力实现水利领域更高水平安全稳定。

（三）聚焦全面深化改革，深入推进重点领域改革攻坚，聚力实现“改革求变”新突破

创新水利投融资机制，全面深化《重庆市深化水利投融资改革创新十条政策措施》，全面盘活存量水利资产，深化与央企国企、金融机构合作，加强“政银企社”合作对接，建好水利金融超市平台。深化水价水权改革，推动水利工程供水价格调整，推进农业水价综合改革和水权交易创新，建立跨行政区域水资源配置工程水资源费合理分配制度。加快水利数字化变革，扎实推进数字孪生水网、数字孪生流域、数字孪生工程建设，加快实施“智慧河长”二期项目，持续推进江津鹅公水库数字孪生先行先试。

（四）聚焦全面推进乡村振兴，持续提升巩固拓展脱贫攻坚成果同乡村振兴有效衔接水利保障水平，着力展现“惠民有感”新作为

继续实施农村饮水安全“一改三提”五年行动，逐步推进“一区”地区构建城乡供水一体化格局，提高“两群”地区规模化供水工程覆盖水平，巩固拓展农村供水保障成果，推动农村群众喝上安全水、放心水。实施中型灌区续建配套与

节水改造，加快建设一批具有西南山地特色的多功能灌区维护国家粮食安全。

（五）聚焦人与自然和谐共生，统筹水资源、水环境、水生态治理，努力打造“人水和谐”新范例

深入落实国家节水行动，全方位贯彻“四水四定”原则，提高水资源节约集约利用水平。强化落实河长制，协同推进水污染防治，高质量推进全国幸福河湖、市级示范河流建设，大力推进水美乡村国家级试点，开展长江、三峡库区等重要江河湖库生态保护治理，推动一批生态清洁型小流域建设，有序推进国家水土保持重点工程建设。

（执笔人：王松）

重庆商务

重庆市商务委员会

一、2022年发展回顾

全市商务系统坚持以习近平新时代中国特色社会主义思想为指引，深入学习贯彻党的二十大精神，全面落实“疫情要防住、经济要稳住、发展要安全”的总要求，在市委、市政府坚强领导下，坚持以高水平开放，促进深层次改革，推动高质量发展，扎实推进“一促两稳三开放”，商务事业发展取得较好成绩，为全市经济社会大局稳定作出了积极贡献。2022年，全市社会消费品零售总额13926.1亿元，同比下降0.3%；外贸进出口额达到8158.4亿元，增长2%，其中出口额5245.3亿元、增长1.5%，进口额2913.1亿元、增长2.9%；实际使用外资18.6亿美元，同比下降16.9%。

（一）围绕内陆开放高地建设不断提升对外开放水平

一是开放通道不断拓展。加快推进西部陆海新通道建设，做好通道带物流、物流带经贸、经贸带产业文章。西部陆海新通道运输网络覆盖全球119个国家和地区的393个港口，运输货值增长36%。成功举办2022陆海新通道国际合作论坛，形成“13+2”共建新格局。中欧班列（成渝）运营水平全国领先，重庆成为全国首个中欧班列突破10000列的城市。中欧班列（渝新欧）运输出口邮件实现常态化运营，重庆成为全国首个开展中欧班列进出口运邮的城市。国际航线增至109条。二是开放平台整体跃升。中新互联互通项目累计签约政府和商业项目252.6亿美元、金融服务项目291.3亿美元。重庆自贸试验区总体方案确定的151项改革试点任务已全部落实，国家部署的改革创新措施落实率超过93%，制度创新水平跻身全国第一梯队；累计注册企业超17万户，实际使用外资和外贸进出口额占全市的比重分别比全国平均水平高29个、56个百分点。两江新区获批国家进口贸易促进创新示范区，西部科学城重庆高新区成为首批国家加工贸易产业园。把握RCEP机遇，出台高质量实施RCEP行动计划，全年对RCEP成员国进出口2585.3亿元，增长9.2%，高于全国1.7个百分点。三是对外贸易再创新高。实施外贸高质量发展三年行动计划，出台加快发展外贸新业态新模式实施方案，建立400家重点外贸企业跟踪服务体系。一般贸易占比提升2.3个百分点；汽车出口量、出口额分别增长41.4%、73.4%；对东盟、欧盟、美国和“一带一路”沿线国家进出口分别达到1266.3亿元、1247.6亿元、1134.8亿元、2214亿元。新设公共海外仓4个。“百团千企”国际市场开拓计划东盟行活动签约合作订单超3000万美元。跨境电商交易额407.1亿元，增长27.9%。服务贸易进出口突破700亿元。四是双向投资稳健发展。成立重点外资项目工作专班，出台建设高质量外资集聚地三年行动计划，建立123家重点外资企业“白名单”制度。2022年版《中西部地区外商投资优势产业目录》重庆专属目录由34

条增加至45条。成功主办“跨国公司重庆行活动”，高技术产业使用外资比重提高5.5个百分点，促成世界船运龙头马士基、沃尔玛山姆会员店等项目落户重庆。全市实现对外投资超10亿美元，对外承包工程合同额超3亿美元，在外劳务人员共计1000余人。

（二）围绕国际消费中心城市建设加快推动消费扩容升级

一是国际消费中心城市建设稳步推进。召开培育建设国际消费中心城市推进会，出台23条支持政策，储备重大项目127个。在9个区县开展国际消费中心区、区域消费中心城市、商文旅体融合发展城市试点，推进100条特色商业街打造，培育升级“大九街”等夜间经济发展集聚区。重庆连续三年荣登全国夜经济十强城市榜首，解放碑—朝天门商圈获评全国智慧商圈，来福士购物中心、环球金融中心获评全国智慧商店。全年培育引进首店超300家。二是商贸服务业加速提质升级。印发国际美食名城、国际会展名城建设实施方案，统筹谋划商贸服务业提质升级路径。梁平“中国西部预制菜之都”、合川“重庆火锅食材产业园”、云阳“中国鲜面之都”获命名，145道地道美食入选“重庆地标菜”，火锅、小面、小吃等重庆代表性美食被编印推广。高规格举办第四届西洽会，集中签约金额2228.5亿元，首次配套举办跨境电商交易会。成功举办第六届线上智博会、中新金融峰会等重要展会，获得IAEE、ICCA、UFI等国际认证的企业（单位）快速增长。三是促消费取得积极进展。出台服务业恢复发展56条、促进消费恢复19条、促消费措施30条，举办“爱尚重庆”系列主题促销活动。联合21部门出台《搞活汽车流通扩大汽车消费若干措施》，开展汽车惠民促销、绿色智能家电以旧换新等促销活动。以零售、住餐、文旅、体育等行业为重点，发放消费券超1亿元。大力推动复商复市和消费恢复。四是现代流通体系加快构建。印发实施重庆市商贸物流发展“十四五”规划。加快推进城乡配送网络工程建设，全市县级物流配送中心累计达到71个。推动市场集聚发展，形成团结村、白市驿、双福、果园港、南彭等5个市场集群。构建公益性市场体系，培育公益性农产品市场建设示范区县19个、各级公益性示范市场209个。实施农产品供应链体系建设项目103个、县域商业体系建设项目223个。再生资源回收、报废机动车回收、药品流通、酒类流通等特殊商品流通规范发展。

（三）围绕深化商务改革创新进一步增强发展内生动力

一是数字商务赋能质效明显。2022年全市网络零售额1688.1亿元，增长3.7%，比全国高2.1个百分点。建成各类电商集聚区54个，集聚电商企业3980余家、年网络零售额超220亿元。外资企业智慧服务云平台、重庆RCEP综合服务平台等系统上线试运行。推进跨境电商综合试验区建设，西永跨境电商产业园（eBay园）揭牌运营，亚马逊跨境电商出口孵化中心、菜鸟跨境供应链项目落地。2022年，全市跨境电商交易额407.1亿元，增长27.9%。推动实体商贸企业线上线下一体化发展，全市线上线下融合发展重点企业超120家。二是成渝商务协作走深走实。对标对表《成渝地区双城经济圈建设规划纲要》和市委、市政府有关要求，推动落实共建川渝自贸试验区协同开放示范区、消费促进、优化营商环境等任务。积极对接四川省商务厅，共同推进川渝商务和开放领域合作，共同推动两地政府印发《成渝地区联手打造内陆开放高地方案》《建设富有巴蜀特色国际消费目的地实施方案》等工作方案，会同四川省商务厅印发实施2022年十大合作事项。深化川渝电商合作，探索建立成渝电商党建联盟。三是制度创新运用成效明显。自贸试验区151项改革试点任务全部落实，国家部署的改革创新措施落实率超过93%；区内注册企业超17万户，实际使用外资和外贸进出口额占全市的比重分别比全国平均水平高29个、56个百分点。推动川渝自贸试验区协同开放示范区建设，共同创建全国首个中欧班列合作品牌——中欧班列（成渝）号，协同集成全国首创的关银"一KEY通"等创新成果。首批10个自贸试验区联动创新区启动建设，培育重点制度创新成果88项。服务业扩大开放综合试点任务实施率达87%，开展首创性差异化改革探索50余项，出台配套政策文件65个，400余个现代服务业项目落地。出台高质量实施RCEP行动计划，全年对RCEP成员国进出口2585.3亿元，增长9.2%，高于全国1.7个百分点。四是重大政策利好相继落地。全国第6个海峡两岸产业合作区落户重庆，获批内外贸一体化试点。两江新区获批国家进口贸易促进创新示范区，大足龙水五金市场入围国家市场采购贸易方式试点，西部科学城重庆高新区成为首批国家加工贸易产业园。重庆太极集团、重庆人力资源服务产业园分别获评为全国第二批国家特色服务出口基地（中医药）、特色服务出口基地（人力资源），实现我市国家级服务出口基地"零"的突破。九龙坡区入选全国第二批城市一刻钟便民生活圈试点。重庆市入选全国第二批老字号数字博物馆建设试点城市。出台《重庆市生物医药研发用物品进口试点方案》，探索建立生物医药企业研发用物品进口"试点清单"制度，实现了全国率先、中西部唯一，进口便利化水平进一步提升。

（四）围绕人民需求导向保障和改善民生

一是市场供应保障有力有效。完善生活物资保供预案，健全八省市联保联供机制，日均调运蔬菜3000吨、冷鲜肉800吨左右入渝。疫情期间的市场保供工作得到了孙春兰副总理、国务院联防联控机制和市委、市政府的充分肯定，经验做法在人民日报头版刊载。二是助力乡村振兴彰显商务担当。打造鲁渝消费协作"升级版"，完成消费帮扶82.4亿元，有效化解万州玫瑰香橙等滞销问题，3个案例获评国家发展改革委2022年全国消费帮扶助力乡村振兴优秀典型案例，电商助力脱贫攻坚入选第三届全球减贫案例。三是用心用情纾解企业发展难点。安排援企惠企资金6.1亿元，帮助企业获得中央进口贴息资金1.1亿元、融资贷款55亿元。疫情期间为外资外贸企业协调解决物流运输、生产用工保障等问题诉求201个。外资企业行政服务管家"三送一访"服务外资市场主体7216次，实现主体服务全覆盖。

二、发展中存在的问题

当前世界经济形势仍然复杂严峻，巩固开放和商务发展向好态势仍然面临着诸多挑战。从国际看，世界经济衰退风险上升，外需增长显著放缓，国际供应链格局加速重构，投资保护主义升温，外部环境极其严峻。从国内看，我国经济恢复的基础尚不牢固，需求收缩、供给冲击、预期转弱三重压力仍然较大。就重庆而言，商务经济短板弱项仍然突出：一是开放水平整体不高，外贸外资总量偏小、结构不优，外商投资缺乏产业类大项目支撑。二是消费对经济贡献有待提升，中高端消费吸引力有待提升，线上消费发展不足。城乡流通基础设施存在短板，现代流通体系不够完善。三是外贸主体数量偏少，中小商贸企业经营困难。四是自贸试验区、经开区、综保区等开放平台的支撑引领作用亟待强化，区域发展不够平衡。

三、2023 年发展思路

坚持以习近平新时代中国特色社会主义思想为指导，全面贯彻党的二十大、中央经济工作会议精神和市委六届二次全会、市委经济工作会议要求，坚持稳进增效、除险清患、改革求变、惠民有感，努力推动商务高质量发展再上新台阶。确保实现社会消费品零售总额增长 6% 以上，外贸进出口增长 3%，实际使用外资增长 10%、达到 20 亿美元以上，新引进落户 1~2 家世界 500 强企业。

（一）积极对接服务国家战略

一是谋划打造成渝商务合作标志性成果。推动“开放、市场、创新”一体化建设，共同招引打造标志性外资项目、外贸品牌，联动举办消费促进活动。二是壮大西部陆海新通道经贸引擎。高质量实施 RCEP 行动计划，引导企业深耕陆海新通道沿线国家和地区市场。三是推动自贸试验区发展积厚成势。推动川渝自贸试验区协同开放示范区建设，启动建设第二批自贸试验区联动创新区，支持具备条件的区域发展“保税 +”等新业态。

（二）大力恢复和提振消费需求

一是铆劲培育国际消费中心城市。积极培育消费龙头企业，加快推进中央商务区、寸滩国际新城建设，开展第二批消费、融合示范城市试点。二是推动消费“烟火气”持续升温。开展“爱尚重庆”消费促进活动，支持举办区县特色展会活动。出台系列促消费政策措施，推动线上线下融合消费，积极发展新兴消费。三是加快释放县乡地区消费潜力。实施县域商业建设行动，健全县、乡、村三级物流配送体系，开展商品交易市场优化升级专项行动。做好应急保供、蚕桑丝绸、消费帮扶等工作。

（三）全力推动外贸稳规模优结构

一是注入货物贸易新动能。充分发挥市场采购贸易试点引领作用，建好进口贸易促进创新示范区、国家外贸转型升级示范基地、国家加工贸易产业园，争取举办“进博会走进重庆”活动，加强外贸市场主体培育，扩大出口规模优势，壮大新业态新模式。二是把握服务贸易新机遇。出台数字服务贸易政策措施，创建国家数字服务出口基地。高标准建设国家服务外包示范城市，支持国家特色服务出口基地提质增量。三是开拓国际市场新空间。实施“百团千企”国际市场开拓计划，完善“渝企出海”服务体系，建设“走出去服务港”，支持企业到境外开展投资贸易合作。高质量实施 RCEP 行动计划。

（四）努力促进外资稳存量扩增量提质量

一是按下外资招商“快进键”。发挥重点外资项目服务专班等机制作用，组团开展重大外资项目招商行动，争取举办“投资中国年”西部推介专场活动。二是绘制精准招商“路线图”。制作外资招商“产业链图谱”，加快引进一批补链强链重大外资项目。精心筹办西洽会等品牌展会，强化招商引资功能。三是打造营商环境“强磁场”。深入实施新版鼓励外商投资产业目录，出台支持跨国公司设立地区总部办法，增强外资落户重庆积极性。全面梳理重点外资项目、企业清单，做好“全生命周期”服务与全要素保障。

（五）突出抓好数字商务发展

一是推动电商产业迭代升级。实施电商主体培优培强工程，打造一批电商直播基地、电商产业园、网货产业带。实施“数商兴农”行动，提质发展农村电商。深化跨境电商综试区建设，打造“丝路电商”合作先行区。二是激发传统商贸数字化潜力。加快数字化升级和智慧化建设，提升消费者体验感、商户经营效率和商务服务能级。三是促进数字治理能力整体跃升。优化完善智慧商务大数据平台，深化商务大数据“聚通用”，加强数据监测、分析、预警和可视化展示。推广运用“渝快办”“渝快政”，构建商务领域“五色图”评价体系。

（六）扎实推进试点示范工作

一是力促服务业扩大开放多点突破。推动86项试点任务全面实施，聚焦重点领域加快形成一批可复制可推广的制度创新成果，开展示范培育建设。二是打开内外贸一体化方便之门。促进内外贸高水平衔接，培育一批具有国际竞争力、内外贸一体化协同的发展先行区、改革试点基地和“排头兵”企业。三是催生自主改革探索内生动力。充分发挥企业、区县、平台的能动性，聚焦重点事项争取形成更多突破性、引领性改革创新成果。

（执笔人：韩承家）

文化旅游

重庆市文化和旅游发展委员会

一、2022 年发展回顾

2022 年，新冠疫情全球大流行对经济社会的影响持续加深，重庆同时遭遇高温、限电、山火、干旱等不利因素影响，全市文化和旅游产业在复杂环境中曲折发展。一方面，文旅纾困组合拳政策推动行业复苏回暖，文旅蓝图不断优化为疫后发展储备力量。另一方面，需求收缩与行业转型并行，消费市场深刻变革，文旅供需市场线上化、区域化、本土化趋势明显。全市文化和旅游产业呈现以下发展态势。

（一）文化和旅游产业整体上基本保住发展基本盘

尽管遭受疫情的巨大冲击，但全市文化和旅游产业均表现出巨大韧性。2022 年全市文化产业总产出预计达 2802.82 亿元，同比增长 2.3%，文化产业增加值预计达 1122.08 亿元，同比增长 1.5%（见表 1），占 GDP 的比重为 3.85%；全市旅游产业增加值预计达 1063.26 亿元，同比下降 1.2%（见表 2），占 GDP 的比重降至 3.65%。过去五年来，文化和旅游产业增加值年均增速分别达 13.5%、3.17%。

（二）产业结构如实反映宏观经济和疫情影响情况

文化产业方面，一是文化消费场所因疫情防控临时关停，文化娱乐休闲服务增加值大幅下降 7.8%；二是宏观经济下行，属于生产性服务业的创意设计服务、文化辅助生产和中介服务增加值分别为同比增长 -0.2%、-7.9%；三是“宅经济”强力拉动数字文化内容创作和传播，新闻信息服务和内容创作生产增加值分别同比增长 8.3%、14.8%，特别是动漫游戏数字内容服务、其他文化宣传数字内容服务、智能无人飞行器制造、其他智能文化消费设备制造规上企业营收同比分别增长 34.6%、164.7%、32.7%、721.6%。旅游产业方面，旅游景区、旅行社和旅游交通受疫情影响较大，旅游交通运输业和其他旅游服务业增加值分别同比下降 5.8%、2.6%；近郊乡村旅游的火热带动旅游农业和渔业同比逆势增长 4.2%。

表 1　2022 年全市文化及相关产业增加值

单位：亿元，%

	绝对额	现价增速
文化及相关产业	1122.08	1.50
一、文化核心领域	826.02	2.60
（一）新闻信息服务	33.16	8.30
（二）内容创作生产	190.98	14.80
（三）创意设计服务	394.70	−0.20
（四）文化传播渠道	115.48	0.10
（五）文化投资运营	8.71	21.30
（六）文化娱乐休闲服务	82.99	−7.80
二、文化相关领域	296.06	−1.30
（七）文化辅助生产和中介服务	176.14	−7.90
（八）文化装备生产	37.14	32.20
（九）文化消费终端生产	82.78	2.50

表 2 2022 年全市旅游及相关产业增加值

单位：亿元，%

行业分类	代码	第一至第四季度	
		本期增加值	现价增速
旅游及相关产业		1063.26	-1.2
旅游农业和渔业	01	20.66	4.2
旅游零售业	02	300.97	-1.0
旅游交通运输业	03	245.39	-5.8
旅游住宿和餐饮业	04	273.64	2.3
旅游金融业	05	63.73	4.2
其他旅游服务业	06	158.87	-2.6

（三）各区域文化和旅游产业发展稳步推进不乏亮点

主城都市区文化产业增加值预计实现 976.13 亿元，继续保持占全市文化产业的 87%、占区域 GDP 的 4.4% 左右，大足区通过打造大足石刻文创产业园、巴南区通过引进大型文化企业，文化产业增加值同比增长超 23%；都市旅游遭到重创，旅游产业增加值同比下降 3.0%。渝东北因渝万高铁开通利好，文化、旅游产业增加值分别同比增长 1.0%、4.1%，巫山、云阳旅游产业增加值分别同比增长 6.8%、4.2%。渝东南加快布局文化和旅游产业融合发展，文化、旅游产业增加值分别同比增长 1.7%、5.9%，均超过全市平均水平（见表 3、表 4）。

表 3 2022 年分区域文化产业增加值、增速及 GDP 占比

单位：亿元，%

区域	增加值	增速	占比
全市	1122.08	1.5	3.9
主城都市区	976.13	1.6	4.4
渝东北三峡库区城镇群	102.78	1.0	2.0
渝东南武陵山区城镇群	43.50	1.7	2.7

表 4 2022 年分区域旅游产业增加值、增速及 GDP 占比

单位：亿元，%

区域	增加值	增速	GDP 占比
全市	1063.26	-1.2	3.7
主城都市区	752.17	-3.0	3.4
渝东北三峡库区城镇群	197.61	4.1	3.8
渝东南武陵山区城镇群	86.25	5.9	5.3

（四）文化和旅游市场主体增速放缓效益下滑

2022 年新设立文化市场主体 14344 家，注销 6610 家，年末共有文化市场主体 143591 家，同比增长 5.69%。文化规上企业 1130 家，比上年新增 34 家；文化规上企业全年总营收 2757.72 亿元，同比下降 29.06%；全年总利润 369.85 亿元，同比增长 13.43%；年末总资产 2683.14 亿元，同比下降 20.88%；年末从业人数 14.45 万人，同比下降 31.95%。全年新设立旅游市场主体 1581 家，注销 777 家，年末共有旅游市场主体 22130 家，同比增长 3.77%。旅游规上企业 316 家，旅游规上企业全年总营收 116.83 亿元，全年总利润 -10 亿元，年末总资产 974.19 亿元，年末从业人数 2.66 万人。①

（五）文化产业平台载体发展向好支撑作用明显

据初略统计，全市 35 家市级文化产业示范园区及 3 家创建园区入驻企业共 13959 家，其中文化企业 7813 家，占比达 56%；园区全年总营收为 832 亿元，其中文化类企业总营收 403.9 亿元，占整体营收的比重达 48.5%。7 个园区参与文化和旅游部“文化产业园区携行计划”，与东南沿海结对园区开展深度交流合作。全市 81

① 2022 年初规范旅游规上企业统计口径和办法，故无法与往年数据进行对比。

家市级文化产业示范基地全年总营收为101.9亿元；其中文化业务总营收88.2亿元，占整体营收的86.6%。全市对外文化贸易重点监测企业贸易额稳步增长，进出口总额31.63亿元，其中进口额12.95亿元，出口额18.67亿元，同比分别增长41.39%、34.06%、46.78%。业绩最亮眼的是重庆泓艺九洲国际文化艺术发展有限公司，进出口总额达24.23亿元，较上年实现翻番。渝中区、重庆高新区申报创建国家对外文化贸易基地。出版集团、帕斯亚科技获评“2021~2022国家文化出口重点企业”，“时光系列”游戏项目获评“2021~2022国家文化出口重点项目”。

（六）旅游市场始终疲软行业加速“洗牌”

影响旅游出行决策的不确定性因素增加，旅游出行人次和旅游收入均降至近4年来最低水平。2022年全市接待过夜游客5456.46万人次，同比下降38.2%。假日出行比例升高，远途游消费需求持续被抑制，周边游、短途游等微旅游业态成主流。2022年全市共评定A级旅游景区17家，其中4A级景区10家，3A级景区4家；A级旅游景区总数达272家，其中5A级景区11家，4A级景区140家，3A级景区83家。评定甲级旅游民宿2家，乙级旅游民宿1家。同时，首批等级旅游民宿名录向社会公布。创建获评国家级旅游休闲街区5个，市级旅游休闲街区10个。新设立旅行社84家，注销旅行社15家。旅行社、星级酒店等遭遇前所未有的生存危机。

（七）招商引资和重大项目在困难中强力推进

组织多批次企业赴九龙坡、万盛、石柱、垫江、云阳等区县进行投资考察和项目对接，聚焦重点领域做实重大项目，搭建招商平台、夯实招商基础。2022~2024年市级重点文旅产业项目名单正式公布，共98个项目，预计总投资3600余亿元。市文化旅游委门户网站开设“文旅产业招商项目”专栏，推介招商项目200个。2022中国武陵文旅峰会招商推介会顺利举办，现场意向签约项目16个，签约金额245亿元，13家银行为武陵山区71家文化和旅游企业集中放款、授信77亿元。截至2022年末，全市文化旅游在建重大项目78个，其中旅游景区类23个、文旅消费综合体13个、康养旅游类16个、文创园区类9个、主题公园类2个、其他类15个，累计投资额为235.67亿元，其中国有投资99.81亿元，占比42.35%；非国有投资135.86亿元，占比57.65%。

（八）基本形成恢复和提振文旅消费长效机制

一是强化文化消费阵地建设。新获评第二批国家级夜间文化和旅游消费集聚区6个，总数达12个，位列全国前茅；完成第二批市级夜间文化和旅游消费集聚区申报评审，新增市级集聚区20个，总数达31个。二是探索建立文旅消费统计监测机制。《重庆市文化和旅游消费示范、试点城市及夜间文化和旅游消费集聚区综合统计报表制度》，并获市统计局审批通过，成为正式统计制度。三是做深做实文旅惠民消费季。举办第七届重庆文化旅游惠民消费季（春夏）活动。举办1个主会场启动仪式、10余个特色主题活动，多个区县分会场活动以及网络惠民活动，共计发放消费补贴1.6亿元，拉动文旅及相关衍生消费超过30亿元。四是大力整合资源促进消费。相关区县与中国银联联合实施“百城百区”文旅消费助企惠民行动，专门针对夜间文旅消费发放补贴180万元。与抖音平台深度合作开展“重庆DOU是好风光”活动，助力27个区县乡村文旅品牌营销，帮扶119个乡村文旅商家实现线上交易转化，累计成交额4000万元，相关话题播放量6.4亿次。组织市内50余家旅行社和部分导游召开《重庆1949》大型红色舞台剧营销推广工作会，旅行社带客数量和剧场上座率大幅提升。

（九）纾困组合政策强力推动产业复苏回暖

5月25日国务院召开全国稳住经济大盘电视电话会议后，各相关部门均将文化、旅游作为重点纾困行业，先后联合制定出台《支持服务业等困难行业纾困恢复十条措施》《重庆市贯彻〈关于促进服务业领域困难行业恢复发展的若干政策〉的措施》等助企纾困政策措施。一是对59家中小微文旅企业实施贷款贴息952.36万元；推动17个项目申报文旅领域设备购置与更新改造贷款贴息，有6个项目签订意向协议，1个项目获得银行放款4800万元。二是2022年度市级文化产业发展专项资金为41个重大项目安排扶持资金520.5万元；共为4家动漫企业减免增值税、所得税798.62万元；财政、税务、人力社保等部门为全市2215家文化和旅游企业发放失业保险稳岗返还费用1217.48万元；为旅游行业落实增值税加计抵减费用1255.22万元；继续实施宣传文化增值税优惠政策，退税金额1989.01万元。三是建立市区两级重点文旅企业（项目）名单对接制，形成企业融资需求清单，定期向中国人民银行重庆营业管理部共计推送207个重点文旅企业（项目）融资需求393.7亿元，截至年末支持59个重点企业（项目）获得融资共计77.34亿元。四是协调解决难点问题。协调7家温泉康养星级酒店为1564名援沪医疗队员提供集中健康休养场所，为酒店创造营收超过1600余万元；推动解决拖欠旅行社营销奖励、基层工会采购旅行社专业服务等重点难点问题，均取得重要进展。

（十）文化和旅游产业发展基础持续夯实

区县文化和旅游产业增加值考核制度进一步完善，将文化和旅游产业新增纳入2022年市级督查激励，对区县产业发展的激励作用进一步增强。渝中区成功进入全国仅十个名额的文化产业和旅游产业领域督查激励名单。依托“重庆智慧文旅广电云平台”，优化文化和旅游产业数据季度监测网络系统，提升季度文旅经济形势分析能力。完成“重庆市文化消费现状调查”“重庆文化产业发展现状和特色研究”“重庆旅游产业发展现状和特色研究”；开展全市文旅国有投资平台基本情况、经营情况和发展需求摸底调查。先后指导专业研究机构开展“渝东南武陵山区文化产业和旅游产业融合发展示范区案例分析和路径探索”“重庆红色文化旅游产业发展研究”“社会资本投资文旅产业政策研究”，为谋划下一步工作提供一手资料和决策参考。年内举办2022年重庆文化旅游产业大讲坛五期，线上收看达530万人次。

二、存在的问题

一是受疫情影响，多数文旅企业遭受重创，现金流紧张，还未完全恢复，再加上文旅消费市场变化更加深刻而迅猛，大众消费意愿、消费习惯也随之改变，文旅投资市场观望情绪浓厚，投资节奏还未恢复至疫情前。

二是财政支持文旅产业发展资金进一步缩减，对搭建平台、打造项目、扶持企业、提振消费的支持力度与沿海和周边省市相比差距巨大；现行金融、土地、人才等资源配置机制不能完全适应文化产业发展要求，轻资产融资困局、用地需求无法保障、中高端人才匮乏等一些关键痛点仍然存在。

三、2023 年发展思路

（一）注重协同合作，深化文旅领域交流

深入推动川渝全方位合作，共同打造巴蜀文化旅游走廊。打造“大都市、大三峡、大武陵”文旅发展升级版，依托长江三峡黄金水道，联动沿江城市，开设郑渝高铁旅游专列，一站式打造江海联程旅游新通道。持续举办中国武陵文旅峰会，推动武陵山文旅发展联盟扩容增效、提档增速，联合周边省市共推武陵山区文化和旅游产业融合发展。大兴调研之风，开展“数字文化产业”“康养旅游产业”“培育文化新业态”等重大调研。

（二）注重项目引领，全力支持企业发展

持续抓好项目策划和招商引资，落实央地合作机制，坚持发布市级文化产业和旅游产业三年滚动重点项目名单，举办精品项目交流对接会。培育大足石刻文化创意产业园、永川大数据数字文创产业园等新产业平台，创建新一批国家级示范园区和示范基地，落实文化产业园区携行计划。强化文旅与金融合作，加快推动武隆 Reits 基金项目，健全与人行重庆营管部的银企对接机制，进一步畅通“长江渝融通”文旅企业融资渠道，向金融机构推送重点文旅企业和项目融资需求。

（三）注重内容为王，推动产品供给品牌化

打造富有重庆文化特色的都市演艺集聚区。在第一批评选公布 22 个演艺新空间的基础上，启动第二批演艺新空间申报工作，并安排奖励资金，引导旅行社组客观看旅游驻场演出。办好新一届中国西部旅游产业博览会、重庆（国际）文化旅游产业博览会、温泉产业博览会。策划举办“中国剧本娱乐之都嘉年华”“电竞嘉年华”，发布首届“重庆文旅品牌榜”。

（四）注重创新赋能，培育文旅新兴业态

加紧培育元宇宙、线上演播、剧本娱乐、定制旅游等新业态新模式。深度推进文化产业赋能乡村振兴试点工作，配套政策资金，支持打造示范项目。安排专项资金，鼓励旅行社组客前往渝东北、渝东南地区，特别是国家乡村振兴重点帮扶县旅游消费。与市总工会联合落实政策，鼓励公务活动、群团活动委托旅行社等文旅企业代理安排。

（五）注重扩大消费，加速文旅市场复苏

融入国际消费中心城市建设，强力推进文化和旅游消费试点城市建设，争创国家级示范城市。开展第三批国家级夜间文化和旅游消费集聚区创建工作，评选第三批市级集聚区。发挥川渝两省（市）文旅等资源优势，推出巴蜀文旅年票，联合开展“百万职工游巴蜀”促消费活动。举办第八届重庆文化旅游惠民消费季活动，力争整合更优平台、加大惠民投入、支持各地创新、取得更大成效。

（执笔人：王榆）

卫生健康

重庆市卫生健康委员会

一、综述

2022年，重庆市坚持以习近平新时代中国特色社会主义思想为指导，深入学习贯彻党的二十大精神，认真落实党中央、国务院决策部署和市委、市政府工作要求，高效统筹疫情防控和卫生健康事业发展，齐心协力、攻坚克难，扎实推动全市卫生健康事业高质量发展。

截至2022年底，全市医疗卫生机构22261个，其中医院857个（三级医院80个，二级医院267个），基层医疗卫生机构21163个；实有床位数25.08万张；卫生人员31.59万人，卫生技术人员25.32万人，执业（助理）医师9.46万人，注册护士11.73万人。

2022年，全市医疗卫生机构总诊疗人次1.97亿人次，出院人次728.16万人次，次均门诊费用256.01元，人均住院费用7553.09元。

二、新冠疫情防控

动态优化防控措施。结合疫情防控形势调整完善9个专项工作组，建立"日分析、周研判""定期研判+应急研判"工作机制。贯彻落实进一步优化防控工作二十条措施、新十条措施，制定中心城区"1+14+1"应对处置预案，制定常态化监测方案7版，优化完善政策文件500余份。组建三级流调队伍，建成突发传染病流行病学调查系统、重点人员核酸检测系统，妥善处置本地疫情349起。

持续提升防控能力。提升实验室检测能力，全市拥有P3实验室1个，P2实验室实现所有区县疾控中心"全覆盖"，实验室检测项目由1264项增至1524项。提升核酸检测能力，全市建成固定核酸检测实验室247家、移动检测方舱25台，形成动静结合的实验室布局。提升应急处置能力，做到发现阳性样本，市级快反组、专家组"30分钟内"响应，"1小时内"到达现场，用最快速度、最短时间遏制住疫情蔓延。

全力做好患者救治。调整优化"发热门诊+定点医院+亚定点医院+二级及以上医院+基层医疗卫生机构"救治体系。全市开设发热门诊（诊室）1416个，实现"应开尽开、应设尽设"。快速扩充二级及以上医院救治床位、重症床位、重症医护人员，制定医院物资储备清单，加强药品实物储备。实施医疗资源和医疗救治工作日调度，统筹调度市内医务人员6291名、请求国家调派8省市医护人员4050名支援中心城区防控救治。各级各类医疗机构全员动员、全员培训、全院打通。遴选市级专家团队195人，各区县组建巡诊专家团队，开展日会诊和24小时应急会诊，全力做好患者救治。仅用1个多月时间顺利度过感染和重症高峰，仅用不到2个月时间实现疫情防控平稳转段。

健全平急转换机制。高效统筹疫情防控和经济社会发展，最大限度减少疫情防控措施对经济社会发展的影响。强化大型会议活动保障350余场，为市“两会”、智博会、西洽会、中高考等大型会议活动的顺利召开保驾护航。积极响应国家卫生健康委调派，先后组建支援西藏、四川、贵州核酸检测队3支1040人次，派遣支援吉林、上海、西藏昌都、内蒙古医疗队4支2031人次，为打赢大上海保卫战等重大抗疫战役贡献了重庆力量。

推进新冠疫苗接种。实行“区县、乡镇、村社”三级分包负责机制，设置接种单位（点）2063家、接种台7645个，接种7888万剂次，全人群接种覆盖率90.1%。增设“周末＋夜间”延时服务，提供社区、养老机构上门接种服务，60岁以上人群接种覆盖率91.5%、全程接种率87.7%、加强免疫接种率90.7%。

加强宣传引导。参加疫情防控新闻发布会60场次，重庆市卫生健康委员会官网“疫情防控”专栏发布信息近1万条，市内新闻媒体报道疫情防控举措500余篇（次），印发健康科普传播材料3400万余份。获评“全国卫生健康系统新冠肺炎防控工作”先进集体2个、先进个人10名。时任国务院副总理孙春兰实地调研指导重庆疫情防控工作，国务院联防联控机制督导组多次肯定重庆卫生健康系统是疫情防控的“主力军、先锋队”。

三、深化医药卫生体制改革

加强医改统筹协调。纳入市委深改委市级重点改革项目5项、重大改革推广项目2项。制定出台年度医改工作要点六方面28项改革任务，制定综合医改试点省份近期重点医改工作任务分工15项。完成体系改革专题调查、综合医改评估反馈意见整改、深化区域医疗中心体制机制改革等总结评估。协调医改试点销号，争取新试点落地重庆，新增承接国家级医改试点3个。

学习推广三明经验。印发《重庆市深入推广福建省三明市经验深化医药卫生体制改革实施举措》，明确推广三明医改经验措施11条、试点推动重点改革措施12条，建立监测评价一级指标15项、二级指标49项，按季度总结调度全市进展。市医改办及2个区在全国深入推广三明医改经验2022年第二季度工作调度会上作经验交流发言。

推动公立医院高质量发展。印发实施《重庆市推动公立医院高质量发展实施方案》，获批中央财政支持公立医院改革与高质量发展示范项目1个，获得中央专项资金5亿元、市级资金1亿元，遴选公立医院高质量发展市级试点医院15家、紧密型城市医疗集团市级试点3个，完成公立医院综合改革绩效评价，开展公立医院高质量发展阶段性总结评估。

推进落实医改任务。推进国家部署医改试点11个，对接落实中央改革文件14个、推动成渝地区双城经济圈建设任务3项、年度医改工作要点28项、市级重点改革项目5项、市级重大改革推广项目2项。推进疾控体系改革。医改任务完成情况纳入市委全面深化改革绩效考核。

总结推广医改经验。评选发布15个重庆市年度深化医改典型案例。编写《重庆医改简报》《重庆医改动态》42期200余篇。向国务院医改领导小组秘书处报送2022年医改报告选题5个，全市医改工作在全国性大会交流发言16场次，被国家部委有关刊物刊载9次，获国家部委有关通报肯定13次。召开医改专题新闻发布会1次。

四、规划体系建设

高质量编制规划。印发《重庆市医疗卫生服务体系“十四五”规划（2021—2025年）》《重庆市卫生健康发展“十四五”规划》《重庆市大健康产业发展2022年工作要点》。组织召开全市卫生健康“十四五”规划新闻发布会。指导制定区县区域卫生健康发展规划，开展区县区域卫生健康规划评估论证。

加快建设重大项目。争取到位中央资金10.5亿元、专项债券资金12.92亿元，市级重大建设项目13亿元。三峡公共卫生应急医院及7所市级方舱医院建成投用，纳入国家区域医疗中心建设项目4个、省级区域医疗中心建设医院3家，遴选国家紧急医学救援基地项目1个，开工建设市属医院新院区10个。

重点工作成效显著。健康中国知行大赛医疗机构专场获国家推进办书面表彰，健康中国重庆行动2022年国家级考核等次为“优秀”（排名全国第十）。出台《推动成渝地区双城经济圈建设卫生健康一体化发展2022年工作要点》等文件，清单化推进22项任务、88项具体工作。国家儿童区域（西南）医疗中心、国家临床重点专科群加快建设，医疗检查检验结果跨市互认超160万例次。强化大型乙类医用设备配置许可管理，48台大型乙类医用设备通过评审配置。

五、医疗管理

优化医疗服务体系。制定印发《重庆市专病临床诊疗中心建设方案（试行）》，启动建设专病诊疗中心8个。搭建远程医疗平台，14个区县、21家被帮扶医院建立远程诊疗系统，开展远程诊疗50余万人次。纳入全国“千县工程”16家，制定重庆市“千县工程”5年计划。构建急危重症分级诊疗体系，创建胸痛、卒中等“六大中心”226家。制定《重庆市互联网医院管理办法》，建立互联网医院63家，就诊40余万人次。

提升医疗服务水平。开发三级医院评审系统，实现三级医院评审全流程线上操作，完成8家二级及以上综合医院评审。国家单病种质量管理与控制平台填报318家，参与2022年度国家医疗服务与质量安全数据抽样调查391家。开展民营医院管理专项巡查583家，制定民营医院规范执业合理诊疗52条清单。开展康复服务试点，增加康复医疗机构3家、床位429张，增加康复医学专业执业范围医师1989人。完成器官移植手术635例，成功救治全国首例国外输入猴痘患者。

强化医疗服务管理。参与修订《重庆市医疗机构管理条例》，率先实施过渡期诊所备案。办理医疗机构行政审批服务200余起，发放国家医师资格证书6884份。印发“十四五”三级医院对口帮扶方案，指导14个区县政府、医院签订帮扶协议，派出帮扶人员96名。成立16家区域临床输血质控中心，启动省际间血液联动保障机制，调配血液419万毫升。推进大型公立医院安防系统建设，投入安防建设资金约1740万元，新增安检设备182台，升级、改造、新增安防设备1200余套。

持续加强行风建设。印发《重庆市2022年纠正医药购销领域和医疗服务中不正之风工作要点》《2022年重庆市卫生健康系统行业作风专项整治行动方案》，指导41个区县、18家委属医疗机构开展自查自纠，排查发现各类问题101个，办理“治重化积”案件3起。开展打击诈骗医保基金专项整治行动，摸排涉及基因检测的27种医保报销肿瘤药，核查基因检测数据19218条。实现平安医院“三下降”和“三覆盖”，未发生涉医重大舆情、严重扰乱医疗秩序案件。

六、基层卫生

推进综合改革。完善医共体监测评价体系，41个区县完成“县聘乡用”工作实施方案，959

名“县聘乡用”人员下沉基层，31 个区县建立“资金池”，筹资 15.2 亿元。评选 2022 年度重庆市最美基层医务工作者 100 名。“县聘乡用”改革获评 2022 年度全国“推进医改 服务百姓健康”十大新举措。

加强能力建设。开展基层医疗机构等级评审，评审甲级基层医疗机构 33 家。培训业务骨干 273 名、乡村医生 903 名、全科医生 66 名。开展避暑景区暑期“潮汐式”医疗援助，抽派 41 名专家对口帮扶黄水、仙女山等 9 个基层医疗机构，援助诊疗 2.3 万人次，开展手术 52 例。基层卫生综合管理系统实现区县互联互通，推进居民电子健康档案平台建设，建立居民电子健康档案 2490 万份。建立乡村医生养老保险缴费补助机制，各村（居）公共卫生委员会覆盖率 100%。

优化基层服务。基本公共卫生服务人均补助标准提高到 84 元，居民规范化电子健康档案覆盖率达 61%。获得中央项目考核奖励经费居西部第一、直辖市第二。实施糖尿病高危人群健康教育与专项筛查能力提升项目，筛查糖尿病高危人群 3 万人。起草《关于加快推进家庭医生签约服务高质量发展的实施意见》，积极提升签约服务覆盖率。开展以“与家医相约、与健康相伴”为主题的“世界家庭医生日”主题宣传活动。举办 2022 年全市残疾人家庭医生签约服务工作视频培训班，全市 400 余人参加视频培训。开展新冠重点人群健康信息调查。

七、疾病预防与控制

抓疾控体系建设。启动疾控体系改革，获批成立重庆市疾控局。率先出台《关于开展等级疾病预防控制机构建设的意见》《关于加强精神卫生服务体系建设的通知》，全面启动等级疾控创建工程，确定三甲疾控机构创建单位 4 家。抓好重点专科建设，印发《重庆市公共卫生重点专科（学科）管理实施细则和评审指标》，确定公共卫生重点专科（学科）创建项目 41 个。印发《重庆市二级及以上医疗机构公共卫生履职情况评价指标》，将公立医院公共卫生履职情况纳入 2022 年区县卫生健康委绩效评价内容，推动医疗机构公共卫生科室、重点慢性病防治中心建设。印发《重庆市疾病预防控制机构公共卫生医师规范化培训管理办法（试行）》《重庆市现场流行病学培训项目实施办法（试行）》《重庆市精神科医师转岗培训管理工作办法（试行）》，开设现场流行病学培训 7 期、培训 123 人，规培公卫医师 67 人，开展公共卫生医师“三基三严”大培训大比武，培训精神科转岗学员 97 人。贯彻落实公共卫生人才队伍建设 20 条措施，评选重庆市首席公共卫生专家 3 名。

抓重大疾病防治。召开全市结核病防治工作会，制定《重庆市耐药结核病筛查工作方案（2022 年版）》《重庆市结核病病例报告规范（2022 年版）》，推动结核病重点高发地区“一地一策”。完成重庆市《遏制艾滋病传播实施方案（2019—2022 年）》终期评估和第四轮示范区终期评估，开展既往报告丙型肝炎病例随访管理。开展精神卫生标准化评审，出台《区县精神卫生中心设置标准（试行）》，开展学校心理健康宣教活动和心理健康核心知识知晓率调查。培训癌症早诊人员 313 人。实行重点地方病监测评价全覆盖，现症病人实行个案管理，做到“应管尽管”“应治尽治”。

抓健康监测评估。完善预防接种规范和要求，制定《重庆市非免疫规划疫苗集中采购实施方案（试行）》《重庆市接种单位规范设置指导意见》，增设数字化预防接种门诊 145 家。联合市教委、市财政局印发《重庆市适龄女学生 HPV 疫苗接种实施方案》，启动初二年级在校女学生

HPV疫苗接种，实现全市全覆盖。印发《学生常见病及健康影响因素监测干预工作方案》《全面推进儿童青少年近视防控工作的通知》，试点启动“重庆市学校卫生综合监管信息平台”学生常见病监测。印发《小江“一河一策”（2022—2025）实施方案》，组织开展小江巡河。

八、卫生应急

加快卫生应急体系建设。印发《推进全市梯次化响应卫生应急力量体系建设的指导意见》，创建市级突发急性传染病防控队伍（万州区）、市级紧急医学救援队伍（璧山区），分别通过市级评估验收和中期检查。组织2支国家级和4支市级卫生应急队伍开展模块化培训，训练队员460余人，举办严重创伤救治能力高级培训班2期，培训学员20人。申报国家紧急医学救援基地第二批建设项目，构建以创伤救治体系为重要载体的紧急医学救援体系。

提升院前急救服务能力。依托全市120调度指挥信息系统和市、区县、乡镇三级院前急救网络，建立院前急救分类服务体系，满足群众出院医疗转送服务等非急救需求。强化人员培训，举办全市首届院前急救大比武，49支院前急救队伍、147名医护和辅助人员参赛。依托5家市级院前急救培训中心，培训市级骨干100余人、区县级骨干500余人、基层骨干1000余人。全市120急救平均反应时间显著缩短，深化毗邻地区120应急救援跨界协作，开展川渝120跨界服务307次。开发自动体外除颤器启用信息自动接入120平台报警信息技术，实现公众自救互救与院前急救平台相衔接，筹备自动体外除颤器380台，已安装到位80台。

强化突发事件应急处置。做好重要节点的卫生应急备勤，科学有效处置“1·7”武隆燃爆事故等事故灾难62起，“3·3”巴南一氧化碳中毒等公共卫生事件27起，调派专家25批次132人次，救治伤患627人，派出1名专家跨省指导贵州“6·30”六盘水交通事故医学救援。建立汛期预警监测信息共享和协调联动机制，积极响应“分级叫应”，通过106预警信息平台等发布预警信息52条，有效处置多起苗头事件。做好汛期人员、车辆、物资备勤，累计备勤90余天、200余人次。

九、健康促进工作

持续巩固健康帮扶。聚焦“基本医疗有保障”，开展“大走访大排查大整改”，指导33个区县取消兜底保障政策。大病专项救治病种33种，大病专项救治率99.99%，重点监测对象家庭医生签约率97.89%。提前批补4个国家乡村振兴重点县资金2.02亿元，帮助4个县级医院建成临床重点专科4个，新增服务项目81个，新增适宜技术144项，24名二级医院专家支援乡镇卫生院。深化鲁渝协作，争取山东援助资金3940万元，414名山东医生在渝支医，服务群众10万余人次。实施“站立行动—髋膝关节置换”“齐鲁名医巡诊”等品牌项目，456个村开展“鲁渝有约·山东支医千村行”活动。投入帮扶资金50万元，维护升级黔江区太极镇卫生院，“三金”品牌入选“2022年度重庆市消费帮扶助力乡村振兴入围典型案例”。

深化实施健康教育。打造“健康中国巴渝行”品牌，发布每日科普推文367篇，图文稿件67期，播出电视电台节目14期，组织线上健康科普有奖知识问答3期。联合开展“防疫科普365”主题宣传活动，发布每日问答160余期，一周漫话21期，开展“云”科普讲座1期。举办重庆市第五届健康科普作品征集暨讲解技能大赛，征集各类作品1419件，457件作品入选决赛。举办2022年健康促进医院建设和健康知识普及行动能力提升培训班，线下参训130余人，直播观看人数550余人。

十、老龄妇幼健康

抓老龄工作。市委、市政府印发《关于加强新时代老龄工作的实施方案》，提出6方面22项重点任务。开展打击整治养老诈骗专项行动，排查线索25个，查处无证行医案件52件，罚款239万元。联合林业、民政部门认定首批市级森林康养基地13家。推进17家市内医疗机构与四川大学华西医院共建“1+N”老年医疗协同研究网络。全市11个区县17个城镇和农村社区组织开展老年人心理关爱工作，建成安宁疗护床位70张。《大足区扎实开展心理关爱项目》被国家卫生健康委《卫生健康工作交流》刊登。开展健康中国行动老年健康专题宣传活动，推出电视台专家访谈5期、媒体报道7篇，举办健康知识讲座1227场，开展义诊6065场，发放各类老年健康科普读物、资料30.61万份。制定全国医养结合示范项目创建工作方案，启动全国第一批示范项目创建工作。19个国家老龄健康医养结合试点机构开展远程服务试点。实施重点民生实事，推进老年人照顾服务计划“助医”行动，服务2万余人次。开展2022年全市老年医学人才培训项目，培训老年医学科医师及护士179名。组织参加全国养老护理职业技能大赛，4名选手获奖。建立养老机构定期安全体检和等级评定制度，依法关停或取缔养老机构39家，评定五星级养老机构2家、四星级养老机构18家。创建全国示范性老年友好型社区38个，沙坪坝区石井坡街道中心湾社区入选国家典型案例。创建重庆市老年友善医疗机构946个，创建合格率82.4%。

抓妇幼工作。编制《重庆市妇幼健康事业发展“十四五”规划》。专案管理高危孕产妇，对孕产妇死亡个案开展“背靠背”调查，制定危重孕产妇和新生儿救治中心标准化评估方案，深入4个区县开展母婴安全飞行应急实战演练。2022年，全市孕产妇死亡率7.56/10万，婴儿死亡率2.62‰，均为历史最优水平，保持西部领先。实现出生医学证明网上办理，累计办理8万余份。新增2所三级甲等妇幼保健院。建立出生缺陷防治联席会议制度，95%的区县实施免费婚检，婚检率达到59%。打造“妇幼健康事业高质量发展”品牌，举办妇幼健康文化交流论坛1期，高质量发展专题论坛2期。筹建人类辅助生殖技术服务机构2家、青少年健康科普基地11个，组建更年期保健专科联盟，建设更年期特色门诊13个。在全国率先启动“五心”妇幼保健院建设，推进妇幼保健机构转型发展，该工作经验被国家卫生健康委在“我们这十年”新闻发布会上向全国推广。

十一、中医事业

促进传承创新发展。印发《重庆中医药发展“十四五”规划》,《重庆市中医药条例》正式实施。创建国家区域医疗中心2个，遴选推荐国家中西医协同旗舰医院4家。市中医院入选国家中医药传承创新中心项目储备库，太极集团创建国家中医药服务出口基地。遴选确定首批中医药创新团队建设项目10个、培育项目8个，建设市级中医药重点学科42个。强化人才队伍建设，新增全国名中医3人，重庆市名中医60人，青年岐黄学者1人，第五批全国中医临床优才10人，第七批全国老中医药专家学术经验继承人48人，全国名老中医药专家学术经验传承工作室9个。实施中医药文化传播行动，新建市级中医药文化宣传教育基地3个，中医药文化馆1个。评选确定首批中医药文化进校园示范学校10所、培育学校3所。推出中医药科普节目170余期，发布“一分钟说中医”短视频品牌48期。

提升中医药服务能力。新增中医互联网医院3家，晋升三级中医医院1家，初评二甲中医院1家。新建、改扩建5所中医院并投入使用，新增建筑面积32万平方米，新增床位2000余张，国家中医特色重点医院项目完成80%。启动新一轮“精品中医馆”、基层中医药工作示范市（县）创建，乡镇卫生院（社区卫生服务中心）、村卫生室（社区卫生服务站）中医药服务率分别为99%、89%。制订中医特色专科、治未病等建设标准，新增国家中医优势专科5个、中医名科20个、市级中医重点专科22个、市级中医特色专科30个。开展首届“巴渝岐黄杯”中药知识与技能竞赛，139支队伍417名队员参赛。培训考核43家中医医院急诊急救医护骨干129名。

十二、人口家庭工作

优化生育政策。制定《关于优化生育政策促进人口长期均衡发展的实施方案》。完成人口监测统计年报和人口家庭信息系统升级、国家人口监测点人口家庭工作专项调查任务、市第七次人口普查数据开发课题任务。完成国家全员人口信息接口开发、清理比对核实和统计上报。优化计生便民服务，制定了重庆市生育服务证电子证照地方标准规范，并通过市场监管局审批，同时生育服务证办理在全国率先全面实现电子证照，累计办理生成生育服务证电子证照150万余个。

规范托育建设。制定《重庆市创建全国婴幼儿照护服务示范城市的评分细则（2022版）》，组织开展全国婴幼儿照护服务示范城市创建活动。《托育机构等级划分与评定》作为地方标准立项。设立婴幼儿养育照护指导中心12个，以点带面推进全市托育服务高质量发展。开展全市免费育婴员培训600余人次，强化托育服务人才队伍建设。联合举办第二届托育机构管理培训班暨中国西部托育机构婴幼儿照护论坛，在线培训16万人次。建成首批托育服务示范机构20个，全市3岁以下婴幼儿照护服务机构1743个，托位总数64934个，实际收托27955人，托位使用率43.1%，每千人口拥有托位数2.02个。

强化计生服务。完成奖特扶对象资格确认和上报，2022年奖扶目标人数689238人、独生子女伤残死亡目标人数74681人。计划生育独生子女伤残、死亡家庭父母特别扶助金标准分别提高到每人每月800元、1000元，新标准居全国前列。计划生育手术并发症人员特别扶助金标准一级、二级、三级分别提高到每人每月520元、390元、260元。完成2021年计划生育奖特扶资金绩效评价工作，获423万元奖励。完成第三周期计生特殊家庭住院护理保险调整工作，每人每年保费提高到523元。

十三、爱国卫生

加强社会健康治理。开展健康影响评估制度建设国家试点工作，推动《高标准农田建设规划》公共政策评估。启动区县健康影响评估市级试点4个，加快推动区县健康城市建设，将健康城市建设纳入区县党委政府目标考核内容。开展市级健康乡镇评价，建成重庆市健康乡镇52个。常态化开展爱国卫生运动，开展春秋季统一灭鼠活动，集中整治重点场所和薄弱地区环境卫生，消灭病媒生物孳生地，阻断疾病传播途径。推荐评选全国爱国卫生运动70周年先进集体和先进个人。

加强卫生城镇创建。组建市级评审专家库，开展39个卫生城区（县城）复审工作，对工作滑坡严重的4个区县给予红、黄牌警告。组织开展新版《国家卫生城市和国家卫生县标准》《国家卫生乡镇标准》《国家卫生城镇评审管理办法》培训学习，创建国家卫生区20个、国家卫生县城10个、国家卫生乡镇55个，国家卫生县城覆盖率位居全国前列，市级卫生区县实现全覆盖。《控烟条例》纳入普法宣传教育内容，开展世界无烟日宣传，累计覆盖约1300万人次。全市建成无烟党政机关3543个，覆盖率为100%。

十四、卫生人才工作

建强卫生人才队伍。注重顶层设计，出台“十四五”卫生人才专项规划、公立医院人才发展指数工作方案。强化高端引领，研究出台百名医学领航人才引进方案，谋划国家级医学专家人才助力人才强卫行动。夯实中坚力量，遴选医学高端人才和卓越团队，以经费资助、送学研修、导师带教等方式推进人才培育；落实成渝卫生人才一体发展部署，互派青年骨干人才到对方高水平医疗机构培养，指派知名专家“一对一”指导帮带，着力提升临床诊疗技术水平；创新开展院长线上招聘宣传活动，大力引进博士硕士研究生和高级职称人才。筑牢服务网底，选拔区县级医学头雁人才，着力培育一批引领区县级医疗卫生事业发展的中坚力量；以基层医疗卫生机构人员为重心，遴选培养优秀基层人才，通过“理论+实操”“市内+市外”培训，全方位提升基层优秀专业技术人才的能力。

推进卫生人事制度改革。推动公立医院薪酬制度改革，创新设计“2+2”薪酬结构，在“基本薪酬+绩效薪酬”基础上，新设“追加薪酬+奖励薪酬”，出台委属公立医院及主要负责人绩效考核评价办法，完善激励约束机制。开展公立医院人员总量管理改革试点37家，推动重庆医药高等专科学校纳入高校周转编制试点。出台《关于深化卫生专业技术人员职称制度改革的实施意见》，分层分类修订完善卫生技术职称申报条件和评价标准，率先开展病案首页数据提取分析并应用于临床质量评价。

十五、医学教育科研

做好生物安全工作。制定《重庆市生物安全专家委员会管理办法》，编制重庆市生物安全月报11期。P3实验室通过国家卫生健康委飞行检查，组织全市1055个实验室全覆盖自查。保障国内首例猴痘病例处置生物安全。严把运前审批和全程护送两大关卡，办理跨省运输审批6份，市内跨区运输审批1773份，其中艾滋病等高致病性样本598份。遴选4家市级培训基地，培训P2实验室骨干人员100名。组织实验室生物安全培训387次，培训14727人次。

加强科技创新工作。召开重庆市首届医学科技创新大会，出台《医学科技创新引领卫生健康事业高质量发展若干政策》。设置医学领域冲刺项目、攻关项目等科研项目387个，启动医学科研四大中心建设项目14项。立项卫生适宜推广技术项目52个，覆盖38个区县、33个专业。出生缺陷与生殖健康重点实验室通过国家复评，获评国家自然科学基金项目214个、获批经费9989万元，获评省部级科研项目503个、获批经费4810.5万元。

推动医学教育工作。新招收住培、护培等学员4000余名，完成4773名住培、助培、护培学员培训任务，全科、儿科、精神科等紧缺专业连续7年超额完成国家任务，完成率133%。连续5年获得国家绩效考核奖励。强化全科医生转岗培训，培养全科医生1009名，每万名居民拥有全科医生数达3.38人。开展重大公共卫生专项卫生人员培训近万名。

强化社会组织管理。严格活动审批，办理学术活动416份。开展社会组织和社会团体专项清理，撤销社会组织1个，自查社会团体25个、分支机构344个，抽查社会团体7个、分支机构15个。开展社会组织年检29家，初审“不合格”1家。

十六、职业健康和食品安全

抓职业健康。印发《重庆市职业病防治规划（2021—2025）》，建立健全职业健康工作目标和责任考核制度。建立“三联动”工作机制，全市职业病危害项目初次申报13315家，年度更新6514家。实施“三清行动”，累计报告疑似职业病例数907例，进入职业病就诊登记程序528例。深化“放管服”改革，完成职业卫生续展20家，新审批2家，放射卫生续展12家，日常审批放射卫生批复487件。制定《重庆市职业病危害专项治理工作方案》，筛选职业病危害超标企业3063家。开展第20个《职业病防治法》宣传周活动，收看人数38万余人。建设健康企业91家，入选全国百家企业建设优秀案例4家，评选职业健康达人178名。提升职业人群健康素养，实施重点人群职业健康素养调查15878人，主动监测7064人，随访职业性尘肺病患者38132人，加强职业病危害因素监测，监测企业964家、场所8513个、点位16812个。优化尘肺病临床诊断康复，制定《重庆市尘肺病临床诊断规范》，临床诊断尘肺病患者895人，新建康复站17个（共计91个），管理尘肺病患者20883人，康复训练9462人。全面推进职业健康管家服务，组建团队56个，签约107家，覆盖3.8万人。

抓食品安全。完成14项食品安全国家标准、2项食品安全地方标准和1项行业标准跟踪评价。修订发布8项地方标准，制定灵芝等药食两用物质地方标准10项。提升企业标准备案效能，办理企业标准备案726余项，平均备案时间缩短50%。开展豆豉行业现状调查研究，举办食品安全标准专题培训2场。构建完善监测体系，建立重庆市食品安全风险评估专家委员会。完成41个区县食品安全风险监测工作。开展居民食物消费量调查及食物成分监测，监测人群8万余人次，检测样品1万余件。强化风险预警职能，承担全国食品污染物监测研究，构建全市主要食品污染数据库。建成5家营养健康食堂（餐厅）和1所营养健康学校。加强营养人才队伍和能力建设，组建营养专家队伍和营养志愿者队伍，开展营养指导员能力提升培训854人次。研究制定《重庆市特殊医学用途食品临床管理规范》，开展重庆市区域营养创新平台和川渝区域性营养创新平台建设。

十七、卫生法治与监督

法治工作。审查并报备规范性文件14件，废止历年行政规范性文件14件。审查合同协议93件，重大行政执法行为5件，出具重大事项法制意见50余件。办理行政诉讼案件16件，答辩行政复议案件7件。申报2023年立法预备项目1个、立法调研项目3个。制定《重庆市地方卫生健康标准化管理办法》，申报立项《重庆市背囊化应急队伍建设标准》等地方标准13个。动态调整市、区、乡三级行政权力清单，取消行政权力23项，下放6项，网上办件率99.50%，办结率100%，办结时长缩短10%。打通“新生儿出生一件事”堵点，实现生育服务登记等7件事一次网办。统一市、区两级170多项行政许可要素标准，制作助产机构电子印章611个、乡镇（街道）生育服务证电子印章1031个。印发卫生健康系统“八五”普法规划，开展“医路相伴”普法活动4场，推荐参加第三届川渝法治微视频微电影大赛7条，被市政府评为“全市政务服务突出单位”，获评全国“七五”普法工作先进个人1人。

综合监督。出台《重庆市公共场所卫生信用管理办法（试行）》《重庆市医护人员执业信用管理办法（试行）》，构建以信用为基础的新型监管机制。推广实施职业卫生分类监督执法，开展用人单位分类分级评定。强化突出问题专项治理，开展2022年“卫监蓝盾”、医疗乱象治理等10个专项行动，监督检查13万余户，查处案件7365件、罚款2868万元。推进规范化执法机构建设15家，投入资金280万元。开展行政处罚案卷评查“回头看”，评选“执法办案能手”8名、优秀执法案例15件。建立川渝监督执法专家库，启动首届川渝卫生健康综合行政执法技能竞赛，开展川渝毗邻地区卫生健康领域联合普法执法工作。开展疫情防控“层层加码”问题专项整治，办理群众投诉举报问题线索2787条。

十八、信息化建设

夯实信息基础保障。编制《市卫生健康委信息化整合建设总体方案（2022—2024年）》，推进实施“云长制”工作，信息系统迁移上云率100%、整合率81%。出台《重庆市卫生健康行业健康医疗数据资源管理办法》，编制行业资源目录198项，接入行业数据交换与共享系统36个。完成卫生健康市级政务数据普查，梳理28个处室（单位）、72个信息系统、383个政务服务事项，共计179个信息资源、21739个数据项。推进市级政务信息化项目立项报审8个。保障网络信息安全，开展19个业务系统等保测评。

强化应用系统建设。推进国家区块链创新应用《基于区块链的电子处方流转价值链》试点，“AI+大数据的健康预期寿命测算研究”入选国家卫生健康委统计高质量发展揭榜攻关任务名单。完成2022年智慧医院建设评审方案和评价标准修订，完成电子健康档案统一建档，清理有效电子健康档案2490万份，制定数据规范1600余项。启动数字医学影像服务试点21个。健全统计指标体系和数据归口管理工作机制，建成上线数据统一报送系统。

推动数字健康共建共享。成立数字健康专家咨询委员会，推进国家智能社会治理实验特色基地建设。征集数字健康申报场景141个，遴选数字健康场景46个。制定《重庆市互联网医院管理办法》，建立互联网医院63家，就诊40万人次。助推川渝电子健康卡互认，952家医疗机构可识别四川发放的电子健康卡，累计识别8.66万次。

十九、国际交流合作

完成医疗援外工作。整建制组建第12批援巴布亚新几内亚独立国、第6批援巴巴多斯中国医疗队，推动“中国向巴新派遣援外医疗队20周年纪念活动和中国巴新友好微创外科中心揭牌仪式”列入中国巴新联合声明，中国巴新友好微创外科中心在巴新首都莫尔兹比港举行揭牌仪式。纪念援巴新中国医疗队派遣20周年宣传画册作为国礼赠送巴新。筹备重庆市独立承派中国医疗队20周年系列纪念活动。启动重庆大学附属肿瘤医院、巴新莫尔兹比港总医院对口医院合作机制项目申报。推动重医附一院、埃及开罗大学附属埃尔曼尼艾尔专科医院建立中非对口医院合作机制。

提升涉外医疗服务能力。完善在渝外籍人员涉新冠疫情服务管理工作方案，举办驻渝领事机构新冠疫情防控政策说明会两场，涉外（港澳台）疫苗接种工作有序推进。11 家涉外医疗机构开通 24 小时双语（中英）咨询电话。新增 1 家卫生健康类境外非政府组织在渝设立代表处。

提升国际交往能力。举办 2022 年第二届重庆市卫生健康系统医学英语竞赛。成功申报世界卫生组织第 75 届西太区区域委员会会议 2024 年在渝举办，参加世卫组织第 73 届西太区区域委员会会议。开展第 2 期重庆市卫生健康系统医学英语培训，11 家涉外医院 440 名高端医学人才参训。"新加坡—重庆护理专业短期培训项目"被纳入中新示范项目，17 家医疗卫生单位 104 名护理骨干参训。

二十、党的建设

深学笃用习近平新时代中国特色社会主义思想，及时跟进学习习近平总书记最新重要讲话精神，全面学习贯彻党的十九大、党的二十大和历次全会精神，贯彻落实市第六次党代会精神，组织开展委党委中心组学习 9 次。强化机关党建，开展"四强"党支部创建，上线"市卫生健康委时光展馆"，排查处室权力运行廉政风险点 186 个、制定防控措施 278 条；机关表彰"两优一先"52 个，获评重庆市"三八红旗手"1 人、重庆市巾帼文明岗 1 个、重庆市巾帼建功标兵 1 人。强化公立医院党建，开展第二届"党课开讲啦"，举办"七一座谈会暨专题党课"，启动公立医院党建专项检查，党建统计分析报告获全市组织系统一等奖，获评全国"致敬榜样"典型 8 个，全国医院党建工作专刊推广我市党建工作经验。完成 4 家委属单位党政主要领导干部经济责任审计，开展部分中央转移支付资金及政府采购管理三年专项行动专项检查，督促整改委机关内部控制管理问题 12 个，配合落实 4 项专项审计。严格落实意识形态工作责任制，委党委听取意识形态工作汇报并研究有关工作 2 次。

（执笔人：周三杰）

应急管理

重庆市应急管理局

一、2022年发展回顾

2022年是重庆安全发展历史上极为特殊、极为重要的一年，历经了北京冬奥会、全国“两会”、市第六次党代会、党的二十大等重要节点，遭遇了极端高温、罕见旱情、森林火灾、疫情防控等困难挑战。在市委、市政府坚强领导下，全市应急管理系统坚持以习近平新时代中国特色社会主义思想为指导，深学笃用习近平总书记关于安全生产与防灾减灾救灾的重要论述，全面落实市委、市政府工作部署，坚持人民至上、生命至上，锚定“控大事故、防大灾害”目标，狠抓国务院安委会加强安全生产工作“十五条硬措施”落实，深入开展安全生产与自然灾害防治工作大检查，持续营造和巩固国泰民安的社会环境。一是年度事故防控实现新突破。全市共发生各类生产安全事故558起、死亡599人，分别同比减少139起、156人，下降19.9%、20.6%，年度事故死亡人数首次控制在600人以内；共发生各类自然灾害77起，因灾死亡失踪11人，分别同比减少10起、8人，下降11.5%、42.1%。二是极端高温天气应对有效。面对历史罕见高温干旱，统筹防暑抗旱和森林防灭火。指导帮助39个区县282万名受灾群众调水、找水、引水、送水，有力保障了70余万名缺水人员安全饮水，未出现因旱亡人事故、群体性纠纷、致贫返贫等；成功扑救21个区县的33起森林山地火灾（森林火灾25起、非林火8起），保护了57个村庄、2个自然保护区，转移人口5300余人，未造成人员伤亡和重要设施损毁，社会大局保持稳定。三是防疫情抓安全促发展统筹有力。11月全市“静下来”，我局及时安排部署，精准风险提示，专班运行调度，统筹力量资源，抓疫情防反弹、抓安全防事故，两手抓、两手硬。疫情防控期间，全市共发生各类生产安全事故20起、死亡20人，同比减少31起、31人，均下降60.8%，未发生较大以上事故。

（一）坚定不移把习近平总书记关于安全生产与自然灾害防治工作的重要论述作为根本遵循

一是原原本本学。局党委坚持第一时间对习近平总书记的重要指示批示精神、党的二十大精神等进行集中学习，党委理论学习中心组共开展集中学习9次，完成学习议题52个，研讨发言29人次，领导带头讲党课18次。精心组织全体党员干部集中收听收看党的二十大开幕会，组织3次县处级以上党员干部专题研讨，撰写心得体会136篇。二是认认真真悟。结合全市基层“换届年”干部调整实际，着力解决“新手上路”问题，通过集中调训、视频讲座、网络培训3种方式，组织指导各行业、各区县抓好全市应急系统干部培训，举办全市“周五应急大讲堂”视频讲座9期，累计培训4.6万余人次。培训以学习贯彻习近平总书记系列重要论述、解读各行业板块业务为主，准确把握党中央、国务院和市委、市政府对安全生产和灾害防治工作的新部署、新要求，切实增强做好安全生产工作的思想自觉和行动自觉。三是扎扎实实干。先后以市安委办、市减灾办名义印发《关于开展全市安全生产大检查工作的通知》《全市“安全大检查、百日大整治”重点区县驻守指导工作方案》《关于做好疫情影响下安全生产与自然灾害防治工作的通知》《关于扎实做好企业复工复产安全生产工作的通知》等系列文件，压茬推进“十五条硬措施”贯彻落实，“安全大检查、百日大整治”专项行动，防汛抗旱、森林防灭火、复工复产“十百千”检查指导等重点工作，推动各项工作走深走实。四是彻彻底底改。以六届市委第一轮巡视工作为契机，印发《配合市委巡视工作开展自查自纠问题边巡边改工作方案》，明确 3 个整改清单，落实“五个一”要求，以问题整改提升工作质效。开展“以案四说”“以案四改”警示教育 33 场次，通报典型案例 36 个，教育引导系统党员干部知敬畏、存戒惧、守底线。

（二）坚定不移把贯彻落实“十五条硬措施”作为政治任务

国务院安委会部署提出安全生产“十五条硬措施”以来，全市各级各部门以贯彻落实“十五条硬措施”为抓手，聚焦问题、突出重点、精准发力，推动各项工作干起来、落下去、见实效。一是拧紧责任链条。市委常委会会议定期听取工作汇报，市政府常务会议定期调度，每半年听取班子成员安全生产履职情况报告。市委主要领导多次召开全市会议，作出指示批示，对贯彻落实“十五条硬措施”提出明确要求；市政府主要领导多次专题研究部署，深入一线检查指导，对安全生产、抗旱救灾等作出具体安排；市委、市政府其他领导同志在重要节点带队开展安全检查，传导责任压力，解决问题困难。全市各级各部门始终保持严肃紧张的工作状态，严格落实党政同责、一岗双责、齐抓共管、失职追责。二是严格监管执法。全市各级各部门铁腕整治违法违规行为，共计开展执法检查 58 万余家次，发现违法行为和隐患 30 万余个（其中重大隐患 2174 个），已整改问题隐患 26 万余个，发送各级警示交办函 485 份，挂牌督办 430 家，执法处罚 202 万余家次，行政罚款 4 亿余元，行政拘留 882 人，追究刑事责任 284 人，追究监管责任 22 人，联合惩戒 317 家。三是强化督导检查。市委、市政府组建 14 个工作组开展督导检查，抽查部门单位 385 个、企业（单位）现场 472 个，发现突出问题隐患 408 个，全部反馈整改。党的二十大期间，市应急局派出 41 个区县驻守组蹲点指导，累计检查企业（单位、现场点）1409 家，发现处理问题隐患 2467 个；派出 3 个暗访组巡回开展工作，发现整改突出问题 831 个。

（三）坚定不移把落实“两个根本”作为“三年行动”收官的基本要求

坚决落实习近平总书记“从根本上消除事故隐患”的重要指示精神，立足从根本上解决问题，全面深化安全生产专项整治三年行动，实现圆满收官。一是深化专项整治。紧盯重大风险、重大隐患和突出违法行为“两重大一突出”，狠抓重点行业集中整治。道路交通方面，完成全市 12656 处道路隐患治理，查处违法行为 153.71 万件，全市连续 10 年、农村道路连续 18 年、农村客运连续 15 年未发生重特大事故，“减量控大”综合排名全国第二。建设施工方面，排查自建房 284.4 万栋、经营性自建房 22.4 万栋，对 7683 栋存在安全隐患的，落实措施、分类整治。危险化学品方面，整治大型油气储运基地安全隐患 96 个。燃气方面，启动城镇燃气安全整治“百日行动”，排查整治燃气隐患 8.2 万个，加装既有居民用户燃气安全装置150万户、单位用户13.2万户。消防方面，整改消防用水问题建筑1717栋，消除电气隐患19.5万处，拆改可燃雨棚和突出外墙防护网2.9万户，督改一般隐患3.4万余处、重大火灾隐患68处。二是推动企业安全标准化建设。以企业安全标准化为基础，健全完善企业安全责任、安全保障、预防控制、社会治理四个体系。坚持将企业主要负责人履职、全员安全生产责任制、"总工程师"制度、安全风险研判、"日周月"隐患排查治理、一线从业人员"两单两卡"、安全教育培训和应急救援演练等作为日常安全监督检查的重要内容，组织专家团队深入重点企业培训指导。三是建立长效机制。非煤、危化、工贸等领域先后出台《加强非煤矿山安全生产工作的实施意见》《重庆市危险化学品从业单位安全生产标准化等级评定细则及监督检查清单》《重庆市冶金等工贸行业建设项目安全设施"三同时"监督管理办法》等制度文件，建立长效机制，避免"三年之后又回到原点"。

（四）坚定不移把应对极端天气和突发事件作为检验应急改革成效的重要标尺

一是敢打大仗，抗旱救灾有力有效。2022年7月以来，重庆多项气象指标均创1961年有完整气象记录以来同期极值。针对严重旱灾，市防汛抗旱指挥部发布高温抗旱12条措施，派出42个工作组驻点指导，拨付6000万元救灾资金，精准对接1800余处取水口，新建水源759处，延伸应急供水管网2348公里，累计调水取水量超3.0亿立方米，组织应急送水队伍100余万人，累计送水6.4万车次，牢牢守住保饮水安全底线。二是善打硬仗，森林火灾快速扑灭。8月以来，21个区县先后发生森林山地火灾33起（其中森林火灾25起、非林火8起），过火面积3037亩。市委、市政府主要领导紧急签发《重庆市总林长令（第2号）》，市政府紧急制定发布森林防灭火8条硬措施。成立森林山地灭火指挥部，启动森林灭火Ⅱ级响应，组织出动12架直升飞机（飞行218架次、333小时、洒水1521桶、3989吨），调动各级专业救援力量4300余人，出动地方力量、志愿者近2万人参与火灾扑救，众志成城、攻坚克难，有效保护了人民群众生命财产安全。三是能打胜仗，疫情期间安全稳定。强化疫情管控期间，市安委办根据疫情防控形势和安全生产风险变化，分阶段制定管用措施，全市各类生产安全事故起数和死亡人数实现"双下降"，未发生较大及以上事故，稳住了安全防范工作基本盘。疫情初期发布10条安全生产风险提示，疫情防控阶段提出"三个三"的工作要求，复工复产阶段提出"五个必须""五个落实"，并组建21个由厅局级或处级领导干部任组长的指导组，组织百余名专家，对全市高危行业、重点企业、重点项目开展为期20天的复工复产"十百千"检查指导服务，共开展指导培训148场，培训2.3万人（含线上），检查指导服务企业（项目）440个，整治突出隐患问题1949个。

（五）坚定不移把持续改善安全发展基本面作为固本之策

一是大力开展工程治理。新建农村公路安防工程4023公里，改造危旧桥105座、治理隐患桥梁267座，完成28座航运枢纽大坝除险加固。续建和新开工水源工程149座，除险加固中型病险水库5座、小型191座，完成抗旱应急项目193个。完成467个老旧小区、2038栋建筑消防设施改造，建设1302个市政消火栓。完成90个重大地灾隐患点、1036处防汛薄弱点和1559处火灾隐患整治。二是大力实施科技兴安。正式启动城市安全智慧大脑建设工作，制定形成了工作方案。完成1.8万辆城市公交和“两客一危”车辆智能视频监控安装，提升运输载具安防水平。推广安装电气火灾智能预警系统9523套。森林防火建成视频卡口472套，林火视频监控云台476套，红外报警系统3048个，率先启用二维码扫码入山。彭水乌江画廊、巫山大宁河新建投用26个水上交通实时监测预警站点与长江重庆段51个站点联网，实现预警信息与船舶卫星定位终端实时传输。沙坪坝区南开下穿道成功实施城市内涝点水位监测与交通信号预警联动项目，并迅速在主城其他36个易涝点位推广建设。三是大力营造浓厚安全氛围。深入开展安全宣传“五进”、安全生产月和“5 · 12”全国防灾减灾日宣传活动，举办第三届“最美应急人”学习宣传活动，市级发布仪式在重庆卫视等平台播出，充分展示了应急队伍形象和能力。举办全市安全宣传咨询日暨安全文化节活动，发动全市开展百余场安全生产倡议活动，开展“企业主要负责人话安全责任”200余部宣传视频评选和展播。

（六）坚定不移把提升应急处置能力作为根本保障

一是强化风险研判。按照“1+7”节点要求，统筹安全生产和灾害防治两大板块，定期组织气象、交通、住房城乡建设、规划自然资源、林业、水利、文化旅游、消防等重点行业部门开展风险研判，“安全大检查、百日大整治”期间实行半月研判、半月总结、半月报告。二是强化预案修订。提请市政府办公厅修编印发《重庆市自然灾害救助应急预案》，召开全市防汛救灾工作现场会，全面部署防汛抗旱“两线作战”，分行业领域深化落实极端暴雨天气12条规范处置措施。三是强化应急演练。组织开展2022年度灾害事故综合应急演练，创新跨区域协同指挥机制，实战演练危化品泄漏、防汛抢险、森林防火等事故处置，增强了队伍的战斗力。中国应急重庆号救援船正式入列，进一步提升了我市水上救援能力。四是强化装备保障。积极争取6架中大型直升机驻防重庆，同市急救中心签订航空应急医疗救援协议，打通了“空中120”生命通道。制定装备采购三年计划及2022年实施方案，完成2022年10802件套救援装备采购，合同金额4860.3万元。五是强化灾后救助。发放冬春救助资金7992.9万元，棉被40583床、棉衣27017件，救助受灾困难群众50.55万人。下拨倒房重建补助资金2775万元，圆满完成1453户倒房恢复重建和6946户一般损坏住房修复任务。六是强化应急值守。严格落实党政领导“双值班”制度，落实落细极端天气自然灾害防范措施，市、区县两级专业应急救援队伍常态化带装巡查，在高风险区前置抢险救援队伍和物资装备，确保一旦发生事故灾害可第一时间处置。

二、存在的问题和不足

2022年安全生产与自然灾害防治工作虽然取得一定成效，但对照新时代应急管理工作新要求，对照人民群众日益增长的安全需要，仍然存在不少问题和差距，亟须加以解决。一是安全生产和自然灾害防治工作数字化、信息化水平较低，基层基础依然薄弱，事故总量仍然较大，灾害事件时有发生。二是党政领导干部落实安全生产责任制形式化、走过场的问题仍然存在，“三管三必须”还未真正全面落地。三是严格执法、严肃追责的要求在部分区县、行业领域仍未得到很好落实。四是企业主体责任落实差距较大，风险分级管控和隐患排查整治工作中“不严、不实、不到位”现象突出。

三、2023年工作思路

2023年是贯彻落实党的二十大精神开局之年，是在新时代新征程建设社会主义现代化新重庆的起步之年。全市应急管理系统将坚持系统观念和底线思维，努力推动全市应急管理工作上新台阶、创新境界，狠抓“163”思路目标。

（一）突出一个核心目标

坚持“控大事故、防大灾害”目标，坚决遏制重特大事故，杜绝因灾导致的群死群伤责任事件。

（二）狠抓六大重点工作

一是加快数字赋能，提升基层基础。实施城市安全数字赋能行动、基层“五有”规范化建设行动、防灾减灾基础建设行动、安全科技推广应用行动、全民安全素养提升行动。二是完善体制机制，强化党政履职。强化党政领导干部务实履职，强化行业部门安全监管职责，强化安委办、减灾办实体化运行，强化“实名制”安全监管。三是坚持依法治安，严格监管执法。坚持严格执法总基调，加强事故灾害调查处理，加强问题隐患警示曝光，加强违法行为有奖举报，加强安全监管法治保障。四是压实主体责任，强化安全管理。全面压实企业安全生产主体责任，压实灾害防治主体责任。五是着眼两个根本，深化专项整治。深化三年行动巩固治理，深化“两重大一突出”集中整治，深化“打非治违”专项治理，深化中介服务不规范整治。六是加强应急准备，筑牢最后防线。加强应急预案管理，加强监测预警和应对处置，加强救援力量建设，加强指挥和通信保障，加强物资装备保障，加强救援协调联动。

（三）强化三项保障措施

一是强化组织领导。细化安排部署，严格规划管控和产业安全准入，强化突发事件和抢险救灾资金保障。二是强化激励约束。实施督考联动，落实激励奖励，严格“一票否决”。三是强化队伍建设。推行应急系统准军事化管理，建立立功授奖机制，开展应急干部大培训。

（执笔人：刘斯宇）

重庆审计工作

重庆市审计局

一、2022年发展回顾

2022年，重庆市审计机关坚持以习近平新时代中国特色社会主义思想为指导，深入学习贯彻党的二十大、十九大和十九届历次全会精神，以迎接党的二十大和贯彻党的二十大精神为动力，紧扣党中央决策部署和市委市政府工作要求，深刻把握“两个确立”的决定性意义，增强“四个意识”、坚定“四个自信”、做到“两个维护”，认真落实“疫情要防住、经济要稳住、发展要安全”重要要求，依法忠诚履行审计监督职责，在稳住经济大盘、稳定社会大局中展现了审计的使命担当。

（一）加强党对审计工作的领导

2022年，市委审计委员会办公室积极发挥职能作用，自觉把加强党的领导作为新时期审计工作的最高原则、最大优势，不断完善党领导审计工作的制度机制，制定加强地方党委审计委员会工作若干措施、重大事项督察督办办法等规范性文件30余份，自上而下构建了党对审计工作集中统一领导的制度体系和工作机制。市和区县党委审计委员会及其办事机构认真贯彻落实党中央决策部署和市委工作要求，通过规划计划、工作调度、监督考核等方式，统筹谋划、协调推进本地区审计领域重大工作，严格按规定请示报告重大事项165件，切实做到把党领导审计工作的政治导向和政治要求贯穿于审计工作、履行审计职责全过程，审计监督的政治性、宏观性明显增强。

（二）政策落实跟踪审计

紧扣稳住经济大盘，持续强化重大政策落实跟踪审计。围绕加快成渝地区双城经济圈建设、深化“放管服”改革、推动科技创新等部署要求，组织全市审计机关对稳住经济大盘、推进科技创新、优化营商环境、助企纾困等政策措施落实情况进行专项审计，及时揭示政策落实不到位、配套措施不衔接等问题，积极研判问题成因、督促边审边改，推动出台或修订相关制度办法，促进中央重大决策部署落地落实。完成推动成渝地区双城经济圈建设政策措施落实情况专项审计调查项目，重点调查领域任务落实、项目建设、工作进展等情况，积极揭示反映政策协同、规划落实、重点任务协同实施过程中的薄弱环节和突出问题，推动成渝地区双城经济圈建设各项决策部署落地落实。

（三）财政审计

聚焦财政资金提质增效、财政风险防范，统一组织全市审计机关开展了2021年度市本级和各区县财政预算执行和决算草案编制情况审计，审计中重点关注了政府债务管理、隐性债务化解、债券资金使用、国有平台公司融资成本等情况。及时预警风险点，推动收缴财政收入和国有资本经营收益、盘活存量资金，促进全市财政规范管理、提升财政资金绩效、防范化解财政运行风险。对11个市级一级预算单位的预算执行及其他财政财务收支真实合法效益审计，严肃揭示相关问题，促进部门（单位）规范管理，切实保障财政资金合规安全高效使用。组织21个区县审计机关与审计署驻重庆特派办共同实施2021年度税收和非税收入征管及部门预算执行等情况审计，重点关注研发费用加计扣除和增值税留抵退税等税收优惠政策落实、税收和非税收入征管、贯彻落实中央八项规定精神等情况，有力促进规范预算管理，提高财政资金使用效益。

（四）重点民生资金和项目审计

深入贯彻以人民为中心的发展思想，聚焦推进乡村振兴战略实施，成立农业农村和乡村振兴审计工作专班，组织开展了巩固拓展脱贫攻坚成果同乡村振兴有效衔接、耕地保护等专项审计，揭示了产业项目经营不善、耕地保护重复建设或“非粮化”等突出问题。聚焦兜住兜牢民生底线，开展了对稳就业、困难群众救助补助、养老托育、义务教育、医疗保险基金、国外贷款项目建设等民生资金和项目的审计监督，揭示了失业保险稳岗返还、高龄津贴等民生政策执行有偏差等问题，推动相关主管部门及时追回或归垫被挤占挪用的民生资金，切实使审计监督跟进到民生政策落实和资金使用的“最后一公里”。

（五）公共投资审计

围绕促进提高投资审计绩效和提升建设管理水平，组织开展轨道交通六号线支线二期、重庆港主城港区果园作业区二期扩建工程、配套仓储项目、华岩隧道西延伸段、潼南航电枢纽工程5个重大项目的竣工决算审计和水利投资集团建设管理专项审计调查，重点关注公共投资政策执行、项目建设管理、资金筹集使用情况，促进投资有效落地、提高资金绩效。持续深入推进投资审计转型，督促区县审计机关科学合理确定投资审计计划，坚决杜绝“以审代结”、将项目全部委托中介机构实施和不按国家审计准则规定程序实施审计等行为，严格管控投资审计质量，规范外聘中介机构人员管理，全面提升转型质效。

（六）资源环境审计

紧扣重庆市筑牢长江上游重要生态屏障的功能定位和建设山清水秀美丽之地的目标任务，统筹开展了市和区县88名领导干部自然资源资产离任（任中）审计，充分研判区域功能定位、资源禀赋特点。紧密围绕“水资源”管理，上下联动实施了对市和19个区县水利部门水资源管理责任落实的“穿透式”审计以及水污染防治资金管理使用、水利项目建设管理专项审计，强化对自然资源开发利用、环境保护、污染防治等重点领域的监督问效，督促解决一批水资源管理、水污染治理等方面的突出问题。印发贯彻落实建立健全自然资源资产离任审计评价指标体系意见的通知，明确工作目标、路线图和时间表。扎实履行市级河流小安溪河长制牵头部门职责，牵头组织小安溪巡河工作2次，督促相关区县加强落实上下游、左右岸联防联控工作，推动小安溪流域水质稳定达标、持续向好。

（七）国有企业和金融机构审计

以推动深化国资国企改革、促进国有资产保值增值和防范化解重大金融风险为目标，对市城投集团、重庆高速集团、市地产集团等9户市级国有企业和三峡担保集团、进出口担保公司、兴农担保集团3户金融机构的领导人员开展经济责任审计或财务收支审计。重点关注国企深化改革、稳定经济大盘政策措施落实、重大经济事项决策、经营风险管控、建设项目管理等事项以及金融机构服务三农小微、助企纾困、内部控制执行、财务信息真实性等方面内容，及时揭示国企发展运营中的矛盾和风险，有效防范化解国企领域重大风险。

（八）经济责任审计

立足"围绕权力、紧扣责任、追查资金"，对28名党政领导干部进行经济责任审计，开展对巴南区7名市管领导干部的同步"1+N"审计，密切关注重大政策措施落实、推进高质量发展、严肃财经纪律等情况，实现从政策制定到执行、从资金项目分配到具体管理的全链条监督。持续完善经济责任审计工作机制，优化经济责任审计联席会议成员单位协作流程，协助组织部门开展了47名审计对象的提醒谈话，探索编制分领域经济责任审计操作指引和履行经济责任提示清单，着力分析研判隐藏在经济问题背后的政治端倪、政治逻辑，做到立足经济监督、体现政治要求、维护政治纪律。

（九）审计整改情况

构建全方位整改工作机制，首次提请市政府出台年度重点审计整改工作方案，对整改任务和时限作出具体安排。高标准夯实审计整改"三类责任"，坚持揭示问题与推进整改并重，建立审计发现问题清单与整改台账，理顺整改工作流程，建立"汇总清单、认定结果、后续督促、对账销号"的整改闭环跟踪机制，首次牵头统筹经济责任审计工作联席会议成员单位联合开展审计整改"回头看"，并与市乡村振兴局、市生态环境局等主管部门联合开展相关领域审计整改督促检查，推动形成了党委领导、人大监督、政府落实、多部门协同推进整改的良好工作格局。首次提请市政府对17个行业主管部门的整改监管责任进行明确，并细化分工任务，推进相关主管部门出台或修订市级层面的制度办法58项，审计监督实效显著增强。

（十）内部审计

进一步加强和规范内部审计工作，通过项目计划指导、加强培训、与相关部门单位建立内审协作机制等方式，分层分类扩大内审指导监督覆盖面。全年共举办内部审计专题培训班5期，累计培训内部审计人员近1100人。开展19家市级单位内部审计工作专项检查，并在5个经济责任审计项目中同步开展内审检查，及时通报检查结果并督促整改，推动提升内审工作质量。

二、发展中存在的问题

同时，发展中仍然还存在一些问题和短板，如审计管理体制改革成果还需持续巩固，审计人员素质还不适应新任务、新要求，审计信息化水平与先进地区相比还有差距等。

三、2023年发展思路

2023年，全市审计机关将坚持以习近平新时代中国特色社会主义思想为指导，全面落实习近平总书记对重庆提出的重要指示要求和对审计工作的重要指示批示精神，深刻领会以中国式现代化全面推进中华民族伟大复兴的使命任务，坚决拥护"两个确立"、坚决做到"两个维护"，切实把坚持党对审计工作的全面领导落到实处，认真落实新时代党的建设总要求，主动把审计放在全国发展大局、现代化新重庆建设大局中谋划和推进，紧扣党中央决策部署和党的二十大、市第六次党代会、市委六届二次全会明确的目标任务，坚持“稳进增效、除险清患、改革求变、惠民有感”的工作导向，依法忠诚履行审计监督职责，以新时代审计监督的新作为、新贡献服务保障全市高质量发展，为推动社会主义现代化新重庆建设努力奋斗。

（一）在统筹谋划上下功夫，全面加强党对审计工作的领导

深入学习贯彻习近平总书记关于审计工作的重要讲话和重要指示批示精神，全面增强贯彻落实党的二十大精神的思想自觉政治自觉和行动自觉，坚定围绕“国之大者”谋划和开展审计工作。着力健全完善审计委员会及办公室工作机制，加强审计委员会成员单位联络协调，全面落实纪检监察、巡视巡察与审计监督“三类监督”贯通协同工作措施，深化完善“巡审同步”试点经验，形成有机贯通、深度融合、优势互补的工作格局。

（二）在强化监督上加力度，在接续奋斗中彰显作为

聚焦稳住经济大盘、防范化解经济金融风险、西部陆海新通道建设等中心任务，持续加大对重大战略布局落地、重大政策措施执行、公共资金资产资源提质增效的审计监督力度，进一步突出对就业、医疗、教育等民生热点难点问题的审计，更加突出对倾向性问题和普遍性问题的分析研究，更加注重在宏观层面摸情况、查问题、提建议，加快推动政策落实提质、财政资金提效、重大项目提速，着力推动稳增长、稳物价、稳就业各项任务落到实处。

（三）在改革创新上求突破，推动审计工作提能增效

深入宣传贯彻习近平法治思想，完成《重庆市审计监督条例》修订工作，细化审计质量分级控制责任，筑牢审计质量生命线。抓实抓细审计整改，进一步完善整改“清单”、跟踪检查、协作联动、责任追究等制度，定期组织审计整改“回头看”和专项督察检查，切实防止“破窗效应”。加快推动“金审三期”高效运行，健全数据归集、治理、共享机制，提高大数据审计分析精准度和数据安全管理精细化水平。

（四）在队伍建设上出实招，推进审计队伍政治业务“双过硬”

压实党建责任，强化理论武装，加强干部思想淬炼和政治历练，持之以恒正风肃纪，不断提高政治判断力、政治领悟力和政治执行力。坚持党管干部原则，大力树立选贤任能的鲜明用人导向，进一步畅通审计干部纵向、横向交流通道，持续优化学历结构、年龄结构、专业结构。坚持严管与善待相结合，加强审计干部日常监督管理，健全完善人才强审制度机制，创新干部教育培训和实践锻炼方式，重点培养能查能说能写本领，不断激活审计发展新动能。

（执笔人：陈驰）

国有资产管理

重庆市国有资产监督管理委员会

一、2022 年工作回顾

2022 年，市国资系统认真落实“疫情要防住、经济要稳住、发展要安全”要求，积极应对各种超预期因素冲击，主动进、大力改、扎实干，各项工作取得新进展。

（一）国有经济运行态势回稳向好

深化落实稳住经济大盘政策措施，建立问题、诉求及对策“三张清单”，统筹调度稳生产、稳经营、稳市场，全年实现利润总额 295.4 亿元、净利润 243.9 亿元，全员劳动生产率 37.7 万元 / 人，非金融企业资产负债率 56.8%。产业类企业经营业绩表现不俗，制造业企业利润总额 53.7 亿元，增加值增长 2%。投融资类企业投资拉动作用突出，国企承担 115 个市级重大项目，完成投资 912.9 亿元、相当于全年计划的 109.2%，较 2021 年增长 18.3%。金融类企业服务实体经济给力有效，地方国有银行对实体经济企业、中小企业贷款分别同比增长 12.3%、17.5%。地方国有担保公司为中小企业担保额增长 16.6%。股权服务集团新增孵化上市企业 2 家。税收贡献明显提升，市属国企上缴税费 240 亿元、占全市的 9.8%。重庆农商行、重庆银行、化医集团、水务环境集团、渝富控股集团、高速集团、建工集团、三峡银行等 8 户企业税收贡献突破 10 亿元。

（二）服务大局充分展现国企担当

坚决落实重大专项任务。市属国企承接保交楼稳民生、高标准农田改造、维护稳定特殊项目等出资和筹资超过 200 亿元。助力疫情防控。积极主动应对疫情，国企建方舱、保供、保畅、保运转作出重要贡献。助力市场主体纾困。减免中小微企业房屋租金 7.9 亿元，惠及 2.3 万户承租户。对中小企业无争议欠款保持动态清零。助力乡村振兴。安排国有资本经营收益及国企捐赠支持区县乡村振兴 3.8 亿元。助力稳就业。新招录员工 10814 人，同比增长 12.2%。

（三）改革破题作用有力发挥

推动重点企业改革“突围”，能源集团引入战略投资者华润集团，完成我市历史上规模最大、情况最复杂、涉及利益面最广、制约因素最多、操作难度最大的司法重整，资产负债率降至约 48%。粮食集团完成市场化重组改革，走出一条不通过司法程序的市场化重组新路。开展上市公司发展质量提升行动，设立运作上市成功专项奖励，重庆银行发行 130 亿元 A 股可转债充实资本，登康口腔上市获证监会预审会通过，军工集团完成上市前引战及股份制改造。发挥国资基金引领撬动作用，聚焦智能网联新能源汽车、新一代信息技术、高端装备等战略性新兴产业完成投资 82 亿元。

（四）国企科技创新发力见效

深入开展“科改专项行动”，重庆水泵厂、登康口腔等28户国家级、市级“科改企业”深化市场化改革，加快打造科技创新尖兵，实现利润总额14.7亿元、较改革前增长45.4%。建立“产学研用”协同机制，推动国企与高校、科研院所缔结产学研合作联盟，在科技攻关、人才培养、成果转化等方面开展深度合作。加强关键核心技术攻关，出台打造原创技术策源地的具体措施，承担国家级重大科技项目19项。庆铃集团推出多款氢燃料电池汽车，联合博世完成重卡电驱桥开发。四联集团“大口径三通波纹管调节阀”实现首台套应用。

（五）安全底线全方位筑牢

防范化解债务风险，市国资委监管企业全面建立债务风险防控“631”机制，按期兑付各类债券、无一例公开债券违约。防范化解安全生产风险，扎实开展“安全大检查、百日大整治、迎接二十大”专项行动，排查整改安全生产问题隐患23.7万余个，生产安全责任事故总量同比下降11.1%。防范化解信访稳定风险，深入推进“减存、控增、防变、强基”工程，化解了海州建材职工住房征收等一批信访积案。

（六）国资监督效能持续提升

提速国资大数据监管服务平台建设，优化升级企业财务、投资、产权、“三重一大”决策制度运行平台，完成债务债券、大额资金、决策管理等平台建设，上线试运行境外监管、金融信息等子系统。强化问题整改，督促企业整改内控问题115项，整改审计、监事会发现问题1137项。建立经营投资免责事项清单机制，激励担当作为、干事创业。

二、发展中存在的问题

当前重庆国资国企存在的问题和差距主要有：国企核心功能不突出，支撑力不强、对全市发展的引领带动作用明显不足；核心竞争力不够强，国企治理效能还未充分释放，市场化经营机制还需更深层次破冰，创新能力不足，资产收益率不高；国资监管还有薄弱环节等。

三、2023年工作目标

2023年是全面贯彻落实党的二十大精神、踏上建设现代化新重庆的开局之年。全市国资国企工作总的要求是：以习近平新时代中国特色社会主义思想为指导，全面贯彻党的二十大精神和中央经济工作会议部署，深入贯彻习近平总书记关于国有企业改革发展和党的建设的重要论述，按照市委、市政府工作安排，围绕扎实推进中国式现代化，坚持党对国有企业的全面领导，坚持稳中求进工作总基调，完整、准确、全面贯彻新发展理念，积极融入和服务新发展格局，以推动高质量发展为首要任务，以发展服务实体经济为着力点，以提高核心竞争力和增强核心功能为重点，突出功能重塑、优势重塑、体制机制重塑，统筹抓好优化布局、完善治理、市场机制、创新制胜、防范风险、开放合作、强化监管、党建引领，大力推动国有资本向主业集中、向优势企业集中、向重要行业和关键领域集中，强化国有企业在战略性新兴产业领域的引领功能、在重大基础设施建设领域的支撑功能、在公共服务领域的保障功能，推动国有资本和国有企业做强做优做大，加快建设现代新国企，在新时代新征程新重庆建设中展现更大担当、实现更大作为。

2023年市属国有企业经营目标是，主要经济指标实现“一增一稳四提升”：力争利润总额增长6%以上；非金融企业资产负债率稳定在60%以下；净资产收益率、研发经费投入强度、全员劳动生产率、营业现金比率进一步提升。

（执笔人：胡冰洁）

市场监督

重庆市市场监督管理局

一、2022年发展回顾

2022年，重庆市市场监督管理系统深入贯彻落实习近平总书记关于市场监管重要论述，坚定拥护“两个确立”、坚决做到“两个维护”，全面落实“疫情要防住、经济要稳住、发展要安全”要求，积极服务“六稳”“六保”，较好完成各项目标任务。川渝两地首张“异地互办互发”营业执照、重庆药品智慧监管平台亮相“奋进新时代”主题成就展，市场主体持续增长、突破340万户，市场准入便利度居全国前列，市场监管领域政务数据调用量居全市第一。

（一）党建引领高质量发展坚强有力

政治建设持续深化，建立贯彻落实习近平总书记重要指示批示和党中央决策部署、市委要求工作台账和督查督办机制，并定期开展“回头看”；实施深入学习宣传贯彻党的二十大精神工作方案和重要活动清单16项；严格执行民主集中制，向市委请示报告工作12次；每季度督查、半年专题研判党建重点工作，定期研究防范化解风险、意识形态、统战群团等工作；推进市委巡视反馈问题整改见底到位，选人用人、意识形态专项检查整改措施全部落实。局管领导班子和干部队伍建设取得新成效，一名同志在首次以党中央、国务院名义开展的全国“人民满意的公务员”评选中受到表彰，首次开展“双先”表彰集体50个、个人99名。正风肃纪反腐标本兼治，制定进一步严明纪律作风加强行风建设措施，出台加强新时代廉洁文化建设21条措施；构建较为完备、运行有序的“两个责任”协同体系，以“一把手”为重点加强对“一把手”和领导班子监督；深入开展“以案四说”以案促改。

（二）成渝地区市场监管合作深化拓展

安全保障能力不断提高，互信互认食品销售者进货查验和进（销）货记录，推动药品医疗器械生产跨区域监管，联合开展气瓶、长输管道、移动式压力容器监管。推动营商环境持续优化，完善“市场准入异地同标”机制，构建营业执照异地“办、发、领”一体化服务体系，实现企业登记档案网上自助查询下载；共享涉企信用信息，互查两地“黑名单”。协作共建机制逐步完善，在全国率先提起首例跨省域消费者权益保护民事公益诉讼案件，发布重庆成都汽车4S店消费者满意度调查报告；相互协助调查案件31件，开展联合执法8件。

（三）安全稳定形势持续向好

积极作为确保安全，认真落实市委常委会会议、市食药安委会、市安委会等关于食品药品、特种设备安全要求，严格遵循“四个最严”，全力守护市场安全底线，未发生区域性、系统性安全事件；在打好打赢疫情歼灭战中，组建应急核酸检验服务队，约谈重点平台（大型商超）12 家，组建 16 个专项执法组下沉中心城区，查办哄抬物价等涉疫案件 484 件。风险防控常态长效，迭代升级风险隐患排查事项清单（第六版），实施安全风险排查整治闭环管理；加快落实食品安全属地管理责任和企业主体责任，协调推进 7 个区县创建国家食品安全示范城市；修订特种设备安全应急预案。突出重点靶向监管，扎实推进食品安全“守底线、查隐患、保安全”行动，食品抽检数据质量居全国第二，食品安全满意度由 2017 年的 70.18% 上升至 2022 年的 84.97%；近 3 万公里压力管道动态实现监检率、定检率均达 100%，2.57 万公里燃气压力管道老化评估率达 100%；重点工业产品抽查问题发现率为 9.77%；成功处置进口冷链食品涉疫事件 20 起，累计处置 60 起。

（四）市场主体获得感不断增强

营商环境创新试点加力，加强原创性、差异化探索，高质量完成首批 28 项改革任务，复制推广 22 项改革经验；细化世界银行营商环境“市场准入”“促进市场竞争”指标测评点 128 个。“放管服”改革一体发力，办理涉企经营许可事项 63.77 万件、惠企 35.22 万户，推动企业开办、简易注销、餐饮店准营“一件事”集成化办理，特种设备作业人员电子证书“重庆样式”获全国推广。助企纾困精准用力，推出助力市场主体纾困解难措施 26 条，联合出台扶持个体工商户发展 35 条“政策包”，上线“个体工商户服务直通车”，迅速出台支持市场主体发展 18 条、支持“两品一械”企业复工复产 10 条举措；靠前服务，推动预制菜、火锅食材、重庆小面等产业规范化标准化发展；新设市场主体 53.23 万户（其中，个体工商户 37.79 万户）、净增长 21.25 万户，新发展市场主体增速 16.6%。

（五）公平竞争市场秩序进一步巩固

竞争监管执法全链条加强，制定招商引资、政企合作、招标投标等领域的公平竞争审查规则，发布企业跨区域迁移涉嫌违反公平竞争问题处置工作指南，推动妨碍公平竞争文件及政策措施占比从 2019 年的 16.2% 降至目前的 8.4%；查处行政性垄断案件 6 件、市场垄断案件 6 件，案件数量居全国第二；审结经营者集中简易案件的审查数量和效率位居试点省市前列；查处不正当竞争案件 402 件，同比增长 135%。市场乱象得到有效遏制，加强涉企违规收费专项整治、为企业减负 3330 万元，发布民生领域“铁拳”行动 11 类案件查办指南，聚焦“长江禁捕 打非断链”查处违法案件 272 件，集中统一销毁货值 5000 万元的侵权假冒商品。消费者权益保障机制更加健全，支持消费者集体诉讼 27 起、消费民事公益诉讼 20 件；登记处理投诉举报 20.52 万件，同比增长 7.85%，为消费者挽回经济损失 8363 万元。

（六）质量提升效果日益彰显

质量强市建设成效显著，推动市政府设立质量提升专项资金，质量强市建设示范区（县）、青年质量提升示范岗被纳入市级创建示范项目，质量总体水平保持西部第一，质量基础设施效能、质量安全监管水平跃居西部第一。计量技术支撑和保障体系更加完备，新建社会公用计量标准 41 项，发布地方计量技术规范 13 项，培育国家级产业计量测试中心 1 家、筹建市级产业计量测试中心 2 家。标准示范引领作用进一步凸显，主导或参与制修订国家标准和行业标准 141 项、同比增长 31%，发布地方标准 172 项、同比增长 50%，与两江新区管委会联建科技标准协同创新示范区。检验检测和认证服务能力得到加强，国家检验检测认证公共服务平台示范区、检验检测高技术服务业集聚区入驻检验机构132家，管理体系、产品、服务等认证证书累计1.4万张。

（七）综合监管效能提档升级

法治化建设深入推进，完成重庆市反不正当竞争条例修订，废止新闻媒体广告管理条例，发布行政处罚裁量基准（2022版）；制定8个领域3类45项不予实施行政强制措施清单，明确行政执法人员尽职免责12种免责情形，推进落实食品药品领域惩罚性赔偿制度；查办各类案件2.76万件，同比增长11.72%。信用监管基础作用有效发挥，运用“山城有信”平台发放“健康码”341.61万户，引导消费者等扫码60.45万次，公示市场主体承诺1338条；联合惩戒失信企业1.57万户次，修复公示行政处罚信息1471条次。智慧监管应用场景更加丰富，基本建成智慧监管一体化平台、智慧监管中心，建成法人基础数据库和智慧食品安全监管、特种设备安全管理、注册许可管理系统，推广运用“互联网+明厨亮灶+AI智能识别”、“阳光食品”、渝特安App、气瓶质量安全追溯等系统。协同监管不断强化，推动落实40个市级部门、124项专项监管计划任务，新建检查对象库3150个，运用“互联网+监管”推进联合监管。

二、2023年发展思路

（一）全面加强党对市场监管工作的领导，牢牢把握正确的政治方向

全面落实主体责任，加强政治机关建设，持续净化政治生态；持续学习宣传贯彻党的二十大精神；打造变革型组织，全面提高机关党建质量，加快建设高素质人才队伍。

（二）加快推动川渝市场一体化发展

认真落实推动成渝地区双城经济圈建设“十项行动”，强化政策统一、推进循环畅通、优化协作机制，深化市场监管协作，确保出进度、出形象、出成效。

（三）以数字化变革重塑市场监管体系

认真贯彻《数字中国建设整体布局规划》和数字重庆、数字政务建设要求，深化数字化市场监管顶层设计，突出“建、管、用”，加快形成横向打通、纵向贯通、协调有力的一体化推进格局。

（四）坚决守牢“三品一特”安全底线

落实“四个最严”要求，加强食品、药品、特种设备和工业产品质量安全监管，持之以恒压实安全责任、织密安全网络，深化除险清患，着力解决突出问题，防范化解重大风险，更好统筹发展和安全，积极助推产业发展。

（五）联动打造“四个高地”

坚持大质量观，全面建设质量高地、加快建设知识产权高地、大力建设标准高地、协同建设检验检测高地，以质量提升、知识产权创新驱动、标准引领一体推动高质量发展。

（六）着力优化营商环境

坚持市场化、法治化、国际化，聚焦高效便捷提升政务环境、公平公正提升法治环境、优质有序提升市场环境、充满活力提升创新环境、畅通流动提升要素保障环境，继续抓好营商环境创新试点，协同做好迎接世界银行新一轮营商环境评估和中国营商环境评价工作。

（七）大力推动市场主体高质量发展

坚持“两个毫不动摇”，支持市场主体创新发展，促进个体工商户量质提升，维护有利于市场主体发展的市场秩序，培育壮大市场主体，让更多市场主体生得下、长得大、活得好。

（执笔人：方静）

乡村振兴

重庆市乡村振兴局

一、2022年工作回顾

2022年，在市委、市政府坚强领导下，市乡村振兴局坚决落实党中央、国务院决策部署，统筹各类资源，调动各方力量，全力以赴、积极应对，牢牢守住不发生规模性返贫底线，实现“两缩小、两确保”目标。脱贫群众与其他农民的收入差距、脱贫地区与其他地区的发展差距不断缩小，全市脱贫人口人均纯收入达16118元、同比增长13.5%，高于全国1776元；全市14个脱贫区县农村居民人均可支配收入为17044元、同比增长7.3%，增幅高于全市农村居民0.6个百分点；“三保障”、饮水安全和兜底保障水平持续巩固提升；乡村建设、乡村治理取得新进展新成效。

（一）聚焦“守底线”，确保不发生规模性返贫

强化底线意识、极限思维，集中力量补短板、强弱项。一是加大精准监测帮扶力度。优化大数据监测平台，健全行业部门防返贫监测信息共享机制，常态化开展数据比对。发挥1.2万名监测信息员的作用，精准识别认定监测对象，“一户一策”落实监测帮扶责任人和精准帮扶措施。二是推动问题点动态清零。系统梳理国家和市级考核评估、巡视巡察、审计评价、督查检查等工作中发现的问题，逐一对账销号。坚持“三保障”及农村饮水安全问题月调度、月清零、月通报制度，全年发现并解决问题点2574个。三是持续巩固“两不愁三保障”成果。扎实开展控辍保学，推进基本医保应保尽保、农村危房应改尽改，实施农村饮水安全“一改三提”，及时将符合条件的1.52万脱贫不稳定人口、1.7万边缘易致贫人口、0.89万突发严重困难户纳入基本生活兜底保障。

（二）聚焦“抓发展”，着力增强内生发展动力

坚持发展导向，着力缩小脱贫群众收入差距、脱贫地区发展差距。一是全力推动脱贫人口稳定增收。抓住产业和就业两个关键，打造脆李、柠檬、三峡柑橘、榨菜等国家优势特色产业集群，累计发放“富民贷”3.33亿元、3932户，贷款数量及规模居全国前列。实现消费帮扶82.39亿元，没有出现大面积滞销卖难。实现脱贫人口务工人数稳中有增，就业率48.2%、高于全国16个百分点。帮助有劳动力的搬迁群众实现就业5.8万户14.4万人，产业覆盖搬迁群众5.6万户21.9万人。二是发展壮大村级集体经济。深化农村集体产权制度改革，探索资源开发、物业服务、项目投资等集体经济有效发展方式和路径，农村集体经济“空壳村”实现动态清零。盘活集体经营性资产18.8亿元，村均经营性收入达26.8万元，617万名农民受益。三是推动重点帮扶县加快发展。抓好国家乡村振兴重点帮扶县“一县一策”落实落地，全年

向4县倾斜安排衔接补助资金20.96亿元，占全市到县资金总量的36.84%，倾斜支持新增专项债券73.5亿元，安排东西部协作财政援助资金2.25亿元。

（三）聚焦"促振兴"，建设宜居宜业和美乡村

一是扎实稳妥推进乡村建设，统筹乡村基础设施和公共服务布局，加快防疫、养老、教育、医疗等公共服务设施建设，建成农村敬老院868个、床位5.66万张，6410个村卫生室达到三星级以上建设标准。二是突出实效改进乡村治理，创新实施清单制、积分制、院落制、数字化为一体的治理模式，创建国家级示范县3个、示范乡镇4个、示范村44个，多个典型案例在全国推广。我市经验做法多次在全国性会议上交流。三是持续加强农村精神文明建设。深入推进移风易俗"十抵制十提倡"活动，充分发挥村民议事会、红白理事会等阵地的作用，深化农村婚俗和殡葬改革试点，整治农村婚丧大操大办、高额彩礼、铺张浪费、厚葬薄养等不良习俗，实施"家和计划"项目40余个。

（四）聚焦"提质效"，持续凝聚协作帮扶合力

一是打造鲁渝协作"升级版"。全面完成鲁渝东西部协作协议任务，落实山东财政援助资金7.28亿元，实施各类帮扶项目484个，两地互派挂职干部、专业人才1581名，培训干部和专业技术人才2.25万人次。新增落地投产山东企业77家，共建产业园区77个，实现农村劳动力转移就业5.27万人，实现消费帮扶18.8亿元。鲁渝协作"东产西移"工程入选全国社会帮扶典型案例。二是对接落实中央单位定点帮扶。全市14个定点帮扶区县积极主动对接9家中央单位，主动承接资金项目、人才智力等多方面帮扶支持。9家中央单位直接投入帮扶资金2.59亿元、协调引进帮扶资金5.6亿元，采购和帮助销售农副产品2亿元，培训基层干部、专业技术人员各1.4万名。三是动员社会力量参与乡村振兴。深入推进"万企兴万村"行动，组织5836家民营企业结对帮扶2319个村，新增产业投资44.03亿元。实施"巴渝巾帼"乡村振兴示范工程项目，成立"巴渝巾帼科技助农服务团"。选派国家"三区"科技人才275名和市、区县两级科技特派员2544名。

（五）聚焦"优保障"，筑牢有效衔接各项支撑

一是强化政策供给。主动谋划，因势利导，制定出台《促进低收入脱贫人口稳定增收9条措施》《推动脱贫地区特色产业可持续发展10条措施》《促进脱贫人口稳岗就业13条政策措施》等一揽子政策举措，保证巩固拓展脱贫攻坚成果的工作力度、政策硬度和投入强度。二是强化财政投入。全年安排市级以上衔接资金57.1亿元、同比增长5.2%，其中市级衔接资金23.1亿元，整合财政涉农资金82.6亿元，市级和区县衔接资金投入均高于上年。中央财政衔接资金用于产业发展的比例达到59.9%，超过全国平均水平。落实中央彩票公益金4000万元，支持欠发达革命老区县开展乡村振兴项目建设。三是强化资金绩效。保持财政支持政策总体稳定，坚持"一年实施、两年前期、三年储备"，推动区县建设三年巩固拓展脱贫攻坚成果和乡村振兴滚动实施项目库，实行部门联合备案审查入库制度。2022年项目库立项项目9058个，涉及资金125.9亿元。加强扶贫项目资产监管，组织开展扶贫项目资产"回头看"，保障项目可持续发展、群众可持续获益。

（六）聚焦“强示范”，深入推进模范机关创建

一是加强政治机关建设。坚持以党的政治建设统领各项工作，深刻领会“两个确立”的决定性意义，把“两个确立”的政治成果转化为坚决做到“两个维护”的政治自觉。落实“第一议题制度”，局党组带头深入学习贯彻党的二十大精神，深学笃行习近平新时代中国特色社会主义思想，坚持以习近平总书记关于“三农”工作的重要论述为根本遵循，全年召开局党组会议53次，开展局党组理论学习中心组集中学习14次。扎实开展政治机关意识教育和对党忠诚教育，乡村振兴大讲坛举办党的政策理论宣讲7次。二是加强服务机关建设。严格落实“局领导+处室”定点联系区县、常态化督导等工作机制，督促指导联系区县落实“四个不摘”要求，全力做好巩固拓展脱贫攻坚成果同乡村振兴有效衔接。机关12个支部与12个脱贫村结为对子，办好事、实事26件。三是加强法制机关建设。深入学习《乡村振兴促进法》《重庆市乡村振兴促进条例》，组织全体机关干部参加2022年度全市法治理论知识考试并进行在线旁听，合格率100%。严格执行重大行政决策法定程序，健全政府法律顾问制度，发挥法律顾问职责作用，全面推动政务公开情况。局党组成员没有干预司法活动，没有插手具体案件处理。

二、存在的问题

一是责任落实还有不到位的地方。少数区县对巩固拓展脱贫攻坚成果工作用力不够，存在松劲、跑偏、不到位现象。二是脱贫地区和脱贫人口持续增收仍面临较大压力。产业就业支撑仍然不够，利益联结不够紧密，有的脱贫区县帮扶产业技术、设施、营销、人才等还存在比较明显的短板。三是防止返贫监测帮扶机制落实还有不足。有的区县政策宣传解读不够，少数群众对防止返贫监测帮扶政策不知晓，化解因病返贫致贫风险的措施办法还不够多。四是乡村建设、乡村治理还存在薄弱环节。少数脱贫区县乡镇通三级公路比例低于全市平均水平。乡村义务教育“城镇挤、乡村空”现象突出。在丰富农村精神文化生活、移风易俗等方面，还缺乏务实管用措施。激发农村群众参与的方式不多，个别群众的内生发展动力不强。五是乡村振兴队伍能力素质迫切需要提高。乡村振兴战线还有不少干部缺乏“三农”工作经验，存在不会干、不敢干、不想干的现象。少数驻村干部存在“走读式驻村”“挂名式驻村”等问题。

三、2023年工作思路

（一）实施脱贫成果巩固提升行动

一是抓实抓好监测帮扶。持续压紧压实责任，发挥好防止返贫监测帮扶机制的预警响应作用，把帮扶政策衔接好、措施落到位，坚决防止出现整村整乡返贫。对最低收入人口“一户一策”精准帮扶。防范化解防止返贫监测帮扶、帮扶产业发展、稳岗就业、易地扶贫搬迁后续扶持、自然灾害、社会稳定、涉贫舆情风险等七类风险。二是抓实抓好重点帮扶。推动城口、巫溪、酉阳、彭水4个国家乡村振兴重点帮扶县有效衔接工作实施方案落实落地，组织开展成效监测评价。健全落实市领导联系乡村振兴工作机制，支持17个市级乡村振兴重点帮扶乡镇、原18个市级深度贫困乡镇及所在区县加快发展，不断增强城镇综合承载能力，打造乡村振兴试点示

范。三是抓实抓好力量汇聚。用好东西部协作、中央单位定点帮扶、驻村帮扶和社会力量帮扶等，抓好“一区两群”对口协同，凝聚全面推进乡村振兴的强大合力。

（二）实施脱贫地区与脱贫群众内生发展动力提升行动

一是培育提升产业。因地制宜做好“土特产”文章，实施千亿级优势特色产业培育，推动区县培育发展“一主两辅”优势特色产业。打造一批高质量发展庭院经济重点县、乡、村、户，以点带面推动庭院经济发展。培育认定一批联农带农效果明显、带动区域产业发展和富民强县作用显著的帮扶龙头企业，发挥典型带动作用。二是促进脱贫人口高质量稳岗就业。在“一稳、两拓、两创、两提升”上下功夫，确保全市脱贫人口务工就业规模稳定在75万人以上。三是加快发展新型农村集体经济。推进“强村富民”综合改革，探索资源发包、物业出租、居间服务等多样化途径发展新型农村集体经济。四是提升脱贫群众技能素质。着力培养一批乡村人才，全面提升农民素养素质，育好用好乡土人才。

（三）实施宜居宜业和美乡村建设行动

一是稳步推进乡村建设。坚持数量服从质量、进度服从实效，集中力量先抓好普惠性、基础性、兜底性民生建设，不断完善农村路网、水网、电网、通信网、物流网，推进县乡村公共服务一体化。扎实推进“厕所革命”“垃圾革命”“污水革命”，持续开展村庄清洁行动、“五清理一活动”、“千村宜居计划”、农村人居环境成片推进等专项活动，持续引导农民养成良好的卫生习惯，确保村庄干净整洁规范。二是持续加强和改进乡村治理。以“数字化”赋能，深化推广“积分制”“清单制”“院落制”，创建一批全国乡村治理示范村镇，持续打造乡村治理特色品牌，持续开展乡村治理绩效评估和政策激励。三是切实抓好农村精神文明建设。配合相关部门在乡村开展“听党话、感党恩、跟党走”宣传教育活动，持续推动党的二十大精神进农村、进农户。持续推进乡村移风易俗，深入开展高价彩礼、大操大办等农村移风易俗重点领域突出问题专项治理。

（执笔人：向海兰）

金融管理

重庆市地方金融监督管理局

一、2022年发展回顾

2022年，全市金融系统在市委、市政府坚强领导下，牢记习近平总书记殷殷嘱托，深入贯彻落实党的二十大精神，统筹推进服务实体经济、防控金融风险、深化金融改革三项任务，全市金融行业保持稳健发展态势。截至2022年末，金融资产规模7.8万亿元、增长5.4%，金融业贡献税收收入372亿元、占全市的15.1%，金融业实现增加值2491.02亿元、占全市GDP的比重8.6%。社会融资规模新增7020亿元，社会融资余额7.2万亿元，增长10.2%。实现保费收入970亿元，提供风险保障771.42万亿元。发行银行间市场债券1877亿元，创历史新高。

（一）西部金融中心建设打开新局面

一是落实规划顶层设计。完善成渝共建西部金融中心工作机制，形成成渝共建西部金融中心工作领导小组工作机制，成立两省市政府主要领导共同担任组长的领导小组。会同四川方面共同印发实施《成渝共建西部金融中心规划联合实施细则》。二是不断壮大机构体系。推动中西部首个金融法院——成渝金融法院成功落地。成立北京证券交易所、全国股转系统重庆服务基地。推动南洋商业银行、瑞华保险等在渝设立分支机构。全市共有各类金融机构和地方金融组织1927家、新增注册资本金677.6亿元，外资机构数量持续领跑西部，金融业态不断丰富。三是有序推进改革创新。全国首个全省域绿色金融改革试验区落地。积极推进“陆海新通道贷”等产品和服务创新试点，累计实现跨境融资192亿美元。推动重庆农商行设立高竹新区支行。开展与国家融资担保基金160亿元业务合作。2022年，全市跨境人民币实际收付金额3260.2亿元，结算量创历史新高，同比增长67.9%，居中西部第一。

（二）助力稳住经济大盘展现新作为

一是推动政策落地。实施《金融支持稳住经济大盘工作方案》。截至2022年末，制造业中长期贷款、普惠小微贷款、涉农贷款、绿色贷款分别增长21.1%、17.2%、11.0%、39.8%。小微、企业贷款利率分别为4.57%、4.22%，处于历史低位。出台《政府性融资担保机构融资担保业务尽职免责工作指引》、融资担保助企纾困12条、小贷典当支持实体经济10条。政府性融资担保费率降至0.94%、历史最低。二是强化运行调度。建立机构、企业“两张清单”，全年推动企业贷款同比多增898亿元。“保险暨银行理财资金入渝”推介全市重大建设项目74个，总融资逾6000亿元。截至2022年末，全市贷款余额5.01万亿元、增长6.7%，存款余额4.96万亿元、增长8.0%，存贷比101%。三是实施精准滴灌。印发实施政策性金融服务乡村振兴实验示范区建设“21条”。建成“渝普金链”普惠金融平台，引导地方金融组织支持小微、“三农”

等薄弱领域，小贷行业投放小微、“三农”贷款2610.11亿元，惠及市场主体3100余万户。融资担保行业小微、涉农在保余额1608.47亿元、同比增长13.55%，商业保理中小微企业融资余额311.1亿元。

（三）资本市场体系构建再上新台阶

一是企业上市工作明显提速。印发推动企业上市17条、《企业上市财政奖补办法》（3.0版），组建涵盖500家企业拟上市企业后备库。2022年，新增上市（过会待发）企业18家、申报IPO13家、辅导备案16家，均创历史新高。西部科学城重庆高新区、开州区、石柱县上市公司成功破“零”。全市境内外上市企业达到90家，全年IPO及再融资316亿元、增长79%。二是区域性股权市场创新试点开局良好。推动中西部首个区域性股权市场改革创新试点成功获批，实施重点创新工作25项。完善乡村振兴板制度建设，加快推进板块上线。编制出台基金孵化板建设方案，上线全市科技型企业综合金融服务平台“科创资本通”。三是私募股权基金良性发展。改革重组400亿元规模政府产业基金，撬动市场化基金1000亿元。持续推进合格境内有限合伙人对外投资试点（QDLP）。新增备案股权投资类企业61家，全市共有该类企业848家，累计对外投资2168.77亿元，新增131.29亿元。

（四）强化地方金融监管取得新成效

一是完善监管制度。出台小贷减资业务指引，修订小贷公司设立变更终止工作指引，制定小贷行业消费者权益保护工作指引，优化典当监管工作手册。出台《商业保理公司监管评级和分类监管暂行办法》。出台助企纾困、尽职免责、创新试验区评选等文件5个。二是强化日常监管。开展行业“质量提升年”活动，狠抓“2+8”重点网络小贷公司整改，信贷规模、融资杠杆率等关键指标明显优化，全年增资90.5亿元，目前我市有注册资本金50亿元以上小贷公司7家，占全国的58%。年度现场检查地方金融组织230家，占比41.5%。首次公布融资担保行业监管评级结果。启动地方金融监督管理平台二期建设。三是加大处置力度。启动僵尸、失联和问题机构“清零行动”，出清地方金融组织109家。建立小贷行业融资杠杆ABS监测模型，推动度小满、携程等5家机构与持牌AMC合作，转让不良资产本息合计10.51亿元。全覆盖清理交易场所非标债务融资业务。

（五）防范化解金融风险探出新路子

一是统筹完善防控机制。成立市金融风险化解委员会，印发实施《持续推进防范化解重大金融风险重点任务责任清单》《开展“伪金交所”专项整治实施方案》。制定防范化解重大金融风险10项重点任务27项责任清单，打表推进金融风险处置。截至2022年末，银行业不良率、小贷不良率、融资担保代偿率分别为1.42%、9.02%、3.11%，均优于全国水平。二是稳控重点领域风险。“一企一策”稳慎化解重点企业债务风险，强化一致行动做好稳债续贷工作。协调联动推进村镇银行改革化险工作，实现高风险金融机构动态“清零”。落实落细《关于支持金融机构加快不良资产处置的实施意见》，全年累计新增收购不良资产投资额88.3亿元，同比增长36.9%。三是稳住重点群体风险。集中开展养老领域非法集资专项治理，P2P网贷机构全部出清、第三方财富管理公司清理规范、虚拟货币风险化解进展顺利、私募基金风险专项整治年度任务圆满完成。处置非法集资工作考评连续6年列全国一等次。

二、发展中存在的问题

（一）统筹协调机制还需完善

金融事权主要在中央，地方在争取金融创新政策、重大项目、基础设施等方面，难度较大、耗时较长。成渝共建西部金融中心的常态化合作还不够系统深入，“成渝一地的金融改革创新政策在另一地同等适用”原则还没有具象化，合作共赢点还找得不够准。合作着力点还不多，缺少具有影响力的合作项目以及共同向上争取的重大政策创新。

（二）聚集辐射能力仍然不强

从金融多层次布局看，我市缺乏具备较强聚集辐射能力的全国性金融基础设施、金融机构，区域特色金融基础设施和功能性总部机构布局不足，全国性银行总部落地未实现“零突破”，分支机构授权层级不高，法人保险机构能级小，全国性股票、期货、金融衍生品等交易市场缺乏。

（三）金融开放创新相对滞后

我市金融对外开放创新水平层次和规模总体低于东部地区，国际金融机构聚集不够，跨境金融业务覆盖范围以本地为主，服务西部、服务东盟企业的辐射能力较弱，金融开放广度、深度尚待拓展。

（四）金融高端智库建设较弱

相较于东部地区，我市对境内外金融人才吸引力不足，国家级高端金融人才培育平台较少，全市金融相关专业“双一流”学科建设短板明显，高层次金融从业人员尤为欠缺，难以有效为我市西部金融中心建设提供有效有力的高端智力支撑。

三、2023 年发展思路

2023 年，市金融监管局党组将全面贯彻党的二十大精神、中央经济工作会议精神，深入落实市委六届二次全会、市委经济工作会议、市政府工作报告部署要求，按照稳进增效、除险清患、改革求变、惠民有感工作导向，突出特色优势、注重创新驱动、紧扣发展需要，全力打造西部金融中心，大力发展普惠金融、产业金融、贸易金融、消费金融、绿色金融、数字金融，增强金融服务经济社会发展的主动性和针对性，更好地服务国家区域发展战略，为新时代新征程新重庆建设贡献金融力量。重点做好以下六个方面工作。

（一）统筹营造干事创业氛围

引导全局上下保持奋进者姿态、创造性张力，全方位、系统性、重塑性变革理念、方法、机制，创新“五种思维”“五种方法”“五种机制”，以科学方法和有效机制载体抓好工作落实，推动市委六届二次全会和市政府工作报告工作部署在金融领域开花结果。驰而不息纠正“四风”，推进作风建设不松劲、不停步、再出发。

（二）统筹建设西部金融中心

有序推进《成渝共建西部金融中心规划》《成渝共建西部金融中心规划联合实施细则》落地实施，重点发展产业金融、贸易金融、绿色金融、科创金融、消费金融，推动我市金融集聚力辐射力带动力显著增强、竞争力创新力抗风险能力明显提升。畅通共建运行机制，开展跨区域金融合作、机构互设、政策争取等工作，促进市场和监管区域一体化。

（三）统筹提升服务实体能力

构建服务高质量发展的现代金融体系，实施

数字化金融服务工程，推动金融机构提质增效，推进绿色金融、科创金融、消费金融产品和服务创新。实施融资畅通工程，助力缓解中小微企业融资难题，推进各类货币金融政策工具精准滴灌、直达快享。修订金融机构支持重庆发展考评办法，支持金融机构进一步集聚，激发金融机构服务建设新重庆动力。

（四）统筹完善资本市场体系

实施直接融资专项行动，推动区域性股权市场创新取得实效，推进企业上市和上市企业再融资。持续跟踪帮扶解决企业上市卡点、堵点，以全链条的“保姆式”服务助推企业上市。拓展债券、REITs 等融资渠道，推动险资入渝，提高直接融资比重。

（五）统筹集聚改革开放动能

聚焦改革创新、金融开放，依托自贸试验区、中新项目等平台，大力发展中新金融，支持中新互联互通示范项目，推进金融市场互联互通。围绕西部陆海新通道等谋划实施基金、银行、产品服务等“一揽子”通道金融创新，打造新通道金融服务体系。

（六）统筹防范化解金融风险

按照“稳定大局、统筹协调、分类施策、精准拆弹”的基本方针，统筹发展和安全，稳妥处置房地产、债券、单体企业、单体机构等风险点。加强金融治理体系建设，建立国资、金融、财政风险处置和救助联动机制。坚决遏制非法集资活动反弹势头，有力防控重大金融风险，营造良好金融生态，坚决守住不发生系统性区域性风险底线。

（执笔人：王超）

中新互联互通项目

重庆市中新示范项目管理局

2022年，在市委、市政府坚强领导下，市中新项目管理局始终坚持以习近平新时代中国特色社会主义思想为指引，深入学习贯彻党的二十大精神和市第六次党代会精神，深入贯彻中新两国领导人达成的系列合作共识，全面落实市委、市政府确定的重大决策部署，紧紧围绕四大重点合作领域，积极促进重庆和新加坡的人流、物流、资金流、信息流高效畅通，加快推进陆海新通道国际合作，助力服务业扩大开放综合试点和国际消费中心城市培育建设取得实效。2022年，中新互联互通项目框架下签约政府和商业合作项目72个，金额2.6亿美元；金融服务项目27个，金额59.3亿美元，助推新加坡继续成为重庆利用外资最大来源国。累计签约政府和商业合作项目234个、总金额252.6亿美元；金融服务项目235个、金额291.3亿美元。

一、2022年工作成效

（一）聚焦“一条通道”，内畅外联水平不断提升

2022年，陆海新通道建设高水平推进，成为中新两国高质量共建“一带一路”的标志性项目。《中新（重庆）战略性互联互通示范项目国际陆海贸易新通道合作规划》正式发布。市政府联合商务部、新加坡贸工部签署《深入推进国际陆海贸易新通道建设谅解备忘录》，中新双方在贸易便利化、产业合作、数字通道、金融服务等领域率先谋划50个重点合作项目，已成功启动实施43个。2022陆海新通道国际合作论坛成功举办，中新共建陆海新通道高官会第三和第四次会议相继召开，通道的国际影响力不断提升。东盟国家参与通道共建进展顺利，依托中老铁路，推动老挝、泰国企业参与通道共建取得实效，促成泰国石油公司、泰国Nathalin集团参与通道物流供应链合作，推动中国、新加坡、老挝、泰国等四国企业成功参与老挝万象物流园项目合作，通道国际“朋友圈”持续扩容。2022年，陆海新通道铁海联运班列开行2900列，增长35%，通道网络覆盖118个国家和地区的393个港口，在稳定地区产业链供应链中发挥了支撑作用。

（二）抢抓“两个契机”，国际消费潜能加快激发

2022年，市中新项目管理局抢抓服务业扩大开放综合试点和国际消费中心城市培育建设契机，聚焦消费场景打造、服务业态集聚、本土产品海外市场拓展等方面，持续发力，中新互联互通项目突破、引领、示范作用进一步凸显。国际消费场景持续丰富，首届“重庆·新加坡体验周”成功举行，新加坡旅游局首次在渝举办“渝见·新旅程”文旅推介和消费体验系列活动，促进重庆商业活跃度持续提升。中新机场商业合作取得新业绩，国际旅游零售巨头DFS集团成功入驻重庆江北国际机场，机场商业国际化水平进一步跃升。中新（重庆）文化和旅游产业联盟成立

运行，渝新两地147家文旅企业、机构加入，为重庆新加坡文旅融合发展打下坚实的基础。高端服务业态不断集聚，重庆中新肿瘤医院、中新美陆眼科医院开诊运营，重庆莱佛士医院问诊量持续上升，重庆国际化医疗服务水平有效提升。新加坡国立大学（重庆）研究院开启第3期博士生录取，累计招收博士生72名，卓越校长培养计划第五期32名学员完成赴新学习，“3+1+1”本硕联合培养项目启动实施，渝新教育合作不断深化。“渝货精品”海外市场加快拓展，中新（重庆）农业合作计划深入实施，中国西部地区与东盟国家200家企业参与中新（重庆）农业“双百”合作计划，实现荣昌“血橙”、巫山脆李、长寿柚等重庆农特产品首次进入新加坡市场，石柱县中益乡黄精面、丰都榨菜等出口加拿大等国际市场，3000吨忠县“忠橙”出口东盟成为重庆2022年单一农产品出口规模之最，重庆农特产品国际贸易形成新示范。

（三）做优“三大平台”，沟通机制效能充分发挥

新方参与主办2022中国国际智能产业博览会，吸引56家新加坡企业参展。2022年11月，市政府与新加坡贸工部在中新双边合作联合委员会（JCBC）第十八次会议期间成功签署共同举办智博会意向书，新加坡将继续作为智博会主办方，与重庆在大数据、人工智能、区块链等数字经济领域深化合作。第五届中新金融峰会已完成前期筹备工作，将于2023年上半年举行。2022年4月，中新双方正式发布《中新（重庆）战略性互联互通示范项目国际陆海贸易新通道合作规划》，首次明确将陆海新通道国际合作论坛和中新金融峰会作为中新双方共同打造的高能级、国际化交流平台，双方将共同引导更多的国家和地区参与会议活动。三大国际交流平台成功落地重庆并形成长效机制，为重庆内陆开放高地、中西部国际交往中心、西部金融中心等建设提供更大助力。

（四）深耕“四大领域”，产业发展效应不断显现

2022年，中新双方继续深耕金融服务、航空产业、交通物流、信息通信等重点领域合作，不断推动两地互联互通水平迈上新台阶。金融服务领域，中新跨境融资通道运行顺畅，重庆南岸城建等18家企业赴新融资14.6亿美元，累计融资金额超186亿美元。中新金融科技合作持续深化，金融科技投资基金累计完成7个项目共计1.5亿元投资。新加坡资本看好重庆发展潜力，新资基金在渝最大单笔投资逾6亿元人民币。截至2022年，在渝新加坡金融机构数量已超过20家，累计注册资本金超过65亿元人民币。航空产业领域，渝新国际航空通道保持畅通，“重庆—新加坡”航线客改货航班保持每周2班运行、客运航线保持每周1班宽体机运营，最大载客量由153人/班增加至250人/班，新加坡航空执飞客改货航班87班、货运量约3900吨；客运宽体机44班、累计1.9万余人次，有效保障渝新两地货物及人员顺畅往来。中新航空产业园建设进展顺利，万科冷链物流项目快件集散中心（一期）建成投用，普洛斯智慧物流枢纽项目完成主体结构建设。交通物流领域，中新（重庆）多式联运示范基地（一期）建成投用，年内实现作业总量1.56万TEU、总流通货值8.3亿元。鱼嘴站南站项目加快推进，为重庆、新加坡、德国杜伊斯堡港等多枢纽联动提供有力支撑。中新（重庆）铜梁冷链物流项目正式启动，中国、新加坡、匈牙利三国企业启动共建中欧班列多式联运基地。信息通信领域，新加坡资讯通信媒体发展局与市大数据发展局签署

《信息、通信和媒体领域合作谅解备忘录》。中新信息通信媒体联合创新发展资金（JIDF）累计为23个数字应用项目提供资金支持。万国数据重庆数据中心高效运行，具备1684个机柜、2.3万台服务器的支撑能力。

（五）推动“五项创新”，改革探索实践稳步推进

2022年，市中新项目管理局进一步发挥改革创新探索要义，围绕政策措施、体制机制、商业模式等方面，联合新方推动一批创新成果落地见效，有效提升项目的示范性和带动力。一是全国首创“以航空公司为单元”的保税航材海关监管模式促成新加坡航空（重庆）保税航材分拨中心落地运营，有效解决新加坡航空公司在中国的航材保障难题。该项目荣获联合国亚太地区2022年度贸易便利创新奖。二是采取“公立+民营”合作模式，吸引新方民营医疗机构和重庆公立医疗机构合作，推动重庆首个中外合资非营利性医疗机构——重庆中新肿瘤医院开诊运营，累计为超6000名患者提供高水平诊疗服务。三是中新海关关际合作持续深化，实现与新方在传染病疫情、动植物疫情、进出口商品质量安全风险监测等五个方面的信息交换共享，其先进经验已成功被推广到其他关区。四是研究制定了《中新互联互通项目创新政策备用清单》，积极争取国家有关部门支持，启动陆海新通道国际商业银行、国际陆海贸易新通道基金等创新项目的可行性研究。五是创新商业合作模式，激发了区县、企业参与项目创新开放发展的活力。

二、存在的困难

2022年，中新互联互通项目及陆海新通道建设取得了积极进展，但仍面临一些困难和挑战。新冠疫情反复和国际形势存在诸多不确定性，新加坡龙头企业来渝投资动力不足，政策支持力度有待加强，数据跨境安全有序流动等存在较大政策障碍，共建陆海新通道金融支撑能力有待提升，新领域合作尚未形成标志性项目。

三、2023年发展思路

2023年是全面贯彻落实党的二十大精神的开局之年。市中新项目管理局将认真领会党的二十大精神和市委六届二次全会精神，坚决贯彻习近平总书记关于“高水平对外开放”的系列指示要求，紧紧围绕西部大开发形成新格局、成渝地区双城经济圈建设、RCEP深入实施等重大战略举措，牢牢把握服务业扩大开放综合试点和国际消费中心城市培育建设等发展机遇，更加积极主动地把中新互联互通项目及陆海新通道建设放在中国式现代化的宏大场景中来谋划推进，努力推动项目在全面建设社会主义现代化新重庆的新征程中取得新作为、实现新突破，让“高质量”成为中新合作的鲜明标识。

（一）强化开放强市的工作导向，在高水平深化区域交流合作上作出新贡献

落实好陆海新通道这一中新高质量共建“一带一路”的标志性项目，有序带动沿线国家参与通道共建。一是组织实施《中新（重庆）战略性互联互通示范项目国际陆海贸易新通道合作规划》。二是以合作共建为桥梁，积极履行中新共建陆海新通道高官会中方秘书处职责，组织办好第三方市场对接会、共建陆海新通道专场对接会，加快拓展第三方市场合作，引导更多东盟国家和市场主体参与陆海新通道共建。三是持续推动陆海新通道与澜湄合作、东盟“10+1”“10+3”机制对接，促进更高层面的互联互通、协同发展。

（二）强化稳进增效的工作导向，在推动现代服务经济高质量发展上取得新成效

一是继续聚焦金融服务、航空产业、交通物流、信息通信等重点领域合作，加快建设中新（重庆）大数据智能化产业示范园区、中新金融科技合作示范区，不断提升中新（重庆）多式联运示范基地、新加坡航空（重庆）保税航材分拨中心的运营质量和示范效应。二是探索在跨境电商、绿色发展、数字经济、智慧城市、科技创新等领域落地一批标志性项目，积极培育合作新增长点。三是加强投资促进和贸易合作，联合有关区县赴新召开专场投资对接会，更大力度吸引新加坡重点跨国企业、产业链龙头企业来渝投资，推动形成更大范围、更广领域的高水平对外开放新格局。

（三）强化改革求变的工作导向，在制度型开放上厚植新优势

一是加强相关规则、规制、管理、标准研究，根据项目建设需要，努力探索制度型开放支持举措，提升对外开放创新实践能力。二是深化落实《中新互联互通项目创新政策备用清单》，探索开展中新“理财通”等创新试点，谋划推动国际陆海贸易新通道基金、陆海新通道国际商业银行等重大制度创新落地，形成更多可复制可推广经验。三是推动中新互联互通项目与国家级经开区、综合保税区、口岸等各类开放平台协同发力，增强项目与自贸试验区、服务业扩大开放综合试点等的政策集成，努力实现政策效用最大化。

（四）强化惠民有感的工作导向，在国际交流合作上跃上新台阶

一是联合新方高标准搭建国际合作平台，不断增强智博会、中新金融峰会、陆海新通道国际合作论坛等重大活动的合作效能，组织举办“新加坡 · 重庆周”，带动提升新加坡等外商赴渝频次、关注热度及投资水平。二是推动新加坡服务型企业参与重庆服务业扩大开放综合试点和国际消费中心城市培育建设，在医疗、教育、文旅等领域集聚一批高品质生活性服务业态，不断拓展重庆国际化消费场景，更好满足市民国际化消费需求，切实提升渝新两地居民的获得感、幸福感。

（执笔人：陈立为）

大数据管理

重庆市大数据应用发展管理局

一、2022年工作回顾

过去一年，全市大数据系统深学笃用习近平总书记关于数字中国建设的重要论述，认真落实市委、市政府部署要求，全面加强数字政府建设，聚力发展数字经济，加快培育数字社会，积极营造良好数字生态，数字重庆建设迈出坚实步伐。

（一）坚持"数字赋智"，推动数字政府高效能建设

加强顶层设计，研究制定《重庆市数字政府建设实施方案》。升级"城市大脑"，接入107个单位342个应用系统。优化"渝快办"，市级行政许可事项"最多跑一次"比例达99%，311项"川渝通办"政务服务事项全部实现。推广"渝快政"，接入应用108个，日均活跃用户3万。推广基层智慧治理平台，共享七级数据189类9亿条，有力支撑基层"常态服务、应急处置"。

（二）坚持"数字添能"，推动数字经济高质量发展

加快构建"五十百千万"数字产业发展体系，发布"满天星"行动计划45批802项应用场景，推动山外山科创板成功上市，累计集聚规上数字经济核心产业企业1900家，数字经济核心产业增加值达到2200亿元。推动数字经济和实体经济深度融合，"上云用数赋智"企业累计超过11.5万家。

（三）坚持"数字惠民"，推动数字社会高品质打造

"渝康码"助力疫情防控，推动与医保电子凭证、电子社保卡、"乘车码"关联应用。累计创建智慧医院57家、智慧校园示范学校425所、智慧旅游示范景区41个，新建成智慧小区73个。"渝快融"助企融资525亿元。

（四）坚持"数字增效"，推动数据要素市场高起点培育

颁布实施《重庆市数据条例》，在全国率先组建数据执法队伍，实现数据共享10416类、开放5603类，共享数据日均调用量突破1300万条，西部数据交易中心交易额突破1亿元。

（五）坚持"数字强基"，推动数字设施高标准完善

建成重庆人工智能创新中心、西部科学城先进数据中心，中新国际数据通道实现渝川贵直联共用，每万人拥有5G基站数19个、居西部第一，工业互联网标识解析国家顶级节点标识注册总量达149亿，IPv6活跃用户增至4121万户，累计建成"互联网小镇"186个、"互联网村"2212个。

二、发展中存在的问题

一是数字产业规模不大、结构不优。2021年，重庆数字经济核心产业增加值仅2000亿元，仅相当于数字经济强省浙江的1/4左右。产业链、价值链处于中低端，以笔电等智能终端产业为例，大部分处于价值链中低端，笔电零部件品种本地化率达95%，但多为低附加值产品，价值量占比仅为50%。

二是中小企业数字化转型意愿不强、能力不足。由于传统产业数字化转型投入大、周期长、见效慢，企业转型内生动力不足。调研发现，仅有10%的企业实现了生产、管理、物流、营销等全流程数字化管理，仅20%的企业使用了ERP、MES等生产管理系统，开展网络化协同、服务型制造、个性化定制的企业占比不足30%，50%以上的企业未实施精益生产。

三是公共数据壁垒仍然存在。长期以来，自上而下的“数据烟囱”造成的“信息孤岛”问题仍然比较突出，我市部分数据共享需求无法满足。同时，公共事业数据共享难，医院之间尚未实现患者数据的全面跨院共享。

四是数字经济人才较为缺乏。在智能网联汽车、智能装备等新型智能产品领域，普遍存在“制造业+IT+通信”高层次复合型人才缺乏、企业人才储备意识薄弱等问题；在人工智能、3D打印等新技术、新工艺研发领域，相关引领性人才偏少，严重制约新型智能产品创新研发、垂直行业数字化转型步伐。

三、2023年发展思路

（一）指导思想

坚持以习近平新时代中国特色社会主义思想为指导，深入贯彻党的二十大和二十届二中全会精神，认真落实习近平总书记关于网络强国的重要思想、数字中国的重要论述和对重庆的重要指示批示精神，坚持稳中求进工作总基调，完整、准确、全面贯彻新发展理念，积极服务和融入新发展格局，着力推动高质量发展，践行以人民为中心的发展思想，将数字化、一体化、现代化贯穿于党的领导和经济、政治、文化、社会、生态文明建设全过程各方面，以数字化变革为牵引，以一体化智能化公共数据平台为支撑，以数据赋能为依托，以重大应用为抓手，以点带面推动工作出进度、出形象、出成效，全面提升数字重庆建设的整体性、系统性、协同性，推动市域经济社会发展和治理能力的质量变革、效率变革、动力变革，为推进中国式现代化的重庆实践注入强大动力。

（二）重点任务

数字重庆建设按照“1361”的整体框架布局，“1”即搭建“一体化智能化公共数据平台”，打造数字重庆建设的智慧化平台中枢，支撑各级各系统各领域应用创新；“3”即建设三级数字化城市运行和治理中心，做到市、区县、乡镇（街道）一体部署、一贯到底；“6”即构建数字重庆“六大应用系统”，推动数字化与经济、政治、文化、社会、生态文明建设“五位一体”深度融合，实现数字党建整体智治、数字政务高效协同、数字经济活力迸发、数字社会普惠便捷、数字文化自信繁荣、数字法治保障有力；第二个“1”即打造共建共享的基层智治体系，推动重大应用向基层贯通延伸，促进基层治理现代化。

一是搭建一体化智能化公共数据平台。按照统一规划、统一架构、统一标准、统一支撑、统一管理、统一运维原则，构建“市—区县—乡镇

（街道）”一体化智能化公共数据平台，打造开放兼容、精准管理、服务高效、安全可靠的综合性集成性基础环境，建立数字资源“一本账”机制，形成算力存储“一朵云”、通信传输“一张网”、数据资源“一组库”，全面支撑数字重庆全领域改革发展。建设一体化数字资源系统，实现数字资源一体化申请、智能化开通、全周期管理。探索开展“平台+大脑”试点，推进“领域大脑+区域大脑”整体智治协同体系建设。打造基础设施、数据资源、能力组件、业务应用支撑体系，打造全市应用项目“一本账”。迭代升级“渝快办”“渝快政”，打造“掌上办事之城”“掌上办公之城”。

二是建设数字化城市运行和治理中心。在市和区县建设数字化城市运行和治理中心，在乡镇（街道）建设数字化基层治理中心，构建全局“一屏掌控”、政令“一键智达”、执行“一贯到底”、监督“一览无余”的数字化协同工作场景，提升超大城市敏捷治理、科学治理水平。市数字化城市运行和治理中心，发挥抓统筹、建体系、定标准的作用，建设市委、市政府推动各领域工作体系重构、业务流程再造、体制机制重塑，推进市域治理体系和治理能力现代化的智慧系统，形成“感知发现、决策指挥、反应处置、终端反馈”工作闭环，实现对跨区域、跨部门、跨层级事件的协同联动，精准调度区县、乡镇（街道）。区县数字化城市运行和治理中心，发挥上下贯通、横向协同、系统集成的作用，建设区县党委、政府推进数字重庆建设落实落地的属地化支撑系统，实现对公共安全、群体性事件、生产事故、重大舆情等应急突发事件的高效处置。数字化基层治理中心，发挥综合集成、条抓块统的作用，建设各乡镇（街道）党委（党工委）、政府（办事处）及时发现问题、精准控制风险、高效解决问题的一线作战系统。

三是建设整体智治的数字党建。坚持系统观念，运用系统方法，深化数字赋能，推进党政机关全方位、系统性、重塑性改革，加快党建统领的整体智治全面跃升。实现党建统领整体智治综合应用，健全综合集成、协同高效、闭环管理的工作运行机制，加快构建以“七张报表”“八张问题清单”为核心的数字化应用场景，实现各层级一体推进、步调一致、高效协同、整体提升。全面推进核心业务数字化，统筹推进各领域各部门核心业务数字化，一体引导推进人大机关、政协机关、监察机关等系统深化数字化变革。健全重大任务推进机制，健全重大任务协同执行机制，动态管控、实时迭代任务清单，搭建统一话语体系和指标体系，推进党建工作具象化、可量化、可评价。

四是发展高效协同的数字政务。推动技术融合、业务融合、数据融合，以破除跨层级、跨地域、跨系统、跨部门、跨业务堵点和壁垒为重点，提高党政机关服务效能和水平。提升数字化经济调节能力，建设经济调节数字大脑、多维度、一体化的经济运行数据库，建立“微观—中观—宏观”的数据逻辑体系，实现对经济发展指标的年对标、月画像、周监测、日跟踪。大力推行数字化市场监管，建立“审批—监管—执法—监督”闭环管理机制，推行非现场监管执法。加快推进数字化城市治理，构建全方位、多层次、立体化的城市运行管理服务体系，保障城市运行“一网统管”。加强数字化生态环保，协同推进智慧环保、智慧河长、智慧气象、智慧林长建设，打造国土空间数字化治理体系。优化利企便民数字化服务，优化“全渝通办”“一窗综办”，深化“川渝通办”“跨省通办”，打造“出生一件事”“入学一件事”“企业开办一件事”等“一件事一次办”套餐服务，构建用户全生命周期数字档案。深化“减证便民”“免证办”服务。推进

"卡、码、证"融合贯通，推广"渝快码"，打造"一码通城"。

五是培育活力迸发的数字经济。加快打造具有竞争力的数字经济产业集群，丰富拓展应用手段，不断催生新产业新业态新模式，推动数字技术与实体经济深度融合，支撑经济高质量发展。做大做优做强数字经济核心产业。构建"五十百千万"数字产业发展体系，大力推进"满天星"行动计划，打造集成电路、新型显示、智能终端、通信网络、智能网联汽车、软件、人工智能、先进计算、数字内容、区块链、互联网平台、网络安全等数字产业集群，加快"芯屏端核网"全产业链强链补链，引育一批"领军"企业和"链主"企业。聚焦数字产品制造、数字产品服务、数字技术应用和数字要素驱动，加快重大项目引进和重点项目建设，前瞻谋划布局数字产业发展"新赛道"，培育数字产业发展"新动能"。加快制造业数字化转型发展。推进农业数字化转型发展。提速服务业数字化转型发展。

六是构建普惠便捷的数字社会。坚持推动社会数字化转型发展，实施一批数字民生普惠工程，打造泛在可及、智慧便捷、公平普惠的数字化服务体系，构筑全民畅享的数字生活新图景。推动社会数字化转型发展，实施社会保障领域数字化改革，以数字化赋能社会公共空间建设，以数字化改革统筹社会均衡发展，提升社会文明数字化水平，构筑公共安全数字保障体系，运用数字手段全面激发社会活力，打造智能便捷的数字化公共服务体系。

七是打造自信繁荣的数字文化。围绕"举旗帜、聚民心、育新人、兴文化、展形象"的使命任务，推进文化数字化发展，提升数字文化服务能力，加快建设文化强市。拓展数字化思想舆论阵地，建设党的创新理论阐释传播平台，构建"媒情网情社情"联动闭环处置机制，加快建设有全国影响力的全媒体传播体系。提升文化事业的数字化服务能力，丰富网络文化新业态新模式，大力发展网络文学，打造新时代文艺精品，加快全市公共文化资源数字化，推进三峡诗歌数字化等长江国家文化公园项目建设。增强文化产业的数字化创新活力，建设数字文化出版交易市场，推动文化旅游数字化改造，培育数字文化新型业态。

八是筑牢保障有力的数字法治。坚持"法治为基、利民为本"，以数字化推动法治建设重要领域体制机制、组织架构、业务流程的系统性重塑，扎实推进立法、执法、司法、普法机制的有机衔接，不断开创法治重庆建设新局面。推进政法一体化办案，协同推进智慧法院、数字检察、数字警务、智慧司法、智慧监狱、智慧戒毒基础应用建设，实现全流程网上办案、全过程网上监督。推进川渝跨省案件信息协同建设。提升综合行政执法水平，深化乡镇（街道）综合行政执法改革，推进执法规范化、标准化、智能化建设，打造更高效更规范的综合行政执法体系。增强法治惠民实效，打造"基层法治服务专区""基层法治服务窗口""企业法治服务专区"，"点对点、一对一"开展服务。

九是推动共建共享的基层智治体系。打造全市统一的乡镇（街道）一体化治理智治平台，建立健全"一中心四板块一套网格"智治体系，推动基层治理体制机制、组织架构、方式流程、手段工具全方位系统性重塑，构建"扁平一体、条抓块统"的基层治理模式。健全党建统领基层治理数字化体系，统筹落实党的政治建设、党风廉政和反腐败、基层组织建设等领域工作。推进基层经济生态数字化发展，统筹落实经济发展、城镇建设、乡村振兴、生态保护等领域的改革任务和工作部署。加强基层平安法治数字化建设，健全执法协调机制和应急管理体系，统筹落实平安综治、信访维稳、社会治安、监管执法、安全生产、应急管理等领域工作。提升基层公共服务数字化水平，以群众需求为导向，把直接面向基层的相关事项纳入乡镇（街道）公共服务平台，并延伸至村（社区），统筹落实社会事务、便民服务、基本公共服务、审批服务等领域工作，强化线上线下服务融合。

（执笔人：黄佳）

林业管理

重庆市林业局

一、2022年发展回顾

2022年，全市林业工作在市委、市政府的坚强领导下，坚持以习近平新时代中国特色社会主义思想为指引，深入学习贯彻党的二十大和市委六届二次全会精神，全面落实党中央、国务院决策部署和市委、市政府工作安排，踔厉奋发，勇毅前行，林长制工作获国务院督查激励；完成营造林33.33万公顷、"两岸青山 · 千里林带"建设3.33万公顷，截至2022年底全市森林覆盖率达到55.04%；打赢夏季森林防火攻坚战，全年森林防火态势平稳；5个松材线虫病县级疫区达到拔除标准并报请国家林草局公布撤销；成功创建"国家森林城市"4个；梁平区获颁国际湿地城市证书，为西南地区唯一获此殊荣的城市；圆满举办2022年"文化和自然遗产日"自然遗产主题活动。

（一）深入学习宣传贯彻党的二十大精神

将学习宣传贯彻党的二十大精神作为首要政治任务，局党组9次深入学习党的二十大报告和党章，学习习近平总书记在党的二十届一中全会上的重要讲话精神以及市委市政府相关文件、会议精神，带动全市林业系统将学习宣传贯彻行动不断引向深入。印发实施学习宣传贯彻、宣传报道等方案，不断丰富党务干部培训班、"林业大讲堂"、基层党组织"三会一课"、主题党日等形式，积极开展征文评选、知识竞赛等活动，认真学习领会和宣传宣讲党的二十大精神。全面落实市委六届二次全会精神，统筹推进生态保护、生态修复、生态惠民和能力提升，在新时代新征程全面建设社会主义现代化新重庆中展现新担当实现新作为，加快构建高质量林业发展体系。

（二）全面推行林长制

持续巩固提升"双总林长"林长制工作体系，全市总林长先后16次召开总林长会议和相关专题会议研究林长制重点工作，共同签发市总林长令（第2号），带头深入林区、一线巡林调研、现场指挥，带动有关市领导和各级林长巡林超100万人次，推动解决森林资源保护管理、森林防火等问题。深入开展森林资源"四乱"突出问题专项整治，累计排查整改突出问题3214个。两位总林长共同签发林长制督查考核实施细则，市政府将林长制纳入对区县经济社会发展业绩考核和政府督查激励事项，编发林长制工作简报17期，获央视新闻、人民日报、新华社等主流媒体报道400余次。

（三）突出抓好森林防火

坚持人民至上、生命至上，面对2022年夏季百年不遇极端气候和严峻形势，书记、市长全面部署，指挥各区县及时发布林长令、封山令、禁火令，全市上下思想重视、措施落实、统筹发力、民众参与程度空前，扑灭森林火灾27起。推进林区规划编制和实施，结合秋冬季黄金季节统筹推进防灾减灾能力和森林质量“双提升”。全年新建防火标准检查站116座，森林消防水池（箱）617口，新改建林火阻隔带2427公里，组建国有林场森林消防专业队伍41支777人。红紫外复合型地表火探测器作为官方指定设备保障冬奥会张家口赛区森林防火安全。

（四）科学实施生态修复

按期完成全市国土绿化33.33万公顷计划任务，“两岸青山 · 千里林带”3.33万公顷建设任务全面完成。推进国家储备林建设，完成6.67万公顷林地收储和6.67万公顷营造林生产及管护。印发实施油茶生产三年行动方案，国家下达的新造油茶4.67万公顷、低效油茶林改造1.2万公顷的任务全部分解落实到区县。完成打击假冒伪劣林草种苗和侵犯植物新品种权国家考核各项指标。标准化创建市级林业保障性苗圃20个，审（认）定林草良种123个。完成首次全域性林木种质资源普查。

（五）持续开展生态保护

开展全方位森林督查，2021年森林督查发现问题查处到位率99%，整改到位率98%；2022年森林督查3.1万个图斑区县现地核实全部完成。落实森林资源管护人员3.4万人，管护面积333.33余万公顷。会同市规划自然资源局完成基于国土“三调”成果的森林资源专项调查。稳步推进松材线虫病疫情防控五年攻坚行动，7个县级疫区、118个乡镇疫点2.52万公顷实现无疫情，实现疫区、疫点、小班、面积、病死树“五下降”，林业有害生物成灾率下降0.4%。

（六）夯实生态惠民基础

实现全市林业及相关产业增加值占全市GDP的比重在5%以上，森林旅游和森林康养产业实现增加值超过400亿元。依托林业生态重点工程，推动全市累计发展特色经济林接近113.33万公顷，经济林产量557万吨，吸纳就业人员近200万人。推动中国西部木材贸易港建设，项目一期原木仓储及粗加工区建设运营顺利，永川港桥工业园和长寿高新技术产业开发区等涉林加工园区的发展水平不断提升，入驻企业超过200家。命名市级森林康养基地13家。服务林特产品产销对接，善融商务“重庆林特馆”已实现上架林特商品近1000种。

（七）推进自然保护地体系建设

成立工作专班加快推进神农架国家公园（重庆片区）创建工作，《设立方案》等技术材料已报国家林草局并通过专家评审。包括风景名胜区在内的自然保护地整合优化预案已报国家林草局，数据成果通过初步审查并锁定。加快推进自然保护地人类活动问题整改，完成中央巡视反馈涉林问题整改任务，缙云山、五里坡、铁峰山等问题整改全面完成并启动销号程序，中央环保督察反馈问题整改达到序时进度。完成《重庆市风景名胜区条例》的集中修正，在自然保护地等区域建立司法协同保护基地。以“湿地+”方式探索小微湿地与环境治理、生态旅游等结合，梁平区竹山镇梦溪湉园梯塘小微湿地生态修复案例入选中国履行《湿地公约》30周年成就展。

（八）加强生物多样性保护

印发《重庆市生物多样性保护林业重点工程实施方案（2022—2025年）》，市域特有保护植物崖柏2022年移栽原生境12万株，保护成效获《人民日报》长篇刊载。制定野生动物致害补偿办法，修订市重点保护野生动植物名录，印发县域陆生野生动植物调查技术指南。简化审批手续核发狩猎许可，试点野生动物致害保险、生态补偿，野猪致害现象得到有效遏制。推进林草系统外来入侵物种普查治理，实施陆生野生动物疫源疫病主动监测，印发涉林生物安全风险防控方案。

（九）积极推进林业改革

出台四方面 11 项稳经济保民生政策措施，深化“放管服”改革，申请材料在依法合规前提下实行容缺受理、实施并联审批。将“渝快办”平台与国家林草局全国林业植物检疫系统对接，优化全市林业检疫办证系统。持续推进以森林覆盖率为指标的横向生态补偿机制，区县间成交森林面积指标 0.226 万公顷，成交金额 0.85 亿元。林木种质创制团队在国际上率先建立林木精准基因编辑技术，通过现代分子育种方式创制黄栌新种质材料 1 个，将黄栌种子自然发芽率从不足 1‰提高到 60% 以上。加大先进适用技术推广力度，巫溪县核桃鲜果产量同比增长达 53%。评定重庆油茶研发中心等市级长期科研基地 3 个。

（十）着力维护林业资源安全

在全国率先建成林业行政执法网上管理办案平台，组建市级行政执法队伍。指导 36 个区县设立专门的林业行政执法机构，“市级强、区县精、乡镇实”三级林业行政执法体系初步建成。与市高法院签署协作纪要，建立 10 项林法协作机制。全年共受理查办林业行政案件 3410 起，处罚人数 3350 人次，案件总量稳中有降，林区林政秩序持续向好。全力推进安全生产“十五条硬措施”重点任务落实落地，出台举报奖励办法，未发生林业安全生产事故，实现全年“零事故，零伤亡”，2021 年度国务院安全生产和消防工作考核取得满分。

二、发展中存在的问题

同时，发展中仍然存在一些突出问题和短板。一是重庆地貌以山地、丘陵为主，其中山地占 76%，林区立地条件较差，土层薄、条件差，林草资源质量不高，单位面积林木蓄积量仅为全国的 71.2%。二是林区防火设施建设短板突出，缺乏林区空间规划统筹，林火综合阻隔网密度为每公顷 3.2 米，森林消防水池密度仅为每千公顷 0.78 个。三是林业产业市场主体带动产业发展作用不够强，集群化、规模化发展程度不够高。林业龙头企业示范作用不突出，林业产业集群化、规模化、链条化发展程度亟待提高，新产品新业态需要优化拓展。

三、2023 年发展思路

2023 年，全市林业工作将全面落实党中央、国务院决策部署和市委、市政府工作安排，持续学懂弄通做实习近平新时代中国特色社会主义思想，一刻不停地推进全面从严治党，积极服务和融入新发展格局，加强生态保护修复和系统治理，统筹提升森林防灭火能力和森林质量效益，加快建设以国家公园为主体的自然保护地体系。全市森林覆盖率稳定保持在 55% 以上，林业及相关产业增加值占全市 GDP 的比重为 5% 左右。

（一）统筹推进林长制全面发力

充分发挥林长制引领作用，持续巩固完善林长制责任体系，加强对各区县全面推行林长制的督促指导，持续压实各级林长工作责任。全面推广并持续拓展“智慧林长”应用场景和功能，网格化落实林长、网格护林员巡护责任。发挥考核激励的“指挥棒”作用，持续做好林长制督查考核和督查激励相关工作，继续开展林长制实施成效情况第三方评估。强化宣传发动，充分运用好简报、报刊、互联网等广泛宣传林长制好经验好做法好成效。

（二）科学推进国土绿化

继续抓好国土绿化试点示范和区域性系统治理项目建设，推进科学绿化试点示范市建设。实施各类营造林500万亩，“两岸青山·千里林带”建设50万亩，持续推进国土绿化任务落地上图精细化管理，落实制止耕地“非农化”，防止耕地“非粮化”要求。组织开展好市领导2023年春季义务植树活动，向社会公众公布全市义务植树点，号召广大市民群众参与义务植树活动。精心打造国储林建设样板，完成林地收储100万亩，营造林及管护100万亩。

（三）严格资源保护管理

适时启动《重庆市林地保护利用条例》修订，推进《重庆市林地保护利用规划》和《重庆市草原保护修复利用规划》编制工作，建立健全森林资源保护发展目标责任制。加强林木采伐管理，规范使用市级不可预见森林采伐限额。编制《重庆市天然林保护修复中长期规划》，继续停止天然林商业性采伐。严格公益林管理，依法依规按程序审核公益林调整。深化执法体系建设，全面推开案件网上办理。编制《重庆市湿地保护规划（2023—2030年）》，实施湿地保护修复，严格湿地面积总量管控。扎实推进松材线虫病综合防控，开展五年攻坚行动中期评估，力争拔除松材线虫病疫区1个、疫点30个，减少发生面积10万亩。

（四）加强自然保护地体系建设和野生动植物保护管理

加快推进自然保护地整合优化预案成果落地落实，编制自然保护地体系建设实施方案，组织开展整合优化后的自然保护地总体规划编制工作。推进神农架国家公园设立前期工作，加快《重庆市野生动物保护规定》《重庆市陆生野生动物造成人身伤害和财产损失补偿办法》等修订进程。

（五）狠抓森林防火安全

全面贯彻中办、国办《关于全面加强新形势下森林草原防灭火工作的意见》，进一步健全森林防灭火一体化运行机制。压实森林防火责任，纳入林长制督查考核，推动各级林长履职尽责。开展全域林区专项规划编制工作，统筹推动防火基础设施空间落地和森林质量提升。加快推进森林火灾高风险区综合治理等项目建设。着力推动全市林火视频和无人机购买服务，加强重庆市森林草原智慧防火综合管理平台运用，争取国家综合预警体系试点，提升森林防火信息化水平。

（六）发展壮大林业产业

持续推动《重庆市林业产业发展规划（2021—2025年）》实施，深化林业及相关产业增加值核算研究，全面反映林业产业发展水平及其对经济的贡献程度。加大林业龙头企业的培育和支持力度，新命名一批市级林业龙头企业，服务好近100家龙头企业，充分发挥龙头企业的示范带动作用。

（七）深化实施林业改革创新

深化集体林权制度改革，积极探索“三权分置”实现形式和运行机制，在重点生态区位开展5000亩非国有林赎买工作。深化国有林场改革发展，制定全市国有林场管理办法和国有林场特许经营制度，推进国有林场森林经营和森林碳汇全国试点。加快建设一批林草科技集成创新示范基地，持续深入开展林业“千名专家进千村”“千名专家进百企”科技帮扶活动。推进林业信息化系统融合，推进“智慧林业”大数据平台、办公系统、矢量数据平台和现有信息化系统升级融合，以数字化、信息化推动林业日常工作现代化、规范化、高效化。

（执笔人：何龙）

药品管理

重庆市药品监督管理局

一、2022年发展回顾

2022年，市药监局坚持以习近平新时代中国特色社会主义思想为指导，全面贯彻落实党的二十大精神，认真贯彻落实市第六次党代会和市委六届二次全会精神，严格落实“四个最严”要求，强监管守底线、优服务促发展、战疫情保民生，全市药品安全形势稳中向好。

（一）强化政治引领，坚持党对药品监管工作的全面领导

一是坚持把党的政治建设摆在首位。深入学习贯彻习近平新时代中国特色社会主义思想，将落实“第一议题”写入局党组会议制度，先后召开19次局党组会议跟进学习习近平总书记最新重要讲话精神，组织11次党组理论学习中心组学习深入研讨交流，确保各项工作始终沿着总书记指引的方向前进。扎实开展政治机关意识教育和对党忠诚教育，组织开展专题学习研讨19次，局党组主要负责人带头讲“对党忠诚”专题党课，班子成员列席旁听基层单位理论学习9次，教育和引导党员干部坚定拥护“两个确立”、坚决做到“两个维护”。

二是深入学习宣传贯彻党的二十大精神。第一时间组织干部职工收听收看习近平总书记所作报告和重要讲话，先后召开局党组会议、专题会议和党组理论学习中心组学习会，结合贯彻落实党的十九届六中全会精神、市第六次党代会精神、市委六届二次全会精神，反复学习领会，认真交流讨论，加深理解把握。制定学习宣传贯彻党的二十大精神24项重点任务清单，全覆盖推进党的二十大精神学习宣传贯彻。

三是严格落实全面从严治党主体责任。落实全面从严治党主体责任清单，先后召开19次党组会议研究全面从严治党、党风廉政建设、基层党建、巡视巡察等相关工作，确保管党治党责任落到实处。制定以政治建设为统领推进基层党组织标准化规范化建设工作指引，坚持党建带群建，加强统一战线工作。制定贯彻落实党委（党组）意识形态工作责任制具体措施，严格意识形态阵地管理。坚决抓好市委巡视反馈意见整改，一体推进整改落实和长效机制建立，168条整改措施全部完成并持续巩固整改成效。充分发挥巡察的“利剑”作用，对2个单位开展政治巡察，持续营造良好的政治生态。

四是持之以恒正风肃纪。锲而不舍落实中央八项规定精神，持续深化纠治“四风”，扎实抓好作风建设和整治群众身边腐败问题十项重点任务落实。深化拓展“以案四说”“以案四改”，扎实开展家庭家教家风教育。常态化排查防控廉政风险，每季度集中组织廉政风险研判，每半年会同驻市市场监管局纪检监察组开展全面从严治党及党风廉政建设专题研判，排查廉政风险点203个，制定防控措施544条。

五是全面加强干部队伍建设。坚持把政治标准放在首位，制定局管班子政治素质负面评价

清单。制定公务员四级调研员及以上职级晋升量化计分工作方案，形成能者上、优者奖的正向激励。组织提拔任用正处级领导干部 2 名、副处级领导干部 3 名，直属事业单位与局机关交流正处级领导干部 1 名。

（二）落实“四个最严”要求，把稳筑牢药品安全防线

一是扎实开展药品安全专项整治行动。坚决落实习近平总书记关于药品安全工作的重要指示批示精神，始终把专项整治行动作为重大政治任务、纳入重点工作安排，全力推进、狠抓落实。成立工作领导小组及工作专班，联合市市场监管局、市公安局制定印发整治工作方案，建立信息通报、案件移送、检验认定、行刑衔接等协同机制。全市药监部门“亮剑出击”，查处了自制中药丸添加西药成分、非法回收销售医保药品等一批典型性案件，有力震慑行业“潜规则”。全年共查处违法案件 3093 件，涉案金额达 1.7 亿元。其中，大要案 118 件、移送公安机关 155 件，分别同比增长 321%、811.8%，1 件获国家药监局挂牌督办，1 件入选国家药监局专项整治典型案例。

二是严防严控药品安全风险。深入开展“拉网式”药品安全风险隐患大排查大整治行动，开展风险研判 577 次，排查整治风险隐患 2077 个，全市没有发生重大药品安全事件。强化风险监测，开展“两品一械”抽样 10609 批，抽检合格率达到 99.3%；收到不良反应报告 5.5 万余份，未发现聚集性风险信号。

三是持续加大监督检查力度。对高风险环节和品种开展监督检查 2066 家次，采取告诫、约谈、限期整改等措施 263 家次。围绕投诉举报和风险监测发现的突出问题，及时部署开展化妆品集中交易场所、一次性使用采样拭子（器）和病毒采样管质量安全专项整治，有力维护了人民群众用药安全。

（三）发挥职能优势，全力服务疫情防控大局

一是全面加强常态化疫情防控。严格标准对 2 个防护产品开展快速审批，在国家药监局的大力支持下，2 个抗原检测试剂获批上市，1 个防控用新药获批开展药物临床试验。落实“一把手工程”要求，完成 22 家防疫产品四级监管生产企业全项目检查。迭代开发零售药店常态化疫情监测警戒系统，开展监测 4300 万人次，有效发挥了零售药店“哨点”作用。

二是全力投入中心城区疫情歼灭战。全系统闻令而动、尽锐出战，领导干部带头全时驻守单位强化指挥调度，及时督促有关企业全力保质保供，对 16 家第三方核酸检测机构开展专项执法检查，452 名党员干部下沉社区开展志愿服务。组建 189 人的应急核酸检验服务队，在 20 天内完成 75.3 万管核酸检验任务，为打赢疫情歼灭战提供了重要支撑。

三是全盘落实“新十条”优化措施。出台支持复工复产复市 10 条措施，应急审批 36 个产品委托生产和复产扩产，驻厂服务 5 家退热药品生产企业，指导 6200 余家药店开展拆零销售。着力保健康、防重症，协调国家药监局快速审批 1 个医用氧产品注册上市，加急办理阿兹夫定片受托生产并实现成功投产。

（四）积极改革创新，助推生物医药产业高质量发展

一是把服务措施做“精”。聚焦服务全市“1+5+N”医药产业体系建设，建立重点园区、重点企业、重点品种创新服务机制，组建 5 个技术服务小组 19 个服务专班精准对接 10 个重点园区 27 个重点项目。与两江新区、重庆高新区、

巴南区、大渡口区、重庆经开区共建5个生物医药创新发展服务中心，与10余个区县共同制定助推当地产业发展措施。全市25个品规仿制药通过（视同通过）一致性评价，23个药品获批上市，通过市级优先审评审批通道批准19个创新医疗器械产品上市。

二是把服务流程做“快”。深入推进审评审批制度改革，117个行政审批事项办理项实现“零跑动”，153个审批事项减少办理环节，明确23种合并办理和免于现场检查具体情形。通过提高行政审批效能，全年按时办结许可（备案）事项23546件，同比增长58%，全市企业开办、产品上市速度进一步加快。

三是把营商环境做“优”。深入推进营商环境创新试点工作，推出40条改革措施，出台22项制度。其中，合理设置化妆品质量安全负责人从业条件被国家药监局采纳并在全国推广；推进药品批发零售一体化经营，联合重庆海关在国内率先实行进口药品“一次入库、多次通关”新模式，减轻企业运营负担，受到行业好评。积极支持中药传承创新，发布中药材质量标准、中药饮片炮制规范和中药配方颗粒标准385个。全市新开办“两品一械”生产批发企业175家、净增长111家，营商环境持续向好。

（五）坚持体系推进，全面提升药品安全治理能力

一是健全完善监管制度机制。推进全市药品监管一体化联动，制定药品安全监管市、区县联动协作机制和检查力量统筹调派使用管理办法，出台推进区县药品监管能力标准化建设的实施意见及17条制度清单。推进药品监管区域协作，联合四川省药监局制定药品跨省委托生产监管协作机制、医疗器械跨省监管办法、放射性药品经营质量管理实施细则。

二是持续优化药品智慧监管平台。与“渝快办”政务平台完成对接，上线运行医药企业端，接入用户10.5万人，在线办理各类事项5071件。在党的二十大召开前夕，该平台亮相“奋进新时代”主题成就展中央展区，向习近平总书记等党和国家领导人以及党的二十大代表展现了“重庆智慧监管成就”。

三是全面加强监管能力建设。深化职业化专业化检查员队伍建设，新聘任市级检查员217名，创建首批11家检查员实训基地。在全国率先完成“十三五”国家医疗器械检验检测能力建设项目，建成投用西部领先的重庆器械检验中心，扩增2939个参数检验能力，电磁兼容实验室达到全国领先水平。

四是推进药品安全社会共治。市第六次党代会、市委六届二次全会、市食药安委（扩大）会议对药品监管工作作出部署，市、区县人民政府成立集中打击整治危害药品安全违法犯罪工作领导小组，高位推动药品安全工作落实。开展“安全用药月”等活动，引导群众深度参与药品安全综合治理。

二、发展中存在的问题

同时，发展中还仍然存在一些突出问题和短板。一是统筹发展和安全还不够均衡。更深层次发挥药监作用、超前引导和推动生物医药产业创新还有差距，特别是疫情防控进入新阶段，中小型企业产品同质化、低价值链以及滞后于市场需求、防疫需求等问题更加突出，在把握市场需求走向、强化政策引导、促成前沿技术转化等方面还较为滞后。二是监管能力和手段还跟不上监管要求。一线监管人员能力不足、业务不精的问题还比较突出，全维监测、即时感知、线上监管等以网治网的手段还比较欠缺，技术支撑机构人才

断层、设备老化制约了服务发展效能。三是营商环境创新试点政策红利释放还不够充分。引导医药行业参与药品监管改革创新先行先试的效果不明显，市场主体感知不强、回应不多。

三、2023 年发展思路

按照“跳一跳、够得着”的目标要求和“稳进增效、除险清患、改革求变、惠民有感”工作导向，2023 年重点开展“九大行动”。

（一）药品安全专项整治成果巩固提升行动

充分发挥集中打击整治危害药品安全违法犯罪工作的牵头抓总作用，推动专项整治的常态化开展，完善部门联动机制，集中力量查办大要案，形成有力震慑，以有力举措落实习近平总书记重要指示精神。

（二）成渝地区双城经济圈药品监管联动联建行动

坚决落实“一号工程”要求，按照“十项行动”和重点任务清单，加快推进食品药品检测基地、药品溯源公共服务平台建设，推进地方标准、审评核查、监督检查、处罚裁量等的互认统一。

（三）药品安全除险清患行动

全力防范化解药品安全领域重大风险，清单化、精准化抓好风险隐患台账管理，严格药品安全质量监管，坚决防止发生重大药品安全事件。

（四）防疫药械保质稳产行动

开展涉疫药品和医疗用品稳价保质专项检查，督促应急审批和复产扩产企业健全质量管理体系，继续做好防疫药械研制生产的服务保障。

（五）服务发展稳进增效行动

开展营商环境创新试点改革措施“回头看”，强化“三重”创新服务清单的滚动管理，推进生物医药创新发展服务中心建设，对体外诊断试剂、疫苗、抗体药物等创新产品实施精准帮扶。

（六）监管创新药监智治行动

推进药品智慧监管平台的升级改造，推进“两品一械”档案试点工作，拓展医药企业端功能，探索推进非现场监管。

（七）惠民有感安心用药行动

支持和规范自动售药、网订店送、中药代煎、24 小时药店、代客寻药等民生药事服务，开展“诚信药店”“放心药店”等创建活动。

（八）药品监管能力提升行动

持续推进区县药品监管能力标准化建设，启动区县药品监管骨干能力提升“千人计划”，加快推进技术支撑机构迁（扩）建项目实施和重点实验室建设。

（九）强党性、正党风、严党纪行动

完善习近平总书记重要指示批示精神闭环落实机制，健全坚决拥护“两个确立”、坚决做到“两个维护”的制度机制。持续兴起学习宣传贯彻党的二十大精神热潮，清单化、项目化、事项化抓好重点任务落实。坚定不移推进全面从严治党，持续巩固巡视巡察整改成效，加强领导班子和干部队伍建设。

（执笔人：刘庆恒）

知识产权

重庆市知识产权局

一、2022年发展回顾

2022年，全市知识产权系统坚持以习近平新时代中国特色社会主义思想为指导，深入学习宣传贯彻党的十九大、十九届历次全会和党的二十大精神以及习近平总书记视察重庆重要指示要求和关于知识产权系列重要指示论述，认真贯彻落实党中央、国务院关于全面深化改革、优化营商环境、成渝双城经济圈建设、加快建设全国统一大市场、助企纾困、稳经济大盘等决策部署，全面贯彻重庆市第六次党代会精神，按照市委市政府、国家知识产权局安排部署和市市场监管局党组工作要求，坚持统筹推进安全稳定与发展、坚持将党建与业务工作相融合，以高度的政治自觉扎实做好巡视整改工作，推动知识产权各项事业取得积极成效。

全市每万人口发明专利拥有量达到16.14件，每万人口高价值发明专利拥有量达到5.48件，专利密集型产业增加值占GDP比重达到10.8%；有效注册商标总量达到80.66万件，地理标志总量达到295件。重庆市知识产权局牵头承担的国务院营商环境创新试点五项改革任务的经验做法分别被国务院职转办和国家知识产权局转发推广。大力推动知识产权运营机制建设，在全国率先出台《知识产权市场化定价和交易工作指引》，率先引入政府性担保基金代偿。“强化专利信息分析，助推高质量发展”等先进做法被纳入首批知识产权强国建设典型案例在全国范围推广。全市知识产权保护社会满意度位居全国前列。

（一）坚持高位推动，知识产权顶层设计全面加强

一是开启知识产权强市建设新征程。市委、市政府印发的《重庆市知识产权强市建设纲要》，是我市首次以市委、市政府名义在知识产权领域出台的纲领性文件，纲要对今后15年全面推进知识产权强市建设作出了系统谋划和总体部署。印发实施《重庆市知识产权强市建设纲要和“十四五”规划2022年推进计划》。二是知识产权地方立法工作取得积极进展。高质量完成《重庆市专利促进与保护条例（修订）》起草任务，积极开展《重庆市知识产权保护条例》调研工作。三是知识产权高质量发展格局加快形成。市政府办公厅印发《重庆市高价值发明专利质量提升行动方案（2022—2024年）》，明确了13项工作举措和8项扶持政策，市知识产权局牵头会同市经济信息委、市科技局等部门细化分解指标和工作举措，推动方案落地落实。经市委、市政府同意，新增设立重庆专利奖奖项，制定《重庆专利奖评审奖励办法》。

（二）坚持多措并举，知识产权质量效益稳步提升

一是高价值专利培育工作进一步优化。制定《重庆市高价值专利培育项目实施细则》，以

重点实验室、大院大所、专精特新企业为重点，立项支持12个高价值专利培育项目，实现制造业产业集群全覆盖。举办高价值专利撰写、专利分析、高价值专利挖掘等培训7场。渝北、南岸等区县聚焦重点产业、企业和研发活动持续提升专利“含金量”。二是专利导航工作体系进一步完善。面向企业、产业、园区运用产业数据和专利数据开展双轮导航，引导和支持2000家企业运用专利大数据资源导航技术研发和产品创新。重庆知识产权保护中心获批首批国家级专利导航支撑服务机构。三是商标品牌培育成效进一步显现。制定《重庆市地理标志品牌培育指南》，印发《重庆市商标品牌指导站建设与运行管理办法（试行）》，布局设立集商标品牌培育、保护、运用、管理等于一体的公益性工作平台。深入开展地理标志助力乡村振兴行动，会同市商务委开展“渝惠全城”“渝乡优品”产业振兴计划等活动。四是知识产权运营效益进一步提高。积极推进重庆知识产权运营中心建设，发布市场化定价和交易工作指引，知识产权挂牌、收储、交易、作价入股等市场化运营成效初显。会同市财政局、重庆银保监局、人行重庆营管部建立知识产权质押融资工作常态化推进机制。九龙坡、北碚、合川、永川、璧山等区县强化质押融资机制、产品和服务创新，推动知识产权质押融资增量提质。全市共办理专利商标质押融资119笔、金额16.24亿元，新增发放知识价值信用贷款43.26亿元、惠及企业2403家。

（三）坚持改革创新，知识产权保护助推营商环境优化持续发力

一是知识产权协同保护机制不断健全。会同市检察院出台《关于强化知识产权协同保护的具体措施》。联合市司法局、重庆贸促会出台《关于加强知识产权调解工作的实施意见》，调解知识产权纠纷4036件。会同相关部门建立知识产权“快调+速裁+精审”行政裁决模式。荣昌区、渝中区分别完成我市首例专利、商标纠纷行政调解协议司法确认。二是知识产权行政保护效能不断提升。成立专利侵权纠纷行政裁决综合办公室，有效统筹市和区县两级知识产权执法力量，相关经验被国家知识产权局、司法部联合推介。建立专利侵权纠纷技术调查官制度，组织开展首批专利侵权纠纷行政裁决技术调查官遴选工作。发布2021年重庆市知识产权行政保护典型案例。涪陵区、九龙坡区加强涉奥知识产权保护。2022年共办理专利侵权纠纷案件738件；查办假冒专利和商标侵权案件995件，涉案金额2563万元。三是知识产权保护平台建设不断完善。加快推进中国（重庆）知识产权保护中心建设。与国家海外知识产权纠纷应对指导中心签订战略合作协议，设立8家海外知识产权纠纷应对指导工作站，建立2000余家企业海外知识产权纠纷应对基础信息数据库，对重大纠纷案件提供专家顾问“一对一”保障。四是川渝知识产权合作向纵深推进。制定印发《2022年川渝知识产权合作重点工作任务清单》。推动国家专利审协四川中心在渝设立工作站，推动成立成渝双城经济圈高校知识产权信息服务联盟。组织开展“巴蜀味道”知识产权联合执法专项行动，形成区域知识产权保护合力。

（四）坚持统筹推进，知识产权管理服务能力不断增强

一是知识产权公共服务体系不断健全。积极推动知识产权公共服务平台建设，支持綦江、潼南、酉阳、梁平、忠县、城口等区县设立知识产权综合服务中心。大力推进技术与创新支持中心（TISC）、高校国家知识产权信息服务中心等公共服务骨干机构建设。国防专利代办窗口累计

受理国防专利申请61批527件，受理量位居全国前列。二是助力市场主体纾困解难有力有效。建立商标快速审查机制，对重点企业、“专精特新”企业、重大招商项目商标注册提供预检索服务，提高商标注册申请成功率。发挥专利“优先审查”绿色通道作用，共办理专利优先审查1189件，为9349家企业办理专利费用减缴备案。持续开展“为科技工作者办实事助科技工作者作贡献”行动，为275位优秀科学家及其团队提供专利信息检索分析等服务。三是知识产权服务业监管体系建设加速推进。深入推进代理行业“蓝天”专项整治行动，持续开展“双随机、一公开”工作，引导规范服务行业健康发展。持续推进打击非正常专利申请工作，北碚区、开州区、铜梁区等17个区县非正常专利申请撤回率达到100%。四是知识产权专业人才队伍建设不断加强。实施首批市级知识产权培训基地项目，推进人才培养载体建设。推进高层次、专业性及实务型人才培养，新增知识产权师51人。推动重庆理工大学等高校建设知识产权交叉学科。圆满完成2022年全国专利代理师考试重庆考点工作。

二、全力做好2023年知识产权重点工作

2023年是全面贯彻落实党的二十大精神、奋力推进现代化新重庆建设的开局之年，也是实施《中华人民共和国国民经济和社会发展第十四个五年规划和2035年远景目标纲要》承上启下重要的一年。知识产权工作的总体思路是：坚持以习近平新时代中国特色社会主义思想为指导，完整准确全面贯彻新发展理念，深入学习宣传贯彻党的二十大和市委六届二次全会、市委经济工作会议精神，全面落实市委、市政府安排部署和市市场监管局党组要求，对标对表知识产权强市纲要、“十四五”规划重点内容，全面提升知识产权创造质量、运用效益、保护效果、管理能力和服务水平，扎实推动知识产权事业稳中求进高质量发展，为全面建设社会主义现代化新重庆提供有力支撑。

2023年主要预期目标是：支撑经济高质量发展的成效更加明显，引领科技创新中心建设的能力显著提升，优化营商环境的保护体系更加健全。力争全市每万人发明专利拥有量突破18件，增长12%；每万人高价值发明专利拥有量突破7件，增长28%；专利密集型产业增加值占GDP的比重达到12%，增长11%。全年知识价值信用贷款额、知识产权质押融资额分别新增50亿元、18亿元；知识产权服务业年营业收入突破12亿元；推动高校院所面向中小企业转让、许可专利10000次以上；全市知识产权保护社会满意度达到81.5分以上。重点抓好以下四个方面工作。

（一）全面加强知识产权法治保障

一是深入推进知识产权立法工作，不断完善知识产权法律制度。高质量完成《重庆市专利促进与保护条例》修订工作。扎实做好《重庆市知识产权保护条例》《重庆市地理标志条例》立法预备及调研阶段工作任务。探索制定新领域、新技术知识产权保护规则。二是深入开展知识产权行政保护专项行动，切实提高知识产权保护效能。严格执行知识产权保护制度，推动知识产权全面保护、平等保护、严格保护和及时保护，探索建立知识产权保护自律机制。加强知识产权协同保护，进一步完善知识产权保护联席会议制度，强化知识产权行政保护、刑事司法、社会共治等多元治理。贯彻落实市委“一号工程”，深入推进成渝地区双城经济圈建设十项行动知识产权重点任务。加快构建知识产权保护体系，推动国家和市级知识产权保护示范区建设，争取国家知识产权局批准设立中国（重庆）知识产权保护

中心，完善知识产权调解、仲裁、公证、鉴定、维权援助组织，加强基层知识产权行政执法队伍建设。三是深入实施“保知识产权、护知名品牌”专项行动，更好规范知识产权市场秩序。强化“双随机、一公开”监管和“互联网 + 监管”，严厉打击不以保护创新为目的的非正常专利申请和商标恶意注册行为。深化商标品牌监测预警工作，加强对驰名商标认定、申报工作的业务指导和督查督导，切实维护商标权利人和消费者的合法权益。联动相关部门设立一批知识产权综合保护联系点，完善企业海外知识产权纠纷应对指导与援助机制，提高企业运用知识产权维护、拓展海外市场能力。

（二）积极促进知识产权创造运用

一是聚焦建设具有全国影响力的科技创新中心，加速高价值发明专利质量提升。启动首届重庆专利奖评选工作，激励更多高价值专利及高质量产品产出。推广“知研合一”高价值专利培育工作模式，围绕全市重点产业集群和新型高端研发机构、“专精特新”小巨人企业等创新主体，实施一批高价值专利培育项目。加大对高能级创新平台的知识产权伴随式服务力度，强化关键核心技术领域高价值专利储备。推进知识产权强链和“产才对接”，通过“揭榜挂帅”等方式开展产业专利导航。联合市经济信息委实施知识产权服务“专精特新”中小企业专项行动，培育一批国家级知识产权优势示范企业。联合市科技局启动全市高新技术企业和科技型企业“双倍增”计划，提升高价值发明专利产出。二是聚焦支撑经济高质量发展，加速知识产权转化促进。深化重庆知识产权运营中心等运营服务载体建设，引进培育一批知识产权运营服务机构，推动形成“1+N”知识产权运营服务体系。启动实施“百校千项”高价值专利培育转化行动，组织开展高校、科研院所专利拍卖季活动，推动高校院所存量专利转移转化。实施新一轮“知识产权百亿融资”行动计划，建立银行金融机构和企业质押融资白名单双向推送机制。推进知识产权质押融资风险补偿机制有序运行，开发上线“知识产权质押担保贷款”专属金融产品“知信贷”。三是聚焦促进城乡融合发展，加速地理标志品牌提升。围绕预制菜等实施一批地理标志运用促进项目，创新地理标志产品产业与生态农业、文化旅游等关联产业协同促进的“1+N”发展模式。紧贴产业和园区需求，布局建设一批商标品牌指导站，打通商标品牌服务“最后一公里”。发布《重庆市地理标志品牌地图》，遴选发布一批地理标志品牌助力乡村振兴、产业兴旺、农民增收的典型案例和经验做法。

（三）全力提升知识产权服务能力

一是深化知识产权“放管服”改革，不断提高便民利民服务水平。加强“一窗通办”服务能力建设，拓展集成电路布图、地理标志、专利开放许可等新业务。联合国家知识产权局专利局四川审查协作中心开展发明专利集中审查试点，助力我市战略性新兴产业高价值专利培育。加强重庆市知识产权公共服务平台建设，推进政务服务事项“网上办”，拓展应用场景。二是实施知识产权公共服务普惠工程，切实增强人民群众的获得感。支持更多区县设立综合性知识产权服务中心，提升技术与创新支持中心（TISC）、高校知识产权信息服务中心、公共服务网点服务能力，扩大公共服务产品供给。强化公共服务数字化支撑，完善知识产权数据资源目录，建设开放一批知识产权专题数据库，更好地服务区域和行业发展战略。三是规范知识产权代理行业秩序，积极促进服务业高质量发展。健全代理行业监管长效机制，推进实施信用评价管理，建立评价指标体系，督促服务机构加强行业自律。举办川渝地区专利检索大赛，开展成渝经济圈高校知识产权信息服务联盟经验交流活动。加快知识产权服务业与实体经济融合发展，培育一批市级知识产权品牌服务机构。

（四）不断加强知识产权基础建设

一是围绕知识产权人才发展需求，大力推进知识产权人才培养工作。推进有条件的理工科高校设立知识产权二级（交叉）学科，加强知识产权专业人才培养。推进首批4家市级知识产权培训基地建设和运行，强化专利代理师、知识产权师、专利分析人员、知识产权国际化人才培养。加大基层知识产权行政管理人员的培训力度，提高管理服务水平。二是围绕提高全民守法意识，积极培育知识产权法治文化。广泛宣传、深入普及知识产权文化理念，增强全社会尊重和保护知识产权意识。认真开展重庆市知识产权宣传周等大型活动，打造宣传文化精品，提升传播力影响力。开展重庆市知识产权文化教育传播基地试点工作。深入推进中小学知识产权普及教育，培育一批知识产权教育试点学校。三是围绕知识产权强市建设热点难点问题，不断加强政策理论研究。围绕支持全面创新，聚焦全市战略性新兴产业发展堵点难题，强化知识产权业务领域重大理论和实践问题研究。继续实施一批知识产权软科学研究项目，加快推进重庆知识产权专家人才库建设，充分发挥专家咨询委员会、知识产权研究机构等的作用，不断提高创新主体知识产权研究水平和综合运用能力。

（执笔人：贺景凯）

供销合作

重庆市供销合作总社

一、2022 年发展回顾

刚刚过去的 2022 年，经济社会发展面临多重挑战，困难和压力超出预期。全系统在市委、市政府的坚强领导和全国总社的大力指导下，坚持以习近平新时代中国特色社会主义思想为指导，深入学习贯彻党的二十大精神，全面落实习近平总书记对重庆的重要指示批示精神和对供销合作社工作的重要指示精神，紧紧围绕全市“三农”大局，以“提质增效年”为主题，持续深化综合改革，全面推进“三社”融合发展，全力提升为农服务能力，积极服务乡村振兴，各项工作取得积极成效。全系统全年实现销售总额 2393.8 亿元、同比增长 12.3%，利润总额 8.6 亿元、同比增长 5.4%，资产总额 268.1 亿元、同比增长 4%。

市委、市政府和全国总社领导同志多次作出批示，充分肯定重庆供销工作。全市供销合作社多项工作在全国供销合作社系统工作会上作经验交流发言，并荣获全国供销合作社系统综合业绩考核省级优胜单位一等奖，财务信息管理工作连续五年排名全国系统第一。各级主流媒体纷纷报道供销合作社为农服务成效，社会反响良好。

（一）综合改革持续深化

联合社机关主导的行业指导体系加快完善，36 个区县落实理事会和监事会编制，24 个区县配备监事会主任，15 个区县召开了社员代表大会。社有企业支撑的经营服务体系加快建立，全系统社有企业积极回归为农服务主业，主动与基层组织联合合作，推动上下贯通，为农服务实力和能力大幅提升。启动实施生产、供销、信用“三位一体”综合合作试点，在璧山区实施全国总社整县推进乡镇为农服务综合体建设试点，取得了阶段性成效。

（二）“三社”融合深入推进

全面落实市政府《深入推进“三社”融合发展政策措施》，设立专项预算和农民专业合作社风险补偿资金、贴息资金，指导 32 个区县以政府名义出台了贯彻落实文件。积极推动基层社与农民专业合作社融合发展，建立股份合作关系 1253 家、生产合作关系 1402 家、开展产销服务近 2000 家。积极推动基层社与重庆农商行乡镇分支机构业务融合，共建农村普惠金融便民服务点 400 余个。积极推广“村社共建”模式，培育“三社”促“三变”示范点 124 个。启动 6 个区县农民专业合作社信用评价体系建设试点工作，推动“村村旺 · 农服通”信息平台上线运营，试点区县获贷 2.55 亿元。

（三）基层组织基础更加巩固

完成 2020~2022 年基层社三年规划建设任务，基层社和示范社总量分别达到 915 个、400 个，基本实现涉农区域为农服务功能全覆盖。新培育农村综合服务社星级社400个，农村综合服务社和星级社总量分别达到6420个、1481个。制定全市400个区域性为农服务中心建设规划，在17个市级乡村振兴重点帮扶乡镇建成为农服务中心。持续加强农民合作社服务中心规范化建设，全市36个区县农民合作社服务中心签约服务涉农经营主体达到8407家。

（四）农业社会化服务能力不断增强

按照“搭平台、建体系、树品牌、强服务、增效益”的工作思路，成立市智慧农服集团，组建16个区县智慧农服子公司，与基层社联建323个服务站，与农村综合服务社联建1083个服务点，整合服务网点2700多个，“1+4+N”农业社会化服务体系趋于完善。全系统组建专业化服务组织513个，服务规模831万亩次/年，带动农业生产资料供应236万吨/年。市智慧农服集团“构建服务体系，探索丘陵山区农业发展新模式”的做法，被农业农村部评为60个农业社会化服务典型案例之一在全国推广。加快推动废弃农膜回收利用，累计建成村级回收网点6947个、覆盖率达86.8%，2022年回收废弃农膜1.2万吨、回收率达91.4%，回收肥料包装物2636吨。积极做好化肥供应，2022年销售化肥320万吨，其中春耕期间销售220万吨，有力保障了全市春耕备耕生产。

（五）农村现代流通建设全面提速

积极参与县域流通服务网络建设提升行动，6个区县被纳入全国总社培育名单。持续加强服务体系建设，全系统已建成集采集配中心6个、流通经营服务网点1.4万个，经营的各类农产品市场达52个，其中中心城区10个。三峡柑橘集团积极发挥龙头牵引带动作用，分级推出“三峡壹號”高端品牌、“三峡柑橘”中端品牌。“村村旺”农村电商平台大力发展订单农业，链接各类农产品生产基地20万亩，全年平台交易结算规模达66亿元、农产品交易量1464.3万斤，跻身重庆市十大互联网平台，成为唯一入选“重庆数字乡村十佳示范案例”的农村电商平台。持续抓好“832平台”运营，较上年新增交易额3.45亿元、累计达到9.29亿元。

（六）社有企业发展稳中有进

按照“防风险、控成本、增效益”工作思路，持续做强为农服务主责主业，企业整体向高质量发展不断迈进。2022年，全系统社有企业实现营业收入568.2亿元、利润总额8.6亿元、资产总额268.1亿元，市属直属企业实现营收458.7亿元、利润7826万元、资产总额180亿元。

（七）从严管党治党不断加强

认真贯彻落实新时代党的建设总要求，始终把党的政治建设摆在首位，坚决拥护“两个确立”、坚决做到“两个维护”。坚持全面彻底干净肃清孙政才恶劣影响和薄熙来、王立军流毒，坚决肃清邓恢林流毒影响。深刻汲取梁从友严重违纪违法典型案件惨痛教训，务实推进以案促改、以案促治。积极配合做好六届市委第一轮巡视工作。严格落实中央八项规定精神及市委实施意见，坚决纠治“四风”突出问题。市社选人用人“一报告两评议”满意度平均值连续四年持续攀升，达到98分、高于全市平均值2.93分。成功创建市级文明单位。

（八）其他重点工作协调推进

自觉接受人大监督和政协监督，人大建议、政协提案连续五年按时办结率100%、满意率100%。涉农高职院校筹建有序推进，已纳入重庆市高等学校设置“十四五”专项规划。安全生产形势稳定，全年未发生重特大安全生产事故。信访态势趋稳，一批遗留问题和矛盾纠纷得到有效化解。烟花爆竹专营管理规范有序。

二、发展中存在的问题

在肯定成绩的同时，也应清醒认识到发展中面临的一些困难和问题：推进“三社”融合发展不平衡、不够深入，个别区县在政策机制方面配套不足；基层组织基础薄弱，发展质量不高，服务功能不完备，吸引力、聚合力不强，与村集体经济组织、农民专业合作社利益联结不够紧密；农业社会化服务体系建设亟须加快，服务规模、服务能力有待提升；农产品流通体系不够健全，农产品市场和集采集配中心不多，物流基础设施设备欠缺，整体合力不够，辐射带动能力不足；社有企业实力不强，龙头企业带动作用不突出，特别是区县社直属企业实力较弱。

三、2023年发展思路

2023年，市供销合作社将以党的二十大精神为指引，按照市委、市政府工作安排，持续深化综合改革，纵深推进“三社”融合发展，积极参与“四千行动”，着力提升为农服务能力，在新时代新征程新重庆建设中展现新担当新作为，为全面推进乡村振兴、加快农业农村现代化和全面建设社会主义现代化新重庆贡献力量。

（一）以市委“一号”工程为引领，聚焦重点抓出成效

深化系统内企业业务、金融服务、职业教育等多方位交流合作，积极参与成渝现代高效特色农业带建设，加强农产品产销对接，共同推进市场建设，构建农业社会化服务体系，创新人才培养交流，推动成渝两地市、区、县供销合作社联动合作。

（二）以改革目标为导向，持续深化综合改革

加强改革系统集成和整体推进，推动综合改革在更大范围、更广领域取得新成效。适时召开市供销合作社第四次社员代表大会，进一步完善全系统社员代表大会、理事会、监事会“三会”制度。大力推进系统内联合发展，在行业指导、企业发展、项目建设等方面加强对接，提升系统的整体优势和竞争力。主动参与乡村数智化建设，推进供销合作社产业数字化，加快经营服务网点信息化改造、数字化赋能，实现线上线下一体发展。

（三）以扩面提质为抓手，推进“三社”融合发展

持续抓好基层社与农民专业合作社、社有企业的融合发展，规范股份合作、生产合作、服务合作方式，力争2023年实现全市5000家农民专业合作社与基层社融合发展。持续探索“三社”融合促进农村“三变”改革工作机制。持续抓好“三位一体”综合合作试点工作，完成农民专业合作社信用评价体系建设试点工作，推广试点经验做法。

（四）以利益联结为纽带，打造综合服务平台

一是建强“两级组织”。按照“四有”标准，每年按基层社总量10%改造提升薄弱社，2023年力争改造提升100个薄弱社。持续加大农村综合服务社发展力度，全年新培育170个农村综合服务社星级社。二是建设“两个中心”。围绕增强农资供应服务、农业社会化服务、农产品流通服务、农产品加工服务“四个能力”，加快基层社示范社提质增效，打造区域性为农服务中心。

提档升级36个区县农民合作社服务中心，拓展农村金融、农村综合信息、农村技术培训、农产品产销对接等服务功能。2023年打造86个区域性为农服务中心、36个农民合作社服务中心，签约涉农经营主体新增1000家。

（五）以提升能力为根本，构建两大服务体系

一是加快构建农业社会化服务体系。持续加强市智慧农服集团建设，以基层社和农村综合服务社为载体建设农业社会化服务站点，逐步形成市、区县、乡镇、村四级上下贯通、一体推进的服务格局。积极参与“千万亩高标准农田建设行动”，做好高标准农田“四改一化”后期的托管和生产服务工作。集中力量培育“重庆智慧农服”品牌，把供销合作社打造为农业社会化服务的主导力量。2023年力争全系统农业生产性服务规模1000万亩次，农业生产托管服务面积120万亩。二是加快构建农产品现代流通体系。深度参与全市农村“物流网”建设，深入实施供销合作社县域流通服务网络建设提升行动，加快布局以“三个一”为龙头的县域流通体系建设，推动有条件的区县供销合作社建设一个农产品和农资企业、一个农产品市场、一个集采集配中心。建设和升级一批农产品生鲜冷链、农产品市场，提升全系统保供稳价能力。充分发挥农资流通主渠道作用，全力做好重要农时的农资储备、调运、供应工作，着力保供稳价，服务国家粮食安全。

（六）以提质增效为目标，做大做强社有企业

坚持“防风险、控成本、增效益”的发展思路，致力于强龙头、补链条、兴业态、树品牌，推动社有企业回归主业，坚定不移做强做优做大社有企业，构建以社有企业为支撑的经营服务体系。加快推进智慧农服、三峡柑橘、“村村旺”等重点项目，培育壮大一批主业突出、活力充沛、市场竞争力强、行业影响大的市级龙头社有企业。

（七）以党的政治建设为统领，推进全面从严治党

坚持和加强党的全面领导，严守政治纪律和政治规矩，深刻领悟“两个确立”的决定性意义，增强“四个意识”、坚定“四个自信”、做到“两个维护”。坚决扛起全面从严治党主体责任，持之以恒深化全面从严治社，切实担负起新时代赋予的重大职责使命。

（执笔人：陈俊宇）

重庆税务

重庆市税务局

一、2022年发展回顾

2022年，国家税务总局重庆市税务局以习近平新时代中国特色社会主义思想为指导，深入贯彻党中央、国务院重大决策部署和国家税务总局、中共重庆市委、重庆市政府工作安排，围绕“抓好党务、干好税务、带好队伍”，坚持党对税收工作的全面领导，深入开展党史学习教育，秉持“提升站位、履职尽责、集成增效、团结进取”理念，以弘扬红岩精神为引领提振干事创业精气神，以服务双城经济圈建设为抓手推动高质量发展，全力履行税收职能，持续深化税收征管改革，推动税收事业发展。落实新的组合式税费支持政策金额超750亿元，惠及所有行业140余万户次经营主体。组织税费收入首次突破6000亿元，实现6219.8亿元，其中税收收入2461亿元、社保费1863.4亿元、非税及其他收入1895.4亿元，税费并重格局已然形成；干部队伍干事创业氛围有力增强，人才数量更加充足；加快构建“六位一体”税务系统全面从严治党新格局，为推动税收改革发展提供坚强的政治和纪律保证。

（一）学习宣传贯彻党的二十大精神

推动学习贯彻党的二十大精神持续走深走实，重庆税务系统各级党组织通过党委会议、党委理论学习中心组会议、专家辅导、“三会一课”、主题党日等多种方式开展学习研讨，开展“税收现代化服务中国式现代化”大讨论，征集主题征文433篇，形成理论研究文章374篇。

（二）党建工作

坚持把党的政治建设摆在首位，紧紧围绕迎接和学习宣传贯彻党的二十大精神工作主线，着力在深学习、实调研、抓转化等重点工作上强化责任担当。重庆税务系统各级党组织开展党的二十大精神学习研讨3180余次，征集意见建议1298余条，形成理论成果374篇，撰写主题征文561篇，形成了系列税收现代化服务中国式现代化的思路、方法和举措。着力抓好“两个责任”，聚焦统筹推进、纵合横通、综合监督同向发力，压力层层传导，厚植严的氛围。坚持推动党的建设高质量发展，实施“党建铸魂行动”，涌现党建品牌50余个，全年新创省部级以上荣誉58项。“城市治理中的税力量”等3个创新案例得到税务总局肯定推广；“哨音党支部”品牌被重庆市直机关工委在全市推介；107名干部深入乡村振兴前沿，在攻坚克难中展现税务担当。

（三）税费政策落实

建立“政府主导、部门协同、税务主责、系统联动”的工作格局，完善提级 + 会审、抽查 + 稽查、督察 + 纪检等工作机制，优化留抵退税申请、全程电子退库等系统功能，推动新的组合式税费支持政策落准落稳落好。全年落实新的组合式税费支持政策金额超750亿元，其中办理留抵退税422.4亿元、新增减税降费176.9亿元、缓缴税费154.6亿元，惠及所有行业140余万户次经营主体。

（四）税收收入情况

全年累计完成各项税收收入2618.3亿元（含海关代征增值税、消费税、未扣减出口退税），比上年下降13.9%。其中，税务部门组织税收收入实现2461亿元，减少428.1亿元，下降14.8%，扣除留抵退税因素还原后下降6%；海关代征税收157.3亿元，增加3.8亿元，增长2.5%；办理出口退税227.5亿元，增加11.1亿元，增长5.1%。

（五）社会保险费

征收社会保险费1863.4亿元，比上年增长16.2%。其中，企业职工基本养老保险费1032.5亿元，机关事业单位基本养老保险费156.3亿元，职工基本医疗保险费（含大额）487.4亿元，失业保险费30.6亿元，工伤保险费29.2亿元，城乡居民基本养老保险费29.1亿元，城乡居民医疗保险费97.9亿元，离休干部统筹医疗0.4亿元。

（六）非税收入

推动精诚共治，强化部门协作，平稳有序完成国有土地使用权出让收入和矿产资源专项收入征管职责划转，通过信息互联互通，实现两项收入征退费全程电子化办理，重庆税务部门征收的非税收入增加至24项，全年组织非税收入1795.97亿元，代征工会经费8.17亿元。落实降费缓费政策，教育费附加等非税收入全年累计减免39.37亿元。

（七）国际税收

重庆入库非居民税收41.62亿元。落实税收协定待遇减免税款13.31亿元，落实递延纳税政策促使境外投资者扩大在华投资33.63亿元，落实境外税收抵免政策为“走出去”企业抵免税款1611万元。重庆市电子税务局国际税收套餐服务移动端、掌上端功能已达10项。扎实开展反避税立结案工作，首次实现境外母公司认可重庆本地企业对无形资产价值提升的贡献，并作出补偿。

（八）税收法治

上线行政处罚裁量智能辅助系统，实现违法行为自动识别、违法情节自动判断、“首违不罚”智能提醒、处罚金额自动计算，变自由裁量“主观题”为标准化计算“客观题”，共智能裁量简易处罚案件10万余件；全面推行“三项制度”，完善行政执法信息公示平台，实现七大类公示信息全覆盖，通过执法信息公示平台发布信息27万余条。开展15项非强制执法方式试点，制定12项不予实施行政强制措施事项清单，彰显税务执法“温度”；妥善化解涉税案件，共办理行政复议案件36件、行政应诉案件21件、审理重大税务案件147件。

（九）办税缴费服务

深入实施“便民办税春风行动”，推出五类97项措施和五方面18条办税服务厅质效提升行动计划，加快办税服务厅智能化建设，创新推出电子税收完税证明、存量房转移登记税费同缴、12366纳税缴费服务热线办问协同、车船税全国联网信息查验等系列服务举措，深化推广“跨省电子缴税”等特色项目，办税缴费便利化水平不断提高。实现250项涉税事项全程网上办理，

96% 以上的企业税费业务线上办理。在国家税务总局委托第三方开展的全国税务系统 2022 年纳税人满意度调查中，重庆市税务局综合得分位列全国第二。

（十）深化税收征管改革

落实《关于进一步深化税收征管改革的意见》，统一税务管理行为，推进征管质量监控评价，科学建立 28 个基础征管评价指标，全面监控基层征管基础指引执行情况。落实 78 项重点任务，推动 5 个特色项目纳入 2022 年重庆市全面深化改革重点事项，深度融入重庆改革发展大局。

（十一）征收管理

持续深化税务领域“放管服”改革。做好设备安装部署、地方特色软件升级改造、应用系统部署、培训辅导、系统集中测试等工作，有序推进数字化电子发票上线工作。与重庆市人民检察院、重庆市高级人民法院建立公共利益保护工作机制和企业破产处置协作机制，与重庆市民政局、重庆市生态环境局、重庆市规划和自然资源局等部门拓展合作范围，深化信息共享和征管互助。

（十二）大数据和风险管理

推动数字化升级和智能化改造，推行智能疑点推送，建设“数据清分库”“数据加工厂”，建立分级分类数据运维机制。与重庆市住房城乡建委等 18 个部门开展信息共享工作，全年获取外部涉税数据 3000 余万条。利用川渝税务数据共享交换专线通道，累计交换涉税数据 191 万余条。

（十三）税务稽查

依托七部门协作机制，常态化打击虚开骗税违法犯罪，全年共计查处案件 1193 件，查补收入 45.58 亿元，入库收入 30.64 亿元。深化警税协作，推动警税合成指挥中心及 8 个办公室实体化运转，常态化派驻警税人员 144 名，制定《警税协作信息传递工作规范（试行）》及配套文书样表 6 个。加强警税数据共享，交换数据 1.7 万余户次，召开部门联系研判会议 46 次，警税联合打掉 13 个虚开团伙、1 个骗税团伙，抓捕犯罪嫌疑人 24 人。

（十四）电子税务

持续完善重庆市电子税务局服务功能，提升用户体验，注册用户超 1300 万，办理业务量占比达 94%，税费服务向智能化、数字化目标持续迈进。拓展重庆、四川两省市电子税务局“川渝通办”专区业务范围，实现 52 项高频跨省市税费业务线上通办。

（十五）干部队伍

探索建立“基础 + 专业 + 复合”人才培养模式，选拔 4 个类别 92 名业务能手，重庆税务系统获得公职律师、税务师、注册会计师“三师”资格人数达 1699 人，占比 14.8%。实施“渝苗工程”，加强青年才俊培养使用，与国家税务总局辽宁省税务局、国家税务总局海南省税务局互派干部挂职锻炼，干部成长成才渠道不断拓展。

（十六）服务地方中心工作

积极服务成渝地区双城经济圈建设，推进川渝税费征管服务一体化，联合国家税务总局四川省税务局发布《川渝地区税务行政处罚裁量权实施办法》《川渝地区税务行政处罚裁量基准》，统一七大类 62 项税收违法违章行为处罚标准及裁量权行使规则。优化川渝税费服务，实现 20 项税费业务“专窗通办”、52项税费业务“一网通办”。落实促进外贸平稳发展和跨境税收优惠政策，加快出口退税进度，为出口企业办理出口退（免）税227.5亿元，助推重庆高水平对外开放。制发税收助力碳达峰碳中和行动计划，完成159项任务，深度融入重庆生态文明建设大局。参与制定重庆市“促进生产经营稳定发展27条”“支持制造业高质量发展23条”，编制《支持企业上市涉税事项办理工作指引》，扶持重庆本土企业做大做强。

二、发展中存在的问题

一是进一步适应发展环境、提高征管服务质效面临新考验。当前，新经济新业态层出不穷，经济数字化、智能化、绿色化转型加速推进，对现有税费管理模式、服务流程、稽查执法、信息化运用等带来冲击。部分干部面对新环境新情况，存在对国家重大战略、经济发展大政方针、经济税收发展形势学习掌握不够透彻的问题。二是进一步发挥体制优势、增强干事创业效能面临新考验。用好用足扁平化管理体制优势，存在上传下达、内通外联机制不够顺畅，区域间发展不协调不平衡，部门配合协作不够有力等问题。三是进一步激励担当作为、开创事业发展新局面临新考验。对照更高标准、更严要求，部分干部综合素养还需提升，工作方式方法有待改进，抓落实、防风险、创新突破、解决复杂问题的能力还有差距。

三、2023年发展思路

2023年，是深入学习贯彻党的二十大精神的开局之年，是全面推进现代化新重庆建设的开局之年。全市税务工作的总体要求是：以习近平新时代中国特色社会主义思想为指导，全面贯彻党的二十大精神，深刻领悟“两个确立”的决定性意义，增强“四个意识”、坚定“四个自信”、做到“两个维护”，认真落实国家税务总局党委和重庆市委、市政府工作部署，围绕“抓好党务、干好税务、带好队伍”，坚持党对税收工作的全面领导，秉持“提升站位、履职尽责、集成增效、团结进取”理念，以弘扬红岩精神为引领提振干事创业精气神，以服务成渝地区双城经济圈建设为抓手推动高质量发展，更好地发挥税收在国家治理中的基础性、支柱性、保障性作用，奋力谱写新时代新征程新重庆的税收新篇章。按照上述要求，重点抓好六方面任务：一是深入学习贯彻党的二十大精神，持续提升政治“三力”，深刻领悟“两个确立”的决定性意义，坚持不懈用习近平新时代中国特色社会主义思想凝心铸魂，扎实推进学习宣传贯彻党的二十大精神系列活动，确保党的二十大精神落实落地、见行见效。二是大力弘扬红岩精神，持续加强政治机关建设，突出理想信念举旗帜、爱国情怀聚合力、凛然斗志强担当、浩然正气展形象，统筹开展“弘扬红岩精神、建设模范机关”系列活动，让红岩精神绽放出新的时代光芒，推动重庆税务建设“讲政治、守纪律、负责任、有效率”的模范机关。三是全面提升组织收入质效，落细落实税费支持政策，稳妥有序做好社保非税工作，着力深化税收经济分析，激发市场主体信心活力，持续夯实经济社会发展财力基础。四是着力深化税收征管改革，深入推进智慧税务建设，加快推动数字化升级和智能化改造，深化精确执法、精细服务、精准监管、精诚共治，推动改革取得突破性进展、实现全方位提升。五是充分发挥税收职能作用，坚持从全局谋划一域、以一域服务全局，服务好成渝地区双城经济圈建设，持续优化税收营商环境，助力开放平台和开放通道建设，进一步提升服务发展大局水平。六是切实加强干部队伍和基层建设，着力培育壮大人才队伍，持续激发干事创业活力，为高质量推进税收现代化提供有力的组织保证和人才支撑。

（执笔人：陈颖）

人行重庆

中国人民银行重庆营业营管部

2022 年是党和国家历史上极为重要的一年，我们迎来党的二十大的胜利召开，进入全面建设社会主义现代化国家、向第二个百年奋斗目标进军的新征程。一年来，人行重庆营管部坚持以习近平新时代中国特色社会主义思想为指导，在人总行的坚强领导下，扎实推进系统党的建设和履职发展，较好地完成各项工作任务。

一、2022 年发展回顾

（一）全力支持稳住经济大盘

一是强化调控“稳总量、降成本”。加大货币政策工具运用力度，用好科技创新、设备更新改造、交通物流、低碳转型等领域专项工具，有力撬动金融机构贷款投放。落实两次存款准备金率下调政策，持续释放贷款市场报价利率（LPR）改革效能。总体来看，金融支持实体经济更加精准有力，全年投向企事业单位贷款新增 1774 亿元、同比多增 579 亿元，占贷款增量的 56.8%、较上年同期提高 33 个百分点。普惠小微、制造业、科技创新等重点领域贷款增长较快。

二是融资支持“抓重点、破难点”。牵头出台助企纾困“26 条”、稳大盘“14 条”、疫情保障服务“17 条”。及时推动成立市级工作专班，联合市级部门出台政策文件 50 余件、开展专项行动 10 项。畅通线上线下融资对接渠道，推动资金直达重点主体和领域，构建“两张清单”工作机制，双向协调解决融资问题。深入区县举办政银企融资对接活动，完善升级“长江渝融通”大数据系统，推广普惠小微线上融资服务平台“扫码申贷”，促进融资对接增量扩面。

三是金融服务“纾困难、优环境”。落实落细延期还本付息和阶段性减息政策。强化受疫情影响市场主体征信保护。高效办理增值税留抵退税及个税退税。细化支持外资外贸稳定发展 19 条措施，推动外汇支持政策落地生效。持续优化营商环境，全国第二家上线机动车、船舶、知识产权等相关担保登记信息统一查询功能。推广个人银行账户简易开户服务，解决流动就业群体“开户难”问题。

（二）深化区域金融改革开放

一是绿色金融发展迈出新步伐。经过 3 年的申创，经国务院同意，重庆获批全国首个省域全覆盖的绿色金融改革创新试验区。推动成立市级工作领导小组，快速启动试验区建设。坚持边申报创建边改革创新，健全绿色金融标准体系，牵头制定“碳排放权质押贷款操作规范”等全国标准，推出 8 项地方或团体标准。自主开发的“长江绿融通”系统在中国绿金委年会受邀发布。推动市财政和 7 个区县对碳减排贷款给予贴息或风险补偿。全市绿色贷款余额超 5000 亿元，同比增长四成。

二是西部金融中心建设稳步推进。西部金融中心规划《联合实施细则》正式印发，西部金融中心建设进入全面实施阶段。两地人行联合年度工作机制不断完善，印发文件10余项。一体化发展持续推进，成渝两地一次性外债登记试点不断扩容，川渝跨省异地缴税模式在全国推广，云端联播话消保系列直播观看量近1200万人次。

三是跨境金融管理服务不断优化。优质企业贸易外汇收支便利化、高新技术和“专精特新”企业跨境融资便利化等政策持续扩容。“区块链+跨境金融”试点深入推进。本外币合一银行结算账户体系试点正式启动。持续推进人民币跨境使用，抓抢《区域全面经济伙伴关系协定》（RCEP）机遇，人民币成为重庆与泰国货物贸易第一大结算货币。全市跨境人民币结算量超3000亿元，同比翻番。

四是金融数字化转型探索加快。全面启动数字人民币试点，形成一批涵盖批发零售、餐饮文旅、教育医疗、公共服务等领域可复制、可推广的应用场景。深化金融科技赋能乡村振兴示范工程，有效助力农村金融普惠化、农业产业现代化、乡村建设数字化发展。创新开展“小微企业融资”主题创新监管工具，多项创新应用正式对外提供服务。

（三）防范化解区域金融风险

积极发挥金融委办公室地方协调机制作用，推动地方财政金融风险处置机制、金融风险化解委员会等及时落地，《重庆市防范化解重大金融风险问责实施办法》正式出台。实施中风险机构央行评级等级提升工程，强化评级结果运用。完善住房差别化信贷政策，引导下调个人住房贷款利率下限及首付比例。矫正银行过度避险情绪，大力支持房企融资。深化涉赌涉诈“资金链”治理。严厉打击“征信修复”乱象。深入推进打击治理洗钱违法犯罪三年行动。

二、2023年发展思路

2023年是贯彻党的二十大精神开局之年，也是开展学习贯彻习近平新时代中国特色社会主义思想主题教育、大兴调查研究的重要一年。人行重庆营管部将以习近平新时代中国特色社会主义思想为指导，全面贯彻党的二十大和中央经济工作会议精神，落实落细人总行工作会议和市委六届二次全会部署，坚持稳中求进工作总基调，大力提振市场信心，突出做好稳增长、稳就业、稳物价工作，有效防范化解重大金融风险，全面深化金融改革开放，为全面建设社会主义现代化国家开好局起好步提供有力有效的金融支持。

（执笔人：周谦毅）

重庆海关

重庆海关

一、2022年发展回顾

2022年，重庆海关坚持以习近平新时代中国特色社会主义思想为指导，深入学习贯彻党的二十大精神，围绕“疫情要防住、经济要稳住、发展要安全”，深化改革创新，优化监管服务，强化担当履责，大力助推重庆外向型经济高质量发展，为新时代新征程新重庆建设积极贡献海关力量。

据海关统计，2022年，重庆外贸进出口总值8158.4亿元，较2021年增长2%。其中，出口5245.3亿元，增长1.5%；进口2913.1亿元，增长2.9%。外贸总值排名全国第11位，其中，出口值居第10位，进口值居第12位；在中西部18省市中外贸总值排名第3位。

（一）始终把政治建设放在首位，切实落实重要指示批示精神

1. 深化科学理论武装

坚持把深学笃用习近平新时代中国特色社会主义思想作为首要政治任务，第一时间组织传达学习党的二十大精神，研究制定“1方案1推进表16项工作要点”压茬推进，不断提升用党的理论指导实践的能力水平，切实增强拥护“两个确立”、做到“两个维护”的思想自觉、政治自觉、行动自觉。

2. 以实际行动彰显忠诚

全关上下胸怀国之大者“想在前、干在前、走在前”，坚持以实际行动响应习近平总书记的殷殷嘱托，参与撰写的5篇报告获得习近平总书记重要批示。沿着习近平总书记的足迹，精准帮扶石柱“黄精”面条首次走出国门，高站位助推加快果园港国家物流枢纽建设，着力提升海关监管服务效能，支持果园港开行中欧班列和西部陆海新通道铁海联运班列，推动基础设施建设和口岸功能拓展，指导运营主体加快建设进口肉类、水果和粮食指定监管作业场所。全面落实“第一议题”制度，第一时间研究贯彻落实习近平总书记重要指示批示精神具体举措，对13项“第一议题”落实情况开展常态化督办，完成率100%。

（二）发挥海关职能优势，积极助推重庆高水平开放

1. 有力推进西部陆海新通道建设

牵头协商制定“13+2”区域海关2022年重点任务清单，着力推进区域海关全业务领域一体化改革试点。大力提升通关便利化水平，推广应用“智能转关”“自动核销”等监管模式，有效压减口岸作业时间。在全国率先实现中老、中越班列进出境“铁路快通”模式双向贯通、常态运作，单趟班列节省口岸通行时间1~2天。助力新开通“中缅印”“中老泰”等线路，扩大班列辐射范围。西部陆海新通道运输货值251.18亿元，同比增长34%。

2. 大力支持成渝地区双城经济圈建设

与成都海关联合制定34条措施，推动海关

总署支持双城经济圈建设的措施落地落实。联合探索“综合保税区设备零配件便捷监管模式”，成为川渝自贸试验区协同开放示范区第二项落地生效的海关监管协同创新成果，助力成渝两地电子信息产业融合发展。共同开展知识产权保护专项行动“龙腾行动2022”，首次查获卡塔尔世界杯侵权商品和外观设计专利侵权商品。2022年，成渝地区双城经济圈进出口1.81万亿元，增长4.1%，占西部地区外贸总值的比重达46.7%。

3. 全力促进高质量共建“一带一路”

积极服务重庆融入共建“一带一路”，大力实施强监管促服务、强平台促集聚、强通道促开放、强产业促发展“四强四促”举措，积极推动西部陆海新通道、中欧班列、长江黄金水道紧密衔接，通过“平台 + 通道”功能叠加助推“物流 + 经贸”融合发展，经贸合作拓展至160多个国家、500余个城市港口。助推中欧班列集结中心示范工程项目建设，制定《重庆海关关于支持中欧班列（成渝）高质量发展的措施》，并积极推动落地执行，在国内班列主要开行城市中率先实现环比正增长。在全国率先推动“中欧班列双向运邮政策”以文件形式明确在重庆落地实施。推动采用铁路专用车厢（JSQ型车）开展整车运输，运载能力较传统模式集装箱提升2.5倍左右。继续支持“沪渝直达快线”运行时效提升30%。

4. 聚力推动“三智”建设

深入践行“智慧海关、智能边境、智享联通”合作理念，推动重庆主导的中新“数字边境信息互联”项目入选联合国全球发展倡议项目库。全国首创“以航空公司为单元”保税航材监管新模式，支持新加坡航空在渝设立保税航材分拨中心，为企业节省经营成本20%以上，成为中新互联互通示范项目航空领域重要可视化成果。积极争取由中国主办的亚欧会议“智慧海关、智能边境、智享联通”国际研讨会，中荷海关年度署级会晤暨中荷海关能力建设30周年庆祝活动在渝承办并圆满完成，助推重庆“三智”建设走在全国前列。

（三）促进外贸保稳提质，主动服务外向型经济高质量发展

1. 多措并举提升开放平台效能

完善开放平台功能布局，推动万州综保区、永川综保区分别顺利通过正式验收和预验收，推动重庆搭建起中西部地区领先的“1个自贸试验区 +6个综合保税区”开放平台体系。率先在全国开展跨境电商零售进口商品条码应用试点，全国首创“政关银保”“货物进出区‘四化’监管模式”等改革举措，综保区累积备案创新举措数量居全国海关第一。在西部地区率先开展区外加工贸易工单式核销改革。支持企业利用剩余产能承接国内品牌委托加工订单值突破600亿元，居全国第一。首创“整车保税仓储‘三个一’监管模式”，促进保时捷、奥迪、奔驰等品牌在综保区内设立汽车保税分拨中心，助推重庆整车进口业务高速发展，历年累计进口车辆超3.1万台，居内陆整车口岸首位。首创“保税 + 暂时进出境”业务模式，推动国际高端消费品在西部地区首次开展保税展示展销。2022年，重庆综保区进出口5358.2亿元，占同期重庆外贸总值的65.7%。

2. 千方百计助企纾困解难题

深入开展“稳外贸、保安全、防风险、下沉一级抓落实”专项工作，推行“关长送政策上门”，协调解决困扰外贸企业的51个重点问题。制定重庆海关关于促进外贸保稳提质的24条具体细化措施和8条接续措施，出台12条具体举措推动RCEP高质量实施。落地启运港退税政策，共办理启运港退税报关单4.3万票，涉及2190家企业约289亿元的出口货物。2022年新增AEO

高级认证企业10家，总量达86家、居西南首位。

3. 持续用力优化营商环境

深入开展促进跨境贸易便利化专项行动，出台25项便利化措施，持续推进“提前申报”“两步申报”模式叠加应用，将进口转关“离港确认”模式推广应用到关区所有水运口岸。深化行政审批“放管服”改革，做到限时办结100%，“好差评”好评率100%。出台支持企业复工复产、促进外贸稳增长的11条措施和支持综保区发展8项具体措施，坚定企业扎根发展的信心。切实做好重庆市产业链供应链“白名单”企业进出口货物保通保畅，全面落实“7×24”小时全天候预约通关服务保障，实现口岸“快处快放”、卡口“即到即验”、报关单“日清日结”，重庆口岸整体通关时间持续巩固压缩，进出口整体通关时间较2017年分别压缩72.32%和95.51%。

（四）贯彻总体国家安全观，坚决筑牢国门口岸防线

1. 严守外防输入第一道关口

坚持“‘人、物、环境’同防”“内外同防”“多病同防”等“三个同防”，海关党委委员带头走进口岸封管区，带头织密重庆口岸疫情防控网。2022年，检疫查验进境航班2614次，检疫入境人员65095人次，检出新冠核酸阳性778例，并检出大陆地区首例猴痘输入性病例。开展进口非冷链货物核酸1150批，采样16535个，检出阳性1例。进口冷链食品431批，对1120个样本实施抽样检测，口岸环节实施预防性消毒监督共计527吨、26706件。积极应对2022年11月重庆突发严峻疫情形势，全关以23%的人力，连续集中封闭办公48天，确保了海关各项工作高效顺畅运行。

2. 持续提高正面监管水平

2022年，监管货运量847.1万吨，货值1001亿美元。监管进出境人员11.6万人次，监管进出境快件227.8万件（票），邮递物品231.6万件。累计税收入库175.82亿元，同比增长1.12%，创历史新高。查验进出境报关单14312票，H986机检自然箱15506个，机检比例62.43%。查获涉濒危物种案件61起、毒品5起、管制类药品24起，查获违禁印刷品及音像制品1567件、枪支零散件7件、管制刀具13把。指导长寿冯家湾作业区、西永综保区跨境电商监管中心、江津小南垭物流中心等海关监管作业场所建设并完成验收，支持果园集装箱码头海关监管作业场所完成扩建工作，推动果园港肉类指定监管场地顺利通过海关总署验收。聚焦建设重庆山清水秀美丽之地目标，强化生物安全系统治理，截获输入性病媒生物13批次8种类，本底监测共捕获病媒生物282只；落实“国门绿盾2022”专项行动，口岸截获有害生物171种、485种次，截获“异宠”等外来物种和禁止进境物220批次。坚决按照“四个最严”要求狠抓食品安全，查获不合格进出口食品化妆品20批次。开展2022年全国进口婴童用品质量安全不合格典型案例剖析，汇总分析82批次不合格典型案例被新华社等媒体广泛报道。

3. 着力提升打击走私成效

坚决落实习近平总书记关于打击走私的重要指示批示精神，围绕“洋垃圾”、濒危物种及其制品、枪爆物品、毒品走私以及防疫物资、疫苗等打击重点，建立“情报部门防风险、业务部门推专项、基层一线守阵地”工作模式，常态化开展风险分析研判和现场查缉。2022年，共刑事立案侦办走私犯罪案件41起，其中总署缉私局一级、二级挂牌督办案件各1起；行政立案356起，立案案值约14586.5万元，涉税约1339.6万元。营造良好的反走私社会氛围，做好典型案例宣传，有力震慑走私违法犯罪。

二、发展中存在的问题

2022年各项工作虽取得了长足进步，但仍存在一些短板和不足。一是高水平监管能力还需进一步提升。关区实际监管协同性仍需提升，智能化监管仍需进一步加强。二是保安全、防风险工作还需进一步深化。口岸经营单位落实安全生产主体责任存在短板，实验室、监管作业场所等重点领域安全风险仍存隐忧。三是自身建设需进一步强化。基层党建需加速加力，后勤综合保障力度需进一步加大。

三、2023年发展思路

2023年是全面贯彻落实党的二十大精神的开局之年，是实施“十四五”规划承前启后的关键之年。重庆海关将坚持以习近平新时代中国特色社会主义思想为引领，全面学习贯彻党的二十大精神，认真落实市委六届二次全会和经济工作会议的部署安排，全力提升政治建设水平，更加坚定拥护“两个确立”，坚决做到“两个维护”；全力服务国家战略，加快推进西部陆海新通道建设，积极服务成渝地区双城经济圈建设；全力践行总体国家安全观，坚决严守外防输入关口；全力助推重庆高水平对外开放，服务重庆外贸高质量发展，着力优化营商环境、厚植开放优势、激活开放动能、保障产业链供应链稳定，为全面建设社会主义现代化新重庆作出新的更大的贡献。

（执笔人：闫家其）

贸易促进

中国国际贸易促进委员会重庆市委员会

一、2022年发展回顾

2022年，重庆市贸促会全面贯彻习近平总书记对重庆所作重要讲话和系列重要指示批示精神、习近平总书记在庆祝中国贸促会建会70周年大会上的重要视频致辞精神，认真落实市委、市政府工作部署，深度融入共建“一带一路”、加快建设内陆开放高地，以推动高质量发展、高水平开放为主题，以改革创新为根本动力，充分发挥连接政企、融通内外、对接供需的独特优势，为促进重庆开放型经济发展和服务重庆对外工作大局作出了积极贡献。

（一）加强党对贸促工作的全面领导

坚持用习近平新时代中国特色社会主义思想武装头脑、指导贸促实践、推动贸促工作。牢固树立政治机关意识，全面贯彻落实党的十九大及历次全会精神和二十大精神，全面落实新时代党的建设总要求，始终把“两个维护”作为最高政治原则和根本政治规矩，提高政治判断力、政治领悟力、政治执行力。严格对标对表，落实党中央和市委重大决策部署，稳步推进乡村振兴，统筹疫情防控和贸促业务工作。按照项目化、事项化、清单化要求，抓好内陆开放高地等重大战略部署的落地实施，确保党的路线、方针、政策在贸促工作中得到全面贯彻和有效执行。发挥代言工商职能，不断增强政治性先进性群众性，团结带领更多的外经贸企业投身重庆开放型经济发展和对外工作大局，为把习近平总书记殷殷嘱托全面落实在重庆大地上作出贡献。

（二）助推成渝地区双城经济圈建设走深走实

认真落实中国贸促会与川渝两省市人民政府签署的《关于促进成渝地区双城经济圈建设合作协议》，召开2022年川渝贸促系统协同发展联席会议，确定协同发展计划，签署合作协议15个，协议金额6.5亿元。相互支持重大经贸活动，组织川渝企业共建海外商品展示展销中心，共同举办“2022遇见巴蜀·国际融合采洽会”，组织重庆汽配企业赴成都参加第八届成都国际汽车零配件及售后服务展览会，联合举办专题培训，积极推动“川渝通办”事项落实，合力打造跨省市贸促协作的高水平样板。

（三）经贸活动品牌效应不断显现

依托国内国际两个市场、两种资源和两类规则，不断创新国际贸易投资促进方式，推动线上线下深度融合，实现供需双方有效对接，全力稳外资稳外贸。先后举办“2022中美新春线上采洽会”“中国（重庆）—巴西贸易投资洽谈会”“中国（重庆）—肯尼亚经贸交流会”“重庆市江北区国际招商推介会”“RCEP与西部开放国际合作论坛”“RCEP数字贸易合作发展论坛”等18场重大经贸活动，组织重庆企业参加“第19届中国—东盟博览会”“2022年中国（厦门）跨境电商展”，为企业开展经贸合作搭建平台，取得良好的效应。第二十届中国国际摩托车博览会迎难而上，全市场化运作，参展企业700多家，展出面积10万平方米，全网图文、视频、直播播放量（浏览量）创历史新高，展现出专业品牌展会强大的生命力和号召力，巩固了世界级大展地位，成为中国会展行业和摩托车行业的年度重要事件，对重庆和摩托车产业的发展产生巨大影响。

（四）对外经贸交流合作有序推进

巩固深化与全球贸促机构、商协会的战略合作关系，加强与“一带一路”沿线国家的经贸往来，助力建设中西部国际交往中心，先后与外国驻华使（领）馆、贸促机构、商协会等开展10余次经贸交流。延伸境外工作触角，驻肯尼亚代表处正式挂牌运行，与坦桑尼亚中华总商会互设联络处。发挥重庆联络办公室作用，加强多/双边工商机制建设工作，积极开展经贸促进活动，帮助重庆企业更好地拓展多元化国际市场。组织企业参与APEC工商领导人峰会、二十国集团工商峰会等活动，推荐专家参加国际商事规则惯例制定，在国际经贸舞台讲好重庆故事、展示重庆形象。持续跟踪10个“一带一路”建设重点项目，定期向市推进“一带一路”建设工作领导小组办公室报送项目最新进展情况，摸排项目存在的问题，指导企业防范化解风险。

（五）助推营商环境改善有力有效

持续推动商事认证全渝快办、全网通办，实现商事认证事项应上尽上、渠道一网通达、线上“一网通办”“全程网办”和线下“一窗综办”。全年办理各类商事认证文件23905份，商事认证工作获办证企业100%满意好评。全年发布各类经贸预警和国别法律动态信息269期，对外投资合作国别指南420条，企业投资信息222条，累计为50余家重庆企业提供经贸法律咨询服务。组织《“一带一路”国家法律研究》阿根廷与乌拉圭分册评审会，推动两册丛书出版发行。积极推动商事调解工作不断向前迈进，全年受理商事调解案件327件，涉案金额9.8亿元，受理案件数量同比增长93%；成功调解商事纠纷案件243件，调解成功率达74.3%。成功调解的作品复制权纠纷案件为全市首个中级人民法院司法确认案件。联合中国贸促会研究院开展“新发展格局下重庆建设国际大都市研究”调研工作，为我市开放型经济建设提供参考。坚持贸促工作向宽领域发展，重庆国际商业机构发展中心累计引进16家机构和企业入驻，在综保区设立中国贸促会自贸协定（重庆）服务中心工作站、中国（重庆）自贸区商事调解中心工作站、重庆市涉外知识产权调解中心工作站。

（六）RCEP自贸协定推广运用成效显著

积极帮助企业深入了解掌握RCEP项下国别经贸规则，有效利用RCEP自贸协定建立供应链系统，降低生产经营成本，提升利润率，助力企业开拓国际市场。结合优惠原产地证签发工作，邀请国内知名专家，先后举办“2022年RCEP自贸协定利用培训会”“RCEP政策解读及运用培训会”，吸引来自全市2000余家企业在线上线下参会，深受企业好评。研发“重庆自贸通（FTA）智慧服务平台”，提供集关税查询、最优关税智能判定、RCEP商品备案和原产地证书申请以及FTA相关政策查询于一体的智能化公共服务，约3000家企业受益。全年办理RCEP项下优惠原产地证258份，合计货值金额0.25亿美元，涉及全市17家出口企业。RCEP推广案例获评“全国贸促系统服务RCEP高质量实施十大推广示范案例”。高质量举办“重庆市中小企业经济专题培训”“重庆市中小企业跨境合规风险应对专题讲座”“中小企业贸易金融专题培训”等10余次培训，吸引近千名企业代表线上线下参会，有效提升企业经营水平。

（七）服务外资企业专班工作初见成效

按照国务院和市政府关于稳住经济大盘的系列工作部署，迅速成立工作专班，制定工作方案，建立健全与外国商协会和外资企业常态化交流机制，设立服务外资企业热线电话和电子邮箱，采取实地调研、发放诉求问卷表等方式，收集27家在渝外资企业共112项困难、问题、诉求和建议，录入中国贸促会投资中国网“外资企业诉求直报”平台，协调市政府工作专班统筹协调处置，解决38项诉求。加强与区县的双向联动和合作，收集整理翻译38个区县、园区年度重点招商引资项目共计124个向境外机构推介，帮助区县、园区招商引资，织密服务企业网络。

二、发展中存在的问题

（一）推动贸促工作创新还不到位

适应新形势新要求开展精准服务的手段办法还不多，帮助企业拓展多元化国际市场的针对性和效果还不好，数字贸促建设还缺乏有效配套措施。

（二）贸促工作品牌有待提升

对经贸活动平台的品牌培育重视不够，中国西部（重庆）国际物流产业博览会等经贸活动的影响力仍不够大、效果仍不够好。对外开展经贸交流合作跟踪问效不够，境外合作机制拓展深化不足，重庆自贸通（FTA）智慧服务平台功能开发和利用仍不够好。

三、2023年发展思路

以习近平新时代中国特色社会主义思想为指导，全面贯彻党的二十大精神、市第六次党代会和市委六届二次全会精神，按照中国贸促会和重庆市委、市政府的工作部署，完整、准确、全面贯彻新发展理念，服务加快构建新发展格局，创新提质、实干争先，以时不我待、只争朝夕的责任感和使命感，拥抱新时代、奋进新征程，为全面推进现代化新重庆建设开好局起好步贡献贸促力量。

（一）全面学习贯彻党的二十大精神

把学习贯彻习近平总书记对重庆所作重要讲话和系列重要指示批示精神与党的二十大精神和市委六届二中全会精神贯通起来、与学习贯彻习近平总书记在庆祝中国国际贸易促进委员会建会70周年大会暨全球贸易投资促进峰会上的视频致辞精神和全国贸促会议精神贯通起来，更加注重在拓展广度、延伸深度上下功夫，更加注重学以致用，切实把思想和行动统一到党中央决策部署上来。进一步强化政治担当，深刻领悟“两个确立”的决定性意义，增强“四个意识”、坚定“四个自信”、做到“两个维护”，坚决做到“总书记有号令、党中央有部署，重庆见行动”。不断增强政治性先进性群众性，充分发挥桥梁纽带作用，利用调研、举办经贸活动等机会，向外经贸企业宣传党的方针政策，鼓励企业改善心理预期，提振发展信心，团结带领更多的外经贸企业投身重庆改革开放和现代化建设实践。

（二）积极拓展国际经贸朋友圈

巩固深化与全球贸促机构、商协会的战略合作关系，组织经贸代表团赴日本、韩国、肯尼亚、坦桑尼亚、印度尼西亚、马来西亚等国开展经贸交流活动，加强与“一带一路”沿线国家的经贸往来，助力建设中西部国际交往中心。加强多/双边工商机制建设工作，发挥好重庆联络办公室的作用，推动设立市贸促会驻东盟代表处，积极开展经贸促进活动，帮助重庆企业更好地拓展多元化国际市场。组织企业参与APEC工商领导人峰会、B20、上合组织工商论坛等活动，推荐专家参加国际商事规则惯例制定，讲好重庆故事、展示重庆形象。

（三）搭建特色化品牌化的经贸合作平台

当好对外开放的窗口和桥梁，以服务企业为立身之本，引导企业加强产品研发、品牌建设，推动产业创新、科技创新、制度创新、管理创新，优化和稳定产业链供应链，提升“重庆造”的国际竞争力。围绕培育外贸新动能、优化外贸结构，搭建更多国际经贸交流合作平台，助力全市外贸进出口总额实现预期增长目标。积极筹办中国（重庆）数字经济创新发展国际合作论坛、RCEP框架下数字贸易合作发展论坛、第二十一届中国国际摩托车博览会、中国西部（重庆）国际物流产业博览会、中国（重庆）大健康产业博览会等重大经贸活动。

（四）推动营造市场化法治化国际化开放环境

继续建立完善与在渝外国商协会、外资企业的常态化交流机制，切实做好外资企业服务工作，稳住和扩大外商投资。做好商事认证工作，大力开展商事法律服务、经贸摩擦预警及应对工作，促进贸易便利化自由化。加强与企业和商协会的联系，开展营商环境监测工作。大力宣传自贸协定（FTA）优惠政策，努力提高我市FTA利用率。持续用好“贸法通”平台，帮助企业高标准对接国际经贸规则，积极应对和有效化解因政策调整、关税壁垒等而引发的各种风险，不断提升应对风险和挑战的能力。

（执笔人：李继洪）

第三编　产业发展

第一产业

农业发展

重庆市农业农村委员会

一、2022年发展回顾

2022年，在市委、市政府坚强领导下，全市农业农村委系统深入学习贯彻习近平总书记关于“三农”工作的重要论述和对重庆作出的系列重要指示要求，全面落实党中央、国务院决策部署，努力克服旱情、灾情、疫情影响，守紧守牢“三农”领域底线任务，扎实推进乡村振兴重点工作，有力有效稳住农业基本盘，全面推进乡村振兴迈出坚实步伐。全市第一产业增加值同比增长4%，农村常住居民人均可支配收入同比增长6.7%。

（一）粮食和重要农产品保障有力有效

一是挖潜扩面成效明显。全面落实粮食安全党政同责，制定稳定粮食生产10条措施，盘活撂荒地82.2万亩主要用于粮油生产，全年粮食播种面积3070.05万亩、超国家下达任务57.85万亩。二是抗旱减损有力有效。7~8月罕见极端高温干旱发生后，迅速启动“战高温干旱、保秋粮丰收”行动，派出工作组和技术指导组下沉指导，努力把旱情影响降到最低，力保三大谷物产量总体稳定。三是“菜篮子”产品保障有力。全年生猪出栏量1904.4万头，时隔8年再次站上1900万头关口；蔬菜产量突破2200万吨，水产品产量56.6万吨，均创历史新高。面对11月新冠疫情影响，创新产销对接机制，“点对点”配送“蔬菜包”“猪肉包”等578万份，有效保障市民基本消费需求。

（二）耕地保护建设全面加强

一是“非农化”“非粮化”势头有效遏制。从严压实耕地保护党政同责，制定严格落实耕地保护责任、严守耕地保护红线的措施，足额带位置下达耕地保有量、永久基本农田保护目标，将“两个平衡”等纳入考核，全年恢复耕地14.92万亩。二是高标准农田建设提速提质。新建高标准农田255万亩，启动实施57.8万亩丘陵山区高标准农田改造提升示范项目建设，累计建成高效节水灌溉面积185万亩。三是农田整治利用不断加强。在19个区县开展酸化土壤改良示范19万亩。加强农用地土壤污染防治，受污染耕地安全利用率稳定在92%以上。

（三）脱贫攻坚成果持续巩固拓展

一是监测帮扶精准有效。制定坚决防止规模性返贫23条措施，“一户一策”精准帮扶易返贫致贫对象3.09万户9.36万人，牢牢守住不发生规模性返贫底线。二是产业和就业帮扶持续发力。制定脱贫地区特色产业可持续发展10条措施、脱贫人口稳岗就业13条措施，推动特色产业覆盖90%以上的脱贫户，脱贫群众实现务工就业79.93万人。三是结对帮扶走向深入。鲁渝协作、中央单位定点帮扶到位投资59.9亿元、消费帮扶20.6亿元、帮助就业5.3万人。深入实施

"万企兴万村"行动，吸引5836家民营企业结对帮扶2319个村。四是重点帮扶力度加大。"一县一策"支持城口、巫溪、酉阳、彭水4个国家乡村振兴重点帮扶县发展，加强对17个市级重点帮扶乡镇、原18个深度贫困乡镇及其所在区县的帮扶指导工作。

（四）乡村产业高质量发展态势明显

一是产业集群持续壮大。获批创建国家级农业现代化示范区4个、优势特色产业集群1个、现代农业产业园和产业融合发展示范园各2个，生态特色产业综合产值达4800亿元。二是产业链条不断延伸。预制菜、火锅食材等产业园区加快建设，新获批12个中国美丽休闲乡村，全市农产品加工业全口径总产值3819.10亿元、同比增长1.9%，农产品网络零售额185.9亿元、同比增长21%。三是"三品"建设深入推进。主要农作物良种覆盖率达96.5%，农业农村地方标准增加到581项，认证有效期内绿色食品、有机和地理标志农产品累计达3392个。四是绿色发展底色更足。江河水面常态化保持"四清四无"，主要作物化肥农药利用率分别提高到40.3%、40.6%，秸秆综合利用率、规模养殖场粪污处理设施装备配套率分别达到90%、95%以上。

（五）乡村建设行动扎实推进

一是农村人居环境整治提升五年行动深入实施。全覆盖、拉网式开展农村户厕问题摸排整改，新（改）建农村卫生厕所6.4万户，行政村生活垃圾有效治理实现全覆盖，新创建美丽宜居乡村243个。二是乡村公共设施提档升级。乡镇通三级以上公路占比达79.9%，农村自来水普及率达到89%，农村学校实现"宽带网络校校通"和多媒体教室全覆盖，6410个村卫生室达到三星级以上建设标准。三是农业农村投资稳步扩大。完成乡村振兴招商引资签约项目906个，签约金额1823.86亿元、同比增长39.6%。全市"三农"领域发行地方政府专项债项目105个、129.7亿元。

（六）乡村治理水平持续提升

一是农村精神文明建设不断加强。深入开展"听党话、感党恩、跟党走"宣传教育活动，组织巡回宣讲8200余场。深入推进移风易俗"十抵制十提倡"，实施"家和计划"项目44个，不断丰富乡村文化产品。二是"三治"结合不断深入。推广"三事分流""五员共治""清单制""积分制"等治理模式，加快建设村级大院、乡村书院、农家庭院，累计建成全国民主法治示范村（社区）89个，农村矛盾纠纷化解率达98.8%。三是治理方式不断改进。乡村儿童社会主义核心价值观培育AI互动空间创新试点在中央电视台"新闻联播""焦点访谈"等栏目广泛传播。

（七）农业农村动力活力显著增强

一是农村改革持续深化。农村"三变"改革覆盖3913个行政村，647万农民成为股东。农村集体经济持续发展，村均经营收入突破20万元。制定专项工作方案，加快推进全市统一的农村产权流转交易市场建设。二是科技创新多点发力。生猪技术创新中心等平台加快建设，新增7个农业农村部重点实验室，发布农业十大引领性技术和50项主推技术，与中国农科院开展创新合作项目14个。三是数字乡村加快成势。"三农"大数据平台加快建设，建成市级智慧农业试验示范基地270个，渝北区、巴南区国家数字乡村试点阶段性评估分列全国第2名、第7名。

二、发展中存在的问题

同时，发展中仍然还存在一些突出问题和短板。一是农田水利基础设施仍然薄弱。重庆山高坡陡、地块细碎、土层浅薄、有机质低，中下等耕地占比高达64.9%。农业工程性缺水问题严重，63%的耕地无灌溉设施，在极端高温干旱情况下，这一短板显得尤为突出。现有高标准农田“标准”不高，主要是亩均仅1500元左右的投入与丘陵山区高标准农田建设高成本不匹配，以致建成的高标准农田近2/3达不到机械化、水利化要求，亟须进一步改造提升。在丘陵山区要真正建成“旱涝保收、高产稳产”的高标准农田，旱地、水田亩均投入需求分别达到3600元、5200元，资金缺口较大。二是农业科技支撑能力不强。在种业上，缺少领军型种业龙头，种源对外依存度高，水稻、玉米等良种主要靠外调，猪、牛、禽等地方畜禽种源分别仅占全市种源的10%、10%、20%。在装备上，农机研发企业散、小、弱，装备适应性、耐用性、竞争力不强，蔬菜、水果等特色作物“无机可用”，农作物耕种收综合机械化率低于全国平均水平17.6个百分点。在人才上，基层农技推广专业人才不足，劳动年龄人口老化、结构不优，农业科研机构高层次人才缺乏，科研成果转化利用率不高。三是农民持续稳定增收动力不足。从经营收入看，化肥、农药等农资价格上涨，劳动力成本持续攀升，不断挤压农业经营效益空间；从务工收入看，外出农民工务工就业受国际贸易波动、国内经济下行等影响，就业稳定性不够，特别是建筑、制造业等低技能、体力型农民工收入下降明显；从财产收入看，农村资源资产盘活利用难度大，集体经济发展还处于起步阶段，农村居民财产性收入占比仅2.5%左右，对增收贡献作用难以发挥；从转移收入看，地方财政收支压力较大，对农业农村投入难有较大增加。与此同时，农村居民内部收入差距也呈拉大趋势，部分低收入群众在遇到重大灾害和疾病时有致贫返贫风险。四是城乡资源要素流通融通不够通畅。农村产权交易市场体系不完善，供需双方信息不畅通、产权交易不活跃。农村土地经营权、农业配套设施、生物性资产等权能有待完善，特别是在产权抵押融资、资源价值认定、二次流转交易、风险资产处置等方面亟须破瓶颈、建机制。农村金融支农机制不完善，融资难、融资贵问题仍然突出。农业保险覆盖面较窄，财政保费补贴总量偏小，风调雨顺时农民不愿投保，“大灾大疫”时保险公司不愿承保。

三、2023年发展思路

以习近平新时代中国特色社会主义思想为指导，深入贯彻党的二十大、中央农村工作会议和全国农业农村厅局长会议精神，认真落实习近平总书记关于“三农”工作的重要论述和对重庆作出的系列重要指示批示精神，紧扣成渝地区双城经济圈建设，坚持稳进增效、除险清患、改革求变、惠民有感的工作导向，坚持农业农村优先发展，坚持城乡融合发展，健全用好专班工作、闭环落实、典型复盘、赛马比拼等工作机制，全面推动乡村振兴重点工作落地落实，全力稳住农业基本盘、挖掘新的增长点、增强农民获得感。力争第一产业增加值增长4%左右，农村居民人均可支配收入增长7%以上。突出抓好“3342”重点任务。

（一）牢牢守住“三条底线”

一是坚决守住粮食和重要农产品安全底线。大力实施“稳粮扩油”工程，坚决完成大豆油料生产任务，确保粮食生产面积和产量分别稳定在3012.2万亩、216.1亿斤以上，“菜篮子”产品稳定增长。二是坚决守住耕地保护底线。压紧压实耕地保护党政同责，严格落实“两个平衡”，全面开展第三次全国土壤普查，有序推动耕地种植用途管控试点，坚决遏制耕地“非农化”“非粮化”。三是坚决守住不发生规模性返贫底线。毫不放松抓好监测帮扶，抓紧抓实产业帮扶和就业帮扶，确保中央财政衔接推进乡村振兴补助资金用于产业发展的比重达到60%以上，脱贫劳动力就业规模稳定在75万人以上。

（二）大力实施“四千行动”

一是实施千万亩高标准农田改造提升行动。统筹抓好高标准农田“四改一化”、中型灌区续建配套与节水改造、土壤质量保护和提升、耕地保护补充和质量提升四大工程，全年改造提升高标准农田200万亩。二是实施千亿级生态特色产业培育行动。因地制宜做好“土特产”文章，大力实施特色产业良种繁育推广、农产品加工能力提升、全产业链协同创新、全产业链标准化建设、新型农业经营主体培育、综合保障能力提升六大工程和推动成渝现代高校特色农业带建设，打造具有重庆辨识度、全国影响力的“3+6+X”农业产业集群。三是实施千万农民增收致富促进行动。重点实施经营增收、就业增收、惠农增收、财产增收四个促进计划和以城带乡促增收计划，拓宽农民增收渠道，力争脱贫人口收入增速高于当地农民收入增速、全市农民收入增速高于全市居民收入增速。四是实施千个宜居宜业和美乡村示范创建行动。重点实施农村基础设施“五网”建设、县乡村公共服务一体化建设、“三个革命”深化提升、以党建为引领的“四治融合”乡村治理、乡村人才支撑五大工程，先行试点创建100个宜居宜业和美乡村。

（三）着力提升“三化”水平

一是提升农业机械化水平。突出抓好适合丘陵山区的农机具研发推广，不断提高耕地利用率、劳动生产率、综合产出率。探索实施市级财政农机购置累加补贴，力争补贴农机具6万台（套）。二是提升乡村数智化水平。大力改善农村信息基础设施，统筹推进“数字乡村·智慧农业”综合信息服务平台和“三农”大数据平台建设，推动农业数字化改造和智能化提升，新建智慧农业试验示范基地20个。三是提升农民组织化水平。鼓励开展多样化的合作，规范提升合作经济组织和集体经济组织，完善社会化服务体系，把小农户引入现代农业发展轨道。全年认定市级示范社100家，经营收入5万元以上的村级集体经济组织达到70%以上。

（四）持续强化“双轮驱动”

一是以科技创新培育新优势。扎实推进国家生猪技术创新中心、长江上游种质创制大科学装置等平台建设，扎实推进与中国农科院联合攻关项目、市级农业技术创新项目，联合四川省打造西南地区“种业硅谷”。二是以深化改革激发新动能。扎实推进探索城乡融合推动山区库区现代化和“三农”高质量发展体制机制、“强村富民”综合改革、探索乡村建设和乡村治理融合机制、完善县乡村公共服务一体化发展体制机制、深化土地制度改革等改革，加快农村商贸流通、产权交易和信用体系建设，促进资源要素下乡进村，激发乡村发展动力活力。

（执笔人：马善运）

烟草业种植

重庆市烟草专卖局（公司）

一、2022年发展回顾

2022年，重庆市烟草专卖局（公司）以习近平新时代中国特色社会主义思想为指导，在市委、市政府和国家烟草专卖局的正确领导下，有效应对超预期因素冲击，高效统筹疫情防控和生产经营，保持经济运行在合理区间，圆满完成年度目标任务。

（一）党的领导和党的建设全面加强

1. 党的领导坚强有力

坚持以政治建设为统领，坚决拥护“两个确立”、坚决做到“两个维护”。制定川渝烟草工商系统推动成渝地区双城经济圈建设实施意见，牵头市第十八产业指导组助力乡村振兴，出台“双碳”工作实施意见。

2. 理论学习走深走实

坚持把深入学习宣传贯彻党的二十大精神作为首要政治任务，第一时间印发方案、部署宣讲，召开全市系统动员会，各级党组织开展专题党课、主题党日、宣讲活动等196次。开展政治机关意识教育和对党忠诚教育，推动党史学习教育常态化长效化。

3. 基层组织作用发挥

巩固拓展党支部标准化规范化建设成果，发展预备党员42名、转正92名，新建党员活动室51个、支部园地58个。发动党员投身疫情防控，下沉社区1737名、参与志愿服务5551人次。派驻88人帮扶36个行政村、捐赠37项3892万元，助企纾困减免租金1068万元。

4. 全面从严治党纵深推进

以加强对“一把手”和领导班子监督为重点，发挥政治巡察“利剑”作用，实现党的十九大后全市系统巡察全覆盖。深化纪检监察体制改革试点，启动新时代廉洁文化建设，开展纪律和作风建设专项整治，召开警示教育大会。

（二）卷烟销售物流稳中有进

1. 销售调控成效显现

加强“五维”数据应用，创新三级调控模式，明确区县调控标准，对62个品规调控545次。销售卷烟113.33万箱，实现销售额433.74亿元、增长2.96%，保持在合理区间。

2. 品牌培育进退有度

在销品规控制在200个以内，共育品规销量增长5.72%。天子品牌销量增长16.7%，占一类烟市场份额的22.5%、增加2.1个百分点。

3. 终端建设质量提升

安装数字门店系统6000户，采购手持POS机8000台，累计建设现代终端2.2万户、占比15.8%。推广消费者会员运营平台，半年发展会员80万名。组织开口营销、陈列竞赛，开展6期最美终端评选。

4. 客户服务转型见效

召开首次客户拜访现场会，明确“三落实、

四满意”目标。完善客户经理移动拜访平台功能，推广“2234+N”模式，客户满意度全国排名第11位。

5. 物流工作克难攻坚

顶住疫情巨大压力，实现积压库存清零，在关键时刻打赢“战疫情、保大盘”攻坚战。江北物流项目通过国家局验收，投入使用3条异型烟分拣线，推广应用数智工商交接系统和TMS。率先建成地图服务中心，电子烟分拣综合指标行业领先。

（三）烟叶基础不断巩固

1. 生产任务圆满完成

收购烟叶85.79万担、完成计划的99.98%，烟农户均收入15.64万元、增长20.7%，位于西南烟区第一梯队。

2. 党政支持力度加大

成立全市粮经烟协同发展工作领导小组，建立农委—烟草常态化协作机制。实施烟粮（经）复合种植1.5万亩。

3. 生产方式转型加快

绿色高效专业化植保率达70.7%、提高35.6个百分点，清洁能源烘烤率达50.3%、提高18.8个百分点。推进数智烟叶全链条应用，“智烟慧农”项目获工信部“绽放杯”二等奖并入选年度经典案例。

4. 工商合作扎实推进

新建基地单元4个，创建标准化站点4个，全收全调占比、基地化生产率分别达50%、85%以上。开展优化品种布局、土壤改良保育、采烤降损提质三大攻坚行动。与7家工业协同开发高可用上部叶9.6万担、增长32.4%。

5. 烟基建设稳步实施

出台农机农艺融合发展三年行动方案，实施烟基项目1.17万件。武隆接龙水源工程顺利竣工，石柱曹家湾、奉节尖山、涪陵杨家湾完工验收。

6. 复烤加工品质稳定

加工烟叶59.8万担，综合出片率66.45%、达到行业先进水平。易地技改项目主体工程进度达95%。

（四）专卖效能持续提升

1. 许可管理稳控有力

全面实施“容量+间距”合理布局新规，新办烟草专卖零售许可证1.14万户、退出0.83万户，年度净增幅下降2.4个百分点。

2. 打假破网协作推进

联合建立西南十二省（区、市）烟草打假协作机制，与公安禁毒、交巡警签署执法协作协议，与铁路公安联合运行涉烟违法犯罪大数据中心。查办网络案件28起，其中国家局级10起，刑事打击92人。

3. 市场监管提质增效

开展“春雷”“治烟猎麻”“百日攻坚”专项行动取得实效，“茶烟”等类烟产品治理、“军”字号卷烟清理扎实推进。查获涉案卷烟8998.1万支，案值8096.2万元，分别增长22.86%、24.93%。

4. 电子烟监管取得突破

出台零售点布局规划，办理零售许可609个、生产许可2个，督促未获许可3家企业停产停业。查获向未成年人销售电子烟案件5起，侦办“上头电子烟”案件3起，劝导下架非国标产品219起。电子烟产品、电子烟用烟碱全部实现线上平台交易。建成电子烟检验检测实验室。

5. 内部监管从紧从严

严格“一案双查”，对“双五”以上案件专项调查17次。完善“12313”功能点58个，热线办理满意度达到99.06%。

（五）数字化转型全面展开

1. 网信项目全面推进

完成云平台三期扩容，运算储存能力在烟草行业居西部第一。上线“轻流”低代码平台，搭建流程超1000个，活跃用户超14万。总结软件开发一般性规律，各条线全面启动系统建设，完成23个、实施27个、立项18个。

2. 数据资源启动开发

数据中台初具雏形，沉淀数据11.7T，数据表2622张，数据记录133亿条。推进数据看板，建立数据门户107个、仪表盘518个、电子表139个。

3. 数据氛围更加浓厚

举办首届“数字创客大赛”，84支队伍、400余人参赛。围绕数字化转型开展课题研究79个，征集论文826篇、获国家局奖项73篇。

4. 数据管理逐步规范

编制网络安全和信息化规划、网络安全专项规划，制定20项网信工作制度，发布11项标准规范，顺利通过三年信创工作竣工验收，在行业攻防演习中获国家局通报表扬。

（六）改革管理持续深化

1. 科技创新蹄疾步稳

组建第二届科技委，设立总经理创新专项奖励，获总公司科技进步二等奖1项，取得各类专利82项。

2. 队伍建设不断加强

加强领导干部亲属经商办企业管理，严格个人事项报告，规范干部职工离职后从业行为。选派行业援藏干部1名。

3. 精益管理有效推进

获得行业QC小组成果一等奖1项，启动渝陕烟草商业对标结对共建。

4. 多元产业稳定发展

完成28家“渝叶连锁”门店升级改造，新增342吨烟胶订单，实现多元经营利润6973万元、增长2.57%。

5. 风险防范成效良好

压实疫情防控主体责任，有效保障干部职工生命健康安全和生产经营稳定。妥善化解个人信息安全风险等隐患。完成规范管理全覆盖监督检查，统筹开展各类审计。

6. 干事创业氛围浓厚

上线“烟抖”短视频平台，开展众创微视频竞赛、征集作品470个，获行业微视频奖项4项、优秀网评作品2个，“守护成长”重点选题报道获国家局表扬。举办第一届“最美渝烟人”表彰会，开展各类慰问1367次。

二、发展中存在的问题

同时，发展中还存在一些突出问题和短板。一是全面从严治党责任压力传导还存在不平衡不充分问题；二是个别区县烟草商业企业经济运行存在大起大落问题；三是烟叶产业持续健康发展还面临诸多挑战；四是经营管理能力水平和队伍素质还有提升空间。

三、2023年发展思路

2023年，重庆市烟草专卖局（公司）将以习近平新时代中国特色社会主义思想为指导，全面学习贯彻党的二十大精神，认真落实市委六届二次全会、全国烟草工作会议精神，坚持稳中求进工作总基调，牢牢把握“三新一高”战略导向，更好统筹疫情防控和生产经营，更好统筹发展和安全，坚持“总量控制、稍紧平衡、增速合理、贵在持续”方针，深入实施“党建立烟、改革强烟、科技兴烟、依法治烟”战略”，全面深化数字化转型，为加快烟草行业现代化建设贡献力量。

（一）坚定不移落实新时代党的建设总要求

坚决维护党中央权威和集中统一领导，落实乡村振兴系列帮扶举措，健全烟草系统推动成渝地区双城经济圈建设子方案。继续深入学习贯彻党的二十大精神，开展好学习贯彻习近平新时代中国特色社会主义思想主题教育。坚持严的主基调不动摇，启动党的二十大后首轮巡察，迎接国家局党组巡视，完善党的自我革命制度规范体系，持续深化纪检监察体制改革。

（二）坚定不移推动卷烟营销提质升级

建设集约高效的市场监测体系、动态平衡的货源供应体系、消零并重的客户服务体系、科学可视的评价考核体系、智慧高效的物流运行体系，探索推进更高水平现代化卷烟营销体系建设，确保卷烟运行平稳、市场状态良好。

（三）坚定不移实现烟叶稳产保供

种植烟叶 37.71 万亩、收购 90.5 万担。新建烟站 7 个、仓库 1 个，改造烟站 1 个，实施烟基项目 6867 件，推动万州大滩口、酉阳大泉水源工程完工。完成复烤易地技改项目建设，加工烟叶 70 万担以上。

（四）坚定不移履行专卖法定职责

全年破获 15 个国家局级打假打私重大案件，每个区县局主办完成 1 个市级以上网络案件，确保市场净化率在 98.6% 以上。狠抓电子烟监管。加强内部监管。

（五）坚定不移全面深化数字化转型

启动全市系统数字中台建设，实施云平台四期扩容。各条线已上线网信项目持续优化完善，未上线项目年内上线运行。制定数字化工具清单。全面深化网络安全，建成具有统一管理能力的信创云。

（六）坚定不移夯实改革管理基础

制定知识产权管理办法，探索科技立项“赛马争先”新模式。开展能效和碳排放对标活动，推进重点单位能源管控系统联网建设，加快新能源配送车辆替代，落地“碳汇交易”。实现高速胶研发供应。全方位抓好法律风险防范。开展重庆烟草成立 40 周年系列活动。

（执笔人：严正）

第二产业

重庆市工业经济发展综述

重庆市经济和信息化委员会　研究室

2022 年，面对国际形势严峻复杂、国内疫情多点散发和电力供应紧平衡等多重因素交织叠加，全市经信系统始终坚持以习近平新时代中国特色社会主义思想为指引，全面落实疫情要防住、经济要稳住、发展要安全的要求，在市委、市政府坚强领导下，紧扣国家重要先进制造业中心总体目标，坚持高端化、智能化、绿色化方向，以数字化改革为引领促进制造业流程再造，以先进制造业集群为主导加速产业结构调整，以产业创新为动力推动价值链向中高端迈进，以专精特新为重点激发市场主体活力，以优化服务为本位打造最佳营商环境。聚焦主业、苦干实干，攻坚克难、勇毅前行，以风雨无阻的心态和风雨兼程的状态，迎接有风有雨的常态，过得充实、走得坚定、干得有效，稳住工业经济基本盘，巩固全局工作基本面，交出来之不易成绩单。

一、2022 年发展回顾

（一）发展情况

1. 总体平稳

坚持稳字当头，一季度稳开局、二季度稳大盘、三季度抓攻坚、四季度保全年，3 月、6 月、9 月、10 月工业增加值分别增长 9.5%、6.1%、13.1%、8.2%。规模以上工业实现产值 2.75 万亿元，规模以上工业增加值增长 3.2%；全口径工业增加值 8276 亿元，占 GDP 的比重为 28.4%，对 GDP 增长贡献率达 32%。

2. 稳中有进

汽车、能源、医药、材料产业增加值分别增长 10.2%、11.3%、6.1%、3.9%，高于全市平均水平。工业投资增长 10.4%，高于全国 0.1 个百分点。其中，技改投资增长 12.6%，高于全国 3.5 个百分点，占工业投资的比重为 35.3%。

3. 进中有新

战略性新兴制造业增加值增长 6.2%，占规上工业的比重达 31.1%，提高 2.2 个百分点。新增百亿级工业企业 4 家。新能源汽车增长 1.4 倍，光伏电池增长 40.1%，工业机器人增长 31.8%，液晶显示模组增长 21.4%，服务机器人增长 19.5%。

（二）勠力同心攻坚拔寨

统筹应对疫情防控和经济发展“双重”考验，谋划出台系列务实举措，推动稳经济政策落地见效。建立“四大家”市领导定向联系重点产业链机制，一条产业链，一位市领导，一套组合拳。构建“专班化推进 + 机制化落实”体系，组建稳工业大盘、企业疫情防控、保供稳链等工作专班，成立市区企“三级联动”专项小组。疫情期间实施定岗、定人、定责、定片“四定管理”，精准组织实施闭环生产。11 月，规上工业增加值仅下降 8.1%，总体可控、好于预期。分链实施“链长”牵头和“链主”牵引，建立日监测、日调度、日报告和清单化、责任制、销号法机制，分级分类化解企业难题 3000 余个。扛牢医疗物资保障重责，储备投放物资超1540万套（个、瓶、双、人份），全面助力打赢疫情歼灭战。政企民多方联动，产供用同向发力，统筹保障电力、电煤、燃（油）气等能源要素。成功有效应对2856万千瓦历史最大电力负荷需求和457万千瓦历史最大电力负荷缺口。民生用气“一方不少”，工业用气增供稳价，为企业降本近9亿元。一年来，始终把高效统筹疫情防控和工业经济发展作为拥护“两个确立”的现实检验，坚定必胜信心，系统全面谋划、高效协同推进的机制更加完善。

（三）乘势而起换道超车

制定实施世界级智能网联新能源汽车产业集群发展规划，形成“1+4”顶层设计体系。入选国家首批新能源汽车换电模式应用试点，全国首个新能源汽车检测站投用。充电桩保有量突破10万个，换电站保有量位列全国第2。新能源汽车产量占全部汽车产量的17.5%，汽车产业增加值增长10.2%。高位推进软件和信息服务业“满天星”行动计划，统筹场所、场景、企业、人才、生态“五大关键”，新增软信企业3500余家，累计达3.5万家；新增从业人员5万人，累计达26万人，盘活存量楼宇超93万平方米。“揭榜挂帅”实施10个重点关键软件项目。成渝地区电子信息先进制造集群入选“国家队”。电子特气、硅耗材、抛光垫等关键材料实现国产替代。入围全国柔性显示五大城市。首家“智能+5G”智慧生活类互联工厂投产。“扶摇号”海上浮式风电机组成功下水，“重庆造”昆仑玻璃打破国外技术封锁。平台牵引打造“渝见美品”消费IP。一年来，始终把产业升级突破作为推动高质量发展的“源头活水”，增强发展信心，转出新动能、赢得新优势的步伐更加稳健。

（四）守正创新激发活力

全面实施“专精特新”企业高质量发展专项行动，创新构建“产业研究院＋产业园区＋产业基金”中小企业生成生态体系。新增国家级产业技术基础公共服务平台6家。新增市级专精特新中小企业1579家，累计达2484家。新增国家专精特新“小巨人”企业137家，累计达255家，全国占比为2.8%。其中，新增25家国家重点专精特新“小巨人”企业，累计达58家。探索中小企业抵押贷款风险共担试点。商业价值信用贷款利率低至3.3%。重组升级重庆高新技术产业研究院为市级平台，成功获评工业和信息化部首批创新成果产业化类别的产业技术基础公共服务平台，孵化落地宽禁带半导体、大功率无线充电等32家“硬科技”企业。实施产业基础再造工程，硅基光电子、纳米银柔性显示、高端MEMS传感器芯片等领域技术自主可控、国内领先。重大技术装备攻关取得突破，海装“扶摇号”风电机组、长客“双流制”轨道车辆、川东船舶“金海瀚号”化学品船等一批“国之重器”成功上线运营。持续实施规模工业企业研发机构倍增计划，中电科芯片技术研究院等一批新型研发机构落户。有研发机构和研发活动的规上工业企业占比分别达30%和47%左右，预计规上工业企业研发投入强度达1.62%。国家和市级工业设计中心分别达10家和168家。一年来，始终把改革创新作为激活发展动力的关键一招，保持争优耐心，“金蛋孵金鸡、老树发新枝”的生态更加完善。

（五）数实融合提升质态

坚持以数智赋能激活发展新引擎，“芯屏端核网”数字产业集群持续完善，前瞻布局卫星互联网、硅基光电子等新赛道。创新开展“一链一网一平台”试点示范，广域铭岛新入选国家“双跨”平台。新实施1503个智能化改造项目（累计5578个）。新建22个智能工厂（累计127个）、160个数字化车间（累计734个），示范项目生产效率平均提升58.9%。建成10个“5G+工业互联网”示范项目。长寿经开区入选西部唯一智慧化工园区试点示范。工业互联网标识解析国家顶级节点（重庆）连接10省市、38个二级节点、2万家企业。每万人5G基站数量19个。制定实施制造业高质量绿色发展行动计划，构建碳达峰碳中和政策体系。累计建成国家绿色工厂52家、绿色园区5个、绿色设计产品48种、绿色供应链5条。规上单位工业增加值能耗累计下降6%左右，大宗工业固废利用率达79%。一年来，始终坚持把数字化改革作为转型跨越发展的战略选择，恪守坚毅恒心，产业数字化、数字产业化态势更加彰显。

（六）协同开放优化环境

建成川渝间省际高速公路“电走廊”11条、加氢站15座。川渝汽车、电子全域配套率分别达80%、50%。获批建设成渝国家网络安全产业园区。首批20个成渝地区双城经济圈产业合作示范园区建设务实推进。深入推进“一区两群”协调发展，引导资源要素差异化聚集。主城都市区规上企业产值占比90.8%，其中，中心城区和主城新区占比分别为43.6%、47.2%。积极融入和服务“双循环”新格局，全年新签约引进工业和信息化项目1362个，协议投资8851亿元。笔记本电脑出口量、值均保持全国首位，汽车出口额同比增长近80%。成功举办2022智博会。实施“企业吹哨·部门报到”服务改革，受理“吹哨”事项5581个，办结率99.2%。创新推出“商业价值保”，年化担保费率仅0.8%。实施专项资金“五个转变”管理改革，落细落实惠企利企政策。全面推动降本增效，累计减负超1000亿元。深入开展防范和化解拖欠中小企业账款专项行动，清偿金额5.46亿元，清偿率位居全国前列。帮助部分在渝央企化解近15余年未解决的棚户区改造难题。一年来，始终把持续优化营商环境作为加速企业快速发展的重要引擎，践行服务本心，想企业之所想、急企业之所急的举措更加有效。

二、发展中存在的问题

1. 规模总量偏小

规上工业总产值2.75万亿元，全口径工业增加值8276亿元，占全国的比重为2.1%。工业增加值占GDP的比重为28.4%，低于全国4.8个百分点。

2. 优质企业偏少

全市规上工业企业数7454家，占全国的比重为1.65%。单项冠军企业13家，占全国的比重为1%。国家专精特新“小巨人”255家，占全国的比重为2.8%。

3. 质量效益偏低

全年规上工业企业营业收入利润率5.97%，低于全国0.12个百分点。工业每百元增加值产税10.3元，低于全国平均（15.8元）34.8%、上海26%、北京24%、天津22.4%。

4. 创新能力偏弱

规上工业企业建立有研发机构比例为30%，规上工业企业研发投入强度为1.62%，且结构上，试验费用占比偏高，基础研究占比偏低。

5. 主导产业能级不高

在工业和信息化部公布的国家先进制造业45个集群中，重庆市仅有与四川联合申报的电子信息先进制造业集群上榜，远低于江粤浙等经济发达地区水平。

三、2023 年发展思路

2023 年是贯彻落实党的二十大精神开局之年，是新时代新征程重庆发展的关键之年。重庆市工业和信息化发展面临的形势总体上有利因素多于不利因素。从国际来看，全球产业链供应链深度调整，是重庆工业发展最大的外部红利；而发达国家再工业化进程加速，则构成重庆工业发展的最大外部压力。从国内来看，积极融入和服务以国内大循环为主体、国内国际双循环相互促进的新发展格局，是重庆工业发展最大的内部红利；而竞争力、创新力、控制力、影响力、抗风险能力爬坡过坎则构成重庆工业发展最大的内部挑战。从市内来看，成渝地区双城经济圈建设、西部陆海新通道建设等系列国家战略叠加汇集，是重庆工业最大的机遇优势；而规模总量偏小、优质企业偏少、质量效益偏低、创新能力偏弱、产业能级偏低等问题，是重庆工业发展最大的劣势所在。

以习近平新时代中国特色社会主义思想为指导，全面贯彻党的二十大精神和中央经济工作会议精神，认真落实市委、市政府部署要求，坚持稳中求进工作总基调，以新发展理念为统领，以高质量发展为根本要求，更好地统筹疫情防控和经济社会发展，更好地统筹发展和安全，把握战略机遇、政策机遇和市场机遇，坚持创新、融合、绿色、开放、安全“五大发展”，抓实项目、企业、平台、集群、产业“五大载体”，推动综合实力、创新能力、内生动力、产业韧力、支撑能力“五大提升”，持续提振信心，持续深化供给侧结构性改革，努力实现稳进增效、除险清患、改革求变、惠民有感，为新时代新征程全面建设社会主义现代化新重庆开好局起好步提供有力支撑。

综合考虑经济形势和发展实际，主要预期目标：全市规模以上工业增加值增长 8%，制造业投资增长 12% 以上，制造业增加值占 GDP 的比重稳中有升，软件和信息服务业收入增长 20%。

（执笔人：苏波）

工业投资运行与发展

重庆市经济和信息化委员会规划与投资处

2022年，全市经信系统坚持以习近平新时代中国特色社会主义思想为指导，以迎接党的二十大和贯彻党的二十大精神为动力，坚持稳中求进工作总基调，坚决落实疫情要防住、经济要稳住、发展要安全的要求，认真落实党中央、国务院和市委、市政府决策部署，统筹疫情防控和工业经济发展，有力应对各种超预期因素冲击，全市工业经济发展总体保持了多重压力下的恢复态势，工业投资实现稳定回升。

一、2022年发展回顾

（一）整体情况

全市工业投资同比增长10.4%，高于全国平均水平0.1个百分点。其中制造业投资同比增长8.8%，低于全国平均水平0.3个百分点，占全市工业投资的比重为84.3%；技术改造投资同比增长12.6%，高于全国平均水平3.5个百分点，占工业投资的比重为35.3%。

支柱行业投资“四快三缓一降”。汽车、摩托车、消费品、能源行业投资均保持在10%以上较快增长，同比分别增长25.8%、11.3%、19.8%、18.6%，占工业投资的比重分别为11.1%、1.4%、19.6%、15%；电子、装备、医药行业投资增速放缓，同比分别增长7.3%、3.4%、7.1%，占工业投资的比重分别为21.5%、11.4%、4.9%；材料行业当年投资负增长，同比下降4.8%，占工业投资的比重为15.1%。

工业投资项目支撑有力。从面上项目情况看，全年在建工业投资项目数量、计划总投资同比分别增长11.1%、8.9%，其中全年新开工项目数量及计划总投资同比分别增长6.6%、8.1%，项目数量和投资总额“双增长”，投资先行指标整体向好。从点上项目情况看，全年177个市级工业重大项目中，吉利科技年产12GWh动力电池等78个项目开工，爱玛西南制造基地等43个项目建成投产，康宁基板玻璃前段熔炉等56个项目加快建设，全年合计完成投资710亿元，超出年度投资目标22.3%，有力支撑全市工业投资较快增长。

（二）主要举措及成效

1. 抓招商引资强投资后劲

不断优化招商工作机制，完善招商目标企业库和项目库，与100家外资和200家内资重点招商目标企业建立固定联系渠道，掌握企业发展动态，远程对接、赴企业拜访、邀请企业来渝考察合计近200次；深入开展产业链招商，推动汉达精密电子、西安奇芯光电等4个“强链”“补链”重点。编制《重庆工业投资指南》，全面推介重庆工业投资环境。2022年全市累计引进工业投资项目1120个，协议投资7600亿元，进一步增强全市重点工业产业发展后劲。

2. 抓项目建设稳投资基础

深入实施“抓项目促投资”专项行动，制定年度市级工业重大建设类项目新开工、在建、前期“三张清单”，按照“一季度落实到旬、二季度落实到月、下半年落实到季度”的标准，细化明确基础施工、主体施工、主体完工、设备安装调试、试生产等重要节点，挂图打表推进项目建设，协调解决项目建设中的难点、卡点问题，确保项目早开工、早竣工、早投产、早见效，尽早形成实物投资量支撑全市工业投资增长。全市重大工业项目超额完成年度投资计划，带动全市工业投资同比增长10.4%。

3. 抓技术改造增有效投资

充分挖掘企业高端化、智能化、绿色化转型契机，鼓励企业加快设备更新迭代、产线升级扩能等技术改造，积极扩大有效投资。一是数智赋能转型升级加快，新实施1503个智能化改造项目（累计5578个），新建22个智能工厂（累计127个）、160个数字化车间（累计734个），示范项目生产效率平均提升58.9%，全市规模以上工业企业全员劳动生产率提高至45.8万元/人。二是绿色低碳投资潜力加速释放，聚焦落实碳达峰碳中和、能耗“双控”要求，新创建国家绿色工厂30家（累计52家）、绿色园区3个（累计5个）、绿色设计产品17种（累计48种）、绿色供应链4条（累计5条），规上工业单位增加值能耗下降至0.681吨标准煤/万元，大宗工业固废利用率达79%。

二、发展中存在的问题

1. 招商引资面临更大压力

在产能过剩（2022年全国规模工业产能利用率仅75.6%，同比下降1.9个百分点）、需求不旺背景下，企业投资“由硬向软”趋势明显，大体量优质项目集中在少数头部企业，已成稀缺资源，各地竞争日益激烈，项目落地成本高企，全市大多数区县难以负担。

2. 现有企业投资能力有限

2022年末，全市工业规上企业每百元营业收入中的成本（85.75元）高于全国平均1元左右、营业收入利润率（5.97%）低于全国平均0.13个百分点，与全国平均相比，投资能力更为有限。

三、2023年发展思路

按照政府工作报告确定的“力争2023年全市制造业投资增长12%以上，技改投资占工业投资比重达到36%”目标，统筹抓好以下重点工作。

（一）围绕重点集群，强化项目招引

聚焦全市优势特色产业集群建设方向，针对性开展招商引资项目对接洽谈、强化跟踪服务，不断提高招商项目质量和落地转化率。围绕关键产业链大力引进培育一批科研机构、公共服务平台等，创新服务产业链上下游各环节企业，加快推动研发技术成果产业化投资，形成稳定配套和协同创新的良好发展格局，促进形成具有内生活力的产业持续投资能力。

（二）强化服务保障，加快项目建设

扎实推进“抓项目促投资”专项行动，按照“竣工一批、开工一批、储备一批、谋划一批”“四个一批”工作要求，谋划一批标志性、事关长远的重大项目并争取支持落地；围绕年度市级重大项目“三张清单”，逐项细化项目投资目标、进度安排、开完工等重要建设节点，落实“一项目两专人”工作机制，推进项目“全生命周期”跟踪服务，切实解决项目建设过程中的难点、卡点问题，助力存量项目加快建设、积极扩大有效投资。

（三）强化政策支持，引导有效投资

技改投资具有“投资周期短、见效快”等优势，是工业投资的重要构成部分，在加快兑现“技改九条”“技改专项贷”等支持政策基础上，积极研究制定出台促进技术改造的指导性文件，支持企业加大高端化、智能化、绿色化技改投资力度，切实提升投资质效。同时，充分利用好中央预算内投资、制造业高质量发展专项等国家资金政策以及技术改造导向计划、制造业中长期贷款等支持政策，引导存量企业加大关键核心技术攻关以及转型升级等领域的有效投入。

（执笔人：游诗纬）

工业企业改革与转制

重庆市经济和信息化委员会　企业处

2022年，坚持以习近平新时代中国特色社会主义思想为指导，深入学习贯彻党的二十大精神，立足新发展阶段，完整、准确、全面贯彻新发展理念，积极融入和服务新发展格局，积极引导企业管理提升，持续推进兼并重组，稳妥推进国企改革，处置历史遗留问题，为全市工业企业高质量发展营造和谐稳定的环境。

一、2022年发展回顾

（一）企业管理提升有序推进

以解决自主创新能力不足、供给质量水平不高、能源资源利用效率偏低等问题为抓手，不断增强企业核心竞争力、抗风险能力、可持续发展能力，将企业管理提升向纵深推进，助力打造国家重要先进制造业中心。

1. 做好整体谋划

坚持以系统思维谋划企业管理工作，围绕建设国家重要先进制造业中心目标，聚焦关键重点，整体谋划企业管理工作。会同区县经济信息部门、高等院校、行业协会、咨询管理机构等，立足全市制造业企业管理现状，深入探讨制造业企业管理提升发展的前进方向和实施路径，从创新管理、质量管理、数字化管理、绿色管理、风险管理五大重点方向，细化制造业企业管理提升内容，形成制造业企业管理提升行动工作方案，引导企业夯实管理基础。

2. 加强服务指导

深入永川、垫江等区县调研，实地查看天元管道、天圣制药等企业管理创新开展情况，进一步了解企业管理开展情况，掌握企业管理现状和实际需求。提升专业机构服务能力，结合业务范围、主要业绩、综合实力等因素综合评价企业管理咨询机构，推行管理咨询机构动态管理机制。加大企业管理咨询机构推介力度，发挥好桥梁作用，开展诊断咨询、精益生产、内控管理等供需服务对接，组织管理专家、咨询机构等帮助企业挖掘内部潜力，向管理要质量、要效益、要发展，将企业管理运用到研发设计、生产制造、供应链管理、营销服务等全流程。

3. 强化示范带动

总结提炼企业管理提升典型案例，通过入企宣讲、现场观摩、交流座谈等方式大力推广重庆市企业管理创新成果，宣传先进管理理念和管理方法，引导企业主动转变发展方式。组织企业到管理创新示范标杆企业参观学习，借鉴先进企业发展理念和思路，融会贯通、学以致用，提升企业管理能力。

4. 筹备专题培训

针对制造业企业管理的重点领域和薄弱环节，筹备企业管理能力提升业务培训。坚持问题导向，梳理需求清单，邀请管理咨询专家，针对企业人力资源、生产制造、质量管理等不同部门负责人需求，开展了“人力资源管理能效提升”“全面质量管理提升”“生产运营管理提升”

等培训，帮助提升企业经营管理者专业素质和水平。

（二）兼并重组企业扎实开展

以推动企业转型升级和做大做强为目的，对符合条件的兼并重组项目进行支持，进一步激发企业内生动力，引导和鼓励企业强强联合、强链补链。

1. 优化支持举措

根据工业和信息化专项资金管理办法，对兼并重组项目申报资金条件进行调整和明确。支持企业整合创新资源和要素，鼓励企业通过兼并、重组等，多途径、多形式、多领域实施跨地区、跨行业的兼并重组，提高企业集聚和整合各类资源的积极性和能力。按照国务院稳住经济大盘电视电话会议精神和市委、市政府有关工作部署，配合制定《重庆市提振工业经济运行若干政策措施》，实施停产半停产企业兼并重组，盘活闲置资源。

2. 规范项目评定

严把项目审核关，组织专家对申报项目进行集中评审，对照申报条件逐项核实，对重庆四方新材股份有限公司收购重庆光成建材有限公司项目、重庆多普泰制药股份有限公司全资控股重庆泰昊企业管理有限公司等收购项目进行评审，对四方新材兼并项目进行奖补。

3. 注重绩效跟踪

深入神驰机电、涪陵能源实业等企业实地调研兼并重组项目开展运行情况及奖补资金使用情况，评估项目实施绩效。对隆鑫通用兼并重组项目进行验收，确保项目资金使用规范。

（三）国企改革工作攻坚克难

2022 年是国企改革三年行动收官之年，锚定攻坚目标精准发力，全面完成各项改革任务。

1. 落实改革任务

按照《市委全面深化改革委员会国有企业改革专项小组 2022 年工作要点》要求，建立改革工作台账，落实工作责任，定期收集推进情况，确保改革任务落到实处。帮助指导市属国企开展战略性重组、整合用好国资基金、向产业链价值链中高端升级等，助力市属国企高质量发展。做好国企改革督查迎检准备工作，提炼总结工作经验，及时报送进展台账及相关佐证材料。配合做好区域性国资国企综合改革试验工作，参与实施方案修改制定。

2. 加快剥离办社会职能

下发《关于报送国有企业剥离办社会职能解决历史遗留问题情况的紧急通知》，对中央在渝工业企业剥离办社会职能推进完成情况进行全面摸排掌握。组织中央在渝工业企业召开剥离国有企业办社会职能工作会议，通报总体情况，安排部署年度工作。开展厂办大集体改革攻坚，对推进相对缓慢企业进行一对一指导，协调处理改革过程中的难点、堵点问题，加快厂办大集体改革进度；深入企业指导化解信访矛盾，加强政策宣讲、思想疏导，确保整体稳定。教育机构改革方面，推动重庆长航航运旅游学校改革，与重庆联合技工学校、理工职业学院等洽谈合作。医疗机构改革方面，涉及重庆长航医院改革，协调国药集团拟成立合资公司。

3. 稳妥处置遗留问题

做好轻纺集团、机电集团等企业下属原“老 17 户”单解、双解人员社保补助复核工作。开展中央在渝工业企业 1700 余名职教幼教退休教师生活补贴、180 余名中小学移交遗留问题退休教师待遇补差收集申报。完成 1800 余名中央在渝工业企业“三类人员”信息收集汇总及生活医疗困难补助资金申报工作。有序处理合成化工厂有限公司职工安置问题，按期核实并协调沙坪坝区经信委拨付合成化工厂有限公司退休人员社会保险等费用。

二、发展中存在的问题

一是企业管理整体水平有待提升。面对新形势，一些企业认识到管理水平提升的重要性和必要性，积极在企业内部推行管理水平提升实践，并取得一定成效。但从总体来看，企业管理水平整体还有待提升，部分企业的管理模式不适应当前经济发展形势，加之思想认识不到位，主动推动、参与管理水平提升工作的不多。

二是遗留问题处置压力大。受人员安置、资产处置等因素影响，个别厂办大集体企业改革进展缓慢、矛盾突出。

三、2023 年发展思路

以习近平新时代中国特色社会主义思想为指导，全面贯彻党的二十大精神和中央、市委经济工作会议精神，坚持稳中求进工作总基调，以新发展理念为统领，以高质量发展为根本要求，进一步推进制造业企业管理能力提升，推动兼并重组帮助企业做大做强，持续深化国企改革，助推全市工业高质量发展。

1. 持续推进企业管理能力提升

开展制造业企业管理诊断评估，组织专家团队、行业协会和专业管理咨询机构入企调研、诊断摸排，“一企一档”建立企业管理经营档案。开展企业管理对标提升，引导企业开展对标学习、提升、改进活动，探索建立企业管理评价指标体系。培育企业管理示范标杆企业，打造企业管理提升实训基地。培育和推广企业管理示范成果，营造企业管理能力提升氛围。开展企业管理人员能力提升培训，培养造就一批懂管理、善经营的基层管理者、优秀企业家和职业经理人。培育和发展企业管理咨询服务机构，提升为企业服务水平。

2. 持续抓好企业兼并重组

加大企业兼并重组政策宣讲推广力度，提高政策知晓率，提升企业对申报条件把握的准确性。健全完善企业兼并重组重点项目库，加强对重点项目的跟踪服务，掌握动态情况。及时开展兼并重组项目验收工作，确保专项资金严格按要求使用。

3. 持续推进国有企业改革

按照新一轮国企改革深化提升行动工作要求，深入推进国资国企改革发展，配合做好各项工作。支持市属国企围绕服务国家和全市重大战略，以市场化方式重组整合，促进国有资本向主业集中、向优势企业集中、向实体经济集中。协调解决厂办大集体改革、医疗教育机构改革等国有企业剥离办社会职能遗留问题，化解矛盾纠纷，切实为企业发展解难减负。

（执笔人：先彬艳）

工业绿色发展

重庆市经济和信息化委员会　节能与综合利用处

2022年，重庆市工业领域不断推进节能低碳化改造、清洁化改造、资源循环再生利用、工业节水改造和绿色基础能力提升五大领域项目建设。全市规上工业能源消费量为4650.78万吨标准煤，同比增长2.39%，万元规模工业增加值能耗0.681吨标准煤，同比下降0.79%。

一、2022年发展回顾

（一）精心做好顶层设计

以市政府名义印发《以实现碳达峰碳中和目标为引领深入推进制造业高质量绿色发展行动计划（2022—2025年）》（渝府发〔2022〕34号），明确“十四五”期间制造业绿色发展目标、方向和实施路径。对标国家工业碳达峰实施意见，会同市发展改革委、市生态环境局印发《重庆市工业领域碳达峰实施方案》，为工业领域顺利达峰树立政策引导。

（二）加速建设绿色制造体系

探索绿色制造体系培育创建工作新机制，打造以绿色产品、绿色工厂、绿色园区、绿色供应链为主体的绿色制造标杆示范和领军力量。全年创建市级绿色工厂78家、绿色园区5个，国家绿色工厂29家、国家绿色园区3个、国家绿色设计产品12种、国家绿色供应链3条。截至目前，全市累计创建市级绿色工厂249家、市级绿色园区20个，国家绿色工厂81家、绿色园区8个、绿色设计产品60种、绿色供应链8条，创建数量不断突破。

（三）推动平台服务与区域发展绿色协同

加强绿色服务机构能力建设，制定《重庆市绿色制造综合服务平台培育实施方案》，打造市级绿色制造综合服务平台及绿色低碳服务示范，进一步推动智能化、绿色化赋能全市制造业高质量发展。创新绿色服务供给模式，开发合同能源管理、能源管家等服务模式应用场景，将区县绿色发展目标与绿色制造综合服务平台建设目标深度融合，形成相互促进、协同发展的工作机制。

（四）加快提升企业能效水效

积极推进用能高效化、低碳化、绿色化，稳妥有序推动工业节能从局部单体节能向全流程系统节能转变，制定出台《重庆市工业能效提升行动计划》。紧抓重点领域能效提升，全面摸排23个重点行业，形成63家企业能效水平清单，引导企业对标标杆值、基准值一企一策提升能效水平。评选梁平海螺水泥有限责任公司等3家企业为市级能效领跑者。开展重点用能企业节能目标责任制落实情况监督检查，督促重点用能企业按进度完成节能目标和落实节能措施。加强传统产业水效提升，出台《重庆市工业废水循环利用实施方案》，开展“水效领跑者”遴选和节水型企业创建工作，2022年创建国家级“水效领跑者”企业2家、园区1个。

（五）稳步推进工业固废综合利用

积极推动废塑料、废钢铁、废旧动力电池等再生资源领域4家企业创建国家级再生资源综合利用行业规范条件企业，预计实现年综合利用固体废物53万吨。大宗工业固废综合利用率达79%。开展产生严重污染环境的工业固体废物的落后生产工艺设备摸排整治工作，持续淘汰落后产能。

（六）持续提升清洁生产水平

完成121家企业清洁化诊断工作，提出634项改造方案，每年可节约标煤4.8万吨、节水103.98万吨，减排颗粒物、二氧化硫、氮氧化物等250吨。开发应用“重庆市清洁生产评价系统”，在涂装、水泥、电力等六个行业为企业提供清洁生产水平快速测评服务。组织实施一批绿色制造项目，充分发挥工业和信息化专项资金作用，统筹安排资金2820万元，支持节能、节水、清洁化改造、资源综合利用项目19个，实现年节能5.858万吨标煤、节水7万吨、减排二氧化碳2.04万吨。

（七）深入打好工业污染防治攻坚战

有序推进中央环保督察反馈问题整改，在第一轮中央生态环境保护督察反馈问题全面完成整改销号的基础上，第二轮中央生态环境保护督察反馈问题中的3项整改工作均进入销号程序。组织机关干部集中观看长江环境保护警示片，增强责任意识。组织开展重点企业环境保护指导督促专项行动，对1008家重点排污工业企业实现环保指导督促工作全覆盖。

（八）做好节能降碳氛围营造

在工业节能宣传周期间，组织开展工业绿色发展政策解读、节能降碳讲座、节能降碳技术推介会等活动，不断增强工业企业节能降碳意识。组织开展全市工业绿色发展业务能力提升专题培训，提高经信系统干部抓好绿色低碳发展本领。推动川渝绿色共建工作，组织开展川渝节能环保人才技能大赛、节能环保技术产品推广等系列活动，编制《川渝节能降碳先进适用技术、装备、工艺应用案例集》。

二、发展中存在的问题

（一）社会绿色发展意识仍待提高

在绿色发展观念上，企业主体、社会公众对实现绿色发展推动产业高质量升级问题的理解不到位，同时因疫情叠加市场压力，多数企业对于绿色节能改造能力不足、意愿不强，多数节能改造仍由强制标准驱动，主动绿色转型还没有成为发展主流。

（二）整体绿色发展水平仍然偏低

由于历史原因，重庆工业结构长期偏重，总体来，看重庆市制造业跟经济发达省市的绿色发展水平相比仍然不高，对传统能源依赖度依然较高，企业智能化绿色化发展水平仍需进一步提高。

（三）绿色发展支持工具仍然不多

财政用于支持产业绿色发展的政策和资金仍然不多，绿色金融政策的驱动性不强，加之中小型企业一般难以达到市级及以上层面绿色金融支持门槛，而普惠性绿色金融支持工具力度不够、畅通性不强，支撑中小企业绿色转型发展的力量不足。

三、2023年发展思路

（一）营造工业绿色发展氛围

鼓励支持重点企业通过节能化改造不断提升能效水平，支持企业推广使用高效节能装备和节能新技术，实施节能降碳专项行动。推动标准实施，形成支持制造业绿色发展的合力，凝聚共识，让绿色发展从企业被动选择变为主动需求，让市场推动企业实施绿色低碳改造。大力传导、宣贯绿色发展相关内容，营造良好的绿色发展氛围。

（二）夯实工业绿色发展本底

抓住重点用能企业的“牛鼻子”，加强节能监管，鼓励支持重点企业通过节能化改造不断提升能效水平，支持企业推广使用高效节能装备和节能新技术，实施节能降碳专项行动，发挥能效领跑者引领示范，实现能效水平显著提高。开展绿色生产水平对标提升工作，通过组织三方机构及专家人企服务，帮助企业查找高耗能、高污染问题，不断提升资源能源利用效率和清洁生产水平，强化产品全生命周期和全产业链绿色发展。支持企业开展清洁化改造，补足工业固废综合利用短板，推进园区循环化改造助力构建绿色低碳循环体系。

（三）增强绿色发展载体支撑

发挥示范园区的引领作用，开展园区循环化改造，打造近零碳园区。推进绿色产品开发，遴选一批绿色设计产品、培育一批工业产品绿色设计示范企业，引导绿色生产，促进绿色消费。创建一批节能公共服务平台和企业，做好绿色发展服务支撑。创新金融工具支持绿色发展，推动碳减排工具落地，创新小微企业绿色技改专项贷等金融工具。建立绿色产业发展基金，撬动更多资金支持中小企业绿色转型。

（执笔人：杨睿妮）

汽车工业

重庆市经济和信息化委员会　汽车工业处

2022年，全球汽车产业变革加速。汽车产业面临国际形势不确定性加剧、国内宏观经济恢复仍需巩固等因素影响，国家及各地纷纷出台汽车消费促进政策，提振汽车市场，推动汽车产销增速逐月走高。在市委、市政府的坚强领导下，重庆市汽车产业克服新冠疫情、芯片短缺、高温限电等众多不利因素影响，总体保持较高增速，并在建设世界级汽车产业集群规划引领下，积极抢抓机遇，全力加快新能源化、智能网联化、高端化、绿色化发展，成效显著、亮点频出。

一、2022年发展回顾

截至2022年底，重庆有汽车生产企业62家，其中整车生产企业21家，改装车生产企业41家，已形成年产400万辆的综合生产能力。汽车制造业规模以上企业1100家，已形成长安系为龙头、十多家整车企业为骨干、上千家配套企业为支撑的“1+10+1000”优势产业集群，整车产品种类涵盖轻、重、客、微、轿全谱系，汽车零部件具备发动机、变速器、制动系统等各大总成完整的供应体系，本地配套率达70%。

规上汽车制造业完成产值4514.6亿元，同比增长10.6%。其中，汽车整车制造业完成产值2161.1亿元，同比增长20.9%；改装车制造业完成产值165.9亿元，同比下降0.4%；汽车零部件制造业完成产值2187.6亿元，同比增长2.7%。

（一）生产运行

重庆汽车制造业产值增长受到新冠疫情、高温限电影响较为明显，全年产值呈现出高开低走的运行态势。一季度，全市汽车制造业生产运行正常，实现产值1092.5亿元，同比增长20%，其中3月实现产值441.7亿元，同比增长34.1%，是全年增速最快的月份；二季度，受到上海等地新冠疫情影响，增速有所下滑，上半年产值增速降至11.2%；三季度，虽然受到高温限电的影响，但新能源汽车支撑作用开始凸显，1~9月产值增速为11.5%；四季度，全市汽车制造业克服新冠疫情影响，加之新能源汽车快速发力，确保年产值增速超过10%（10.6%）。整体来看，全年汽车制造业增速（10.6%）高于全市工业产值增速（4.7%）6个百分点，产值占全市工业总产值的比重为16.4%，同比基本持平。

（二）产品结构

重庆汽车产量209.2万辆，同比增长4.1%，占全国的比重为7.7%。乘用车产量158.8万辆，同比增长10.5%，占汽车产量的比重为75.9%。乘用车中，基本型乘用车（轿车）、运动型多用途乘用车（SUV）、多功能乘用车（MPV）和交叉型乘用车（微客）的产量分别达到54.9万辆、93.6万辆、1.4万辆和8.9万辆，同比分别增长46.1%、−1.7%、132.4%和−13.5%。商用车产量达到47.4万辆，同比下降15.6%，占汽车产量的比重为 22.7%。改装车产量 5 万辆，同比下降 27.8%。

（三）重点企业

重庆长安汽车股份有限公司（含市外分支机构）共销售汽车 235 万辆，位居全国汽车集团第五，5 家在渝企业（长安汽车、长安福特、长安新能源、铃耀汽车、长安跨越）完成产量 139.6 万辆，增长 6.9%，实现产值 1341.1 亿元，增长 27.5%；赛力斯汽车有限公司完成产量 8.4 万辆，同比增长 660.4%，实现产值 178.5 亿元，同比增长 730%；东风小康汽车有限公司完成产量 8.9 万辆，同比下降 32%，实现产值 63.3 亿元，同比增长 0.8%；长城汽车重庆分公司完成产量 21.6 万辆，同比增长 2.7%，实现产值 298.3 亿元，同比增长 17.1%；上汽红岩汽车有限公司完成产量 1.3 万辆，同比下降 72%，实现产值 49.4 亿元，同比下降 61.5%；庆铃汽车（集团）有限公司完成产量 4.1 万辆，同比下降 15.4%，实现产值 63.6 亿元，同比下降 30.6%；华晨鑫源重庆汽车有限公司完成产量 15.5 万辆，同比下降 27.5%，实现产值 108.4 亿元，同比下降 40%；重庆睿蓝汽车制造有限公司完成产量 3.8 万辆，同比增长 824.3%，实现产值 29.6 亿元，同比增长 507.9%。

（四）智能网联新能源汽车

全市新能源汽车产量 36.5 万辆，增长 140%，占汽车产量的比重为 17.5%。车型涵盖乘用车、货车、客车及专用车全系列，包括纯电动、插电式、增程式、氢燃料、换电式等技术路线，重点产品长安深蓝 SL03 月产量稳定超过 6000 辆，赛力斯问界 M5 和问界 M7 累计产销量超过 7.5 万辆，长安阿维塔 11 上市后的订单突破 2 万辆。全市智能网联新能源汽车在品牌打造、产业链培育、设施配套等方面取得长足进展，200 余家产业链条企业集聚发展，具有西部地区最为完整的智能网联新能源汽车产业链，在智能网联先行先试、换电模式、氢燃料汽车推广等方面处于国内先进行列。

（五）出口情况

全市汽车出口 28.4 万辆（新能源汽车 1.4 万辆），同比增长 44.1%；全国占比为 9.1%，高于汽车产量的全国占比（7.7%）；出口额 218.7 亿元，同比增长 77.5%。其中，乘用车 17.9 万辆，同比增长 33%；商用车 10.5 万辆，同比增长 67.8%。从重点企业来看，长安汽车自主品牌出口 16.9 万辆，同比增长 50%，连续 7 年保持增长势头；赛力斯集团出口 5.5 万辆，同比增长 36%；长城汽车出口约 2 万辆；庆铃汽车出口 0.16 万辆。

（六）研发创新

预计全市汽车制造业 R&D 经费达到 130 亿元，投入强度约 2.86%。创新平台方面，新增汽车行业市级企业技术中心 36 家、工业和信息化重点实验室 4 家、国家级技术创新示范企业 1 家。新技术方面，长安汽车、赛力斯相应发布智电 idd、智能汽车超级数字化平台（SDA 构架）、DATS 动态自适应扭矩系统等关键技术。创新企业方面，重庆市汽车领域科技型企业 2641 家、占全市的 6.3%，高新技术企业 572 家、占全市的 9.5%。人才培育方面，培育汽车领域科技创新领军人才 3 人、创业领军人才 2 人和创新创业示范团队 12 个，引进汽车领域 A 类外国高端人才 8 人。

二、发展中存在的问题

（一）新能源汽车总体规模不大档次不高

2022 年新能源汽车产量占汽车总产量的

比重（17.4%）较全国（26.1%）低8.7个百分点，仅长安汽车进入全国新能源乘用车企业销量前十。

（二）核心零部件本地配套能力不强

新能源动力电池主要采购于市外的宁德时代、国轩等，比亚迪电池（产能35GWh）还没有为市内整车企业配套。功能芯片、功率芯片等汽车芯片的本地供应能力缺乏。只有长安软件等极少数的汽车软件开发机构，没有应用类软件企业。

（三）部分企业急需转型

合川区的比速汽车、北汽瑞翔正待盘活资质和产能重整发展。江津区的重汽轻型车销售低迷，发展困难。两江新区的北京现代工厂受韩国现代在华发展困难影响，已经停产。下一步，要认真落实《重庆市建设世界级智能网联新能源汽车产业集群发展规划》，全力推进全市汽车产业加快向新能源化、智能网联化、高端化、绿色化方向转型升级。

三、2023年发展目标

（一）强化整车企业龙头引领作用

加快优势企业壮大，支持长安、赛力斯、长城等优势整车企业整合重组困难企业产能，推进赛力斯超级工厂、长安新能源工厂等重大整车新项目建设，加快智能网联新能源汽车新车型的研发和投放，增强优势企业的领军作用。加快产品档次做优，支持长安阿维塔、赛力斯问界等高端品牌发展，优化产品和品牌结构；推动长安福特等合资品牌发展，加快智能网联新能源转型。加快产品种类完善，支持中车恒通等加快做大新能源客车规模，庆铃、上汽红岩等发展氢能和换电商用车，瑞驰、华晨鑫源等继续巩固在电动物流车市场的领先优势。

（二）加快核心配套优链强链补链

夯实动力系统基础，支持比亚迪等动力电池系统领军企业扩大规模、博世庆铃等强化研发应用、吉利电池等项目建设，持续完善正负极材料、电解液、催化剂等基础配套，增强动力电池基础和氢燃料动力系统领先优势。做强智能系统链条，支持北斗星通、华域视觉等汽车智能系统企业做大做强；鼓励纬创、仁宝等笔记本电脑代工企业积极加快与汽车行业融合发展，研发制造汽车电子产品。补齐核心器件短板，支持长安、赛力斯等整车企业与声光电、华润微电子等电子企业的跨界合作，携手实现汽车芯片本地配套“零”的突破；加快本地培育和招商引育，补齐车用传感器短板。优化车身部件供给，引导西南铝等材料企业研发铝车身等轻量化零部件；支持传统汽车零部件企业发挥自身技术和制造优势，转型生产动力电池托盘等智能网联新能源汽车零部件，助力整车智能网联新能源转型。大力发展汽车软件，支持长安、赛力斯等整车企业加强与华为、均联智行等软件企业合作，加强自动驾驶、智能云控平台、OTA等关键软件产品研发，突破汽车研发设计软件、生产控制软件、业务管理软件等工业软件技术，壮大汽车软件产业规模。

（三）提升产业生态协同能力

提升平台载体协同能力，支持两江新区、渝北、高新区等围绕智能网联新能源汽车重点方向创建特色产业园，提升产业承载能力，开展以商招商、专业招商等精准招商活动，提升零部件集群效应。提升应用场景协同，以国家级车联网先导区、国家氢燃料汽车示范应用城市群、换电模式应用试点城市等创建为抓手，加快充换电、加氢、智慧高速等智能网联新能源汽车应用场景基础设施建设。提升科技创新协同能力，支持长安、赛力斯等行业企业与重庆大学、中国汽研等科研院校联合开展技术攻关、人才培养等科技创新合作，实现“产学研用”协同创新常态化。提升川渝合作协同能力，发挥川渝汽车产业发展专班作用，支持两地行业协会深化合作，组织开展更多的两地产业联动活动，升级完善两地汽车产业链供需信息线上对接平台，探索两地汽车产业支持政策整合，加强政府对汽车产业协同发展的引导和支持。提升市场推广协同能力，组织新能源汽车促销等市场营销活动，开展全球汽车高峰论坛等大型行业活动，提升汽车品牌的市占率和影响力。

（执笔人：张宇航）

摩托车工业

重庆市经济和信息化委员会汽车工业处

2022年，国内摩托车行业发展受疫情多点散发、市场结构性变化、国内众多城市限摩、电动车和小型汽车挤占市场等因素影响，销量大幅下滑，催生了电动化发展趋势加快、中大排量成为重要增长点、严管及新政策带来的发展“窗口期”等行业新机遇。重庆摩托车制造业在市委、市政府的坚强领导下，充分发挥技术、人才、配套等优势，持续推动产品创新，推进结构调整，加快智能化、电动化、高端化转型升级，积极拓展海外市场。

一、2022年发展回顾

全市现有摩托车整车制造企业39家，规模以上制造企业410家，已形成年产1000万辆整车和2000万台发动机的综合生产能力，具备发动机、离合器、车架、减震器、转向、轮毂、轮胎、仪表等各大总成完备的配套能力。全市生产摩托车444万辆，同比增长1.7%，全国占比为20.9%，实现产值820亿元，同比降低3.4%。

（一）生产波动较大

重庆市摩托车月度产量受疫情影响波动较大。全年有7个月同比有所下降，一季度同比下降12.2%，二季度同比累计下降2.9%，三季度同比累计上升3.4%，全年产量同比累计上升1.7%。

（二）骨干企业

重庆市的隆鑫、宗申、力帆、重庆德呈威等摩托车整车骨干企业，其装备水平、制造能力、生产规模处于国内一流水平，四家企业同时进入全国燃油摩托车产销及出口量排名前十。宗申、隆鑫、雅迪、台铃进入全国电动摩托车销量前十。

（三）出口情况

重庆企业出口摩托车361万辆，全国（764万辆）占比47%。其中，隆鑫、宗申、力帆、重庆德呈威分别排名第1、第3、第6、第9位。

（四）主要产品

重庆摩托车企业大力开展技术创新，不断研发出适销对路的新产品。隆鑫在第二十届中国国际摩托车博览会上发布公路赛车VOGE无极250RR竞技版、RR525、电动品牌BICOSE茵未Real 5T以及四缸发动机KEN660等高端新产品。宗申延续以“赛科龙”和“宗申”两大品牌战略为牵引，赛科龙休旅RX560、仿赛RC401、复古踏板ZT9等新品亮相，推出宗申潮装越野系列、森蓝氢能源摩托车系列多款新品。力帆全新拉力摩托车KPT400面世，新品牌“派方”星舰3和引力两款新车首发，星舰6、泰坦、EZ三款在研究车型亮相。雅迪、爱玛在渝电动车产量分别达到102万辆和40万辆。

二、发展中存在的问题

（一）供应链配套能力不足

一是电动摩托车，供应商集中在沿海，本地化率不足40%，物流成本较高；二是中大排量摩托车（250毫升以上），本地供应商跟不上摩托车主机厂转型步伐，支撑能力不强。

（二）品牌意识亟须加强

重庆市出口的摩托车产品绝大多数是通过经销商贴牌销售，对价格和规模依赖度较高，平均单车出口价值较低（约4000元/辆）、利润低。

（三）研发能力参差不齐

重点摩托车企业研发投入和水平国内领先，但还有不少产业链企业没有建立研发机构，缺乏自主研发能力，行业整体研发投入强度不到1%。

三、2023年发展思路

重庆摩托车制造业发展目标是实现产量460万辆，同比增长3%；实现产值870亿元，同比增长6%。重庆市将加快推动摩托车产业转型升级发展。一是帮助企业梳理摩托车海外市场，建立本地摩托车产业联盟，支持企业优化产品结构，调整市场战略定位，形成合力冲击海外市场。二是引导和鼓励重点企业加速向产业高端领域进军。三是重点推动电动摩托车本地化项目达产上量，鼓励其他摩托车企业积极开发生产电动摩托车。

（执笔人：潘力溧）

轻工业

重庆市经济和信息化委员会　消费品工业处

一、2022年发展回顾

（一）主要经济指标

截至2022年底，全市规上轻工业企业有910家，累计实现工业产值增长1.7%，出口交货值下降8.1%，营业收入下降1.2%，利润总额下降29.5%，平均用工人数下降1.9%。

木材加工和木、竹、藤、棕、草制品业规模以上企业27家，工业产值同比增长3.8%，出口交货值与上年持平，营业收入增长4.2%，利润总额下降6.1%，平均用工人数下降11.5%。

家具制造业规模以上企业104家，工业产值同比下降18.8%，出口交货值同比下降3.8%，营业收入下降14.1%，利润总额下降28%，平均用工人数下降3.9%。

造纸和纸制品业规模以上企业136家，工业产值同比增长0.4%，营业收入增长1.1%，利润总额下降30.6%，平均用工人数增长1.9%。

印刷和记录媒介复制业规模以上企业124家，工业产值同比增长6.6%，出口交货值同比下降10.5%，营业收入增长4%，利润总额下降3.8%，平均用工人数下降4.7%。

塑料制品业规模以上企业297家，工业产值同比增长0.4%，营业收入增长1%，利润总额增长2%，平均用工人数下降1.6%。

玻璃制品制造规模以上企业69家，工业产值同比下降0.9%，营业收入下降6.6%，利润总额下降43.1%，平均用工人数增长0.1%。

（二）重点企业

重点监控的69家轻工企业累计实现产值占全市规模以上轻工产值的27.7%，玖龙纸业、理文纸业产值均超60亿元，重庆华兴玻璃有限公司产值增长130%。

二、发展中存在的问题

受宏观经济形势影响，重大项目投资意愿有所下降；应对新形势下产业发展模式的新变化适应不足，美妆、绿色包装等重点培育产业链尚未取得突破性进展；新技术应用、新产品开发短板明显，市场竞争力不强。

三、2023年工作思路

2023年，全市轻工行业将以习近平新时代中国特色社会主义思想为指导，深入学习贯彻党的二十大精神，全面贯彻落实《数字化助力消费品工业“三品”行动方案（2022—2025年）》《成渝地区双城经济圈特色消费品产业高质量发展协同实施方案》工作要求，完整、准确、全面贯彻新发展理念，服务和融入新发展格局，以推动高质量发展、服务高品质生活为统领，以深化供给侧结构性改革为主线，以创新为根本动力，加力培育特色产业链，以平台型项目（企业）培育为重要抓手，推动重大项目落地，着力完善产业创新生态，持续提升消费品工业供给体系质量，千方百计稳定行业基本面，推动全行业持续健康发展。

（执笔人：余菲）

纺织工业

重庆市经济和信息化委员会　消费品工业处

一、2022年发展回顾

（一）主要经济指标

按重庆市行业统计口径，全市规模以上纺织工业企业179家，实现工业总产值同比下降6.5%，出口交货值下降9.5%，营业收入下降8.7%，利润总额下降9.5%，平均用工人数下降4.3%。

纺织业规模以上企业60家，实现工业总产值下降4.2%，出口交货值增长3.8%，营业收入下降10.2%，利润总额下降9%，平均用工人数下降18.4%。

纺织服装、服饰业规模以上企业59家，实现工业总产值下降15.3%，出口交货值增长168.5%，营业收入下降11.6%，利润总额下降12.7%，平均用工人数增长3.4%。

皮革、毛皮、羽毛及其制品和制鞋业规模以上企业60家，实现工业总产值下降0.4%，出口交货值下降47.1%，营业收入下降5.0%，利润总额下降7.2%，平均用工人数下降0.4%。

（二）重点企业情况

重点监控的30家重点纺织服装企业累计实现工业产值占全市规模以上纺织工业产值的29.9%；华峰氨纶30万吨差别化纤维项目全力推进，华峰氨纶成为全球最大的氨纶单体生产企业；引进拉波尼服饰投资约5亿元在荣昌区建设服装智能生产基地，推动苏美达长江制衣在万州区建设服装订单中心。

二、发展中存在的问题

一是国际市场环境严峻复杂，国际订单下滑严重；二是在疫情冲击下，消费疲软，需求市场萎缩；三是用工、电力、天然气等生产要素成本上涨，企业利润缩水严重。

三、2023年发展思路

随着疫情防控形势向好，纺织行业将迎来发展的窗口期和机遇期，行业企业将着力优化生产组织形式，切实提高健康管理能力和应急处置能力，持续深化转型升级，坚持创新驱动协同发展，积极拓展多元销售渠道和新兴市场，努力增强供应链韧性和提升抗风险能力，聚合资源搭建平台，全力推动行业持续稳定恢复。

（执笔人：余菲）

装备工业

重庆市经济和信息化委员会　装备工业处

一、2022年发展回顾

（一）总体发展情况

全行业有规上企业1225户，增加值同比下降0.3%；完成工业总产值2510亿元，同比持平；实现出口交货值184亿元，同比下降6.8%。实现利润199亿元，同比下降7.2%；亏损企业171户，亏损面为14%，同比上升4.6个百分点。实现营业收入2590亿元，同比下降2.1%。资产2624亿元，同比增长5.3%，负债1449亿元，同比增长4.4%；应收账款、产成品同比分别下降2.4%和增长1.9%。

按国民经济行业分类相同口径，重庆市装备行业五个主要子行业中有三个工业增加值增幅高于全国，其中电气机械和器材制造业增长12. 3%(全国11.9%)、专用设备制造业增长5.4%（全国3.6%）、金属制品业增长3.7%（全国下降0.4%）；有两个低于全国，其中通用设备制造业下降6%（全国下降1.2%）、铁路船舶航空航天和其他运输设备制造业（含摩托车制造业）下降5.7%（全国增长2.4%）。

（二）区域发展情况

从区域来看，全市38个区县中32个有规上装备制造企业，主城区都市区1110户规上企业完成产值2381亿元、同比下降1%，产值占全市规上装备工业的94.9%（其中中心城区产值874亿元、下降6.6%，主城新区1507亿元、增长2.6%）；渝东北三峡库区城镇群103户规上企业产值115亿元、同比增长3.2%，产值占全市规上装备工业的4.6%；渝东南武陵山区城镇群12户规上企业产值14亿元、同比增长19.2%，产值占全市规上装备工业的0.5%。全年产值100亿元以上的有9个区：江津（382亿元、同比下降4.8%）、永川（257亿元、增长0.9%）、九龙坡（218亿元、下降5.9%）、渝北（206亿元、下降10.5%）、荣昌（179亿元、增长9.5%）、铜梁（155亿元、增长2.8%）、大足（130亿元、增长19.1%）、南岸（116亿元、下降7.3%）、潼南（111亿元、增长8.6%）。

（三）主要产品情况

累计生产上升的主要有：钢结构455.6万吨，同比增长28.9%；起重机3.6万吨，增长3.7%；阀门22.8万吨，增长20%；风机22.5万台，增长10.8%；塑料加工专用设备1.6万台，增长5.5%；农产品初加工机械3.4万台，增长13.3%；环境污染防治专用设备6827台套，增长58.8%（其中大气污染防治设备5386台套，增长77%）；工业机器人6375套，增长31.8%；城市轨道车辆460辆，增长13.3%；变压器5386.6万千伏安，增长4.5%；铸铁件21.8万吨，增长5.7%；锻件23.9万吨，增长17.4%。

累计生产下降的主要有：金属切削机床10236台，下降6.6%（其中数控金属切削机床7744台，下降10%）；金属成形机床2360台，下降22.4%（其中数控金属成形机床1010台，下降34.9%）；铸造机械837台，下降18.1%；电梯及升降机2.5万台，下降16.4%；泵28.6万台，下降37.2%；气体压缩机491万台，下降3%；齿轮25.7万吨，下降2.2%；矿山专用设备7.5万吨，下降14.6%；建筑工程用机械（不含三一重机）1235台，下降49.3%（其中装载机1071台，下降52%）；机械化农业及园艺机具60.7万台，下降25.1%；民用钢质船舶31.6万载重吨，下降5.6%；发电机组69.8万千瓦，下降37.8%；电动机372.3万千瓦，下降19.3%。

二、发展中存在的问题

重庆市装备制造工业较长时期存在龙头效应不强、企业创新能力不强、高端装备不多（重型机械、大型成套设备等高端装备缺乏）、传统机械行业占比较高、同质竞争现象突出等问题。影响2022年经济增长的主要因素有：一是非常态事件制约经济发展，新冠疫情对全市社会经济生活带来极大影响、罕见的夏季长期连晴高温少雨导致了对工业拉闸限电；二是市场需求不足，受基建及房地产萎缩影响，工程机械、钢结构、电梯、制冷设备等板块下滑严重，汽车产业对机床、齿轮等相关装备制造业的拉动作用较前两年减弱。

三、2023年发展思路

重庆市装备制造业市场需求不足的情况仍将持续，电力制约情况得到改善，经济将呈现恢复性增长。全年装备制造工业经济规模预计突破2700亿元。

（执笔人：王刚）

材料工业

重庆市经济和信息化委员会材料工业处

2022年，全市材料工业人共同努力推进行业高质量发展，出台《材料工业高质量发展"十四五"规划》，印发《重庆市重点行业产能置换操作办法》，推动先进钢铁、轻合金、装配式建筑三条产业链补链、强链、延链，新材料产业加快发展，行业企业数字化智能化和节能降耗改造加速推进，继续与四川协同部署区域水泥错峰生产，开展水泥、钢铁行业迎峰度夏削峰生产，粗钢压减产量和锰污染整治等专项工作完成既定目标，实现材料工业平稳向好运行。

一、2022年发展回顾

（一）运行情况

材料工业完成规上产值4426.8亿元，增长7.7%，连续5年高于全市工业产值总体增速，增加值占全市工业增加值的16.8%，冶金、建材行业产值分别累计增长16.2%、下降3.3%；实现利润188.5亿元，同比下降25%，营收利润率4.3%；完成税收89.6亿元，同比下降17.6%。

重庆市材料工业主要包含冶金、建材行业，涉及三大类（钢铁、有色、建材）14个重点中类，规上企业1202家，其中冶金行业企业240家，建材行业企业962家。从业人员15.6万人，其中冶金行业4.9万人，建材行业10.7万人。行业集中度较高，主要分布在涪陵（731.6亿元）、长寿（614.2亿元）、九龙坡（551.7亿元）、綦江（363.9亿元）、江津（297.3亿元）、万州（200.4亿元），产值占比超过60%。其中，钢铁行业主要分布在长寿区、涪陵区，有色行业主要分布在九龙坡区、万州区、綦江区、江津区，建材行业点多面广，在全市各区县均有分布。目前拥有重钢股份、中铝高端、西南铝业、博赛集团、万达薄板、攀华板材等百亿级企业6家，金龙集团、东方希望、足航钢铁、旗能电铝、华峰铝业、顺博合金等50亿级企业6家，国际复合、剑涛铝业、海亮铜业等一批成长快、发展潜力大的行业龙头企业。

（二）主要产品及优势

重庆市材料工业主要产品有钢材、铝材、铜材、水泥及制品、平板玻璃及玻璃加工、陶瓷、玻璃纤维及其复合材料、装配式建筑部品部件等。重庆市航空航天铝材、高精铝板带箔、测温材料、精密铜管、镁合金精密铸造产品、高性能玻纤及制品、竹木装饰套装门、棕刚玉等拳头产品国内领先，部分产品达到世界先进水平，广泛应用于航空航天、军工系统、轨道交通等尖端领域，其中，中铝集团（铝行业世界排名第三、国内排名第一）高端制造业务中心落户重庆，成立中铝高端制造公司，并组建国创轻合金研究院；西南铝业主要面向航空航天用铝、交通用铝、工业铝材市场，铝加工研发能力、加工技术居全国第一；金龙集团紫铜管材系国家"单项冠军"产品，精密铜管在国内外的市场占有率稳居首位；

国际复材玻纤及制品产能位居国内前三、全球前四；西工大、金世利在重庆市布局钛合金研发制造基地，且均已实现量产；博奥镁铝、重庆大学国家镁合金工程技术中心在镁合金精密铸造产品的研发生产上具有较高水平；鑫景玻璃生产的“昆仑玻璃”，已在华为旗舰手机上得到应用。

（三）发展特点及成效

1. 新材料产业加快发展

印发《材料工业高质量发展“十四五”规划》，着力打造“3+3+2”材料工业高质量发展产业体系。轻合金产业链创新联合体在中铝高端制造挂牌成立。发布2022年度重庆市新材料首用计划项目，公告重庆市第一批气凝胶材料应用场景，重点在工业、建筑等领域推广气凝胶。

2. 行业新动能培育壮大

材料工业29个市级重大工业建设项目顺利推进，超额完成年度投资进度。九龙万博特铝新材料项目以及武骏光能、和友光能光伏玻璃及组件项目等一批投资大、产出大的重点项目基本建成投产，有力提振材料工业增长后劲。行业创新能力持续增强。材料工业企业新增企业技术中心21个，新增市级制造业创新中心1个，建成国家铝产业计量测试中心，华峰铝业建成重庆市工业和信息化重点实验室。昆仑电子玻璃、绝热隔音材料、宽幅铝板、复合铜箔、气凝胶绝热毡等一批具有行业竞争力的产品亮相市场。

3. 供给侧结构性改革深入推进

印发《重庆市重点行业产能置换操作办法》，推进钢铁去产能“回头看”问题整改。继续开展与四川协同部署水泥错峰生产，推动行业龙头企业兼并重组整合低效水泥企业产线工作。牵头做好重庆市粗钢产量压减工作，确保完成全年目标任务。行业新增数字化车间21个，建成智能化工厂3个。

4. 行业服务扎实开展

坚决遏制“两高”项目盲目发展，引导行业企业减污降碳，推动重钢股份等企业超低排放改造，有序推进行业绿色低碳发展。做好迎峰度夏钢铁、水泥行业用电削峰和高耗能行业有序用电工作。疫情期间联系九龙坡、万州保供稳链，协调重点物资保供和重点人员通行。

二、发展中存在的问题

（一）认识分歧，产业发展受限

材料工业多数位于产业链上游，其产品性质和工艺特点决定了水泥、平板玻璃、炼钢、氧化铝、电解铝等冶金、建材行业客观存在能耗、污染物排放较高的事实。在“双碳”和坚决遏制“两高一低”项目盲目发展的背景下，公众对材料工业发展的科学性、合理性认识不足，部分地区和部门将材料工业项目视为“两高一低”项目予以限制，在项目布局、融资、要素价格、环保等政策方面也有“一刀切”现象，对材料工业特别是新材料产业的发展造成较大制约。

（二）预期转弱，企业投资信心不足

目前行业普遍认为钢铁、水泥等传统重要材料需求已进入平台期，未来呈缓慢下降趋势，加之材料行业整体利润下滑，2022年全国钢铁行业利润下降91.3%，有色行业利润下降16.1%，建材行业利润下降15.5%，材料工业项目多具有重资产和强周期属性，资本支出规模大且回报周期长，景气区间较难把握，下行区间流动性压力大，偏高的杠杆易导致财务脆弱和运行困难，企业在整体预期转弱的背景下对未来新增投资更加谨慎。

（三）条件受限，要素保障有困难

近两年重庆市用电持续紧张，冬夏用电高峰期有序用电预案涉及企业多数为材料工业企业，将对企业稳运行、原材料稳供给、行业稳增长造成一定影响，且材料产业绝大部分企业属高耗能行业，电价上浮不受20%限制，有较大的电价上浮压力，用煤用气等成本近年来也大幅飙升，行业企业用能成本大幅提高。市外重要原料物流成本上升，随着一批产业链重大项目相继投达产，三峡翻坝运力不足，原材料运输面临较大的长江航运压力。

（四）新材料产业创新服务能力急需提高

重庆市还缺乏支持新材料研发的金融机构和体制机制。国家级的制造业创新中心、新材料生产应用示范平台、测试评价中心等产业服务平台仍为空白，本地缺少权威的新材料检测评价机构。新材料产业链不完整，重庆市大多数新材料细分领域都没有形成本地产业链，如汽摩、装备、电子用工模具钢等优特钢几乎为空白，玻璃纤维产业链下游复合材料及零部件产业尚不完善，镁合金产业链没有前端，钛合金产业链下游乏力。石墨烯、气凝胶等前沿新材料还在培育阶段，形成大规模产业尚需时日。

三、2023年发展思路

依托领军企业和“链主”企业完善产业生态链，着力固根基、扬优势、补短板、强弱项，做大做强三大特色新材料产业（先进有色合金、高性能纤维和复合材料、新能源材料），培育壮大三大前沿新材料产业（气凝胶、石墨烯、未来材料），做优做精两大先进基础材料产业（先进钢铁材料、绿色建材），重点围绕轻合金、先进钢铁、装配式建筑三条产业链补链强链延链，推动产业基础高级化、产业链现代化，着力构建现代产业体系。

力争2023年材料工业实现产值4885亿元，同比增长10%，全行业完成投资400亿元，同比增长4.4%。企业效益稳步提升，产业布局更加合理，创新能力明显增强，绿色低碳发展水平显著提高，产业基础再造取得成效，高质量发展格局初步形成。

（执笔人：赵俊远）

城镇天然气工业

重庆市经济和信息化委员会燃气管理处

2022年，着眼发展与安全两件大事，围绕“3+10”主线统筹施策、精准发力，全年天然气消费突破131.63亿方、同比增长8.69%，高于全国10个百分点；安全基石不断筑牢，连续14年保持零安全责任事故；用户满意度再创86%新高，国家公共服务质量评价获好等次。一年来始终保持供应足、安全稳、服务优的良好态势。

一、2022年发展回顾

（一）精心组织保供应

全力争资源，全年争取资源131.63亿方，同比增长8.69%，筹措自产零散气7.2亿方，全市民生用气满足率100%、重点工业用气满足率99%。精心抓调度，常态化实施“日监测、周报告、月分析”调度机制，联动上下游企业建立定期会商、定期协调、定期通报及“一对一”监测调度制度，确保重点区域、重点时段、重点企业供气平稳可靠；坚持“一个预案、一套体系、一体联动”，按照国家发展改革委要求科学编制全市天然气调控预案，细化完善可中断用户管理及调控实施体系，统筹协调调控措施实施落地，确保民生用气安全可靠，可中断调峰用户影响降到最低。突出保重点，以燃机发电用气为重点，围绕大化工、新材料等重点企业用气保障，全年保障燃机发电用气6亿方，较年初签订合同气量增长41.1%，节约电煤约130万吨，节省支出约4亿元；支持化工、材料企业抢抓产品市场利好机遇，充分满足企业生产用气需求，建峰、川维、卡贝乐等企业连续两年大幅盈利，光伏玻璃、万博特铝等新材料项目顺利用气投产。

（二）精准发力抓安全

1. 持续深入开展燃气安全隐患排查整治

聚焦七大专项，整治隐患10.34万处、重大隐患整治率100%，在全国率先完成13.2万单位用户100%加装安全装置，供气侧生产责任事故为零，用气侧事故发生率下降150%。一是编制印发一线岗位人员“两单两卡”从燃气经营企业向单位用户全面推行，开展燃气经营企业主要负责人定期述职500余人次，发送覆盖全市居民的安全公益短信3亿条，用气安全知识覆盖率100%，安全装置知晓率100%，全民燃气安全意识显著增强。二是落实重大风险点、重大隐患、安全主体责任、特殊用气场所四类场所安全责任挂牌8506块，促进安全生产责任层层落实。三是对全市燃气经营企业开展全覆盖安全达标评估和“小散弱”企业清理整顿，管道燃气企业完成整合3家、清退1家、纳入整顿整合计划15家。四是强化联动监管，建立燃气安全部门联席会议机制，推动市场监管、住建、规划、商务等部门落实监管责任，供用气环节重大违法违规查处率100%，第三方破坏燃气管道事故大幅下降60%。查处第三方施工破坏燃气管道、单位用户可燃气体泄漏报警装置安装使用不规范等违法违规行为123起。

2. 深入开展燃气安全整治“百日行动”

从经营、输配、使用、产品四个重点环节入手，有序推进4个专项、牢牢盯住5类主要整治对象、深化明确8项100%整治目标，深入推进42项重点任务。一是针对燃气经营环节共梳理明确9项重点任务，排查隐患5634个，印发《关于加强管道燃气经营企业从业人员配置和从业人员资格证管理的通知》，加强对企业主要负责人和安全生产管理人员持证情况进行再排查再清理，督促未按要求配置专业人员的企业立即补足人员配置。二是针对燃气输送配送环节共梳理明确8项重点任务，排查隐患7499个，加快推进压力管道定期检验三年行动，燃气压力管道动态定检率达到86.1%。加强第三方破坏防范，将权属单位签订保护协议、制定专项保护方案等纳入规划、施工、开挖等许可审查内容，并依托城市管线综合服务“e呼通”平台加强管理。三是针对燃气使用环节共梳理明确7项重点任务，排查隐患90301个，在完成全市13.2万户在用单位用户可燃气体泄漏报警装置加装基础上，督促燃气企业在“百日行动”期间开展全覆盖专业检查，将可燃气体泄漏报警装置纳入入户检查必检内容，确保餐饮等单位用户规范安装、使用。建立燃气安全装置综合管理平台，依托工业互联网二级节点对燃气安全装置选用、安装、验收、使用、更换等环节开展综合管理。四是针对燃气具生产销售环节共梳理明确3项重点任务，累计排查燃气相关特种设备和燃气具企业10200余家次，发现隐患7381个。

3. 全面启动燃气管道老化更新改造

制定评估工作指引、评估报告模板、非压力管道评估认定指南、《重庆市燃气用户安全装置功能要求》等多个技术指引，地方标准《城镇燃气用户工程技术规程》，行业标准《家庭用户管道燃气自闭阀安装技术规程》，从技术标准层面建立了较为完善的制度体系。全市5.17万公里管道100%完成评估，启动263个改造项目，争取中央资金54.8亿元，15个市政管道改造项目全部完成，年度改造计划完成率100%。

（三）精细服务提质量

持续优化“获得用气”营商环境。进一步压减审批时限，推行网上办、就近办、专人办等举措，获得用气总时长由18个工作日再压缩至13个工作日。落实“三服务”“企业吹哨·部门报到”机制，出台“欠费不停供、免收违约金、清理预付气费”等措施，协调解决区县、园区、企业供气保障问题30余件，累计帮助节约气费成本约5亿元。高效统筹疫情防控期间水电气供应服务，建立供应企业白名单，以及生活物资、医疗物资、定点医院三张保供清单，协调解决保供“人、车、码、核酸、防疫物资”40余个，累计办理车辆通行证960张，人员电子通行证2664张，确保水电气企业运行平稳、供应充足。

二、2023年发展思路

围绕安全、服务、保供三大核心，以深化燃气油气行业安全、提升行业智能化信息化安全管理、持续优化营商环境和服务能力、加快产供储销体系建设、完善天然气供应保障能力及运行调度体系为着力点，持续推动城镇燃气事业健康平稳发展，提高行业安全、服务、保障水平，满足民生及经济社会发展需要。一是推动全市城镇燃气安全生产形势持续向好发展，行业安全水平得到进一步提高，全力保持安全责任事故零发生。二是促进行业及相关企业持续稳定发展，计划新发展用户 20 万户，天然气年消费量持续稳健增长。三是行业智能化信息化水平得到进一步提升，加快推进数字燃气转型。四是行业服务意识、服务质量进一步提升，营商环境持续改善。五是天然气供应保障有力，确保民生用气安全平稳，重点工业用气稳定有序。

（执笔人：徐应菊）

化学工业

重庆市经济和信息化委员会化工工业处

重庆市是西南地区重要的综合性化工基地，历经多年发展，建成具有技术和产品优势的天然气化工体系；形成以长寿、涪陵化工园区为主，其他特色园区为辅的产业格局；培育发展天然气化工、盐化工、精细化工、聚氨酯等产业集群。

一、2022年发展回顾

（一）行业运行情况

重庆市化工行业规上企业277户，主要涉及化学矿开采，精炼石油产品制造，基础化学原料制造，肥料制造，农药制造，涂料、油墨、颜料及类似产品制造，合成材料制造，专用化学产品制造，炸药、火工及焰火产品制造，橡胶制品业；从业人员5.1万人；行业集中度较高，主要集中在涪陵（395.8亿元）、长寿（338.0亿元）、江津（69.6亿元）、荣昌（54.2亿元）、潼南（52.2亿元）等区县，占比超过72.4%。目前拥有重庆华峰化工有限公司、万凯新材料科技有限公司2个百亿级企业，中国石化集团重庆川维化工有限公司、巴斯夫聚氨酯（重庆）有限公司2个50亿元级企业。全行业工业增加值累计增速3.4%，占比6%、累计贡献率5.9%。规模以上企业完成工业总产值1256.0亿元、同比增长11.6%；完成营业收入1235.2亿元、同比增长11.3%；实现利润143.1亿元、同比降低13.3%。

（二）主要产品及优势

重庆市化学工业产品主要包括三部分：一是三酸两碱、尿素、甲醇等大宗基础化工产品；二是高锰酸钾、羧甲基纤维素钠、醋酸乙烯等传统优势产品；三是MDI（二苯基甲烷二异氰酸酯）、己二酸、己二胺、MMA（甲基丙烯酸甲酯）、氨纶、PTA（对苯二甲酸）、PET（聚对苯二甲酸乙二醇酯）等部分附加值高的化学产品。其中，重庆昌元化工集团有限公司高锰酸盐（钾、钠）国内市场占有率90%以上；重庆华峰化工有限公司拥有全球最大的己二酸生产装置，己二酸全球占有率21%；川维聚乙烯醇国内市场占有率12%、醋酸乙烯国内市场占有率30%；重庆兴发金冠化工有限公司生产线全球市场占有率26%。拥有高锰酸盐（钾、钠）、己二酸两个全国单项制造冠军。

（三）行业发展特点

1. 化工行业加快结构转型升级

制定并印发《重庆市化工产业高质量发展行动计划（2021—2025年）》，明确“打造合成材料优势产业链、三大类专用化学品、生物化工产品、基础化学品发展质效”四大行业发展重点。以聚酯、聚氨酯、聚酰胺、高端聚烯烃、聚甲基丙烯酸甲酯五大产业链为主的合成材料产业链完成产值528.2亿元，占比42.0%。

2. 行业保持稳定新增长

全行业完成投资139.5亿元，同比增长24.6%，年度重大项目建设顺利实施。其中年产120万吨食品级PET高分子新材料二期项目、年产20万吨精细磷酸盐及配套新型专用肥项目（搬迁项目）均已顺利投产；年产115万吨己二酸扩建六期、年产30万吨尼龙66一体化项目和年产30万吨己二胺三期、四期按进度建设，预计2023年底完成项目主体建设。

3. 招商引资进入活跃期

推动重庆华峰集团与涪陵区签订投资协议，将依托华峰重庆新材料产业园，进一步补链延链强链，建设千亿级新材料产业园；助推万凯新材料集团与涪陵区签订了年产60万吨PET项目（三期）投资协议，并已开工建设；长寿区与四川佰瑞德新能源材料及循环经济项目，将建设总规模为40万吨/年磷酸铁锂项目及硫酸、磷酸等配套项目。

4. 智能化赋能发展成果丰硕

领军企业重庆华峰化工有限公司和链主企业重庆华峰新材料有限公司分别有一个车间被认定为数字化车间；重庆奕翔有限公司、重庆华峰聚酰胺有限公司2个链主企业被认定为智能工厂；链主企业重庆建峰化工股份有限公司实施化肥装置自动化、智能化、安全化提升改造；合计16个化工项目获得智能化、节能改造资金。

5. 科技创新进一步加强

新增企业技术中心7家；5万吨苯法工艺生产己二腈、EVOH中试核心技术和专有设备等工艺设备填补国内空白；重庆华峰集团与涪陵区签约，将在涪陵慧谷湖科创小镇建设华峰重庆低碳研究院，进一步加强“卡脖子”技术攻关。

6. 中小微企业活力加强

新增专精特新企业63家，获批国家小巨人企业10家。康普化学在北京证券交易所上市。

7. 扎实开展行业服务工作

核实丰都、奉节和江津等区县沿江“一公里”化工企业有关情况；制定印发2022年重庆市沿江“一公里”化工生产企业监管工作方案；完成工业和信息化部下达的重庆市春耕化肥保供工作。

二、发展中存在的问题

（一）主要化工原料需从市外采购

一是缺少烯烃、芳烃等重要原料。重庆市资源“富气、无油、少煤”，没有大型炼油项目，煤全部需要外购，导致重庆市化工缺乏烯烃、芳烃等重要化工原料产品。二是原料物流运输体系需要进一步优化。重庆市短期及中期将大量外购苯、PX、PTA等重要原料，周边公路情况复杂，多数化工园区暂未建立危化品火车专线，水运既受三峡船闸检修影响，又有船舶泄漏影响水生态环境的风险，针对化工原料的综合物流体系有待优化。

（二）国内同质化竞争加剧

比较突出的产品是己二腈/己二胺。在突破己二腈生产技术壁垒后，国内多家企业纷纷开始布局己二腈项目，同时外资企业也逐渐增加在华投资。据不完全统计，中国己二腈合计410.23万吨在建及拟建产能。中国己二腈进口依存度将逐渐下降，国内市场将迎来激烈的竞争局面。

（三）要素保障困难

一是天然气冬季调峰减供是天然气企业长期面临的问题，受国内国际经济大环境影响，除了减供无法保障满负荷开车外，同时面临气价升高、效益降低的问题；二是用煤等成本近年来也大幅飙升。

三、2023 年发展思路

预计 2023 年生产总值 1287.4 亿元，同比增长 2.5%。

（一）加强经济运行调度

加强重点企业的运行监控，了解重点企业运行情况，结合“三服务”等工作，针对原料供应协调、项目建设和产业结构调整等具体问题对企业进行帮扶。重点关注产品价格和行业趋势，包括全国化工同质产品以及全国化工行业发展走向。

（二）实施产业链提升行动

召开领军、链主、配套企业工作会议，探讨如何打造新材料产业集群，做强优势产业。协助企业解决重大项目建设中遇到的问题，推进项目建设，补齐、补强聚酰胺、聚酯等产业链。

（三）继续推动行动计划落细落实

一是指导重点区县落实规划内容，扩大己二腈 / 己二胺、BDO、MDI 等优势产品产能，并策划下游产业链项目增大本地消纳量；规划建设乙二醇项目。二是大力开展补链强链项目的招商工作，推动 PBAT 项目实施，进一步做大做强优势合成材料产业链。

（四）推动行业智能化改造升级

推动条件成熟的重点企业完成智能化工的认定；鼓励还未实施智能化改造的、运行稳定的企业完成生产和安全及环保等设施或者车间的智能化改造提升。

（执笔人：刘喜梅）

智能终端产业

重庆市经济和信息化委员会智能终端和通信产业处

一、2022年发展回顾

（一）主要经济指标

1. 产量

计算机8631.9万台，同比下降19.6%。其中，笔记本电脑7411.2万台，下降21%；手机7471.6万部，下降32.5%。其中，智能手机7053.8万部，占手机比重的94.4%，下降17.6%。

2. 产销

计算机整机和配套产品销售率98.8%，手机及配套产品销售率94.9%，智能消费设备产品销售率93.9%，家用电力器具销售率125.4%。

3. 产值

全行业产值5102.3亿元，同比降低2.5%。其中，计算机及配套3397.4亿元，同比下降0.4%；手机及配套1271.0亿，同比下降8.4%；智能消费设备109.7亿元，同比下降20.2%；家用电器器具制造324.2亿元，增长4%。

4. 出口

出口交货值3486.7亿元，同比下降2.3%。手机及配套出口481.02亿元，下降10.9%；计算机及配套出口2985.73亿元，增长0.1%。其中笔记本电脑出口5545.3万台、下降28.9%，出口额1774.7亿元、下降11.3%，占同期重庆出口总值的33.83%，量值均保持全国首位。

（二）发展特点

重庆市依托西永、两路果园港、江津、涪陵、万州、永川6个综合保税区，形成了“6 + 6 + X”（即6个笔记本电脑品牌+ 6个代工厂+多家配套商）的笔记本电脑产业集群。2022年，在新冠疫情、全球经济下行压力、用电负荷等各种超预期因素的冲击下，重庆市计算机年产量8631.9万台，同比下降19.6%（其中笔记本电脑7411.2万台，同比下降21%），约占全球产量的1/3，连续9年位居全球第一。

智能终端全行业实现产值4940亿元，完成年度目标的100.7%，发挥全市第一工业支柱的支撑作用。其中，广达、英业达、富士康、仁宝、旭硕、纬创等终端企业扎根重庆市10余年，通过智能化改造、绿色工厂等政策引导均已成为重庆市智能终端产业的骨干企业，带动重庆市工业经济稳定增长。

保供稳产新政策。为有效应对新冠疫情对重庆市智能终端产业链供应链带来的挑战，全力推动智能终端产业提质增效与高质量发展，促进重庆市工业和外贸基本盘稳定，相继印发《全市“8+3+3”重点智能终端企业2022年春节期间防疫情稳岗留工奖补方案》《2022年全市智能终端产业防疫情调结构稳生产奖补政策措施》《重庆市电子终端企业或集中区域闭环生产指引与方案》。

创新研发新环境。惠普PC研发中心、信息通信技术合作中俄创新中心、百信研发制造基地相继落地；英业达服务器研发中心试运行；品胜科技等4家企业获评国家级或市级工业设计中心；

台冠科技等5家企业获评重庆市企业技术中心。全行业研发费用预计增长16%。

提档升级新项目。紫光华智服务器项目投产，填补重庆市X86服务器空白；全球电源第一品牌企业台达电子如期试产；全球首家智能家电5G互联工厂海尔智能洗碗机项目建成投产；峰米微型投影产品正式导入深科技智能终端产业园；泓禧科技、紫建电子、瑜欣等3家终端企业成功上市；美的制冷等12家终端企业获评国家专精特新"小巨人"。

二、发展中存在的问题

研发和试验发展经费投入较低。内迁红利下，重庆成为全国规模最大的笔记本电脑代工制造中心。而相较于其他发达地区，大厂在重庆市的研发和试验发展经费投入偏低。重庆全社会研发经费支出占比提高到约2.3%，按GDP计算，投入也仅600多亿元。

人才市场待提振。行业发展的前景，主要看研发，研发主要在于市场对高端人才的引进率，人才集聚的核心科研平台能为驻地城市提供成千上万的流水线岗位以及年薪可观的高端就业岗位。缺少科研的核心支撑，成规模的大厂就有可能在资本逐利的趋势下内外迁移。而内陆地区的劳动力市场相对于沿海、东南亚的比较优势逐年减弱，重庆市曾凭借内陆城市的劳动力以及其他低成本要素带来的内迁优势，也逐渐削弱。

全球经贸摩擦指数仍处于高位。主要是美国、印度、澳大利亚、印尼等国家针对电机电器设备及零配件、机械器具及其零件、车辆及其零附件、精密仪器设备等领域施行进出口限制措施和差异化技术性贸易措施。

三、2023年发展思路

智能终端产业体量大、产业链长、辐射范围广、带动能力强，是推动重庆市经济发展的重要力量。智能终端产业将从强化运行调度、加大招商力度、抓好项目建设、做好企业服务等方面着手，巩固提升笔记本电脑、手机及配套等优势产业，举力推动全行业研发、制造齐力并进，加快技术、应用融合创新，为实现重庆市智能终端行业高品质自立自强提供扎实有力的保障。

（执笔人：谭颖凌）

其他电子制造业

重庆市经济和信息化委员会　电子信息处

2022年，全市上下以非常之策、应对非常之难，努力克服疫情、火情、旱情三情叠加影响，全力推动工业经济稳产止滑。上下统筹疫情防控和产业平稳发展，坚持稳字当头、稳中求进，突出以稳促进、以进固稳，电子信息产业“稳”的基础更加巩固、“进”的态势得到强化、“好”的因素不断累积。

一、2022年发展回顾

（一）运行调度高质稳进

主要运行指标止滑趋稳。在全市电子信息制造业产值同比下降0.4%的背景下，其他电子全年完成产值约2383.5亿元，同比增长约4.5%；约占全市电子信息制造产值的32%。

重点项目建设进度平稳。其他电子完成投资约589亿元，同比增长约20%，约占电子产业投资总额的77%；22个市级重点项目仅用10个月就提前完成全年投资目标任务。

（二）招商引资高速跃进

实行“走出去”的招商策略，全年累计出行近100人次，涵盖北京、上海、广东、浙江、陕西、甘肃等10余个省市；拜访企业超60家，对接项目30余个；全年签约中国电科12英寸特色工艺线、达芯半导体6英寸IGBT晶圆制造线、光域科技6英寸硅基光晶圆线等5条晶圆制造线，实际到位资金超200亿元，单年签约晶圆线数量创历史新高。

（三）服务保障高标迈进

全力落实靠前服务要求。落实“三服务”调研走访任务，共走访企业14人次，收集问题11个，解决问题11个，办结率100%。

全力兑现支持政策。兑现2022年信息化专项资金，共补贴集成电路企业10家；帮助重庆康佳获得工业和信息化部2022年产业基础再造和制造业高质量发展专项资金。

全力打造特色园区。编制《重庆西永微电子产业园区产业提档升级行动计划》《汽车电子产业园规划》；传感器重点关键产业园再次入围中国传感器产业园区前十强。

全力强化防疫保障。重点保障21家“白名单”企业闭环防疫生产。累计帮助200余家电子企业审批办理货运通行证5000余张，集中协调解决员工返岗、物流运输等问题1000余个。

全力推动校企合作。推动SK海力士、万国半导体等5家龙头企业与重庆工信职业学院共建产教融合型学院。

（四）专项工作高效推进

成渝合作开启新篇章。推动成渝地区电子信息先进制造集群成功获批，结束了重庆市无国家级先进制造集群的历史。协助川渝省市政协举办“共建世界级先进电子信息产业集群”线上远程联合协商会。

规划报告赢得新认可。牵头起草《关于硅光产业情况及重庆市发展思路的报告》《关于报送重庆市集成电路产业发展相关情况的报告》等规划报告。推动声光电与整车企业合作，被工业和信息化部作为“芯车联动”标杆经验全国推广。

绿色安全再创新佳绩。全年共计专项检查指导 71 人次，全市电子信息制造企业已连续多年未发生重大安全生产事故和重大环境污染事件。

人才工作开启新篇章。推荐“重庆英才计划”“启明计划”“2021 年重庆十大经济年度人物”“重庆市新社会阶层专业人士联合会第四届理事会成员”各 1 名，完成《成渝地区双城经济圈急需紧缺人才目录（2021）编制报告》调研准备工作。

（五）坚持产业培育“不停步”

提升中小企业“含特量”。持续强化“专精特新”中小企业专项培育，围绕电子专用材料设备，培育荣耀电子晶圆载具、欧中电子特气、臻宝实业硅耗材、中科光智等离子清洗机、普利英抛光垫国产替代 5 朵金花，受到国内顶级资本追捧，3 年内有望实现重庆市电子信息产业科创板“零突破”。

提升晶圆制造“含新量”。抢抓国内晶圆制造产能爆发“窗口期”，继续从制造端发力，先后成功落地“达芯半导体 6 英寸功率半导体、奥松电子 8 英寸 MEMS 传感器芯片晶圆制造线、光域 8 英寸硅基光电子、声光电 8 英寸特色工艺扩能项目、中电科 12 英寸高端特色工艺线”5 条晶圆制造产线，晶圆制造规模不断壮大。

提升芯屏双核“含金量”。紧扣强芯靓屏目标，大胆策划、小心求证，“一企一策”推动“意法 + 三安”碳化硅晶圆制造线、奕斯伟宽禁带半导体产线和康佳 Micro-Led 面板线等下一代显示先进技术产线发展，进一步提升全市集成电路、新型显示产业发展能级。

（六）坚持服务保障“不懈怠”

牢抓闭环防疫。始终把常态化疫情防控作为稳定企业生产的关键工作，在防疫形势最严峻的关键时刻，提前通知重点企业做好闭环运行准备工作，并制定阳性病例暴发后的闭环生产应急方案。

勤抓市区联动。帮助涪陵区、北碚区、荣昌区引入润科基金、超越摩尔、中科聚元，投资达芯半导体、中科光智、荣耀电子等优质企业；联同北碚区不断拓宽招商渠道，帮助接洽西安光机所、苏州纳米所。

紧抓军民融合。依托重庆赛宝集中梳理位于西部地区的涉足被动元器件的军工企业，以“334”（重庆 30%、企业原股东 30%、企业高管 40%）架构，撬动其具备量产能力，且市场前景广的民品业务单独剥离，集中落户万盛区，打造军民融合式被动元器件聚集区。

（七）坚持运行调度“不失位”

稳行业增长。以“链长制”推动龙头企业稳链固链能力提升，月监测、季调度华润微电子等 5 家领军企业，惠科等 9 家链主企业运行生产，并共同制定迎峰度夏、防疫生产等应急方案，有效带动全市电子信息产业抗冲击、抗风险能力提升。

稳项目建设。全要素保障 2022 年市级重点项目建设，建立专项台账，定期研判、分析投资滞后原因，及时对接区县在确保安全的前提下，加快建设进度，确保全年投资任务按期推进。

稳安全生产。完善安全风险分级管控和隐患排查治理双重预防机制，加密企业安全生产检查频次，定期研判隐患风险，压实企业和区县安全生产主体责任，杜绝重特大安全事故。

二、2023年发展思路

聚焦重点项目强基础。全力做好“意法+三安”碳化硅、康佳Micro-LED面板等重大项目引进工作；策划与中芯国际、长电科技、奕斯伟等龙头企业深入合作；推动中国电科12寸、光域科技硅光等项目尽快落地；推进奥松传感器、达新IGBT、康宁熔炉等项目加快建设；跟进华润微12英寸晶圆制造、先进封测、奥特斯三期等项目爬坡上量。

聚焦特色园区强阵地。配合重庆高新区围绕《西永微电子产业园区产业提档升级行动计划》《汽车电子产业园规划》，加快企业招引和项目建设，提升重庆市电子信息产业产品附加值。联合工业和信息化部电子司及赛迪研究院总院，编制重庆市能源电子发展规划，并明确3个以内区县为一期规划主要承接地。帮助北碚区对接西安光机所、苏州纳米所等国家大科学装置，招引传感器企业集中落户传感器重点关键产业园；接洽中国仪器仪表行业协会，承接2023年中国仪器仪表行业年会，推动传感器及仪器仪表产业一体化发展。

聚焦平台建设强支撑。加快推进高新区、两江新区建设市级集成电路公共服务平台；择优比选中国电子技术标准研究院、工业和信息化部电子五所、重庆汽车研究院车规级芯片检测认证服务平台建设方案，力争年内在高新区启动建设；推动中电科在渝高质量建设汽车芯片研究院、硅光产业园等优质平台，进一步夯实“芯车联动”基础。

（执笔人：周秋宇）

医药工业

重庆市经济和信息化委员会　医药产业处

2022年，重庆市医药工业在市委、市政府的坚强领导下，全市医药产业紧紧围绕“鼓励创新”“推动高质量发展”两条主线，以“增加优质品种、提升制造能力、补齐平台短板、优化产业布局”为抓手做强做优全市生物医药产业，初步形成以重庆国际生物城为核心，两江新区、重庆高新区、长寿区、涪陵区、大渡口区5个产业集聚区为骨干，若干特点鲜明的医药产业特色园区为补充的“1+5+N”的产业布局体系。

一、2022年发展回顾

（一）产业运行稳中有进

重庆现有医药规上生产企业229家，其中沪深上市企业13家，此外，智翔金泰、西山科技2家企业申报科创板IPO已成功过会。医药产业全年实现工业总产值830亿元，同比增长7.3%，工业增加值增长6.1%（拉动全市工业增长0.2个百分点），利润同比增长38.3%（全国利润同比下降26.3%），完成投资同比增长7.1%。

（二）重点企业发展迅速

智飞生物成为全市唯一获批的工业和信息化部首批“链主”企业。太极集团、华邦健康荣获中国医药工业信息中心制造业百强企业称号。重庆植恩生物与四川大学合作项目荣获国家技术发明二等奖，成为该奖项医药技术组唯一获奖项目。重庆药友制药与四川大学合作项目荣获国家科学技术进步奖二等奖。全年产值超过50亿元的两家规上企业分别是中元汇吉（产值97亿元，同比增长119%）和博腾制药（产值54亿元，同比增长168%）。

（三）在研产品进展顺利

全市共有423个医药产品获批上市，其中药品10个、三类医疗器械43个、二类医疗器械370个。25个药品通过仿制药一致性评价。博唯佰泰宫颈癌疫苗项目、精准生物Car-t细胞治疗药物、宸安生物长效胰岛素、药友制药肝癌治疗药物等20余个创新药项目进入临床试验阶段。

（四）重点项目有序推进

先导药物大分子技术平台等77个医药类项目签约落地。智睿生物、博唯佰泰疫苗项目等24个在建项目有序推进。博腾高端制剂定制平台、智翔金泰抗体研发中心等2个项目投入使用。

（五）医疗物资保障有力

圆满完成全市医疗物资保障任务，向各级防控单位调拨物资165批次，共计1534.89万套。建立了医用防护口罩、核酸检测试剂、抗原检测试剂盒等重点产品的产能储备体系。

二、发展中存在的问题

产业规模依然较小，子行业结构需进一步调整。产业整体规模较小，仅占全国医药产业工业产值的 2.3%。子行业结构不合理，生物药、医疗器械等潜力较大的产业占比低于全国水平。

产品结构不合理，动能转换需进一步提速。产品年销售收入突破 10 亿元的大品种数量稀少。重点地产品种以抗生素、辅助用药为主，与国家医改政策导向不匹配。重点创新产品仍在研发阶段，全市还没有一个治疗性生物药产品上市。

研发投入少，创新软环境支撑不足。研发投入少，低于全国的平均水平。人才资源匮乏，中端技术骨干队伍无法满足企业发展需要，东部及周边产业发达省市对重庆市人才及创新项目已产生一定虹吸效应。资本活跃度不高，缺少专项政策性投资基金，融资难度大。

三、2023 年发展思路

立足产业现状，以临床资源转化、制造水平提升为抓手，强化创新资源集聚和供应链建设，推动医药产业高质量发展，实现工业总产值同比增长 5%。

（一）推动生物药产业前沿化、科技化发展

依托巴南国际生物城、两江新区、重庆高新区等关键产业园区，围绕抗体、重组蛋白及多肽药物、疫苗、细胞治疗等重点领域加大创新投入，推动一批重点产品获批上市。大力支持精准生物、宸安生物、博唯佰泰等生物技术公司快速发展。聚焦丹纳赫等全球创新领军企业精准招商，通过引进创新优质资源，提升重庆市生物医药创新生态水平。

（二）推动化学药产业一体化、绿色化发展

依托长寿经开区等产业基础较好园区，加大对创新原料药、特色原料药、绿色生产关键产品、高端辅料等项目引进培育力度，以博腾制药、药友制药等本地龙头企业为依托，支持企业投资建设“中间体 + 原料药 + 制剂”一体化化学药生产体系。促进华邦制药、西南药业等本地重点企业产能平台升级改造，建设符合产业发展趋势的智能化生产平台，放大生产规模，降低生产成本，形成市场竞争优势。

（三）推动中药产业标准化、现代化发展

建立从中药材种植到临床应用全流程的质量标准管控体系，支持企业布局中药材生产基地，以信息技术完善中药材生产流通全过程质量管理并构建质量可追溯体系。围绕重庆市重点道地中药材品种，支持太极集团等中药企业培育“种植、加工、使用”一体化中药材产业链体系，确保原材料供应稳定。充分利用国家重视现代中药产业的契机，推动国药集团在重庆打造覆盖川渝、批零一体的药品商贸枢纽。

（四）推动医疗器械产业数字化、规模化发展

重点推动体外诊断试剂产业链发展，大力支持植（介）入耗材、数字医疗、保健康复装备产业建设，鼓励智慧医疗设备、应急医疗设备等高端诊疗设备产业发展，积极推进医工融合发展，构建集设计、研发、临床试验、工程转化、市场应用于一体的医疗器械创新发展支撑体系。鼓励支持中元汇吉等有实力的企业拓展产业链下游，布局独立医学实验室领域。

（执笔人：魏彦杰）

建筑业

2022年，重庆市建筑业经历连续极端高温天气和突发疫情的双重考验，生产规模稳步扩大，行业结构持续向优。

一、建筑业生产规模稳步扩大

2022年，全市总承包和专业承包（以下简称“总专包”）建筑企业实现建筑业总产值9746.96亿元，突破万亿元大关，较上年增长4.3%，生产规模稳步扩大。

从单季情况看，总产值增速逐季走低。2022年全市建筑业总产值各季度单季增速分别为10.1%、9.2%、5.8%、-4.8%。下半年受高温和疫情等超预期因素影响，总产值增速在三季度明显放缓，并于四季度跌入负增长区间（见图1）。

从行业看，土木工程建筑业增势明显。在基础设施大力建设的带动下，土木工程建筑业实现总产值2489.07亿元，较上年增长14.6%，高于全市10.3个百分点；房屋建筑业，建筑安装业，建筑装饰、装修和其他建筑业产值分别增长1.1%、2.0%、3.0%（见表1）。

表1　2022年各行业总专包企业建筑业总产值

单位：亿元，%

行业	建筑业总产值	占比	同比
全市	9746.96	100.0	4.3
房屋建筑业	6486.28	66.5	1.1
土木工程建筑业	2489.07	25.5	14.6
建筑安装业	321.63	3.3	2.0
建筑装饰、装修和其他建筑业	449.97	4.7	3.0

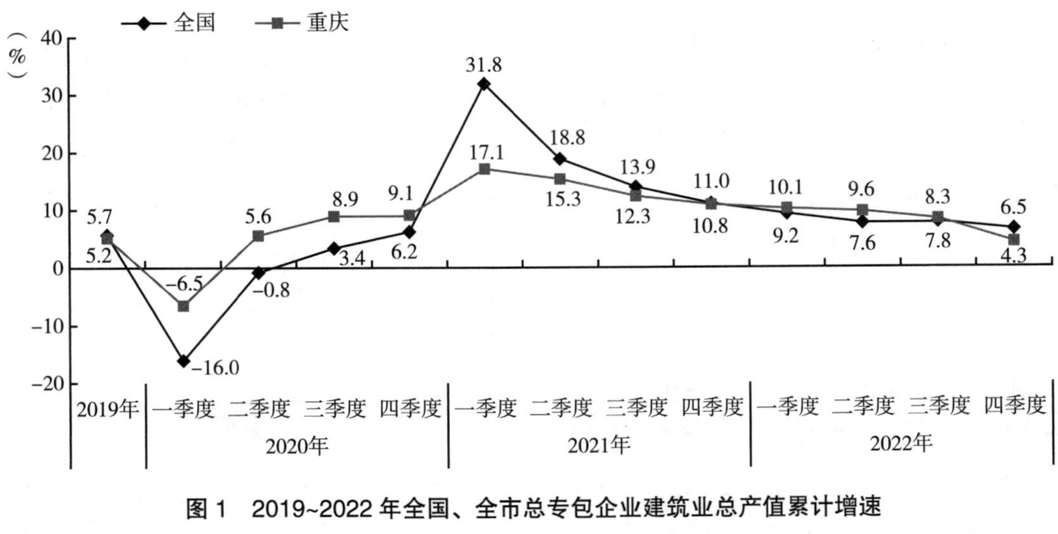

图1　2019~2022年全国、全市总专包企业建筑业总产值累计增速

从区域看，中心城区受高温、疫情影响最为明显，两群地区影响较小。2022 年，占比超七成的主城都市区实现建筑业总产值 6891.93 亿元，较上年增长 1.7%，低于全市 2.6 个百分点。其中，中心城区受影响最大，建筑业总产值下降 0.4%。渝东北三峡库区城镇群和渝东南武陵山区城镇群总产值均实现两位数增长，分别增长 11.1% 和 11.0%，增速分别高于全市 6.8 个和 6.7 个百分点（见表 2）。

表 2　2022 年各区域总专包企业建筑业总产值

单位：亿元，%

片区	建筑业总产值	占比	同比
全市	9746.96	100.0	4.3
主城都市区	6891.93	70.7	1.7
中心城区	3685.27	37.8	-0.4
主城新区	3206.66	32.9	4.0
渝东北三峡库区城镇群	2583.37	26.5	11.1
渝东南武陵山区城镇群	271.66	2.8	11.0

二、建筑业生产主要特点

（一）国有及国有控股企业发挥压舱石作用

2022 年，全市国有及国有控股建筑企业实现总产值 2649.78 亿元，较上年增长 11.5%，增速高于全市 7.2 个百分点，对全市建筑业的贡献率达 64.9%，拉动全市建筑业总产值增长 2.8 个百分点，是全市建筑业增长的主要支撑力量。

（二）产业集中度进一步提高

截至 2022 年底，全市共有总专包特级资质建筑企业 12 家，较上年增加 2 家；一级资质企业 411 家，较上年增加 9 家，企业资质结构不断优化。同期，全市亿元以上产值的总专包建筑企业共 1444 家，较上年增加 108 家，龙头企业数量增加，产业集中度进一步提高。

（三）新增企业拉动效果明显

2022 年，全市新入库总专包建筑企业 354 家，合计完成总产值 285.74 亿元，对全市建筑业的贡献率为 67.0%，拉动全市建筑业总产值增长 2.9 个百分点。其中，建筑业总产值超 20 亿元 1 家，超 10 亿元 3 家，超 1 亿元 78 家。

（四）本土企业积极开拓外埠市场

重庆总专包建筑企业积极开拓市外市场，市外产值规模明显扩大。2022 年，全市共有 925 家企业出渝开展施工活动，较上年增加 15 家，占企业总数的 23.6%；实现建筑业总产值 2584.74 亿元，增长 11.0%，高于全市 6.7 个百分点。随着成渝双城经济圈建设的高效推进，重庆企业在四川建筑市场的活跃度稳步提升。2022 年，全市共 470 家总专包建筑企业入川承揽工程，较上年增加 5 家，实现建筑业总产值 437.24 亿元，较上年增长 17.3%，增幅高于全市 13.0 个百分点。

（五）建筑企业劳动生产率稳步提升

当前，全市建筑业企业不断加速建筑信息模型（BIM）等新技术应用，优化施工流程管控，抢抓工程进度，劳动生产率稳步提升。2022 年，全市建筑业企业劳动生产率达到 42.18 万元 / 人，增长 2.1%。

三、需关注问题

（一）签订合同额增速持续放缓

签订合同额是反映建筑业产值趋势的先行指标。2022 年，全市总专包建筑业企业签订合同额 17166.71 亿元，较上年增长 1.5%，增速较上年放缓 5.0 个百分点，也低于总产值增速 2.8 个百分点。其中上年结转合同额 7856.52 亿元，增长 7.2%；本年新签订合同额 9310.19 亿元，下降 2.7%。自 2020 年以来，全市总专包建筑企业签订合同额增速呈现逐季放缓的态势，特别是在 2022 年本年新签订合同额多季下滑，或将对建筑业平稳健康发展产生影响（见图 2）。

（二）房屋建筑施工面积和竣工面积双降

2022 年，受房地产下行影响，全市总专包建筑企业房屋建筑施工面积为 34968.29 万平方米，同比下降 4.5%。其中，本年新开工面积 11113.42 万平方米，下降 10.0%。房屋竣工面积 11769.81 万平方米，下降 9.5%。全市房屋建筑企业数量占比过半，施工面积下降，尤其是新开工面积下降，将对后期全市建筑业总产值完成情况产生影响。

四、对策建议

（一）积极帮扶，助力本土企业承揽工程项目

当前，建筑市场竞争更趋激烈，本土建筑企业在市内外承揽工程项目难度加大。同时，重庆建筑行业存在高资质企业数量不多的“金字塔”结构，“小、散、弱”低资质企业在承揽工程项目时处于劣势地位。建议相关部门优化顶层设计，积极落实“培优育强市场主体”发展目标，对重点企业开展“一企一策”点对点帮扶，对潜力企业开展“抱团增项”整体引导，多措并举助力本土建筑企业壮大综合实力、开拓施工领域、提升工程技术能力，稳定扩大企业承揽工程项目规模，积蓄全市建筑行业发展后劲。

（二）紧抓机遇，引导企业加快数字化转型

当前，“两新一重”建设加速推进，同时新版《建筑业企业资质标准（征求意见稿）》已完成向社会公开征求意见程序即将落地，后期随着对企业施工的专业领域限制明显放宽，重庆建筑

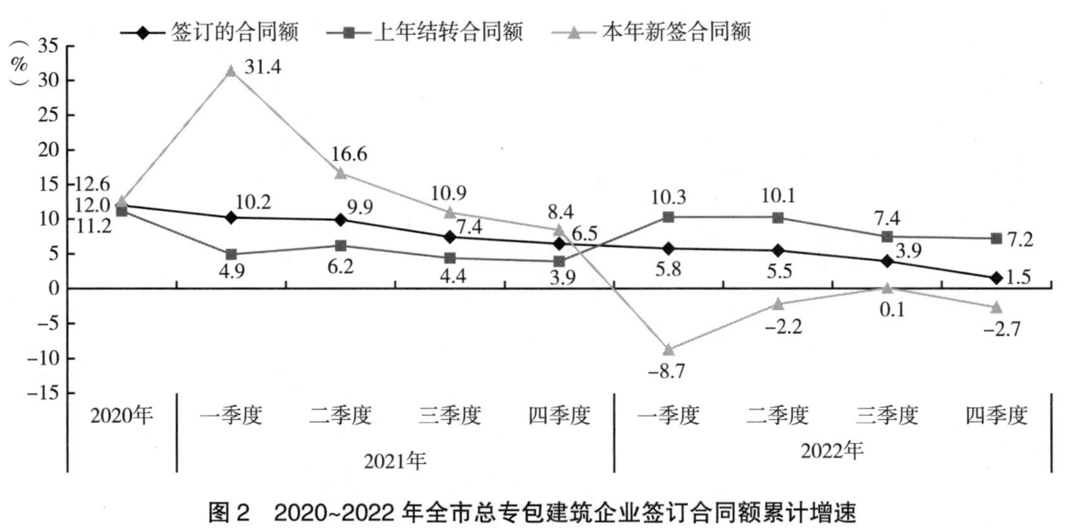

图 2　2020~2022 年全市总专包建筑企业签订合同额累计增速

企业要紧抓机遇，加强技术研发应用，积极推进建筑信息模型（BIM）技术的应用，提高智能建筑和装配式建筑在施工项目中的应用比例，实现工程建设项目全生命周期数据共享。相关部门需加快推进建筑工程技术人才队伍和技术能力建设，为企业可持续发展提供动力；引导企业加速提升核心竞争力和创新力，积极投身重大基础设施建设项目，广泛参与老旧小区改造和城市更新工程，推动全市建筑业持续稳定健康发展。

（执笔人：罗继明）

第三产业

道路运输

重庆市道路运输事务中心

一、2022年发展回顾

2022年，全行业坚决落实“疫情要防住、经济要稳住、发展要安全”总体要求，抓当前、谋长远，克难攻坚、勇毅前行，夺取了疫情防控和行业发展双胜利。

这一年，行业积极探索首创做法。出台全国道路运输行业、全市安全生产领域首都《道路运输双重预防机制建设实施指南》。建立行业运行风险监测机制，在全国首次将12吨以上重型货车和半挂牵引车纳入考核。在全国率先实现城市轨道交通互联互通、跨线运行，4号线、5号线和环线实现“一车通达”。在全国率先实现二级维护作业工位智能视频联网监管，全市41个区县、376家维修企业、1000个维护工位安装高清摄像。全国首个省（市）开展《中华人民共和国道路运输条例》释义编制，发布《巡游出租汽车车载智能终端技术规范》，起草《重点营运车辆联网联控系统接入技术标准》。总结重庆经验。道路运输电子证照全国互联互通互认、营运客车二维码全市试点等2项优化营商环境举措全国领先。在8个子行业、88个类别岗位落实“两单两卡”制度，实现全覆盖。出台《公交站场标准化建设指南》、《危险货物道路运输企业停车场技术标准》、“城市轨道交通初期运营前、正式运营前、运营期间安全评估技术规范”，提供可复制、可推广的建设运营标准。全市34个从业资格考场启用新考试系统，实现管理“一张网”。彰显自身价值。王毅同志作为全国道路运输行业唯一代表，荣获2022年“人民满意公务员”称号。出租车司机廖财莉作为全市交通系统唯一代表参加党的二十大。“雷锋的士”由中心城区向远郊区县发展，郭明义支队、南川支队、綦江支队相继成立，得到市委宣传部高度认可。出租处获评全市信访工作先进集体。国家、市级主流媒体正面报道行业100余次，展示了重庆道路运输团结奋进的勃勃生机。

总的来说，办成了一批大事、办妥了一批急事、办好了一批实事，主要体现在以下五方面。

（一）筑牢“防护墙”与畅通“生命线”并重，夺取了疫情防控和行业发展双胜利

全行业坚持高效统筹疫情防控和运输保障，在常态化疫情防控阶段，持续助力稳经济大盘、供应链高效运转；在疫情暴发阶段，闻令而动、逆行而上，全力筑牢抗疫“防火墙”，保证物流“生命线”。一是高效统筹，奏响抗疫防控主调。坚持“第九版”，落实“二十条”，执行“新十条”，出台疫情防控、精准转运、应急保障等8个方面29条措施，动态调整行业管控举措和运输保障方案12次，储备应急运力2500辆、应急驾驶员3600名，保证了指挥体系科学顺畅、反应高效。二是积极应对，扛起抗疫运输主责。全力保运转，采取线上办公、驻守值班、储备轮岗等形式，建立从业人员多梯队、AB组轮班和24小时值守制度，始终保持行业运转平稳有

序。全力保转运，发放保供人员电子通行证6300个，调度运力18.25万台次、转运人员131万人次;“雷锋的士”成立“支前”服务队，保障孕产妇、新生儿、重症患者等应急出行452人次。全力保防控，严格落实首站首问责任制、入渝四即等防控要求，实时停运涉疫地区客运班线，联网售票系统前置核验旅客健康码状态，有效防止疫情通过道路运输工具传播。三是全力以赴，突出保通保畅主题。打好物流保通保畅组合拳，严格落实“即采即走即追+闭环管理”、“白名单”、通行证等举措，设立货车集散地核酸检测点6个、应急物资中转站3个，发放重点物资运输通行证20万张。施行纾困解难连环招，收集梳理汇编保通保畅、稳经济大盘帮扶政策60余条。1063户货运企业享受“交通物流专项再贷款”政策，放款总计34.7亿元；749户享受“三项社保费”缓交政策，缓交社保9.3亿元。建立巡游车疫情收益分配动态调整机制，全年动态调整26次、减免定额5.3亿元。

（二）深化改革与转型发展并举，行业高质量发展“线路图”逐步实现

出台《行业高质量发展行动计划（2022—2025）》，汇集交通强市、双城经济圈建设等涉及道路运输的任务及发展重点关键，绘制发展路线图、时间表。一年来，各项任务高效落实。一是重大战略部署落实加力。乡村振兴战略有效推进，中心城区新增优化二环外区域公交线路11条，农客补贴范围由农村客运扩大到农村公交，全年发放2.6亿元。发展农客（公交车）带货线路、农村物流货运专线30条，13个乡镇客运站入驻快递、商超或电商，巫山“农村物流+客货兼运”被交通运输部确定为第三批农村物流品牌。成渝道路运输一体化提速，新开省际公交6条，江津至泸州公路货运专车累计发车700余班次，10件高频事项实现“川渝通办”，发放从业资格电子证28万个，联合开展川渝货运驾驶员技能竞赛，两地合作进一步深化。二是客运结构调整转型加速。紧跟客运市场需求，从调度、运价、车型等方面进行改革试点，铜梁、潼南至重庆班线客运实现集中调度联运，234条客运班线实行浮动定价，1329辆9座以下小型客车投入市场。800公里以上客运班线逐步退出，置换包车客运213辆。三是货运提质增效力度加强。新业态持续发展，新增网络货运平台6家，整合车辆1.2万台，全年完成运单10万单、货运量112.6万吨；城配联盟持续壮大，合作联盟超100家，示范运输企业19家、示范车辆2200辆。物流效率持续提升，多种运输方式和货运枢纽联动，构建起衔接顺畅、运行高效的公、铁、水、空联运体系。四是绿色运输模式建成加快。更多新能源车辆投入运营，更新新能源公交5786辆、出租汽车2万辆、城市配送车辆345辆，中心城区投入新能源运营补贴3924万元。绿色配送示范创建更实，240台城市配送车辆取得绿A通行证。高能耗车辆整治淘汰更严，全市建成M站333家，超标排放车辆治理合格率达95.5%；稳妥淘汰老旧柴油货车，退出2万辆。轨道6号线九曲河段噪声治理顺利销号。

（三）服务精度与民生温度兼顾，10件民生实事如期交卷

始终厚植“人民交通为人民”情怀，坚持“民之所盼、心之所向”，全力提升服务品质，不断增强群众出行的获得感、幸福感、安全感，向社会公开承诺的10件民生实事全部如期兑现。一是适老出行更暖心。中心城区改造适老化公交站台85个、公交首末站10个，打造敬老爱老公交线路3条，更新低地板低入口公交车1230辆。轨道站出入口加装雨棚194个、配

备无障碍渡板365个。建成巡游车95128电召中心，投用电召桩3个，T3、曹操等30家网约车平台推出“关怀模式”，实现老年人“一键叫车”。二是公共交通服务更贴心。中心城区新增优化公交线路81条、小巷公交12条；526条公交线路与轨道交通无缝接驳、能接尽接，公共交通机动化出行分担率达55.3%。轨道交通运营里程跨越500公里，成为全世界规模最大的山地城市轨道交通运营网络，单日客流最高达433.9万人次。2号线、3号线通过扩能改造提升核心区段运能15%，轨道乘车二维码与北京、上海等5座城市互联互通。三是个性化服务更精心。轨道交通10号线开行直快车，有效节约市民出行时间；开展轨道站过街功能改造，27个站点、36个通道夜间开放、站内过街。开展“爱心送考”，“雷锋的士”免费接送考生1200人次，公交“点对点”接送考生1.5万人次。四是政务服务更省心。道路运输电子证照实现全覆盖，发放9类电子证照51万张、营运客车二维码1400张。应用人脸识别技术，巡游车驾驶员从业资格实现在线验证审核。大力推广线上便捷办理，网上年审货运车辆2.5万辆，从业资格业务通过“川渝通办”、跨省通办分别办理1872件、10万件。五是群众出行更安心。1945辆、7.5万座通行高速公路的客车、公交车加装智能安全带，提升车辆安全水平；1.8万辆公交车和“两客一危”车辆安装智能视频监控装置，通过智能化、自动化手段提示不安全驾驶行为；圆满完成轨道交通4号线二期初期运营、6号线和10号线运营期间安全评估；推广出租车离车评价系统，乘客深度参与运营监督，极大改善出行体验。平台抽成“阳光行动”进展顺利，40家网约车平台公司、4家网络货运平台企业向社会公布计价规则，平台公司和从业人员收益更清晰透明。

（四）稳固根基与谋划长远同步，行业治理开启崭新局面

始终依法依规治理，实现从“散乱无序”到“日趋规范”、从“野蛮生长”到“理性发展”，保证行业正确、规范、安全发展。一是信用体系建设更加健全。开发管理小程序，6个子行业实现信用信息、考评指标实时归集、自动评分，通过小程序完成新评价体系下首次年度考核。开展动态考核评价，出租、客运等9家企业信用等级评为C级，驾培行业107辆不规范经营车辆取消备案，903名驾驶员信用等级因违规扣分被评为C级或D级。强化考核结果应用，实施企业分级分类监管，63家企业、194名从业人员受到信用惩戒。二是安全生产局面更加稳固。本质安全不断强化。安全督导检查85次，消除隐患216个，大数据排查消除安全风险4000余条，事故起数和死亡人数同比分别下降24.3%和28.3%，为党的二十大召开营造了安全和谐的行业环境。管理制度更加完善。制定落实国务院“十五条”硬措施的“行业66条”具体举措，编制普通货运安全管理标准化规范，建立“1+6”应急体系框架，健全区县安全运行风险通报、约谈制度，全国联网联控考核排名由第12名升至第4名。专项行动成效显著。三年行动巩固提升年7项重点工作、205个重点目标圆满完成。全面启动安全生产深度评价，向区县、企业分别提出安全管理建议59条、949条，整改隐患328个。全市3.5万“两类人员”经考核合格上岗。联合市场、执法等部门治理淘汰不合格危货常压罐体210个。开展从业驾驶人员涉毒风险隐患整治，注销从业资格证124个。三是重大风险化解更加有力。全面宣贯《信访工作条例》，扎实开展行业“攻坚解民难、喜迎二十大”“治重化积”等专项行动，妥善处置一批信访稳定问题。渝西片区仿冒出租

车专项整治全面完成，305 辆仿冒出租车全部查扣、吊销营业执照 5 家。妥善处置中心城区出租车聚集事件，73 名驾驶员纳入重点监管、51 名纳入黑名单。建立巡游出租车驾驶员信息员制度，发展信息员 3900 人。四是科技监管手段更加丰富。营运车辆联网联控、出租汽车服务管理和机动车驾驶员培训监管等系统的作用发挥充分，发现疲劳驾驶、超速等隐患 3 万余次；推送疏运信息，调度出租汽车 6.5 万车次，疏运旅客 9.7 万人次，联合交通执法部门解决出租汽车有责投诉 2526 件、处罚无证经营网约车 2000 台次；处理驾培机构、车辆、教练员违规行为 210 余次。

（五）“走在前”与“干在先”并进，党的建设不断走深走实

坚持以政治建设为统领，始终保持“永远在路上”的政治清醒，坚定不移推进全面从严治党纵深发展，为建设交通强市提供坚强政治保障。一是政治思想不断牢固。行业各级党组织坚持把政治建设摆在首位，坚决拥护“两个确立”，坚决做到“两个维护”。持续深入学习党的二十大、党的十九届六中全会、市第六次党代会等会议精神，组织中心组学习 20 次，交流研讨 13 次。严格落实民主集中制，召开党委会、办公会 51 次，研究议题 229 个。二是组织建设更加规范。加快推进新业态、新就业群体党的基层组织建设，招招出行网约车平台成立行业第一个非公党组织。90 家货运企业、2 家网约车企业试点工会建设，发展会员 4000 人。严格落实“三会一课”，建立“四强”党支部考核机制，完成机关党委换届。开展向全国“人民满意公务员”王毅同志学习、“心手相连 · 共克时艰”结对企业主题党日、“奋斗正青春、强国有我在”学习贯彻党的二十大精神演讲比赛等活动。三是廉政建设常抓不懈。坚持一体推进“三不腐”建设，制定加强“一把手”和班子成员监督清单，开展作风突出问题专项整治、廉政风险防控、廉政分级谈话、家庭助廉、青春倡廉、“以案四说”等工作，完成 3 个区县市级补助资金审计，主体责任和监督责任持续压实。

二、发展中存在的问题

当前道路运输行业仍然面临需求收缩、供给冲击、预期转弱三重压力，对标交通强市建设和高质量发展要求，还有不少困难和差距。一是行业发展面临新瓶颈。受疫情冲击和市场影响，道路客运量、货运量大幅下降，企业亏损严重、经营困难，发展举步维艰。二是行业治理面临新考验。新业态发展愈加活跃，不断拓展、试探监管边界，行业应对还研究不够、办法不多、思路不新。三是行业安稳面临新要求。面临新时代新征程新任务，更需要长治久安、稳定和谐的社会环境和行业秩序。审视自身，行业风险隐患仍未完全消除，新老顽疾交织，行业整治任重而道远。

三、2023 年发展思路

2023 年，将按照“创建引领、高品高质、现代治理、安全和谐”的思路，推动重庆道路运输高质量发展。

一是聚焦品牌标杆打造，在试点示范上勇争一流。要在创新理念方法、完善工作机制、资源要素保障等方面倾注力量，围绕示范创建、标杆打造、创新试点、创先争优 4 方面，重点打造城乡交通运输一体化、县乡村三级物流体系建设、运游及客货邮融合发展、“雷锋的士”重点典型培育、新业态劳动竞赛等 10 方面示范创建，打造更多具有重庆辨识度的载体，形成一批可复

制、易推广的经验方法和标准规范。

二是聚焦高质量发展，在提升服务品质上持续发力。公共交通上，要打造“便捷公交”，大力实施“公轨一体化”，持续推出小巷公交等具有重庆特色的服务产品；要打造“平安轨道”，做好新线初期运营前安全评估，开展防撞、防淹等专项治理；要打造“满意出租”，建立巡游车价格动态调整和网约车数量调控机制，推进新旧业态融合发展。客货运输上，持续挖掘传统客运新动能，开行定制客运20条，深化“一站多点”“车线分离”等举措；加快《客货运输高质量发展实施意见》落地，全面推广农客片区经营和预约响应服务；深化交旅融合发展，开行旅游专线环线。着力提升货运物流质效，加大与邮政、快递、电商合作力度，推动城市配送体系标准化，精准高效做好物流保通保畅。维修培训上，持续打击学时造假等不规范经营行为，探索驾培资金监管新方法。开展维修企业服务质量等级评定和星级创建评选。

三是聚焦治理质效提升，在增强现代治理能力上创新前行。优化营商环境。深化“放管服”改革，优化“互联网＋政务服务”，提升互联网道路运输便民政务服务质量。健全法治体系。推动轨道交通条例、驾驶员管理办法等法规修订，出台《市道条释义》，强化网约车、网络货运等新业态联合监管。做实信用考核。持续健全信用监管机制，加强结果应用。建立道路运输领域“重点关注名单”，推进川渝信用联合奖惩机制。强化科技赋能。加速建设数字化智慧化运管系统，构建“1+7”信息技术平台。

四是聚焦安稳基层基础，在维护行业安稳大局上久久为功。巩固安全生产成效。扭紧“四个责任”链条，全面推动双重预防机制建设，大力推进“科技兴安”。建立城市客运企业安全考核上岗机制，推动“两类人员”考核达标。深化货运安全管理模式推广，将“两单两卡”纳入行业风险系统动态指标，完成30个区县安全生产深度评价。维护行业稳定大局。建立信访预测预警机制，拓宽信息来源，动态调整不稳定风险清单，持续维护行业稳定。

五是聚焦党的建设，在全面从严治党上接续奋斗。始终将政治建设摆在首位，把纪律建设摆在更加突出位置，一刻不停地推进全面从严治党，为行业高质量发展提供坚强的政治保障。

（执笔人：熊倩）

航空运输

民航重庆监管局

一、2022年发展回顾

（一）2022年总体运行情况

各机场共保障运输航班19.92万架次，完成旅客吞吐量2233.55万人次、货邮吞吐量49.58万吨，分别同比下降33.30%、下降40.30%和增长3.77%；其中，重庆江北国际机场共保障运输航班18.86万架次，完成旅客吞吐量2167.34万人次、货邮吞吐量41.42万吨（其中国际地区货邮吞吐量18.39万吨），分别同比下降32.51%、下降39.40%和下降12.95%（其中国际地区货邮吞吐量增长0.03%），旅客吞吐量排名全国第二，航班放行正常率95.68%。我局负责监管的3家基地航空公司（重庆航空、西部航空、华夏航空）共飞行20.3万小时、10.4万架次，分别同比下降33.22%和下降35.77%。经营性通航企业合计飞行1018.06小时、4288架次，分别同比下降40.91%和下降15.81%。受疫情反复冲击，生产运行量下降幅度较大。

完成共20204项SID（其中计划内18940项，临时性检查1264项）的行政检查，实施行政处罚9宗13件，行政约见3次，办理不停航施工行政许可21件。在神州通航违法飞行行政诉讼案件中胜诉。针对飞机导航数据库更新错误、非精密进近风险和货舱货物超载风险等，共发出2份安全信息和10份航空安全通告。

通过航空安全信息系统共收到各类不安全事件报告297起；其中天气意外129起，机械原因48起，地面保障25起，飞行机组原因9起，机务原因1起，其他原因83起，未定2起。发生一般征候11起（均为鸟击等天气意外原因），未发生人为责任一般征候以上事件。圆满达成年初制定的安全目标。2022年，民航重庆监管局被市委、市政府授予2019~2021年度“重庆市文明单位”荣誉称号，在重庆市安全生产和自然灾害防治工作考核中被评为先进等次。2月，西部航空实现连续安全飞行100万小时，被民航局授予“飞行安全一星奖”。

江北机场T3B航站楼混凝土主体结构提前一个月封顶，钢结构主体工程完成65%，飞行区工程全面进入不停航施工阶段。万州机场改扩建工程顺利推进，塔台和办公综合楼已完成转场运行，T2航站楼及连廊主体结构已完工，进入装修和设备安装阶段。黔江机场改扩建项目已基本完工，正在进行收尾整改，待竣工验收和行业验收。

江北机场逐步恢复香港、罗马、万象、曼谷、首尔、迪拜、胡志明、布达佩斯客运航线，新开马德里客运航线，截至年底，每周计划执飞国际（地区）客运航班17班；先后开通至莫斯科、印度新德里和印度孟买国际货运航线。1月，江北机场保税港区二期货运站工程项目正式投用，国际货运站面积增加至10.8万平方米。7月，川航物流重庆货站开始自主运营，国务院批复同意万州机场航空口岸对外开放。

（二）2022 年重点工作

1. 统筹“管人、管事、管组织、管系统和管重点”，抓实日常安全监管工作

通过“四个融入”切实推动党建引领安全。引导全体党员干部进一步提高安全工作政治站位；通过列席重点单位党委会、党委中心组联学、支部联学联建等形式，搭建“党建 + 业务”学习交流平台，以共建促安全发展；加强政治监督建立“安全监管和政治监督双线合一”的监督机制，对监管工作进行动态监督；加强督查督办，确保落地见效。

加强重点单位重点环节监管。年初，确定华夏航空、重庆航空和重庆通航公司为重点监管单位，制定具体监管措施 49 条。年中，经评估确定重庆航空退出。针对海航系监管要求，将西部航空调整纳入重点监管，根据“一企一策”原则制定西部航空 26 条监管措施。每日梳理通报重点监管单位运行情况。紧盯次日运行风险评估工作，督促落实管控措施，盯住每一个航班，做好实时风险管控。按照《运输航空公司差异化精准监管实施办法（试行）》完成运输航空公司分类分级评估。

2. 统筹协调推进各项专项工作

全面开展行业安全大检查。“3 · 21”事故发生后，组成 9 个专业组开展以“六查”为重点的行业安全大检查，实现运行单位全覆盖。检查期间发现 21 家单位共 220 条问题，已全部完成整改。各单位自查发现共 650 项问题，督促各单位全部完成整改。

深入开展民航专项检查。重点围绕安全生产“十五条硬措施”制定《重庆地区民航专项检查工作方案》，督促 25 家企事业单位制定专项检查方案和专项检查单。我局各专业自查发现问题 8 项，均已完成整改。各单位按时上报专项检查自查问题清单，共 219 项问题，目前均已完成整改。

扎实开展防范化解重大风险专项整治工作。研究制订《民航重庆地区防范化解重大风险专项整治实施计划》，组织集中观看学习《生命重于泰山》专题片。认真组织“领导干部下基层 · 安全工作大家谈”活动，完成企事业单位主要负责人安全调研专题报告备案。健全党委会分析安全生产形势、研究安全生产重大问题的工作制度，完善主要负责人及时研判风险、解决安全生产突出问题的工作制度。督导各单位健全民航安全报告奖励机制，完成安全生产“吹哨人”制度备案。完成值班领导持证上岗审核检查。12 月，成立工作专班，按照要求开展岁末年初重大安全隐患专项整治和督导检查，要求各单位加强组织领导，针对发现的重大安全隐患登记建档、挂牌督办，该项工作将持续至 2023 年“两会”结束。

3. 全力配合 TV9833 偏出跑道事故处置调查

向市委常委会专题汇报民航安全工作。及时向市委、市政府报告民航重要运行情况。5 月 12 日，西藏航空 A319-115/B-6425 号机执行 TV9833（重庆至林芝）航班，8: 05 在江北机场 3 号跑道起飞过程中偏出跑道后起火。市政府主要领导第一时间赶赴江北机场指导应急处置工作。5 月 16 日，市委常委会专题听取事故后续处置情况汇报，研究部署全面开展民航领域安全隐患排查整治工作。这是市委常委会继 3 月 31 日后再次专题研究民航安全工作。全局按照市委要求持续深入开展民航领域安全隐患排查整治工作。

迅速妥善开展事故应急处置。“5 · 12”事故发生后，江北机场第一时间启动应急响应。8: 07 机上人员全部撤离，8:08 消防车到达现场出水灭火，8: 12 扑灭现场明火，从消防接警到抵达现场

出水灭火仅用时 2 分 6 秒。各单位反应迅速、应对有序、处置得当，经受住了实践考验，体现了民航重庆地区近年来重视应急管理、完善风险治理体系、加强应急队伍建设等工作成果。专门安排江北机场参与"5·12"处置的消防骨干，对各支线机场消防队伍进行资质能力排查、消防设施设备合规性检查。

积极配合开展事故调查。督导各相关单位迅速展开应急处置、旅客救助、舆情导控，同时做好档案整理、后勤保障。迅速完成黑匣子等关键设备的拆卸和数据读取，完成事故现场完整测绘图像和细节勘查，完成相关样本、航材的抽样和送检，开展大量的证据收集、工作访谈、调查笔录、专家分析等工作。指导残损航空器整体搬移，现场督导搬移工作全过程，顺利完成全球首次残损航空器整体搬移。

4. 稳中求进，开创服务和发展新局面

推动国务院和重庆市稳住经济和促进服务业恢复发展一揽子政策措施落地见效。配合市发展改革委、市人力社保局、市财政局等制定系列政策文件，梳理民航企业名单落实失业保险稳岗返还政策，共审核国内客运航班补贴 2 批次、约 1.53 亿元。开展涉企违规收费专项整治，配合完成国务院联合检查组检查工作，切实减轻企业负担约 1665 万元。

江北机场容量评估启动以来，督促并协调机场、空管积极配合第三方评估机构按照规范要求科学、客观地开展容量评估。持续推动重庆地区空域优化，协调机场、空管牵头成立民航重庆地区空域优化工作小组，合力研究并提出可行性、适应性相一致的民航重庆地区空域优化调整技术方案。

5. 严抓疫情防控

严格落实企业防控责任，持续开展常态化督查及专项检查，全力坚决守住民航防控阵地。经多次同属地政府沟通协调，设置民航从业人员专属疫苗接种点。截至年底，民航重庆地区从业人员共 34125 人，已完成疫苗接种 33783 人，接种率达 99%；加强疫苗已完成接种 26735 人，加强针接种率 97.67%。协调地方政府在机场及航空公司内部设置核酸检测点，落实民航从业人员常态化核酸检测，解决核酸检测费用问题，降低民航单位成本。参与口岸机场工作专班，现场督导入境客运航班疫情防控工作，未出现因保障入境航班导致民航员工感染事件。疫情暴发后，及时部署落实员工闭环管理工作要求，确保了江北机场运行不中断。疫情防控牵头部门飞标处获得重庆市"工人先锋号"荣誉。

6. 党建及纪检工作

全局掀起学习宣传贯彻党的二十大精神的热潮。深入推进全面从严治党，筑牢廉洁从政底线。召开党风廉政建设形势分析会 6 次，前移防范关口，利用身边案例开展警示教育，切实提高纪律意识。走访聘任的企事业单位廉政监督员，收集意见建议提升中心组学习质量和效果，推动理论学习走深走心走实。全局党委全年组织理论学习中心组（扩大）学习 14 次。切实履行安全监管主体责任，全年召开党委会 28 次，研究安全工作 19 次。制定党委工作督办任务清单，完善督查督办工作程序。派纪检干部参加"下沉式"等行政检查，全程监督行政执法工作。对党的十九大以来开展的 17 个方面突出问题专项治理进行了"回头看"，防止相关专项治理问题反弹回潮。

二、当前工作存在的问题和建议

疫情持续反复对民航造成了巨大冲击，部分企业生存困难，导致安全衍生风险，主要表现如下。

虽然辖区总体安全形势平稳，但不安全事件仍然时有发生，经营亏损对行业安全的影响越来越大，安全形势仍然严峻复杂。

江北机场T3B和四跑道不停航施工全面铺开，项目多、区域广、时间长、施工组织复杂，与运行存在较大矛盾，特别是在航班量快速恢复后该情况更加突出，需要高度关注。

长期以来制约重庆民航发展的空域瓶颈问题未得到有效解决，根据目前江北机场不停航施工工程进度，在第四跑道投用后的很长时期内，其空域仍然是3条跑道的过渡空域，短期内难以提升和发挥4条跑道的运行效率及社会效益。

三、2023年工作计划

2023年，全局将以习近平新时代中国特色社会主义思想为指导，深入学习宣传贯彻党的二十大精神，坚决拥护“两个确立”，坚决做到“两个维护”，始终以习近平总书记关于总体国家安全观、安全生产的重要论述和民航安全工作重要指示批示精神为根本遵循，贯彻落实中央经济工作会议、市委六届二次全会精神，认真落实民航局、民航西南地区管理局和市委、市政府工作部署，完整、准确、全面贯彻新发展理念，牢牢守住航空安全底线，坚持“稳中求进”促进行业恢复发展，努力破解制约重庆民航发展的瓶颈问题，深入推进全面从严治党，努力推动重庆民航高质量发展，为在新时代新征程全面建设社会主义现代化新重庆贡献民航力量。

（一）坚持以党的政治建设为统领

全面深入学习宣传贯彻党的二十大精神，及时跟进学习习近平总书记重要讲话及指示批示精神，践行总体国家安全观，充分发挥党的政治引领和政治保障作用，着力推动党建与安全工作的深度融合，指导企事业单位发挥党建引领安全作用。

（二）坚持稳字当头，保持安全平稳态势

认真落实民航局《安全有序恢复航空运输市场的工作方案》，科学处理安全与发展、安全与效益的关系，积极为企业解决实际困难，稳步推动行业恢复发展，努力保持队伍稳定。科学评估、持续抓好重点单位监管，持续加强资质能力建设和关键岗位资质排查。加强安全制度建设，推进安全风险分级管控和隐患排查双重预防机制，坚持隐患排查治理工作专班机制，巩固“三年行动”成果。

（三）加强不停航施工安全监管

持续督促江北机场、重庆空管分局落实相关风险控制措施，杜绝工作方案和实际运行“两张皮”，确保航班运行安全顺畅。发挥空域优化工作小组的作用，持续推动重庆地区空域优化及调整工作，配合地方政府加强协调，借助白市驿机场搬迁解决制约江北机场发展空域瓶颈问题。

（执笔人：赵天烁）

重庆水运

重庆市港航海事事务中心

一、2022 年发展回顾

2022 年，重庆水运坚持以习近平新时代中国特色社会主义思想为指导，深入学习贯彻党的二十大精神，认真落实市委六届二次全会精神，紧扣“高质量发展”核心目标，统筹疫情防控和经济社会发展，统筹发展和安全，真抓实干、攻坚克难，扎实推动长江上游航运中心建设，努力为交通强市建设贡献水运力量。

（一）聚焦“疫情要防住”，疫情大战大考成功应对

疫情防控筑牢筑实。组建专班、强化调度，切实织密三峡游轮、两江游船、重滚船舶、港口码头等重点部位疫情防线。保通保畅有力有效。强化疫情防控等重点物资运输保障，协调 872 艘次船舶、23.9 万标箱物资优先过闸。推动嘉陵江、乌江梯级通航建筑物联合调度，妥善解决船舶压港滞留问题。助企纾困落实落细。推动银企合作，为企业争取金融支持 1.5 亿元。引导骨干航运企业与大型货主企业建立长期稳定合作关系，协调解决运价过低问题。

（二）聚焦“经济要稳住”，行业发展态势稳中向好

主要指标逆势增长。全年完成投资 36.57 亿元，创历史新高。港口货物吞吐量、水路货运量分别完成 2.07 亿吨、2.17 亿吨，同比增长 4.3%、1%。其中，重滚运输、商滚运输大幅增长，分别完成 15.1 万辆、54.6 万辆，同比增长 65.8%、10.3%。要素支撑更加有力。长江涪丰段航道整治开工建设，嘉陵江利泽枢纽一期建成投用。主城果园、涪陵龙头、江津珞璜等港口成功扩建，长江上游最大危化品码头长寿团山堡竣工验收。货运船舶运力新增 165 万吨、达到 1069 万吨，单船平均运力超 4500 吨，船型标准化率达到 87%。协同发展走深走实。长江上游五省市航运高质量发展战略合作深入实施，13 个企业合作项目产生经济效益 35.5 亿元。川渝《共建长江上游航运中心实施方案》顺利出台，开行“散改集”中转班轮、转运集装箱 9.6 万标箱。推动乌江全面复航，彭水、银盘船闸过闸货运量增长超 60%。

（三）聚焦“发展要安全”，水上交通安全持续平稳

“三个责任”持续夯实。实现区县交通部门负责人、企业法人安全履职能力培训全覆盖，推动 488 家港航企业运行“两单两卡”，启动双重预防机制规范化建设试点。重点时段稳定可控。紧盯春节、两会、汛期、党的二十大等重点时段，开展督查 611 人次、整改隐患 472 项。三年行动圆满收官。31 座航运枢纽大坝除险加固全面完成，船舶碰撞桥梁、危险货物港口等隐患得到整治，自然灾害综合风险普查通过部级审核，141 项清单任务全部完成。应急救援高质高效。

争取专项资金2亿元，推动出台“十四五”应急体系基础设施建设方案。全年实施应急救援256次，救助群众163人、船舶10艘、溢油处置14次，地方水域已连续19年未发生重特大事故。

（四）聚焦“碳达峰碳中和”，水运绿色发展深入推进

减污降碳成效明显。全市具备船舶污染物固定接收设施的码头达到158座，配套占比居内河前列。全年完成98个泊位岸电标准化改造、240艘货运船舶受电设施改造，船舶靠港使用岸电718万度、减少碳排放6600吨。清洁能源加快推进。国内首艘绿色智能三峡船型、重庆首艘光伏趸船、长江新一代绿色豪华游轮建成投运。新增三峡船型船舶54艘，货运船舶平均单位能耗降至1.6千克/（千吨·公里）。环保机制建立健全。强化船舶污染物协同治理信息平台和长江干线“船E行”融合运用，船舶水污染物基本实现“零排放”，转运率、处置率均达到95%。

（五）聚焦“法治政府建设”，行业治理效能持续增强

法规制度不断完善。修订《重庆市水路运输管理条例》等地方性法规，拟定规范性文件5个。信用体系全面实施。强化信用主体分级分类评价监管，港航企业及从业人员基础信息归集完成率达100%。政务服务更加便捷。推动6类电子证照试点城市互认核验，8个水路运输审批事项实现“川渝通办”，行政许可事项上线率、办结率、满意度均为100%。

二、发展中存在的问题

当前，我们仍将面临诸多困难和挑战，还需奋力攻坚克难、爬坡过坎。

一是能力的坎，主要体现在：航道能力不足，嘉陵江、乌江航道等主要支流航道“通而不畅”问题较为突出，支流对干流的货运贡献率偏低。港口发展不平衡，三峡游轮停靠的客运码头靠泊能力普遍不足。涪陵龙头、忠县新生等重点港口无进港铁路，部分港口后方疏港公路衔接不畅，港口集疏运体系还需进一步完善。运输结构不优，铁公水联运比例不高，全程物流、综合物流还未形成。普货航运市场船舶运力供过于求，过度竞争削弱企业效益。发展动力不够，航运市场主体质量不高，“散、小、弱”企业占比较大；船员队伍（年龄）结构性问题突出，综合素质不高；高素质管理人才紧缺，难以适应行业高质量发展需要。

二是风险的坎，主要体现在：安全风险仍然突出。重庆市地处大山区、大库区，地质灾害风险隐患点较多，汛期大风、暴雨以及冬季浓雾等恶劣天气频发；部分支流航道等级较低，航道弯窄、滩险较多，而通航需求较大，存在触礁、搁浅等风险；库区港口泥沙淤积严重、影响船舶靠泊作业安全；全市客渡船船龄10年以上的数量较多，维护保养不到位，船舶技术条件有所下降。生态环保风险仍然存在。港口岸电标准化设施改造进度相对滞后，港口污染物接收设施使用率不够，码头自身环保工作仍需加强；部分船舶防污染设施建而不用、闲置浪费现象仍然存在，船舶偷排直排污染物风险仍未消除；船舶水污染物接收转运处置的“船港城”一体化能力建设仍然存在短板，污染物接收转运船岸衔接不够顺畅。

三是思想的坎，主要体现在：企业思想认识不到位，主体责任落实还有差距，在标准化建设、安全投入、教育培训等方面抓得不紧不实，企业及从业人员安全生产履职大多出于“形式需要”。区县属地重视不到位，机构改革后，由于

行政事权上收和行政执法、船舶检验职能剥离，大量港航海事业务骨干被分流，区县交通主管部门的工作统筹、事务中心的技术支撑和执法机构的现场监管不同程度存在系统性、精准性和时效性不高问题，工作合力尚未形成。部门监管落实不到位，新成立的港航海事事务机构对“辅助性、事务性、技术性”的职责定位认识不清，加之人员不足、能力不够、工作积极性不高，对行业安全监管的技术支撑作用没有得到有效发挥。

三、2023 年重点工作

2023 年是全面贯彻党的二十大精神的开局之年，是新时代新征程新重庆建设的起步之年。重庆水运将坚持稳中求进总基调，紧紧围绕成渝地区双城经济圈建设“一号工程”、西部陆海新通道建设等重大战略部署，敢闯敢干、唯实争先，自觉融入交通强市建设大局，加快建设长江上游航运中心，在现代化新重庆建设中展现水运担当。

全年目标任务是：完成投资 39 亿元，港口货物吞吐量和水路货运量均实现 2.1 亿吨；四级以上航道通航保证率达 95% 以上；力争实现地方水域连续 20 年不发生重特大事故；全面完成生态环保各项目标任务。重点做到“五个坚持、五个坚定”。

（一）坚持强基础、提能力，坚定走好“转型发展”之路

加快航道整治。推进长江朝涪段航道整治，完成渠江、黛溪河、鳊鱼溪等航道整治，力争启动乌江白马至彭水、小江航道整治，推进井口枢纽前期论证。加快港口建设。积极配合果园重大件码头、万州新田二期、涪陵龙头二期、寸滩邮轮母港等建设，开工渝北洛碛一期等项目，推动老旧码头改扩建。加快船舶发展。积极争取政策支持，持续淘汰非标船和老旧运输船舶，推广发展三峡船型，推进嘉陵江、乌江标准化船型研究。

（二）坚持强协作、促联动，坚定走好“融合发展”之路

促进区域融合发展。深化五省市航运战略合作，以企业合作项目为抓手，推动川渝共建和渝黔合作方案落地落实，稳定开行川渝水水中转航线、力争完成集装箱 14 万标箱，支持乌江货运中转基地建设，举办水上旅游客运发展论坛。促进水运与其他运输方式融合发展。推进“公转水”“铁转水”“散改集”以及干支直达运输，启动重庆至浙江舟山江海直达运输试点，力争全市铁水联运突破 2500 万吨、集装箱 10.8 万标箱。促进水运与其他产业融合发展。鼓励“港船货”合作，引导企业延伸产业链。鼓励航旅合作，做优“两江游”“三峡游”“乌江画廊游”三张名片，支持乡村旅游航道建设。

（三）坚持强保障、防风险，坚定走好“安全发展”之路

强化安全基础。持续加大安全投入，加强全员安全教育培训。用好农客补贴资金，提升农村水路客运安全条件。强化责任落实。深化市水安办联席会、水搜会以及重要支流通航安全联防联控机制，实施安全生产标准化达标行动，巩固“两单两卡”制度，规范运行“双重预防”机制。强化隐患整治。完善安全风险清单，落实风险分级分类管控。加强“四类重点船舶”、涉客涉危港口码头、水工作业区等重点部位监管，抓好督查检查和隐患整改。强化应急保障。按照预案、装备、队伍“三个贴近实战”要求，推进应

急船艇建造，开展应急救援技能竞赛、实战演练和应急拉练，加快建成内河一流的地方水上应急体系。

（四）坚持强生态、助“双碳”，坚定走好“绿色发展”之路

狠抓绿色基础。推动80个泊位完成岸电设施标准化改造、76艘船舶完成受电设施改造，推进万州、奉节等水上绿色综合服务区建设。狠抓运行监管。强化船舶污染物协同治理信息系统运用，推动船舶污水、垃圾免费接收。加大船舶靠港使用岸电监管力度，力争岸电使用量超800万度。狠抓专项治理。落实长江经济带生态环境警示片反馈问题整改，巩固非法码头整治成果。联合生态环境、海事执法等部门开展打击“偷排直排”等违法行为。

（五）坚持强管理、优服务，坚定走好“创新发展”之路

推进治理创新。持续推动《重庆市水路运输管理条例》等法规修订，出台港口岸线使用审批管理等规范性文件，实施新修订的《重庆市水上交通信用管理实施细则》。推进科技创新。开展嘉陵江河口至合川段数字航道建设试点，启用国内水路运输领域行政许可电子文书，推广北斗系统和港航协同管理平台使用。推进党建创新。紧扣“五项机制”“七张工作报表”“八张问题清单”要求，推进“一统六化”，深入开展作风建设，打造新时代“红岩先锋”变革型组织，为水运高质量发展提供新引领。

（执笔人：王博雅）

证券业

中国证监会重庆监管局

一、2022 年发展回顾

2022 年，重庆证监局在中国证监会党委和市委、市政府的正确领导下，立足资本市场改革方向和重庆市情，坚持稳中求进工作总基调，深入贯彻新发展理念，监管与服务并重，统筹推进重庆资本市场改革发展稳定各项工作，助力成渝地区双城经济圈建设，服务重庆经济高质量发展。

（一）资本市场发展情况

市场规模逐步扩大。2022 年重庆新增 7 家境内上市公司，总数达到 70 家。2022 年境内上市公司总市值 9347.16 亿元，同比下降 17.78%。10 家企业申报 IPO，在审企业 16 家，处于辅导备案阶段企业 23 家。新三板挂牌公司 79 家。证券公司 1 家（西南证券），证券分支机构 253 家；证券投资咨询公司 1 家，分公司 2 家；期货公司 4 家，期货分支机构 35 家；公募基金管理公司 1 家；私募基金管理人 181 家。全市投资者股票账户数 1113.40 万户，客户资产 8356.87 亿元，同比分别下降 5.39%、6.02%。期货投资者账户数 32.13 万户，期货交易保证金余额 370.85 亿元，同比分别增长 13.82%、34.39%；公募基金管理规模 575.98 亿元，同比下降 19.71%，私募基金管理规模 1660.52 亿元，同比增长 23.91%。

股债融资功能持续发挥。2022 年，全市企业实现股债直接融资 1853.63 亿元，全国排名第 10 位。其中 6 家企业通过发行上市融资 41.56 亿元，2 家上市公司股票再融资 131.11 亿元，12 家挂牌企业融资 4.57 亿元；52 家企业通过发行公司债融资 787.87 亿元，7 家企业利用 ABS 融资 694.70 亿元，5 家企业发行可转债、可交换债融资 193.82 亿元。发行绿色债、乡村振兴债、科创债、“一带一路”债等专项债券共 13 只，发行金额合计 80.98 亿元。西部首单铁建渝遂高速公募 REITs 成功融资 47.93 亿元。

市场主体服务能力不断增强。2022 年，全市上市公司实现营业总收入 7288.09 亿元，利润总额 288.54 亿元，缴纳各类税费 453.12 亿元。西南证券为企业筹资 166.72 亿元，其中为重庆企业筹资 51.63 亿元。期货公司开展“保险 + 期货”项目 124 个，保障金额 13.12 亿元，赔偿金额 8244.95 万元；风险管理子公司直接服务实体企业 144 家次，金额 16.83 亿元。重庆区域性股权市场为中小微企业提供各类融资 46.23 亿元。私募股权、创投基金投资重庆项目 407 个，在投本金 690.1 亿元。

重点领域风险总体可控。2022 年，推动防范化解公司债券风险，协调民营房企多只债券（含 ABS）展期，避免发生公开市场违约。推动 3 家上市公司风险化解，1 家公司由高风险调整为次高风险。私募基金风险产品累计压降规模 119.12 亿元，已注销和未备案私募机构处置进度超 3/4。重庆金融资产交易所停止新增业务，存量定向债务融资规模削减 93.09%；重庆股份转让中心可转债规模压降比率 100%。

（二）工作开展情况

服务新重庆经济高质量发展。优化辅导监管机制，加大市场培育力度，推动 6 家企业 IPO 上市。首家科创板企业发行上市，实现“零的突破”；2 家公司在创业板上市。西部地区首单公募 REITs 成功发行上市，有效盘活存量资产。推动市政府优化企业上市奖补政策，出台《市属国有控股上市公司发展质量提升专项行动方案（2022—2025 年）》、生猪“保险 + 期货”财政支持政策、支持企业运用期货工具促工业经济平稳增长政策等。

合力推动西部金融中心建设。助力上海、深圳证券交易所支持成渝地区双城经济圈建设和成渝共建西部金融中心行动方案出台实施。推动“北京证券交易所 全国股转系统重庆服务基地”揭牌成立。指导重庆区域性股权市场创新试点稳妥起步，联合重庆股份转让中心开展辅导验收工作试点，“科创资本通”、基金创新服务基地投入运营，全国首单境外合格投资者投资区域性股权市场挂牌企业成功落地，私募基金综合研判会商系统建设及与中国结算的账户对接取得实质性进展。

聚焦主责主业优化行业生态。开展现场检查 126 家次，采取行政监管措施 39 项。办理涉嫌证券违法案件 12 起，作出行政处罚 2 起。与市高法院建立证券代表人诉讼制度协作配合机制，联合重庆市 3 家证券期货犯罪办案基地印发《关于构建重庆市证券期货犯罪办案基地“3+1”联席会议机制的意见》，与重庆市检察院等单位建立涉案企业合规第三方监督评估机制，与重庆市公安局签署反诈合作备忘录，联合 11 家单位印发《打击治理洗钱违法犯罪三年行动重庆实施方案（2022—2024 年）》。

持续提升中小投资者保护质效。建立持股行权定点联络机制，推动上市公司高质量召开业绩说明会。44 家上市公司现金分红达 143.41 亿元。推动全市首单“总对总”在线诉调对接和“示范判决 + 专业调解”双落地。牵头 8 省（市）证监局开展《股东来了》2022 重庆片区活动，并获全国决赛第二名。与市高法院签署《关于加强中小投资者权益保护的合作备忘录》，推动调解组织在成渝金融法院单设调解室。协同开展涉非信息监测及“清网”行动，净化市场环境，投资者的获得感和满意度不断提升。

二、发展中存在的短板

2022 年，重庆资本市场发展中还存在一些短板：一是优质高科技上市公司偏少，科创板上市公司仅有 1 家，在西部 12 个省（区市）排名第 4 位，落后于四川、陕西、贵州，上市后备资源不足；二是公司债券持续处于兑付高峰期，涉房民营企业债务风险较为突出，城投债兑付整体承压；三是部分市场主体经营困难，2022 年全年，18 家上市公司扣非后亏损，36 家上市公司扣非后净利润同比下滑；四是证券公司法人仅有 1 家，较四川、陕西等周边省份偏少，综合服务能力有待提升。

三、2023 年发展思路

2023 年是全面贯彻落实党的二十大精神开局之年，也是全面建设社会主义现代化国家新征程起步之年。重庆证监局将坚决贯彻证监会党委决策部署，按照市委、市政府关于把成渝地区双城经济圈建设作为“一号工程”和全市工作总抓手总牵引的要求，扎实做好重庆资本市场监管、防范化解风险和服务经济高质量发展各项工作，积极助力现代化新重庆建设。

（一）推动更多优质企业上市

全面落实股票发行注册制。加强制度规则的宣讲解读，主动对接区县政府，增强对“专精特新”企业上市服务培育力度，加快上市筹备进程。会同券商、市级相关部门充实全市辅导备案企业库。打造各证券交易所重庆服务基地“1+N”企业上市综合服务平台，助力实施企业上市“育苗”行动。积极推动相关部门和区县政府对拟上市企业加强服务、减费降税。

（二）用好政策服务直接融资

抓住 REITs 发行常态化有利时机，配合相关部门加快推动全市基础设施发行上市，助力已发行 REITs 项目扩募再融资。用好资本市场支持房地产市场平稳健康发展政策，推进重点房企债务风险有序化解，力争央地合作增信支持房地产企业发债项目尽快落地。会同相关部门摸清底数，引导企业发行科技创新公司债，用好资本市场融资功能，加快培育数字龙头企业。

（三）推动提高上市公司质量

充分调动各方积极性，发挥“几家抬”机制优势，落实落细《重庆市人民政府关于进一步提高上市公司质量的实施意见》《市属国有控股上市公司发展质量提升专项行动方案（2022—2025年）》，“一司一策”共商上市公司质量提升计划。推动全市建立健全多部门联动推进上市公司再融资与并购重组工作机制，引导上市公司结合全市现代化产业体系布局做优做强，助力打造一批领军企业和链主型企业、高市值上市企业。

（四）持续提升机构执业水平

用好支持设立证券公司、基金公司法人机构以及外资证券基金经营机构的政策，推动有竞争力的机构申报设立证券公司、基金公司。支持证券经营机构增强资本实力和运营能力，提高服务能力，为本地企业提供专业服务。引导期货机构更好地发挥期货市场功能，服务实体企业风险管理，助力保供稳价。助力私募基金管理人提升推动企业上市的“孵化器”和“加速器”功能。

（五）稳妥推进区域性股权市场创新

协助重庆股份转让中心争取私募综合研判会商系统建设、备案发行科创可转债、与高层次资本市场对接等试点任务落地。会同市金融监管局、经济信息委加强指导，高质量推进重庆股份转让中心“专精特新”专板建设。支持重庆股份转让中心探索与私募股权投资基金深度融合发展，打造西部股权投资基金发展高地，更好地发挥促进创新企业成长的重要作用。

（六）守牢重点领域金融风险底线

加强与相关各方的信息共享和联防联控，健全预防预警处置问责制度体系。稳妥推进公司债券、“伪私募”、“伪金交所”等关键领域和重点企业、重点机构风险处置。针对城投债兑付承压的严峻形势，配合市级部门开展常态化风险排查，切实防范化解城投债风险。持续推进私募基金风险防范处置分类整治，进一步压降风险产品规模，推进未登记备案机构清理规范。

（执笔人：李琦珂）

银行业保险业

中国银行保险监督管理委员会重庆监管局

一、2022年发展回顾

2022年，面对错综复杂的环境形势和多重超预期因素冲击，全市银行业保险业金融机构学习贯彻党的二十大精神，全面落实习近平总书记“疫情要防住、经济要稳住、发展要安全”工作要求，坚持不懈“稳实体、防风险、促改革”，推动重庆银行业保险业高质量发展取得新成效。12月末，全市银行业总资产突破7万亿元，同比增长6.1%，资产规模居全国第16位；保险业总资产2605.69亿元，同比增长8.6%，资产规模居全国第18位。

（一）开展金融助企纾困

一是持续推动落实延期还本付息。银行机构创新企业流动资金贷款服务模式，积极推广“自动续贷”“随借随还”等，减轻企业还款压力。年末，全市银行机构累计对全市13.9万户次困难市场主体实施延期还本付息纾困政策，贷款本息余额合计1398.23亿元。二是稳定困难行业企业融资。针对全市49户困难企业集团，通过债委会机制全年累计为企业增贷15亿元、稳贷续贷170.97亿元、降低财务成本7.28亿元，支持441户企业集团稳定运行。针对困难行业着力采取特殊政策，年末，全市批发零售业、居民服务业、文体娱乐业融资余额分别达到4535.3亿元、230.7亿元、162.0亿元，同比增长8.2%、42.5%、14.6%。三是全力服务稳定外资外贸。全市银行保险机构积极发挥风险保障和融资促进作用，支持外贸类企业贷款余额5023.23亿元，较上年增长8.87%。出口信保全年赔付支出7951.38万元，同比增长92.2%。为出口企业提供保单融资增信支持约13.3亿元人民币。

（二）稳定畅通经济循环

一是聚焦“强链稳链”。积极发力先进制造重点产业链转型升级，全力做好产业链上下游企业的金融服务工作。年末，全市制造业贷款余额4510.8亿元，同比增长16.4%；全市33条产业链核心企业贷款余额1652.93亿元，较年初增长20.59%。保险业积极助力重大装备制造研发升级，累计承保首台（套）保险12项，承保保险金额19.1万亿元，同比增长974%。二是服务“保通保畅”。积极落实金融支持货运物流保通保畅工作要求，年末交通运输、仓储和邮政业贷款余额5589.8亿元，同比增长13.4%，高于各项贷款增速6.7个百分点。保险业助力货运物流保通保畅，化解营运企业投保难题，货运险赔付逾3800万元，风险保障金额突破7000亿元。三是支持“煤电保供”。千方百计保证煤电、煤炭、钢铁、有色金属等生产企业合理融资需求，信贷支持和保险保障力度持续增强，年末全市26家主力煤电企业贷款余额达150.5亿元。

（三）帮扶支持小微企业

一是打通信用壁垒。完善“信易贷·渝惠

融”数字普惠金融平台，打通50余个市级部门数据，实现全市300万户市场主体14个大类信用信息共享开放。联通1200个普惠金融专营分支行，吸引15万户中小微市场主体实名注册、发布融资需求，“信易贷·渝惠融”平台获2022年度“全国中小企业融资综合信用服务示范平台”称号。二是优化信贷供给。开展“结算户”转“有贷户”专项行动，与园区、专业市场密切对接首贷客户，强化“培植”式融资供给。全年为2.85万户法人小微企业发放“首贷”258.82亿元。创新小微企业流动资金贷款服务模式，加强信用对接，年末普惠型小微企业无还本续贷余额888.38亿元，较年初增长43.17%。三是降低融资成本。推动各银行机构建立内部资金优惠转移定价机制，全市2022年普惠型小微企业贷款加权平均利率5.07%，较上年下降0.59个百分点，为小微企业主动减免服务收费约1.21亿元。

（四）加强民生金融服务

一是有序推进惠民定制保险。全市保险机构共同推动实现“重庆渝快保”理赔门槛全国最低、理赔水平全国最高，获评《人民日报》多层次医疗保障“八大综合优秀案例”之一。2022年累计赔付55万人次、6.8亿元，达到总保费的108%，群众医疗保障水平持续提升。二是协同推进新市民金融服务。重庆新市民金融服务覆盖创业就业、安居消费、子女教育、医疗、养老等领域，年末全市银行保险机构推出新市民专属信贷产品和保险产品共50个，信贷余额250余亿元、保险金额近40亿元。其中，开展专属商业养老保险试点，新市民群体参保占比58.4%。三是参与构建多层次社会保障体系。长期护理保险已覆盖重庆所有区县，城乡居民大病保险、城镇职工大额医疗互助保险实现3200万基本医保参保市民全覆盖。“失独家庭父母住院护理保险”项目惠及全市8万户失独家庭，“孝老安康”保障工程为全市12.4万老龄人口提供意外伤害综合保险。

（五）创新驱动产业发展

一是“科创系列”服务专精特新产业。在支持企业技术改造、银行业服务制造业、科技保险高质量发展、“专精特新”企业金融服务、金融支持知识产权质押融资等方面成效明显，全市银行机构对全市33条重点产业链实施“划片包干”制，聚焦榨菜、化工新材料等特色产业建立16个“金融联合服务体”，一链一策开展金融“保链接链强链”专项行动。二是“价值系列”创新特色服务。“文旅价值贷款”“科创价值信用贷款”等创新试点落地，深化首台（套）重大技术装备保险补偿机制试点，推动知识产权侵权责任险、海外侵权责任险、知识产权交易保险等新型险种服务常态化，商业价值信用贷款、知识价值信用贷款等首创性实践持续面向全国推广，贷款余额同比分别增长37.7%、32.84%，成功落地国家制造业转型升级基金、建信领航战略性新兴产业发展基金等两只国家级基金。

（六）积极助力乡村振兴

一是涉农贷款投放提速。截至12月底，全市银行业涉农贷款余额7673.55亿元，较年初增长11.03%，实现同口径涉农贷款余额持续增长的目标。全市银行业普惠型涉农贷款余额1258.11亿元，较年初增长18.47%，超过银行业各项贷款平均增速11.77个百分点。二是涉农风险保障扩面。全市保险机构积极推动农业保险提标扩面，农险保障功能不断增强。截至12月底，全市涉农保险保费收入12.34亿元，同比增长34.9%，为189.84万户（次）农户提供风险保障608.08亿元。目前，全市已基本建立“一县一品”“一县多品”综合保险保障体系，涵盖100余个优势特色农产品保险。三是加大金融资源倾斜力度。全市银行保险机构积极推动脱贫攻坚与乡村振兴衔接巩固，向重点地区、人群倾斜金融资源。截至12月底，脱贫区县各项贷款余额4961亿元，较年初增长6.63%。城口、巫溪、酉阳、彭水等四个国家乡村振兴重点帮扶县各项贷款余额892亿元，同比增长10.48%。累计向30.57万户脱贫人口发放小额信贷114.31亿元。

（七）融入区域协调发展

一是金融机构组织体系日趋完善。2022年，全市先后落地工商银行总行级运营中心、民生银行重庆西部区域总部、华夏银行西部科技创新中心、东亚银行中西区区域中心等一批功能性总部机构和区域中心，新设立绿色金融、科技创新、乡村振兴、普惠小微等各级专营机构超170个，落地榨菜、肉牛、花椒、柑橘等特色专营支行、金融服务站，形成多层次差异化发展格局，金融组织体系功能更加完备。二是金融业务协同体系逐渐形成。互保互赔、柜面互通、不良联合处置、异地手续费减免等区域金融业务协同创新走出全国第一步。重庆市率先支持实现跨省电子缴税缴费、关银一KEY通、“铁路E卡通”等跨区域服务。三是金融标准构建有效探索。在全国率先落地铁路提单融资和相关商事案件判例、国家标准，实施全国首批铁路运输单证金融服务试点，为中欧班列出口货物创新开发“战争险”风险保障，支持西部陆海新通道开放体系互联互通。落地全国首单非银金融机构借款及结汇业务，中西部地区首笔跨境不动产投资信托、首笔跨境债权转让业务，中国—新加坡机构间首笔“再保理”业务，铁路权证质押融资、异地存取转款手续费减免、地方法人银行柜面业务互通被推送至国家层面复制推广。

（八）全力防控金融风险

一是风险状况整体可控。全市银行机构不良贷款余额735.1亿元，同比增加220.1亿元；不良率1.42%，低于全国平均0.29个百分点。全年累计处置不良贷款575.2亿元，处置额度为历年来第二高。银行业金融机构拨备覆盖率200.71%，银行法人资本充足率14.55%，保险法人机构偿付能力充足率232.15%，风险抵御能力和应对资源总体较为充足。二是法人机构改革化险初见成效。推动党的建设与公司治理有机融合，全辖37家国有金融机构全部将党的领导写入公司章程。部分法人银行机构股权优化调整、优质战略投资者引入取得重大阶段性进展。村镇银行改革重组工作取得阶段性进展，股东股权实现“优进劣出”。三是重点领域风险化解取得突破。重点困难企业风险化解稳步推进，金融机构债委会配合推动重庆能源集团、隆鑫集团等风险化解取得阶段性成果。协同推动“保交楼、稳民生”，开展房地产项目封闭融资试点及存量房交易“带押过户”，组织开展经营贷、消费贷置换存量房贷专项治理。持续压降高风险影子银行规模，同业理财规模全部清零，金融同业通道业务余额较年初下降54.14%。

二、发展中存在的问题

同时，发展中仍然还存在一些问题和短板。一是不良处置难度加大。2021年全市银行业不良贷款处置创历史新高，存量不良处置进入攻坚阶段，处置进度放缓。2022年辖内银行业金融机构累计处置不良贷款575.15亿元，同比下降10.8%。二是各项存贷款增速低于全国水平。2022年末，全市银行业各项存款余额4.96万亿元，同比增长8.0%，低于全国水平2.8个百分点；

各项贷款余额5.01万亿元，同比增长6.7%，增速低于全国水平3.7个百分点。三是房地产贷款不良上升较快。困难房地产开发企业流动性压力增大，住宅项目存在逾期未交付现象。2022年末，全市房产开发贷不良余额64.5亿元，不良率2.69%，高于各项贷款不良率，分别为上年同期的4.3倍、3.9倍；个人住房贷款不良余额64.4亿元，较年初增加27.5亿元、增长74.5%。

三、2023年发展思路

重庆银保监局将深入贯彻落实党的二十大精神，全面落实党中央各项决策部署，全力支持社会经济高质量发展，牢牢守住不发生系统性区域性风险底线，为加快实现中国式现代化贡献力量。

（一）坚持党对金融工作的集中统一领导

持续开展党的二十大精神大学习，进一步扩大“红金渝”金融党建品牌覆盖范围，推动基层党建全面过硬。深化“廉金渝”清廉金融文化品牌建设，坚持从严管理监督干部，有效统筹金融反腐和防控金融风险，推动党的领导的制度优势转化为金融治理效能。

（二）保障实体民生金融服务

进一步贯彻落实稳经济一揽子接续政策，加大延期还本付息等金融纾困支持力度。持续推动普惠金融增量扩面、提质增效，做深做实金融减费让利。支持乡村振兴，健全农村金融服务体系，丰富创新优势特色农产品保险，大力支持种业振兴。打造新市民金融服务品牌，深入拓展普惠保险体系，推动“渝快保”提质扩面，强化个人养老金业务、专属商业养老保险、养老理财、长期护理险等一揽子综合服务，构建多层次社会保障体系。

（三）全面贯彻新发展理念

紧扣成渝地区双城经济圈、西部陆海新通道和西部金融中心建设战略部署，推动区域协调发展。持续推进“险资入渝”“理财入渝”，加大对基础设施等重大项目的融资供给，打造“金渝惠”金融支持消费品牌。全力支持重庆建设绿色金融改革创新试验区，做大做强“价值系列”金融服务体系，助力构建现代化产业体系。

（四）持之以恒防范化解金融风险

进一步加快不良资产处置，推动重点集团风险化解，防范化解地方政府隐性债务风险，推动公司治理优化，稳步推进农村中小机构改革化险。严防违规“转贷”、高评高贷等市场乱象，推动房地产市场健康发展。推广银行业合规管理“网格化”建设，强化行业从业人员“黑灰名单”运用，完善保险销售诚信体系，压降信访投诉量。严格规范互联网金融业务，严厉打击违法违规金融活动，深入整治“代理退保黑产”、“二手房交易诈骗”、自保件互保件等“灰色地带”，依法将金融活动全部纳入监管。

（五）提高金融治理能力

持续推进“金渝网”和监管大数据平台建设，加快推广“渝快保”“信易贷·渝惠融”等数字场景平台应用，引领银行业保险业数字化转型。开展监管规制执行情况“回头看”行动，完善制度、补足短板，加快推进金融安全体系和能力现代化。

（执笔人：梅倩）

通信业

重庆市通信管理局

一、2022 年发展回顾

2022 年，是党的二十大胜利召开之年，是“十四五”规划推进的关键一年。重庆市信息通信行业始终坚持以习近平新时代中国特色社会主义思想为指导，持续深入学习贯彻党的二十大精神，全年以迎接、服务、保障、学习、贯彻党的二十大为工作主线，坚持疫情要防住、经济要稳住、发展要安全，全行业攻坚克难、团结拼搏，保持信息通信行业平稳运行态势，行业发展新动能持续增强，全市电信业务总量、收入保持稳步增长，为拉动重庆 GDP 增长贡献力量。全年电信业务总量累计达 381.74 亿元，同比增长 23.51%，增速高于全国平均水平。电信业务收入累计 320.87 亿元，同比增长 9.81%，收入增速位居全国第 4 位。光纤入户（FTTH/O）端口数达到 2587.38 万个，同比增长 3.53%。5G 建设发展水平持续保持在全国第一梯队，全市每万人拥有 5G 基站数超 19 个、保持西部第一，实现乡镇 5G 网络到达率 100%。

（一）规划落地，强基赋能，打通信息通信“大动脉”

一是进一步夯实网络基础能力。5G 网络质量持续提升，5G 网络下行均值接入速率居全国首位；江北区、渝北区、两江新区成功创建国家级“千兆城市”；重庆国家级互联网骨干直联点已直联 28 个省区市 42 个城市，成为互联网流量转接疏导的核心节点之一；完善 F 根服务器镜像备份点、星火 · 链网区块链骨干节点等基础网络保障体系，有效提升重庆互联网基础设施服务能力和安全水平。二是推进行业绿色低碳转型，10 家市级部门发布《重庆市信息通信行业绿色低碳发展行动实施方案（2022-2025 年）》。通信与电力基础设施共建共享项目入选工业和信息化部跨行业共建共享典型案例。全市已获评 8 个国家级绿色数据中心。

（二）融合应用，点面结合，助推数字经济发展

一是融合应用深度广度“双拓展”。超额建成 5G 行业虚拟专网 305 个。全市多个 5G 应用项目被纳入国家试点及典型应用案例。23 个项目获全国 5G、千兆光网应用比赛奖项。成功举办 2022 中国国际智能产业博览会 5G 创新发展高峰论坛，圆满承办“绽放杯”5G 应用征集大赛等重要赛事。二是加快工业互联网应用创新。全市已形成 10 余类典型应用场景，7 个 5G+ 工业互联网项目入选工信部试点示范。重庆 2 家企业入选国家级跨行业跨领域工业互联网平台。全国首个园区二级节点在重庆巴南经济园区正式上线。工业互联网国家顶级节点（重庆）上线二级节点 38 个，其中重庆 17 个。标识注册量累计达 149.6 亿，累计解析量超 89.9 亿，接入企业节点 2 万余家。多个发展指标提前完成三年行动计划目标。三是支撑智能网联汽车新能源汽车集群建设。持

续加强两江新区、高新区车联网基础设施建设，推动5G+北斗、卫星导航系统深化应用，支持打造人、车、路、云数据互通的车路协同示范段和国内领先的车联网先导区。全市物联网终端用户达3057.3万户，现有实名车联网卡350万张，实名率超91%。

（三）成渝协同，振兴乡村，服务地方经济发展

一是推进落实稳经济大盘的决策部署。电信业务总量增速高于全国平均水平，行业经济拉动力显著，全市固定电信资产投资达98.38亿元，同比增长10.44%。通过多样化方式纾困惠企，全年中小企业宽带业务平均资费同比下降24%，专线业务平均资费同比下降25.2%，降幅均高于全国平均水平，全年累计让利金额达3610万元。持续给予因疫情关停网吧专线优惠服务，累计减免515万元，惠及4095户。二是持续推进成渝地区双城经济圈建设，助力建设全国一体化算力网络国家枢纽节点成渝枢纽，提升成渝数据中心直连网络互联带宽至4000G。推进川渝工业互联网标识解析应用一体化发展，优选川渝各15个特色园区首批参与“百城千园川渝行”活动，开展“应急通信·2022川渝联合演练”。联合举办竞赛提升网络安全保障技术水平和实战经验，推出多款川渝共享专属优惠资费产品。三是推动全市数字乡村网络发展。稳步推进电信普遍服务项目。克服重庆地形复杂的困难，精准开展数字乡村网络发展“五提升一补盲”行动。上线“网慧三农·点亮乡村”微信小程序，实施镇移动网络弱覆盖精准补点。全年行业投入400余万元支持对口帮扶乡镇石柱县桥头镇开展数字乡村建设。四是着力推动城市更新提升。圆满完成“安全乘梯守护行动”，实现全市21.1万部运行电梯无线网络信号100%到达。新建4个项目纳入国家中小城市信息基础设施建设项目库，1个项目作为中西部地区中小城市基础网络完善工程。持续抓好市级重大项目通信管线迁改工作，迁改率达80%。

（四）多措并举，为民服务，提升服务质量和监管水平

一是持续优化营商环境。以迎接世界银行新一轮营商环境评估为契机，多措并举深化“放管服”改革。全市累计注册增值电信企业2566家，同比增长26.6%。推出互联网报装便民利企“八项举措”。通信服务进驻全市各区县政务大厅，实现“水电气讯”一站式报装、一网通办。二是构建跨部门跨地区监管新格局。与网信、公安、市场等部门建立资源共享、联合处置等6项机制开展App协同治理；川渝合作建立共性问题特征库开展App联合通报、联合执法，联合市教育委员会切实提升校园电信服务质量，会同交通、税务、人行等部门加强平台经济融合监管。三是规范战略性新兴产业市场环境，创新开展互联网企业分类分级管理，推出重点互联网企业用户满意度测评，实施客服热线穿越体验项目，提升服务感知。四是服务水平不断提升。坚持问题导向，落实规范营销宣传行为等10项重点任务。深入开展适老化和信息无障碍改造，着力推进App、垃圾信息侵害用户权益整治工作，圆满完成2022年行风建设及纠风工作各项目标。全市电信服务质量用户满意度连续四年达“满意”水平。

（五）多管齐下，落实责任，全力筑牢安全屏障

一是圆满完成党的二十大各项服务保障工作任务，重保期间全市通信行业运行安全平稳，未发生网络运行安全、网络信息安全、生产安全等

事件。二是加强网络安全和数据安全管理。开展网络安全中期检查和属地检查考核。通过重庆工业互联网安全态势感知平台及时发布安全预警并强化处置，组织10家重点工业互联网平台企业、标识解析企业参与工业互联网安全深度行活动。加强智能网联车企业网络安全数据安全防护管理，市内一家企业牵头的联合体被纳入工信部首批5G应用安全创新示范中心。三是助力高效统筹疫情防控。确保核心涉疫系统、专线及核酸检测点通信网络平稳畅通，完成健康驿站、方舱医院网络建设任务。发挥“三公（工）”协同优势，100%高效完成区域协查。全年免费普发公益短信超35.8亿条。累计为入驻方舱的7.6万用户提供手机流量免费服务，及时向重点区域1400万用户提供欠费不停机服务。四是持续开展防范治理电信网络诈骗。进一步顺畅部—省—警—企间协同配合，落实“断卡行动”2.0，依法关停涉案电话卡。深入推进“打猫行动”，准确提供线索近万条，配合公安机关有效打击诈骗窝点。进一步提升诈骗信息技术处置能力，助力公安机关实现发案数、损失数连续19个月下降。五是提升安全保障能力，深入推进“平安重庆”建设。开展全市38个区县安全生产检查全覆盖，行业安全态势稳中向好；常态化开展扫黑除恶斗争，助力长效常治。开展网上“清源”专项行动、“打击治理跨境赌博”、“扫黄打非”、“虚拟货币挖矿整治”等涉网专项工作，高效支撑社会综合治理。

（六）创新发展，务实高效，全面加强能力建设

一是扩增建强底座能力。建成中新国际互联网专用数据通道监测平台，推广专用数据通道应用。推进“一张图”大数据平台建设，聚焦安全发展监管三大主线，提升政务智慧化监管能力。建成重庆市互联网诈骗信息防范系统，为互联网诈骗违法犯罪综合治理提供技术支撑。二是创新区县工作机制。在建立市、区（县）两级通信发展管理工作机制的基础上，完成区县通信发展工作机制改革的顶层设计，持续深化放权赋权改革，将9个试点区县通信发展办公室纳入区县政府工作体系，已设立7位专职副主任，工作迈上新台阶。

二、发展中存在的问题

一是新型信息基础设施融合应用发展推动力度有待加强。二是推动数字化变革、激发行业企业转型发展、提升社会竞争力的手段还需要强化和优化。

三、2023年发展思路

信息通信行业将紧紧围绕把党的二十大重大决策部署全面落实在重庆大地上这条主线，落实市委六届二次全会及工业和信息化部工作会议精神，扎实开展“十四五”规划实施中期评估。深入实施创新驱动发展战略，全面促进数字经济和实体经济深度融合，加快提升信息通信服务品质和网络安全综合保障水平，为新时代新征程新重庆建设开好局、起好步贡献通信力量。将重点抓好以下六方面工作。

（一）聚力深学细悟，推进贯彻落实党的二十大精神走深走实

一是在强化理论武装上持续用力，坚持不懈用习近平新时代中国特色社会主义思想凝心铸魂，进一步激发干事创业的积极性、主动性、创造性。二是在提升政治能力上持续用力，旗帜鲜明讲政治，聚焦网络强国、数字中国建设，自觉

把企业和行业发展放在国之大局中审视、谋划、推动，增强主力军的使命感、责任感，在现代化建设进程中再创佳绩。三是在勇于自我革命上持续用力，始终保持全面从严治党永远在路上的清醒和坚定，坚持严的基调、严的措施、严的氛围。推进新时代企业廉洁文化建设，建设忠诚干净担当的高素质专业化干部队伍。

（二）聚力网络供给，夯实经济社会数字化发展基础

一是统筹推进5G网络等新型信息基础设施建设发展。实施5G网络“信号升格”行动。二是加速推进千兆光网规模部署。加大“千兆城市”建设力度。三是全面提升新型数据中心算力、存力、运力。推动构建云、边、端协同，算、存、运融合一体化的算力应用体系。四是持续推进乡村振兴数字化发展。推进数字乡村网络发展“五提升一补盲”行动。五是大力推动绿色低碳发展。六是深化区县信息通信发展工作机制。加大区县信息通信发展政策支持力度，推动各项政策落地。

（三）聚力融合发展，加快催生数字经济发展新动能

一是深入实施5G应用“扬帆”行动。以点带面加快5G应用规模复制，拓展5G在垂直行业的推广应用。二是大力实施千兆光网“追光”行动。丰富千兆光网应用场景。三是推动“5G+工业互联网”迈上规模化发展新阶段。四是持续提升公共服务数字化能力。

（四）聚力区域协同，合力共建成渝地区双城经济圈

一是进一步推动成渝两地新型基础设施建设、融合发展、服务一体化等多项重点工作。提速建设现代基础设施网络，推动两地信息基础设施互联互通，加快5G网络、千兆光网向川渝毗邻地区乡镇进行延伸。二是打造成渝千兆城市群，加快成渝间数据中心直联网建设。积极建设全国一体化算力网络枢纽成渝国家枢纽。三是推进成渝共建工业互联网一体化发展，联合开展“百城千园”川渝行活动。四是持续推动成渝双城经济圈通信一体化，推动两地更多电信业务实现线上办、异地办。

（五）聚力发展环境，实现监管有力惠民有感

一是持续优化营商环境。加快建设服务型政府，在完善硬设施、提升软环境上持续用力。二是不断提升服务水平和质量。全面提升信息通信服务供给能力。三是规范经营行为，营造良好市场环境。抓好重点领域治理，维护公平公正的市场环境，营造群众放心满意的信息消费环境。

（六）聚力强基护航，增强网络安全保障能力

一是强化网络安全属地管理。进一步完善网络安全监管体系，不断夯实网络基础设施安全，落实行业关键信息基础设施保护要求。二是强化电信领域数据安全治理。全力推进网络和数据安全产业高质量发展。完善电信领域数据安全保障体系，强化监管实施与协同治理。三是助力社会治理现代化。深化网络综合治理，加强互联网基础管理工作，构建清朗网络空间。四是强化安全生产和应急通信保障。保持全行业安全生产形势持续稳中向好，持续提升跨区域应急通信保障协同能力和全市行业应急处突能力。

（执笔人：程慧琳）

邮政业

重庆市邮政管理局

一、2022年工作总结

2022年全市邮政行业寄递业务量完成15.50亿件，同比增长11.40%；业务收入完成186.96亿元，同比增长11.03%。其中，快递业务量完成10.92亿件，同比增长11.48%；业务收入完成111.51亿元，同比增长7.81%。全市邮政行业增加值对GDP的贡献率为5.1%。圆满完成党的二十大期间寄递渠道安保工作，圆满完成安全生产专项整治三年行动和“两进一出”工程全国试点工作，行业在经济社会发展中的作用日益凸显。

（一）巩固行业发展态势

一是政策供给持续增强。市邮政管理局配合国家邮政局与重庆市政府签订《加快重庆邮政快递业高质量发展战略合作协议》。推动市政府出台《关于加快农村寄递物流体系建设的实施意见》。2022年以来，全市共出台行业利好政策90余个。制定17条纾困措施，制作三版稳经济政策包。帮助寄递企业享受各项税费减免1.33亿元。二是加快服务成渝地区双城经济圈建设。国家邮政局出台《成渝地区双城经济圈邮政业发展规划》。6个行业基础设施建设项目列入2022年市级重大项目，基本覆盖一区两群。三是法规统计体系不断完善。《重庆市邮政条例》修正立法项目纳入市人大2023年立法计划。联合统计部门开展检查。持续开展统计督查“回头看”工作，全市纳统率达97.87%。四是快递员合法权益保障不断加强。持续开展“暖蜂行动”，启动快递网点优先参加工伤保险工作，推动11097人参保（含新增五险3227人），提前完成全年指标。0.1元派费上调实现全覆盖。3500余名快递员以自有资金缴纳住房公积金。联合市银保监局率先推出针对快递员等新产业新业态从业人员的专属商业养老保险。设置“爱心驿站”2771个、员工休息活动室472间。五是人才队伍建设不断加强。开展快递从业人员职业技能培训3800余人次，争取补贴资金461万元。125名快递从业人员获得职称。成功举办市邮政业职业技能大赛。指导企业开展高校毕业生网络招聘。第三期中欧班列高级研修项目在重庆邮电大学成功开班。推报3家企业获全国邮政快递业青年安全生产示范岗，我局获优秀组织奖。

（二）圆满完成“两进一出”工程全国试点

一是深入实施“进村”工程。快递进村实现服务全覆盖，邮快合作服务覆盖率达59.35%。石柱、城口等十个区县开展“交邮快”合作成效明显。成功开通全市首条“脆李航线”。推动市乡村振兴局预算3000万元专项资金共同培育“快递服务现代农业金牌”项目。打造快递服务现代农业项目15个，年业务量超千万件项目3个（奉节脐橙、涪陵榨菜、火锅食材）。全市5个区县纳入全国农村电商快递协同发展示范区项目库管理，7个快递服务现代农业示范项目纳入全国快递服务现代农业示范项目库管理。推动4

个区纳入2022年“四好农村路”全国示范县创建单位名单。市邮政管理局与酉阳县政府、市政府口岸物流办、京东物流集团共同签署战略合作协议，打造“城乡供应链+乡村振兴商流”循环示范基地成效初显。二是加快推进“进厂”工程。打造“传统电商+新媒体带货”“股权交换、合作共赢”新模式。其中，年业务量超千万件的项目3个（理文纸业、大足五金、长安汽车配件）。培育快递业与制造业融合发展示范项目25个，带动销售产值近539亿元。大足区申报全国快递业与制造业融合发展第一批试点先行区已通过初审。与大渡口区签订战略协议推动“重庆小面”产业发展。三是积极推进“出海”工程。持续巩固中欧班列运邮出口常态化成果，回程再测试取得新突破。指导快递企业提升RCEP服务效能，顺丰、韵达国际等企业成功利用西部陆海新通道运输一般贸易商品。先后推动重庆成为“四项首个”城市（首个国际铁路运邮的城市、首个获批开展铁路运邮试点且率先完成双向铁路运邮的城市、首个开展邮包疏运并全国首发“中国邮政号”专列的城市、首个开展中欧班列商业快件运输测试的城市）。经海关总署批复，明确重庆为全国首个可开展中欧班列进口运邮的城市，重庆铁路口岸成为全国首个国际铁路邮件进口第一口岸。

（三）推动行业提质转型发展

一是产品服务升级持续创新。在全国首先实现法院面单电子化传递功能。创新开展快递服务站收寄和投递邮政快件规范试点工作。巩固全市税邮、警邮、政邮合作区县全覆盖，探索叠加医邮合作。二是科技创新赋能成果显著。召开科技创新座谈会。全市邮政企业视频联网项目视频接入率、摄像头接入在线率均排名全国第一。重庆交通大学、重庆工商大学等四所高校实现无人车投递，日最大投递量超2600件。三是绿色转型纵深推进。打造绿色分拨中心4个，绿色示范网点22个，新能源汽车保有量1568辆。出台《重庆市邮政快递业包装箱绿色循环工作实施指南》。提前完成国家邮政局下达的“9917”年度目标任务。

（四）营造平安寄递发展环境

一是疫情防控和保通保畅保供保民生有力有效。牵头成立由8个市级部门和主要品牌寄递企业组成的应急保障专班，组织企业建立5430人应急保供后备队伍和市局直接调度的500人应急保供预备队。指导11家市级分拣中心开展专项应急演练。中心城区“疫情歼灭战”期间，我局纳入市疫情防控指挥部市场供应保障等五个专项组的成员单位。邮政快递企业纳入全市生活物资保障“白名单”重点保供单位，行业人员纳入全市重点人群核酸检测台账管理系统以及“渝康码电子通行证”系统，实现核酸定期检测全覆盖，办理重点物资车辆通行证4486张、人员电子证1.8万张。联合市总工会、团市委为疫情一线快递小哥送慰问金43万元、帐篷414个。二是企业主体责任不断压实。落实“三项制度”，落实安全生产“十条措施”和“两清单两卡”工作机制。全市实名信息录入率达99.57%，寄递企业配备安检机266台，10家主要品牌快递企业安检机已接入联网系统。三是行业监管水平不断提升。持续完善“政府监管+专家会诊”监管模式，组建“应急救援专家库”，开展两轮“专家会诊”。贯彻落实国务院安全生产“十五条硬措施”。持续开展“四不”问题整治和安全生产大检查，打好安全生产专项整治三年行动收官战。圆满完成党的二十大等重大活动期间寄递渠道安保任务和行业安全维稳工作。连续七年获评全市安全生产和自然灾害防治工作先进部门。四是联合监管持续发力。联合市检察院落实“七号建议”，建立寄递安全监管协作机制，建成7个寄递安全监管示范网点。联合公安、国安等部门，在行业开展禁毒、涉枪涉爆、反恐、“扫黄打非”等专项行动14次。

（五）持续增强行业治理能力

一是体制机制改革成效显著。印发《重庆市邮政业安全（发展）中心运行管理规范》，财政事权和支出责任划分改革工作进一步深化，成立酉阳、渝中邮政管理局和忠县邮政业发展中心，涪陵、渝北以政府购买服务方式建立邮政业安全发展工作组。二是普遍服务监管持续加强。投递周五班频次的建制村1096个，同比增长177.5%。营投合一单人局所和委代办局所数量持续压减。积极推进补白局所资源综合利用取得成效。沙坪坝区晒光坪邮政所、江北区塔坪邮政所分别获评重庆市第五批“扫黄打非”进基层示范标兵、示范点。实现全市机要通信质量30年全红。三是快递市场监管不断强化。建立委托区县相关机构执法工作机制。持续开展快递市场秩序整顿工作，开展快递市场违规收费清理整顿“回头看”专项行动。全年立案查处各类违法行为223起。四是为民服务水平不断提升。持续开展“我为群众办实事”活动，印发更贴近民生八件实事。持续完善申诉中心建设，线路增至10条。全年办理各类群众反映服务质量问题5.2万件，其中咨询类4.3万件、转办企业处理8832件，为消费者挽回经济损失184万元。五是行业新闻宣传成效显著。完善新闻宣传政企“一对一”联络机制。与人民日报、中国邮政快递报等新闻媒体建立联系机制，报道行业发展、保通保供、先进事迹等200余篇。参加新闻发布会和“重庆之声”广播节目先后4次。推动团市委组织拍摄《一米微光·快递》暖心公益视频，在全市推广播放，反响强烈。

二、发展中存在的问题

同时，发展中仍然还存在一些突出问题和短板。一是农村寄递物流体系需进一步健全，末端服务能力和服务质量有待进一步提升。二是邮政快递业与现代农业、先进制造业的融合发展程度还不高，产业服务链条有待进一步拓展延伸。三是跨境寄递服务网络还不够健全，寄递企业跨境运输能力和服务水平有待进一步提升。四是绿色包装、低碳作业和节能减排的观念有待进一步深化，快递包装协同治理还需进一步落实。

三、2023年工作安排

2023年是全面贯彻落实党的二十大精神的开局之年。市邮政管理局将更好统筹疫情防控和行业发展、更好统筹发展和安全，力争稳增长、强监管、优服务、保畅通。按照“1396”工作思路，重点抓好以下工作。

（一）以学习宣传贯彻党的二十大精神为主线，推动各项决策部署落地见效

持续贯彻习近平总书记关于邮政快递业重要指示批示精神，坚决落实市第六次党代会精神及上级各项工作部署，推动各项决策部署落地见效，确保《重庆市“十四五”邮政业发展规划》稳步实施。

（二）紧盯三大目标任务，奋力谱写交通强市邮政新篇章

一是坚决贯彻重庆市建设成渝地区双城经济圈工作推进大会会议精神，深入实施市委“一号工程”，加快推动“十项行动”在行业落地落实，持续深化成渝地区双城经济圈邮政快递业发展。二是积极推动西部陆海新通道建设，利用西部陆

海新通道实施“快递出海”，推进境外寄递网络布局持续健全，跨境寄递模式更加多元。三是扎实推进“四好农村路”全国示范县创建工作，加快交邮快融合发展，进一步加快融入综合交通运输体系，奋力谱写交通强市邮政新篇章。

（三）抓实九项重点工作，全力推动邮政快递业高质量发展

一是加快产业融合发展。巩固“快递进村”三年行动成果，积极打造快递服务先进制造业深度融合典型项目和试点先行区，持续夯实 5 个现有金牌项目，积极打造重庆小面、梁平预制菜等 4 个新增长点，形成“5+4+X”产业支撑。二是创新推动“快递出海”。持续推动中欧班列常态化运输邮件和跨境电商商品，引导企业继续完善境外枢纽和地面网络布局，增强国际网络的连通性和稳定性。三是贯彻总体国家安全观。深入开展“三项制度”专项整治，进一步加强邮件快件寄递安全监管。强化应急管理制度规范建设，妥善应对突发事件，科学精准做好行业保通保畅工作。四是促进区域协调发展。大力促进“一区两群”协调发展，“一区”重点加强市级分拨中心和城市末端配送体系建设，“两群”重点抓好“县乡村”三级寄递服务网络体系建设。五是推动行业绿色发展。继续开展绿色网点、绿色分拨中心试点，继续推广新能源和清洁能源车辆。深入推进行业塑料污染和过度包装治理，落实国家邮政局绿色发展“9218”工程。六是提升普遍服务水平。贯彻落实国家邮政局修订的《邮政普遍服务》标准，巩固农村邮政服务，提升城市邮政服务能力。认真做好邮政普遍服务、机要通信等监管工作。七是推进法治政府建设。按照立法工作相关规定，在市人大环资委和市人大常委会法制工委指导下，全力配合市司法局积极推进《重庆市邮政条例》修正相关程序，力争早日完成该项立法工作。条例修正发布后，将做好宣传贯彻落实。八是推动行业科技创新。推进与综合交通运输科技融合，加强行业科技研发体系建设。鼓励邮政快递企业在区县级分拨中心和末端网点更多应用自动化、机械化设备。九是提升治理能力与水平。推动市级安全中心规范化运行，进一步加强区县邮政管理机构的建设。推动落实中央与地方财政事权和支出责任划分改革，要在争取地方资金支持等方面取得进步。

（四）深化六项保障措施，持之以恒推进全面从严治党

一是加强政治建设。全面学习、全面把握、全面落实党的二十大精神，紧密结合中央即将在全党开展的主题教育，精准落实各项任务。二是锻造干部队伍。持续健全培养选拔优秀年轻干部常态化工作机制，选优配强各级领导班子。三是夯实战斗堡垒。建立结合业务抓党建工作机制，深化拓展基层减负工作。充分发挥快递行业党委作用，深入推进快递企业党的“两个覆盖”。四是夯实为民初心。持续推动“4+1”任务落实，保障快递员合法权益。持续开展关爱快递员“暖蜂行动”。五是弘扬优良作风。扎实开展专项整治，对全市系统进行思想大扫除。持续整治“四风”问题，持之以恒纠治形式主义、官僚主义顽疾。六是坚决正风肃纪。严肃查处违规违纪案件，做实以案促改、以案促治，推动“三不腐”同向发力，坚决打赢反腐败斗争攻坚战。

（执笔人：程黎勇）

工业设计产业

重庆市经济和信息化委员会生产性服务业处

工业设计是以用户为中心、策略性解决问题的系统性创新活动，是创新链的起点、价值链的源头，更是驱动高质量发展、提升产品价值、增强产业竞争力、创造美好生活的制胜利器。生产性服务业处统筹推进工业设计产业发展，切实加快国家工业设计示范城市建设，稳步推进世界“设计之都”创建。

一、2022年发展回顾

（一）完善顶层设计，夯实产业发展基础

一是以市政府名义印发《重庆市创建“设计之都”行动方案》，并推动成立重庆市创建“设计之都”工作领导小组，促进“以国家工业设计特色类示范城市建设为基础，力争到2025年，成功创建‘设计之都’”的行动目标实现。会同市财政局加紧制定《关于加快创建“设计之都”的若干政策》，构建重庆市工业设计产业发展政策体系框架。二是与两江新区、巴南区、沙坪坝区等区县及中国工业设计研究院、重庆日报报业集团等企业分别签订战略合作协议，合力推动重庆市工业设计产业能级提升。三是持续深化“总部＋区县分中心”的市区公共服务体系建设，累计建成大足、璧山、垫江、江津、秀山5个工业设计促进中心区县分中心。

（二）注重引培结合，推动设计主体壮大

一是规范开展2022年度市级工业设计中心认定工作，新增市级中心64家，数量再创新高，重庆市现建成锦晖、力帆、长安等10家国家级工业设计中心（数量居中西部前列）和165家市级工业设计中心。两级工业设计中心从业人员达7600余人，设计产品销售收入超2100亿元，同比增长7.8%，工业设计服务收入超3亿元。二是继续开展第二批市级工业设计研究院培育工作，遴选出13个培育对象，目前全市共有18家市级工业设计研究院培育对象，进一步强化重庆市工业设计公共服务力量。三是联合市科技局开展CMF设计工作室试点创建工作，首批18个工作室入选，大力促进材料创新成果产业化。四是启动创建“设计之都”重点项目征集，首批重庆设计公园、中国刀剪工业设计研究院等83个项目入选，助力重庆“设计之都”创建。

（三）强化智力支撑，丰富设计人才资源

一是扎实推进2022年度工业设计职称评价工作，累计培养各级工业设计师400余人，设计人才发展通道进一步畅通。二是公布8个设计驱动型企业家工作站，促进设计驱动型青年企业家培养，营造工业设计领域“老带新、新促老”的“传帮带”氛围。三是联合市教委分行业分领域培育建设46个制造业设计培训基地，深化产教融合，促进高端制造业设计人才培育。四是联合市委宣传部、市民政局开展人民设计师社区服务站试点创建工作，首批13个服务站入选，推动

设计向城市社区渗透，提高群众设计鉴赏力和设计意识。

（四）聚合设计力量，推动产业集聚发展

一是指导重庆工业设计产业城提档升级，整合各类资源，帮助重庆大学工业设计中心等40余家企业落户聚集，支持产业场B区规划选址。二是深化重庆设计公园建设，目前一期悦·设创艺展示中心1.1万平方米，已建成投用，二期正加紧建设，已签约企业5家。三是指导重庆工业设计总部基地建成投用，基地已签约设计相关企业7家，设计聚合效用突出。四是加强市区联动，在巴南区指导成立重庆设计创新产业园，进一步推动设计企业集聚发展。

（五）发挥品牌力量，营造浓厚发展氛围

一是指导川美优秀设计作品荣获第四届中国优秀工业设计奖铜奖，率先在西部省市中实现突破。二是高规格举办2022中国制造业设计大会暨悦来国际设计论坛，会上集中签订项目19个，为制造业高质量发展强势赋能。三是隆重举办第三届中国（重庆）“智博杯”工业设计大赛，累计征集作品超4000件，评出至尊奖1个、金银铜奖44个、优秀奖若干，奖金总额达250万元，促进设计带动产业、设计改变产业、设计创造产业。四是指导重庆日报报业集团开展“重庆设计100”评选活动，聚焦平台、机构、个人、产品等10个类目，挖掘重庆优质设计力量。五是指导泸州、永川、江津三地共同举办首届“泸永江”工业设计创新大赛，作为首个川渝所属市区合作举办的工业设计大赛，有力促进成渝地区双城经济圈建设。六是加强区县宣贯，开展区县工业设计创新活力指数评价，围绕3个一级指标12个二级指标对区县工业设计产业进行评价，帮助区县找出差距、明确发展方向。前往垫江、梁平等区县开展“设计赋能乡村振兴”系列活动，先后在沙坪坝、大足、渝中等举办“工业设计进区县行动”，推动市区工业设计协同发展。

（六）构建设计生态，助推“工业设计+”发展

一是联合市农业农村委、市乡村振兴局，培育创建18个设计赋能乡村振兴示范乡镇，促进城乡融合发展，推进工业设计与乡村振兴、美好生活深度融合。二是推动成立重庆市模具设计及精密制造产业联盟、重庆汽车产业生态服务链创新联盟等产业联盟，整合行业优势资源，促进交流合作，推动产学研协同创新。三是持续推进“三服务”工作。全年赴区县走访25次，深入区县、园区、企业调研，收集问题8个，全部办结，为设计产业发展奠定群众基础。

二、发展中存在的问题

一是工业设计重视不足。由于工业设计产业规模总体较小，短期收益不够明显，部分区县、企业存在“重制造、轻设计”现象，对工业设计引领产业发展的作用的认识需进一步提升。二是产业发展不均。结合重庆市产业发展实际，工业设计在汽摩、电子行业发展较好，在消费品、装备等行业则发展稍显疲软，行业发展还需进一步均衡。

三、2023年工作思路

构建以《关于加快创建“设计之都”的若干政策》为核心的产业政策体系，培育建成首批市级工业设计研究院1家以上、市级工业设计中心30家以上，悦来设计公园等集聚区建设取得较大进展，设计人才培养体系进一步完善，继续办好

中国制造业设计大会等品牌活动，世界“设计之都”创建工作持续深化。

强化主体培育，激发市场活力。修订完善市级工业设计中心认定管理办法，组织认定市级中心 50 家以上。遴选培育 10 家以上市级工业设计中心申报国家级中心。做好工业设计研究院培育对象服务指导，创建首批市级工业设计研究院 2 家以上。

打造智力支撑，涵养人才沃土。启动重庆优秀工业设计师千人库建设，印发专项工作方案。加强工业设计职称评价宣贯，力争新增工业设计专业职称人员 100 人以上。举办设计驱动型企业家高级研修班，做好秀山站等培训活动。

办好品牌活动，擦亮设计名片。高标准办好 2023 中国制造业设计大会、第四届智博杯工业设计大赛等品牌活动，促进区域设计交流合作。组织企业、设计师参加中国国际工业设计博览会、世界工业设计大会等，学习借鉴先进经验。指导川渝十大工业设计师、重庆设计 100 评选、“泸永江”工业设计创新大赛等赛事活动开展，支持区县、企业打造一批特色化、差异化、品牌化赛事活动。

聚力载体建设，夯实发展基础。瞄准工业设计产业链上下游企业，市区联动招引一批重点项目。深化设计集聚区“拓展区 + 分基地”体系建设，指导重庆工业设计产业城 B 区规划选址、重庆设计公园二期及拓展区建设、重庆工业设计总部基地及秀山总部基地投用。

构建设计生态，助推融合发展。做好创建设计之都重点项目动态入库和项目建设指导工作，强化产业支撑。征集遴选一批工业设计赋能中小企业公共服务平台，助力中小企业发展壮大。

加快基础布局，提速创都进程。开展市区联动服务体系建设，支持新建市工业设计促进中心区县分中心 3 家以上。充分发挥重庆工业设计产业联盟、制造业设计联合会等的支撑作用，积极引进国家级（世界级）行业组织，合力推动创都工作开展。分片区召开 2023 创都赋能区县工作会，宣贯政策、落实任务、推动交流。

（执笔人：刘梦秋）

第四编　开发区与园区建设

产业园区发展综述

重庆市经济和信息化委员会　产业园区处

2022年，全市产业园区全面落实“疫情要防住、经济要稳住、发展要安全”的要求，充分发挥工业主战场作用，以园区高质量发展为主线，聚力推进提能级、强特色、拓空间、优布局、谋转型、促合作、抓服务各项工作，扎实推动园区发展再上新台阶。

一、2022年发展回顾

（一）在集聚发展中提能级

坚持布局集中、项目集聚、用地集约，新引进的加工制造项目全部进入园区，工业经济规模逐渐做大，支撑作用逐渐增强。全市园区规模工业总产值达2.34万亿元、同比增长6%，占全市规上工业总产值的85%以上；园区规上企业超过5200家、约占全市总量的70%；千亿级园区达到8个，分别是两江新区直管区、重庆高新区（含西永）、两路果园港综保区、江津园区、涪陵高新区、长寿经开区、永川高新区、空港园区。

（二）在特色发展中强支撑

坚持产业兴园、特色立园，重点围绕智能网联汽车、集成电路、工业软件等重点关键产业和现有特色优势产业，推动建设一批特色鲜明、支撑强劲、带动强大的特色产业平台。全市成功创建3个国家新型工业化产业示范基地，累计达到16个；启动智能网联新能源汽车特色产业园创建工作，13个区县正式被纳入创建范围；推动6个重点关键产业园建设取得实质性进展；批准创建21个市级特色产业基地，全市累计达到100个，园区特色产业产值占园区产值比例突破70%。

（三）在产业发展中优布局

持续推进产业园区国土空间范围清理，推动33个园区报请市政府批准新增合规面积484平方公里，从根本上解决了违规扩建问题。进一步优化调整全市化工产业布局，正式认定长寿经开区新材料产业园等7个产业园区为化工园区，并将大足锶盐新材料产业园纳入新建培育化工园区，构建形成全市“7+1”化工产业发展总体布局，同时结合化工产业集聚发展面上管理问题和环境保护存在的具体问题，坚持因势利导、分类施策、逐项整改，切实推动园区规范管理见实效。

（四）在协调发展中抓联动

深入实施成渝地区双城经济圈战略和“一区两群”协调发展部署，启动承接产业转移示范园区创建工作，推动区域制造业协调发展。以评促建开展首批10个成渝地区双城经济圈产业合作示范园区发展绩效综合评价，推动合作共建、协同发展等管理体系进一步完善。会同四川省启动第二批产业合作示范园区创建，遴选形成川渝两地“20+15”产业合作示范园区发展格局，进一步拓展合作示范成果，截至目前，两省市产业合作示范园区开展合作的企业已超过400家。

（五）在转型发展中探新路

紧扣全市产业园区和企业数字化转型发展的实际需求，以新型智慧园区平台的建设与运营为抓手，以数字化赋能园区管理、企业服务和产业培育为核心，系统性总结谋划、安排部署园区数字化转型工作。进一步推动合川高新区等28个园区深化智慧园区平台应用，在打破数据壁垒、创新工业互联网应用、建设标识解析二级节点、助力产业数字化转型等方面作了大量探索和尝试，带动全市园区数字化水平阶段性提升。

二、发展中存在的问题

园区布局碎片化严重。受自然地理条件的客观制约，重庆市园区大多实行组团式布局，一个区县园区最多的有3个、一个园区组团最多的有6个、一个区县园区管理机构最多的有5个，影响了产业的集中统一布局和集中统一高效管理。

园区集约化水平不高。初步统计，全市园区规上企业平均产出强度约为64亿元/公里^2、约为上海的80%，全市规上企业亩均税收约为14.6万元、不足浙江的50%，批而未供、供而未建、久建不完和企业盲目圈地现象仍然存在。

三、2023年发展思路

全市产业园区将坚持以推动产业园区高质量发展为主题，坚持创新、集群、智能、绿色、融合发展方向，聚力推进拓空间、促融通，建生态、育产业，抓创新、促转型，强管理、优服务各项工作，为加快构建特色引领、创新驱动、智慧赋能、绿色发展的产业园区高质量发展新格局奠定坚实的基础。全年实现园区规上工业总产值力争突破2.5万亿元。

（一）以高质量发展为主线推动产业园区蝶变跃升

谋划出台推进新时期产业园区高质量发展的意见，坚持需求导向、问题导向，进一步加强分类指导、市区联动，统筹推进产业布局、招商引资、科技创新、集约发展、数智转型、融资建设、产城融合、公共服务等各项工作。

（二）以“亩均论英雄”改革为抓手推进园区集约发展

坚持新增工业用地严格产业准入标准与存量规上企业用地实施“亩均效益”评价双向发力，全面启动制造业“亩均论英雄”改革。加快建立完善工业项目建设用地控制指标体系、制造业“亩均效益”综合评价体系，配套完善资源要素差别化配置政策和激励倒逼机制，以此示范推动制造业提质增效、企业转型升级，为园区高质量发展奠定坚实的基础。

（三）以数字化变革为引领推动园区数智转型

坚持产业数字化、数字产业化，加快建设完善市与区县两级智慧园区平台（管理平台与服务平台），坚持工业互联网、标识解析二级节点等平台与园区融合创新，运用数字化手段对园区管理、公共服务、企业生产的治理模式与流程进行再造，推进园区、产业、企业数字化转型升级，提升园区数字化发展水平。

（四）以“赛马比拼”为关键推进园区特色发展

在进一步优化园区产业布局的基础上，根据全市“赛马比拼”机制相关要求，修订出台特色产业示范基地创建管理办法，对示范基地年度发展绩效进行星级评价，同步完善重点关键产业园、智能网联新能源汽车产业园创建管理的“赛马比拼”、绩效评价机制，建立形成“比学赶超”推进园区特色发展的良好氛围。

以双城经济圈建设为牵引推进区域协调发展。深入实施双城经济圈建设“一号工程”，进一步创新园区合作共建体制机制，高层次、高水平、高质量推进产业合作示范园区建设并取得一批标志性成果。以产业协作和承接产业转移为重点，引导推动“两群”与“一区”开展多方式、多层次、多领域的园区合作共建，集中打造一批承接产业转移示范园区。

以体制机制改革为契机强化园区运营管理能力。推进开发区体制机制改革，优化管理机构、职责职能设置，形成规范高效、责权明晰的园区管理运行机制。充分发挥园区平台公司国有企业的引领性、基础性作用，着力强化园区品牌和资产运营能力，推动释放“园区品牌 + 企业品牌”叠加效应，全面增强园区产业的集聚力和吸引力。

（执笔人：毛月枭）

两江新区

重庆两江新区管理委员会

一、2022 年发展回顾

2022 年，两江新区坚持稳中求进工作总基调，围绕建设高质量发展引领区、高品质生活示范区，全力以赴战疫情、抗高温、稳增长、促改革、防风险，推动经济企稳向好、持续向好。

（一）多措并举稳住经济大盘

1. 全力以赴加强运行调度

聚焦经济运行中的堵点、卡点，特别是产业链供应链“缺项”“弱项”问题加强分析调度，建立会商调度机制、专班解决机制、跟踪问效机制，不断提升产业链供应链的稳定性和竞争力，保持经济运行在合理区间，2022 年，两江新区全域 GDP 达 4551 亿元、增长 3%，在全国 19 个国家级新区中排第 4 位，其中直管区实现 GDP 2427 亿元，增长 3.6%，高于全市平均水平 1 个百分点。

2. 全力以赴保市场主体

精准落实国家、全市稳经济一揽子政策，及时出台两江新区“稳住经济大盘 20 条”“优化营商环境 30 条”“1+N”产业高质量发展政策等政策举措，全年落实新的组合式税费支持政策 119.7 亿元、占全市的 17.1%，有效稳预期、强信心、促发展。大力实施优化营商环境改革“一号工程”，建立领导干部挂点联系重点企业工作机制，681 名领导干部挂点联系 1578 家重点企业，开展送理论、送政策、送服务、解难题“三送一解决”行动，帮助解决问题 2468 个。

3. 全力以赴抓重大项目

提速提质推动产业发展、科技创新、基础设施、社会事业等一批重大项目建设，推动完成固定资产投资超 1200 亿元，招商引资签约项目总金额达 1411 亿元，到位资金 390 亿元、增长 14%。赣锋锂电、赛力斯 SE 工厂、长安科技、长线智能、信质智能电机等一批重大产业项目加快推进。

（二）加快构建现代化产业体系

1. 谋划实施智能网联新能源汽车产业集群整车龙头引领行动计划

优化“3+X”智能网联新能源汽车产业发展格局，实施整车龙头引领、供应链体系升级、创新策源提能、应用体验提升、价值链延展、产业生态培育六项行动，推动智能网联新能源汽车发展跑出加速度，全年新能源整车实现产值 353 亿元、增长 502%、占全市的 62%，产量 21.6 万辆、增长 283%、占全市的 58%，问界 M5、长安深蓝 SL03 等车型产销两旺。

2. 谋划实施软件和信息服务业“建圈强链”行动计划

按照全市软件和信息服务业“满天星”行动计划要求，制定实施两江新区“建圈强链”行动计划及配套措施，促进人气聚起来、楼宇用起来、产业兴起来。软件和信息服务业规模超 1000 亿元，全市占比 30% 以上，重庆汽车软件园、两江软件园、礼嘉悦来智慧软件园三核驱动，十大特色软件园协同发展格局基本形成。在全市“满天星”行动计划半年实施评估中得分95.3，位列全市第一。

3. 谋划实施科技创新型企业集结登峰行动计划

开展中小企业集结行动、骨干企业攀升行动、领军企业登峰行动，建立科技型企业培育库，完善企业成长全生命周期基金支持体系。直管区科技型企业近5000家，高新技术企业达780家，市级“专精特新”企业新增142家、总量达261家，均居全市第一。

4. 谋划实施企业上市扬帆行动计划

召开加快企业上市工作推进会，强化上市企业梯队建设，加强和改进企业上市服务，推进上市企业量质齐升。山外山成为全市首家科创板上市企业，西山科技成为两江新区第二家、重庆第三家科创板过会企业，猪八戒网上市申请已被港交所受理，科创板上市过会数量、辅导备案数量、市级后备库数量均居全市第一。

（三）持续增强科技创新动能

1. 推动创新资源集聚

两江协同创新区新引进大学大院大所10家、累计达50家，集聚院士团队25个、高层次人才近1万人。西部首个国家卓越工程师学院顺利开学，获批国家火炬新型显示特色产业基地、“科创中国”创新基地等“国字号”产业创新平台。

2. 突出提升创新能力

聚焦智能网联新能源、新型显示等重点领域，组建九大产业创新联合体，推动产业链和创新链深度协同。支持金康赛力斯、中国汽研、药友制药等5家单位成功申报2022年度重庆市科技创新重大研发项目。新认定3家国家备案众创空间和2家市级技术转移示范机构，新增授权专利3327件，其中发明专利685件。

3. 优化创新生态

建成投用明月湖联合产业孵化基地、产学研合作基地等创新空间70万方，10余家研发机构陆续入驻。成功举办第二届明月湖国际创新创业大赛，656家企业和团队参加，26个优质项目获奖。

（四）坚定不移深化改革开放

1. 深入推进重点领域改革

积极承接、主动探索国家和全市重大改革试点，成功获批全国首批气候投融资试点，科技跨境贷等服务业扩大开放案例全国推广，自贸区“创新川渝自贸试验区涉外商事司法协作新模式”等6个案例在全市推广，数量居全市第一。在全市率先推动园区类基础设施公募REITs发行，印发《深化直属企业改革实施方案》，批复6家直属企业国企改革方案并推动实施。

2. 深入推进更高水平开放

持续做好“通道带物流、物流带经贸、经贸带产业”文章，推动中新多式联运示范基地顺利运营，果园港国家物流枢纽货物吞吐量2548万吨、增长22%，集装箱吞吐量89万标箱、增长69%，西部陆海新通道、中欧班列各到发488班、516班，分别增长83%、30%，外贸总额增长6%、高于全市4个百分点，实际使用外资达7亿美元、规模居全市第一，成功获批国家进口贸易促进创新示范区。

3. 深入推进区域协调发展

加快推动成渝地区双城经济圈建设，与天府新区召开党政联席会，围绕产业联盟、科技、开放等十大重点任务深化合作，加快推进两地14个共建重大项目，提速共建工业互联网一体化发展示范区。召开与万州区对口协同发展联席会议，两江数字经济产业园万州园累计引育企业40余家，成立规模为10亿元的首只区域性产业投资基金。

（五）全面提升城市功能品质

1. 加快完善城市功能

大力推进龙盛新城、水土新城产城融合、职住平衡，轨道4号线二期、龙兴隧道、云生大道建成通车，龙兴足球场全面完工。寸滩国际新城邮轮母港区构象台建成投用，邮轮母港港口工程全面开工。礼嘉悦来智慧园全新升级“智慧生活的一天”体验场景，建成全市首个“24小时不打烊”的智慧化便民服务中心。

2. 优化生态人文环境

深入实施“公园长制”，突出“一园一主题”，新建成一批社区体育文化公园、口袋公园，有序推进城市公园市场化建设管理改革。完成40公里“两江绿道”建设、34公里嘉陵滨江生态长廊全线贯通。推动文体旅深度融合发展，水星工业设计文创街区、悦来庄稼创建为市级工业文化创意街区。

3. 持续改善民生福祉

推动老旧小区改造提升，住建部、重庆市“双重点”人和家园片区老旧小区改造项目完成，万年路社区成功创建全国示范老年友好型社区。加快发展社会事业，扩大公共服务供给，建成11所中小学及幼儿园，新增学位11520个，中小学生增速和学校建设规模位列全市第一，被教育部确定为“全国义务教育优质均衡先行创建区”。武汉协和重庆医院国家区域医疗中心、重庆儿童医院国家儿童医学中心成功落户。

（六）切实筑牢安全稳定底线

1. 扎实做好疫情防控

坚决打赢疫情防控歼灭战，认真落实“新十条”，老年人疫苗接种进度走在全市前列，区级定点医院、（亚）定点医院和社区卫生服务中心提升率先完成，发热门诊开设、三级综合医院重症床位等指标率先达标，疫情防控转段平稳有序。

2. 着力防范化解重大风险

扎实做好房地产、金融等领域风险防范化解，“一楼一策、一楼一专班”处置房地产风险项目，扎实做好保交楼、保民生、保稳定工作，20个恒大及类恒大项目风险处置稳妥有序。加强直属企业债务风险监管，有效遏制新增地方政府隐性债务，坚决守住不发生区域性系统性风险底线。

3. 保持社会大局平安稳定

深入开展“安全大检查、百日大整治”，安全事故起数与死亡人数较前年分别下降24%、30%，全年无较大及以上事故发生。加强社会治安综合治理，扎实开展党的二十大维稳安保专项行动和信访矛盾专项排查化解工作，坚持委领导牵头包案化解突出矛盾和信访积案，海州建材征地拆迁全面完成，同舟世纪苑等一批疑难问题得到有力解决，社会大局保持和谐稳定。

二、发展中存在的问题

同时，新区发展中仍存在不少问题、短板和挑战。一是疫情冲击影响仍在持续显现。不少市场主体特别是中小微企业经营困难，面临订单减少、销售下降、现金流短缺、稳岗增收压力上升等问题；居民增收难度加大，消费意愿不足与消费能力下降并存，疫情对消费文旅等冲击仍然存在。二是产业发展能级仍需加快提升。汽车产业链核心配套率不高，缺芯少电等问题较为突出，单车价值、利润、税收贡献率还不够高；笔记本电脑加工贸易增加值率不足7%，部分关键零部件依赖进口；生物医药、智能装备、航空航天等产业规模亟待提升，打造现代产业体系任务艰巨。三是风险隐患化解仍有较大压力。财政收支处于“紧平衡”，民生事业补短板等刚性支出持续增长，财政收支矛盾愈发显现；房地产风险化解仍需高度关注，保交楼、保民生、保稳定仍需加力。四是民生社会事业仍有短板弱项。教育、医疗、养老、幼托等社会事业供给不足，龙盛新城、水土新城城市功能配套不够完善。社会治理现代化水平有待提升，基层社会治理存在短板，数字化手段运用不够充分。

三、2023年发展思路

2023年，两江新区将坚持稳进增效、除险清患、改革求变、惠民有感工作导向，全面抓好产业转型、科技创新、城市建设、改善民生等各项工作，扎实推动经济实现质的有效提升和量的合理增长，推动新时代新征程新重庆建设两江实践开好局起好步。

（一）加快建设龙盛新城

坚持全区一盘棋、上下一条心，坚持高站位谋划、高标准推进，加快完善打造龙盛新城的总体思路、规划、机制和政策措施，切实把龙盛新城建设放在中国式现代化的宏大场景中、放在全市建设社会主义现代化新重庆的大局中予以思考、谋划和推进，努力在全市大局中展现大担当、作出大贡献。

（二）加快推动科技创新

强化企业主体地位，发挥科技型骨干企业的引领支撑作用，推进创新链产业链资金链人才链深度融合，不断提高科技成果转化和产业化水平。强化金融赋能，建立健全全生命周期基金支持体系，助力科技型中小企业加快成长。优化创新生态，组织好“一带一路”国际技术转移大会、明月湖国际创新创业大赛等重要活动。齐心协力把明月湖打造好，加快把配套建起来、把产业引进来、把人气聚起来。

（三）加快建设现代化产业体系

坚持发展实体经济不动摇，着力提档升级汽车、电子信息两大支柱产业，培育壮大智能装备、生命健康、航空航天、新型储能等战略性新兴产业，加快构建竞争力强、可持续的现代化产业体系。加快推动智能网联新能源汽车高质量发展，充分发挥长安、赛力斯等龙头车企的带动作用，帮助企业排忧解难、促销增产，支持企业做大做强。推动数字经济与实体经济融合发展，深入实施全市软信产业“满天星”行动计划，做大做强两江数字经济产业园，加快创建“中国软件名园”，打造具有全国影响力的数字经济产业集群。

（四）推动更高水平改革开放

加快大通道大枢纽建设，加快完善果园港枢纽基础设施、口岸功能，推动西部陆海新通道增线扩能，推动长江黄金水道优化提升，推动中欧班列提质增效，努力实现通道带物流、物流带经贸、经贸带产业的良性循环。提高开放型经济发展质量，努力稳住加工贸易，做大一般贸易，大力发展跨境电商、外贸综合服务等新业态，努力引进一批标志性外资项目。以数字化变革引领全面深化改革，以数字化赋能经济治理、政府治理、社会治理各方面各环节，助力数字重庆建设。

（五）着力提高人民生活品质

坚持党建统领整体智治，提升社会治理规范

化、科学化、精细化、智能化水平，切实抓好安全稳定各项工作，建设更高水平的平安两江。深入推进城市更新提升，统筹生产、生活、生态布局，坚持产城融合、职住平衡，畅通城市循环，提升城市品质。稳步发展社会事业，扎实解决教育、医疗、社保、养老、幼托等民生难题，持续办好民生实事。

（执笔人：欧阳建明）

西部科学城重庆高新区

重庆高新技术产业开发区管理委员会

一、2022年发展回顾

2022年，西部科学城重庆高新区坚持以习近平新时代中国特色社会主义思想为指导，全面贯彻落实党的二十大精神，深入贯彻市第六次党代会和市委六届二次全会精神，在市委、市政府的坚强领导下，坚决落实“疫情要防住、经济要稳住、发展要安全”的重要要求，坚持稳字当头、稳中求进，深入实施“项目攻坚年”，推动科学城建设迈出新步伐、取得新成效。2022年西部科学城重庆高新区实现地区生产总值（GDP）706.1亿元、增长5.9%，增速全市第一。三次产业结构为0.7∶64.6∶34.7。全年固定资产投资481.3亿元、增速26.63%，增速全市第一。全年规上工业总产值2597.72亿元，社会消费品零售总额129.8亿元，R&D占比5.4%。

（一）经济大盘总体平稳

惠企政策全面落地。加大助企纾困力度，全面落实国家、市级一揽子政策措施，出台实施“稳住经济52条”“助企纾困21条”等系列政策，累计减税降费19.5亿元、兑现各类扶持资金12亿元，协调解决企业各类生产经营问题700余件，全年新增各类市场主体1.1万户、增长17%。积极扩大有效投资。深入实施重大项目专班负责制、红黄绿蓝“四色督办”、专项债通报预警等机制，开工重庆人工智能创新中心等项目145个、总投资1111.9亿元，389个计划建设项目在建率82.7%，带动科创投资、工业投资、基础设施投资分别增长60.7%、39.7%、49%。促进消费转型升级。推进龙湖U城、重庆熙街等商圈建设，培育特色服务消费和夜间经济消费业态，举办“数币生活节”“城市户外露营节”等大型消费促进活动20余场，消费市场持续回暖。深入推动对外开放。加快推动自贸试验区创新发展，率先开展内陆批量出口整车保税仓储业务，获批重庆市服务业扩大开放综合试点示范区、重庆市电子商务示范园区，全年外贸进出口额3443.48亿元、占全市比重超42%。

（二）科教融合动能强劲

创新平台加快集聚。专班推进、滚动实施44个校地院地合作项目，中科院重庆汽车软件创新研究平台等31个项目投用，种质创制大科学中心纳入全国支撑服务育种创新的5个专业化平台之一，中国自然人群生物资源库招募人类遗传资源样本采集人群超16.8万人，北大重庆大数据研究院建成2个中心和14个实验室、突破数值计算通用软件等关键核心技术，金凤实验室入驻20个团队、投用华大时空组学等平台。创新主体不断壮大。落户全市首个科技领军人才创新驱动中心，柔性引进杨正林院士、段树民院士、李克强院士等领军科学家，市级以上科创人才超140人次，重庆英才卡A卡人才增至821人，占全市的近1/4。强化“一科四高”企业和上市企业培育，上市企业、独角兽企业实现零的突破，科技型企业、高新技术企业、高成长性科技企业分别增至1500家、305家、11家。创新生态持续优化。深化科技体制改革，发挥政府资金导向作用，加快构建以“基金+信贷+担保+保险”为一体的科技金融体系，“高新贷”、知识价值信用贷等金融产品累计支持企业381家次，发放贷款近9亿元，种子基金投资项目、支持金额均列全市第一。创新创业孵化面积增至123万平方米，在孵企业（团队）1246家、增长28%。获批全市唯一的国家级知识产权强国建设示范园区。

（三）产业基础不断夯实

聚力招大引强选优。瞄准世界500强、中国500强、行业前3强，新签约货拉拉汽车中国总部等项目超80个、投资额超1300亿元，其中全球全国500强企业6家、100亿级项目4个，签约项目落地率超70%，实际到位资金超300亿元。聚力产业能级提升。深入推进大数据智能化创新，实施智能化改造项目47个，新增台晶电子等市级智能工厂2家、植恩生物等市级数字化车间9家、“英业达5G+信息技术工业互联网平台”等市级智能化赋能行动项目16个，获批建设全市首个医药行业标识解析二级节点，国家专精特新“小巨人”企业、市级“专精特新”企业分别新增10家、73家。聚力主导产业培育。坚持以园区推动产业集聚发展，高标准打造金凤软件园、科学谷等特色园区，落户重庆智能网联汽车创新中心暨李克强院士工作站、中子科技产业创新研究院暨吴宜灿院士工作站等“研发、孵化、产业化”一体化平台，投用华润微电子12英寸功率半导体晶圆生产线、大唐高鸿车联网总部等产业项目，预计全年完成战略性新兴企业产值2242.7亿元，占规上工业总产值比重达86.9%。

（四）城市功能加快完善

高标准建设金凤城市中心，科学大道示范段、对外合作交流中心等重点项目建成投用，科学会堂、科学城人才社区等功能性设施提速推进。加快基础设施建设。着力打通隧道、开通轨道、贯通干道，15号、27号线提速实施，江跳线、香炉山隧道投用通车，坪山大道等25个道路项目完工，完工道路里程125公里，园区自动驾驶先导应用试点入选国家交通运输部第一批智能交通先导应用试点项目。完善公共服务配套。北师大重庆科学城实验学校、华中师大重庆学校、首都师范大学重庆未来学校等优质学校签约落地，重庆大学附属肿瘤医院科学城院区、市第四人民医院科学城院区等优质医疗项目加快实施，巴蜀科学城中学等3所学校建成投用，新增学位近7000个。提升生态环境品质。示范开展碳达峰碳中和工作，加快推进科学公园一期、科学城生态水系等绿色生态项目，整治“散乱污”企业500余家，市级考核断面水质均值达到地表水IV类标准，空气质量优良天数位居主城中心城区第三。

二、发展中存在的问题

一是综合实力整体不强。开发建设仍然处于起步阶段，经济总量不大，整体实力还不强，诸多优势尚未发挥，2022年在国家级高新区中综合排名仅为第28名，与先进地区相比还有一定差距。二是产业能级有待提升。产业结构不优，新一代信息技术产业“一家独大”，其他主导产业产值不高，工业固投占比小，规上工业增加值率较低。三是创新发展短板突出。重大科技基础设施、国家重点实验室、国家技术创新中心、国家制造业创新中心等战略科技力量不足，新型研发机构、高新技术企业数量较少，科创板上市企业尚未实现“零”的突破。四是城市功能品质不优。大学城、西永片区城市基本成型但品质不高，中部、南部片区之前为城乡结合部，布局了大量的专业市场和低端园区，城市化建设不符合科学城规划要求，在医疗资源、教育资源、城市公共服务配套方面奇缺。

三、2023 年发展思路

2023 年，西部科学城重庆高新区将坚持以习近平新时代中国特色社会主义思想为指导，全面贯彻落实党的二十大、二十届二中全会、中央经济工作会议和全国两会精神，认真落实市委六届二次全会、市委经济工作会议、市两会和市委市政府系列部署要求，坚持稳中求进工作总基调，完整、准确、全面贯彻新发展理念，积极服务和融入新发展格局，着力推动高质量发展，坚定不移推动科教产城协同发展，努力实现经济运行稳中向好、进中提质，确保科学城建设成势成型、出新出彩，在新时代新征程全面建设社会主义现代化新重庆中践行新使命、展现新担当、实现新作为。重点抓好以下经济相关工作。

（一）着力增强科技创新“驱动力”

以成渝综合性科学中心建设为牵引，深化科学城与大学城融合发展，不断塑造发展新动能新优势。一是搭建高水平创新平台。加快布局国家战略科技力量，争取国家实验室重庆基地落地，促进超瞬态实验装置主体开工，提速建设金凤实验室二期、重庆大学科学中心等科创平台，为科技创新注入“硬核力量”。推动大学城高校研发功能向科学城集聚。二是集聚高层次创新人才。聚焦科学家、创业者需求，深化“揭榜挂帅”、赋予科研人员职务科技成果所有权或长期使用权等改革，推动“金凤凰”人才政策提质扩面。三是塑造高能级创新生态。深化科技体制改革，持续深化企业创新积分制试点、“先投后股”等改革，完善科技信贷产品体系与政府性融资担保联动、银企银区融合对接服务“双机制”。打造“1+5+N”孵化空间格局，完善“金凤凰”孵化服务体系。四是产出高质量创新成果。支持科技型骨干企业牵头组建产学研创新联合体，在基础软件、硅基光电子、汽车芯片等重点领域突破关键核心技术，增强产业链供应链自主可控能力。以建设国家科技成果转移转化示范区为牵引，打造众创空间、孵化器、中小试基地和科技综合服务平台，推动科研成果沿途下蛋、就地转化。

（二）着力增强产业发展“支撑力”

狠抓传统产业改造升级和战略性新兴产业培育壮大，推动现代服务业同先进制造业深度融合，提升主导产业能级。一是支持西永微电园高质量发展。“一企一方案”推进高端龙头企业转型升级，引育一批核心零部件企业和产业链上下游企业；引导龙头企业布局车载智能终端等产品，加快向汽车电子等行业转型。推动集成电路产业做大做强，高水平打造科创街等载体，引导华润微电子、SK 海力士等企业面向车规级领域发展。二是构建多点支撑产业发展格局。加快“北研发”，依托西永微电园和大学城，打造金凤软件园等载体，加快推动北大重庆大数据研究院、工业设计中心、重庆大学科学中心等科创项目建设，促进大学城和科学城融合发展，打造科技创新策源地。深化“中转化”，聚焦智能网联汽车神经系统及大脑系统、高技术服务业、数字医疗等方向，提档升级金凤国家生物医药产业基地、国家检验检测高技术服务业集聚区等园区，加快科学谷、光大人工智能产业基地等载体建设，打造科技成果转化孵化基地。强化“南制造”，加快石板大健康产业园、平安大健康科技园等载体建设，推动白市驿物流园等老旧产业园区转型升级，引导推动货拉拉、长安跨越等企业做大做强，加快打造绿色低碳制造基地。三是紧盯龙头项目精准优商选资。瞄准集成电路、智能网联新能源汽车、软件信息等赛道，精准招引一批“百亿级”“500强”“央字头”“链主型”项目，引导招商引资企业升规入统上市，加快把招商成果转化为有效投资、经济产出、税收贡献。

（三）着力增强未来城市“承载力”

以高水平打造金凤城市中心为抓手，不断提高城市规划、建设、治理水平，为高端科技和产业资源落地提供服务配套。一是注重规划设计引领。用好国土空间规划“三区三线”成果，抓紧完善科学城片区规划、控制性规划和城市设计规划，健全科学城规划体系。二是坚持基础设施先行。着力打通隧道、开通轨道、贯通干道，全力攻坚7号线、17号线等5条轨道，加快实施科学城隧道、金凤隧道等5条隧道，储备、开工、完工干道各100公里以上，构建内畅外联的综合交通体系。加快5G基站、工业互联网等新型基础设施建设和融合应用，搭建智慧城市服务体系。三是强化公共服务适配。高标准打造金凤城市中心，加快完善科学城人才社区等功能性设施，提速推进科学会堂、科学公园等标志性项目。推动巴蜀小学等3个合作项目尽快落地，加快北师大附属学校等9所学校、重庆大学附属科学城医院等2所医院建设进度，确保川外科学城中学等2所学校竣工投用。四是推动城市更新示范。高质量提升大学城环境品质，加快推进老旧小区改造，有序推动220千伏圣陈线、110千伏含青线等电力迁改，提速凤栖湖水利及公园工程等项目建设进度。五是突出绿色生态优先。持续打好污染防治攻坚战，持续减少主要污染物排放总量；完成科学城生态水系示范工程一期，实施核心区雨污分流改造、梁滩河生态治理修复及绿色循环等工程。

（四）着力增强发展环境“吸引力”

坚持向改革要动力、向开放要活力、向协作要合力、向要素要潜力，打造高质量发展的“强磁场”。一是强化改革推动。推进以数字化变革为引领的全面深化改革，持续深化“放管服”改革，谋划推出企业全生命周期“一件事”等20项以上领先举措，营造市场化、法治化、国际化一流营商环境。二是强化开放带动。用好自贸区、综保区等国家级开放平台，加快培育跨境电商、服务贸易、进口整车保税仓储等外贸新业态，积极承接举办首届“一带一路”科技交流大会、全球科学家高峰会、重庆国际创投大会等大型活动，深入推进服务业扩大开放综合试点。三是强化区域联动。深化“川渝双城”合作，围绕共建西部科学城等4个方面，推进14个重大项目、8个重大平台、14项重点工作落地落实。深化“一区两群”协同，合作共建“重庆高新区·黔江产业合作示范园”、西部（重庆）科学城黔江孵化中心。深化“一核五区”联动，推动“核心区研发、各片区转化”产业协作，形成“整体统筹、区域聚焦、错位布局、协作联动”的发展格局。四是强化要素促动。强化政策保障，优化调整人才、创新、产业、金融四类政策，全面推行“免申即享”等改革。强化资金保障，加大中央预算内资金、地方政府专项债券争取力度，用好政策性银行贷款、企业债券等融资工具，广泛吸纳社会资本参与投资。强化用地保障，攻坚清零征地遗留问题，启动4000余亩扫尾地块的征地工作，为科学城建设腾挪发展空间。

（执笔人：徐宇盟　方怡焕）

万盛经济技术开发区

重庆市万盛经济技术开发区管理委员会

一、2022 年工作回顾

2022 年，万盛经开区坚决贯彻落实党中央和市委、市政府各项决策部署，全面落实“疫情要防住、经济要稳住、发展要安全”的要求，高效统筹疫情防控和经济社会发展，统筹发展和安全。坚持稳中求进工作总基调，完整、准确、全面贯彻新发展理念，推动高质量发展，牢牢把握“主城都市区重要支点城市”总体定位，全面融入成渝地区双城经济圈建设和全市“一区两群”协调发展，加快綦江—万盛协同发展步伐，加快打造“一城三区一极”，扎实做好“六稳”工作、落实“六保”任务，全力营造了平稳健康的经济环境、国泰民安的社会环境、风清气正的政治环境。全区实现地区生产总值 239.5 亿元、增长 3.1%，增速超全市平均水平 0.5 个百分点。规上工业增加值增长 5.8%，增速居主城都市区第 3 位、全市第 4 位；技改投资占工业投资比重达 55.6%，占比排主城都市区第 4 位、全市第 4 位。

（一）统筹稳投资抓项目促消费，发展能级跃上新台阶

投资运行总体平稳，深化“抓项目稳投资百日攻坚”等专项行动，实现固定资产投资 96 亿元、增长 4.7%，其中，工业投资 59.1 亿元、增长 44.2%，占固定资产投资比重达 61.6%。项目建设提速加力，80 个重点项目完成投资 68.2 亿元、增长 10%。投资 48 亿元的国能重庆电厂项目首台机组投产并转入商业运行，投资 13.8 亿元的关赶铁路主体工程基本完工，16 个工业重点项目建成投产。消费市场持续恢复，举办家装购物节、春秋季房交会等各类促销活动 70 余场，培育“夜万盛 · 潮生活”等夜经济业态，带动消费增长超 5 亿元。全年接待游客 2800 万人次，增长 5.6%；旅游综合收入 226 亿元、增长 6%，签约文旅项目 8 个共计 34 亿元。生产类批发商品拉动力较强，煤炭、化工产品、建筑材料等占批发业销售额的 50% 以上。争上招引成效显著。13 个项目纳入 2022 年市级重大项目名单，172 个项目纳入市级“十四五”规划重大工程项目。争上到位资金 20.95 亿元。签约工业项目 29 个，协议总投资 219.8 亿元。

（二）坚持高端化智能化绿色化，工业经济焕发新活力

高端化构建产业集群，全区工业总产值首次突破 300 亿元大关，“1+3”产业集群产值超 220 亿元，占规上工业总产值的 80%，其中，新能源及储能、新材料、新一代信息技术（电子元器件）等三大产业集群分别增长 17.2%、19.0% 和 11.3%，均实现两位数以上增长。智能化促进产业升级，全年引导企业实施智能化改造项目 18 个，新建成市级数字化车间 3 个，新获批市级“专精特新”企业 23 家、国家专精特新“小巨人”企业 2 家。万盛福耀等 4 家企业进入全市 2022 年“双百企业”名单，冠宇电池、万盛煤

化进入“2022重庆制造业民营企业百强”榜单。绿色化加速产业转型，绿色、低碳园区建设有序推进，循环经济产业园获市级化工园区认定，新能源及储能特色产业基地进入市级特色产业基地名单，成功被纳入重庆市智能网联新能源汽车特色产业园创建名单。要素保障支撑有力，“三区三线”已获国家批复，划定全区城镇开发边界超30平方公里。国能重庆电厂500千伏送出工程顺利投运，新页1井试获日产页岩气53万立方米，陕煤入渝1650万吨、增长14.5%。工业用电增长4.7%、工业用气增长38.1%。

（三）深化抓改革扩开放促创新，区域发展注入新动能

重点改革突破成势，新登记各类市场主体3251户、增长12.5%。区属重点国企优化为“3+3”架构，实际运行个数压减45.5%，区属国企资产总额首次突破1000亿元大关。推进医共体“三通”建设，区域内就诊率达92%。全力实施农村“三变”改革，78.5%的村集体经济年经营性收入超10万元。区域合作拓面深化，与四川、贵州等地推动实施合作协议20余份，在互联互通、产业协同等方面合作事项稳步推进，西部陆海新通道渝黔综合服务区重庆（万盛）内陆无水港启动建设。积极谋划“一空六高七铁”对外交通重大项目。创新活力加速释放，启动市级高新区创建，“以认促建”创建方式获市政府同意，“众创空间—孵化器—加速器—产业园”全链条孵化体系逐步形成，孵化场地面积达6.55万平方米，入驻企业210家。新增科技型企业134家、增长42.5%，组织申报高新技术企业29家，新增发明专利18件、增长50%。营商环境持续改善，实施持续优化营商环境三年攻坚行动，企业开办时间最快达1小时。优化工业项目评价管理体系，实行招商引资项目全生命周期管理，动力电池、中药制剂项目跑出“万盛新速度”。实施减税降费直达快享，全年退减免缓各项税费6.72亿元。全市首笔煤炭清洁高效利用专项再贷款1.24亿元在区内成功落地。

（四）重点抓品质强基础优环境，城乡面貌呈现新气象

乡村振兴全面推进，安排各项衔接资金3934万元，实现脱贫人口就业3271人，购销农副产品5090万元，无返贫致贫发生。坚决扛起稳粮食安全政治责任，复耕复种撂荒地3520亩，完成农村建设用地复垦170亩，恢复耕地2027亩，粮食种植面积达16.8万亩。培育发展家庭农场21个、农业产业化龙头企业33家、“一村一品”示范村镇18个，食用菌产业入选国家农业产业强镇项目库，推动实现农业总产值20.4亿元、增长4.5%。城市形象更加靓丽。编制城市更新提升三年行动计划，新工区、红枫小区等4个老旧小区改造提升工程全面完工。润洲·江山城项目全面竣工交付，京樾府、长青源等改善性住房项目及润洲·椿山里等康养度假项目加快建设。国能重电租赁住房等6个项目获批市级重点试点项目，住房租赁试点工作获市政府激励真抓实干督查通报表彰。新增城市绿地3万平方米，绿化覆盖率达46.6%，人均公园绿地面积14.5平方米，居全市前列。数字城管高效运行，普查面积覆盖10.4平方公里，问题按时处置率100%。绿色本底不断夯实，持续推进大气污染防治，空气质量优良天数达343天，位列主城都市区第1。持续推进水环境综合治理，孝子河温塘等3个市控考核断面水质均达到Ⅲ类及以上，城乡集中式饮用水源水质达标率达100%。推进采煤沉陷区生态环境修复，完成历史遗留、关停矿山生态修复450亩，全区森林覆盖率达58.2%，超全市平均水平。坚决落实

“双碳”要求，创建节水型工业企业8家，万元工业增加值用水量下降30%，成功创建为全国节水型社会建设达标县（区）。

（五）坚决保基本办实事兜底线，民生福祉实现新提升

民生保障更加有力，投入民生资金19.7亿元，占一般公共预算支出的61%，20件重点民生实事顺利完成。实现城镇新增就业5546人，高校毕业生就业率达94%，均超额完成市定目标。养老、医疗保险参保率达95%以上。住房公积金制度将灵活就业群体纳入覆盖范围。区、镇、村（社区）三级养老服务机构全覆盖。圆满完成年度退役军人安置任务，退役军人安置率连续四年均保持100%。社会事业全面进步，公办幼儿园镇街全覆盖，普惠性幼儿园覆盖率达93.5%，持续深化“双减”工作，构建“5+N”课后延时服务体系，小学、初中适龄儿童入学率、巩固率均保持100%，高考本科上线率连续8年正增长，职教学生就业率、稳定率均保持在95%以上。中医院、妇幼保健院新院区正式投用，投入财政贴息设备更新改造专项贷款资金2亿元提质基层医疗卫生单位医疗设备保障。文旅体事业繁荣发展，成立全市首个在民宿设展的非物质文化遗产馆，成功承办2022重庆市广场舞市级集中展演并荣获全市第1名。荣获新华网“2022文化和旅游高质量优秀城市”称号。连续5个周期获评“全国羽毛球后备人才基地”。实现镇街健身广场、农民体育健身工程和社区体育健身路径全覆盖，人均体育场地面积达2.95平方米，排名全市第1。万盛文体中心体育场馆服务健身群众超过127万人次。社会治理持续优化，森林火灾火情“零发生”，成为全市没有发生森林火灾火情的2个区县之一。较大及以上生产安全事故“零发生”，安全生产事故起数、死亡人数分别下降81.8%、83.3%，连续8年被评为“全市安全生产先进区县”。群众安全感指数持续保持全市前列。

二、发展中存在的问题

与此同时，万盛经济社会高质量发展正处在爬坡过坎、滚石上山、负重前行最吃劲的关键阶段，发展中仍存在一些突出问题和短板。地区经济总量偏小，产业结构还不够优化，资源环境要素趋紧，科技创新能力还不够强，基础设施建设还较滞后，民生保障仍有短板，历史遗留问题依然存在。

三、2023年发展思路

2023年，万盛经开区将坚持稳中求进工作总基调，立足新发展阶段，完整、准确、全面贯彻新发展理念，积极服务和融入新发展格局，铆足干劲、砥砺前行，奋力推动经开区高质量发展。力争地区生产总值增长6.5%以上，争取实现更好的结果。

（一）持续保持经济运行良好态势

着力扩大有效投资，优化投资结构，力争基建投资增长10%以上、工业投资增长35%以上、房地产投资增长20%以上，确保争上到位资金24亿元，增长15%以上。狠抓重点项目建设，强化重点项目建设资金、用地、审批等要素保障，加快实施重点项目97个。充分激发消费活力，培育消费新热点，确保住宿、餐饮业营业额增长5%，批发业商品销售额增长10%。全面提质招商引资，确保全年协议引资300亿元以上。

（二）持续引领高质量发展行稳致远

开展制造业招商引资主题年活动和建设主题

年活动，力争实际到位资金超 100 亿元，完成工业投资 80 亿元。加快市级新能源及储能特色产业基地、智能网联新能源汽车特色产业园、循环经济产业园建设，力争产值突破 205 亿元。积极培育新能源及储能产业、新材料产业、新一代信息技术（电子元器件）产业、生物医药产业，力争产值突破 245 亿元。

（三）持续增强经济发展活力动能

全面推动科技创新，确保全社会研发投入增长 20% 以上，每万名从业人员拥有发明专利件数达 7.8 件以上，力争全年新建成市级创新平台 3 个，区级创新平台 4 个。鼓励支持民营经济发展，加快推动民营经济高质量发展。大力优化营商环境，落细落实减税降费支持政策，帮助企业解决用地、用工、融资等难题。

（四）持续掀起“三次创业”干事热潮

以高质量发展为引领，进一步聚集商气、引来人气、提升名气，全力推进 13 个文旅重点项目，力争建成全国一流的标志性旅游产品，将万盛打造为“旅游 +”深度融合发展、“景城一体”的全国知名旅游城市，加快建设世界旅游目的地。

（五）持续抢抓区域联动发展机遇

深度融入成渝地区双城经济圈建设，全面落实市委、市政府推进成渝地区双城经济圈建设十项行动。加强渝黔合作先行示范区建设，加快建设西部陆海新通道渝黔综合服务区。加速推动全市“一区两群”协调发展，加快与中心城区同城化步伐，抓牢产业、教育等梯度转移机遇。全力推进綦江—万盛协同发展，共同建设主城都市区南部战略支点城市。

（六）持续推进农业农村宜居宜业

坚持“三农”工作重中之重地位，精准落实“五个振兴”要求，坚决守住“三条底线”，推进农业“接二连三”，着力稳住农业基本盘，加快推进农业农村现代化，力争 90% 的村集体经济年经营性收入超 10 万元，确保农业增加值增长 4%。

（七）持续提升活力城市形象品质

实施城市更新提升三年行动，完成松林片区等 4 个老旧小区改造，启动万北二片区等 10 个老旧小区改造项目，提高城市建设水平和治理能力，提升万盛城市形象，持续赋予高质量发展“新成色”、高品质生活“新内涵”。

（八）持续筑牢美丽万盛绿色本底

牢固树立“绿水青山就是金山银山”理念，统筹推进生态文明建设和绿色发展，加快建设山清水秀美丽之地，确保全年空气质量优良天数达到 338 天及以上，孝子河温塘等 3 个市控考核断面水质为Ⅲ类及以上。

（九）持续满足群众美好生活向往

坚持以人民为中心的发展思想，紧盯群众急难愁盼问题，滚动实施一批重点民生实事，在推动高质量发展中促进共同富裕，在创造高品质生活中提升幸福质感，确保调查失业率控制在 5.5% 以内，养老、医疗保险参保率保持在 95% 以上。

（十）持续营造和谐稳定社会环境

坚持人民至上、生命至上，更加注重统筹发展和安全，强化底线思维、风险意识，坚持“严”字当头、铁腕施治，提升社会治理体系和治理能力水平，牢牢守住不发生系统性金融风险的底线，坚决防范遏制较大及以上事故发生，持续保持社会大局稳定，确保群众安全感指数排名保持在全市前列。

（执笔人：李兰）

重庆经济技术开发区

重庆经济技术开发区管理委员会

一、2022 年发展回顾

2022 年，面对严峻复杂的国际形势和新冠疫情，重庆经开区深入学习贯彻党的二十大精神，全面贯彻市委、市政府的工作部署，在区委、经开区党工委的坚强领导下，把握高质量建设广阳湾智创生态城重大战略机遇，坚持生态优先、绿色发展，突出产业推动、开放带动、创新驱动，全力推进各项工作上台阶。2022 年，重庆经开区实现地区生产总值 472.8 亿元，增长 2.7%；工业增加值与上年持平，建筑业、服务业增加值分别增长 12.6%、1.6%；社会固定资产投资增长 3%，一般公共预算收入 12.2 亿元，区级税收收入 11.7 亿元；实际利用外资 5 亿美元，增长 21.2%，列全市开放平台第二，占全市总量的 1/4；进出口总额 90 亿元，增长 8.2%；单位地区生产总值能耗指标列全市开放平台第一。

（一）聚焦生态城建设，擦亮高质量发展绿色本底

坚持生态优先、绿色发展的战略导向，以广阳岛、广阳湾为应用场景，践行“两山”理论，全面落实《高质量建设广阳湾智创生态城的意见》，出台《关于深入推动高质量创建广阳湾智创生态城的工作方案》，项目年度投资 260.51 亿元，累计征地拆迁土地 2.6 万亩。岛内岛外重点项目加快建设，建成投用通江立交等 16 个项目，即将建成重庆脑与智能科学中心一期等 39 个项目，有序推进重庆东站等 46 个项目，开工建设轨道 6 号线东延段等 56 个项目。绿色基础设施及生态品质逐步升级，启动 2 个零碳产业园建设，创建全市零碳示范区，新增绿色建筑约 13 万平方米，完成 17.18 公里河道及岸线水体管护，建成西南地区首个工业园区智慧环境综合管理系统，建立 64 项绿色技术创新技术指标体系，制定《预拌混凝土绿色评价标准》并累积推广应用规模达 80 万立方米左右。打造重庆生态环境科技创新基地，落地市绿色新能源公司，推进“沙变土”等绿色技术的孵化、转化。构建市场导向的绿色金融创新，累计获得金融机构绿色信贷支持 138.45 亿元；“碳惠通”累计成交 45 宗，累计交易 323.30 万吨，交易金额 7785.91 万元；组建南山创新投资基金、长嘉汇创新基金和“广阳湾智创生态城基金”，建立 2 亿元知识价值信用贷款风险补偿基金池、设立 5000 万元经开区小微企业信贷风险补偿资金池和启动组建 5 亿 ~10 亿元规模的科风投基金。优化新型智慧城市建设布局，新增工业用地 4.1 平方公里，启动建设经开区规建管生态一体化平台，完成广阳大道 13 公里车路协同系统、通江人才社区 13.8 万平方米智视平台智慧家居框架构建，建成投用智能化软硬件设施全市一流的通江新城小学，实施以基建、公建为主的固定资产投资 342.22 亿元，实现建设投资 63 亿元。

（二）着力推动制造业转型升级，强化高质量发展引擎

龙头企业强带动，维沃通信、美的制冷、重庆卷烟厂分别贡献产值236.3亿元、150.8亿元、76.8亿元，美的制冷成功入选21家市级领军（链主）企业，重庆机床进入53家市级链主企业名单。“专精特新”增实力，全区新增“专精特新”中小企业54家、累计84家，新增“国家级小巨人”9家、累计11家，攸亮科技实现新三板挂牌上市，迪星天科技成功研发全国首个特种车多车互联互通系统和应急通信故障智能诊断系统，鹰谷光电全国首创光电探测一体化芯片。智能制造提效能，实施工业研发技改项目75项、技改投资7.3亿元；全年新增智能工厂1个、数字化车间4个，累计建成智能工厂4个、数字化车间26个；8个项目入选重庆市2022年智能化赋能行动，20家企业入选重庆市工业互联网和智能制造服务商资源池，4家企业入选重庆市智能制造标杆企业，2个项目纳入工信部工业互联网试点示范。

（三）注力战略性新兴产业，培育高质量发展新动能

抢抓软件信息业新机遇，新增收储载体面积14.42万平方米，投入使用8.4万平方米，新设软信行业企业339家，新增软信从业人员2000余人，建成投用京东云数据中心，启动建设中国移动江南数据中心。铺好大健康产业基本盘，率先开展国家医疗器械上市许可持有人制度改革，首批10家企业正式入驻运营，在全市率先出台区级生物医药产业支持政策，启动以高端仿制药持牌人运营中心、高端医疗器械研发总部为主的广阳湾生物医药产业基地建设，推动市区合作共建广阳湾生物医药创新发展服务中心，规划建设智慧医药物流基地。打造节能环保产业示范地，建立低碳产业项目库，入库项目21个、开工12个；成功获评“中国天然氧吧”，完成长江绿色创新产业园、广阳岛近零碳园区试点申报；有序推进减污降碳与绿色智能装备制造产学研交易城（中心）建设，完成全市首个“低碳工业园”示范工程建设的90%；正式投产国内首个百万吨级碳捕集利用与封存项目。下好汽车电子产业先手棋，推动与日本电装、上海禾赛、科大讯飞等企业深度合作，年内签约项目12个；加快推进东港片区约12万方自持载体建设，积极打造汽车电子产业园；快收快储永翔物流园（二期）等其他载体约12万方。

（四）实施科技创新驱动，提升高质量发展势能

建设全市重要的科创核心承载区，布局4个国家级工程研究中心、4个国家级企业技术中心，建成市级以上研发机构111家，其中国家级28家，国家科技技术奖获评数量占全市的1/5。打造科创平台新高地，建成约160万方的迎龙创新港，注册企业500余户；高效建设重庆脑与智能科学中心，集聚国家杰出青年获得者、长江学者等20余名，首批引入10个专家团队，累计完成投资4亿元；推进重庆邮电大学科技园，入驻研究生1200余人、科研人员近200人；建成投用西部地区首个产业数字化赋能基地——成渝地区双城经济圈产业数字化赋能基地。构筑创新主体强磁场，2022年R&D占GDP比例3.29%，科技型企业数量占全市的4.9%，高新技术企业总量占全市的5.46%，规上工业企业建立研发机构覆盖率49.7%；累计培育高新技术企业175家、科技型企业659家。打造科创要素“朋友圈”，与重庆邮电大学共建大数据智能化产业技术协同创新研究院，与重庆交通大学共建沙漠生态恢复技

术研究实践基地，与市人社局共建市级重庆人力资本服务产业园。

（五）突出开放引资提升，拓展高质量发展格局

内引外联有新成绩，落户世界500强企业直接投资项目1个，大型央企直接投资类项目1个，大型建筑施工央企落户子公司1个，年度胡润排行榜独角兽项目1个，行业龙头企业10余家；全年正式签约项目77个，完成签约金额约493.85亿元；与英国驻重庆总领馆在多领域开展国际合作。东站片区开放拉动有新面貌，全力推进东站片区3.47平方公里产城融合发展；与东站指挥部共同成立招商专班，积极对接新加坡鹏润利集团等10余家知名企业，洽谈站前商务区开发打造事项；与北师大科技集团签订联合办学合作意向协议；完成站前区2块文体用地、2块商务商业用地挂牌出让工作，有序推进开成路等“五纵六横”骨架路网体系和轨道交通6号线东延段、24号线、27号线建设。外资外贸有新突破，高效运作重庆经开区跨境创新服务中心，推动已落户外商投资企业新增投资1.9亿美元，实际利用外资5亿美元；挂牌京东智能城市（重庆）跨境电商服务中心，引进跨境电商企业6家，孵化本地跨境电商企业3家，实现进出口额3.18亿元；台达电子成为西部地区首个试点开展综保区外加工贸易工单式核销。

（六）致力营商环境优化，培植高质量发展沃土

行政审批办得快，试行“以函代证”，加快重大项目建设手续审批；实现联合验收，验收事项由8项减为4项，办理时限压缩至7个工作日；实现17个税费种合并申报，出口退税平均办理时间不超过6个工作日；设置“办不成事”反映窗口提供“兜底办”，答复满意度100%；在全市率先出台工业项目标准地出让工作方案，台达电子项目成为第一宗按照工业项目标准地方案出让的地块。企业服务做得好，干部累计走访企业340余家，解决企业申请公租房等诉求160余件，满意率100%；梳理清单式帮办代办服务事项29项，新增集群注册创新创业示范点3个、累计6个，节约创业成本5700余万元；引导东原仁知在港交所主板挂牌上市，为17家企业解决融资难题，4家企业入围2022年度国家知识产权示范优势企业，全年新增各类市场主体3105户。市场监管做得实，完成检测食品4864批次；排查整治药品和医疗器械风险隐患38个、工业产品质量问题60余个；排查特种设备企业136家次，整治隐患256个，下达安全监察指令书37份，立案审查10件。守牢发展底线，抓实疫情防控工作，保障辖区内312家企业、7000余人次物流通勤畅通，保障30家重点企业核心企业供应链不断链，125小时建成全市最大规模体量的迎龙方舱医院；积极开展安全生产标准化，工业领域新创、复评达标企业53家，建成智慧工地10个；积极落实“十条措施”、一线责任制，开展安全检查2300余家次，整改安全隐患近7500余项，拆除长坤勤牛物流园违建2万余方；实施国有企业资产负债率、带息负债规模“双管控”，全年共化解到期隐性债务3.85亿元；排查解决社会稳定突出问题25项，稳妥有序推进朝天门信访维稳问题化解。

二、发展中存在的问题

同时，发展中仍然还存在一些突出问题和短板，主要体现在：产业支撑能力较弱，科技创新成果转化不足，产城融合发展还有欠缺，招商引资的项目落地率和资金到位率有待提高。

三、2023年发展思路

2023年，是全面贯彻落实党的二十大精神的开局之年，是重庆经开区成立三十周年的“而立之年”，是生态城“三年见成效”的交卷之年，也是重庆经开区深化谋篇布局、优化产业布局后的起步之年。重庆经开区将全面贯彻党的二十大和市第六次党代会精神，切实落实市委六届二次全会工作部署，聚焦绿色低碳循环发展目标，坚持从全局谋划一域、以一域服务全局，坚持统筹发展和安全，保持自信自强、守正创新，踔厉奋发、勇毅前行，推动抓创新、兴产业、强招商、促建设、优服务等各项工作再上台阶，奋力书写重庆经开区高质量发展新篇章。

（一）强化科技创新引领作用

充分发挥企业创新主体作用，推进规模以上科学研究与技术服务业企业平稳发展，持续实施科技型企业成长工程，积极培育引进一批高新技术企业、高成长性企业，引育高端科技创新平台，持续集聚创新资源，聚集优秀创新人才，做靓“江南菁英”人才品牌，落实人才激励政策，营造“近悦远来”人才环境。

（二）强化智能制造支撑作用

大力推动智能化改造，持续建设数字化车间、智能工厂，加快推动台达电子西部基地等项目投产达产，加快传统产业数字化改造步伐，聚焦技术创新突破，推动各类技术深度融合，实现新的产能提升，提升产值增速，提高产品质量。

（三）强化软件信息业驱动作用

锚定软信产业发展方向，重点打造以汽车软件为龙头，人工智能、数字内容、物联网、信息安全为骨干的软件信息服务业新体系，积极创建中国软件名园，加快引进和培育一批行业龙头骨干企业，加大改造存量载体力度，制定“示范楼宇”产业政策，为入驻企业提供便捷的“拎包入住”服务，强化应用场景和项目牵引。

（四）强化大健康产业聚集作用

突出龙头项目引领带动作用，打造专业生物医药园区，加快产业集聚，形成产业集群，高质量打造重庆市医疗器械产业园，培育产业发展新动能，高标准打造智慧医药物流基地，持续完善产业生态，优化产业发展环境。

（五）强化节能环保产业示范作用

立足国家新型工业化示范基地、国家绿色产业示范基地的功能定位，加快构建清洁低碳能源体系，谋划建设科技创新减污降碳与绿色智能装备制造产学研交易城（中心），促进节能环保重点产业发展，探索绿色建造政策、技术及支撑体系，加强生态环境领域科学技术攻关，聚焦氢能源、环保与地灾、自然资源大数据等产业。

（六）强化汽车产业杠杆作用

聚焦智能网联汽车产业，全力打造智能网联新能源汽车基础设施绿色能源示范区，依托汽车电子产业园等载体，推动英飞源西部研发制造基地等重点汽车电子及汽车软件项目落地投运，加快重大项目引育、产业化落地，推动产业生态聚集，加快推进首批充换电基础设施项目建设，力促新能源充换电基础设施运营公司等产业链企业落户。

（七）强化城市经济带动作用

持续完善综合交通网络，以畅通交通网络促进产城融合发展，加快公共配套设施建设，加快启动长江绿色创新产业园核心区建设，加快完善重庆邮电大学科技园商务、生活服务设施和市政、交通基础设施配套，打造高品质居住空间，做细城市综合服务，扎实推进城市精细化管理，着力解决市容环境顽疾，营造干净整洁、和谐有序的市容环境。

（八）强化对外开放促进作用

坚持外资外贸招大引强，推动存量企业高质量发展，发挥重庆经开区跨境创新服务中心外资聚集效应，建立健全重点外贸企业联系服务机制，点对点做好企业服务工作，加强东站站前商务区研究，积极推进海外招商，逐步实现“队伍走出去、企业引进来”。

（九）强化自身建设保障作用

加快推进国企市场化转型和混合所有制改革，充分放权赋能，激发国企活力，打造一流营商环境，积极推进市级重点改革任务落地落实，营造欣欣向荣、充满活力的营商环境，加强社会稳定工作，全力化解矛盾，不断强化财政监督，拉动有效投资，提高资金使用效益。

（执笔人：敖永桥）

万州经济技术开发区

重庆市万州经济技术开发区管理委员会

过去一年，面对复杂严峻的国内外形势和诸多风险挑战，在区委、区政府的坚强领导下，万州经开区坚持以习近平新时代中国特色社会主义思想为指导，深入学习贯彻党的二十大精神，认真落实党中央、国务院决策部署，市委、市政府工作要求和区委、区政府工作安排，完整、准确、全面贯彻新发展理念，积极融入新发展格局，坚定不移推进工业强区建设，努力克服国际形势、新冠疫情、高温限电等因素影响，担当作为、攻坚克难，推动各项工作取得新的成效，为全区经济社会发展作出了重要贡献。

一、2022 年工作回顾

（一）经济总量稳步提升

2022 年，万州经开区入园企业共 622 家，其中规上工业企业 119 家。规上工业产值新增 109 亿元、达到416亿元，增长35%、位居全市前列、创近五年来新高。工业企业实现利润 28 亿元、增长 44%、创近三年来新高。完成固定资产投资 72 亿元、增长 20%。限上批发零售总额实现 879 亿元、增长 15%，占全区的比重达 70% 以上。

（二）科技创新释放活力

2022 年，万州经开区新培育市级“专精特新”企业 22 家、达到 28 家，其中江东机械、长江科技成功获评国家级专精特新“小巨人”企业。新培育国家高新技术企业 15 家、达到 58 家，科技型企业 22 家、达到 150 家，数字化车间 2 个、达到 6 个；新增市级企业技术中心 2 个、市级制造业设计培训基地 2 个。引导 25 家工业企业有序实施智能化改造和技改项目 33 个，年度完成投资 13.5 亿元。华歌生物联吡啶生产、苏美达全自动智能化服装生产、农产品集团智能化建设等 11 个项目建成投运。规上工业企业研发投入 6.1 亿元，占全区的比重达 85%。

（三）招商引资精准发力

2022 年，万州经开区成功签约引进燃气发电、锂离子电池四期、医药中间体及原料药等项目 30 个，协议投资 185.6 亿元，到位资金 44 亿元。力促博赛集团深耕万州，推动总投资 55 亿元的九龙万博氧化铝智能化升级和产能置换项目加快落地。承接湖南轻盐集团产业升级，持续壮大万州盐化工产业，签约总投资 29 亿元的盐碱技改升级及新能源产业项目。竣工中储粮粮食仓储物流一期、博联能源热电中心、杜若进口饲料加工等项目 20 个。开工建设金龙高端装备线材线缆、九建集成式装配钢结构及高频焊接钢管生产、澳斯卡菜籽加工等项目 20 个。

（四）营商环境持续优化

2022 年，万州经开区持续优化完善企业服务专班、专员制度，为企业提供“保姆式”全方位服务。联合市、区两级法院成立经开区法治工作站，为 100 余家单位开展法律培训、咨询等。成立经开区人力资源服务中心，为入园企业提供“一站式”人力服务保障。全面实行技术审查与行政审批分离并行，采取容缺、承诺、提前开工等“绿色通道”措施，提前完成22个项目设计审查，提前办理项目预控红线10件、行政许可类手续235件，切实帮助企业减环节、减时间、减成本。大力推进影响发展环境作风突出问题专项整治，开展优化营商环境督查调研，收集汇总企业反映各类问题建议76件，结合全区整治重点以及巡视巡察反馈等情况，深化细化形成经开区专项整治重点内容30条，对照自查问题20项，细化工作措施41条，用实际行动提高企业和群众办事创业的便利度、满意度。

（五）对外开放稳步扩大

2022年，万州综合保税区一期正式封关运行，外贸企业注册达到10家，实现进出口总额16.2亿元。累计签约深圳鑫国汇智能半导体产业、美国J&J绿色包装材料等项目6个，协议投资10.4亿元。新智农进口饲料加工等2个项目实现竣工、投产在即。2022年，万州经开区外资企业11家，实际使用外资725万美元。开展进出口业务企业24家，完成进出口总额48.4亿元、同比增长34%，其中进口总额36.4亿元、同比增长167%。完成外商投资企业再投资总额600万元。

（六）合作共建持续深化

2022年，南京江宁开发区连续三年增资推进宁万环保产业园项目加快建成，与宁波经开区、西藏昌都新区签订战略合作框架协议，与达州高新区共同申报创建“万达产业合作示范园区”，与两江新区建立招商联席机制，园区合作共建不断深入。6家企业与浙江大学等10余所高校开展校企合作，其中金龙铜管成功研发国内首款超长高铁贯通地线并试生产，多项技术国际领先。

（七）开发建设加快推进

2022年，万州经开区新增建成区面积1平方公里达到27.5平方公里，城市空间不断拓展。万州二中实验中学正式开学；渝东北唯一的三级肿瘤专科医院开诊；落户经开区的三峡医专新校区开工建设，以产学研深度融合为特色的“高峰大学城”正式起航。竣工经开大道延伸段、环保合规产业园二期等项目30个，完成投资20.2亿元。建成高峰园外环连接道等道路7.9公里，在建青杠塝综合枢纽工程、疏港大道拓宽工程等道路20.2公里，实现园区交通内畅外联。建成环保合规产业园二期等标准厂房27.4万平方米，在建标准厂房11万平方米，产业承载能力持续提升。2022年竣工商品房11.7万平方米，在建商品房52万平方米、保障性租赁住房20.1万平方米，人口承载能力达5万人以上。完成征地报批4519亩、征地拆迁3475亩、土地供应40宗5312亩，盘活处置已停产企业、难以继续推进项目和签约而不履约的项目用地10宗1244亩，工业用地的投资强度和产出效益不断提升。

（八）安全形势持续巩固

2022年，万州经开区严格落实国务院安委会“十五条硬措施”及全市常态化安全监管“十条措施”要求，持续推动安全生产专项整治三年行动、工业厂房库房消防安全专项整治、化工产业园“一园一策”安全整治提升等重点工作。排查企业安全风险隐患1600余项，到期整改率100%；完成258项工业厂房库房消防安全问题整改；完成金龙铜管集团等10家企业“两单两卡”试点示范；推进江东机械等26家企业标准化创建；开展各类应急演练358次。不断强化重点行业、重点企业、重点项目安全监管，切实改善安全基本面。

（九）环境保护不断改善

2022年，万州经开区坚决守住环境准入门槛，严格落实“三线一单”要求，新建项目环评和“三同时”执行率达100%。渝东表面处理中心一期建成投用，首条镀锌生产线成功运行。完成工业固废处置场技改工程等环保基础设施项目建设，开展高峰园污水处理厂（一期）提标改造前期工作。配合全区扎实开展污染防治攻坚战等重点行动，单位工业增加值化学需氧量排放量持续下降，保持园区工业污水处理达标率100%。

二、发展中存在的问题

同时，发展中仍然存在一些突出问题和短板。一是部分企业经营困难。受疫情及国际形势影响，原材料价格上涨，部分企业生产和投资直接受阻，利润空间被挤压，产能难以充分释放。二是项目引进难度加大。招商引资竞争日益激烈，物流、用电等要素成本仍然较高，现有招商政策奖励无法满足部分优质项目的要求。三是资金压力持续加大。财政收入少、融资难度大，保障开发建设、支持产业发展等资金压力不断增大，入园企业融资难依然存在。

三、2023年发展思路

2023年是全面贯彻落实党的二十大精神的开局之年，是新时代新征程全面建设社会主义现代化新万州的开局之年。万州经开区将坚持以习近平新时代中国特色社会主义思想为指导，全面贯彻落实党的二十大精神，坚持稳字当头、稳中求进，立足新发展阶段，贯彻新发展理念，融入新发展格局，统筹发展和安全，树立“抓经济必须强主体、抓项目就是抓发展”理念，坚持一切围绕企业转、一切盯着项目干，完善“项目化实施 + 专班化推进”运作方式，坚定信心、埋头苦干，加快建设“5+10”现代化工业体系，推动工业经济实现质的有效提升和量的合理增长。

2023年的目标任务是：完成规上工业产值520亿元以上、同比增长25%以上；地区生产总值285亿元、同比增长10%以上；一般公共预算收入20.8亿元、同比增长11%以上，其中税收收入13亿元、同比增长18%以上；固定资产投资80亿元、同比增长11.2%，工业固定资产投资60亿元、同比增长15.6%；进出口额58亿元以上、同比增长20%以上；实际使用外资1500万美元、同比翻番。

我们将重点抓好以下工作。

（一）延长“上下游”补齐“前后端”，增强产业发展后劲

壮大龙头企业。集中资源力量，着力扶优扶强，做大做强重点产业，重点培育壮大支柱企业。围绕铜及铜合金材料产业链、铝及铝合金材料产业链、粮油加工产业链等，充分发挥金龙铜管、九龙万博、中储粮等龙头企业的带动作用，进一步完善产业配套，助推百亿级企业增加产能、更大更强。

做强中小企业。深入实施专精特新企业、规上企业培育行动计划，强化重点产业发展引导，加大企业培育和惠企纾困政策落实力度，支持中小企业加快转型升级步伐、持续发展壮大。重点促进大全泰来、江东机械等一批发展基础好、技术实力强、市场前景优的企业“小培强”。全年

新增规上工业企业25家以上，新培育市级“专精特新”企业12家以上。

打造产业集群。落实产业链长制，深入分析重点产业生产要素供给关系，通过建链、补链、强链等方式策划包装一批招商引资项目，实现产业集群发展。加快签约落地氧化铝智能化升级和产能置换、万州焦电铬一体化、智能制造产业园等一批重点项目，跟踪洽谈粮油综合加工、综合绿色能源产业示范基地、医药中间体等重点项目，力争完成协议总投资245亿元，到位资金54亿元。

（二）打造“桥头堡”建设“新高地”，提升开放创新能级

扩大开放水平。充分发挥万州综合保税区作为全区开放型经济主战场的作用，与沿海先进地区建立合作联动机制，全面提升专业招商水平和服务能力，引导更多重点产业、重大项目来万州布局，助力外向型经济快速发展，在渝东北地区带领开放、带头开放。竣工投产项目4个、开工建设项目2个，实现产值20亿元；签约项目10个，协议资金10亿元，到位资金2亿元，实际使用外资1000万美元。

深化合作共建。积极投身成渝地区双城经济圈建设，着力推动万达产业合作示范园区建设，积极谋划一批互补性强、配套度高的大项目好项目。加强与两江新区协同发展，推动企业研发中心、产业研究院等合作平台建设走深走实，引导园区企业与两江新区企业开展产业配套，实现产业优势互补，促进区域协同共进。持续深化与南京江宁开发区、宁波经开区等园区合作共建，加快承接东部地区产业转移项目，推动产业合作迈上新台阶。

加快创新提升。持续推进工业企业智能化赋能行动计划，引导企业加强创新能力建设，逐步实现产业数字化、数字产业化。加快实施西南水泥等24家企业智能化改造和技改项目30个。新培育国家高新技术企业10家、科技型企业20家、智能工厂或数字化车间2个、企业技术中心2家。推动科创中心孵化企业30家以上。建成智慧园区一期。

（三）推动“产业兴”实现“城市美”，促进产城深度融合

推进产业项目建设。实施产业项目111个，年度计划完成投资44亿元以上，竣工投产装配式建筑产业基地、调味品生产、集成线路板产品生产等项目57个；开工建设氧化铝智能化升级和产能置换、燃气发电、医药中间体及原料药等项目34个；续建中储粮粮食仓储物流二期、上海电器（万州）产业园、德康饲料加工等项目8个；开展前期工作项目12个。

完善园区功能配套。实施城建项目81个，年度计划完成投资20.9亿元。计划完工联合坝M6地块等标准厂房11.8万平方米，竣工新田园粮食公共廊道一期等配套设施、万州综合保税区展示中心配套工程等产业配套项目。竣工高峰园租赁住房等房建工程21.1万平方米、青杠塝综合枢纽工程等道路18.5公里，序时推进万州二中实验中学二期等房建工程10万平方米，保障三峡医专及其附属医院加快建设。

拓展城市发展空间。围绕重点城建项目和产业项目建设时序，结合土地基金收入情况，扎实推进土地要素保障工作，为开发建设留足空间。重点抓好甘宁尾矿库、新材料产业园、新田临港大道拓宽工程、安全职业学院、三峡职业学院等项目土地供应，完成征地拆迁6000亩、征转报批5000亩、供应土地4000亩。加大产业项目用地监管力度，完成闲置低效土地处置1000亩。

（四）增加“含绿量”提升“含金量”，推动产业绿色发展

严守环境安全底线。坚持走“生态优先，绿色发展”之路，处理好经济发展和生态环境保护之间的关系，严格落实项目环评和“三同时”制度。以防范化解重大环境风险为主线，强化责任意识和底线思维，深入开展园区生态环境隐患排查整治工作，严防环境污染事故发生。完成天子园污水处理厂技改，加快推进高峰污水处理厂提标改造、渝东北危废处置等项目建设，完善经开区生态环境监测网络，不断提升生态环境保护和治理能力。

推进资源循环利用。持续推进新田园碳排放核查及碳履约相关工作，把好碳源头减排关，探索低碳发展新模式，加快实现园区减污降碳协同增效。深化循环化改造示范试点园区建设，加快推进赤泥、粉煤灰等固体废物综合利用技术研发，积极应用推广碳补集技术，推动工业固体、气体废物高价值利用。

发展新型能源产业。依托经开区厂房屋顶光伏发电、燃气发电、抽水蓄能等清洁能源项目，加快光伏面板、智能变压器、节能环保开关设备等产业链体系建设，推动实现产业生态化、生态产业化，不断增加工业经济含绿量。加快实施湘渝盐化热电系统优化节能环保改造、联碱装置绿色固碳升级改造等项目。

（五）守住“底线”不越“红线”，不断夯实发展保障

抓好资金融通保障。落实财政增收节支措施，强化税收征管，挖掘税源潜力，做到应收尽收。强化资金统筹调度，着力安排财力支持企业发展，保障招商引资协议兑现和项目建设资金来源。做好债务结构分析和风险研判，多种手段化解存量债务，切实防范债务风险。

抓好安全生产保障。持续落实安全生产“十五条硬措施”实施细则，强化实名制安全监管，提升各行业监管效能，切实抓好挂牌督办重大隐患整改工作，开展化工产业园“一园一策”整治提升，深化拓展“两单两卡”工作，推进企业安全标准化建设，加强安全宣传教育培训，提升企业本质安全水平。

抓好社会稳定保障。注重源头治理，加大排查力度，紧盯重点群体和重点人员，着力做好企业劳资纠纷、民工工资拖欠、还房瑕疵整改等突出矛盾纠纷化解工作，运用好法律手段，督促企业落实主体责任，对不稳定因素早发现、早处置、早化解，为经济社会发展营造平安稳定的环境。

（执笔人：何俊）

长寿经济技术开发区

长寿经济技术开发区管理委员会

一、2022年发展回顾

长寿经济技术开发区是2010年经国务院批准设立的国家级经济技术开发区，管理服务面积102平方公里。二十年来，始终坚持一张蓝图绘到底，围绕“打造世界一流园区，建设具有全球影响力新材料高地”战略目标，奋力开创高质量发展新局面，累计开发面积42平方公里，市场主体达21248家，世界500强企业有27家，跨国公司有64家，上市公司有63家。在商务部国家级经开区综合发展水平考核中列第35位，居西部第3、重庆第1。

（一）主要经济指标逆势增长

2022年实现“四上企业”营收1627亿元，增长4.4%；规上工业总产值1209亿元，增长9.7%；固定资产投资166亿元，增长19.5%；外贸进出口123亿元，增长33%；引资451亿元，增长34.7%；扣除留抵退税因素后，税收总贡献39亿元，增长9.3%。新增上市企业3家，列全市第一。

（二）一流园区发展体系立柱架梁

借力顶级专家智库，对标国际一流，打造世界一流园区，建设具有全球影响力的新材料高地战略研究，系统构建以打造全球天然气化工新材料领先者、国际知名的硅基新材料供应商、世界级新能源材料及装备集成应用示范地三大品牌为核心，建设天然气化工新材料、硅基新材料、绿色医药、新能源材料、新能源装备、先进钢铁材料、生产性服务业七大产业链集群为主线的现代产业体系。

（三）新材料高地建设开局良好

新材料产业引资312亿元，占全年引资额的69%，实现产值227亿元。恩捷高性能锂离子电池微孔隔膜项目等18个新材料项目投产，形成产能205亿元。新能源材料产业链实现从磷酸铁锂等主材制造到NMP、粉体材料等辅材生产全覆盖，碳源蛋白技术量产化、EVOH技术破壁等原创技术助力进一步提升天然气化工新材料的影响力，超临界纳米级硅基气凝胶5投产提升高品质硅基新材料特供商的品牌效应。

（四）抓招商引资，强链补链工程成效显著

全年签约项目50个，引资451亿元，其中，百亿级项目2个、50亿级项目1个、10亿级项目6个。引入四川佰瑞德115亿元磷能新材料项目，打造从磷矿到磷酸铁锂的高附加值产业链。引入台湾芯和能源、深圳超壹新能源项目，实现新能源材料全产业链配套。重钢高质量绿色发展项目深度融入宝武生态圈。望变电气新能源材料及装备产业园项目实现原材料到新能源装备制造全产业链贯通。中润化学NMP一体化项目坐稳行业龙头地位。

（五）抓项目建设，“3113”项目攻坚行动计划首战告捷

聚集长寿区“建设具有全球影响力的新材料高地、世界级运动康养旅游目的地、中国长寿生命科学城”3个专项，每个专项10个特别重大项目、100个重大项目，总投资3000亿元的“3113”项目攻坚行动计划，系统谋划重大项目102个、总投资2213亿元，其中特别重大项目15个、总投资1223亿元；2022年实施重大项目62个，年度计划投资200亿元，完成投资207亿元。建立“专项指挥部+片区指挥部”作战体系与“一对一”项目专班和要素保障专班，实行区域规划环评、项目环评同编同审，实施“投融建管退”一体化片区综合开发，引入社会投资人投资106亿元开发建设基础设施。佰瑞德磷能新材料项目签约落地，重庆国际金属循环产业园、重钢高质量绿色发展、生产服务型国家物流枢纽等项目实现开工，国复高性能玻纤、华陆硅基气凝胶、恩捷锂电隔膜等一批新材料项目投产，项目建设全面完成既定目标。

（六）抓企业服务，市场主体信心稳健强劲

大力实施市场主体培育和小升规、规培优、优上市梯度培育战略，率先试点“项目四同步工作法”，全年获批用地5540亩，盘活闲置土地913亩，筹融资243亿元。精准调度用能供能，全年供电83亿千瓦时、气25亿方、水9398万吨、煤789万吨、蒸汽168万吨，分别增长9.2%、1.4%、7.3%、4%、17.8%，有效保障供应链稳定有序。全年新增市场主体155户、“四上”企业21家、专精特新31家、国家级“小巨人”4家，泓禧科技、望变电气、康普化学成功上市。坚持科技创新驱动，新增高新技术企业23家、累计达106家，新增科技型企业28家、累计达230家，新增市级以上研发机构12家、累计达73家。张立群、邓子新院士团队加盟并建立先进弹性体材料创新中心。

（七）抓平台建设，综合承载能力跨越提升

以健全功能、深化合作、产城融合为主攻方向，有效引导各类生产要素集聚，全面提升综合承载能力。海关监管场所封关运行，实现所有工业品进出口就地通关查验。建成西南地区最大危化品集装箱多式联运平台和长江上游规模最大一体化危化品物流综合服务平台。落实成渝地区双城经济圈战略，携手自贡沿滩高新区共建千亿级天然气化工新材料产业合作示范园。搭建供应链对接平台，推动巴斯夫、天聚新材等16家企业携手彭州石化等25家驻川企业，建立产品原料互供互动机制。联动四川港投集团共同打造长寿港国际物流平台。

（八）抓安全环保，绿色发展本底厚实牢固

牢固树立安全生产“红线”意识和“底线”思维，全年无较大以上安全环保事故。实施14家企业超低排放改造，碳减排62万吨；完成2600亩碳汇林改造，减碳履约532万吨；建成11个数字车间、2家智能工厂、6家绿色工厂。建成涵盖安全、环保、消防、建管等的全方位多领域的智慧园区“一网两平台”，实现24小时全天候在线监管；建成危化车辆封闭管理监管系统，实现危化品运输车辆实时在线监管；建成国家、市、区、开发区四级贯通在线监测系统，实现重大危险源、污染源监测全覆盖。

（九）抓自身建设，干事创业劲头饱满强劲

坚持以习近平新时代中国特色社会主义思想为指导，全面贯彻新时代党的建设总要求，深入学习贯彻落实党的二十大精神，扎实推动全面从

严治党展现新作为。建立6部门派驻开发区监督执法机制和“首席代表”联动机制，打通行政服务“最后一公里”。建立管委会领导包片负责指挥体系和企业网格化联系服务机制，280余名干部职工对800余家企业进行全覆盖包片服务，常态化下沉企业、规范化帮扶指导。开展廉洁经开专项行动，“全周期管理”一体推进“三不腐”，打造公平、清朗的营商环境。

二、发展中存在的问题

同时，发展中仍然还存在一些突出问题和短板，一是体制机制支撑不够。开发区在机构设置方面和人事管理方面缺乏决定权，人员配置不优、考核激励不足、人才双向流动不畅，严重阻碍了开发区内生动力的发挥。二是行政权力下放不彻底。经开区行政审批、行政执法主要依托区有关部门开展，无法完全实现“开发区事开发区办”，存在企业申报取件“多头跑”、关键技术性条件靠协调等问题。三是顶层设计不足。长寿经开区提出建设具有全球影响力的新材料高地的目标，但在战略发展规划、产业布局规划等方面缺乏支持，也缺少实施细则。

三、2023年发展思路

开发区将始终坚持以习近平新时代中国特色社会主义思想为指导，全面贯彻落实党的二十大、中央经济工作会议和市委六届二次全会、区委十四届四次全会精神，以成渝地区双城经济圈建设为总牵引，围绕“国际化、绿色化、数字化、人文化”发展要求，全力推进国际化绿色化智能化人文化中国长寿城建设，奋力书写新时代新征程新重庆长寿华章！

2023年预期目标：“四上企业”营收增长10%以上，规上工业总产值增长10%以上，固定资产投资增长20%以上，协议引资350亿元以上，进出口100亿元以上，生产性服务业产值增长10%以上，税收收入增长10%以上。

坚定不移聚焦“3113”项目攻坚行动计划，汇聚高质量发展强大势能。全速推动产业项目落地投产、配套项目建成投用、技改项目增质提效。全年计划实施建设项目141个，总投资1193亿元、增长41%，年度计划投资256亿元、增长28%。其中，“3113”项目92个，总投资1126亿元，年度计划投资201亿元。

坚定不移聚焦全球新材料高地产业主导方向，加快构建现代产业体系。力争完成协议引资350亿元，利用外资2000万美元，外贸进出口100亿元。构建优质企业梯度培育体系，实施领军“链主”骨干企业保障计划、专精特新“小巨人”双倍增计划、上市企业培育计划。深度谋划长寿临港经济新业态，加快打造集装卸、仓储、加工、贸易、物流、金融于一体的现代生产服务型国家物流枢纽。

坚定不移打造世界一流园区，全面提升产业综合承载能力。持续完善一流基础设施体系，实施27个重点基础设施项目，总投资110.8亿元，确保完成4000亩场地平整，高标准启动国际合作产业园和国际交流中心建设，加快推进数字建筑和数字双城建设。进一步完善开发区行政审批大厅建设，建立市场化法治化国际化一流营商环境负面清单，继续做好自贸区联动创新区、欧洲重庆中心新材料产业基地等品牌建设。

坚定不移推进改革开放，加速实现新材料高地建设弯道超车。深入推动开发区人事、薪酬制度改革，加快国有企业改革，培育壮大经开集团、长寿港集团、飞华新材料产业集团。不断加强科技支撑引领作用，推进企业主导型产学研深度融合，支持博腾制药、国际复合、川维化工、康普化学等企业创建市级制造业创新中心和重点实验室。

坚定不移统筹发展与安全，牢牢守住发展“底线”“红线”。强化安全环保日常监管，确保全年不发生较大及以上安全环保事故，推进大气环境质量提升和智慧环保体系建设。超前布局建设近零碳园区，推进工业领域低碳工艺革新和数字化转型，探索打造跨区域碳汇林平台。巩固国家循环经济示范园区建设成效，打造长江上游千万吨级绿色大型钢铁生产基地、国内领先的绿色医药产业基地和国家级微反应技术示范园区。

坚定不移坚持党建引领，形成担当实干谋事创业强大合力。坚持以习近平新时代中国特色社会主义思想为指导，深入贯彻党的二十大、市委六届二次全会、区第十四次党代会精神，坚定不移把贯彻执行党中央、国务院和市委、市政府决策部署，区委、区政府工作要求不折不扣地体现和落实在加快开发区发展具体实践中，聚焦“3113”项目攻坚行动计划目标任务，持续推进廉洁经开区建设，形成以“亲”“清”为纽带的政商良性互动关系长效机制，用实实在在的担当履职尽责，切实以优异的成绩擦亮开发区牌子和经开人本色。

（执笔人：曾杨）

双桥经济技术开发区

重庆市双桥经济技术开发区管理委员会

一、2022 年发展回顾

2022 年，双桥经开区党工委、管委会坚持以习近平新时代中国特色社会主义思想为指导，深入学习宣传贯彻党的二十大精神，认真贯彻落实市第六次党代会精神和区第三次党代会精神，在市委、市政府和区委、区政府的坚强领导下，统筹疫情防控和经济社会发展，锐意进取、奋楫笃行，千方百计保供稳链、助企纾困，当好大足区协同发展的排头兵、工业强区的引领者、工业经济的压舱石，推动经开区高质量发展取得新成效。全年实现规上工业总产值 468.8 亿元、增长（同比，下同）13.3%，占全区的 50.2%；固定资产投资 79.6 亿元、增长 10.2%，其中工业投资 63.7 亿元、增长 9%；进出口总额 2.78 亿美元，利用外资 343 万美元；集聚市场主体 9433 户、增长 17%，规上工业企业 132 家，其中产值超 50 亿元企业 2 家、产值超 10 亿元企业 10 家、产值超 1 亿元企业 51 家。

（一）坚持集群发展，特色产业取得新成效

聚焦“五化”发展方向，着力发展专用汽车、电子信息、静脉、锶盐新材料等特色产业。一是专用汽车产业转型升级。积极向新能源汽车、智能网联汽车领域转型升级，重汽专用车等企业积极研发氢能、锂电专用汽车，发展规上企业 60 余家，推进国家智能专用车高新技术产业化基地建设，生产专用汽车近 2.8 万辆，全年 159.1 亿元、增长 13.26%。二是电子信息产业不断集聚。不断延伸链条，新引进光电热熔胶、手机摄像头马达等 10 家企业，补齐滤光片、线路板等关键环节，集聚规上企业 14 家，全年实现产值 111.05 亿元、增长 20.83%。盛泰“链主”作用凸显，生产摄像头模组 4.2 亿颗，居全球第五位。三是静脉产业精细发展。加快向绿色低碳、精深加工、高附加值方向发展，主要固废资源化和无害化水平达到 98%，现有规上企业 12 家，全年实现产值 129.4 亿元、增长 1.16%。中天电子已签订上市辅导协议，正进场做尽职调查；足航钢铁获批市级绿色工厂。四是锶盐产业加速布局。锶盐新材料产业园骨架基本搭建，争取上级支持并获批 2022 年全市唯一新建培育化工园区，元泰新材料、瑞得思达等 4 个项目已开工，总投资 46 亿元。目前，足航钢铁、盛泰光电、重庆重型汽车连续三年获评“2022 重庆制造业企业 100 强”。

（二）坚持抓纲带目，项目建设结出新硕果

牢固树立“项目为王、实干为先”的理念，打好项目建设“组合拳”。一是项目建设提速增效。建立“一个项目、一套班子、一抓到底”工作机制，严格落实“红黄绿灯”警示调度，真抓实干抢时间、赶进度，91 个重点项目完成投资 55.67 亿元，其中比蒙汽车、达汉线路板等 20 个项目竣工投产。二是项目包装精准谋划。获批中央和市级资金支持项目 10 个、共 8.2

亿元，获国家发改委审核通过中长期贷款项目9个、共18.5亿元。三是项目服务扎实有力。深入推行“双联双保”联系项目责任制，扎实开展“春风暖企”行动，用好向上争资、建设和环评提前介入等手段为项目落地提供全生命周期服务。全年办理增值税留抵退税2.8亿元，兑付各类政策奖补资金2600万元，帮助13家企业获得信贷2.16亿元，提供标准厂房1.3万平方米，保障足航二期、顺博、锶盐新材料产业园等项目顺利开工，机电市场及铸造中心盘活2个前期项目提前开工。

（三）坚持补链成群，招商引资取得新突破

认真落实“三单”“三看”“六有”要求，围绕产业链畅堵点、补断点。一是产业图谱不断明晰。组建招引专班，瞄准各产业链上下游短板和薄弱环节，赴珠三角、长三角、京津冀等重点区域精准招商，累计接待和拜访企业167批次。二是招大引强成效明显。引进投资100亿元的世界500强河北敬业集团城市矿产循环再利用项目、投资106亿元的江西环锂新能源动力电池等项目47个，正式合同额307亿元，完成年度目标任务的109.64%，正式合同额实现“三连增”。三是开放格局更加协同。积极融入国内国际“双循环”，抢抓成渝地区双城经济圈建设、全市“一区两群”协调发展等重大机遇，引入新加坡乌节国际等国际文旅项目，推动沣达通等外贸企业做大做强。

（四）坚持创新驱动，科技引领释放新动能

始终把改革创新作为引领发展的重要举措，持续增强市场主体活力和经济发展内生动力。一是平台建设富有成效。建成中国汽研、长足飞越、重庆科技职业学院等3个博士后科研工作站，打造巨腾、盛泰等市级中小企业技术中心33个，参与组建重庆市氢能源产业创新联盟，积极建设工业互联网运用平台。二是创新主体不断壮大。深入实施研发机构倍增计划、科技型企业成长工程，支持双钱、艾诺斯等41家企业实施智能化改造，凯瑞特种车创建重庆市数字化车间，申报高新技术企业28家，军通汽车等17家企业认定为市级“专精特新”企业，盛泰光电5G+工业互联网等4个项目入选市级智能化赋能行动项目。“两化”融合贯标企业18家，实施“上云上平台”升级项目20个。三是人才生态持续优化。积极推进“揭榜挂帅”、大足英才计划，落实领导联系专家制度，支持企业与本地高校共建实训基地100个，用好大足工程师协会等力量，培养各层次人才30余人。

（五）坚持精雕细琢，城市建设呈现新面貌

实施城市更新行动，以优布局、提品质、补功能为方向，打造产城景融合发展示范区和高品质生活宜居城市。一是空间布局不断优化。完成“三区三线”国土空间规划调整，编制“花境双桥”、城市更新等城市规划。目前，规划面积133平方公里，可开发面积30.1平方公里，其中城镇建成区面积17.25平方公里。二是城市品质不断提升。扎实推进“创文”和“大城三管”，实施改造老旧小区27个、14.05万平方米，推进新（改）建人（车）行道8.5万平方米等30个项目建设，建成九曲花溪花卉公园，提档升级龙景湖公园、双桥公园和城区绿化，完成“花境双桥”（一期）覆绿1万平方米，绿地率达27.67%，人均公园绿地面积达15.37平方米，城市面貌、人居环境焕然一新。三是文旅发展加快融合。协同创建龙水湖国家级旅游度假区，积极推进龙水湖露营基地建设，建成西子湾国际假日公园（一期）、龙水湖环湖步道8.8公里等工程。启动原川汽厂“三线建设”遗址保护工作，高标

准实施新胜茶场片区、长河煤矿片区策划方案征集。四川美术学院艺术写生、创作实践教学基地落户双桥。

（六）坚持人民至上，民生福祉达到新水平

在发展中保障和改善民生，丰富服务供给，不断提升为民谋利、替民解忧的能力和水平。一是群众生命健康得到最大限度的保障。坚持人民至上、生命至上，战山火、防疫情，以快制快抓处置、企业自主闭环生产、广大干群强配合，奏好应急安全、经济发展“协同曲”，守好了大足“南大门”。二是安全稳定切实维护。排查整改工贸、自建房、高层建筑等隐患4403个，整改率85%。积极防范化解各类社会矛盾，足额支付拖欠农民工工资1200万元，化解信访117件次、390人次，化解率100%。融资到位89.44亿元，闲置资产利用率85%，化解隐性债务3.8亿元。三是民生事实取得实效。扎实开展太平河生态修复、大气污染治理等重点工作，饮用水源地水质100%达标，出境断面水质稳定达Ⅲ类，空气优良总天数保持在300天以上。职业教育在校生人数2.5万人。红岩重汽博物馆入选全国关心下一代党史国史教育基地。投用经开区新文化馆、双桥实验中学扩建项目等文教项目，群众的幸福感、获得感、安全感日益提升。

二、发展中存在的问题

一是产业集群优势不突出。产业规模不够大，龙头企业不够多，产业链条不完整，部分产品市场开拓不足，产业竞争力亟待提升。二是财政运行压力较大。财政收入、一般公共预算收入、税收收入均出现下降，加上实施增值税留抵退税，财政收支平衡压力大。

三、2023年发展思路

2023年，双桥经开区将深入学习宣传贯彻落实党的二十大精神，深度融入成渝地区双城经济圈建设、西部陆海新通道建设和全市“一区两群”协调发展，以创建国家级经开区为统揽，加快建设先进制造业新高地、着力打造产城景融合示范区，联动发展创新之城、产业之城、山水之城，不断壮大专用汽车、静脉产业、电子信息、锶盐新材等特色产业集群，着力推进强产业、强创新、强开放、强服务、强民生，为新时代新征程全面建设社会主义现代化新大足作出新的更大贡献。

2023年主要预期目标为：规模以上工业企业总产值687亿元（含产活）、增长46%，规上工业增加值率28%；固定资产投资89.2亿元、增长12%，其中工业投资79.7亿元、增长25%；规上工业企业研发投入11.5亿元。围绕以上目标，突出“九抓”举措，做到善作善成、久久为功。

（一）全力抓党建引领发展

深入落实新时代党的建设总要求，忠诚拥护“两个确立”，切实增强“四个意识”、坚定“四个自信”，坚决做到“两个维护”，确保党中央决策部署和市委工作要求、区委工作安排落地落实。持续深化市委巡视整改，做好巡视“后半篇文章”。坚定不移正风肃纪反腐，努力营造风清气正、干事创业的良好氛围，为奋进新征程凝聚强大力量。

（二）全力抓国家级经开区创建

高标准成立创建工作领导小组，对标对表即将出台的国家级经开区实施细则，编制完善经开区行动计划，积极争取商务部、市商务委支

持，加强与东部地区国家级经开区、市现有国家级经开区交流沟通，制定“国家级经开区”申报规划，全力填补在对外开放、科技创新、统筹协调、发展质量等方面的不足，力争2023年纳入国家级经济技术开发区培育。

（三）全力抓特色产业集群

加速布局新能源汽车及零部件产业，大力发展智能网联汽车、汽车检测、无人驾驶等产业，构建完整的产业生态。壮大静脉产业“一园三链”，开发特种钢、有色金属等高附加值、高科技含量产品，布局锂电回收利用产业链，与南充、遂宁、泸州等地联合建立成渝地区静脉产业联盟。引育摄像头模组核心零部件企业，拓展汽车电子以及智能终端、电子元器件、集成电路等产业链，发展智能终端结构件制造基地和电子信息模具研发中心。高标准建设锶盐新材料产业园，加快瑞得思达、元泰化工等项目建设，成功认定为市级化工园区，全力建设“世界锶都”。同时，因地制宜地发展现代商贸物流和大健康产业。

（四）全力抓科技创新赋能

支持长足飞越、中国汽研等博士后科研工作站研发创新，支持中天电子、江西环锂等企业与高校、科研院所构建技术创新联盟，新建双桥工业园区科技企业孵化器。引导双钱轮胎、宇海科技等20家企业开展“机器换人”、“设备换芯”、“生产换线”和“云化”部署，力争新增智能工厂1家、数字化车间2个、智能化生产线20条、“上云上平台”企业10家、“两化融合”贯标企业5家。建好智慧城市、双桥智慧园区、凯瑞智慧环卫等管理系统，全方位纵深推进数字化改革。

（五）全力抓招大引强

实施“链长”招商，通过“大项目带小项目、整装带配套、下游带上游”，力争引进一批投资大、技术新、效益好、带动强的产业项目。坚持亩税论英雄，调高招商标准，单位土地产值产出强度每亩不低于700万元、亩均税收不低于15万元。坚决从过分依赖土地资源、过多消耗环境容量的传统路径中“走出来”。引导企业融入全球产业链、供应链、贸易链，推动沣达通等外贸企业不断做大做强，2023年力争利用外资4700万美元以上，进出口贸易额4亿美元以上。

（六）全力抓重点项目建设

关注技改投资，加大政策、资金支持力度，加快朝航年产100万吨钢结构制造等40个工业项目建设进度，力争中国公路车辆专用车轻量化构件生产项目等62个项目顺利竣工投用，预计完成年度投资99.3亿元。加大系统谋划、加大推进力度，争取更多项目进入国家和市相关规划，确保“三线建设”遗址保护等10余个重大项目争取上级资金尽快到位。有序做好供地、环评等工作，推动达汉线路板（二期）、京能、新能源动力电池综合利用、足航年产101万吨合金钢、普钢环保技改等28个项目完成前期工作。

（七）全力抓营商环境优化

聚焦“一件事一次办、少跑腿不跑腿”“一切为项目让路，一切为企业服务”等目标开展集成服务改革，“帮办墙内事，包办墙外事”，打造“五低成本”投资环境。落实助企纾困一揽子政策，及时兑现减免缓税费政策，加强涉企金融服务、能源供给、用地用工保障，切实降低企业成本。大胆为企业搞服务、真诚与企业家交朋友，推进“双联双保”精准服务企业，健全问题收集、协商、交办、反馈机制，实现服务全覆盖、问题不过夜。

（八）全力抓城市功能提升

统筹实施供排水等管网、道路及附属设施改造等项目，系统推进太平河水环境治理修复、大气降温除尘系统建设等工程，确保太平河水质稳定达标、全年空气优良天数达300天以上。联动做好巴岳山、龙水湖“山水文章”，谋划重庆“三线建设”文博公园、汽车文创园建设，推进龙水湖露营基地建设，盘活新胜茶场、长河煸煤矿基地等闲置资源，推动汽车文化周活动，建成白鹤城市湿地公园等城市水系连通工程，着力打造“花境双桥”城市名片。深化“大城三管”，持续抓好“创文巩卫”“无废城市”等建设，实施好城市净化、美化、智能化等工程，提高城市综合治理能力。

（九）全力抓社会民生改善

完成老旧小区改造8.2万平方米以上，建设重庆卫生技师学院（一期）、双桥中学扩建工程、西子湾露营地等一批市区级民生重点项目。接续做好乡村振兴联系帮扶工作。积极防范经济、金融等领域风险，深化国企改革，加快推进以管资本为主的职能转变，降低融资成本、控制债务规模。严格落实安全生产“十五条硬措施”，深化常态化安全监管，切实做好维稳工作，确保经开区安全和谐稳定。因时因势优化疫情防控措施，认真落实疫情防控“新十条”，全力做好老年人、慢病群体、适龄儿童等群体疫苗接种工作，守护好人民群众的生命安全和身体健康。

（执笔人：唐俊）

璧山高新技术产业开发区

重庆璧山高新技术产业开发区管理委员会

一、2022年发展回顾

2022年，璧山高新区建成区面积拓展至33平方公里，弗迪锂电池、康佳研究院、青山工业等企业1724家，其中规上工业359家，全年园区实现规上工业总产值923亿元、同比增长10.3%，占全区规上工业总产值（集中度）的94.3%，规上工业产出强度达180亿元/公里^2，规上工业增加值达280亿元。战略性新兴产业产值387.7亿元、同比增长40.9%，数字经济产值494.8亿元、同比增长37.3%。固定资产投资187亿元、同比增长18%，其中工业投资166.5亿元、同比增长14.8%。

（一）能动服务大局，砥砺赶考担当，全力做好构建先进制造业体系的答卷

一是依托龙头企业加快实现战略性新兴产业集聚。高新区获批国家新能源汽车电驱系统产业集群称号，进入首批市级智能网联新能源汽车产业园创建名单。比亚迪动力电池产值突破220亿元、启动新增20GWh扩能项目，中车恒通迁址璧山实现新能源客车量产，弗迪电池研究总院、中国兵装传动技术研究院相继落户，众泰汽车战略重组取得实质性进展。2022年围绕四大主导产业集群共签约项目82个，合同总投资额602.91亿元，预计新增产出650亿元。中科曙光等62个龙头产业项目快速推进，中国长安智能网联新能源汽车零部件产业园等60个项目实现开工，康佳、中车等30个项目投产达效。聚焦新兴制造业开展“卡脖子”技术“揭榜挂帅”，康佳Micro LED加速实现产业化，恒渝光刻胶、脑陆科技等发力攻坚核心技术，战略性新兴产业占比提高到51.2%。

二是立足产业基础着力打造优势产业集群。以高标准建设西部（重庆）科学城璧山片区为目标补链强链延链，着力推动智能网联新能源汽车、电子信息千亿级产业集群成形起势。智能网联新能源汽车产业领域，引进深商智能联网汽车整车项目、比亚迪动力电池扩能及研究院项目、中国长安线控底盘和轻量化材料等龙头项目，汇集规上企业115家，产值达到524亿元，细分领域动力电池、转向器、DCT变速器占全市的产能份额分别达到70%、22%和60%，初步形成“整车+三电+配套”产业体系。电子信息产业领域，签约电子科大IGBT芯片设计封测、平创半导体等高精尖项目，规上企业达到92家，产值突破150亿元，重点发展新型显示、集成电路与半导体、高端软件等领域，填补璧山射频芯片领域产业空白，初步形成“智能终端配套+新型显示+集成电路设计与封测”的电子信息产业体系。

（二）强化守正创新，铆足赶考动力，全力做好激发高质量发展活力的答卷

一是创新主体能级提升。创新主体数量明显增加。新增科技型企业160家、高新技术企业50家；新增龙润等“专精特新”企业89家、平创

等4家市级中小企业研发中心，成峰水务等12家企业获批市级企业技术中心；青山工业数字化管理平台建设入选2022年市级制造业“一链一网一平台”试点示范项目（全市共3家）。弗迪锂电池、大江动力等4家企业上榜2022重庆制造业民营企业100强。研究院经济稳步壮大。与康佳携手共建“研究院＋产业园＋基金”模式，靶向破解光电技术等技术，汇聚行业顶尖人才350余人，完成1444件全球有效知识产权提案。依托重庆高新技术产业研究院打造“研究院＋孵化＋产业园”模式，累计孵化落地25家科技企业，拥有有效知识产权近400件。创新构建“高校团队＋研究院＋专精特新”校地模式，重庆大学璧山先进技术研究院正式揭牌，已入驻团队12个；重庆理工大学新能源及智能网联汽车产业研究院已初步建立中德新能源汽车等9个研发中心。全区新增研究院公司5家，累计达36家，集聚本科及以上科研人员757人，研发投入约2.19亿元。

二是创新载体成效明显。孵化器水平不断提升。新引进“易智网璧山科技成果转移转化示范基地”，实现孵化面积约25万平方米。力合清创科技孵化器成功获批国家级孵化器（系我区首家）。高新技术产业研究院获批海智工作站。校地合作进一步深化。与重庆大学等院校合作共建空间太阳能电站实验基地项目，实验大楼已完成主体封顶。举办重庆理工大学校企对接活动，设立“校地科技合作专项资金”支持开展科研成果转化。落地中国科学院纳米3D光学检测技术项目。

三是创新氛围更加浓厚。优化落实“创新二十五条”。出台《璧山区科技创新容错纠错实施办法》。试行创新服务券发放制度，向98家企业、106个项目企业发放补贴269.1万元。配合重庆海关支持科技创新进口关税优惠政策试点落地。大力举办创新活动。成功举办第五届中国（国际）Micro LED显示高峰论坛、科技艺术融合创新季等系列活动，四川美术学院—重庆锐梵创新科技发展有限公司艺术硕士研究生联合培养基地揭牌。强化知识产权保护。设立全市首个区域知识产权服务窗口，完成国家区域专利信息服务（重庆）中心挂牌，引育知识产权服务机构6个，新增有效发明专利148件，PCT申请量达142件，万人有效发明专利达到12件。

（三）牢记企业为上，站稳赶考立场，全力做好营造“近悦远来”营商环境的答卷

一是创新服务举措。推行“有事找书记”工作法，帮助企业和职工协调解决问题300余个。深化“审批代办专员”制度，累计为125个项目提供专办服务。对443家规上企业进行“精准画像”，梳理“明日之星”企业92家。利用“企业吹哨、部门报到”“周二早餐会”“政企直通车”等平台，累计收集企业问题308个，解决262个，办结率85%。开通高新区循环换乘公交线路3条，串联企业600余家，便利企业员工40000余人。

二是强化要素保障。保障企业用工。开展“春风行动”，47家企业提供岗位400余个。组织40余家企业赴巫溪、梁平开展现场招聘23场，达成意向4500余人。赴重庆理工大学等7所院校召开校园专场招聘会，与重庆机电大学签订校企战略合作协议。加大资金扶持力度。“八大资金池”支持企业104家，新增企业融资40亿元，储备融资项目1.5亿元。拨付产业发展专项资金25笔，共计补助金额12.47亿元。为35家企业共37个项目争取72.66亿元的国家发改委中长期贷款支持及21家企业享受35亿元的设备购置贷款贴息政策。有序土地供给。回收亚士创能等国有土地640亩。出让商住用地647亩，划拨渝西

加压站、疾控中心用地1000余亩。完成征地金凤隧道璧山段、比亚迪三期等2700亩。为龙润等26家企业累计供地3311亩。

三是提速基础设施建设。加快高新区80平方公里国土空间规划编制。开工建设高新区实验学校、凤凰小学二期。建成投用站前片区道路5公里，中小企业集聚区主体工程完成85%，中小企业家园一期竣工验收。西部（重庆）科学城先进数据中心已完成主体施工。完成曙光湖片区、新能源装备产业园片区内110KV虎峰大道以北段迁改下地工作和沙坡通、狮子火车站通信基站迁改工作。

二、存在的问题

2022年，坚持以创新引领激活发展动力，以项目为王抓好招商引资，以和风细雨服务理念优化营商环境，较好地完成了各项目标任务。但也清醒地认识到，离国家级高新区、西部科学城的国家战略标准还有差距，发展中仍然存在一些突出问题和短板，主要表现在：经济总量还不够大，发展质量还不够高，创新动能还不够足，转型发展的任务仍然十分艰巨；传统企业占比高，附加值低，抗风险能力弱；产业集群优势不明显，新业态缺乏，产业链韧性和抗风险能力有待增强，制造业提档升级需持续发力；资金压力大，基础设施建设滞后，产业承载能力明显不足；企业内生创新需求和政府科技服务错位；开放型经济发展水平不高，外资利用和进出口额小；网格化机制不畅，企业服务针对性不强，园区管理效能差；党的建设还存有薄弱环节，干部职工在“没钱也能干好事”的能力素养、思想解放、担当作为方面还存在差距。对于这些问题，一定要采取有效措施，切实加以解决。

三、2023年发展思路

（一）聚焦主导产业，在推动补链成群、提升制造业能级方面展现新作为

强化产业立区、制造业强区，实施“千亿集群、百亿链主、亿元规上、万家创新”四大产业培育工程，加快构建市场竞争力强、可持续发展的现代产业体系。

打造重点优势产业集群。坚持发展实体经济不动摇，专班推进招商引资、市场开拓、企业服务，打造智能网联新能源汽车、电子信息、智能装备、大健康四大优势产业，力争早日形成新能源汽车及配套产业“千亿集群”，支持比亚迪、中国长安、青山、红宇等成长为“百亿链主”企业。持续推动“建链、补链、强链、延链”，培育一批“亿元规上”核心配套企业，形成产业成链、企业成群的“满天繁星”格局。落实“万家创新”配套政策，加快突破新能源汽车线控底盘、第三代半导体、高端机床等领域的关键技术。

推动传统产业转型升级。坚持制造业“高端化、智能化、绿色化”发展方向，打造一批市场价值高、拥有核心专利的品牌企业，提升“璧山制造”的美誉度和影响力。巩固提升笔记本电脑配套产业，完成智能化改造项目50个，规上工业企业智能化改造实现全覆盖，创建数字化车间、智能工厂6个，打造绿色工厂2家、节水型企业5家。高新区争创近零碳园区。

培育扶持优质制造企业。深入实施企业梯度培育计划，新增“专精特新”和“小巨人”企业23家，培育扶持“明日之星”企业100家。全面落实中小企业普惠政策，用好国家制造业中长期贷款，推动首台（套）装备、首批次材料等示范应用。加强重点企业供应链管理，建立风险预警机制，参与供应链协同伙伴计划，引导链主企

业开展供应链重组补链，吸纳本地中小企业配套进入。

（二）强化科技赋能，在培植创新沃土、增添发展后劲方面展现新作为

坚持创新在现代化建设全局中的核心地位，推动创新链、产业链、资金链、人才链深度融合，不断塑造发展新动能、新优势。

打造高能级创新平台。提速建设西部（重庆）科学城璧山片区，加快推进曙光湖片区开发，集聚一批高端研发机构和高水平研发团队。发挥重庆高新技术产业研究院、重庆大学璧山先进技术研究院在创新中的“策源”作用，支持国内外知名高校、科研院所、大型企业等来璧设立新型研发机构，孵化更多科技成果。提升重科大、中关村e谷等孵化平台专业服务能力，新培育国家级孵化器1个。

壮大高水平创新主体。构建以“研究院经济”为主体、实体企业为主导的“产学研用”创新体系，支持康佳、比亚迪分别申报国家级、市级制造业创新中心，助推中科曙光、龙润等建设市级以上重点实验室，力争空间太阳能电站实验基地建成投用。鼓励“揭榜挂帅”“赛场识马”，助力脑陆科技、格物光电等加快突破一批“卡脖子”关键技术，形成一批原创成果。新增科技型企业300家、高新技术企业40家，规上工业企业建立研发机构比例达到51%，全社会研发投入占比提高到3.35%。

营造高质量创新生态。深入实施创新驱动发展战略，落实科技创新“25条”、金融支持创新“28条”等政策，用好创投基金、产投基金，推动各类资源要素向科技型企业、重点科研项目倾斜。完善科技创新容错纠错机制，开展赋予科研人员职务科技成果所有权或长期使用权试点。发挥产业科技创新联盟作用，高质量筹办创新创业大赛等活动。争创国家知识产权强市建设试点城市，推动建设重庆知识产权保护平台、国家区域专利信息服务中心，万人有效发明专利拥有量达到18件。

（执笔人：文善钢）

永川高新技术产业开发区

永川高新技术产业开发区管理委员会

2022年，永川高新区在市委市政府、区委区政府的坚强领导下，坚持以习近平新时代中国特色社会主义思想为指导，深入贯彻党的二十大精神，认真落实市第六次党代会、区第十五次党代会精神，紧扣永川“2235”总体发展思路，着力建设现代制造业基地，提质建设西部职教基地，做大做强国家高新区。2022年，实现规上工业总产值1461.8亿元，同比增长6.9%；固定资产投资226亿元，同比增长3.67%；进出口总额75.8亿元，同比增长5.27%，税收48.33亿元，同比增长8.94%。

一、2022年发展回顾

（一）持续深化改革激发活力，国家高新区不断做大做强

一是扎实推进体制机制改革。按照“政企分开、管运分离”的原则，整合现有平台公司资源，组建重庆永川高新技术产业投资发展集团有限公司，构建高新区、园区、平台公司“1+3+2”管理运行模式，进一步明晰政府和市场的角色定位，形成市场主导、政府支持的管理运营体制，确保管委会、运营公司分工明晰、各司其职，携手推动高新区高质量发展。二是积极承接行政权力下放。经积极争取，2022年3月25日，市政府印发《关于向永川高新技术产业开发区下放一批行政权力事项的决定》（渝府发［2022］24号），向永川高新区下放行政权力事项55项，已先后与市住建委、市卫健委等市级部门签订了行政权力下放委托书，企业服务中心完成装修即将投用，办事指南和事中事后监管措施完成制定。三是加快完善规划编制。完成编制《西部职教基地“十四五”发展规划和2035年远景目标纲要》并以区政府名义印发，努力打造“成就工程师的城市”。完成编制《国家高新区绿色发展专项行动方案》《高新区循环改造方案》，切实指导园区循环化改造工作，提高能源资源利用效率，提升园区绿色低碳循环发展水平，助力实现碳达峰碳中和目标。

（二）深入推动产业转型升级，现代产业体系加快构建

一是“链长制”招商势头强劲。全面实施“链长制”招商，围绕“5+3”产业体系，加大“双招双引”力度，梳理出汽车摩托车、智能装备等13条重点产业链，开展汽车摩托车产业招商引资集中攻坚行动，积极探索基金招商，先后引进豪斯特、新明珠、汉达精密电子等项目114个，合同引资636亿元。二是项目建设全力推进。扎实开展抓项目稳投资专项行动，梳理开工、在建、前期项目清单，推动投资进度、施工进度、时序进度能快则快、能早则早，96个重点项目完成投资131.78亿元，长城汽车西南制造中心（二期）、中车四方轨道交通智能制造基地（二期）等83个项目开工建设，松峰年产300万台电摩零部件生产项目、宏程铭建材等15

个项目建成投产。三是对外开放持续拓展。永川高新区铁路专用线正式通车运行，首发长城汽车专列。永川港接入西部陆海新通道，实现“江铁海”联运。进入首批重庆自贸试验区联动创新区，成功获批重庆海峡两岸产业合作区，台商交流合作持续深化。

（三）加快推进职教提质增效，西部职教基地建设成效明显

一是实施提质工程。西部职教基地运营管理有限公司完成注册，积极推进西部职教集团实体化运行。成功举办2022年全国职业院校技能大赛中职组手工制茶大赛，提升基地的知名度和影响力。重庆文理学院顺利通过硕士学位授予单位建设进展核查，获评首批国家级创新创业学院，与重庆城市科技学院共同获批国家级一流本科专业建设点5个、获批省级一流本科专业建设点7个。大力支持人才引进，各大中专院校全职、柔性引进正高级职称人才31人、博士26人。二是实施扩容工程。积极与西凯教育、华为公司和中软国际共建重庆技术大学。重庆现代制造职业学院开工，永川职教中心新校区、重庆市渝西卫生学校新校区建成投用，重庆城市科技学院教师公寓、重庆城市职业学院扩建工程竣工，17所在永大中专院校学生达到17.6万人，创历史新高。三是深化产教融合工程。央视新闻报道西部职教基地产教结合育人成效，学生毕业即就业。组织在永院校47名校领导、640名学生前往区规划馆和高新区内重点企业参观学习，进一步促进在永院校毕业生留永生活。全国首个鸿蒙5G-AIOT实训平台在重庆智能工程学院投入教学运用，引导长安汽车、西门子、摩立斯数字科技等龙头企业与在永院校共建一批二级学院，全年新增订单班、中国特色学徒制班64个。

（四）大力实施科技创新驱动发展，科创能力全面提升

一是创新主体培育建强。持续实施百家高新技术企业培育计划，深入30余家企业一对一指导帮扶，解决企业申报困难50余件，全年通过科技部火炬中心认定新增高新技术企业34家，全区达到227家。广数机器人、达瓦未来等50家企业获批市级“专精特新”中小企业，重庆磐谷动力获评全国专精特新“小巨人”企业。持续推进数字赋能，完成企业智能化改造项目89个、“上云上平台”30家。二是企业创新积分制持续深化。完善企业创新积分评价指标体系，搭建企业创新积分平台，汇通共享相关部门近400家企业研发费用加计扣除额、有效发明专利等29项创新数据，主动发掘和筛选区内创新能力突出的科技型企业，精准推送政策和服务资源；与中国工商银行重庆分行合作开发“永川高新区创新积分贷”产品，为企业融资贷款增信，加速企业成长。三是创新资源加快集聚。与重庆文理学院签署共建“永川科技创新中心”战略合作协议，提质建设环重庆文理学院创新生态圈，新引育团队18个、企业46家，抗癌新药PZ-1片获得国家一类药物临床试验批件。何继善院士领衔的香港中文大学（深圳）城市地下空间及能源研究院重庆分院落地投用，聘请彭苏萍、蔡美峰等7位院士为我区绿色能源产业发展顾问。华中科技大学重庆华工智造工业技术研究院、哈尔滨工业大学重庆研究院合作事宜深入推进。

二、发展中存在的问题

产业发展仍存在不足。产业链头部企业、支柱企业少，百亿级产业集群和亿元级纳税企业少，“大企业顶天立地、中小企业铺天盖地”的

产业生态尚未形成。

部分项目建设缓慢。受市场环境不佳及新一轮国土空间规划未下达等影响，部分企业及学校建设项目推进缓慢，园区拓展受限。

企业科技创新不足。大部分企业研发投入较少、科技创新能力不足，加之高层次人才引进困难，领军型、行业影响力人才不多，导致企业创新活力、内生动力不足。

三、2023 年发展思路

（一）进一步深化体制机制改革

积极承接和运用好重庆市政府下放的 55 项市级权力和区级相关权力，按照服务于企业的开办、规划、建设和投产全生命周期建设高新区企业服务中心，打造一站式服务中心，让企业享受高效、便捷、温馨的服务，努力把高新区打造成“营商环境最优区中的最优区”。进一步理顺体制机制、明确职能，构建起权责清晰、精简高效的运行体系，真正做大做强永川高新区。

（二）进一步厘清专项规划编制

根据“三区三线”划定的高新区发展空间，以及区委区政府对高新区的定位，进一步完善现有高新区总体发展规划，明晰空间布局、产业发展、科技创新等方向和功能定位。加快推进永川高新区规划环评工作，协调好产业发展与园区环境保护之间的关系，统筹园区减污降碳协同共治、资源集约节约及循环化利用、能源高效利用、环境风险防控等重大事项，引导产业园区生态化、低碳化、绿色化发展。

（三）进一步推动经济社会发展

依托“链长制”招商，围绕“5+3”产业体系，推进产业链建链、强链、延链、补链等，加快打造一批百亿级千亿级先进制造业集群。全方位动态推进项目建设，以攻坚的思路、办法、责任，倒排时序、挂图作战，加强项目跟踪和对接服务，科学运用质量安全提前介入方式，提速项目建设，确保各项目标任务如期完成。加快推动园区向外拓展，实现产业带动人口聚集、园区带动城市拓展，助力我区“双百”城市建设。

（四）进一步提质西部职教基地建设

全力推动在永院校提质扩容，深入开展国际交流与合作，推进西部职教集团实体化运行，加快出台西部职教基地激励措施，加快筹建重庆技术大学、重庆农业技术职业学院，办好西部职业教育高峰会、西部职教基地综合运动会、职业教育改革发展论坛等重大节会活动。进一步深化产教融合，将专业建在产业上，加强共享优质师资网络平台的推广使用，扩大“双师”型教师队伍规模，分步制定出台“专业共建、人才共育、设施共用”实施方案，增强职业教育的适应性，加快构建现代职业教育体系，助力永川建设“成就工程师的城市”。

（五）进一步全面推进科技创新

加快“科创中国”试点城市建设，规划建设 30 万平方米科技创新中心。继续发挥高企协会作用，持续办好新经济大讲堂，定期举办讲座、论坛、沙龙等活动，加大高企申报培育力度。坚持“双招双引”，制定专项支持政策，吸引科研院所和科技创新人才落户，深入开展企业创新积分制试点、推进科技金融服务“十百千万”专项行动，持续优化创新创业生态。

（执笔人：罗瑞恒）

荣昌高新技术产业开发区

重庆荣昌高新技术产业开发区管理委员会

荣昌高新区管委会认真贯彻党的二十大精神和中央、省、市各项决策部署，深入落实区第十五次党代会精神，有力促进全区“两高三新”战略布局建设，扎实开展“党建全面从严落实年”主题活动，始终坚持疫情要防住，经济要稳住，发展要安全，确保经济运行在合理区间，稳住了经济大盘，发展态势总体向好，百强国家高新区顺利推进，取得优异成绩。

一、2022 年工作成效

2022 年全年，荣昌高新区累计入驻工业企业 755 家，投产企业 585 家，新升规企业 24 家，规上企业累计达到 339 家，实现工业总产值 1004 亿元，同比增长 8.5%，其中规上工业实现总产值 914.6 亿元，同比增长 8.1%；主导产业集群规上企业产值 900.01 亿元，同比增长 7.91%，增加值为 243 亿元；战新产业产值完成 185.02 亿元，占规上工业总产值的 20.23%，与 2021 年相比，增加了 0.26 个百分点；规上高企营业收入 347.8 亿元，同比增长 6.24%。完成工业固定资产投资 159 亿元，同比增长 6.5%。全年新签约项目 34 个，其中亿元以上重大项目 30 个，正式合同额 242.8 亿元，占目标任务 220 亿元的 110.36%。在 2021 年国家火炬中心考核中列全国第 124 位；在 8 个国家级开发开放平台（开发区）经济社会发展量化考核中连续三年列第 5 名，等次为“良好”；荣昌高新区吴家产业园被纳入全市统一规划布局；获评重庆市休闲食品产业园（建设基地）。

回顾 2022 年工作，荣昌高新区高质量发展成效明显。

（一）坚持稳增长、调结构，综合实力不断提升

受到新冠疫情、俄乌冲突、极端高温天气等多重因素影响，面对经济下行、原料价格上涨、成本压力加大等多重困难，高新区经济平稳向好，工业总产值、规上工业总产值、战新产值、工业固投等主要指标均保持两位数以上的增长速度，呈现出总量、增幅、质态同步快速回升的良好态势。全年新升规企业 24 家，累计规上企业达到 335 家；新获批战新企业 10 家，累计战新企业 65 家。全年战新产业产值预计达 185 亿元，同比增速 12.8%。

（二）坚持抓招商、促项目，发展后劲有效增强

抓招商引资一号工程，突出早谋划、早部署、早行动，形成“周周有签约、月月有开工、季季有投产”的滚动良好局面，新上项目的体量、质量一路走高，一大批智能制造企业赋能产业升级。签约了一批大项目、好项目、新项目，重点引进江苏吉朋科技有限公司投资 60 亿元建设城市电动车生产基地项目，中能国润投资 40 亿元建设分布式光伏发电项目，深圳市碧锦五金建材有限公司投资 18 亿元建设包装新材料产业

园等多个10亿级以上项目。在库项目中，社会投资项目累计达134个，合同投资额582亿元。全年举行集中开工活动4次，娃哈哈饮品、优矿塑、艾伯耐特、爱森堡玻璃等104个项目开工，总投资388.43亿元，完成目标任务的104%；共举行集中投产活动4次，德力玻璃、乾锋制药、昊格新能源、银田汽车等54个项目投产，完成投资额168.6亿元，完成目标任务的108%。社会投资类重点项目共30个，总投资345.9亿元，年度计划投资98.04亿元。截至12月，实际完成投资98.04亿元，投资完成率100%。东矩、高瞻、淬智机械等83个技改项目投产达效，产能逐步释放。拥有瞪羚企业、牛羚企业等高成长性企业10家，专精特新企业70家。

（三）坚持强创新、增动力，创新创业生态日益完善

不断培育高新技术企业，营造浓厚创新创业氛围。新增42家，净增高企28家，累计达到151家，新增科技型企业96家，累计达到756家。区创新研发孵化平台累计达171个、市级以上创新平台累计达到82家，分别较上年新增14个区级平台、4个市级平台。完成财政部重庆监管局对荣昌高新区“科技资源支撑型特色载体专项资金”绩效评估，再获1000万元中央专项奖补资金。打造国家级科技企业孵化器，国家级孵化器“火炬云创”正式揭牌，新增孵化面积近8000平方米，成功引进吉林大学入驻成立重庆吉棠生物技术研究院有限公司、日本海归博士谷京睿及研发团队成立新芒夏布（重庆）工业技术研究院、留美双博士龚伟及团队成立华西（重庆）新材料技术研究院有限公司等32家科技创新企业，新增备案国家众创空间1个（荣联科技众创空间），国家级、市级众创孵化平台累计达到8家，在孵企业1700家，累计毕业350家，组织园区企业参加第五届“中国创翼”创业创新大赛重庆市选拔赛暨重庆市第六届“渝创渝新”创业创新大赛、2022年川渝青年创新创业大赛，成功举办“科技创新·高质量发展”合作交流沙龙活动。古思特创客空间（火炬云创科技企业孵化器）被共青团重庆市委员会授予重庆市“青创空间”荣誉称号。完成智慧园区信息化系统建设。全区发明专利723件，每万人发明专利拥有量为10.93件，同比增长10.07%。能自主开展研发活动的企业比例已达54.2%，规上企业研发经费累计达10.6亿元，R&D占GDP比重达4.4%。2022年新认定高层次人才25名、拟认定高层次人才15名，海智工作站累计达到3个，2022年火炬考核综合排名有望进入前120名之列。

（四）坚持扩空间、补短板，基础设施提档升级

完成荣昌高新区现行管辖范围28.8平方公里的四至边界确定，获批板桥组团、广富组团预支规划空间68.8806公顷，完成南拓1平方公里控制性详细规划，平场3000亩，出让土地1329.5385亩，收入17836.1337万元。基础设施建设方面，已有效融资16.45亿元，正积极争取专项债5亿元、市级补助资金9197.84万元。荣昌高新区产业技能培训中心建设工程项目、高新区陶瓷产业园新建道路及土地整治工程项目、高新区（国家级）产业转型升级示范区配套设施改造工程项目、G348项目（园区段）、广顺四条路项目等5个项目已完成竣工验收，荣昌电镀集中加工标准厂房二期项目、人才长租公寓建设项目、高新区楼宇式标准厂房建设项目、高新区板桥园智能装备制造产业配套工程项目、高新区永荣独立工矿区居民避险搬迁安置区工程等5个在建项目顺利推进，双城经济圈科技创新中心建设项目、南拓标准厂房建设项目、板

桥组团南拓绿化项目、广富组团品质提升项目、板桥组团品质提升项目、荣隆园道路建设项目等6个项目加快开展前期工作。其中，双城经济圈科技创新中心建设项目编制控规方案；南拓标准厂房建设项目、板桥组团南拓绿化开展挂网招标；板桥组团品质提升项目完成立项，正在进行施工图设计；荣隆园道路建设项目正在进行地质勘探。

（五）坚持优服务、解难题，营商环境持续优化

深化“放管服”改革，持续减时限、减环节、减材料，大力推行“不见面审批”，实行“统一申报、一窗受理、限时办结、只跑一次或不跑路”“告知承诺制”“容缺后补”制度，创新实施“跨部门并联验收制”，制定《荣昌高新区管委会一般项目用地管理办法》《荣昌高新区管委会办理〈提前施工备案书〉服务指南》《荣昌高新区管委会关于建立项目促建奖励制度的通知》《荣昌高新区管委会关于切实解决企业项目竣工验收“办证难”工作方案》等，荣昌高新区法庭、荣昌区税务局第三税务所正式入驻高新区。解决企业办理不动产权证难遗留问题6个，高效办理各类审批事项1986件。加强惠企稳企纾困解难力度，制定《支持荣昌高新区范围内企业融通发展六条措施》《2022年全面提升营商环境，助推企业达产达效大帮扶活动方案》等。全年帮助企业解决实际问题202个；推荐秋叶机械、大爱成、琪泰食品等68家企业办理“融易贷”贷款1.68亿元；2022年完成招商引资优惠政策项目审核73个，合计金额9761.81万元。2022年已兑现特色载体专项资金1426万元，拟兑现科技创新政策资金2400万元，帮助企业解决招工4000余人；常态化清理闲置土地1980亩、闲置厂房20余万平方米。

（六）坚持保安全、抓环保，总体形势平稳可控

先后印发《高新区落实“十五条硬措施”方案》《高新区安全生产“党政同责、一岗双责”实施方案》等文件，陆续开展和完成工贸企业燃气安全、建设工地防高坠、大排查大整治大执法、“三查三治”百日行动等专项行动，有效整改各类隐患800余条，实施行政处罚30家次，累计罚款7.76万元。完成标准化创建或复评企业21家、推进落实“两单两卡”企业170余家，累计出具消防、施工许可证、节能和绿建、质量监督等证件报告171件。高新区稳定形势总体可控，受理群众信访105件次，矛盾化解率达到95%以上，妥善处理生产企业和社会投资项目、政府投资项目欠薪事件，共涉及1200余人、金额3000余万元。持续加强大气、水、土壤污染防治及园区综合环境整治，督促企业整改完成蓝天办交办问题28个；聘请第三方公司内窥排查广富园和荣隆园市政管网62公里，发现错接、漏接等问题687个，51家企业完成环保问题整改，广富园、荣隆园39家企业完成综合环境整治工作。

（七）坚持高标准、高起点，百强高新区扎实推进

荣昌高新区围绕“百强国家高新区”创建阶段性目标，挂图作战靠前指挥、对表推进精准落实。一是高效率完成火炬统计，火炬营收由最初的602亿元提高到766亿元，当年新注册企业数由最初的1308家提高到1473家。二是高规格实施扩容提质，制定《荣昌高新区扩容方案》，将园区管辖范围由原备案面积27.87平方公里调整为100.07平方公里，高规格规划建设双城经济圈

科创中心，有序推进长租公寓等14个重点基础设施配套项目、高新区人民法庭装修工程等。三是高层次推动创建考核。8月，高新区领导及相关科室负责人赴科技部火炬中心专项汇报工作。9月，邀请到高级统计师、经济师及国家统计局教育中心师资库成员杨丽娟专家来荣做创建百强国家高新区专题讲座，对荣昌创建百强高新区进行全面分析，给出指导意见。

（八）坚持从严管、从实抓，党的建设切实加强

扎实开展党建全面从严落实年活动，制定《“党建全面从严落实年”主题活动实施方案》，组织理论中心组学习12次、周五集中学习42次、“三会一课”学习36次、高新大讲堂18期，机关党员干部学习强国学习平台平均每日积分超过30分。建立“我为群众办实事”长效机制，结合项目经理联系服务企业、支部联系点等制度，梳理形成单位、领导干部个人为群众办实事两张清单，切实有效解决企业发展过程中的难点、堵点问题90余个。机关支部高质量组织开展组织生活会2次，查找整改党员个人问题180余个。围绕市政工程领域违法违纪典型案例开展“以案四说”“以案四改”警示教育3次，修订《荣昌高新区机关管理制度》《荣昌高新区财务管理办法》等5项内部管理制度，签订《工程建设项目廉洁承诺书》《重点岗位人员廉洁承诺书》65份，完成所有二级班子2021年度廉政档案登记并交纪检组备案，通报会风会纪11次、工作纪律督查1次。留党察看1人、诫勉4人、批评教育2人。大力开展转作风、优服务活动，落实“123456”营商环境要求，营商环境赢得企业由衷点赞。深入推进“双强五好”党建引领非公经济高质量发展非公党建品牌建设，扎实做好群团工作。高效办理区人大代表建议、政协提案42件。狠抓干部执行力，全体干部气顺劲足，精神振奋，“担当、作为、率先”的干事创业氛围日益浓厚。

二、存在问题

当前仍面临一些困难和问题，一是财政支出刚性强。资金缺口较大，重点项目建设和企业扶持资金兑现存在较大难度。二是经济下行压力大，主要表现在经济下行、疫情反复、市场需求不足，企业投资减少等方面，项目引进、开工、投产、升规难度进一步增大。三是企业发展困难多。工业企业利润下降，原材料成本居高不下，企业面临订单减少、社保费用急速增加的困境。

三、2023年工作安排

2023年，荣昌高新区坚持以习近平新时代中国特色社会主义思想为指导，深入贯彻落实党的二十大以及习近平总书记对重庆提出的“两点”定位、“两地”“两高”目标、发挥“三个作用”和营造良好政治生态的重要指示精神，认真贯彻落实党中央、国务院决策部署、市委、市政府工作要求和区委、区政府工作安排，统筹疫情防控和经济社会发展，统筹发展和安全，立足新发展阶段、贯彻新发展理念、融入新发展格局、推动高质量发展，围绕“两高三新”发展目标，以深化体制机制改革和营造良好创新创业生态为抓手，以科技创新为核心，勇当建设成渝地区双城经济圈合作主战场和桥头堡“排头兵”，主动服务“一城一区五中心”科技创新格局，加快创建百强国家高新区，全力打造为创新驱动发展示范区和高质量发展先行区，奋力谱写高质量发展新篇章。

（一）总体目标

2023年实现工业总产值1130亿元，同比增长13%以上，其中规上工业实现总产值1070亿元，同比增长12.9%以上；规上工业增加值同比增长9.3%；工业固投同比增长15%；战新产值同比增长15%以上，工业集中度达到81%，新升规企业25家，高新区研发经费投入占GDP比重力争达4.6%以上。新签约工业项目正式合同金额220亿元以上，新开工项目100个以上，计划实施重点项目30个以上，总投资300亿元以上，投产项目50个以上，新认定创新平台5家以上，净增高新技术企业30家以上、力争达到35家，在库科技型中小企业达70家以上。科技部火炬中心排名上升5个位次以上，国家级开发开放平台考核稳中有升。

（二）重点任务

1. 强化一个引领

加强党的全面领导，坚持党建引领高新区高质量发展。探索实行党建统领问题管控，把抓党建落实到具体的行动上，形成以党建工作统领问题解决，形成问题发现靠党建、问题发生查党建、问题解决看党建。实施党的创新理论教育计划，创新完善干部激励机制，强化机关党委职能、坚强支部堡垒，进一步提升非公党建质效，深入开展“双强五好”创建。推进全面从严治党，驰而不息纠治“四风”，强化警示教育，着力抓好党风廉政、意识形态、组织、统战、人才、群团等工作。

2. 完成两项改革

一是实行行政审批制度改革攻坚行动，聚焦营商环境、治理能力等重点攻坚，着力推进数字化变革，实施跨区域合作发展功能平台改革建设工程，探索创新经济区与行政区适度分离改革，加快川南、渝西融合发展。二是加快体制机制改革。深入推进“一站通办”“一网通办”。共同打造建设成渝地区双城经济圈产业合作示范园。

3. 抓好三件大事

实施项目带动战略，着力抓好双城经济圈科技创新中心、荣昌高新区吴家产业园化工园区、招商引资三件大事，强信心、稳增长、促发展。2023年，计划新引进工业项目合同金额220亿元以上，其中10亿元以上重大工业项目5个以上，1亿元以上工业项目30个以上。

4. 开展八项行动

一是规划品质再提升行动。强化园区空间落地，加快制订50平方公里核心区控制性详细规划，坚持集约节约用地，坚持亩产论英雄，制订集约节约用地实施意见，对一般项目严控用地面积和容积率，提升亩均产出效益。二是项目建设再提速行动。开展工业项目大促建，进一步健全“领导包项目、工作人员定项目”的项目促建工作机制，实施项目建设“赛马比拼”，兑现社会投资项目建设进度奖励制度，对企业开工、建设、投产、达产过程中存在的问题，按照“小问题不过夜、大问题不过周”的要求限时解决，不断刷新项目建设“荣昌速度”。三是品质提升再加速行动。实施园区品质提档行动，细化完善荣昌高新区三个组团“品质提升”方案。加快推进品质提升项目建设，利用边角空地建成板桥园南拓高新公园、广富游园、荣隆小院+乐园等。持续巩固综合环境整治成果，全面提升运营管理“软实力”，实现治理体系和能力现代化。四是产业升级再加力行动。围绕主导产业，改造提升传统产业，积极推动数字化赋能，全力推动技改，设立“亩产英雄榜”，强化亩产论英雄，按税收强度排位，开展投产企业每年晒单比拼。深入分析产业转型升级、企业生产经营等过程中遇到的困难、问题，确保统计数据更好为主要经济指标平稳运行、经济高质量发展服务。五是企业培育再发力行动。健全“微成长、小升高、高壮大、大变强”梯次培育机制，制定和实施龙头企业、“专精特新”、单项冠军，上市企业、“四上企业”“高新技术企业”“科技型企业”“升规升限”培育清单。落实企业融通发展六条措施、招商引资等系列惠企政策，用足用好经保银贷、订单贷、知识价值信用贷、中小企业商业价值信用贷等政策，破解企业融资难、融资贵难题。六是职工关爱再出发行动。落实落细“123456”营商环境要求，打造一批营商环境示范，全面提升项目经理服务质效，完善“项目经理”网格化联系服务企业机制，实行“片区服务工程”，兼顾大中小微企业全天候、精细化、全覆盖服务指导，切实把服务企业落到实处，强化职工关爱，系统解决企业职工反映问题，让其干得舒心、充满获得感。七是转化孵化再放量行动。探索孵化器招商新机制，赋能孵化器高质量发展，强化目标导向、结果导向。加强初创企业、小微企业、科技型企业孵化，把科技成果转化作为孵化的重要内容。八是安全环保再加强行动。全面落实安全生产责任，严格执行安全生产要求，紧盯建设施工、消防、危化品等重点行业领域，增加下沉企业和在建项目的频次和力度，强化对投产企业和在建项目的安全与质量工作的执法监管，有效防范和坚决遏制重特大安全事故发生。深入践行绿水青山就是金山银山的理念，持续深入打好蓝天、碧水、净土保卫战，加大重点涉气企业和在建工地督查力度，力争空气质量优良天数超过300天以上。

（执笔人：李金勇）

两路果园港综合保税区

重庆两路寸滩保税港区管理委员会

一、2022 年发展回顾

2022 年是党的二十大胜利召开之年。一年来，重庆两路果园港综合保税区坚持以习近平新时代中国特色社会主义思想为指导，深入贯彻落实习近平总书记重要讲话和重要指示批示精神，在市委、市政府和两江新区的坚强领导下，认真贯彻落实“疫情要防住、经济要稳住、发展要安全”重要要求，坚持稳字当头、稳中求进，坚持以高水平开放、高质量发展统揽全局，以“三稳”（稳外贸、稳外资、稳投资）、“五抓”（抓产业、抓主业、抓招商、抓改革、抓服务）为着力点，统筹经济社会发展各项工作，推动综保区各项工作取得新进展、迈上新台阶。

（一）坚持战略引领，推动经济社会发展开新局

1. 谋划未来五年发展规划

综保区 2022 年获国务院批准更名为两路果园港综合保税区，获得了新的使命和任务。编制《重庆两路果园港综合保税区未来五年发展规划思路（2022—2026 年）》，制定保税绿色科创产业园产业规划、寸滩国际商务中心产业布局和商业策划方案，提出打造 3000 亿元级产业集聚新高地的发展目标。两江新区研究决定将重庆果园港国际物流枢纽建设发展有限公司运营管理体制调整优化为集团公司相对控股，形成了果园港片区、空港片区、寸滩片区“三极联动、三港融合”的高质量发展新格局。

2. 推动经济高质量运行

把推进重大项目作为促投资、稳增长的重要抓手，狠抓固定资产投资、加快形成更多实物工作量。建立定期调度重大项目和经济运行机制，以保税绿色科创产业园为载体梳理项目库、建设资金池，启动全员招商，建立跨界招商机制，推进项目落地建设，促进企业稳产增产。综保区实现规上电子工业产值 1070 亿元，在全市占比 15%，工业增加值率较 2021 年提升 0.6 个百分点；外贸进出口总额 1870 亿元，在全市占比 25%，排全国第 9 名；完成固定资产投资 180 亿元、同比增长 27.1%；完成招商引资合同额 156 亿元；果园港国家物流枢纽区货物吞吐量 2400 万吨、同比增长 15%，集装箱量 90 万标箱、同比增长 70.9%，发运中欧班列 520 班、西部陆海新通道班列 450 班，为全市和两江新区外向型经济发展作出了应有贡献。

（二）坚持稳中求进，全力稳住工业基本盘

1. 谋划工业产业布局

围绕综保区打造保税绿色科创产业园的总体目标，坚持“高端化、智能化、绿色化”的产业发展方向，科学、合理规划汽车、电子和新材料等重点项目产业布局发展，研究优化政策支撑配套体系，综合“奖、补、投、管”多种形式，形成了《重庆两路果园港综合保税区促进保税绿色科创产业高质量发展若干政策》，着力构建“网

内 + 网外”新型保税加工发展区、“网内保税仓储 + 网外生产及销售配套”新型制造产业区、网外绿色科创产业园。

2. 抓好保供稳链保障

建立重点加工制造企业运行调度机制，全力以赴帮助企业共同克服二季度“料件紧缺”、三季度“高温限电”、四季度“疫情持续”等困难，确保主要经济指标运行在合理区间。全面贯彻落实国家稳经济大盘一揽子政策，加大惠企政策宣传力度，指导企业积极争取上级单位惠企资金5456万元，综保区累计拨付各项政策资金约1.9亿元，助力企业增强发展信心。

3. 创新赋能稳产增产

坚持以大数据智能化为引领，充分利用政策引导，重点企业累计新增技改项目10个；完成旭硕第二批高智能化示范产线、纬创联想FATP智能化车间等一批亮点技改项目，3家企业获评2022年市级数字化车间；无人化供应链示范场景加快推广，开通“飞力达—凯全”、“飞力达—旭硕B02”2条无人驾驶货运示范线路，成为两江新区国家级车联网先导区亮点应用场景。推动保税研发业态取得新突破，实现前端研发全覆盖，完成首例医疗器械研发外发加工。推动“备件 + 维修 + 再制造”的服务型加工贸易产业生态扩容拓面，保税维修规模同比增长116%。

（三）深挖一般贸易潜力，千方百计推动创新发展

1. 挖存量拓增量促发展

全面调度重点企业业务放量，持续做好扶持政策对付等服务保障工作，促进传音、建发、伟仕、托克等项目重点项目稳定放量，进一步加大招商引资力度，积极引进亚马逊、璀璨储粮、康佳新能源、迈特涞斯、华能新能源、环卓实业、天海汽车等优质贸易结算类项目20余个。一般贸易全年完成660亿元，同比增长8.7%。

2. 重商贸强物流稳增长

启动空港物流枢纽产业提档升级规划工作，积极联动商务委、口岸物流办、中新局以及两江新区、渝北区等资源富集型有关部门和单位，形成资源共享的联合招商工作机制，协助15家新引入二次招商企业加快办理工商注册、税务注册和海关备案等落户手续。空港国际商贸物流园（含贸易功能区）注册企业全年增值税和所得税贡献增长达到50%。

3. 抓电商树品牌固优势

成功推动综保区挂牌“跨境电商示范园区”“重庆造出口基地”，整合平台、关务、物流、供应链、金融等要素资源，累计引进跨境电商企业40余家，进一步增强业务集聚优势。推动果园港形成跨境电商多式联运出口业务枢纽，推动菜鸟仓跨境电商宠物食品分装业务试点工作落地。全年实现跨境电商交易额89亿元，同比增长16.3%，在全市占比82.2%。

（四）提升对外开放水平，进一步增强发展动力活力

1. 开放形态持续创新

积极与市商务委、重庆海关对接，在全市重要功能性平台申报、自贸试验区建设、外资招商引资、外贸进出口、跨境电商、RCEP先行区建设等方面提出33条支持事项；统筹推进RCEP国际交往中心、自贸区综保区统筹发展示范基地、成渝RCEP企业服务中心建设，打造RCEP合作先行区。

2. 平台功能不断丰富

开放形态持续创新，加大同市商务委、重庆海关等市级单位的合作力度，在外资招商、外贸进出口等方面，争取了33条支持事项，共同建设RCEP合作先行区。开放功能不断完善，引入

网易数字产业中心、好活新经济生态产业园、华为重庆办事处、华为安朴酒店、亚欧非贸易投资联合促进会、欧洲重庆中心——国际经贸与人文交流基地等国际企业、区域总部。

3. 开放通道提质增效

开通果园港与广州南沙港渝穗海铁联运双向班列；首发西部陆海新通道中越（重庆果园港—越南河内）、（长江—中南半岛）中老泰缅国际联运班列和中缅新通道（重庆—临沧—缅甸）国际铁路班列；中新（重庆）多式联运示范基地（一期）正式运营，全年国际班列到发突破 1000 班，同比增长 52.5%。

（五）深化产城融合发展，加快建设宜居宜业港区

1. 城市基础设施建设有序推进

实施空港 Q 分区悦港大道、空港东路北延伸段立交等基础设施在建续建项目 14 个，新开工保税港区空港 Q27-1 地块小学、悦港大道西延伸段工程、P 分区市政道路二期（一标段）等 3 个项目，预计全年实现建设投资 28.08 亿元。编制空港城市品质提升总体方案，实施空港东路、观月大道等 20 余公里市政道路翻修和 3930 平方米人行道维修整治，开展道路绿化、美化提升，进一步提升城市品质。

2. 智慧港区建设取得新成效

推动“一张底图”全面整合港区数据，“一个中心”全景展示港区形象，“一个平台”全方位实现数据开放融合，构建万物互联、全域感知的基础物联网络，智慧城市项目于 5 月 31 日通过验收，临时调度中心投入试运行，优化智慧通关环境，推动智能卡口二期改造，卡口实现半分钟通关，极大提升通关效率。

3. 千方百计保交楼保稳定

成立房地产领域风险防范化解和维稳工作领导小组，全力推进“保交房”任务。8 月以来，分三批次交付中国摩、金科旭辉空港城 2 个住宅项目共计 2764 套，占保交房总数 8611 套的 32%，“三保”工作取得阶段性成效。

二、发展中存在的问题

同时，发展中还存在一些突出问题和短板。一是整体实力还不够强。各类开发开放平台竞争加剧，面临着“前有标兵、后有追兵，不进是退、慢进也是退”的竞争态势。在 2022 年海关公布的名单中，综合排名第 12 位、居中西部第 5 位；外贸进出口总额 1~11 月排全国特殊监管区第 11 位、排综保区第 9 位。二是产业结构不够优。加工贸易总体规模已破千亿元，但总体上仍处于附加值较低环节。中西部地区产业结构雷同，四川、河南等都在大力发展电子信息产业，产业链同质化竞争明显。比如，成都高新综保区围绕“强链建圈”，已形成“芯屏端网”电子信息产业生态圈。三是功能作用发挥不明显。通道作用、口岸作用、枢纽作用发挥不够明显，相关业态尚未形成产业集聚，功能优势未能转化为产业优势。同时，相关业态受政策因素影响大，促增长面临较大挑战。

三、2023 年发展思路

重庆两路果园港综合保税区将全面贯彻党的二十大和市委六届二次全会精神，推动保税港区集团认真落实新一轮国企改革部署要求，准确认识和把握企业发展模式和业务的特殊性，把企业改革发展有效融入综保区转型发展，充分利用通道、平台、体制、载体等优势，以强产业、强主业、强经营、强效益为导向，着力推动综保区当好内陆开放高地建设的主力军、排头兵，着力构

建高质量发展、高水平开放新发展格局，奋力打造全国具有重要影响力的高质量发展战略性开放平台，重点抓好以下三个方面工作。

（一）加快优化国有经济布局结构，增强服务国家战略的功能作用

聚焦成渝双城经济圈，依托寸滩国际新城建设，突出国际商务、国际经贸、国际消费等功能，建设成渝 RCEP 中心，集聚一批国际化企业、政府涉外机构、国际化机构组织，引入一批 RCEP 国家项目，大力发展总部贸易、展示交易、跨境电商、商务服务、特色金融、数字经济等现代服务业，着力打造为国际消费中心城市的重要承载地。聚焦西部陆海新通道，统筹“东西南北”四向、“铁公水空”四式、“人流物流资金流信息流”四要素，做强通道经济、枢纽经济、口岸经济、平台经济，建设集服务型、枢纽型、投资型于一体的多功能战略性平台，着力打造内陆国际物流枢纽和口岸高地。

（二）深化“总部做资本、子公司做业务”文章，推进“产融投”协同发展

聚焦强主业强经营，增强资本运作意识、资源整合意识，加强对子公司的经营监管，培育市场化业务，强化造血能力，激发内生式增长潜力，创新产投融模式，打造“资产盘活 + 企业融资 + 项目融资”的复合融资体系，以产业为核心，以项目为抓手，以资本为助推器，用资本推动产业要素聚集与竞争力提升，用产业推动资本保值增值。聚焦构建现代产业体系，利用空港网内网外 8000 亩成片工业用地优势，探索“土地 + 开发 + 投资 + 运营”产业发展新模式，围绕智能网联新能源汽车、新一代电子信息两大万亿级产业，主攻“汽车 + 电子”，大力发展智能网联、智能制造、全球维修、保税再制造、保税研发等“保税 + 业态”；大力发展生物医药等新业务，打造“口岸 + 产业”，着力打造保税绿色科创园产业集聚新高地。

（三）深化三项制度改革，激发企业经营发展活力

突出价值引领，坚持市场化导向，改革劳动用工制度，严格落实“控总量、优结构”制度，打破闲人、懒人、庸人的“铁饭碗”，推动能者上、平者让、劣者汰；改革薪酬分配制度，将薪酬分配向一线作战部队倾斜，坚持“效益定成败、业绩论英雄”导向，突出经营管理、创效增收、招商引资、市场拓展等“价值创造型”指标考核，探索岗位取酬、责任取酬、贡献取酬的分配机制，扩大同一职级在不同岗位上的薪酬差距，激发各级领导干部干事创业的积极性、主动性。突出能力实战，做实做细常态化人才盘点，加大教育培养力度，探索建立“导师带徒”等制度，形成机关考察发现人才、项目实战锻炼人才、机关与项目联合培养人才的育才体系，抓好干部人才队伍梯队建设。

（执笔人：李韶波）

第五编　区县经济

万州区

万州区人民政府办公室

一、2022年发展回顾

2022年，万州区坚持以习近平新时代中国特色社会主义思想为指导，深入学习贯彻党的十九大和党的二十大精神，全面落实疫情要防住、经济要稳住、发展要安全的要求，高效统筹疫情防控和经济社会发展，统筹发展和安全，坚定不移推动高质量发展、创造高品质生活，着力保持平稳健康的经济环境、国泰民安的社会环境、风清气正的政治环境，“一区一枢纽两中心”建设迈出新步伐。全年实现地区生产总值1118.4亿元、位列全市第8，同比增长3.5%、高于全市0.9个百分点，完成固定资产投资230.2亿元、增长3.1%，一般公共预算收入71.5亿元、位列全市第1。

（一）加快构建产业体系，发展质量显著提升

工业经济量质双升，推动构建“5+10”现代化工业体系，加力推进工业强区，工业运行综合评价位列全市第2，规上工业增加值增长17.3%、位列全市第3，新升规企业产值82.2亿元、位列全市第1，规上工业产值历史性突破500亿元，增长30%、位列全市第1；完成工业投资64.8亿元、增长10.7%，金龙高端装备线材线缆等22个项目开工建设，特铝新材料等15个项目竣工投产。现代服务业提质增效，推动构建“4+4+2”现代化服务业体系，批发业销售额、零售业销售额、住宿业营业额、餐饮业营业额分别增长10.3%、5.9%、4.3%、2.3%，成功举办第十三届“旅游节”、世界大河歌会，三峡古枫香园获评国家4A级旅游景区，天生城文旅街区开街运营，获批全市绿色金融改革创新试验区核心区、普惠金融发展示范区，市级金融机构万州行获得市级金融机构意向性融资支持5500亿元，金融机构存贷款余额增长7.8%。农业效益稳步提高，推动构建“7+5”现代化农业体系，第一产业增加值115亿元、位列全市第2，同比增长5.9%，成功创建国家农业绿色发展先行区，国家现代农业产业园中期绩效评估名列全国第一。

（二）纵深推进改革开放，发展动能持续增强

区域协作持续深化，《推动川渝万达开地区统筹发展总体方案》获国家发展改革委批复，探索实施28项经济区与行政区适度分离改革举措，311项川渝通办政务服务事项落地见效；万开云同城化发展实施年度重大项目11个、重大事项14项、便捷服务事项7项；与两江新区共同设立10亿元现代产业投资基金。重点领域改革稳步推进，农村金融改革等9个案例获国家部委肯定，出台优化营商环境25条“升级版”举措，区属一级国有企业由25家整合为9家，完成镇乡街道和万州经开区财政管理体制调整，新增“三变”改革试点村47个，获评国家级农民合作示范社4家。对外开放不断扩大，万州综合保税区一期封关运营，万州机场航空口岸对外开放获国务院批复同意，新田港区纳入国家口岸开

放年度审理计划，新增对外贸易备案登记企业17家，全年进出口总额51.9亿元、增长31.4%，实际使用外资780万美元。招商引资成效明显，举办“全国知名企业万州行”等招商活动，签约重点招商项目164个、协议投资419.7亿元，到位资金76.7亿元。

（三）统筹推进城乡发展，城乡品质显著提升

城市更新提速增效，科学划定“三区三线”，新增城市规划面积50平方公里，城镇化率达到70%，151个城市提升项目完成投资57.7亿元，西山公园提质改造、十七港埠等35个项目竣工投用；全国文明城区和国家卫生城区创建有序推进，清理利用闲置土地938亩，新增城市绿地93.1万平方米，新建口袋公园4个。乡村振兴扎实推进，制定落实防止规模性返贫系列细化措施，整合资金6.8亿元、实施项目711个，结成“万企兴万村”帮扶对子638对，建成农村公路220公里、安全防护工程550公里，建成市级美丽宜居乡村28个、美丽庭院500个，恒合乡五星村、柱山乡戈厂村入选中国传统村落名录，恒合乡石坪村获评中国美丽休闲乡村。交通枢纽能级提升，入选全国性综合交通枢纽城市，新田港物流园区获批生产服务型国家物流枢纽，万州港入选国家多式联运示范工程；南环高速建成通车，80公里城市环线高速全线贯通，万州机场完成T2航站楼主体工程、飞行区内改扩建，开通西部陆海新通道江铁海联运班轮（列）、东南亚公铁联运冷链专线，港口货物吞吐量、铁路货运量分别增长26.2%、16%。

（四）持续改善生态环境，绿色本底更加靓丽

生态环境质量全面提升，全区和长江两岸森林覆盖率分别达到56.5%、70.4%，实施“两岸青山·千里林带”营造林4.3万亩、岭谷区生态修复9.4万亩；长江干流万州段水质稳定保持Ⅱ类，实施庄子河、苏马河等8条次级河流综合治理，完成库区消落带生态修复100亩、中山杉栽植1万株；落实长江流域十年禁渔政策，增殖放流鱼苗250万尾。污染源头防治全域加强，空气质量优良天数347天，创历史新高；城乡生活污水集中处理率分别达到98%、85%，城市生活污水集中收集率达到76.3%；完成23家企业挥发性有机物治理、46家企业锅炉治理、1387家涉气企业综合整治，淘汰老旧机动车1930辆；扩容改造污水处理厂12座，新建和改造城乡污水管网223公里；实施有机肥替代化肥8万亩，农膜回收率达到87.1%。绿色低碳转型全力推进，新增市级绿色工厂2个，实施工业节能技改项目10个，万州经开区天子园获批市级绿色园区，国能万州光伏发电、三峡水利燃气发电等项目开工建设；新建海绵城市4.8平方公里、绿色建筑81.9万平方米，创建绿色生态住宅小区5个、“无废城市细胞”13个；完成53艘运输船舶岸电系统受电设施改造，新能源公交车、出租车实现全覆盖。

（五）扎实抓好民生建设，民生福祉不断增进

优先发展教育事业，投入教育经费27.9亿元，新建和改扩建公办幼儿园8所、中小学26所，学前三年毛入园率达到92.6%，义务教育巩固率保持100%；重庆三峡学院更名大学、重庆三峡医专升本有序推进，重庆幼儿师专新校区一期竣工，重庆三峡职院等在万高校扩容提质扎实推进。优化医疗资源供给，投入卫生健康经费13.7亿元，每千人口执业（助理）医师数、注册护士数分别达到3.3人、3.8人，二甲医院、三甲医院分别达到3家、2家，人均预期寿命提升至78.5岁，居民健康素养水平提升至28.6%，重庆全域肿瘤医院建成开诊，区妇幼保健院成功创

建三甲妇幼保健机构，重庆大学附属三峡医院获批市级区域医疗中心。文化事业持续繁荣，中央主流媒体报道万州 1015 篇，广播剧《英雄的守护》获重庆市“五个一工程”奖，三峡移民纪念馆获评全国“大思政课”实践教育基地。民生保障更加有力，兑现各类社保待遇 76.1 亿元，投入 6.7 亿元实施 20 件重点民生实事，成功创建全国婴幼儿照护服务示范城市，整治老旧小区 88 个，整治城区菜市场 27 个，建成镇乡养老服务中心 24 个，新增婴幼儿照护服务托位 1705 个；新增市场主体 1.7 万户，城镇新增就业 3 万人，城乡居民人均可支配收入分别达到 4.9 万元、2.1 万元，增速分列全市第 1、第 2。

（六）防范化解各类风险，社会大局和谐稳定

疫情常态化防控和应急处置转化机制高效运行，重庆三峡公共卫生应急医院建成运行，妥善应对第一波感染高峰，有力有序推动疫情防控平稳过渡和顺利转段。认真落实安全生产责任制，实施“安全大检查、百日大整治”专项行动，完善安全生产平时考核、综合督查等机制，依法处置国贸中心、小游园、小天鹅市场等重大安全隐患，科学处置燕山、后山等森林火情，生产安全事故起数、死亡人数均下降 40% 以上，做到“大事不出、小事少出且可控”。深化矛盾纠纷排查化解，区级领导包案化解突出信访问题 11 件，中央信访联席办交办 268 件信访积案全部化解，信访事项按期办结率 99.98%；探索建立“五长制”，“楼栋工作日”“院落主题日”“渝事好商量”解决群众急难愁盼问题 1400 余件。强化社会治安整体防控，深入开展夏季治安打击整治“百日行动”，可防性案件、侵财案件分别下降 36.9%、22.5%，龙都派出所获评全国“枫桥式公安派出所”、全国公安机关执法示范单位。

二、发展中存在的问题

同时，发展中仍然还存在一些突出问题和短板。一是产业能级不高、结构不优，现代化产业体系尚不完善，产业链供应链韧劲和竞争力不强，科技创新支撑能力不足，能耗压力和资源环境约束加大，转型升级发展任重道远。二是城乡基础设施仍有短板，民生领域还有不少薄弱环节。三是安全生产隐患风险点多面广，基层社会治理有待加强，财政收支平衡压力较大，防范化解风险任务繁重。

三、2023 年发展思路

2023 年，万州区将全面贯彻党的二十大精神，认真落实市委、市政府决策部署，坚持稳中求进工作总基调，完整、准确、全面贯彻新发展理念，积极服务和融入新发展格局，着力推动高质量发展，更好统筹疫情防控和经济社会发展，更好统筹发展和安全，持续提振信心，持续扩大内需，持续深化供给侧结构性改革，加快建设“一区一枢纽两中心”，确保新时代新征程全面建设社会主义现代化新万州开好局、起好步。

（一）聚焦产业发展，构建现代化产业体系

坚定不移推进工业强区建设，加快构建“5+10”现代化工业体系，规上工业产值增长 25% 以上，工业投资增长 15%。坚定不移推动现代服务业高质量发展，加快构建“4+4+2”现代化服务业体系，社会消费品零售总额增长 7%。坚定不移提质现代山地特色高效农业，加快构建“7+5”现代化农业体系，第一产业增加值增长 6%。深入实施科技企业培育“百千工程”，培育国家高新技术企业 15 家、国家科技型中小企业 50 家、市级科技型企业 120 家，完

成招商引资协议投资500亿元、到位资金100亿元以上。

（二）聚焦改革开放，增强发展动力活力

高水平打造一流营商环境，持续深化“放管服”改革，落实25条优化营商环境“升级版”举措，新登记市场主体增长10%，打造全市一流、渝东北最佳营商环境。高标准推进区域协作，提速推进万达开一体化、万开云同城化发展，全面落实全市推动成渝地区双城经济圈建设“十项行动”，清单化推进21项重大任务、35个重大项目、33项重大政策、49项重大改革、40个重大平台。高效率推进与两江新区对口协同发展，加快推进长安跨越与两江新区相关企业深度合作等十大重点任务，高效运营现代产业投资基金。

（三）聚焦城乡发展，提升中心城区品质

持续推进城市提质更新，统筹推进渝东新区高标准开发建设、中心城区高品质有机更新、万州经开区高水平产城融合，优化构建“一轴三核九组团”城市发展格局，接续实施160个提升区域中心城市能级建设项目；深入实施“5+4”专项行动，创建第七届全国文明城区。构建立体综合交通体系，提档升级全国性综合交通物流枢纽。大力实施乡村建设行动，启动镇乡国土空间总体规划编制，推进实用性村规划编制，持续深化农村人居环境整治提升行动。

（四）聚焦生态环境，促进发展绿色转型

提升生态系统质量，实施山水林田湖草沙一体化修复13万亩、“两岸青山·千里林带”营造林4.4万亩、岭谷区生态保护修复4.5万亩。深化环境污染治理，实施龙宝河、五桥河等16条重点次级河流综合治理，加快何家岩、江南密溪沟污水处理厂建设，新建和改造城乡污水管网80公里，实施有机肥替代化肥8万亩；有序推进“双碳”工作，推进企业节能技改和落后产能淘汰，创建市级绿色工厂2家，加快三峡水利燃气发电、国电投鹿鸣垭风电等项目建设。

（五）聚焦民计民生，提高人民生活品质

坚持尽力而为、量力而行办好民生实事，统筹推进教育、医疗、文化事业发展，加强“一老一小”工作，落实生育支持政策，深化养老服务改革试点，争创全国公共就业创业服务示范城市，城镇新增就业2.5万人以上。稳妥有序实施新冠病毒感染“乙类乙管”，抓好老年人疫苗接种和加强免疫接种，做好重点人群和农村地区防控，着力保健康、防重症。落实安全生产“十五条硬措施”，深入推进全国市域社会治理现代化试点创建，全面推行“五长制”，强化社会治安整体防控，推进扫黑除恶常态化，维护社会大局稳定。

（执笔人：成波）

黔江区

黔江区人民政府办公室

一、2022年发展回顾

2022年，全区地区生产总值增长3.2%。其中，规上工业增加值增长5.7%，固定资产投资增长13.6%，社会消费品零售总额增长1.5%，全体居民人均可支配收入增长12.9%。

（一）聚焦乡村全面振兴，“三农”工作提质增效

乡村振兴稳步推进。统筹整合涉农资金8.3亿元，实施项目267个。麻田至蓬东等4个“四改三”项目建设进度超计划20%，新改建“四好农村路”230公里。太极河流综合治理工程全面开工，水系连通及水美乡村建设试点项目完工，罗家堡水库、瓦窑堡水库下闸蓄水。新建垃圾分类示范村40个，新改建城乡垃圾中转站15座。阿蓬江镇大坪村获评“2022年中国美丽休闲乡村”。高质量承办“2022年中国农民丰收节”系列活动。现代农业提质增效。生产粮食23.1万吨、蔬菜27.2万吨，切实筑牢粮食安全底线。确立“稳猪兴牛”发展思路，加快“一主二辅”全产业链发展，现代山地特色高效农业产业体系基本形成，产茧7.4万担，产烟8万担，出栏生猪77万头、牛2.7万头，新增国家级农业品牌39个。守牢耕地保护红线，新建高标准农田4万亩，土地“宜机化”改造1.2万亩，撂荒耕地复耕复种1.4万亩。守住防止返贫底线。建立信息交换预警监测机制，“两不愁三保障”及饮水安全问题动态清零。组织脱贫人口外出务工2.3万人，帮助易地搬迁脱贫人口实现就业4300余人。全面推进自建房安全专项整治，持续消除C、D级危房风险隐患，农村住房安全率达100%。

（二）聚焦工业强城建设，产业格局聚力突破

主导产业蓄势向好。聚焦“五大产业”持续发力，规上工业总产值、工业投资分别增长8.9%、18.7%。实施“链长制”，着力推动产业补链强链，卷烟及配套产业实现产值69.9亿元、增长8.3%，新材料产业实现产值35.7亿元、增长17.8%，消费品工业实现产值5.3亿元、增长3.9%。科技赋能扎实推进。坚持“科技+产业”，推动产业技术攻关和创新成果转化，新培育市级数字化车间、市级企业技术中心4个，耀润电子等6家企业完成智能化改造，建成西部（重庆）科学城黔江孵化中心、安信国家级众创空间等创新平台，规上工业企业研发机构覆盖率提高至25%。高新区发展加快。围绕产业、功能、品牌重塑，优化运营模式，推进“管委会+运营公司”改革，聚力打造“交通工具零部件、建筑工程轻量化产业园”，设立技术研发平台和企业创新服务中心，培育引进专业研发机构和科技服务机构9家，实现产值70.5亿元、增长15%。

（三）聚焦文旅美城建设，消费场景融合拓展

文旅融合持续深化。推动文旅产业从基础设

施建设向消费场景开发转变，不断提升经济、社会和品牌价值，精心举办“促文旅复苏助乡村振兴·组十万游客游重庆黔江”等文旅活动，全区A级景区实现购票117.3万人次、增长80.5%。深度挖掘民俗文化，建成渝东南首个非遗文化馆，打造三台书院等公共文化服务免费开放阵地，综合性文化服务中心覆盖率达100%。小南海镇桥梁村、鹅池镇南溪村和社溪村入选“第六批中国传统村落”，濯水景区获批全国非遗旅游小镇，小南海镇新建村获批全国非遗旅游村寨。消费市场企稳回升。提升区域商贸服务功能，“钢小二”集采、前锋供应链等十亿级批发业落地营运，渝东南首家比亚迪新能源汽车4S店开业，提档升级武陵水岸城市客厅，建成酱园巷等美食消费新场景。出台促进消费恢复发展政策措施，开展电商助农“云采摘”网络直播，全区网络零售额增长14%。

（四）聚焦集散兴城建设，辐射能力巩固提升

教育质量持续提高。坚持对外协同和对内改革，发起组建全市教育高质量发展联合体，推行中小学校长公开竞聘上岗。提升基础教育教学水平，学前三年毛入园率、普惠率分别达91.6%、95.3%，义务教育质量各项监测指标渝东南领先，2022年高考特殊类型资格线上线人数渝东南第一，职教中心对口高考上线人数连续6年居全市同类学校第一。推动产学研融合发展，武陵山乡村振兴学院投用，建成校企合作实训基地8家。“双减”改革经验获教育部推广。医疗基础不断夯实。中心医院挂牌“重庆大学附属黔江医院”，获批耳鼻咽喉科医疗质量控制中心渝东南分中心。民族医院成功创建三乙医院，中医院通过二甲中医院评审。国家卫生区高分通过复审，新增国家级卫生乡镇2个。社会事业齐头并进。落实就业优先政策，城镇新增就业1.7万人。社区居家养老服务实现全覆盖，基本医疗保险、城乡养老保险参保率巩固在95%以上。加强困难群众帮扶救助，发放各类民政补助资金1.5亿元。民生支出占比保持在75%以上。输送的运动员李大银摘得2022年世界举重锦标赛81公斤级金牌，新华小学跳绳队参加“2022年全国跳绳联赛线上分站赛”并获6金1铜。

（五）聚焦开放活城建设，发展动力加速汇聚

争资引资量质并举。建立争资“英雄榜”，优化争资激励办法，争取上级转移支付资金46亿元、增长33.1%。新增债券资金18.7亿元，创历年之最。统一招商政策，着力“招大引强”，新签约招商项目66个，到位资金31.5亿元，年产5000吨玻纤砂轮网格布等一批项目实现签约投产。科创活力持续增强。新培育高新技术企业14家，新引进国、市科技特派员59名，推广新品种、新技术54项，万人发明专利拥有量达2.2件。创新开展企业知识产权质押融资，专利质押融资实现“零”的突破。推动数字经济与实体经济融合发展，数字经济增加值占GDP比重为1%。对外开放走深走实。与重庆高新区对口协同不断深入，实现耕地占补平衡指标交易收入1.99亿元。推进中央单位定点帮扶和东西协作，金山盖项目完成投资2.1亿元，山东日照到位帮扶资金4530万元。新增外贸进出口备案企业10家，首个外资企业注册落地。《中国峡谷城·武陵会客厅》宣传片获得广泛好评。金融业多点发力。六九畜牧、三磊玻纤完成上市辅导备案。浦发银行黔江支行如期开业。发放知识价值信用贷款8891万元，小微企业首贷户数居渝东南第一。成为全市首批碳减排支持工具报账区县。创新发放全国单笔规模最大生猪“保险+期货+信贷”产品。

（六）聚焦城市品质提升，城市形象精致精美

城市空间扩容提质。完成“三区三线”划定，新增城镇建设用地8平方公里，居渝东南第一。健全项目规划用地前置审查机制，严格落实耕地“占补平衡”和“进出平衡”，恢复补足耕地5029亩。优化调整违法建设治理体制，强力拆除、整改违法建筑8.7万平方米。城市更新统筹有序。推动城市缓堵保畅，下坝加油站等异形路口完成整治，新增停车位9907个。推动城市增绿提质，新增城市绿地29万平方米。推动城市功能完善，改造提升老旧小区12个，新老城区污水管网连通等工程完工，渝东南最大的电动汽车公共充电站投用，建成5G基站1499个，光纤覆盖率达100%。城市管理规范精细。开展城市消防问题专项整治，疏通生命通道74条。打造夜市特色地摊、便民服务摊点550个，“人间烟火气”与“城市洁净美”和谐共生。武陵山区功率最大的生活垃圾焚烧发电项目并网发电，生活垃圾填埋场封场整治与改造工程开工建设。

（七）聚焦全面深化改革，动能活力竞相迸发

重点改革加速推进。搭建项目在线服务监管平台，创设“入库、进程、上平台、成闭环”管理机制，引入专业机构、专家智库对项目实施绩效评价，中心医院正阳院区、应急医院等项目推进速度大幅提升。国企改革“三年行动”圆满收官，全民所有制企业公司制改革全面完成，经营性国有资产集中统一监管实现全覆盖。推动产业扶持从扶前向扶后转移、扶大与扶小结合、扶点与扶面统筹，政策精准性、有效性、导向性不断增强。营商环境持续优化。深化“放管服”改革，水电气市政公用配套服务实现“一站式办理”，“出生一件事”集成服务实现一次办结。狠抓行政审批、招投标领域监管和人大、政协视察调研问题整改，组建民营企业法律服务团，帮助民营企业规避经济风险和挽回经济损失9300万元。全面落实稳住经济大盘系列政策，减免税费10.8亿元，兑现产业扶持资金4.2亿元。新增市场主体6389家，新培育“四上企业”66家。

（八）聚焦绿色低碳转型，生态优势厚植转化

防污治污纵深推进。持续打好蓝天、碧水、净土保卫战。城区空气质量优良天数359天，连续三年在27个国控区县中排名第一。城乡集中式饮用水水源地水质达标率保持100%，阿蓬江断面水质稳定保持在Ⅱ类以上。污泥无害化处置率、城乡医疗废物集中处置率达100%。生态修复扩面提质。认真落实“河（湖）长制”，全面推行“林长制”，严格落实长江流域十年禁渔规定，三级河长、林长累计巡河护林2万余次，解决问题2000余个。完成河道治理17.3公里，绿化湿地153亩，综合治理水土流失面积42.7平方公里，修复矿山480亩，完成营造林25.1万亩，森林覆盖率保持65%。低碳转型步伐稳健。麒麟风电场一期、五福岭风电场二期项目加速推进。积极开展碳汇交易，完成碳排放履约12.8万吨，获横向生态补偿资金1.25亿元。

（九）聚焦守住风险底线，社会大局和谐稳定

疫情防控科学高效。坚持“第九版”、落实“二十条”、执行“新十条”，以最短时间、最小代价妥善处置多轮疫情，实现防控工作重心从“防感染”向“保健康、防重症”平稳转段。坚决扛起疫情防控政治责任，收治渝东南片区和南川患者1277人，圆满完成支援上海、西藏、重庆主城和永川、秀山等地抗疫任务。风险防范扎实有力。着力抓好国企保信用，成立融资工作专班，定期排查风险隐患，探索化债新路径，守住了不发生区域性金融风险的底线。有效化解民营

企业和房地产领域停工停贷风险，银行业不良贷款率低于国、市平均水平。C组团、东轮汽车交易市场等一批历史遗留问题得到有序化解。“恒大名都”年度保交楼任务顺利完成。社会治理效能提升。常态化开展扫黑除恶专项斗争，治安警情、刑事警情、电信网络诈骗发案率分别下降6.8%、6.4%、13.9%。73件信访积案全部化解，到市进京非访、集访“零”发生。强化森林应急救援能力，成功应对夏秋季森林草原火险红色预警。严格落实安全生产“十五条硬措施”，全面完成安全生产和消防安全专项整治三年行动。未发生较大及以上安全事故。

二、发展中存在的问题

一是经济基础不够牢固。经济总量不大，投资效益不高，新旧动能转换还需强化。受疫情冲击和经济下行影响，部分市场主体经营较为困难。二是产业竞争力不够强。农业产业特色彰显不够，规模和品牌效应发挥不强。传统产业转型升级步伐较慢，战略性新兴产业培育不够。三是风险隐患仍然存在。财政收支平衡压力较大，金融领域风险逐步累积，社会信用环境和金融生态建设任务繁重。

三、2023年发展思路

全区经济社会发展的主要预期目标是：地区生产总值增长7%以上、争取实现更好结果，规上工业增加值增长9%以上，固定资产投资增长15%以上，社会消费品零售总额增长12%以上，全体居民人均可支配收入增长10%以上，城镇新增就业1.5万人以上。

加快工业跃升，在产业集聚上实现新突破。一是加快产业集链成群。二是大力发展数字经济。三是强力推进招商引资。四是提升高新区平台能级。

加快服务业发展，在提档升级上迈出新步伐。一是完善服务业体系。二是建设消费中心。三是推动文旅提质。四是提升金融服务能力。五是大力发展现代物流业。

加快农业提质，在乡村振兴上干出新业绩。一是创新示范引领。二是发展主导产业。三是建设和美乡村。四是严防返贫风险。

加快城市建设，在品质提升上探索新路径。一是强化规划引领。二是打造“活力新城”。三是更新“魅力老城”。四是提升管理质效。

加快改革创新，在助推发展上集聚新动能。一是创新体制机制。二是深化重点领域改革。三是打造一流营商环境。四是推进“智慧黔江”建设。五是促进开放协同发展。六是加快科技创新赋能。

加快绿色转型，在低碳发展上续写新篇章。一是深入实施生态保护修复。二是加快推动绿色低碳发展。三是持续强化生态文明建设。

加快民生改善，在增进福祉上取得新成效。一是深化“双创”行动。二是强化社会保障服务。三是提升教育教学质量。四是优化卫生健康服务水平。五是推动文体事业繁荣发展。

加快社会治理，在筑牢防线上彰显新担当。一是抓好疫情防控。二是防范化解风险。三是筑牢安全稳定防线。

（执笔人：廖帆）

涪陵区

涪陵区人民政府办公室

一、2022年发展回顾

2022年，全区上下坚持以习近平新时代中国特色社会主义思想为指导，深入学习贯彻党的二十大精神，认真落实党中央、国务院决策部署和市委、市政府工作要求，有效应对内外部超预期因素对经济的冲击，统筹疫情防控和经济社会发展、统筹发展和安全取得重大成果，“科创+”“绿色+”发展迈出新步伐，“三高地三示范区”建设取得积极进展，高质量发展态势持续上行，经济恢复态势持续巩固，社会大局保持和谐稳定。全区地区生产总值突破1500亿元、同比增长2.6%，总量居全市区县第五、主城新区第一；人均GDP突破13万元、居全市区县第三；第一、二、三产业增加值分别同比增长3.7%、2.2%、3.1%。

（一）现代产业体系协同发展

深入推进补链强链延链，支柱产业持续壮大，规上工业产值实现2295亿元，材料建成千亿级产业集群、产值超1100亿元，电子信息、清洁能源、消费品等产业持续向高端化、智能化、绿色化方向迈进。新增百亿级企业1户、市级“专精特新”企业63户、国家“小巨人”企业6户，31户企业上榜2022年市级工业“双百”企业名单、居全市区县第一。新兴产业加快发展，战略性新兴产业产值比重提高至29.5%。金融业服务实体经济有力有效，率先完成全市重点农业链金融链长制试点工作，创设全市首家“榨菜专营支行”，本外币贷款突破900亿元、存款突破1100亿元，均创历史新高，社会融资规模近2000亿元。现代物流加快发展，韵达西南物流基地建成投用，龙头港市级多式联运示范工程加快推进。文化旅游业提质发展，出台打造旅游业发展升级版“1+5+N”系列方案，开工建设涪陵榨菜历史记忆馆，推出巴蜀文化旅游走廊精品游线2条，江北街道二渡村、大顺镇大顺村荣获市级乡村旅游重点村，旅游休闲示范城市加快建设。粮食产量实现44.4万吨、产值近200亿元，粮食安全保障能力持续提升。“2+X”现代山地特色高效农业加快培育，新增中药材种植面积1万亩，涪陵榨菜入选全国农业品牌精品培育计划，新认定绿色食品21个、重庆名牌农产品9个、“巴味渝珍”4个。规上农产品加工业总产值达280亿元、居全市区县第三，农产品网络销售额同比增长20%。

（二）科创实力持续提升

高新区、临港经济区、综保区等获批汽车制造、生物医药、合成材料（聚酯）、半导体4个特色产业建设基地。国家页岩气技术创新中心、国家级页岩气先进合成材料创新型产业集群等启动创建。人工智能与数字经济产业园集聚科技企业达100家。新增市级重点实验室3个，新创市级以上研发机构7个，新增国家高新技术企业79户、市级科技型企业302户，总量分别突破200

户、1400户。新引育创新团队37个、科技创新人才380名。“装配式钢混结构建筑及其成套技术”成果被纳入国家标准，长江师范学院“连续面形微光学芯片关键技术与应用”项目荣获中国光学工程学会科技进步一等奖，尼龙66全产业链关键技术与装备开发及工业化应用荣获重庆市科技进步一等奖。

（三）投资消费有力提振

有效投资积极扩大，固定资产投资同比增长2.3%，其中工业投资同比增长11%。新签约投资亿元以上项目87个、到位资金达210亿元，推动83个区级重点项目加速放量、完成投资超200亿元。新型基础设施加快建设，累计建成5G基站3266个。民间投资增速持续高于全社会固定资产投资增速、占比达59%。消费需求企稳回升，社会消费品零售总额同比增长0.7%，网络销售商品零售额增长11.8%。消费环境持续优化，消费场景进一步丰富，五桂堂历史文化街区试营业，成功举办第六届渝东南（涪陵）汽车文化节、美心红酒小镇极光电音节等各类节（展）会活动。旅游消费持续回升，高温避暑游、民宿体验游、自驾游持续走热，接待旅游人次、旅游收入分别同比增长10.1%、21.3%。

（四）改革开放纵深推进

深化商事制度改革，新设立市场主体1.4万户、同比增长6%，总量突破10万户。国企改革三年行动任务全面完成，区属国有企业资产总额超2800亿元、居全市区县第一。荣获重庆市信用示范城市称号，信用监测排名居全市区县第一。成功被纳入国家知识产权强市建设试点城市名单。深化投融资体制改革，全区首个PPP项目水环境综合治理工程通过财政部审核。各类减税降费措施为企业减负15亿元。综保区成功落地全市首个网络货运数字产业园项目。高新区获批国家级海峡两岸合作区涪陵产业园。太极集团获批全市首个国家中医药服务出口基地。西部陆海新通道重庆辅枢纽加快建设，龙头港进境粮食中转码头建成投用，涪陵至泸州、宜宾水水中转班轮，涪陵至上海五定班轮常态化开行，区内企业经西部陆海新通道出口发送集装箱量增长183%。与四川方面新签订各类合作协议7个，与武隆对口协同取得积极进展。中新合作示范项目实现零突破。

（五）城市品质不断提升

城市更新步伐加快，高新区建成区面积扩大至43平方公里，实施涞滩河流域综合整治工程，完成铜鼓湖污染治理及景观打造，开工67万平方米老旧小区改造，完工7个节点环境整治工程，“长涪汇”城市会客厅首开段正式开放，街头绿地提质5万平方米，升级改造园林景观、休闲空间超3万平方米，新增智慧社区2个、智慧公园3个，“两江四岸”公共空间更加优美洁净、多姿多彩。成功创建国家森林城市。城市治理持续加强，治乱拆违5万平方米，“马路办公”获市政府激励表扬。

（六）乡村振兴扎实推进

大木乡入选第二批全国乡村旅游重点乡镇，马武—蔺市片区纳入第三批市级乡村振兴示范镇，珍溪镇、南沱镇入选市级农业产业强镇，816小镇评定为市级特色小镇，泡桐村入选全市首批“万企兴万村”行动示范村。扎实开展村庄清洁行动，农村厕所普及率达89.1%，创建全国生态文化村2个，新增市级美丽乡村12个、美丽庭院375个。新建“四好农村路”130公里，南沱镇成功创建“四好农村路”市级示范乡镇，白武路获评全国十大最美农村路。获批与西南大学共建市级农业科技现代化先行区县。

（七）生态屏障筑实筑牢

打好蓝天、碧水、净土保卫战，空气质量优良天数达 326 天、居主城都市区第三，PM2.5 浓度同比下降 3%。全面推进水域治理，长江、乌江涪陵段水质稳定为优，乌江麻柳嘴、长江清溪场等国市考核断面水质优良比例为 100%。实施北山生态保护及林相改造，推进“两岸青山 · 千里林带”等工程建设，完成营造林 25 万亩、历史遗留和关闭矿山生态修复 30 公顷。新增绿色工厂 8 个、绿色产品 2 个，高新区获批市级绿色园区。绿色建筑比例提升至 66.2%。

（八）民生福祉持续改善

城镇新增就业 2.7 万人，调查失业率控制在 5.5% 以内。城乡居民人均可支配收入分别同比增长 5.5%、6.6%，城乡收入差距持续缩小。建成投用科教产业实训基地、行知小学、白鹤梁小学，新增学位超 1.3 万个。普惠性幼儿园首次实现全覆盖，城区义务教育大班额下降 2.6%，“双减”工作经验获教育部推介，高中教育教学质量稳居全市区县前列。重大附属涪陵医院正式挂牌、高新院区一期基本完工，甲级基层医疗卫生机构增至 9 家、居全市区县第一。新创国家卫生镇 1 个。重点民生实事完成投资 8.5 亿元，超年度计划投资 24 个百分点。重点民生商品供应充足、价格稳定。

二、发展中存在的问题

同时，发展中仍然还存在一些突出问题和短板。一是产业结构有待升级，内生动力不足。三次产业中，服务业发展相对滞后，仅占 GDP 的 36%，低于全国、全市平均水平。其中，餐饮、住宿、房地产等传统服务业所占比重偏大，超过 60%，更具现代意义的生产性服务业培育不足。数字经济规模小、占比低，远低于全国、全市平均水平。二是高端创新资源缺乏，科技创新能力较弱。规上工业企业研发投入强度低于 1% 的企业超五成。万人有效发明专利拥有量大幅低于全市平均水平，创新人才引进难、留住难的问题较为突出。高等教育资源匮乏，仅拥有 2 所高等院校。三是城乡发展差距较大，区域发展不平衡。受地理环境影响，沿江和坪上、后山地区发展不平衡，镇域经济发展总体乏力，乡村消费潜力释放不足。

三、2023 年发展思路

2023 年，涪陵区将继续深入学习贯彻党的二十大精神，以高质量发展为主题，完整、准确、全面贯彻新发展理念，积极融入和服务新发展格局，全面贯彻党中央、国务院决策部署和市委、市政府工作要求，把市委“一号工程”成渝地区双城经济圈建设作为工作的总抓手总牵引，围绕“六个跃升”目标，深入落实“十项行动”，努力走在前列、作出示范，推动经济实现质的有效提升和量的合理增长。

（一）加快构建现代产业体系

加力实施“十百千万”工程、五大行动和四个专项，推动制造业高质量发展实现“五项倍增”。围绕补链强链延链，加快推进一批重点工业项目建设或投产达产，加快构建“2+4+X”产业集群，力争规上工业产值突破 2500 亿元。做大园区规模，加强企业培育，加快打造一批千亿级产业集群、千亿级园区、千亿级企业，大力引育“专精特新”企业。创新服务业供给，加快发展金融服务、现代物流、文化旅游、商贸服务等生产生活性服务业。实施提高粮食单产攻关计划，确保粮食产量稳定在44万吨。巩固发展榨菜、中药材两大特色产业集群。

（二）加快畅通国民经济循环

大力实施“有效投资项目落地攻坚年”活动，有序推进113个区级重点项目加快建设。持续加大新型基础设施投资力度，加速工业互联网等基础设施建设，投入运营医药制造、食品加工标识解析二级节点。强化精准招商，力争招商引资项目协议资金达600亿元、到位资金达200亿元。用好政策工具箱，打好促消费组合拳，统筹办好各类文旅促消费活动。做大做强农副产品、家居建材、汽车等区域性专业市场，稳定大宗商品消费。

（三）持续提升自主创新能力

坚持不懈争创国家级高新区，推动建设科创CBD、长江软件园、长江生命科技城等创新平台载体。提速建设慧谷湖科创小镇，提质发展白涛新材料科技城，加快建设华峰中试基地，积极争创国家级页岩气先进合成材料创新型产业集群、聚酰胺与聚氨酯新材料特色产业基地。积极创建国家页岩气技术创新中心，力争新创市级以上研发机构5个。深入实施“百千万”人才计划等工程，力争引育科创团队20个、创新人才200名。

（四）持续深化改革开放发展

深化商事制度改革，力争新发展市场主体1万户以上、总量保持10万户以上。持续深化科技创新改革，推进国家知识产权强市建设试点城市建设。优化民营经济发展环境，力争民营经济占GDP的比重达64.5%。积极创建全国社会信用体系示范区。提速推进对外大通道建设，夯实西部陆海新通道辅枢纽地位，强化重庆自贸区涪陵联动创新区建设。落实稳外贸稳外资政策，加大重点外贸企业扶持力度，大力组织企业开拓海外市场。深入推进成渝地区双城经济圈建设，积极推进与四川方面加强战略合作，大力实施川渝共建项目6个。深化“一区两群”协调发展，加强与中心城区产业、科技创新等协作，与渝东南、渝东北区县合作，强化与武隆对口协同。

（五）加快新型城镇化建设

全力建设高新区，加快打造现代宜居科创新城。深入推进城市有机更新，推动“两江四岸”治理提升，推进城市坡坎崖绿化美化工程。持续打造乡镇示范样板，推动国家现代农业产业园申创全国性示范园。深化农村“三变”改革，接续实施农村人居环境整治提升五年行动。持续巩固脱贫攻坚成果同乡村振兴有效衔接，促进脱贫人口持续增收。

（六）加强生态保护和修复

加强长江、乌江岸线生态保护和修复，持续实施“两岸青山·千里林带”等重点生态工程。加强生物多样性保护，严格落实长江“十年禁渔”政策。积极创建市级园林生态城市。全面落实河长制，确保长江、乌江涪陵段水质稳定为优。加强大气污染治理，确保空气质量优良天数稳定在330天以上。推进土壤污染防治，持续深化“无废城市”建设。扎实做好“双碳”工作，推动工业企业节能、节水及清洁化生产。加快清洁能源替代，加快建设重庆涪陵页岩油气与新能源科创产业园。

（七）提高保障和改善民生水平

坚持实施就业优先行动，分类帮扶高校毕业生、农民工、退捕渔民、退役军人、残疾人等重点群体稳定就业。持续推进学前教育普惠发展、义务教育均衡发展、高中教育提质发展、高等教育特色发展。加快打造区域医疗卫生中心，建成投用智慧医疗暨全民健康信息平台。持续实施全民参保计划，推动实现基本养老保险由制度全覆盖到法定人群全覆盖。落实“一老一小”整体解决方案，加快实施特困人员供养中心、儿童福利院、康养示范养老院等一批工程。

（执笔人：戴大文）

渝中区

渝中区人民政府办公室

一、2022年发展回顾

2022年，是党的二十大胜利召开之年。渝中区高效统筹疫情防控和经济社会发展，统筹发展和安全，战疫情、战高温、战旱情，着力稳住经济大盘、稳定社会大局，推动“四化”现代都市、“四区”首善之地建设取得新成效。

（一）综合实力显著提升

2022年，全区地区生产总值实现1560.9亿元、增长1.9%，人均地区生产总值27万元，每平方公里地区生产总值77.7亿元。固定资产投资200.2亿元。社会消费品零售总额1309.6亿元、稳居全市第一。经济密度、投资强度、消费热度均居全国中心城区前列。引进信达证券重庆分公司等重点企业100家，实际到位资金180亿元。世界500强新增马士基等新面孔，新增外资企业及分支机构65家，实际使用外资1.47亿美元，外贸进出口额103亿元、增长11.5%。在区总部企业、重点企业574家，营业收入3600亿元。市场主体总量达11.14万户、增长5.6%。全区限上单位网络零售额88亿元、占全市比重达12.5%。税收亿元楼宇40栋，列中国楼宇经济（总部经济）标杆城区第14强。

（二）产业升级振新

打造西部金融中心主承载区，全国首个跨省域管辖金融法院——成渝金融法院揭牌，北交所、全国股转系统重庆服务基地启动运营，新增市级以上金融机构6家。加快国际消费中心城市核心区建设，新增国际知名品牌8个，引进首店首牌52个，发放惠民消费券上千万元，开展首发首秀和促销活动82场，商品销售总额突破3800亿元，解放碑—朝天门商圈获评首批全国示范智慧商圈。推进西部区域性专业服务中心建设，启动建设重庆中央法务区，引进新加坡国际仲裁中心，新增德勤资产评估等专业服务品牌机构9家，规上专业服务企业营业收入296亿元，协调设立渝中邮政管理局、邮政业发展服务中心。打造“重庆软件天地”，举办第二届中国工业软件大会，获评国家区块链创新应用综合性试点城区，新归集软信产业载体17.1万平方米，新培育软信企业468家。“十八梯·山城巷”传统风貌区成为国家级夜间文化和旅游消费集聚区，建成投用重庆对外文化贸易基地等项目22个，引进开心麻花等重点企业11家，实现旅游收入380亿元，文旅产业发展获国务院督查激励。新增特色民营医疗机构10家，规上企业营业收入288亿元，获评重庆市服务业扩大开放综合试点先行示范区。

（三）改革开放创新

落实国家稳经济一揽子政策措施，出台“43+18+12”促进经济恢复发展举措，退减缓税费23.7亿元，减免市场主体租金9936万元，助力个体工商户和中小微企业融资31.9亿元。12家企业入围重庆企业100强、23家企业入围重庆服务业企业100强。强化国企担当，筹资52亿元推动147个重点项目实施，区属国企资产达505亿元、增长13%。营商环境创新试点等18项国家级重大改革试点取得积极进展。中新互联互通项目、自贸试验区等开放平台的能级不断提升，"汇保通"汇率避险在全国复制推广，"一带一路"法律服务等5项制度创新成果在全市示范推广。中西部首个核心商圈保税展示交易中心——陆海新通道国际消费中心揭幕亮相。驻渝总领馆再添新成员缅甸，引进墨西哥中国商会等国际机构，打造RCEP贸易促进中心等经贸交流平台5个。打造创新平台，全市首个医学影像人工智能产学研用创新合作实验室在重医附一院挂牌成立，新增4个市级以上企业创新中心，市级重点实验室有22个。新增博士后科研工作站4个、科技型企业92家、"专精特新"中小企业17家、国家高新技术企业64家，新认定市级科技企业孵化器、众创空间7个，市场主体总量11.14万户、增长5.6%。加大创新投入，发放科技型企业知识价值信用贷款3505万元，全社会研发经费支出11亿元、增长45%，万人发明专利拥有量28.25件、位居全市前列。

（四）城市有机更新

出台城市更新规划和有关政策，解放碑—朝天门绿色金融大道等16个项目被纳入市级试点示范，戴家巷老街区成为全国更新范例。完成老旧小区改造92万平方米，双钢路小区、白象街小区上榜全国百个"共建美好家园"。曾家岩临崖步道全线贯通，半山崖线步道、环城墙步道获评重庆最美山城步道。红岩村大桥等20个重大项目竣工投用，陆海国际中心等57个续建项目提速推进。轨道9号线、10号线（二期）通车运行，成功争取解放碑通达江北国际机场线路纳入轨道26号线规划。实施交通缓堵促畅和上清寺、化龙桥、下半城片区路网更新，有效治理虎歇路等15个交通堵点。开展城市综合管理巡查，打造李子坝正街口袋公园、曾家岩社区体育文化公园及9个精品花境，连续11年保持全国文明城区称号。城镇老旧小区改造、棚户区改造、发展保障性租赁住房工作获国务院督查激励。

（五）人文渝中铸新

挂牌成立区文物局。"红色三岩"革命文物保护利用荣获全国十佳案例。完成佛图关碑记石刻等10处文物保护修缮，老鼓楼衙署遗址公园、中国民主革命同盟旧址修缮项目加快推进。重庆金融历史博物馆等一批精品文物展示工程完工，新华日报总馆旧址修缮等7个项目入选全市文物保护利用优秀项目。大田湾—贺龙广场—文化宫片区焕新开放，再现"西南大区"传统风貌。白象街新增重庆区划地名历史文化展示馆、重庆母城非遗陈列馆，十八梯入选全国非遗与旅游融合发展优选项目，贰厂文创公园获评国家工业旅游示范基地。启动实施朝天门—通远门文化艺术大道品质提升工程，推出《雾起江州》等沉浸式演出24个。新增时尚之旅等精品旅游线路5条，云端之眼观景平台亮相央视春晚，大鹅岭景区获评4A级旅游景区。荣获"中国文旅融合创新典范区""文化和旅游高质量优秀城市"。

（六）绿色生态焕新

第二轮中央生态环保督察22项整改任务全部销号，完成菜园坝、滨江公园、洪崖洞泵站整治。在全国率先探索内河在用船舶废气污染治理，空气质量优良天数300天。大溪沟饮用水水源地水质达标率稳定保持在100%，推进红岩公园等城市绿地建设和自然生态修复，增绿补绿7.1万平方米。发展绿色交通、绿色建筑，船舶码头岸电建设实现全覆盖。零碳5G+智能银行挂牌营业，绿色金融规模1140亿元。生活垃圾回收利用率在40%以上，再生资源“两网融合”服务体系持续完善。万元GDP碳排放量居全国最优行列。

（七）民生福祉添新

城镇居民人均可支配收入增长4.6%、达到5.34万元，总量居全市第一。实施长期护理保险试点，基本养老保险、医疗保险参保率均超96%。聚焦重点群体稳就业，兑现稳岗返还等补贴2.8亿元，稳岗50.73万人，新增城镇就业6.6万人。学前教育普惠率达90.8%，新增婴幼儿托位325个，实施适儿化改造3.8万平方米，建成全市首个儿童友好馆，获批全市唯一国家首批儿童友好城市建设试点。“四助”行动惠及老人1万余人次，归元寺等3个社区入选全国示范性老年友好型社区。完成13个中小学改扩建，教育“双新”“双减”等工作在全国推广，获重庆市教学成果奖15项、居全市第一，“行走的思政课”育人品牌被中宣部推介。人均期望寿命达80.73岁，重医附一院一分院虎头岩院区投入使用，市中医骨科医院成功创建三级中医骨伤医院。新增体育场地面积15万平方米，启动建设渝中区全民健身中心，通过国家重点高水平体育后备人才基地复核。以“优秀”等次通过国家公共文化服务体系示范区复核。创建全国科普示范区。

（八）基层治理出新

面对新冠疫情，坚持人民至上、生命至上，相继打赢了多起突发性疫情阻击战，疫情防控平稳转段后，全力以赴保健康、防重症、控风险、强能力、促发展，较好实现了安全渡峰、平稳转段。打造桂花园新村社区基层社会治理示范街区，新建智慧社区25个，初步建成全市领先的“基层智慧治理平台”。推进全域老旧燃气管线整治和居民燃气用户安全装置加装工作，消除241处燃气圈围占压隐患、改造老旧燃气管网16.2公里。完成488栋高层建筑、72个商场市场突出消防隐患整治，建成智能安全监管系统4个。以党的二十大维稳安保工作为主线，深入推进“十大专项行动”，实现“六个坚决防止”目标。推动平安渝中建设，开展扫黑除恶斗争，打击各类违法犯罪，全区刑事案件、八类案件发案率连续6年下降，创建全国社会治安防控体系示范城市。

二、发展中存在的问题

同时，发展中仍然还存在一些突出问题和短板。一是经济总量、发展质量还需提升，对标发达地区仍有差距；二是产业发展水平有待提高，传统产业转型升级任务较重，新兴产业尚未形成有力支撑；三是产业结构、投资结构尚待优化，社会投资、产业投资占比还需提高；四是发展动能仍需增强，科技创新能力偏弱；五是消费尚未完全恢复，市场主体信心亟须提振，营商环境仍需优化提升；六是紧约束条件下优化空间资源配置任重道远，深耕精耕渝中还需持续用力；七是基层治理基础存在薄弱环节，基础设施及公共服务还存在短板；八是政府系统推动重塑变革、整体智治的能力有待提高，少数工作人员能力和作风还不适应现代化建设要求。

三、2023 年发展思路

2023 年是贯彻落实党的二十大精神的开局之年，也是谱写新时代新征程新重庆渝中发展新篇章的关键之年。2023 年全区经济社会发展主要预期目标是：地区生产总值增长 5% 左右，区级一般公共预算收入增长 5%，固定资产投资总额增长 5% 以上，社会消费品零售总额增长 6% 左右，城镇居民人均可支配收入增长 5% 以上。为实现上述目标，重点做好以下十个方面工作。

（一）着力扩内需、挖潜能，持续促进消费复苏回暖

以建设国际消费中心城市核心区为牵引，下好营销先手棋、打好促销组合拳，大力度刺激恢复扩大消费，高质量打造“三大地标商圈”，全方位做靓“五张消费名片”，加快恢复城市人气、商气和烟火气。

（二）着力锻长板、显特色，持续增强产业发展能级

稳存引增做精主导产业，量质并重做大优势产业，夯基筑本做优传统产业，分类施策做亮楼宇经济、总部经济，集聚集群做强产业发展平台，推动生产性服务业向专业化和价值链高端延伸，加快生活性服务业向高品质和特色化升级，不断提升产业能级和竞争力。

（三）着力增效能、提环境，持续增强市场主体活力

坚持“抓经济必须强主体”，一切围绕企业转，一体推进稳商招商育商，促进国企民企外企和中小微企业、个体工商户协同发展，打造国际化高水平营商环境，让投资有回报、产品有市场、企业有利润、员工有收入、政府有税收、环境有改善。

（四）着力强功能、提品质，持续推动城市更新提升

深化全国首批城市更新试点，坚持“整体更新、综合整治、风貌保护”三条路径，统筹“留改拆增升”五大举措，着眼产城融合实施更新提升，聚焦宜业宜居完善综合配套，深化全域景区式、精细化城市管理，全面提升城市形态、功能业态、发展生态。

（五）着力留记忆、重传承，持续深化文商旅城融合

坚持文化引领、商业支撑、旅游带动，还原“老重庆”历史风貌，提升“新山城”文旅品质，发展“最重庆”文旅产业，加快打造“主客共享、近悦远来”的世界知名文化旅游目的地。

（六）着力推改革、促创新，持续释放发展动力活力

坚持有解思维，强化改革破题，以数字化变革引领全面深化改革，以投融资改革扩大有效投资，以机制创新、科技创新增添发展动能，将改革创新成果更好转化为发展红利。

（七）着力强协作、促开放，持续扩大开放合作

深度融入区域协同协作，打造高能级开放平台，释放开放型经济潜力，提升国际交往活跃度，在深化协同发展和对外开放中厚植新优势、拓展新空间。

（八）着力抓防治、保生态，持续擦亮生态文明底色

统筹产业结构调整、污染治理、生态保护，

协同推进降碳、减污、扩绿、增长，加快发展方式绿色转型，深入推进环境污染防治，整体提升生态系统韧性，加快建设山清水秀的美丽渝中。

（九）着力兜底线、优服务，持续增进民生福祉

千方百计促进就业增收，兜住底线强化社会保障，用心用情办好民生实事，优质均衡发展社会事业，努力打造渝中“品质民生”升级版，不断增强人民群众的获得感、幸福感、安全感。

（十）着力防风险、除隐患，持续建设更高水平的平安渝中

贯彻总体国家安全观，精细推进基层治理，精心筑牢安全防线，精准抓实风险防控，不断优化共建共治共享的社会治理格局，让群众安居乐业、城市安全运行、社会安定有序。

（执笔人：张秋雯）

大渡口区

大渡口区人民政府办公室

一、2022年发展回顾

大渡口区坚持以习近平新时代中国特色社会主义思想为指导，以迎接党的二十大和贯彻党的二十大精神为动力，坚持稳中求进工作总基调，奋力推动“公园大渡口、多彩艺术湾”建设，各项事业发展取得新成效、迈上新台阶。

经济运行持续向好。实现地区生产总值338.9亿元、同比（下同）增长4.7%，增速居全市并列第一；规模以上工业增加值增长17.5%，增速居全市第二；固定资产投资增长1.6%，增速居中心城区第一；社会消费品零售总额增长0.6%，增速居中心城区第二。辖区税收收入增长2.2%，增速居中心城区第一。工业企业利润增长80.1%，新登记市场主体增长17.3%，居民人均可支配收入增长4.2%。城镇新增就业人数增速位居全市第一。

发展质量稳步提升。培育国家高新技术企业135家，新认定科技型企业84家、“专精特新”企业26家、“小巨人”企业5家。企业研发经费增长23%，研发投入强度保持全市前列。规模以上高新技术企业工业总产值占比达52.4%，战新制造业占规模以上工业总产值比重达65.8%，居全市领先水平。老工业基地调整改造成效明显，获得国务院表扬激励。

城市功能更趋完善。西南大学附属中学签约落地，三甲公立医院启动建设，重庆医科大学附属康复医院一期全面建成。新增绿地面积146.8万平方米，完成大渡口公园升级改造，重钢崖线山城步道荣获巴黎设计奖国际环境艺术类金奖，“公园大渡口”品牌深入人心。

风险防控扎实有效。坚持人民至上、生命至上，果断有效处置多轮疫情，在中心城区实现“四个率先”，得到国务院领导和国家督导组充分肯定。区内企业全年共生产新冠检测试剂9.6亿人份，抗原检测试剂6.16亿人份，为全国、全市疫情防控贡献一域力量。在全市率先推进房地产领域改革试点，实现恒大类恒大风险项目交楼6000余套。

重点抓了以下几方面工作。

（一）奋力抓产业、优结构，产业转型升级迈出坚实步伐

五大百亿级产业迅速成长。大数据智能化方面，重庆市现代产业链服务中心、华韶智算中心顺利落户，全产业实现营业收入123.6亿元、增长21.8%。大健康生物医药方面，全区成为全市五个生物医药集聚发展特色产业基地之一，全产业实现营业收入137.6亿元、增长42.6%。生态环保方面，全产业实现营业收入76.2亿元、增长15.2%。新材料方面，全产业实现营业收入38.8亿元、增长44.2%。重庆小面方面，产业园主体完工，重庆小面等快消品产业全年营业收入24.4亿元、增长47.3%，被列为全国优势特色产业集群、全国重点地方特色食品产业集群。传统产业

转型步伐加快。建设智能工厂3个和市级数字化车间9个，技改投资占工业投资比重达20.6%。新增规模以上工业企业10家。以中冶建工为代表的建筑行业保持健康发展，实现建筑业增加值56.5亿元、增长5.8%。现代服务业企稳回升。开展“爱尚重庆、乐购义渡”金秋消费季、购车奖补惠民等系列活动。新培育限额以上商贸企业58家、规模以上服务业企业35家。重庆工业文化博览园成功创建国家4A级旅游景区。实施软件和信息服务业“满天星”行动计划，引进重点项目15个。

（二）奋力抓建设、提品质，城乡融合发展取得实效

艺术湾建设有序推进。白居寺长江大桥等建成投用，成渝铁路改造等项目稳步推进。“两江四岸”治理提升葛老溪段加快建设。宝武西南总部、长江音悦港启动建设，万吨商旅融合总部基地前期工作扎实推进。宜居品质持续提升。实施“公园大渡口”年度建设项目22个，全区人均公园绿地面积达24.85平方米。整治老城区道路30万平方米，新建“劳动者港湾”10座。增设老旧住宅电梯25台。生活垃圾回收利用率40%以上。城市建设再上台阶。轨道交通江跳线顺利通车，轨道交通18号线建设加快推进，新增城市道路21.3公里。完成农村土地征收2012亩、国有土地上房屋征收15万平方米，出让土地465亩。完成老旧小区改造5个、新开工7个，新工片区成为全国城镇老旧小区改造联系点。都市乡村振兴成效初显。全面推进农业“接二连三”融合发展。第一产业增加值增长6.7%，增速居全市第一。“金鳌田园”综合体建设成效初显。中梁山康养项目提速建设。新改建农村公路10.5公里。

（三）奋力抓改革、促开放，市场主体动力活力显著增强

重点领域改革深入推进。“大渡口区高质量建设国家产业转型升级示范区”入选“重庆经济改革创新案例”。全面落实减税降费政策，为市场主体减负超过8.55亿元。完成区属国有企业改革任务39项，区属国有企业经营范围持续拓展、经营效益稳步提升。开放协作走深走实。积极融入成渝地区双城经济圈建设，达成区域合作协议4个。扎实推进对口忠县协同发展，协作到位资金突破3亿元。持续提升招商引资实效，新引进项目60个，协议引资355亿元，到位资金90亿元。外贸进出口总额完成41亿元、增长2.9%。创新能力持续提升。与重庆理工大学建立校地全面战略合作关系，深化与厦门大学、重庆医科大学等高校合作，建成重庆高新医疗器械研究院。引进高层次人才226人。

（四）奋力抓治理、减排放，生态环境质量稳步改善

生态空间管控有力。严守生态保护、耕地保护和城镇开发边界红线。深入推进河长制，严格执行长江“十年禁渔”，深入实施“三线一单”分区管控，长江干流大渡口段水质达Ⅱ类标准，跳磴河、伏牛溪水质持续改善。严格落实林长制，实施森林抚育800亩。污染治理扎实推进。中央、市级生态环保督察等年度整改任务全面完成。全力打好碧水、蓝天、净土保卫战，空气质量优良天数305天、同比增加11天；受污染耕地安全利用率、污染地块安全利用率达100%。绿色理念深入人心。持续开展“清水绿岸”整治。完成历史遗留和关闭矿山生态修复1600亩。创建区级“无废细胞”20个。大力倡导垃圾分类，城市生活垃圾无害化处理率、危险废物安全处置

率均保持在100%。

（五）奋力惠民生、兜底线，群众获得感幸福感不断提升

社会事业全面发展。育才小学红旭校区建成投用，实验小学改扩建等5个项目启动建设，集团化办学覆盖率达82%，学前教育普惠率达93%。“一院一特色专科”建设全面启动。国家卫生区顺利通过市级复审。区美术馆对外开放，区文化馆搬迁升级。李雪芮全民健身中心主体完工，体育运动学校被评为全国五星级羽毛球后备人才基地。民生底线兜住兜牢。15件区级重点民生实事全面完成。长期护理保险试点工作在全市推广。新增城镇就业4.5万人、增长248%。持续开展“根治欠薪”攻坚行动，全面保障农民工工资支付。积极探索“护学路”。城乡低保、特困供养标准增长12.8%，保障困难群众2357人。社会大局平安稳定。安全生产事故死亡人数连续3年下降，未发生较大及以上事故。深入开展“百万警进千万家”活动。刑事案件发案率下降18.6%，保持恶性案件零发生，区公安分局获得市公安系统嘉奖。消防、粮食、食品药品安全监管持续加强，应急处置能力进一步提升。成功创建2022年度全国信访工作示范区。

（六）奋力转作风、提效能，政府自身建设走深走实

加强政治建设。深刻领悟“两个确立”的决定性意义，增强“四个意识”、坚定“四个自信”、做到“两个维护”的氛围更加浓厚。积极推进巡视、审计和市委市政府督查等问题整改。加强法治建设。及时向区人大及其常委会报告、向区政协通报重大事项，认真办理区人大代表建议244件和区政协提案182件。加强作风建设。压减政府一般性支出，“三公”经费实现只减不增。深入开展“解放思想转作风、狠抓项目促发展”专项行动，不断提升政府效能。

二、发展中存在的问题

同时，发展中仍还存在一些突出问题和短板。一是经济总量偏小、城市发展空间不足，对重大优质项目的吸引和承载能力有限；二是支柱产业基本是“一业一龙头”，存在结构风险，构筑多元支撑、提升经济韧性任重道远；三是城市规划、建设、管理和教育、医疗等公共服务水平，离群众的期待还有一定差距。

三、2023年发展思路

坚持以习近平新时代中国特色社会主义思想为指导，全面贯彻落实党的二十大和二十届一中、二中全会精神，认真落实市委六届二次全会决策部署和区第十三次党代会工作安排，加快建设“公园大渡口、多彩艺术湾”，奋力谱写新时代大渡口高质量发展新篇章。

（一）扎实推进建链补链、延链强链，聚力推动制造业高质量发展

深耕五大百亿级产业。推动大数据智能化、大健康生物医药、生态环保、新材料、重庆小面等五大百亿级产业集群提质增效，力争全产业分别实现营业收入130亿元、100亿元、80亿元、40亿元、50亿元左右。抢抓新兴产业热点。力促华韶智算中心开工建设，开工建设虬龙科技总部，支持秋田齿轮等企业转型发展。大力引进培育医美服务、仪器制造等产业。推动传统产业改造升级。实施“专精特新”“小巨人”企业倍增计划。做实做强重庆市产业链公共服

务平台。支持宝特航研打造航天航空材料生产基地。

（二）全力恢复市场信心、引导消费升级，聚力培育服务业增长新动能

统筹推进核心商业圈提档升级。提质发展“九宫庙—金桥”核心消费带，联动发展滨江人文艺术新兴消费带和伏牛溪健康体育新兴消费带。多措并举恢复扩大消费。加快融入国际消费中心城市建设，推动线上线下联动、一二三产业融合发展。开展“四季消费节”等系列提振消费活动。支持生产性服务业提质增效。深入推进“满天星”行动计划，培育一批市级重点软件企业。加快推进万吨商旅融合总部基地项目建设。

（三）全面实施科技赋能、创新驱动，聚力实现产业链效能跃升

做强科技创新主体和平台。高标准建设国家“双创”示范基地。发挥重庆市体外诊断技术创新战略联盟、重庆高新医疗器械研究院等平台优势，提升研发能力。加快科技成果有效转化。推动骨干企业与科研机构、院校组建技术研发平台、产业技术创新战略联盟，实施重大科技成果转化专项。优化科技创新生态。深入实施大中小企业融通创新专项行动。实施更加开放的金融和人才政策。全社会研发经费支出占地区生产总值比重保持在全市前列。

（四）科学统筹城乡发展，聚力推进城市品质提升与乡村全面振兴

高品质打造公园城区。全面实施“公园大渡口”建设专项规划，加快滨江公园和山城步道等建设。积极创建国家生态园林城市，确保建成区人均公园绿地面积保持在中心城区前列。稳步推动“艺术湾”建设。全面推进滨江湾区基础设施建设。加快“两江四岸”治理提升。推进长江音悦港、万吨商旅融合总部基地和宝武西南总部建设。优化城市建设管理。启动“九宫庙—金桥”片区城市更新项目，确保13个老旧小区改造项目完工。加快推动雨污水管网整治工程五期。建成投用“清水绿岸”二期。全面推进乡村振兴。深化农村“三变”改革，系统推进农业“接二连三、融合发展”。高标准打造巴蜀美丽庭院示范片。推动“金鳌田园”综合体提档升级，建成重庆小面体验博览馆，做靓金鳌山、中梁山农旅融合品牌。

（五）深入践行“两山”理念，聚力推动绿色发展、共建生态文明

深入打好污染防治攻坚战。全面落实河长制、林长制，继续抓好长江“十年禁渔”。建成投用伏牛溪污水处理厂。强化环境执法和应急保障，进一步提升生态环境智治能力。持续提升城乡环境质量。全面深化“无废城市”建设，确保生活垃圾回收利用率保持在40%以上。大力推动长江生态环境系统性保护修复。

（六）持续深化改革开放，聚力优化营商环境、增强发展活力

加快推进重点领域改革。以数字政府建设为牵引，构建协同高效的数字化履职能力体系。推动社会信用体系建设。持续扩大对外开放。加快融入成渝地区双城经济圈建设和全市“一区两群”协调发展格局。积极参与西部陆海新通道建设，争取RCEP法律服务中心和保税体验区项目落地。精准做好市场主体服务。纵深推进“放管服”改革，加快构建“15分钟政务服务圈”。全面落实稳企惠企政策，构建企业全生命周期服务体系。大力支持民营经济健康发展。

（七）进一步强化底线思维，聚力保障城乡安全、确保社会稳定

全力维护城市安全运行。从严从细压实安全责任，强化重点行业、重点领域、重点区域隐患治理，扎实开展燃气安全排查整治。加强应急救援体系建设，提高自然灾害防治能力。维护社会大局和谐稳定。深化动态隐患清零、社会治安专项整治，严厉打击各类违法犯罪。严格管控金融、房地产等领域风险。全力创建全国双拥模范城。坚持和发展新时代“枫桥经验”，深化社会治理现代化试点。

（八）认真办好民生实事，聚力提升人民获得感幸福感

加快推进“教育强区”建设。加快推进学校建设。积极创建学前教育普及普惠发展区，促进义务教育优质均衡发展。提高卫生健康保障水平。深入实施健康中国行动、爱国卫生运动。力促三甲公立医院二期、重庆医科大学附属康复医院二期开工建设。加快构建“一院一特色专科”格局。发展文化体育事业。深入落实文明新风满巴渝行动，全力创建全国文明城区。创新实施文化惠民工程。持续办好“李雪芮杯”等品牌赛事活动。提升民生保障服务水平。做强“义渡就业列车”品牌。创建市级社保公共服务标准化基地。全力保障困难群众基本生活。

（执笔人：杨世清）

江北区

江北区人民政府办公室

一、2022 年发展回顾

2022 年，江北区坚持以习近平新时代中国特色社会主义思想为指导，深入贯彻落实党的二十大、市第六次党代会、市委六届二次全会和区第十三次党代会精神，在市委、市政府的坚强领导下，聚焦区委“12345”总体思路，加快建设“两高”示范区，以实干实绩交出了“疫情要防住、经济要稳住、发展要安全”的江北答卷。

（一）经济实力迈上新台阶

全年实现地区生产总值 1602.8 亿元、增长 3.7%，总量挺进全市前三、增速居主城都市区第二。完成固定资产投资 317.6 亿元，连续 12 个月保持正增长。一般公共预算收入总量 67.2 亿元、进出口额增速 41.4%、批发业销售额增速 12.5%，以上三项数据均居中心城区第一；区级税收总量 58.4 亿元、占一般公共预算收入的比重为 86.9%，规上工业增加值增速 19.5%，社会消费品零售总额增速 4%，商品销售总额 6258.9 亿元，批发业销售总额 5338.1 亿元，零售业销售额增速 9.4%，本外币存贷款余额总量和增量分别为 19.1 万亿元、1322.34 亿元，以上数据均居全市第一。

（二）产业升级取得新突破

一是担稳担好“两副担子”。担好“金融”的担子，抢抓重庆建设西部金融中心的战略机遇，引进南洋商业银行等 21 个重点项目，推动 4 家私募公司获批 QDLP 试点，上市（过会）企业达 14 家、数量与市值均稳居全市第一；实施“金种子”人才计划，全市首家金融人力资源产业园成功获批，国家金融信息平台西部中心试营，西部金融法律服务中心建成投用。担好“消费”的担子，抢抓重庆培育建设国际消费中心城市的重大机遇，启动中环万象城等总投资达 700 亿元的 8 个重大商业项目，新引进宝诗龙等区域首店 78 家，集聚国际高端品牌 150 余个，举办首届中国（重庆）国际消费节、不夜重庆生活节等重要活动，徐悲鸿艺术街区（一期）建设加速推进，大九街荣获国家级旅游休闲街区，江北嘴获评国家级夜间文旅消费集聚区，鎏嘉码头获评市级夜间文旅消费集聚区，网络销售额 737 亿元、增长 40%。二是稳步提升工业实力。巩固汽车、电子电器两大支柱，全区规上工业总产值 1368.4 亿元、增长 28.2%；大力培育新能源汽车、生物医药、高端装备、新材料等战略性新兴产业，实现产值 491 亿元、增长 69%，新能源汽车产值突破 249 亿元；奥特斯半导体封装载板技术国际领先，润际远东高熔点金属低温熔化技术享誉海内外，迈基诺成长为国内遗传疾病诊断领域龙头，中汽研国家氢能动力质检中心即将建成投用；长安汽车入选国家智能制造示范工厂，创建市级工业互联网试点示范项目 23 个，获评市级数字化车间和智能工厂项目 4 个，新增市级“专精特新”企业 49 家，新增国家专精特新“小巨人”企业7家。三是做强做优数字经济。启动数字经济倍增行动，深入贯彻落实“满天星”行动计划，新增软信企业397家，成功引进“渝快办”、海量数据等20余个优质项目，东方微银等9家企业入选市重点软件和信息服务企业名单，全区规上信息服务业营收超300亿元，成功获评“2022年千兆城市”。

（三）城市能级实现新跃升

一是重塑城市“大格局”。全面铺开“一带双核五片区”建设，北滨路东延伸段生态综合修复工程、观北路一期、黄观路春森彼岸段正式开工，加快建设观音桥商圈扩容提质工程、江北嘴大型商业综合体，全面启动长安三工厂片区城市更新，积极助推寸滩国际新城建设，望江军工文旅生态谷和五宝生态运动小镇前期工作推进顺利。二是畅通城市“主动脉”。铁路枢纽东环线及机场支线开通运营，轨道交通9号线一期、4号线二期、10号线二期等项目按期通车，通车里程创历年新高，郭家沱长江大桥、红土地立交、盘溪立交改造工程等建成投用，建新西路四期长安厂段基本建成，市民出行更便捷、更舒心。三是扮靓城市“高颜值”。深入开展环境综合治理，加快推进“两江四岸”城市品质提升，百园城区建设成效显著，江北嘴江滩公园、相国寺滨江公园、盘溪河滨江公园三大公共空间向市民开放，18公里岸线骑行道、步行道全线贯通，莺花巷、“九街有个单位”成为全市城市更新典范。四是增强城市“智治力”。加快推进“城市大脑”建设，智慧城管一期、二期项目正式完工，江北智慧城管工作成为行业典范、“一网统管”探索实践多次获住建部推广；深入开展城市管理突出问题专项整治行动，整治各类问题1.4万余个，智慧城管上报各类问题34万余件、结案率98%，市民满意度达95%。

（四）发展动能得到新增强

一是创新活力加快释放。纵深推进科创强区行动，智飞生物重组结核杆菌融合蛋白被世卫组织采纳用于治疗结核感染，铭毅智造成功发布基因测序仪、填补重庆产业链空白，同岩东迈顺利交付国产首台轮轨式地铁隧道结构检测车，博奥赛斯全国首个“新冠抗体检测化学试剂盒”量产上市，新增90家国家高新技术企业、2家市级重点实验室、1家市级孵化器，全社会研发投入强度为3.3%。二是改革动力加快迸发。持续推进环境优区行动，出台打造最优营商环境10条措施，开发上线“小江都能办”服务平台，建立“百千万”联系服务市场主体全覆盖工作体系，870项政务服务事项被纳入“江北一窗”受理，在营商环境测评中跃居主城都市区第一；完成国企改革三年行动目标任务，八大重点国企、3个平台公司合并重组为4户重点企业，国有企业资产规模突破970亿元；“国家学前教育改革发展实验区”经验成果在全国推广，社会心理服务体系工作考核成绩居全市第一，圆满完成国防动员体制改革。三是开放潜力加快激活。积极融入成渝地区双城经济圈建设和全市“一区两群”对口协同发展，累计与巴中、德阳、泸州等地签订合作协议112个，助力酉阳销售产品超7000万元；加快建设中西部国际交往中心核心承载区，中国外文局翻译院（中西部分院）落地授牌，重庆国际文旅之窗正式启用；加快建设自贸试验区，新增创新案例8个、形成全国首创案例1个，成功获批重庆市服务业扩大开放综合试点示范区、市级优秀服务贸易创新发展试点区；果园港进境肉类指定监管场地顺利落地，中新（重庆）多式联运示范基地正式投运，完成进出口额955.3亿元、增长41.4%，总量居全市前三；成功引进中铁西南总部等项目58个、投资金额超800亿元，实际利用外资4亿美元、增长124%。

（五）生态保护得到新改善

一是抓紧抓牢绿色发展。认真实施制造业高质量绿色发展行动计划，建成3家绿色工厂、2家入围国家级评选名单，节能减排降碳任务全面完成；引进重庆碳管家科技公司，打造全国碳市场能力建设（重庆）中心；严格执行“三线一单”制度，动态更新工业危废监管“五张清单”。二是抓紧抓牢污染防治。如期完成第二轮中央环保督察问题整改，沿江码头及餐饮船舶取缔整治工作成功入选全市生态环境督察整改正面典型案例，历史性全面关停沿江码头砂石装卸业务功能；持续巩固溉澜溪黑臭水体整治成效，排查整治入河排污口202个；黑石子仓库污染地块修复治理顺利完工，重点建设用地安全利用率达100%。三是抓紧抓牢生态保护。完成集中式饮用水水源地规范化建设，新建污水管网10.4公里、雨水管网11.3公里，地表水考核断面、城市集中式饮用水水源地、水功能区三类水质达标率均为100%；加快推进铁山坪、明月山等“四山”环境保护提升项目，全面深化工业源、移动源、扬尘源综合治理，全年空气优良天数达308天。

（六）民生福祉达到新水平

一是疫情防控有力有效。面对严峻的疫情形势，团结带领全区广大干部职工、医护人员、社区工作者、志愿者，以生命赴使命、用双肩扛责任，以顽强面对困难、用行动践行担当，全力以赴打好疫情防控人民战争；妥善做好新阶段疫情防控工作，推动疫情防控平稳有序转段。二是民生保障持续增强。民生支出占一般公共预算收入的80%以上，人大代表票决的10件民生实事全面完成；城镇新增就业5.5万人、超额完成年度目标；华新实验小学福宁村校区、新村致远小学（二期）、203中学等改扩建工程建成投用，英华学校完成一期主体工程建设，巴川量子学校增设高中教育，全区新增学位11730个；区人民医院新建工程进展顺利，区中医院综合大楼二期工程、区精神卫生中心门诊部大楼改扩建工程建成投用，按照三甲标准启动建设区中医院新城院区；成功入选全国义务教育优质均衡先行创建区、全国居家和社区基本养老服务提升行动试点区、全国青年发展型城市建设试点。三是社会大局和谐稳定。圆满完成党的二十大安保维稳各项任务，八类暴力案件发案率连续10年下降；全区126个社区（村）实现小马工作站规范化建设全覆盖，全力争创全国第一期市域社会治理现代化试点地区；扎实推进国家食品安全示范城市创建，深入开展安全生产专项整治三年行动，连续12年无森林火灾，连续70个月保持较大及以上生产安全事故“零发生”。

二、发展中存在的问题

思危方能居安，知忧才能克难。我们也清醒地认识到，江北发展中还面临不少困难和问题，主要表现为：稳增长压力依然较大，产业转型升级仍需加力；片区发展仍不平衡，基础设施和功能配套、环境改善还需加强；民生保障仍有短板，优质教育、医疗、养老、文体等公共服务供给离群众期待还有差距；统筹发展和安全任务艰巨，基层治理现代化水平有待进一步提升；政府自身建设仍存在薄弱环节，部分干部的理念、作风和能力还不适应新时代要求。

三、2023年发展思路

2023年，江北将坚持以习近平新时代中国特色社会主义思想为指导，全面贯彻党的二十大、中央经济工作会议和市委六届二次全会、市委经济工作会议精神，坚持稳中求进工作总基调，完整、准确、全面贯彻新发展理念，积极服务和融入新发展格局，着力推动高质量发展，全面落实推动成渝地区双城经济圈建设市委“一号工程”，紧紧围绕区委“12345”总体思路，聚焦建设“两高”示范区目标，强化稳进增效、除险清患、改革求变、惠民有感的工作导向，确保在新时代新征程为全面建设社会主义现代化新重庆谱写江北篇章开好局、起好步。

（一）聚焦壮大实体经济，着力构建现代化产业体系

一以贯之担好“金融”的担子，加快推动机构功能人才“三集聚”，加快建设西部金融中心核心承载区；一以贯之担好“消费”的担子，着力推动观音桥商圈商业面积、人流量、销售额“三个翻番”，加快建设国际消费中心城市首选区。认真实施“工业倍增”行动，持续壮大新能源汽车、智能家电、生物医药、集成电路、新材料、装备制造、消费品制造等七大优势产业集群。实施“满天星”行动计划，加快培育壮大数字经济。推动现代服务业向专业化、高价值延伸，向多元化、高品质升级，提升现代服务业质量。深化实施“科创强区”行动，不断塑造发展新动能新优势。

（二）聚焦发挥市场作用，着力推进高水平改革开放

把打造营商环境最优区作为江北区“一号改革工程”，不断优化政务环境、法治环境、市场环境、创新环境、要素保障环境。以数字化变革引领全面深化改革，持续深化国资国企改革、财政改革、医药卫生体制改革，以及义务教育“双减”、教育评价等教育领域综合改革。大力推进“开放活区”行动，积极融入西部陆海新通道和长江黄金水道建设，加快建设中西部国际交往中心核心承载区。持续加大招商引资力度，主动“走出去”、重点“请进来”。坚持“两个毫不动摇”，促进“两个健康”，推动民营经济高质量发展。

（三）聚焦提升城市能级，着力优化城市功能品质

优化国土空间分区规划，推动“一带双核五片区”建设全面提速、整体成势。统筹推进路网改善、城市更新、环境美化各项工作，加快推进“四横八纵”次支路网体系建设，启动实施万丰工校一期、莺花巷二期等9个老旧小区改造，深化“百园城区”建设。全面深化全国文明城区创建。夯实“城市大脑”基础底座。持续推进住建部城市治理风险清单安全试点，建设韧性城市、海绵城市。

（四）聚焦改善生态环境，着力厚植绿色发展本底

统筹山水林田湖草沙系统治理，打好碧水、蓝天、净土“三大保卫战”，推动《江北区碳达峰实施方案》落地落细，加快建设“无废城市”，确保全年空气优良天数在310天以上。

（五）聚焦增进民生福祉，着力提升人民生活品质

坚持把稳就业摆在更加突出的位置，完善劳动者权益保障制度，健全现代社会救助网络。强化“一老一小”服务保障，增加教育、医疗等优质公共服务供给。滚动实施十大民生工程。深入推进平安江北建设。

（执笔人：李朝武）

沙坪坝区

沙坪坝区人民政府办公室

2022年党的二十大胜利召开，吹响了全面建设社会主义现代化国家、全面推进中华民族伟大复兴的奋进号角。沙坪坝区全面贯彻党的二十大精神，认真落实市第六次党代会、区第十三次党代会精神，在市委、市政府的坚强领导下，立足"守底线、有变化"，高效统筹疫情防控和经济社会发展，统筹发展与安全，稳住经济大盘、稳定社会大局取得积极成效。

一、2022年发展回顾

2022年全区地区生产总值1106.7亿元、增长1.9%，在中心城区实现进位。规上工业总产值2574亿元、下降4.2%。固定资产投资增长1.2%。一般公共预算收入40.3亿元，实现正增长。全体居民人均可支配收入4.9万元、增长4.1%。

（一）全力稳住经济大盘，发展韧性持续增强

一是内需潜力充分释放。科学城隧道等142个市区重点项目顺利推进，25件市区民生实事全面完成。持续开展房交会、大宗商品促销活动，拉动消费180亿元。签约招商项目203个、金额1002亿元。二是助企纾困有力有效。出台稳企政策15项，留抵退税11.3亿元，减免国资租金8000万元。设立民营小微企业和个体工商户首贷续贷中心，建成金融港湾36个，帮助企业融资100亿元、新增订单42.3亿元。新增市场主体3.1万户。三是国资国企盘活增效。深入推进"十项全面清理"，提升资产价值94.1亿元。国企改革三年行动任务全面完成。组建沙兴集团公司、沙磁文旅公司，国有企业分业发展、市场化转型加速推进。

（二）大力推进创新驱动示范区建设，现代产业体系加快构建

一是创新资源加快集聚。赛力斯全球研发总部建成投用，重庆大学智慧创新产业园投运。青凤高科创新孵化中心、中电光谷·西部科技城、联东国际企业港建成。引进先进轻金属研究院等研发机构5家，新增国家级"专精特新"企业3家，研发投入强度达4.4%。获重庆市各类科学技术奖项73项，占全市的46.8%，万人发明专利拥有量保持全市第一，成功创建全国科普示范区。二是制造业加快转型升级。工业投资增长26.1%，居中心城区第一。赛力斯问界M7智能新能源汽车投产上市，新增产值54亿元。与阿斯利康、罗氏诊断两家世界500强生物医药企业达成合作协议。中电科·吉芯科技研发生产基地、博张机电智能装备项目落地，博宇机器人、普门科技等15个项目建成投产。三是现代服务业加快发展。深入实施软件产业"满天星"行动计划，引进麒麟科技、金山软件等项目27个，软件信息服务业增加值增长29.3%。打造中国西部未来设计之都，引进林同棪设计集团、北京建筑设计研究院等企业10家，设计产业产值达50亿元。金融业增加值增

长 2.5%，人民币存贷款余额增长 13%、居中心城区第一。

（三）大力推进开放引领示范区建设，发展活力持续释放

一是通道基础不断夯实。西部陆海新通道开通中缅印国际班列，新增国际班列线路 15 条、海外分拨中心 4 个，国际班列开行 6048 列、增长 32%。二是枢纽功能不断完善。陆海新通道重庆无水港主体完工。获批国际铁路邮件进口第一口岸、国家骨干冷链物流基地，内陆首个智慧铁路口岸投运，国际物流枢纽展示中心、自贸区企业创新服务中心投用。集装箱吞吐量达 70 万标箱，货值 1070 亿元。三是产业能级不断提升。德国大众西南首个汽车平行进口项目落地。引进浙江中拓、厦门国贸等现代物流项目 10 个，新增供应链金融等各类企业 630 家。进出口贸易额达 3488 亿元，实际使用外资 2.63 亿美元，开放型经济不断发展壮大。

（四）大力推进文化传承示范区建设，文化影响力不断增强

一是文化旅游深度融合。江山公园、两溪花谷建成，磁器口后街二期开业，成功创建国家夜间文化旅游消费集聚区、旅游休闲街区。引进首店品牌 7 个、高端品牌 4 个，新建精品民宿 5 家。二是文创产业加快发展。高标准设计 1491 未来设计创意中心，7101 艺术 IP 创意基地、三合美术馆、洞舰 1 号文创园建成投用。引进北京水晶石等文创企业 5 家，文化产业增加值增长 3.8%。三是红岩精神赓续传承。深入开展“冠红岩之名、铸红岩之魂”实践活动，《重庆 · 1949》《红岩红》全新升级，川剧《江姐》荣获国家文华奖，红岩精神成为城市精神的重要内核。

（五）大力推进人民城市示范区建设，城乡环境更加宜居

一是城市品质持续提升。重庆西站枢纽二期投用。梁滩河百里生态画廊首开区启动建设，新增城市绿地 110 万平方米。深化“四周四沿”整治，完成重庆大学、新桥医院等周边绿化面积 4 万平方米。半山崖线步道建成投用，美化主次干道箱体 1800 余处。二是诗意田园加快打造。三河村获评全国乡村旅游重点村，创建市级美丽宜居乡村 3 个。建成“四好”农村公路 40 公里，新增高标准农田 3000 亩，复垦撂荒地 4000 亩，新建粮油蔬菜基地 8 个。三是生态环境不断改善。新改建排水管网 40 公里，沙田污水处理厂主体完工，梁滩河、清水溪水质稳定达标。修复矿山 1000 亩，治理地质灾害点 12 处，完成国土绿化 1.6 万亩，空气质量优良天数 303 天。

（六）全力稳住社会大局，发展底线牢牢守住

一是民生福祉更有质感。新增公办幼儿园 5 所，图新小学等 4 所小学建成投用，成功创建全国义务教育优质均衡先行区。区人民医院新院区正式投用，成功入选全国健康城市建设样板市。改造提升 CD 级危房、老旧小区 102 万平方米。完成 609 户家庭适老化改造，新增婴幼儿托位 655 个。新增就业 3.6 万人，城乡居民参保率均达 95%。二是社会风险有效管控。开展燃气、危化品、自建房、高层建筑消防等专项整治，生产安全事故起数、死亡人数“双下降”。扎实推进基层社会治理创新，建立红岩市民综合调解机制。圆满完成党的二十大、“双奥”等重大安保维稳任务，刑事治安警情数大幅下降，平安稳定形势持续向好。

二、发展中存在的问题

一是社会消费信心不足，市场主体生产经营面临不少困难，部分经济指标不及预期。二是创新、开放、教育、文化等优势资源转化变现尚未实现，传统产业转型升级任重道远。三是财政收支压力较大，房地产等领域风险较大。四是部分干部研究力、执行力有待进一步提升，攻坚突破的意识和能力还需增强。

三、2023 年发展思路

2023 年沙坪坝区工作总体要求是：坚持以习近平新时代中国特色社会主义思想为指导，全面贯彻党的二十大精神和中央、市委、区委经济工作会议精神，认真落实市委六届二次全会和区委十三届二次全会精神，坚持稳中求进工作总基调，完整、准确、全面贯彻新发展理念，积极服务和融入新发展格局，突出稳进增效、除险清患、改革求变、惠民有感的工作导向，更好统筹疫情防控和经济社会发展，统筹全局与一域、当下与长远、发展与安全，立足“守牢底线、有大变化”，加快建设成渝地区双城经济圈主阵地，争当高质量发展、高品质生活、高效能治理示范区，争当创新驱动“排头兵”、内陆开放“领头雁”，奋力推动社会主义现代化新沙坪坝开好局、起好步。

全年经济社会发展主要预期目标是：地区生产总值增长 6% 以上、努力实现更好的结果，规上工业增加值增长 8%，固定资产投资增长 10%，社会消费品零售总额增长 6%，城镇新增就业 3 万人以上，全体居民人均可支配收入增长快于经济增长，经济运行整体好转，经济活力和质量效益持续提升。

（一）聚力抓机遇、提能级，全面融入国家重大战略

一是全力推动成渝地区双城经济圈建设。加快推进渝西、渝昆高铁建设，完成成渝中线高铁科学城站征地拆迁。全面融入川渝自贸试验区协同开放示范区建设，中欧班列（成渝）开行突破 2 万班。二是大力推动西部陆海新通道建设。推动西部陆海新通道与中欧班列、长江水道融合发展，开通 2 条中亚、南亚支线班列，布局 3 个海外分拨仓。三是联动共建西部（重庆）科学城。组建量子科学研究院，加快器官智能生物制造工程中心建设。高标准编制梁滩河百里生态首开区设计方案，加快五云湖城市中心开发，努力建好“科学家的家、创业者的城”。

（二）聚力抓投资、促消费，增强经济发展后劲

一是强力推进重大项目。围绕梁滩河百里生态画廊、井双新城建设两大作业面，实施环大学创新生态圈、青凤科创城、诗意田园等十大重点工程，加快 116 个重点产业项目、重大基础设施项目、重要民生项目建设。二是积极扩大消费需求。引进首店品牌 5 个、高端品牌 5 个。全力创建歌乐山·磁器口国家 5A 级景区。精心打造“古镇十二巷”，实现一巷一主题。三是全力抓好重大招商。招商引资实现签约金额 1000 亿元以上，落地行业领军企业 20 家以上。强化招引落一体化，实现开工率在 80% 以上。

（三）聚力抓创新、聚人才，打造充满活力的创新之城

一是建好环大学创新生态圈。加快打造创客港·未来科技园，发展智慧创新产业园、设计创意产业园，力争年产值突破 35 亿元。加快打

造华宇城·生命科技园，建成生命科技园展示中心，投运新桥临床医学转化中心。加快打造拾光格·数字软件园，发展数字软件产业，入驻企业100家，园区产值5亿元。二是培育壮大创新主体。引进星云精准医学研究院等6个研发机构，加快建设吉芯科技高性能数据转换器研发基地。引育10家"专精特新"小巨人企业、20家高新技术企业、150家科技型企业。三是持续增强创新氛围。实施"沙磁菁英"计划，引进10名"高精尖缺"领军人才、100名高层次人才。紧盯毕业生群体，发布创新创业机会清单，打造万千青年向往的"青春之城"。

（四）聚力抓产业、强平台，筑牢实体经济发展根基

一是以青凤科创城为引领打造先进制造业集群。加快问界M7达产放量，推动拓普、文灿等高端配套项目建成投产，形成新能源汽车500亿元产能规模。开工建设西南药业迁建扩能项目，推动水泵厂、博张机电扩能升级。战略性新兴产业、高技术制造业增加值增长15%以上。二是以国际物流城为核心打造枢纽经济集群。探索陆上贸易规则，开行6000列国际班列，实现货值1500亿元以上。打造新能源汽车出口贸易平台，进口整车5000辆。进出口贸易额增长3%，实际使用外资2亿美元。三是以东部产业楼宇为载体打造数字经济集群。创建3个市级"满天星"示范楼宇，引育500名高端软件人才。全力打造1491未来设计创意中心。新建5个金融港湾，金融业增加值增长5%以上。

（五）聚力抓改革、提效能，激发市场经济活力

一是推进数字化变革。加快"渝快政"推广运用，建好区级政务数据资源共享开放平台。建立全流程一体化便民服务网络平台，打造一批"智慧+治理中心"精品应用、5G智慧场景。二是深化国企国资改革。深化"十项全面清理"，加快推动办证盘活、更新盘活、赋能盘活。加强重点部门、重点岗位、重点环节监督，健全决策程序和风险防控机制，确保国有资产保值增值。三是大力发展民营经济。新增市场主体2万户，完成升规上限100家，民营经济增加值增长6%左右。坚持"两个毫不动摇"，依法保护民营企业产权和企业家权益，推进"两个健康"取得积极成效。四是打造卓越营商环境。深化"一企一专班"服务，建立产业链企业对接机制。持续开展"一窗综办"改革，推动"照后减证"和简化审批，实行"四零审批"，全程网办率达90%以上。

（六）聚力抓城市提升、促乡村振兴，绘就城乡共美新画卷

一是全面提升城区发展能级。加快建设夏大湾、挂榜山、重庆气象科技文化公园，快速推进24条次支道路建设。整治3万平方米CD级危房，完成大河沟危房整治项目。扎实推进"四周四沿"整治，建设沙磁古道，美化212国道、鼎新大道等沿线环境。二是全面推进乡村振兴。建成2个乡村会客厅，新建30公里"四好"农村路，栽种10万平方米花卉果木，建成4500亩高标准农田，盘活3000亩撂荒地。精心打造缙云山麓、歌乐一中梁乡村振兴示范片，建成灿若湖耕读研学基地、麦集公社田园综合体。

（七）聚力防污染、重保护，厚植绿色发展底色

一是大力实施污染防治攻坚。严格落实"河长制"，完工"清水绿岸"治理提升工程，建成沙田污水处理厂。严控扬尘、臭氧污染。加强农

村面源污染和土壤修复治理。二是强化生态修复治理。认真落实“林长制”，加快缙云山、中梁山生态系统保护，完成1.5万亩国土绿化，治理5万平方米坡坎崖。落实长江“十年禁渔”，严格入江排污许可准入。三是推动绿色低碳发展。稳妥推进碳达峰碳中和，严格落实“两高一低”项目准入要求，统筹做好能耗“双控”和能源保供。

（八）聚力惠民生、保稳定，不断提高人民生活品质

一是全面提升公共服务水平。新改建5所中小学，新增2所公办幼儿园。人民医院加快创建三级医院，推进妇幼保健院新院区、疾控中心、陈家桥医院二期建设。深入开展“冠红岩之名、铸红岩之魂”实践活动。二是全力增进民生福祉。大力发展普惠性养老，推进700户家庭适老化改造。健全未成年人保护体系，创建5个儿童友好社区，新增760个婴幼儿照护托位。城镇调查失业率控制在5.5%以内。三是推进更高水平平安建设。扎实做好保交楼、保民生、保稳定各项工作。深入开展安全生产大排查大整治专项行动，坚决防范重特大安全事故。深化“党建扎桩、治理结网”，健全“六治融合”基层治理体系，建成基层治理平台，实现“一张网”治理。

（执笔人：朱朗）

九龙坡区

九龙坡区人民政府办公室

一、2022年主要工作

九龙坡区坚持以习近平新时代中国特色社会主义思想为指导，坚决贯彻党中央、国务院决策部署，认真落实市委、市政府工作要求，在区委的坚强领导下，全面融入成渝地区双城经济圈建设和西部陆海新通道建设，紧紧围绕“三高三宜三率先”宏伟愿景，全面落实“12345”发展思路，锐意进取、克难攻坚，全年完成地区生产总值1763.94亿元、增长2.7%，总量保持全市第二位、增速位列中心城区第三位；区级税收收入增长3.9%、全市领先，一般公共预算收入增长2.8%、居中心城区第一；新增市场主体3.9万户、总量达24.3万户，均保持全市前列。

（一）产业提档升级迈出新步伐

产业结构持续优化。三次产业结构优化调整为0.4∶35.0∶64.6，第一产业实现正增长，工业立区有支撑，服务业拉动更明显。完成固定资产投资536.5亿元，高端铝供应链、氢燃料电池发动机研发生产基地等百亿级项目加快实施。先进制造业转型提质。新材料、汽摩、高端装备、电子信息四大主导产业实现产值1216亿元、增长4.7%，80家战新企业实现产值742亿元、增长12.4%，集聚专精特新“小巨人”企业136家，规上工业增加值增长4.2%。现代服务业加速集聚。社会消费品零售总额完成862.1亿元，巴国城成功创建国家级夜间文旅消费集聚区，九龙新商圈知名品牌首店达109家。税收亿元楼宇达11栋，34栋重点楼宇实现营业收入500亿元。建筑产业承压支撑。建筑安装投资增长10.3%，注册地建筑业总产值增长10.9%，勘察设计与专业服务业营业收入增长3.6%。金融业迅猛发展。实现金融业增加值148.9亿元、增长3.8%，占地区生产总值比重提升至8.4%，存贷款余额突破5000亿元大关。数字经济蓬勃发展。数字经济“四上”企业达249家，核心产业增加值占比提升至10.5%。规上软件产业营业收入增长11.9%，新招引数字经济项目16个，新认定数字化车间4个。

（二）城乡融合发展取得新进展

发展空间拓展优化。科学划定永久基本农田10平方公里、生态保护红线18.05平方公里、城镇开发边界118.14平方公里。征收城市房屋29.2万平方米、农村集体土地3100亩，整治违法建筑49.5万平方米，供应国有建设用地65宗4550亩。通道打造持续完善。渝昆高铁、黄桷坪长江大桥、江泸北线高速、科学大道九龙坡段等对外通道快速推进，轨道交通18号线、陶家隧道、大九滨路连接道等市级重点项目加快建设，红岩村桥隧、快速路二纵线等顺利通车。城市提质扎实推进。扎实开展国家城市更新试点，实施37个老旧改项目，面积234万平方米、同比增长3.5倍，城市更新PPP模式得到国家层面的肯定。新增商业商务面积60万平方米。建成公园游园7个，新增园林绿地90万平方米，改造提升人行道169公里。乡村振兴深入实施。建成美丽庭院60户、村庄亮化工程120个，"快递进村"覆盖率达100%，全国农村社区治理实验区顺利完成实验任务，铜罐驿镇英雄湾村入选全国乡村旅游重点村。绿色发展底色更浓。全年空气优良天数达323天，优良天数和改善率均居中心城区首位。提前3年完成"十四五"主要污染物减排目标任务，生态文明建设、生态行政执法获国家部委表彰，群众满意度达95%。新增"两岸青山·千里林带"1700亩，城市建成区绿化覆盖率达47%。

（三）改革开放创新开启新局面

全面深化改革。4项改革成果获中央和国家部委通报表彰，"城市一刻钟便民生活圈"全国试点获批实施，区属国有企业公司制改革全面完成。落实新的组合式税费支持政策30.5亿元，兑现产业扶持资金9.7亿元，中小企业商业价值信用贷款授信额居全市第一。助力中铝高端完善股权结构进入上市辅导，鼎力支持市能投集团解困、ABB公司升级，助推全市重大项目攻坚。推动隆鑫系17家公司司法重整成功，入选全国法院十大商事案件范例。坚持扩大开放。积极争创国家信用示范区和全市营商环境创新试点区，营商环境评价得分位居全市前列。完成外贸进出口总额174.1亿元，实际使用外资1966万美元，自贸区新注册企业3334家，进境粮食中转码头落户铜罐驿镇。招商签约项目135个、合同额1505亿元，有序承接22个东部产业转移项目。建设创新高地。启迪科技园获评国家级孵化器，市级新型研发机构增至15家，市级以上创新平台达370个、高新技术企业达578家、科技型企业达3200家，均位居全市前列。百亿级国改科技基金完成交割项目11个。新增专利授权5993件，万人发明专利拥有量提升至28.48件，全社会研发经费投入63.9亿元。成功创建全国科普示范区。

（四）社会事业发展收获新成效

促进教育优质均衡。集团化办学实现中小学全覆盖，谢家湾学校等10所学校加快建设，建成彩云湖森林小学等学校4所，新增学位4050个。实施名优教师引领行动，市级以上特色学校达68所，新高考实现质与量再突破。学科类社会培训机构压减率100%，"双减"工作成效全国交流。提升公共卫生服务水平。启动区人民医院三级甲等综合医院创建，西区医院正式开业高质运营，区中医院成为重庆中医药学院附属医院。设置新冠救治床位8086个、重症床位371个、发热门诊（诊室）36个，形成有效救治保障体系，沉着应对疫情冲击，实现平稳转段。药品耗材集中带量采购价格平均降幅53%，"智慧医保"率先实现基层应用。大力发展文体旅事业。新增体育场地设施面积77万平方米、居全市第一，公共文化服务设施开放面积达8.1万平方米。全年共接待游客4619万人次、旅游综合收入178亿元。

（五）民生保障工作展现新作为

民生实事票决项目优先保障、克服困难，按调整计划推进完成。办结15件重点民生实事。城乡低保标准提高12%，民生投入占比稳定在80%以上，全体居民人均可支配收入增长4.4%。"一老一小"事业加快发展。社区养老服务设施覆盖率100%，养老服务工作得到国务院督查激励肯定。新增公办幼儿园15所、民办普惠园20所，每千人拥有3岁以下婴儿托位数达2.1个，全国未成年人保护示范区创建通过评估验收。"一旧一危"改造持续推进。老旧小区改造惠及3.1万户、棚户区改造完成724户，消除D级危房169户，整治613栋高层建筑消防安全隐患，新改造排水管网47.4公里、“一户一表”2140户。“一生一困”就业更加充分。持续深化“双本”就业促进机制，城镇新增就业6.8万人，离校未就业高校毕业生就业率在90%以上，提供退役军人就业岗位1600个。发放稳岗返还资金7842万元，稳定岗位25.3万个。和谐劳动关系改革试点经验全国推广，民安华福社区获评“国家级充分就业社区”。“一堵一安”工作不断改进。深入开展“打非治违”等联合执法行动，新增停车位1.9万余个，“雪亮工程”实现全域全时全息感知。

二、发展中存在的问题

一是受多重因素影响，经济承压，部分中小微企业、个体工商户生产经营困难，“六稳六保”压力较大；二是创新链与产业链能级提振不足，新产业新业态的头部企业和领军人才欠缺，新经济支撑力不强；三是东西部城区发展不平衡，教育、医疗、养老等公共服务供给不充分，交通、市政、环保等基础设施更新配套不完善。

三、2023年主要目标任务

经济实力上水平，地区生产总值增长6.5%以上，增速和人均地区生产总值均高于全市平均水平，规上工业增加值增长9%左右，社会消费品零售总额增长7%左右，固定资产投资增长10%左右，一般公共预算收入增长10%以上，综合财力高于经济总量增长3.5个百分点以上；科教实力上水平，全社会研发经费投入增长11%以上，高新技术企业和科技型企业增量、总量均位居全市前列；城市综合实力上水平，城乡区域发展更加协调，常住人口城镇化率在94%以上；生态文明建设上水平，空气质量优良天数在313天以上，长江干流及次级河流水质达标，“碳达峰碳中和”实现阶段性目标，单位地区生产总值能耗下降3%；人民生活上水平，收入增长快于经济增长，全体居民人均可支配收入走在全市前列。

（一）统筹“四轮驱动”和内外联动，聚力推动成渝地区双城经济圈建设

抢抓重大政策机遇见行动。推动更多项目纳入上级政策资金类、示范试点类名录和平台，全域融入成渝地区双城经济圈建设，着力做强一批重大平台、推进一批重大改革、抓实一批重大项目、争取一批重大政策。抢抓扩大内需战略见行动。全面落实扩大内需战略，着力固根基、扬优势、补短板、强弱项，加快建设国际消费中心城市核心承载区，大力培育新型消费，推动服务业贡献超70%。抢抓大数据战略见行动。构建“1+3+1”数字化发展机制，加快数字产业化、产业数字化，力争新培育制造业、新型服务业等数字化示范企业100家以上，数字经济增加值占比达34%以上。抢抓民营经济提振战略见行动。全面促进民营企业发展壮大，力争民间投资增长12%以上。开展民营企业“龙头引领”行动，力争民营经济总量增长10%、增加值占比达60%。大力培育创新型民营企业，全区科技型企业、高新技术企业的民营占比分别达95%、90%。抢抓营商环境国家试点见行动。深度融入全市营商环境国家创新试点建设，聚力打造营商环境“九久满意”服务品牌，力争新登记市场主体增长12%、总量突破25万户。

（二）统筹改造升级和新兴培育，聚力打造现代产业体系

打造先进制造业升级版。加快推动材料产业向高端化轻量化方向转型、汽摩产业向智能网

联新能源方向突破、氢能产业向集群化方向发展，推动战略性新兴制造业占比提升至50%，高技术制造业增加值增长10%，规上工业总产值力争突破1600亿元。聚力建设新能源、融合创新等千亿级产业集群和智能装备、生物医药等特色产业集群，积极布局人工智能、绿色低碳等未来产业集群。力争升规入统企业50家。构建现代服务业集聚区。做大做强新型金融、现代物流、软件信息、研发设计等产业集群，完成软信产业营业收入350亿元。做优做靓商贸、康养、体育等产业集群，深化服务业扩大开放综合试点和服务贸易创新发展试点，提质打造九龙新商圈。商品房销售226万平方米以上，银行存贷款余额增长12%，文化产业、旅游产业增加值占比分别在6.7%、4.4%以上。

（三）统筹投资拉动和引资驱动，聚力支撑经济加快增长

扩大有效投资。努力构建产业投、民间投“双高于”固投发展格局，滚动实施十大基础设施项目、房地产项目、工业项目、服务业项目，力争工业投资、工业技改分别增长12%、15%，高技术产业投资增长12%，房地产开发投资达280亿元以上。强化招商引资。持续深化“五问两算”和十大运行机制，高效运转“1+4+21+N”大招商体系，紧扣新材料、新能源、新金融、数字经济等主导产业开展以链招商、存量招商，全年招商引资合同额不低于1500亿元，资金到位额不低于230亿元。

（四）统筹创新创效和科技赋能，聚力增强区域发展动能

建设优质创新平台。推进中国联通5G融合创新中心设立行业重点实验室，提升国创轻合金研究院等新型研发机构创新能级，激发现有孵化载体活力，市级以上创新平台数量突破400个。培育优质创新主体。实施庆铃新能源与智能网联汽车开发试验等十大科创项目，实施高新技术企业和科技型中小企业倍增计划，力争高新技术企业突破650家、科技型企业突破3600家。营造优质创新生态。着力培育引进一批战略科技人才和科技创新创业领军人才，促进知识价值信用贷款扩面放量，力争技术合同交易额突破60亿元、万人发明专利拥有量达29.5件。

（五）统筹城市提升和乡村振兴，聚力构建一体发展格局

实施城市更新。完成全区城市更新片区策划，以民主村等5个市级城市更新项目示范带动石杨路沿线等主干道老旧小区改造，改造面积200万平方米以上。征收城市房屋29万平方米、集体土地3000亩。做好城市管理。加快智慧城管建设，完善提升人行道5万平方米，整治杨渡路等道路30万平方米，改造“一户一表”2000户，新建供水管网13.2公里。完善城市绿道慢行系统，新增绿地80万平方米。建设交通强区。有序推进渝昆高铁、成渝铁路九龙坡段改造、轨道27号线等在建项目，合力推动重庆西站综合交通枢纽工程，轨道18号线建成通车。加快黄桷坪长江大桥、江泸高速北线、陶家隧道、科学大道九龙坡段等建设，形成“两环四横五纵”交通体系。推进乡村振兴。全力推进市级都市休闲现代农业产业园建设，打造粮油加工、预制菜等特色产业。扎实开展和美乡村示范创建行动，改造无害化卫生厕所300户。

（六）统筹生态保护和绿色发展，聚力人与自然和谐共生

深入实施污染防治攻坚。完成国土空间生态保护修复规划编制工作，深入打好蓝天、碧水、

净土保卫战。严格落实中央和市级生态环保督查问题整改，完成关闭矿山修复治理 82.5 亩。加强生态资源保护利用。严格落实“河长制”“林长制”，启动自然保护地总体规划、林区综合规划编制工作，加强饮用水源地、自然保护地生态保护。大力发展绿色循环经济。深化“无废城市”建设，推进资源能源节约集约利用。推进生态环境保护科技创新和数字化转型，加快九龙园区、西彭园区循环化改造。

（七）统筹深化改革和扩大开放，聚力激发区域发展活力

推进重点领域环节改革。全力推进数字化变革，加快公共数据资源管理、基层智慧治理等平台建设。稳步推进混合所有制改革和多元化投资，区属国有企业资产规模增速不低于 10%。深化财税体制改革，不断优化融资控债。提升区域开放能级水平。落实新版外商投资准入负面清单和外资企业国民待遇，新增外贸外资企业 40 家以上，外贸进出口总额、实际使用外资分别达 180 亿元和 1.5 亿美元。深入落实全市加快建设西部陆海新通道三年行动计划，高水平建设外贸转型升级基地和加工贸易示范区。

（八）统筹保障能力和服务效率，聚力发展社会民生事业

优化“双本”就业。依托“零工驿站”等平台促进本地企业就近用工、本地人员就近就业，新增城镇就业 3.2 万人以上，创建全国公共就业创业服务示范城市。办好人民满意教育。深入实施教育综合改革，创建全国义务教育优质均衡发展区。推进育才实验学校华岩分校、杨家坪中学 A 区等 6 所学校新建、改扩建，建成科学城育才中学等 4 所学校。深化健康九龙行动。落实新冠病毒感染“乙类乙管”各项措施，推动优质医疗资源有序扩容和均衡布局，提速区人民医院、区中医院整体迁建，区疾控中心、区妇幼保健院建成投用。推动文体旅事业发展。深化市级旅游服务质量提升试点区建设，全力打造国家级旅游休闲街区，推动铜罐驿打造国家级历史文化名镇，加快建设城市“10 分钟健身圈”。织密织牢社会保障网。高标准打造区养老服务发展中心，深化医保支付方式改革，扎实开展基本生活救助和急难社会救助，强化妇女儿童和残疾人权益保障。

（执笔人：石沂灵）

南岸区

南岸区人民政府办公室

一、2022年发展回顾

2022年，南岸区坚持以习近平新时代中国特色社会主义思想为指导，深入学习贯彻党的二十大精神，全面落实习近平总书记对重庆提出的系列重要指示要求，按照党中央、国务院决策部署和市委、市政府工作要求，在区委的坚强领导下，高效统筹疫情防控和经济社会发展，统筹发展和安全，全面建设社会主义现代化新南岸开局起步。

（一）坚决落实“疫情要防住、经济要稳住、发展要安全”

坚决落实“疫情要防住”，始终坚持人民至上、生命至上，积极稳妥处置散发疫情和规模性疫情，深入落实“二十条”和“新十条”，强化救治能力建设，大力推进老年人疫苗接种等工作，及时把工作重心从“防感染”向“保健康、防重症”平稳转段，最大限度保护人民群众生命安全和身体健康。坚决落实“经济要稳住”，组建稳住经济大盘工作专班，对接落实国家、市级稳经济一揽子政策措施，发布10大类136条稳经济政策包，深入开展“走企业、转作风、促服务”行动。全年地区生产总值达到922.1亿元；实际使用外资5亿美元、连续多年保持全市前列；建筑业注册地总产值增长5.8%，金融机构存贷款余额增长7.4%、居中心城区前三。落实新的组合式税费支持政策，出台“制造业十条”等政策，按政策为市场主体减税降费24亿元、创历史新高；新增市场主体1.9万户，总量达到14.3万户、居全市第三；新升规入统企业137户，新建升规入统工业企业数量居中心城区第一，规上工业企业利润增长54.8%、居全市第三；新增城镇就业4.3万人，完成年度目标的130%；农村居民人均可支配收入连续22年保持全市第一。坚决落实“发展要安全”，圆满完成党的二十大、市第六次党代会等重大安保维稳任务，安全生产事故起数、死亡人数分别同比下降21.4%、17.2%，连续16年获得全市安全生产考核先进等次。南山、明月山没有发生森林火灾，森林防火工作经验在全市交流、获市政府肯定。传统侵财案件破案率、追赃挽损率连续4年居中心城区第一，现行命案破案率连续12年保持100%，群众安全感排名全市第一、创历史最好水平。

（二）高质量发展有新成效

启动实施制造业跃升发展攻坚三年行动，聚焦“智慧+”“创新+”“绿色+”，大力推进智能终端、软件信息、大健康以及节能环保、汽车电子“3+2”产业发展。重庆绿色能源公司等“链主”企业落地投产，汽车电子产业园等一批工业项目开工建设，维沃、德庄等33个智能化改造项目完工投用，瑞方渝美压铸、航伟光电等5个数字化车间和天友乳业智能工厂建成，规上企业智能化数字化覆盖率达到55%、超预期完成任务。重庆经开区入选“东数西算”重庆数据中心集群起步区，京东全球超算中心、西部地区首个“成渝地区双城经济圈产业数字化赋能基地”建成投用。全面落实全市“满天星”行动计划，重庆软件园获评“中国十大特色软件园区”“全市首批服务业扩大开放综合试点示范园”，西南集成电路等18家企业入选全市重点软信企业，“数字内容·渝”、重庆软件园A区成为全市首批“满天星”示范楼宇；城市“智能中枢”基本建成，在全市率先开放发布应用场景清单，开放场景113个，清单场景总投资1.39亿元；盘活投运载体60万平方米，集聚软件信息服务业企业1962家、从业人员3万人，软件业务收入达到278亿元，产业规模居中心城区前列。加快长嘉汇金融中心建设，长嘉汇金融理事会、长嘉汇金融发展中心、长嘉汇金融中心运营公司“三位一体”架构体系启动组建，工商银行重庆市分行高质量发展，蚂蚁消费金融公司获批增资到185亿元，东原仁知成功上市，攸亮科技新三板挂牌，海洁卫生、美尚印务在重庆OTC挂牌，广阳湾绿色产业发展基金、南山创新基金、长嘉汇创新基金、广阳湾智创生态城基金规模达70亿元。国际消费中心城市核心区启动建设，成功举办2022城市惠购节、“不夜南滨”生活节等系列促销活动，龙门浩老街成功创建第二批国家级夜间文旅消费聚集区。商汤科技、百融云创、星汉智能等一批重大项目签约落地，招商引资到位投资额达到200亿元。大力发展民营经济，迪马实业入选中国服务业企业500强，东银集团、沙师弟入选中国民营企业500强，谊品弘、国瑞集团等12家企业入选全市民营企业100强。

（三）科技创新有新布局

启动建设迎龙创新港，脑与智能科学中心、重庆市生态环境科学研究院、京东数字经济产业园、重庆人力资本服务产业园等项目入驻，京东医药供应链公司等524户企业注册落户。重庆工商大学广阳湾校区、长江生态环境联合研究生院开工建设，重邮科技园入驻师生1300余人，成功举办迎龙创新港创新创业发展论坛暨重邮“数字经济创新赋能”发展峰会、17个项目签约落户。深入实施科技型企业成长工程，新增高新技术企业50家，新增“专精特新”企业80家、居全市第六，新增国家级“小巨人”企业12家、居全市第二，新增国家级、市级研发平台11个，力合科创（重庆）、京东云（重庆）获批国家众创空间，全社会研发投入强度达到3.29%、居全市前列，圣华曦药业等9家企业入选2022重庆民营企业科技创新指数100强。38项科技成果入选重庆市科学技术奖，一等奖数量占全市比重达到40%。全区技术合同成交额达到50.9亿元、增长181.7%，总量居全市前列。成功入选国家知识产权强市试点城市，发明专利授权增长91.7%、居全市第一，有效发明专利增长36.7%，每万人口发明专利拥有量57.5件、居全市第一。发布“江南菁英”人才计划，新增博士后工作站3个、新进站博士后97人，引进急需紧缺人才64名，人尽其才、近悦远来的人才生态加速形成。

（四）城市功能新名片建设有新进展

长嘉汇城市会客厅加快建设，长嘉汇大景区（弹子石片区）、龙门浩·重庆人家城市更新完成设计，国瑞长嘉外滩城市综合体、南滨路东延伸段等项目启动建设，开埠遗址公园、城市会客厅等项目建成，重庆市规划展览馆、龙门浩老街一期拓展区对外开放。“两江四岸”治理提升加快推进，重庆雅巴洞江滩公园3.4公里滨水岸线工程、黄葛古道提档升级工程等项目完工。广阳湾智创生态城提速建设，通江新城人才社区等37

个项目开工建设，长江生态文明干部学院、广阳岛国际会议中心等30个项目有序推进。重庆东站主体结构工程全面开建，站前片区综合开发有序推进，铁路枢纽东环线竣工投运，渝湘高铁、渝万高铁建设进展顺利，轨道6号线东延伸段、24号线、27号线开工建设。南坪、南山等重点区域协同推进，龙湖南坪TOD等项目加快建设，王牌丽呈酒店等15家首店落户。黄金公路道路拓宽工程、崇文路环境综合整治等项目加快推进，清水溪步道等6条环南山步道建成，南山区域249家"散乱污"企业、翠云水库及下游河段完成整治。

（五）城乡建设有新成果

落实城市更新提升行动，"三区三线"完成划定。郭家沱大桥、通江立交、江南立交改造一期工程、轨道10号线二期后堡站建成投运，峡口立交基本完工，江南立交改造二期、江南隧道、群慧立交、快速路六纵线南延伸段等项目加快建设。轨道弹子石站、铜元局站步行便捷性提升项目完成建设，轨道站点便捷性提升工作经验在全市推广。16个老旧小区完成改造，1500户棚户区改造完工，25个老旧小区改造项目开工，峡口镇城市更新项目主体工程完工，19个城市更新项目纳入试点，获批城市有机更新全国试点推荐区县，城市有机更新经验在全市推广。完成融侨风临路示范片区路网更新，治理交通堵点乱点10个，完善提升人行道118公里，平整道路51公里、76万平方米，建成小微停车场26个，新增车位1626个。深入推动全国城市治理风险清单管理试点建设，数字化管理盲区全面消除。城乡融合发展先行示范区建设提速，国家数字渔业创新应用基地、首个市级都市休闲现代农业产业园落地，双龙村盆景、放牛村花卉苗木、银湖村猕猴桃、峡口生态谷农旅融合等"三社"融合示范基地加快建设，南山街道入选全国乡村旅游重点镇。开展农村"助农贷"金融服务，帮助37家农业经营主体融资4300万元。完成中央生态环保督查反馈等193项问题整改。广阳岛生态修复主体完工，纳溪沟"清水绿岸"治理提升工程和开迎路、茶园大道生态修复完工，长生河"清水绿岸"治理提升一期全面建成并对外开放、获得市委市政府肯定，新建雨污管网21.4公里，13个长江入河排污口完成整治，集中式饮用水源地水质、长江干流南岸段国考断面水质达标率均为100%，空气质量优良天数达到301天。落实制造业高质量绿色发展行动计划，积极创建绿色技术创新中心和绿色工程研究中心，重庆卷烟厂、美的制冷绿色工厂创建成功，远达环保成为全市首个"低碳工业园"示范工程。连续7年获得"全国文明城区"荣誉称号。

（六）改革开放有新气象

优化承接改革项目94项，推动自选特色改革项目28项，"缓堵保畅"区域联动智能交通改革案例在"十大重庆创新案例"评选中排名全市第二，"沃土质量驿站"作为质量基础设施"一站式"服务典型案例向全国推广。国企改革三年行动顺利收官，党政机关和事业单位所属国有企业实现集中统一监管，经营性资产资源实现集中统一管理，区城建集团获评"重庆市标杆企业"，国企混合所有制改革有序推进。"放管服"改革持续深化，政务服务"全渝通办""川渝通办""跨省通办"全面推行，全市首个便民服务数字地图上线，创新建成政务服务自助便民服务点，实现不动产登记信息自助查询全域化，打造"集群注册"创新创业示范点5个，备案"集群注册"市场主体1144户，营商环境不断优化。开放型经济发展蹄疾步稳，自贸试验区建设、中新合作示范项目加快推进，南岸区自贸板块新增注册企业304家、新增注册资本金21亿元，渝贸通成功申报国家级外贸服务标准化试点；全区企业对外直接投资4.3亿美元、对外承包工程营业额1.2亿美元，总量均居全市第一。服务业扩大开放综合试点有序实施，形成“构建游戏产业发展服务生态”等创新成果案例5个，顺利通过市级服务贸易创新发展试点中期评估。

（七）社会民生有新进步

一般公共预算支出近八成投向民生领域，市、区两级民生实事较好完成。南岸区作为全市唯一区县入选国家公共就业服务能力提升示范项目城市，重庆经开区入选全国和谐劳动关系创建示范工业园区，长生桥镇百乐园社区成功创建国家级充分就业社区。在全市率先被教育部确定为全国义务教育优质均衡发展先行创建区，组建中小学、幼儿园优质教育集团35个，建成广阳湾珊瑚中小学校，新增江南新城南坪实验幼儿园等4所公办幼儿园，新增学位4020个，学前教育公办率和普惠率分别提高到54.7%、94%，推进校外培训机构治理经验做法获评全国“双减”工作优秀案例。市五院迁建工程加快推进，区中医院、区精神卫生中心、区公共卫生中心等项目竣工，重庆医药高等专科学校附属第一医院成功创建“三甲”，区疾控中心通过全市三级甲等疾病预防控制机构初审。高血压糖尿病门诊用药保障“清零行动”、长期护理保险试点启动实施，全市“三医联动”改革示范区启动创建，医疗保障经办服务规范建设案例获评全国二等奖并作为典型案例向全国推广，全区医疗保险参保人数稳定在99%以上。建成镇街养老服务中心15个、社区养老服务站84个、农村养老互助点33个，新增家庭养老床位236张，基本实现社区居家养老服务全覆盖。拓展基层残疾人服务平台，建成五星级渝馨家园（残疾人之家）3个。市特教中心扬帆管乐团亮相北京冬残奥会开幕式并演奏曲目，成功举办南滨国际戏剧节、CUBA全国总决赛，全区经常参加体育锻炼人口比例达到55%、居全市前列。全国市域社会治理现代化试点区建设纵深推进，建成全市首个“社区矫正心理矫治基地”，全区智能安防小区覆盖率达到89%，智慧治理水平进一步提升。

（八）政府自身建设有新举措

坚持以政治建设为统领，牢记“三个务必”，发扬自我革命精神，持续加强政府自身建设。深入学习宣传贯彻党的二十大精神，深刻领悟“两个确立”的决定性意义，增强“四个意识”、坚定“四个自信”、做到“两个维护”，以实际行动践行对党忠诚。深入推进全过程人民民主，自觉接受人大、政协等各方监督，累计办理议案建议和提案760件，满意率达到99.9%。深化法治政府建设，“法治护卫赋能·智创生态筑城”获评全国法治政府建设示范项目，政务公开工作进入全市前列，区政府网站建设排名全国第19位、成为全市唯一进入全国百强的区县，“清水绿岸”建设、养老服务、质量监管工作获市政府督查激励。

二、2023年发展思路

2023年是全面贯彻落实党的二十大精神的开局之年，南岸区将坚持以习近平新时代中国特色社会主义思想为指导，全面贯彻党的二十大精神和中央经济工作会议精神，认真落实市委六届二次全会精神和市委经济工作会议精神，按照区委部署要求，坚持稳中求进工作总基调，完整、准确、全面贯彻新发展理念，积极服务和融入新发展格局，着力推动高质量发展，更好统筹疫情防控和经济社会发展，更好统筹发展和安全，持续提振信心，持续扩大内需，持续深化供给侧结构性改革，发挥重庆经开区主引擎作用，努力实现稳进增效、除险清患、改革求变、惠民有感，确保新时代新征程全面建设社会主义现代化新南岸开好局、起好步。

一是深入落实扩大内需战略，更高效率促进经济良好运行。充分发挥消费的基础作用和投资的关键作用，以政府投资和政策激励带动全社会投资，激发市场主体活力。

二是聚焦先进制造业和现代服务业，加快产业转型升级。加快融入制造强市、质量强市、网络强市、数字重庆建设，推动先进制造业强基、现代服务业赋能，促进产业全面升级。

三是深化改革开放，增强发展动力活力。用好改革开放关键一招，把有为政府和有效市场结合起来，激发全社会干事创业活力，让干部敢为、基层敢闯、企业敢干、群众敢首创。

四是促进创新驱动发展，加快打造科技和人才强区。坚持科技是第一生产力、人才是第一资源、创新是第一动力，把科技和人才强区建设摆在突出位置，提升发展新动能新优势。

五是围绕做靓城市功能名片，加快重点区域协调发展。以长嘉汇城市会客厅、广阳湾智创生态城建设为统领，联动发展南坪、重庆东站、南山城市山地公园等功能板块。

六是着力提升城市品质，加快建设城乡融合与绿色发展示范。统筹推进城市提升、乡村振兴和生态文明建设，打造宜居、韧性、智慧城市和生态美、产业兴、百姓富的美丽乡村。

七是加强和改善民生，加快发展社会事业。坚持尽力而为、量力而行，深入群众、深入基层，落实全市惠民暖心优服务行动，着力解决人民群众急难愁盼问题。

八是加强政府自身建设。全面加强政府系统党的建设，切实提升政府治理能力和水平，全力打造为民政府、法治政府、效能政府、数字政府、廉洁政府。

（执笔人：谢运萍）

北碚区

北碚区人民政府办公室

一、2022年发展回顾

全年实现地区生产总值742亿元，同比下降0.9%；规上工业增加值300亿元左右；固定资产投资467.55亿元；社会消费品零售总额201.14亿元；区金库一般公共预算收入25.35亿元；全体居民人均可支配收入46178元。

（一）着力推动政策落实，市场主体减负增效

助企纾困精准有力。对接落实稳企惠企一揽子政策和接续措施，开展“稳存量、扩增量、提质量”专项工作，推行全覆盖走访服务，落实减税降费13.8亿元，兑现财政扶持资金1.6亿元，新增支小再贷款20.67亿元，惠及市场主体3.4万户次，解决融资、用地等问题1900余个。示范试点成效明显。出台支持民营经济发展十条，聚焦企业全生命周期首发25条创新举措，推动民营经济高质量发展“三个一”机制获评“重庆经济改革创新案例”，神驰机电获评“2022年度最具成长力企业”。在全市率先设立知识产权质押融资风险池，率先开展企业合法权益补偿救济试点，成立全市首家“商事调解中心”。定期开展“民企评部门”，“好差评”群众主动评价率、满意度明显提升。市场主体稳步发展。推行个体工商户、个人独资企业开办业务跨层级一次办，全年新发展市场主体2.15万户，总量达8.7万户、同比增长5.3%。

（二）着力培育新增长点，产业发展蹄疾步稳

新兴制造业稳步壮大。中铁建装配式建筑等13个项目建成投产，新能源汽车产业产值同比增长507.9%，智能传感器产业产值同比增长16.7%。新增市级专精特新企业96家，卡斯马等8家企业获评国家级专精特新“小巨人”企业。北碚获评国家新型工业化产业示范基地（工业互联网），市级重点关键产业园（传感器）入选2022年中国智能传感器十大园区，同兴工业园区获评市级智能网联新能源汽车特色产业园。数字经济扩容提速。落实“满天星”行动计划，设立重庆数字经济人才市场北碚市场，规上软信业营业收入同比增长20.1%，9家企业入选全市重点软信企业名单。实施智能化改造项目41个，富普新材料获评市级智能制造标杆企业，歇马曲轴智能在线检测入选国家智能制造优秀场景，川仪股份入选2022年全市制造业“一链一网一平台”试点示范项目，忽米网占星者5G边缘计算器入选2022年全市物联网十大应用案例。现代服务业提质发展。引进招商银行北碚支行、财达证券重庆分公司，实现证券业一级分支机构零的突破。中南橙光里开街运营，吾悦广场主体建成，限上单位商品网络零售额同比增长25.4%，北碚成功入选中国夜游名城典型案例。打造“探寻百年乡建路”等特色游线10条，柳荫镇获评全市首批乡村旅游重点镇，既白民宿获评全国甲级旅游民宿。

（三）着力集聚发展动能，改革创新不断深化

重大改革纵深推进。全面完成国企改革三年行动目标任务，新组建农发公司、文旅公司，区属国企加快集团化、实体化、专业化转型。在全市率先理顺镇街政务服务体制，实现“一枚印章管审批”。成功申报市级农村改革试验区。深化医共体改革，填补基层诊疗服务空白，基层首诊率达48%。完成“三区三线”划定。创新驱动深入实施。研发经费投入强度、综合科技创新指数均居全市第一。国家高新技术企业达350家，市级科技型企业达2854家、总量居全市第四，新增市级及以上科技创新平台4个。西南大学科学中心微生物创制与应用等5个项目试运营，北碚国家大学科技园获评川渝产学研合作创新示范基地。重庆自然博物馆等3个单位被命名为全国科普教育基地，北碚成功入选全国科普示范区。开放合作不断拓展。自贸区北碚板块累计注册企业2898家，海关AEO高级认证企业达到5家。实现外贸进出口总额241亿元，实际使用外资1.67亿美元。招商引资新签约项目106个，签约金额1135.8亿元。区域协同有序推进。实施川渝数字经济人才培训基地等重点项目16个，签订区域合作协议71个，联动川陕甘渝26个县市组建嘉陵江文化旅游联盟，联动巴中、汉中共建革命老区红色文旅走廊、“5+N”城市文化旅游联盟，联动绵阳、巴中、类乌齐共建“碚齐绵巴”非遗联盟。高质量完成对口巫山协同发展和第九批对口援藏工作任务。

（四）着力补齐短板弱项，城乡融合加快步伐

交通体系日益完善。渝西高铁、成渝中线高铁开工建设，铁路东环线、快速路一纵线建成开通，渝武高速复线、渝遂高速复线、轨道交通15号线二期等项目加速推进，改造国省干线公路12公里。城市品质持续提升。新房子片区老旧小区完成改造，入选2022年度世界城市日主题展。新建城市道路51公里、山城步道53公里、雨污管网41公里，新（改）建城市公园3个、公厕19座、劳动者港湾10座，建成解放路停车楼。人均公园绿地面积29.43平方米，居中心城区第一。持续深化“大城三管”，生活垃圾回收利用率达40.7%。全国文明城区创建工作稳步推进。乡村振兴多点开花。建成万亩现代粮油产业示范区、国家级生猪产能调控基地，成功创建市级现代农业产业园（花木），天润食品入选农业产业化国家重点龙头企业。北碚获评全国村庄清洁行动先进县，创建市级美丽宜居乡村3个，静观镇素心村入选中国美丽休闲乡村。完成天府采煤沉陷区房屋维修加固项目，建成“四好农村路”80公里、碚东绿道16.6公里，三圣镇获评“四好农村路”市级示范乡镇，三金路获评全市“最美农村路”。

（五）着力厚植生态底色，绿色家园更具魅力

缙云山综合提升加快步伐。新北温泉公园建成开园，缙云山生态文明教育展示馆、嘉陵江星光大道建成投用，环缙云山生态建设及生态产业化项目入选国家EOD模式试点。污染防治深入开展。河长制工作走深走实，蔡家污水处理厂扩建工程（二期）建成投用，回龙桥水库、高坪水库开展生态修复，北碚首批纳入国家农村黑臭水体治理试点，全域水质稳定达标。细颗粒物（PM2.5）等空气首要污染物持续下降。生态环境稳定向好。完成“两岸青山·千里林带”建设5400亩，全区林木覆盖率达56.7%，成功创建国家森林城市。绿色发展扎实推进。建成环保电力大数据监控平台，广仁铁塔等6家企业获评国家级“绿色工厂”，推动长江经济带绿色发展工作入选全市先进典型案例。

（六）着力推进共建共享，社会事业全面进步

就业创业保持稳定。实施“千人千岗”专项行动，发放创业担保贷款 2100 余万元，稳定就业岗位 12 万余个，城镇新增就业 2.9 万人。教育优质均衡发展。职业教育协同创新，“双减”全面落地，25 所义务教育学校通过市级质量监测。江北中学思源校区、勉仁小学等 9 所中小学（幼儿园）建成投用，新增学位 8580 个。医疗资源扩容提质。第四批国家区域医疗中心项目成功获批，区妇幼保健院项目顺利建成，市九院两江分院加快建设，区疾控中心迁建项目如期启动。文化体育亮点纷呈。国家公共文化服务体系示范区复核优秀，博物馆综合利用持续名列全市第一。故事《生死状》、广场舞《永远跟党走》获评全国群星奖，北碚“村晚”入选“全国群众文化活动品牌”，原创音乐剧《江姐》在中央歌剧院上演，第二届中国温泉产业博览会、第四届缙云诗会成功举办。文艺家活动中心建成投用。新增公共体育设施面积 19.9 万平方米、同比增长 9.7%，全市女足高水平运动队顺利落户。“一老一小”更有保障。完成全国居家和社区养老服务改革试点，建成区级智慧养老云服务平台，实现全区居家养老服务设施全覆盖。成功创建全国首批未成年人保护示范区，建成全市首家未成年人保护智慧平台。制定发布儿童孤独症康复机构建设规范地方标准，填补了国内空白。

二、发展中存在的问题

同时，发展中仍然还存在一些突出问题和短板。一是综合实力不够强，支撑发展的重大项目偏少，市场信心有待恢复，高质量发展的基础还不牢固；二是产业结构不够优、能级不够高，园区引擎作用不明显，多点支撑发展格局尚未形成；三是城乡基础设施、公共服务体系、民生保障等方面还有不少短板；四是政府自身建设仍需加强等。

三、2023 年发展思路

全区经济社会发展的主要预期目标是：地区生产总值增长 6% 以上，争取实现更好结果，规上工业增加值增长 9% 以上，固定资产投资增长 10%，社会消费品零售总额增长 6%，区金库一般公共预算收入增长 8.5%，城乡居民收入高于全市平均水平、增长快于经济增长，节能减排降碳等指标完成市级下达目标任务。重点抓好以下八个方面的工作。

（一）聚焦经济提质增效，不断激发市场活力

1. 优化拓展投资

强化基础设施投资，加快推进渝西高铁、成渝中线高铁、渝武高速复线、渝遂高速复线、璧山七塘至合川草街高速等 12 个重点基础设施项目。加大工业投资，全力推进康宁玻璃前段熔炉、川仪智能调节阀数字化工厂等 9 个重点工业项目。激活民间投资，发布城市机会清单，加强政府与社会资本合作，鼓励和吸引更多民间资本参与重大产业、基础设施补短板和科技创新项目建设。稳定房地产开发投资，持续推动“保交楼、稳民生”，促进房地产市场平稳健康发展。

2. 推动消费提振

开展“爱尚北碚”等消费促进活动，支持餐饮、商超、文化、旅游等消费业态恢复发展。改善消费条件，深化商文旅体示范试点城市和商业体系建设，加快龙湖蔡家天街建设，推动中南大有境、吾悦广场建成开业。丰富消费场景，培育电商直播等新型消费，扩大美食、民宿等特色消费。释放消费潜力，促进发展养老服务，推动新

能源汽车、住房改善等生活需求消费，以及生态康养、夜间经济、数字旅游等休闲体验消费。

3. 壮大市场主体

支持企业协同发展，建设企业供需对接平台，引导大中小、上下游、产供销企业有效衔接。推动国资国企发展，加快国有经济布局优化和结构调整，进一步盘活存量资产，做实做优专业化公司，稳步提升国有资本回报率。健全“微成长、小升高、高壮大、大变强”梯度培育机制，新发展市场主体13500户，培育专精特新企业20家。实施企业上市“沃土计划”，支持国贵赛车科技、广仁铁塔等企业上市发展。

4. 强化招商选资

开展资本招商，建好用好“产科金”服务平台，通过投资引进项目。开展场景招商，创造和挖掘项目应用场景，推动以市场换项目。开展生态招商，加快重点产业补链延链强链。开展平台招商，依托园区平台，借力行业商协会等第三方机构，拓展优质项目招引渠道。开展协同招商，深化市区联动，积极争取全市重大项目落户。全年新引进亿元以上项目30个，到位资金100亿元以上，落地开工率达50%以上。

（二）聚焦产业转型升级，构建多点支撑格局

1. 优化区域产业布局

蔡家智慧新城，加快发展电驱系统、车端网联等关键零部件产品，力争汽车产业产值增长20%。西部（重庆）科学城北碚园区，加快发展智能传感器及上下游产业，力争智能传感器产业产值增长10%以上。两江新区水土高新技术产业园，加快构建自主可控的产业生态，力争电子信息产业产值增长8%。缙云山片区，高质量做好综合提升“后半篇文章”，深度打造“一中心、四片区”，加快建设“世界级的缙云山、国际级的温泉谷”。嘉陵江以东片区，集中连片推动农文旅融合发展，建设碚东绿道27.4公里，加快构建“快进慢游”交通网络，力争乡村休闲旅游收入增长10%。

2. 发展先进制造业集群

重点发展仪器仪表、智能网联新能源汽车、电子信息、智能装备等特色产业，联动川仪、重材院打造国家级高端仪器产业创新基地，支持京东方等电子信息企业向智能终端、消费电子等方向延伸，支持力帆科技等整车级零部件配套企业拓展转型，支持神驰机电等装备企业发展先进智能产品。加快培育新一代人工智能、新能源及新型储能等前沿产业，积极创建国家新一代人工智能创新发展试验区、示范区。强化产业基础再造，不断提升产业链、供应链韧性和安全水平。推动先进制造业与现代服务业深度融合，加快发展现代物流、研发设计、检验检测等生产性服务业，高标准建设东阳国际陆港物流园。

3. 壮大数字经济规模

深入落实“满天星”行动计划，依托重庆市工业互联网产业生态园等平台，推进实施重庆市智慧湾区工业互联网半岛项目，培育引进一批工业软件、数字内容等软信企业。持续推进顺多利等“小网生态”试点项目，建成投用国家工业互联网大数据中心重庆分中心（一期），优化完善“芯屏端核网”全产业链、“云联数算用”全要素群。大力发展智能制造，推动企业“上云用数赋智”，争创市级工业互联网赋能中小企业数字化转型升级示范区，力争数字经济制造业产值增长12%。

（三）聚焦发展动能培育，打造高效科创体系

1. 建设高能级科创平台

做优做强环西南大学创新生态圈，提速建设西南大学科学中心。推进组建北碚现代产业技术发展研究中心，加快建设关键技术中试熟化平

台，搭建智能传感器公共检验检测平台。新增市级科技创新平台2个以上。

2. 促进产学研深度融合

强化企业科技创新主体地位，实施高新技术企业和科技型企业“双倍增”行动计划，力争国家高新技术企业达到380家、市级科技型企业突破3200家，推进规上工业企业研发机构全覆盖。深化校地院地合作，发挥在碚高校、科研院所作为基础研究主力军的作用，努力在智能科技、生命科技、低碳科技等前沿领域形成更多引领性成果。

3. 营造高品质创新生态

深化科技体制改革，推进落实科技评价、科技激励、青年科技人员减负等改革举措。打通知识产权创造、运用、保护、管理和服务全链条，着力推进高价值专利培育，加快科技成果转化。强化科技金融支撑，优化完善“种子、天使、风险”科技金融服务体系，推动创新链、产业链、资金链、人才链深度融合。

4. 培育高素质人才队伍

深入实施新时代“三千名流”一揽子计划，探索高校、科研机构和企业联合人才培养模式，精准引育产业技术、企业管理等领域急需紧缺人才，扎实做好人才服务保障。持续实施“科技顾问兴园区、科技专员兴企业、科技特派员兴乡村”计划，充分发挥科技人才“赋智”效能。

（四）聚焦发展环境优化，全面深化改革开放

1. 强化数字化变革引领

加强数字政府建设，完善数字北碚云平台等智能集约基础支撑平台，推进政务服务“一网通办”，打造协同高效的数字化履职能力体系。丰富拓展应用场景，构筑全民畅享的数字生活新图景。加快构建数据基础制度体系，促进公共数据共享开放和商业数据开发利用，增强数据安全预警和溯源能力。以数字化变革引领全面深化改革，统筹推进财税金融、投融资体制等重点领域和关键环节改革。

2. 扎实推进示范试点

持续开展“稳存量、扩增量、提质量”专项工作，继续做好“民企评部门”、全覆盖走访服务，争创全国民营经济联系点城市。不断深化“放管服”改革，加快建设水电气讯等“一站式”服务平台，优化完善数字化金融服务平台，依法保护各类市场主体产权和合法权益，推进建设营商环境创新试点城市。大力弘扬卢作孚企业家精神，建设高素质企业家队伍，支持企业家以恒心办恒业，打造亲清政商关系典范区。

3. 积极扩大对外开放

深化自贸区北碚板块建设，主动融入川渝自贸区协同开放，深入开展全面深化服务贸易创新发展试点，加快推进国家外贸转型升级基地（仪器仪表）建设。深度参与中国（重庆）-新加坡全领域合作，加快建设重庆中西部国际交往中心展示区。稳住外资外贸基本盘，支持引导企业稳订单、拓市场，力争外贸进出口总额增长3%，实际使用外资1亿美元以上。

4. 深入推进协同合作

拓宽合作领域，深化双核联动，探索推动与成都天府新区交流合作。扩大合作成效，推动与绵阳共建成渝工业互联网一体化示范项目，联动巴中共促特色文旅资源开发，推进与广安合作打造民营经济协同发展示范区。持续做好与巫山对口协同发展，实现资源共享、优势互补。

（五）聚焦乡村全面振兴，加快农业农村发展

1. 巩固“三农”工作基础

守牢耕地保护红线，确保耕地保有量基本稳定，质量逐步提升。守好粮食安全底线，落实粮食安全党政同责，持续推进万亩现代粮油产业示

范区建设，改造提升高标准农田5000亩，确保全年粮食生产面积不低于13.7万亩、产量不低于4.5万吨，蔬菜种植面积不低于12.6万亩、产量不低于19.3万吨，生猪出栏量4万头以上。守住不发生规模性返贫底线，深化产业、就业、科技帮扶，不断提高脱贫人口收入水平。

2. 优化升级农业产业

持续推进市级现代农业产业园（花木）建设，新增蜡梅种植面积2000亩，建成运营静观花木产业谷项目（一期）。发挥国家区域性柑橘良种繁育基地优势，培育转化柑橘新品种1~2个，推动蜡梅、魔芋等良种繁育。建成投产西大魔芋生产线，培育农业产业化龙头企业3家，新增“好品碚出”产品5个。

3. 加快建设和美乡村

持续深化农村人居环境整治，扎实推进厕所、垃圾、污水“三大革命”，创建宜居宜业和美乡村3个。不断完善基础设施，新（改）建“四好农村路”80公里、入户便道70公里，安装农村道路“生命防护栏”30公里，新建农村饮水管网30公里。加快建设市级农村改革试验区，大力发展新型农村集体经济。开展全市乡村建设与乡村治理融合发展试点，打造试点村5个。

（六）聚焦功能品质完善，加速城市更新提升

1. 推进城市有机更新

深化“两江四岸”治理提升和中心城区“四山”保护提升，增加城市公共休闲空间。提速推进卢作孚纪念集群等5个城市更新试点示范项目，实施城市缓堵促畅工程，新增过街天桥2座，建成山城步道10公里，改造城市道路50公里，打通城市未贯通道路4条，加密接驳公交、小巷公交，加快建设公共停车位、充电桩、公厕、劳动者港湾等基础设施。实施城市绿荫工程，新增绿地50万平方米。

2. 提升城市治理水平

加强城市环境综合治理，建设城市运行管理服务平台，强化城市综合管理巡查，加强建筑垃圾和违法建设监管，打造干净、整洁、有序的城市环境。提升城市社区治理能力，完善网格化管理、精细化服务、信息化支撑的基层治理平台，健全社区公共服务目录和志愿服务体系，关心关爱社区工作者，提高社区服务质量。增强城市安全韧性，常态化推动城市体检，加快更新改造城市燃气、雨污管网等设施，加固补齐防洪排涝设施，启动城市路桥隧设施安全整治三年行动。全面推进全国文明城区创建。

3. 传承城市历史文脉

保护和活化利用“嘉陵江三峡乡村建设旧址群”、复旦大学旧址陈列馆、四世同堂纪念馆、王朴烈士纪念馆等文博场馆，做靓“百馆之城”。建设“可阅读的城市”，打造东阳展会一条街、卢作孚民营经济示范小镇等特色文化街区，加快呈现城市精神交流展示区。建好中国西部（重庆）乡村振兴研究院，打造全国乡村建设文化中心，高水平构建生态人文研学体系。

（七）聚焦绿色低碳发展，加强生态文明建设

1. 统筹加强生态保护修复

持续推进“两岸青山·千里林带”建设，加快修复缙云山受损森林生态，完成营造林4600亩。全面实施生物多样性保护行动计划，严格落实长江流域“十年禁渔”。深入挖掘气候、环境、生态等综合优势，争创“中国天然氧吧”。稳步推进历史遗留和关闭矿山生态修复。

2. 深入推进环境污染防治

持续开展工业、扬尘、交通等领域综合治理，确保空气质量优良天数在中心城区保持领先。深化河长制工作，分类开展入河排污口整治，强化梁滩河等流域生态治理，巩固城市黑臭

水体治理成效。推进“无废城市”建设和农村面源污染治理，开展新污染物治理行动，提升土壤环境质量。抓好生态环保督查反馈问题整改，守住环境安全底线。

3. 积极稳妥推进“双碳”工作

探索构建废弃物循环利用体系，倡导绿色消费，强化绿色创建，推动能耗管控向碳排放总量和强度“双控”转变，促进生产生活方式绿色低碳转型。大力发展绿色金融，支持银行推出排污权抵押、碳资产质押等产品。探索生态产品价值实现路径，加快推进环缙云山生态建设及生态产业化 EOD 试点项目。

（八）聚焦生活品质提升，全面增进民生福祉

1. 持续完善就业社保

支持和规范发展新就业形态，城镇新增就业2万人以上。推进全民参保精准扩面，养老保险、基本医疗保险参保率分别稳定在 95%、96% 以上。深化医保支付方式改革，推进长期护理保险制度试点，减轻群众就医用药负担。健全社会救助体系，新建立区级“特别救助金”制度，持续做好退役军人、残疾人、老年人、未成年人等保障服务。

2. 办好人民满意教育

多渠道增加公办园供给，鼓励民办园普惠发展，公办在园幼儿占比和普惠性幼儿园覆盖率分别达到 53%、90%，争创国家学前教育普及普惠区。持续巩固“双减”和“五项管理”成果，加快创建国家义务教育优质均衡发展区。深入推进普通高中发展提升行动计划。改善办学条件，加快推进王朴中学等 3 所中小学改扩建项目。落实教育数字化战略行动，建设学习型社会、学习型城市。

3. 推进健康北碚建设

做实医共体“三通”建设，健全“区、镇街、村（社区）三级中医药”服务体系。均衡布局优质医疗资源，提速建设广州中医药大学第一附属医院重庆医院、市十三院蔡家院区、市九院两江分院和区疾控中心。发展壮大农村和社区医疗卫生队伍，加强精神卫生和心理服务干预。稳妥有序实施新冠病毒感染“乙类乙管”，着力保健康、防重症。建设青少年健康成长“动商”培育中心。

4. 维护社会安全稳定

坚持和发展新时代“枫桥经验”，加强和改进信访工作，强化矛盾源头预防和前端化解。严格落实“十五条硬措施”，深入开展安全生产专项整治。强化食品药品安全监管，推进创建国家食品安全示范城市。抓好经济、金融领域风险防范化解，坚决守住不发生系统性、区域性风险底线。推进扫黑除恶常态化，强化社会治安整体防控。

（执笔人：史希凡）

渝北区

渝北区人民政府办公室

一、2022年发展回顾

2022年，渝北区政府深学笃用习近平新时代中国特色社会主义思想，深入学习贯彻党的二十大精神，全面落实习近平总书记对重庆提出的系列重要指示要求，在市委、市政府和区委的坚强领导下，在区人大、区政协的监督支持下，团结依靠全区人民，扎实做好“六稳”工作、落实“六保”任务，全区经济社会在持续发展中积蓄新势能、增添新业绩。2022年实现地区生产总值2297亿元、增长0.3%；完成规模以上工业总产值3462亿元，固定资产投资1233亿元，社会消费品零售总额1043亿元；实现一般公共预算收入59亿元，各项主要指标总量继续保持全市前列。城乡常住居民人均可支配收入分别达到51373元、24920元，增长4.6%、6.2%。

（一）以政府党的建设统领经济发展

始终把党的政治建设摆在首要位置，把“两个确立”的政治共识转化为“两个维护”的实际行动。党的二十大胜利召开后，迅速掀起了学习宣传贯彻二十大精神的热潮，努力推动党的二十大精神在渝北形成生动实践。持续深入肃清孙政才恶劣影响和薄熙来、王立军流毒，坚决肃清邓恢林流毒影响，政治生态风清气正。严格落实重大事项请示报告制度，自觉接受人大法律监督、工作监督和政协民主监督，办理人大代表建议382件、政协提案404件，满意和基本满意率100%。“八五”普法深入推进，行政执法和法律顾问制度更加规范，成功创建全国法治政府建设示范区。审计整改工作不断强化，公共资源交易、政府采购、工程招投标等领域监管持续加强，压减一般性支出5.8亿元。持之以恒正风肃纪反腐，开展“以案四说”警示教育268场次，查处群众身边不正之风和腐败案件19起、14人。各类巡视、巡查、督查反馈问题务实整改，生态文明制度建设等20余项工作得到国务院或市级督查激励。

（二）千方百计推动经济平稳发展

全面落实稳经济一揽子政策措施，出台“服务业纾困66条”“金融惠企利民11条”等配套政策，以务实举措保市场主体。深入开展助企纾困，累计走访企业5000余家次，助力解决困难事项1600余件。搭建“惠企通”服务平台，180余项惠企政策实现精准智配、直达快享。为企业减税降费近70亿元，兑现扶持资金6.2亿元，帮助1252家企业获得信贷资金26.5亿元。实施“促消费·稳增长”九大行动，真金白银提振消费，发放消费券1000万元。统筹实施重点项目253个，疆电入渝、长安新能源工厂、洛碛物流城、多宝湖智慧生态城4个百亿级项目有序推进。

（三）聚焦创新持续增添活力动力

仙桃数据谷170万平方米创新楼宇全面建成，腾讯云、浪潮等14家软件百强企业，以及

300余家科技型企业入驻发展，重邮工业互联网现代产业学院揭牌运营，成功创建国家新型工业化产业示范基地、全国版权示范园区，获批全市首批智能网联新能源汽车特色产业园。制定全市首个元宇宙产业发展行动计划。实施科技计划项目66个，市级以上创新孵化平台达到16个，新培育科技型企业858家、国家高新技术企业447家，总量分别达到5319家、1006家，居全市第一。206家规上工业企业设立内部研发机构，占比超过50%。万人有效发明专利拥有量达到32件，高出全市平均水平16件。四大科技基金总规模达到35.7亿元，累计为523家科技型中小企业融资34.9亿元。成功举办“渝创渝新·创享渝北”大赛，大力实施“临空英才”计划，新引育高层次人才158名，建成博士后工作站47个。盘活利用闲置楼宇25万平方米，入驻软件企业140家，软件和信息服务业营收达到300亿元。黑芝麻科技发布国内最高算力自动驾驶芯片，钜芯视觉成功研发全国首款智能双目立体视觉芯片，段氏西服获批西部首个国家级消费品标准化建设试点，再升科技航空新材料获评工信部制造业单项冠军。

（四）持续提升产业发展质效

汽车电子重点关键产业园集聚功能不断增强，吉能电气、大明电子等12个项目竣工投产，智能终端产品出货量达到4700万台。实施奥发斯等智能化改造项目67个，新认定数字化车间、智能工厂9个，“上云上平台”企业达到1000家。新增市级“专精特新”企业104家、国家级“小巨人”企业12家，深入实施“满天星”行动计划，盘活利用闲置楼宇25万平方米，招引入驻软件企业140家，软件和信息产业营收达到145亿元。战略性新兴制造业产值增长9.8%，数字经济增加值增长10%。大力发展先进制造业。建设服务业集聚区。中央公园商圈入驻重庆首店近100家，桃源天地购物中心开业运营，全区5万平方米以上大型商业综合体达到16个。新牌坊金融示范区集聚各类金融机构164家，金融机构存贷款余额达到1.54万亿元、增长5%。金紫山文创园建成开园，新光里入选市级夜间文化旅游消费集聚区，10家精品民宿建成运营，文旅产业增加值近200亿元。西部法治科技园一期建成投用，重庆人力资源产业园获评全国特色服务出口基地。悦来国际会展城成功举办西洽会、智博会等重大展会活动，获评“世界绿色设计公园”“汽车设计之都”。提质发展现代农业。建成10万平方米智慧设施农业，新增“两品一标”农产品23个，获得“巴味渝珍”授权农产品20个。推动农业科技创新，与西南大学、重庆市农科院共建山地农机开发中心、都市农业创新中心。年处理3万吨柑橘分选线建成投用，农产品加工业产值达到100亿元。茨竹镇入选首批市级农业产业强镇。新签约优质项目100个，协议引资930亿元，到位资金220亿元。

（五）力促改革开放提速

持续打造一流营商环境。68个重点改革事项全面落地，打造营商环境“升级版”等10余项改革试点经验被市级以上媒体宣传推介，川渝高竹新区首张税票入选喜迎党的二十大主题成就展。推出“签约即供地”“拿地即开工”“交地即交证”等20项创新举措，项目全流程审批压缩至50个工作日以内。“一件事一次办”套餐达到102个，行政许可事项全程网办率达到90%。企业开办实现“一日办、零成本”，新增市场主体3.7万户、“四上”企业251家。龙湖悦享成功登陆港交所，43家企业进入市级上市储备库。重点改革落地见效。完成国企投融资体制改革，将41

家区属国企整合重组为7家，妥善解决国有房屋两证遗留问题197.3万平方米，国企国资发展活力增强。财税金融改革纵深推进，争取上级资金34.7亿元，发行政府债券41.9亿元，化解政府债务21.2亿元。农村“三变”改革试点村扩面至96个，村集体经济组织经营性收入达到2.5亿元。主动融入开放高地建设。铁路枢纽东环线正线及机场支线建成投用，江北国际机场T3B航站楼主体结构基本完工，旅客吞吐量达到2167万人次、居全国第二。川航货运、渝航翼、运满仓等航空物流项目签约落地，新加坡航空保税航材分拨中心揭牌运营，空港型国家物流枢纽成功纳入首批成渝协同共建重点物流园区。国家外贸转型升级基地健康发展，自贸试验区渝北板块新落户企业5482家，实现进出口总额1900亿元。协同云阳实现“双园”联动联建。全社会研发投入占GDP比重达到4.84%,“双创”指数连续5年全市第一。

（六）加快城乡双向融合

城乡规划精心编制。全面推进“多规合一”，完成“三区三线”成果划定工作，编制完成人口和用地、城乡融合、城市更新、综合交通、空间拓展、生态修复等重大专项规划，科学确定全域国土空间开发保护格局。精准保障重大项目用地空间，587平方公里“四山”管制分区规划优化获批。117个村规划成果入库，乡村建设项目规划管理更加规范。城乡建设加快推进。轨道9号线、4号线二期建成运营，椿萱大道一期等3条城市主干道建成投用，轨道交通、城市道路总里程分别达到155公里和1500公里。交通缓堵促畅成效显著，数据谷北立交、红土地立交等4座立交全面建成，打通断头路10条。渝鲁大道等4条道路完成拓宽改造，实施路口微小点位改造59个，龙山城市路网更新市级示范项目全面完工。建成人行过街设施5座，新增公共停车位1134个。新建5G基站1117个，5G组网规模全市前列，成功入选全国“千兆城市”。两江大道统景段建成通车，双关路、关旱路等普通干线公路升级改造有序实施。碑口水库建设稳步推进，新建改建供水管网532公里，城乡供水实现同质同价。大湾河嘴等5个居民新村主体完工，整治农村危旧房3694户，杨家槽传统村落保护示范项目全面建成。城乡管理提档升级。完成老城区环境“小而美”惠民提升项目10个，新建改建石坪体育公园等公园游园5个、公厕15座。实施园林绿化提质项目21个，新增城市绿地120万平方米。实施花园新村等7个老旧小区改造，征收国有土地房屋6万平方米，整治违法建筑21万平方米。城市管理综合考核保持全市前列，顺利通过全国文明城区、国家卫生区复审。“村庄清洁行动”“五清理一活动”扎实开展，建成市级绿色示范村8个。完成耕地恢复整治1.8万亩，撂荒地复耕1.1万亩，建成高标准农田6.5万亩。大盛天险洞村入选“中国美丽休闲乡村”，兴隆新寨村获评“重庆市乡村旅游重点村”。

（七）统筹推进疫情防控和经济社会发展

面对严峻的疫情形势，第一时间启动应急响应机制，全区上下团结一心、众志成城，广大党员干部闻令而动、奔赴一线，医务工作者逆行出征、冲锋在前，公安干警、社区工作者、志愿者昼夜奋战，无数普通劳动者坚守岗位，凝聚起同心抗疫的磅礴伟力，为经济社会秩序加快恢复赢得了宝贵时间、创造了有利条件。全力保供电、防山火、抓安全，顶住了一轮又一轮压力和冲击，连续9年未发生较大及以上生产安全事故，实现了疫情要防住、经济要稳住、发展要安全的多目标平衡。

二、发展中存在的问题

同时，发展中仍然存在一些突出问题和短板。一是居民消费尚未完全恢复，民间投资预期不稳，企业生产经营面临不少困难，推动经济稳健增长仍需精准加力；二是产业发展水平有待提高，经济结构还需优化，创新开放资源优势变现不足，助推高质量发展的动力还需增强；三是城乡发展差距依然较大，教育、医疗、养老等民生保障还有薄弱环节，统筹城乡发展还需久久为功；四是少数干部服务发展意识不强、“手艺”不精，创新精神、斗争本领、专业能力还有欠缺，政府服务效能还需提高。

三、2023 年发展思路

2023 年经济社会发展主要预期目标是：全区生产总值增长 6% 以上，规上工业增加值增长 8%，固定资产投资增长 10%，社会消费品零售总额增长 5%，一般公共预算收入增长 5%，调查失业率控制在 5.5% 以内，城乡常住居民人均可支配收入增长 8% 以上，单位生产总值能耗和主要污染物减排达到约束性要求，具体而言，表现在以下几个方面。

在发展实体经济上构筑新优势。坚持把发展经济的着力点放在实体经济上，以智能化、集群化、特色化促进产业转型和产能升级，推动制造业与数字经济、现代服务业深度融合，加快形成高质量发展新的增长点。

在推动科技创新上迈出新步伐。科技是第一生产力、人才是第一资源、创新是第一动力。坚持以平台载体拓展为保障、以创新生态完善为路径、以创新人才引育为核心、以科技成果转化为关键，持续打造西部创新高地。

在深化改革开放上开拓新局面。坚持向改革要动力、向开放要活力，充分发挥独特优势，持续推进开放发展，增强高质量发展活力动力。

在提升城市品质上增添新内涵。坚持人民城市人民建、人民城市为人民，持续推动城市结构优化、功能完善和品质提升，不断焕发重庆现代化大都市形象展示窗口新魅力。

在推进乡村振兴上绘就新画卷。坚持农业农村优先发展，扎实推动“五个振兴”，加快建设国家乡村振兴示范县（区）、全市乡村振兴先行示范区，促进农业高质高效、乡村宜居宜业、农民富裕富足，打造绿色田园、美丽家园、幸福乐园。

在生态文明建设上取得新成效。环境就是民生，青山就是美丽，蓝天也是幸福。将牢固树立和践行“绿水青山就是金山银山”理念，持续加强生态环境保护，促进经济社会发展全面绿色转型，让绿色成为渝北高质量发展最亮丽的底色。

（执笔人：骆皓天）

巴南区

巴南区人民政府办公室

一、2022年发展回顾

2022年，巴南区坚持以习近平新时代中国特色社会主义思想为指导，以迎接党的二十大和贯彻党的二十大精神为动力，坚决落实疫情要防住、经济要稳住、发展要安全的要求，积极应对各种困难挑战，高效统筹疫情防控和经济社会发展，稳住经济大盘、稳定社会大局取得实效，“十四五”建设迈出坚实步伐。全年地区生产总值1022.0亿元，同比增长2.0%，总量跻身全市前十。工业总产值达到1103.9亿元，增长3.5%。完成固定资产投资619.8亿元，增长1.1%。全体居民人均可支配收入增长5.2%。金融机构本外币存贷款余额分别增长7.4%、5%。主要抓了以下五个方面工作。

（一）推动实体经济稳步发展，经济运行回稳向上

成立稳经济大盘工作专班，积极承接落实国家和市稳经济一揽子政策措施，发布“巴十条”“巴七条”等惠企提能政策包，减税降费让利24.7亿元，完成增值税留抵退税12.2亿元。新增市场主体1.78万户、逆势增长18%，总量达到10.35万户、创历史新高。8家企业上榜全市民营企业100强，13家企业入选全市制造业民营企业100强、数量居全市之首。打造“巴巴实”企业服务云平台，注册企业近5万家，助企获贷超5亿元，获评全国工商联创新中国最佳工作案例、全市数字化转型促进中心。围绕先进制造业、生物医药等产业补链成群，工业经济韧性和潜力进一步增强。工业稳增长和转型升级成效明显，为西南唯一获国务院督查激励的区县。

（二）促进优势资源不断汇聚，内生动力持续增强

全社会研发投入33亿元、居全市第六位，增长28.8%。宗申集团名列全市民营企业研发投入第四位。169家企业获评全市创新型中小企业，数量居全市第四位。工业设计创新活力指数居全市第一位，被授予全市首个设计创新产业园。7家企业入围全市民营企业科技创新指数100强。新增4家市级企业技术中心，惠科金渝被认定为国家企业技术中心。市级科技型企业4501家、总量居全市第二位，国家高新技术企业241家、增幅居主城都市区第二位。新增5家国家级、87家市级“专精特新”企业，是前四年总和的3.2倍，居中心城区第三位。新增2家国家重点支持“小巨人”企业，数量居全市第二位。

（三）坚持城乡建设同步推进，城乡融合稳步发展

铁路枢纽东环线正式通车，实现铁路运输零突破。渝湘高铁、渝万高铁、渝湘高速复线、渝赤叙高速公路完成投资23亿元。白居寺长江大桥、南环立交改造、渝南大道D段南段一期建成通车，新燕尾山隧道一期全线贯通，新建干线公

路50公里。完成67.8万平方米老旧小区、585户棚户区改造。在全市率先开展农村产权流转交易市场化平台建设试点。数字乡村试点工作中期评估在全国117个试点区县中排名第七位。农产品加工总产值136亿元，增长14%。农产品网络零售额6.8亿元，增长20.5%。

（四）坚持生态优先绿色发展，城乡环境有效改善

综合能源消费量下降4%，万元产值能耗下降10%。在全市率先制定绿色发展行动计划，成功创建市级绿色工厂2家、节水型企业4家，数智产业园获评全市唯一国家级“园区水效领跑者”。竣工绿色建筑超135万平方米，占新增总建筑面积的98%。空气质量优良天数达313天，居中心城区第三位。全市唯一的三峡库区生态环境综合监测研究示范站落户，全市首座碳监测评估试点点位建成投运。严格落实林长制，实施国土绿化营造林18万亩。创新实施河流横向生态保护补偿机制，流域水环境质量不断改善。严格落实河长制，在全市率先建立“社会监督员”评价机制。完成水土流失治理7.18平方公里。城乡生活污水集中处理率分别达到96%、85%。

（五）倾力为民惠民办实事，社会民生事业持续发展

民生支出占一般公共预算支出的80%。城乡养老、医疗保险参保率均稳定在95%以上。足额发放各类基本生活保障金1.49亿元，惠及2.8万人。城镇新增就业4.2万人，城镇调查失业率控制在5.5%以内，高校毕业生就业率超90%。筹集保障性租赁住房、人才安居住房、公租房5万余套，入住率96%。有序推进稳房市、保交楼，交付房屋9300余套。积极创建全国社会治安防控体系建设示范城市，智防小区等建设成果获公安部肯定。常态化开展扫黑除恶，夏季治安打击整治“百日行动”绩效居全市第一位。打赢安全生产专项整治三年行动“收官战”，连续102个月未发生较大及以上生产安全事故，安全生产与自然灾害防治工作综合考核居全市第一位。

二、发展中存在的问题

我们也清醒地看到，地区生产总值、固定资产投资、社会消费品零售总额、一般公共预算收入等指标均未实现预期目标，固然有疫情冲击、外部经济下行等因素影响，同时也揭示出经济社会发展还存在一些困难和问题，主要是：传统产业转型升级任务艰巨，新兴产业尚未形成集群效应，产业链供应链还不完善；科技创新整体水平不高，数字化改革尚待发力；城乡消费尚未复苏，消费环境、消费条件、消费预期有待提升；社会投资增势趋缓，重大功能性项目、先进制造业项目储备不足；市场主体特别是中小微企业生产经营仍然比较困难；财政收支持续承压；城乡区域发展还存在落差，民生保障和公共服务还存在短板；政府系统少数干部职工干事创业能力不足、作风不实，与引领现代化要求不适应。

三、2023年发展思路

全年经济社会发展主要目标是：地区生产总值增长6%以上、不低于全市平均水平。规上工业增加值增长10%左右，固定资产投资增长10%、不低于全市平均水平，社会消费品零售总额增长6%左右，一般公共预算收入增长10%，税收收入增长28%，全体居民人均可支配收入增长6%以上，社会事业与经济建设协调发展。重点抓好以下八个方面工作。

（一）狠抓扩大内需力促新增长

深入开展抓项目促投资专项行动，编制实施政府投资项目三年滚动计划，以基础设施为重点促进投资放量。加快135个重点项目建设，完成投资333亿元。配合推进渝湘、渝万高铁建设，推进轨道交通18号线、24号线、27号线及市域铁路等项目建设，加快渝湘高速复线、渝黔复线连接道、新燕尾山隧道一期、鹿角隧道、茶惠大道等项目建设。完成渝南大道D段南段二期，建成干线公路30公里。推进南彭综合交通枢纽建设，实施“四网融合”项目，打造铁公水多式联运客货运枢纽。积极融入国际消费中心城市建设，实施“巴渝新消费”八大行动，着力提振消费信心、改善消费条件、创新消费场景、扩大消费供给。强化经济运行调度。加强跨周期调节、加密常态化调度，统筹用好各类政策“工具箱”，优化落实提振经济“政策包”，有力发挥政策效应，加力推动经济高质量发展。

（二）狠抓产业发展实现新跃升

坚持“工业强区”不动摇，大力实施先进制造业集群培育行动、传统支柱产业提升行动和产业基础再造工程，战略性新兴产业产值增长12%。突出“生物、生命、生态”主题，围绕“1+3+N”特色产业体系，形成生物制药、化学药制剂、现代中药和医疗器械全领域发展格局。接续打造国家生物医药集群，完成投资95亿元，实现产值155亿元。新引进项目20个，到位资金110亿元。着力打造工业设计、电子商务、现代金融、文化创意、总部经济、科技服务等现代服务业集群。坚持因地制宜、突出特色，统筹推进“药、医、游、养、健、管”融合发展。落实大健康产业高质量发展三年行动实施方案，推进22个重点项目及年度示范项目建设。

（三）狠抓数字建设发力新赛道

持续放大国家数字经济创新发展试验区建设试验成效，瞄准数字产业、数字物流、数据交易、医疗大数据、数字人才教育等领域全面发力。推进数字产业化、产业数字化，实施制造业数字化转型行动，新增数字经济优质企业50家，数字经济核心产业增加值增长10%以上。聚焦高品质生活，积极拓展数字应用新场景，培育智慧医疗、智慧教育、智慧交通、智慧旅游、智慧康养等新业态，勾描全民畅享数字生活新画面。聚焦高效能服务，拓展优化公共数字平台服务功能。迭代升级“巴巴实”企业服务云平台，提升品牌影响力和辐射力，集成惠企助企高频刚需服务，提升供应链、创业就业、企业梯度培育等服务功能，提速打造渝商综合服务平台。

（四）狠抓改革创新厚植新优势

坚持“科技强区”不动摇，加强企业主导的产学研深度融合，全社会研发投入增长10%以上。突出企业创新主体地位，实施科技型企业成长工程，紧扣高新技术企业和科技型企业五年“双倍增”目标安排，高新技术企业突破280家，科技型企业突破5000家。强化“开放强区”目标导向，积极融入国内国际“双循环”，落实外贸高质量发展三年行动计划，加快推进服务业扩大开放综合试点，实现进出口额130亿元。以提高核心竞争力和增强核心功能为重点，实施国企改革提效增能行动，推进国企有序分类转型，推动国有资本向主业、优势企业、实体经济集中，真正按市场化运营，提高国企生产经营效益。扎实推进营商环境创新试点城市建设，统筹优化政务环境、法治环境、市场环境、创新环境和要素保障环境，坚决破除制约企业发展的“玻璃门”“旋转门”“弹簧门”，让“办事不求人、办事不找人”成为政府服务的鲜明标识。实施极简审批，深化“一窗综办”改革，推动水电气通讯等公用服务“一站式”办理，提升“巴实办”政务服务品牌的影响力。

（五）狠抓城市更新展现新水平

科学谋划功能定位、空间布局、产业业态，高标准推动“五城”规划建设。国际生物城持续推进“三年行动计划”，加快建设创新示范区，建成投用创新中心。大江科创城着力完善市政功能，提升生态生活品质，集聚高端装备制造和高端服务业，推进天明汽摩配套产业园规划优化和供地准备，加快基础设施建设和产业用地出让。环樵坪山数智城聚焦产城融合、功能现代、智能人文、生态宜居，完成智慧总部新城、公路物流基地等规划编制工作。滨江人文城优化空间布局和城市设计，融合打造产业园区、商贸街区、生活社区、人文景区，做靓长江文化艺术湾区新名片，打造活力滨江、魅力滨江。重庆高职城突出产教融合、科教联动、创新创业活力，持续完善商业、文化、学校等配套，启动拓展区规划编制研究工作。完成国土空间总体规划，推进重点功能片区规划编制，有序开展镇级国土空间总体规划和村庄规划编制。实施“四山”保护提升项目，增加城市公共空间，打造山城步道、山城公园等品牌，推进“两江四岸”巴滨绿岸、巴滨路李家沱段治理提升项目。开展城市环境卫生精细化专项整治，标准化管理市容市貌，打造干净、整洁、有序的城市环境。

（六）狠抓乡村振兴迈出新步伐

加快构建现代农业产业体系，推动农村产业全链条升级，建设“双高”农业先行区，叠加整合产业聚集、科技研发、人才培养、企业孵化、金融扶持等支持政策，推动农业实现高品质、高附加值发展。优化农业生产结构和区域布局，打造花木及粮油、生猪“一主两辅”特色产业，完成高标准农田建设3万亩，推进西南片区水稻新品种培育与应用研究基地建设。高标准建设国际农产品加工产业园，围绕进出口农产品“接二连三”做文章、树品牌。规上农产品加工业产值增长10%。深入实施乡村建设示范行动，推进强镇带村项目4个。严守耕地保护红线，建立网格化耕地巡查制度，坚决遏制耕地“非农化”，严格管控“非粮化”。推进“三社”融合发展，深化企业、基层供销社、专业合作社、农户等多元经营主体链接，大力培育社会化服务龙头企业，引进涉农经营主体130家以上。

（七）狠抓生态建设再上新台阶

严格执行三级河长制，持续实施“清水绿岸”治理提升，全面完成花溪河综合整治，推进一品河、黄溪河水生态修复示范工程，持续开展区内流域横向生态补偿。加强集中式饮用水水源地保护，强化排污口日常监管。加快推进农村集中污水治理设施技改工程，农村污水治理农户覆盖率达到92%。实施交通、扬尘、工业、生活污染控制行动，力争实现蓝天目标324天。严格规范管理固体废物、危险废物，深入推进无废城市建设。加强污染地块治理修复，重点建设用地安全利用率达到100%。启动创建国家生态文明建设示范区，打造“绿水青山就是金山银山”实践创新基地。强化自然保护地监管，持续开展“绿盾”专项行动，全面完成外来入侵物种调查。持续落实长江“十年禁渔”，长江巴南段水质保持在Ⅲ类及以上。落实碳达峰专项行动，推进减污降碳协同增效，完成年度总量减排任务。大力发展循环经济、低碳经济，加强重点行业和重要领域绿色化改造。

（八）狠抓惠民富民取得新成效

落实共同富裕政策、收入分配机制，实施中等收入群体倍增计划，多渠道增加城乡居民收入。促进高质量充分就业，引导和规范发展新就业形态，突出抓好高校毕业生、退役军人、农民工等重点群体就业，城镇新增就业2.42万人以上。优化配置教育资源，普惠性幼儿园覆盖率不低于90%，加快建设界石二小、跳石中学等中小学6所。推动公共文化服务高质量发展，持续推进特色公共文化空间建设，建成一批城市书房、社区书屋新型公共文化空间。强化底线思维、风险意识，把安全发展的要求贯穿于经济社会发展各领域、全过程，全力推进安全发展示范城市建设。有效防范化解房地产、金融、政府性债务等领域风险，坚决守住不发生系统性风险的底线。

（执笔人：简大建）

长寿区

长寿区人民政府办公室

一、2022年主要工作回顾

2022年是党的二十大胜利召开之年，也是长寿全面开启建设国际化绿色化智能化人文化中国长寿城新征程的起步之年。长寿区始终高举习近平新时代中国特色社会主义思想伟大旗帜，坚决贯彻落实党中央、国务院和市委、市政府决策部署，坚决落实疫情要防住、经济要稳住、发展要安全的要求，统筹推进疫情防控和经济社会发展，聚力实施“3113”项目攻坚行动计划，“两地一城”建设破题起步。全年实现地区生产总值918.6亿元、增长2.6%，规上工业总产值1471.5亿元、增长3.7%，完成固定资产投资310.2亿元、增长5.2%，社会消费品零售总额310亿元、增长0.6%，实现外贸进出口131亿元、增长43%，长寿经开区在国家级经开区综合发展水平考核评价中排西部第三、全市第一。

（一）坚持系统谋划、强势推动，聚力实施“3113”项目攻坚行动计划

高站位谋划统筹。科学构建城乡一体、产城融合、区域联动的“1+3+N”规划体系，聚焦“两地一城”3个专项，组建项目专家咨询委员会，全面推行特别重大项目“一项目、一方案、一专班”工作机制，统筹推进特别重大项目62个、重大项目316个。

大视野招商储备。瞄准先进制造主导方向，引进百亿级项目2个、十亿级以上项目16个，实现工业引资532.3亿元，其中战略性新兴产业项目占比40.2%。市级重大项目全年计划投资总量居全市区县第三，零碳社区等3个项目入选全市EOD试点。

清单化推进落实。设立2亿元重大项目前期工作经费池，10个项目实现年内开工、年内投产，市级重大项目完成年度计划投资134%。分类保障项目用地8662亩，用地审批“四同步”工作法成为全市先进典型，到位中央预算内资金额度创历史新高。

（二）坚持增量带动、存量优化，聚力增强现代产业核心竞争力

提升先进制造产业能级。狠抓新材料产业建链强链，引进百亿级磷酸铁锂等链主项目，新材料产业产值占全市的1/4，千亿级锂电产业集群初具规模。加快“上云用数赋智”，博腾制药获评全市5个灯塔工厂种子企业之一，新培育国家级“小巨人”企业5家。出台数字健康产业发展规划，数字经济增加值增长20%。

提高服务保障水平质效。构建数字化综合金融服务体系，通过“长江绿融通”平台融资107.6亿元、总量全市第二，绿色贷款、制造业中长期贷款余额分别增长15.2%、86.4%。协调新增工业用气指标2亿立方，克服压降困难保持工业用电增长0.9%。

强化科技创新关键支撑。长寿经开区获评国家知识产权强国建设试点园区，新增国家级知识产

权示范和优势企业5家，国家级企业技术中心增至3家。实施“气凝胶复合材料”等科技攻关37项。70家企业获得知识价值信用贷款1.6亿元。引进院士2名，成立1个院士团队创新中心。

（三）坚持外提品质、内增底蕴，聚力推进城乡区域协调发展

融入区域发展大局。两江新区至长寿区快速通道隧道开工，市域铁路C7线启动预可研，渝宜高铁通过国家铁路局可研评审，澄海新区规划基本完成。编制实施明月山、合广长两大平台发展规划，5个川渝合作共建项目完成年度投资计划173%，四川港投集团与长寿发展集团交叉持股共建长寿港。

加快城市更新提升。启动城市规划展示中心、城市财富中心建设，实施城市提升项目89个，城市中轴线景观带、杨克明故居陈列馆、长寿博物馆等建成投用，金科美邻汇商圈开业运营。建成“北斗+智慧城市”国家示范项目，纳入全国一体化算力网络成渝国家枢纽节点城市数据中心布局。

推进乡村全面振兴。建成国家级水产健康养殖和生态养殖示范区，长寿橘纳入全国农业全产业链重点链。长寿国际慢城获评全国首批农耕文化实践营地，龙河镇、长寿湖镇获评“巴蜀气候康养地”。率先启动区域性农业社会化服务基地建设，农村土地承包经营权确权登记颁证项目荣获全市优质工程。

厚植绿色生态本底。启动国家级生态文明示范区等“三城联创”，开展龙溪河流域水污染生态补偿试点，桃花河—龙溪河水系连通工程投入运行。入选“三线一单”协同减污降碳国家试点，投用西南地区最大工业固废处置中心，创建市级绿色工厂6家、国家级绿色工厂2家，长寿经开区获评国家级绿色园区。

（四）坚持系统集成、协同高效，聚力打造市场化法治化国际化一流营商环境

助力市场主体发展壮大。减税降费17.3亿元，建立6640万元风险代偿资金池、助力119家企业获贷9000万元。分类拨付区级助企纾困资金2000万元，提供应急转贷资金8.1亿元帮助65家企业解难纾困，有效解决103个产业链供应链难点卡点问题。净增市场主体1954户，新增上市企业3家、数量居全市第一。

营造公平高效市场环境。实施营商环境提质十项行动，企业开办时限压缩至1个工作日以内，“互联网+督查”满意率保持全市前五。设立重庆知识产权法庭长寿巡回审判站，积极创建全国第四批社会信用体系建设示范区，健全反垄断监管体制。

集成推进重点领域改革。国企改革三年行动顺利收官，区属国企资产规模、主营收入分别增长15.8%、68.7%。与上海瑞思不动产金融研究院开展REITs产业发展基金合作，探索“投资人+EPC”模式共建长寿湖文化产业园。深化国资经营评价和财政预算改革，盘活长寿湖水面经营权等存量资源资产23.2亿元。

推动更高程度对外开放。依托重庆自贸区联动创新区推进制度型开放，RCEP协定贸易额占进出口总额的46%以上。生产服务型国家物流枢纽获国家发改委批复，长寿港海关监管场所封关运行，新恒阳市级多式联运项目开库运行。完成全面深化服务贸易创新发展试点中期评估，实现离岸服务外包1.5亿美元。

（五）坚持民有所呼、政有所应，聚力增进社会民生福祉

坚决办好民生实事。坚持援企、减负、稳岗、扩容，城镇新增就业2.6万人。新增4所学

校招生、增加学位7590个，校外培训机构治理经验获全国推广。全国健康促进区创建成效显著，基层医疗机构实现发热诊室全覆盖，全面取消公立医疗机构药品、医用耗材加成。20件年度民生实事全部完成。

切实加强社会保障。巩固拓展脱贫攻坚成果，脱贫人口人均纯收入增长12.1%。启动3500套滨江区域排危纾困危旧房置换，如期“保交楼”2792套，“恒大·湖山半岛”成为全市首个整体履约交房项目。持续优化公共交通出行，长寿汽车北站综合换乘枢纽建成投用，新增学生公交专线5条。

充分彰显人文关怀。积极构建全民全生命周期健康管理数据基座，规划建设癌症防治中心、慢病管理中心、健康宣教中心。突出关爱弱势群体，救助城乡困难群众46.1万人次。基本实现城市社区养老服务全覆盖，分散供养特困老人3935名，76所幼儿园开展延时保育服务，儿童主任配置覆盖所有村（居）。

二、发展中存在的问题

产业发展正处于转型升级、结构调整的阵痛期，新兴产业偏弱、龙头企业较少、创新能力不强、产出强度不高。城市规划建设管理水平有待提高，对外开放的广度和深度不足，集聚优势资源、参与区域合作的能力急需提升。民生领域仍有不少短板，教育、医疗、养老、环保等群众关心的急难愁盼问题仍需持续用力。

三、2023年发展思路

坚持以习近平新时代中国特色社会主义思想为指引，全面贯彻党的二十大和中央经济工作会议精神，认真落实市委六届二次全会、市委经济工作会议和全市建设成渝地区双城经济圈工作推进大会部署，坚持稳中求进工作总基调，完整、准确、全面贯彻新发展理念，积极服务和融入新发展格局，着力推动高质量发展，把成渝地区双城经济圈建设作为推动经济社会发展的总抓手总牵引，聚焦全市推动成渝地区双城经济圈建设十项行动，追求卓越、争创一流，聚精会神、脚踏实地，全力实施“3113”项目攻坚行动计划，加快建设“两地一城”，努力实现稳进增效、除险清患、改革求变、惠民有感，以新气象新作为奋力书写新时代新征程新重庆长寿华章。综合考虑各种因素，2023年经济社会发展的预期目标为：地区生产总值增长6%以上，规上工业总产值增长10%以上，战略性新兴制造业产值增长15%，固定资产投资增长13%，社会消费品零售总额增长8%，一般公共预算收入增长3%，全社会研发投入占地区生产总值比重3%，全体居民人均可支配收入增长8%，城镇调查失业率控制在5.5%以内。

（一）巩固提升全市工业主战场地位，全力建设具有全球影响力的新材料高地

突出新材料做强先进制造业。坚持“链主”引领、配套跟进，做强新材料三大品牌，新材料产业产值增长15%以上。开展传统优势产业基础再造和链条提升，推动钢铁冶金、装备制造、综合化工的内涵集约式发展。开展制造业数字化转型行动，建成投用合成材料制造业标识解析二级节点和长寿工业企业云平台。依托临港经济布局壮大生产性服务业。推动长航集团旗下“三企合一”，建设长江上游航运中心重要港区。力争设置保税物流中心（B型），推动冯家湾港区获批国家开放口岸。加快建设西南地区最大金属加工交易市场、再生金属交易集散市场。对标世界

一流推动园区提质。科学编制长寿经开区国土空间专项规划方案，启动光伏新材料区、江南仓储贸易区、新能源装备区建设，加快建设长寿经开区国际合作产业园和国际交流中心，打造高品质商务商业综合服务区。

（二）协同推动全域人文农旅产城深度融合，全力建设世界级运动康养旅游目的地

高位规划建设精品核心景区。加快建设太阳季水趣乐园等重点项目，系统打造长寿湖国家级旅游度假区。一体化打造长江国家文化公园（长寿段）、三洞沟滨江长寿谷文旅康养项目，高标准建设明月山—黄草山人文农旅体验区，稳步推进大洪湖零碳康养旅游度假地建设。突出运动康养优化产品服务。实施文旅产品优化提升计划，加快推进“全民健身·健康长寿”等项目，持续办好四大品牌赛事，策划举办全国休闲垂钓大赛和现代渔业大会。发展文旅主题新场景新业态，打造“中国乡村动漫城”。因地制宜地推进全域乡村振兴。建成千亩级粮油高产高效示范基地10个，构建现代粮油、晚熟柑橘、生态渔业、优质蛋鸡全产业链，唱响“自然长寿”区域品牌，争创国家现代农业产业园。优化农村贸易流通、金融服务体系。实施小城镇品质提升工程，“一村一品”完成乡村振兴重点村建设任务，打造“数智乡村”。

（三）加快打造高品质生活宜居区，全力建设中国长寿生命科学城

加强数字健康研发。全力推进长寿高新区数字健康产业园、中科未来城创新产业园建设，推动雷公藤、瓦里安、睿仕康等重点项目落地，打造国家级癌症全周期管理实验基地。实施数字底座及场景开发项目应用，启动上汽集团数据中心、北斗物联重庆营运中心建设，数字产业增加值增长15%以上。提升城市功能品质。启动国家生态园林城市创建，推进“拆栏透绿”“融绿入城”。实施路网更新和道路平整行动，加快打造智慧交通，美化靓化城市背街小巷。深入开展老城区有机更新，改造17个老旧片区。启动环卫园林绿化一体化管护改革，完善城乡生活垃圾治理体系。厚植历史文化底蕴。推动中国水电博物馆、国家方志馆长江分馆暨重庆方志馆在长落地，启动长寿山文化公园建设，积极申创历史文化名城。积极申报市级文保单位、市级非遗目录，努力将长寿博物馆打造成城市文化新地标，打造更多沉浸式文化空间。

（四）深层次参与区域协调发展，更好服务全国全市发展大局

加快推动同城先行发展。全力推进两江新区至长寿区快速通道建设，开工渝宜高铁、沿江高速长寿支线二期，力争渝宜高速（长寿—梁平段）扩能改造项目如期动工。努力承接中心城区优质公共服务。加快建设信创产业基地，助力全国一体化算力网络成渝枢纽节点建设。更好发挥承区带群作用。加快完善区域交通路网，启动重庆东向物流大通道、长垫梁开货运铁路等重要通道前期工作。积极共建成渝地区双城经济圈先进制造业协同发展示范区，加快澄海新区建设。优化异地就医、医保转移接续等机制，加强生态环境联防共治和突发事件联合处置。协同推进川渝毗邻合作。建好用好合广长协同发展示范区、明月山绿色发展示范带，办好合广长第三次党政联席会、明月山第五次党政联席会，共建成渝新材料生态港、成渝地区优质农产品供应基地，融入明月山国家重要能源产业基地建设，加快推进年度川渝合作共建项目。

（五）努力提振有效需求，巩固提升经济增长良好态势

全速推进投资放量。深入实施“3113”项目攻坚行动计划，策划储备一批政策性开发性金融工具重点项目。强化产业发展基金引导，优化投资结构，工业投资增速保持在13%以上。加快推进220个年度重大建设项目，市级重大项目实际开工率、投资完成率均达100%。充分发掘消费潜力。优化古镇片区、站北片区商业业态布局，开展商业设施改造，提档升级商业街区，提高品牌集聚度、消费便利度。加大旅行社奖补支持力度，激活“旅游+”消费。科学布局夜间经济点位，丰富夜间经济业态。打造更多新型消费场景，壮大直播电商、社交电商。稳定汽车、家电消费。持续壮大开放经济。推进多式联运“一单制”、运单物权化证等贸易便利化试点，拓展RCEP成员国、“一带一路”沿线国家地区新兴市场，做大跨境电商、服务外包，完成外贸进出口100亿元。健全内资外资招商一体平台，力争引进百亿级项目1个、十亿级项目10个，实际利用外资5000万美元。

（六）坚持以数字化变革引领全面深化改革，全面激发市场活力

积极拥抱数字变革。科学布局数据中心、算力中心，构建数字底座体系，打造“城市大脑”。全面推广“渝快政”一体化数字政务平台。加快建设全国一体化算力网络成渝国家枢纽节点城市数据中心，构建“数智长寿”基础数据库，打造数字应用场景，加强数据安全保护。加快释放改革活力。做好重点领域基础设施建设专项债券保障，加大存量资产盘活变现力度。持续推进区属国企市场化改革，启动长寿发展集团AAA主体信用等级提升工程。推进预算管理一体化建设。稳妥推行保证金保函制度。系统优化营商环境。完成营商环境创新试点改革事项。加强政务服务体系标准化建设，深化长寿经开区行政审批和行政执法体制机制改革。积极推动信用监管全覆盖，加快创建全国信用示范城市。培育壮大市场主体。实施市场主体纾困、倍增、壮骨行动，新增市场主体1万户、升规达限企业60家、待审发行企业2家。

（七）围绕产业链构建创新生态圈，全力创建高水平创新集群

优化创新生态环境。推动形成多元化、多渠道、多层次的科技创新投入体系，培育科技型企业100家以上、高新技术企业30家以上。积极筹办“重庆英才大会·中国长寿新材料产业高质量发展高峰论坛”，持续充实院士智库，引进院士1名、高层次人才120人以上。建设优质创新载体。加快建设国家科技创新汇智平台重庆中心、长江（重庆）绿色化工与新材料产业技术研究院、中国（重庆）天然气化工新材料研究院，引进高水平科研单位共建高能级新材料、生命科学公共研发平台，新增市级及以上研发机构10家。加速科技成果转化。加快科技成果转化中心、科技企业孵育基地、长寿科技馆建设。健全重大科研项目“揭榜挂帅”攻关机制，实施科技研发计划项目30项，支持“低成本硅基纳米气凝胶绝热材料”等科研项目申报市级重点专项。加强与中物院、中节能等大院大所合作，加快推动JM两用技术、碳化硅陶瓷膜技术等科技成果转化。

（八）积极打造生态宜居环境，努力促进人与自然和谐共生

推动绿色低碳发展。加强重点行业清洁生产和绿色低碳改造，创建市级及以上绿色工厂10家，打造静脉产业园区。大力发展二氧化碳捕

集利用等先进低碳技术，市场调配实现工业减碳680万吨。加快推进宝武氢能、川维化工氢能等项目，推动氢能“制储输用”全产业链发展。狠抓环境污染防治。深化区级流域横向生态补偿试点，实施重点河湖流域生态环境治理。协同推进PM2.5污染、臭氧污染和臭气污染防治攻坚。开展建设用地、农用地土壤污染排查治理，投用双象危险废物处置项目，加快建设无废城市、无废园区。加强生态系统修复。着力构建“一江、三河、六山、百湖”生态安全格局，统筹推进山水林田湖草系统70个生态保护修复重大项目，积极创建国家森林城市。落实长江“十年禁渔”，有序推进长寿湖、大洪湖生态修护和湿地建设。实施水土流失预防保护、综合治理和监督管理。加强野生动植物保护及其栖息地保护修复。

（九）强化全民全生命周期管理民生保障，切实提高人民生活品质

突出抓好就业增收。统筹抓好重点群体就业，城镇新增就业2万人以上。完成特殊工时制度改革试点，多种渠道增加中低收入群众收入。全力构建和谐劳动关系。优化公共服务供给。实施基础教育品质提升行动，推进城乡学校集团化办学。启动区突发公共卫生事件医疗救治中心建设，投用区中医院医养中心、江南医养中心。建成全国健康促进区，争创全国基层中医药工作示范市（县）。重拳打击涉老诈骗行为。提质扩面社会保障。健全防止返贫监测帮扶机制，推进新就业形态从业人员职业伤害保障。加强特殊人群关心关爱和困难群体援助帮扶。做好“保交楼”工作，抓好重要民生商品保供稳价。提升社会安全水平。坚持保健康、防重症，精准落实新阶段疫情防控措施。强化食品药品安全监管。开展重点领域安全专项整治，提升防灾减灾能力。完善社会治安防控体系，及时排除经济金融风险。

（执笔人：赵宇）

江津区

江津区人民政府办公室

一、2022年发展回顾

2022年，江津区全年实现地区生产总值1330亿元、增长3.2%。其中，一、二、三产业增加值分别增长3.9%、4.2%、1.5%。三次产业结构比调整为10.0∶56.6∶33.4。规上工业总产值1803亿元、增长7.9%，社会消费品零售总额416.1亿元、增长1.9%，固定资产投资433.8亿元、增长5.5%，一般公共预算收入67.6亿元、增长7.2%。全区协议引资额1150亿元、实到资金300亿元。新增规上工业企业45家、限上商贸主体100家，新增市场主体1.7万余家、总量达14.4万家。城乡常住居民人均可支配收入分别达47734元、25537元，增长5.7%、6.7%。

（一）产业发展态势良好

工业能级整体提升，实现工业增加值585亿元、增长4.1%，占全区地区生产总值的44%。全面完成消费品工业高质量发展三年行动计划目标任务，建成全市消费品工业高质量集聚发展示范区。获评全市首个山地丘陵智慧农机产业基地，成功创建国家新型工业化（工业互联网）产业示范基地，成为全市唯一拥有三个国家级产业示范基地的区县。实施“五大倍增”行动，新增10亿级企业4家、国家级专精特新“小巨人”企业10家，认定智能化改造项目120个，数量居全市第二。完成660家工业企业高质量发展分级评价工作。威马农机成为江津本土培育的第一家上市过会企业。规上工业总产值达1803亿元，其中，消费品工业、材料产业、装备制造业、汽摩产业分别实现产值536.1亿元、379.7亿元、365.2亿元、345.4亿元。战略性新兴产业产值占规上工业总产值的比重达25%。服务业实现提质增效，实现社会消费品零售总额416.1亿元、增长1.9%，批发业商品销售额829.2亿元、增长11.3%，零售业商品销售额278.7亿元、增长6.3%。双福国际农贸城、英利国际五金机电城等专业市场实现流通额762亿元、增长1.7%。万达广场、吾悦广场、爱琴海购物公园建成开业，新增高端商业综合体50万平方米。建成市级食品电商产业园，全区电子商务交易额达200亿元，网络零售额达70亿元。发布“硒乡津味”餐饮公用品牌，白沙古镇获评全国非遗旅游小镇，全区旅游综合收入85亿元。引进首家外资保险机构利宝保险，设立首家本土私募基金管理公司华达基金。特色农业发展壮大，实现农业总产值189.7亿元、增长4%；农业增加值135.4亿元、增长3.9%。全年粮食产量62.8万吨，蔬菜产量110.8万吨、增长4%，生猪出栏84.4万头、增长6.7%。石门镇、石蟆镇获批市级农业产业强镇。补足耕地保护责任目标缺口5.2万亩，复耕复种撂荒地1.5万亩，建成高标准农田8万亩。鲜花椒产量达36万吨，新增枳壳等特色产业2万亩，江津柑橘纳入全国名特优新农产品，实现富硒产业产值130亿元，规上农产品加工业总产值332亿元，位居全市第二。

（二）改革创新步伐加快

国企改革三年行动计划收官、区属国企公司制改革完成。614 家预算单位全部纳入预算管理一体化系统。新政务服务中心搬迁入驻，行政许可全程网办比例达 92.2%。营商环境述职评议满意率达 99.6%，民营经济占比提升至 62%。“三资”清理全面完成，“三变”改革试点行政村达 59%，累计培育新型农业经营主体 6265 个。团结湖数字经济产业园建设全面启动，全区新增高新技术企业 62 家、科技型企业 202 家。在全市率先试点科技副总进企业制度，创新高层次人才评价制度入选 2022 年度地方全面深化改革典型案例。几江长江大桥荣获国家土木工程领域科技创新最高荣誉“詹天佑奖”。全区研发经费投入超过 30 亿元，知识价值信用贷款总量居全市第一，综合创新竞争力居主城新区第一。

（三）开放发展纵深推进

珞璜港进境粮食中转码头资质获批，小南垭海关监管作业场所建成投用，老挝仓储集拼中心成立运营，珞璜港是全市唯一入选国家第四批多式联运示范工程的。中老铁路货运列车、中欧回程班列成功开行，西部陆海新通道江津班列到发 536 列。全区进出口过亿企业超过 30 家，进出口总额达 270 亿元，实际利用外资 3.6 亿美元。开行江津—青白江首趟双城经济圈货运班列，举办首届泸永江工业设计创新大赛，双城经济圈研究院落户江津。长江“水上穿梭巴士”入选成渝地区协同发展创新案例，“合江 · 江津（珞璜）”新材料产业园纳入首批成渝地区双城经济圈产业合作示范园。

（四）乡村振兴成效明显

创新开展“四提三改”行动，推动巩固拓展脱贫攻坚成果同乡村振兴有效衔接，脱贫人口年人均纯收入增长 17.1%、增幅同组第一，“两不愁三保障”问题实现动态清零。建成农村人居环境整治示范院落 30 个、垃圾分类示范村 60 个。石蟆羊石村、四面山双凤村等入选中国传统村落名录，几江石墙村、广兴广岳村等入选市级美丽宜居乡村，石门李家村获评市级乡村振兴示范村。建成农村公路 106 公里、入户道路 156 公里、农村公路安防工程 120 公里。成功创建国家农业现代化示范区、重庆市农业科技现代化先行区。

（五）宜居城市推进顺利

全国首条双流制市郊铁路江跳线投入运营、过江段如期开工，重庆铁路枢纽东环线建成投用，白沙长江大桥建成通车。编制完成《宜居城市规划纲要（2022—2035 年）》，李家湾隧道开工，南北大道提质、城区夜景灯饰提升等项目完工，新德感水厂一期建成投用。改造老旧小区 62 万平方米、棚户区 200 户，中心城区新增公共停车泊位 4000 余个，新（改）建城市绿地 74.9 万平方米，新增公园绿地 36.3 万平方米，城镇建成区面积达 127.4 平方公里。建成“门前三包、五长制”示范道路 25 条，国家卫生区创建成果持续巩固。

（六）生态环境持续改善

推进河长制林长制，在镇街间实施流域横向生态补偿，联合泸州、遵义开展跨界河流协同管护，国控、市控地表水考核断面水质全部达标。“两岸青山 · 千里林带”营造林任务全面完成，全区营造林 9.2 万亩，森林覆盖率达 53%。四面山发现昆虫新物种。持续改善环境质量，城区空气质量优良天数 311 天，同比增加 20 天、增幅居全市第一，PM2.5 年均浓度历史最低。开展第三次全国土壤普查。玖龙纸业等 26 家企业被纳入碳交易市场，城镇新建绿色建筑占比达 59%，单位 GDP 能耗下降 4%。

（七）风险防范有力有效

科学应对形势严峻的新冠疫情，最大限度减少其对经济社会的影响；积极应对有完整气象记录以来最极端的高温干旱天气，为 18 万群众应急送水；快速扑灭近十年来最严重的自燃山火，实现人员零伤亡、房屋零损毁。化解到期债务 17.8 亿元，将综合债务率控制在警戒线以内。专班推动 15 个恒大类恒大项目全面复工复产，完成“保交楼”任务 2900 套。深入实施新时代“枫桥经验”江津实践十项行动，全区村（社区）法律顾问实现全覆盖。深入开展“安全大检查、百日大整治”行动，安全生产事故起数、死亡人数分别下降 5.9%、20%，无较大及以上事故发生，获全市考核先进等次。食品药品安全形势稳定可控。成功创建全市首个全国商业秘密保护创新试点地区。在夏季治安打击整治“百日行动”考评中列全市第二。群众安全感指数达 98.76%。

二、发展中存在的问题

消费尚未完全恢复，社会投资信心不足，中小微企业和个体工商户生产经营困难。招商引资缺乏大企业、大项目支撑，产业能级还不够高，科技含金量高的项目还不够多。城乡区域发展不平衡，基础设施瓶颈依然明显。民生领域还有欠账，社会治理有待加强。少数政府工作人员能力作风还不适应现代化建设要求。

三、2023 年发展目标及思路

2023 年，全区经济社会发展主要预期目标是：地区生产总值增长 6.5% 以上、争取实现更好的结果，规上工业增加值增长 8.5%，固定资产投资、社会消费品零售总额、进出口总额分别增长 10%、8%、5%，城镇调查失业率控制在 5.5% 以内，城乡居民收入增长与经济增长基本同步，粮食生产、节能减排降碳完成市里下达任务。重点做好以下九方面工作：一是全力以赴稳增长，促进经济整体好转。坚定落实扩大内需战略，落地助企纾困一揽子政策，给投资以信心、给消费以人气、给市场以预期，让投资跑出加速度、让经济重回主赛道、让城市绽放烟火气。二是突出转型升级，加快制造业高质量发展。围绕建设先进制造业基地目标，用非常之力、下恒久之功，心无旁骛把先进制造业搞上去、把数字经济发展好、把江津工业大区的辨识度亮出来。三是推进提质增效，加快构建现代服务业体系。持续推动生产性服务业向专业化和价值链高端延伸，生活性服务业向高品质和多样化升级，让现代服务业强起来。四是积极扩大高水平对外开放，更好融入国内国际“双循环”。深度融入国家战略，实施更大范围、更宽领域、更深层次对外开放，建设在全国有影响力的内陆开放前沿和陆港型综合物流基地，让开放成为江津发展的最大红利。五是推动改革创新落地见效，充分激活发展内生动力。更加突出改革系统集成，更加突出创新引领作用，加快建设科技创新基地，为高质量发展提供更优机制、打开更广空间、注入更强动能。六是全面推进乡村振兴，建设宜居宜业和美乡村。坚持循序渐进、稳扎稳打，因地制宜、注重实效，深入推进农业农村现代化，加快建设乡村振兴示范地，努力实现乡村让人们更向往。七是持续推进城市更新提升，加快建设现代化高品质宜居城市。深化城市规划设计，做足山水文章，传承城市文脉，提高智管水平，全面提升城市能见度、辨识度、美誉度，努力实现城市让生活更美好。八是深入推进绿色转型，着力建设山清水秀美丽江津。像保护眼睛一样保护这方山水，像对待生命一样对待这片土地，加快推进生产生活方式绿色变革，协同推进降碳、减污、扩绿、增长，让青山常在、绿水长流、空气常新。九是扎实推进社会民生事业，提高市民生活质量。像抓经济建设一样抓民生工作、像落实发展指标一样落实民生任务，围绕人的全生命周期办事需求，完善服务群众有效机制，采取更多惠民生、暖民心举措，让江津人民生活一年更比一年好。

（执笔人：谢雨轩）

合川区

合川区人民政府办公室

一、2022年发展回顾

2022年，是新一届区政府的开局之年，是合川发展史上极不平凡的一年。面对疫情、高温、干旱等多重超预期因素冲击，处处以大局为重、时时以发展为念、事事以民生为要，深入学习贯彻习近平新时代中国特色社会主义思想，坚持稳中求进工作总基调，完整、准确、全面贯彻新发展理念，全面落实疫情要防住、经济要稳住、发展要安全要求，在区委的坚强领导下，在区人大、区政协的监督支持下，高效统筹疫情防控和经济社会发展，统筹发展和安全，深入开展"党建统领·赶考亮卷"行动，有效应对各种风险挑战，促进了经济社会平稳健康发展，现代化区域中心城市建设迈出了坚实步伐，为合川加快发展积蓄了动能、夯实了基础。全年地区生产总值增长2.6%，突破1000亿元大关，居全市第11位，固定资产投资增长4.8%，城乡常住居民人均可支配收入分别增长4.4%、5.6%。

（一）全力应对大战大考

战疫情。扎实抓好常态化疫情防控，面对突如其来的疫情，第一时间启动应急响应，以最小代价实现最大防控效果。战旱情。面对近70年来最严重的高温干旱，紧急组织抗旱救灾，全力保障人畜饮水，守住了不因旱返贫、不因旱死亡的底线。战火情。迅速发布禁火令、封山令，累计扑灭荒火950余起，守住了合川的绿水青山。战复产。及时出台复产稳产政策，有序推进复工复产、复商复市、复学复课，同时坚决扛起保供大区责任，率先在全市推出"蔬菜包"15.5万份。

（二）牢牢稳住经济大盘

抓产业稳支撑。落实国家33条稳经济一揽子措施、重庆192条稳经济政策包，制定工业倍增10条、支持工业企业复工满产5条、促进消费恢复19条。抓项目稳投资。重点项目完成投资180.6亿元。抢抓政策窗口期，积极争取各类资金47.9亿元。抓供给稳消费。发放消费券518万元，举办系列促销活动，累计带动消费20亿元。抓服务稳实体。全覆盖走访企业帮助解决问题，严格落实组合式税费支持政策29.6亿元。抓民生稳底线。民生支出70.4亿元，占一般公共预算支出的76.6%，投资9.5亿元完成21件重点民生实事年度任务。抓统筹稳运行。集中财力兜牢"三保"底线，实施"三资"统筹增收29亿元。

（三）大力实施工业倍增

规上工业总产值实现451.5亿元、增长10.6%。平台加快搭建。高新区建成区面积达到24.2平方公里，实现产值282.7亿元、增长10.6%，获评重庆市智能网联新能源汽车特色产业园，中国日用玻璃产业基地通过复评。动能持续增强。成功引进医美产业链、汽摩关键零部件等项目45个、总投资311亿元。规上工业企业研发经费投入12亿元、增长12%，新增数字化车间6个，实施智能化改造项目72个。空间有序释放。大力开展“三僵”清理，盘活低效土地667亩、闲置厂房14万平方米。项目提速推进。通过“四个一批”滚动实施100个重点工业项目，完成投资40亿元。企业不断壮大。新增50亿级企业1家。获评国家级专精特新“小巨人”企业4家，实现了零突破。新增高新技术企业30家、科技型企业110家。产业加速发展。主导产业产值达到325.5亿元，安瑞光电汽车照明项目进场施工，医药健康产业园一期建成投用，中铁装配式建筑当年开工当年投产，井口天然气液化加工项目建成投产，火锅食材产业、生猪全产业链、双槐电厂三期等新增长点培育取得重大进展。

（四）积极促进三产恢复

商贸服务提档升级。跻身成渝地区区域消费中心城市建设培育名单，北城商圈持续优化提升，南城商业轴线基本形成，文峰古街、财富广场、重百合川商场加快转型，拾光天街、北城耍街相继开街，限上商贸单位达到525家。文旅产业加快发展。积极融入巴渝文化旅游走廊建设，持续讲好合川故事。钓鱼城遗址申遗和创建5A级景区同步推进，涞滩古镇获评“成渝潮流新地标”，“三江游”航线的影响力扩大。接待游客1923.8万人次、实现旅游综合收入83.5亿元。现代金融持续活跃。银行机构存贷款余额1873.2亿元、增长4.9%。促进政银企对接，签约授信1350亿元，促成融资95亿元。数字人民币试点推行。房地产业有序恢复。全力稳楼市，推动停工楼盘有序复工、在建楼盘加快建设。全年商品房销售65万平方米、成交金额30亿元。

（五）扎实推动城市提升

强化交通提升。新增濮湖大道等9处公交站点，优化调整公交线路6条，涪滨路二期、鹏润西侧等市政道路竣工投用。强化功能提升。区体育中心开工建设，城区饮用水第二水源项目完工，城乡供水一体化一期顺利建成。幸福里、二郎桥农贸市场建成营业。瑞映巷—纯阳山历史文化街区建设抓紧推进。建成5G基站2880个，城区实现千兆光网全覆盖。强化更新提升。改造老旧小区140万平方米，新增城市公园3个、智慧小区3个、绿色社区16个，新改建排水管网64公里，新增绿化美化70万平方米。强化治理提升。优化调整城市管理体制，常态开展“马路办公”解决问题2.4万个，完成违法建筑整治5.6万平方米，生活垃圾分类示范小区达到262个。

（六）持续推动乡村振兴

粮食总产量、生猪出栏量、水产品产量继续保持全市第一，成功入选国家农业绿色发展先行区创建名单，农业总产值增长3.8%。“三条底线”守住守牢。确保粮食安全，粮食播种170.6万亩、产量68.4万吨。严格耕地保护，新建高标准农田11万亩、累计达到81万亩，建设“千年良田”1万亩。巩固脱贫成果，健全完善防止返贫动态监测和帮扶机制，加强易返贫户特别是受疫情影响的脱贫户、边缘户监测，“两不愁三保障”及饮水安全问题动态清零，脱贫人口人均年收入达到1.9万元、增长13%。特色产业加快发展。建成合川黑猪市级遗传资源保种场。出栏生猪115万头，蔬菜产量106.5万吨，水果产量21.3万吨，水产品产量4.9万吨，桑叶蛋鸡规模达到10万羽。“两品一标”农产品提至128个。“接二连三”深入推动。农产品加工业产值增长11.6%。成功创建重庆火锅食材产业园，建成3.5万吨重粮稻米加工厂，大北农24万吨高档饲料项目建成投产。乡村建设扎实推进。农村集中供水率达到87%，卫生厕所普及率达到86%。涪江片区城乡融合发展试验区暨市级乡村振兴示范镇、草街街道古圣村红色美丽村庄启动建设。安装供水干管321.7公里，完成农村公路改造82公里、危房改造265户。

（七）纵深推进改革开放

重点改革攻坚突破。深化"放管服"改革，精减行政审批事项50项，建设项目审批时限缩短至37个工作日。深化国企改革，国企资产总额达到1544.8亿元、增长12.4%。深化投融资改革，积极探索政府资金竞争性存放、特许经营权转让、存量资产盘活。深化农村改革，开展第二轮土地承包到期后再延长30年试点，新增"三变"改革试点村30个、新型农业经营主体310家。推进预算管理一体化改革，实现财政预算全生命周期管理。自主创新推出高新区运行管理体制、城市管理体制等8方面24项改革举措。开放水平不断提升。渝西高铁如期开工，兰渝高铁过境合川被纳入市级规划。合璧津高速合川至璧山大兴段建成通车，渝武复线高速完成工程总量的42%，西环线、钱双高速建设全力推进，高速总里程达到194公里。利泽航运枢纽工程一期船闸通航，渠江航道整治主体工程完工。招商签约项目122个、到位资金121.6亿元，实际使用外资1050万美元。国家级外贸转型升级基地（通用机械）正式挂牌，AEO高级认证企业实现零突破，外贸进出口总值增长18%。融合发展纵深推进。全面融入成渝地区双城经济圈建设和重庆"一区两群"协调发展布局，合广长协同发展示范区建设有序推进，渭沱物流园获评川渝首批"成渝地区双城经济圈协同共建重点物流园"。创新突破切实强化。入选国家知识产权强市建设试点城市，万人发明专利拥有量增长8.8%。新增市级研发平台12家。

（八）努力保障民计民生

生态环境持续改善。深入落实河长制、林长制和长江"十年禁渔"，持续筑牢三江重要生态屏障。加强农业面源污染治理，病虫害绿色防控、统防统治等农药减量技术全域推广应用。完成新一轮"一河一策"方案编制，三江水质总体保持Ⅱ类。实施废气、扬尘、焚烧突出问题专项整治，在全市率先实施水泥行业废气超低排放改造，空气质量优良天数达到289天。社会事业稳步发展。全面启动义务教育优质均衡创建三年行动计划，在全市率先实行基于大数据应用的教育评价改革，"双减"满意度达到98.8%。省级区域医疗中心开工建设，全国文明城区、国家卫生区创建成果进一步巩固提升。社会保障更加有力。新增城镇就业2.3万人，城镇调查失业率控制在5.5%以内。城乡养老、医保参保率均巩固在95%以上。建成镇街养老服务中心30个、社区居家养老服务站88个，城市社区养老服务实现全覆盖。社会大局保持稳定。"红细胞·微治理"全面推行，矛盾纠纷调解成功率达到90%。信访"治重化积""集中攻坚"深入开展。扫黑除恶斗争常态化推进，110刑事警情下降21.3%、治安警情下降15%，"九类"案件下降1.5%。安全生产"十五条硬措施"和"十个一批"深入落实，经营性生产安全事故起数下降71.4%、死亡人数下降61.9%。扎实做好食品药品安全工作，统筹推进地质灾害防治、森林防火、防汛抗旱等工作，应急救援能力进一步提升。

二、发展中存在的问题

一是发展不平衡不充分问题依然突出，城市

提升、乡村振兴、民生保障、公共服务领域存在不少短板。二是产业能级不够大，创新能力不够强，实体经济发展面临不少困难。三是财政收支平衡、债务管控难度较大，兜住“三保”底线任务重、压力大。四是营商环境尚需进一步优化，部分干部思想认识、能力素质、工作作风还不适应现代化建设要求。

三、2023 年发展思路

2023 年是贯彻落实党的二十大精神的开局之年，是合川跨越赶超、提质奋进的关键之年。合川将坚持以习近平新时代中国特色社会主义思想为指引，全面贯彻落实党的二十大精神，认真贯彻市委六届二次全会、区委十五届四次全会精神，不折不扣落实市委党建统领“三项重点任务”，深入实施“党建统领·赶考亮卷”行动，扎实推进“稳进增效”主题年活动，努力实现稳进增效、除险清患、改革求变、惠民有感。2023 年经济社会发展的主要预期目标是：地区生产总值增长 6% 以上、争取实现更好的结果，全社会固定资产投资增长 10% 以上，社会消费品零售总额增长 6% 左右，一般公共预算收入增长 10% 以上，全体居民人均可支配收入增速高于经济增速。

重点抓好以下八个方面的工作：一是抢抓机遇增强发展动能。严格落实市委“一号工程”，全面融入成渝地区双城经济圈建设和重庆“一区两群”协调发展布局，促进投资放量，扩大消费需求，推进数字赋能，增强招商质效，提升开放能级，发展镇域经济，推动合川在新一轮区域竞争中抢占先机、焕发活力。二是坚定不移推动工业强区。聚焦“两主＋四特”产业体系全面发力，不断发展壮大医药健康、新材料、新型建材、消费品、电梯、能源等优势产业，力争规上工业增加值增长 8% 以上。三是努力建设人民满意城市。提速打造城市名片，协同推进产业园区、生活社区、商贸街区、人文景区建设，不断提升城市经济品质、生态品质、生活品质、人文品质，加快建设成渝“后花园”。四是推进城乡融合发展。坚持农业农村优先发展，坚决守住不发生规模性返贫底线，全力落实新一轮粮食产能提升行动，持续提升农业“接二连三”质效，大力建设宜居宜业和美乡村，一体推进农业现代化和农村现代化。五是持续改善民生福祉。兜牢社会保障底线，推动教育、健康服务、文体事业提质发展，加强生态环境保护，解决群众急难愁盼问题，加快打造区域性公共服务中心，提升人民群众的获得感、幸福感、安全感和认同感。六是保障社会大局稳定。坚定不移贯彻总体国家安全观，把安全贯穿发展各领域全过程，统筹好发展和安全两件大事，着力防范化解重大风险，深化社会治理创新，夯实公共安全基础，加快建设更高水平的平安合川。七是着力优化营商环境。坚持市场化、法治化、国际化原则，不断优化政务、法治、市场、创新和要素保障环境，加快建设优化营商环境创新试点城市，全面激发市场活力、提振市场信心。八是提升政府治理效能。加强政府自身建设，提高政府治理效能，坚决落实激励干部解放思想、敢为敢干“十条措施”和干部服务发展“十不准”，以赶考的清醒和坚定当好“三个务必”的答卷人。

（执笔人：张虎勇）

永川区

永川区人民政府办公室

一、2022 年发展回顾

2022 年，永川区深学笃用习近平新时代中国特色社会主义思想，深入贯彻落实党的二十大精神和市委六届二次全会精神，按照“疫情要防住、经济要稳住、发展要安全”的要求，高效统筹疫情防控和经济社会发展，统筹发展和安全，保持了经济社会大局稳定。全区地区生产总值增长 3.5%，增速列主城都市区第 4 位；规上工业增加值增长 5.5%；固定资产投资增长 10.4%，其中工业投资增长 8.1%；社会消费品零售总额增长 0.7%；扣除留抵退税因素后，一般公共预算收入增长 1.2%，税收收入增长 0.7%。

（一）深入推动产业能级提升，高质量发展动能更加强劲

工业经济势头良好。围绕“5+3”产业体系，强化“双招双引”，签约长城汽车扩能、汉达精密等项目 195 个、合同额 844 亿元，引进何继善院士等专家团队 7 个，聘请潘复生等 10 位院士专家为绿色能源产业发展顾问，普康医疗等 103 个项目开工，星星冷链、自嗨锅等 42 个项目投产。长城汽车永川工厂第 50 万台整车下线。红江机械入选全国制造业“单项冠军”。计算机输入设备产业集群入选国家中小企业特色产业集群。数字经济加快发展。成立重庆首家元宇宙数字科技公司，落地人民大学文化科技园、爱奇艺、完美世界游戏 3 个文创园，建成西部最大科技影视棚。自动驾驶开放路网、场景、规模全国领先，成为重庆“双智”试点城市、中国首个无人驾驶公交线路和全车无人驾驶出租车示范运营城市。服务外包坐席总量突破 1.3 万席，成为西部最具影响力的综合业务服务外包基地。现代服务业提档升级。华茂中心获评国家级夜间文化和旅游消费集聚区，永川获批全市区域消费中心城市建设试点，跻身中国夜经济影响力区县 20 强。全区存贷款规模突破 1800 亿元，增长 15.5%。引进重庆汽车产业基金，新组建渝富盛世、数字文创、永高新、永泰等产业基金，获批普惠金融发展示范区。

（二）深入推动产城景融合发展，城市更加宜居宜业宜游

城校融合持续深化。重庆技术大学加快筹建，重庆城市职业学院新校区、重庆现代制造职业学院开工建设，永川职教中心新校区建成投用，大中专院校学生达 17.6 万人。新增一流本科专业建设点国家级 5 个、省级 7 个。重庆文理学院申硕成功，入选首批国家级创新创业学院。长安汽车工匠学院、中德工程师学院揭牌，国家工业和信息化领域数字安全产业人才基地落户永川。城景融合加快推进。松溉古镇焕新开街，入选全国非遗与旅游融合发展优选项目名录。乐和乐都景区完成孔雀园项目建设。茶山竹海景区定向越野基地建成开园，渝西旅游集散中心启动建设。“永川赏花采茶古镇游”入选中国美丽乡村

休闲旅游精品线路，南大街街道获评全国乡村旅游重点镇。完成永川龙 IP 形象原创设计，精心组织参加中国—东盟博览会旅游展、重庆国际都市文旅消费节等活动，围棋世界冠军古力成为永川城市形象代言人。全年接待游客人次和旅游收入分别增长 2.4%、3.5%。

（三）深入推动城乡融合发展，城乡面貌更加靓丽

“双百”区域性中心城市加快建设。编制国土空间规划和临空经济区、临港新区规划，“三区三线”划定成果通过质量检查。中心城区新拓展面积 3.9 平方公里，达到 86.7 平方公里。儿童体育文化公园建成投用，完成望城坡城市田园一期工程。保障性安居工程等项目申报国务院督查激励综合成绩排全国第一。白鹤滩—江苏 800kV 特高压直流输电工程和威远至江津页岩气输气管道（永川段）建成投用，永璧高速、永津高速、江泸北线高速、渝昆高铁、渝西水资源配置工程加快推进，永川南站综合交通枢纽开工建设。获评全国城乡交通运输一体化示范区。乡村振兴扎实推进。完成高标准农田建设 11 万亩、宜机化改造 4.5 万亩，实施稻田综合种养 31 万亩，实现全国首单高标准农田新增耕地交易，综合农机化率居全市第一。长江中上游晚熟龙眼荔枝产业带、泸永江区域优质茶叶示范区启动建设。建成“四好农村路”260 公里，改造农村厕所 3117 户，创建市级美丽宜居示范乡村 9 个。仙龙镇获评市级乡村振兴示范镇，何埂镇狮子村获评全国“一村一品”示范村。

（四）深入推动改革开放创新，发展动力活力明显增强

对外开放步伐加快。永川国家高新区铁路专用线建成投用。永川港接入西部陆海新通道。永川国家高新区获得市级行政权力授权，综合保税区通过市级预验收，重庆中新肿瘤医院正式运营。全年进出口总额达 83.9 亿元，增长 45.5%。牵头制定《泸永江融合发展示范区发展规划》《川南渝西融合发展试验区建设工作机制》，签订成渝地区双城经济圈合作协议 10 项。科技创新成果显著。新增高新技术企业 35 家、科技型企业 205 家和市级以上研发平台 12 家。重庆绿色电池研究院建成投用，重庆西部宠物生命科学研究院、重庆交通大学永川研究院、重庆畜科院永川分院挂牌成立。抗癌新药 PZ-1 片获得国家一类药物临床试验批件。新增知识价值信用贷款 2.8 亿元。规上企业设立研发机构比例达 36%，全社会研发投入强度达 2.4%。重点改革深入推进。农村集体产权制度改革全面完成，新增“三变”改革试点村 52 个、农民股东 18.2 万人。国企改革三年行动圆满收官，3 家区属国企达到 AA+ 主体信用评级。依申请类政务服务事项即办事项比重达 62.2%，“全程网办”比重达 88.1%，加快创建市级营商环境示范区。

（五）深入推动绿色低碳发展，绿色转型持续深化

“双碳”工作有序推进。启动屋顶分布式光伏开发试点。发展绿色建筑 41 万平方米，建筑节能与绿色建筑标准执行率达 100%。规上工业单位增加值能耗下降 15%。建成国家级绿色工厂 1 家、市级 12 家，市级绿色园区 1 家。污染防治取得实效。严格落实河长制，启动“厂网一体化”改革，临江河、小安溪、九龙河 3 个市考断面水质保持Ⅲ类，大陆溪湾凼国考断面水质保持Ⅳ类，临江河是西部唯一入选全国幸福河湖的。网格化严控交通、扬尘、工业和生活污染，空气质量优良天数达 322 天。扎实开展污染地块风险管控、修复治理，无害化处置污染土壤 4500 余

吨。生态修复持续发力。严格执行长江“十年禁渔”，完成6个自然保护地优化调整。严格落实林长制，完成国土绿化营造林1.72万亩、“两岸青山·千里林带”营造林5100亩。“绿盾行动”32个问题全部整改销号。区国有林场被纳入全国首批森林碳汇改革试点。

（六）切实保障和改善民生，人民生活品质不断提高

社会保障力度加大。城镇新增就业2.8万人，城镇调查失业率控制在5.5%以内。“一门受理、协同办理”综合改革持续深化，城乡低保、特困供养救助标准提升12.8%。城乡居民养老保险、医疗保险参保率稳定在95%以上。新增镇级养老服务中心7个、村级养老点132个，完成居家适老化改造200户。投入11.8亿元，圆满完成民生实事12件，6件持续推进，有效解决了一批群众急难愁盼问题。教育医疗提质发展。新增公办幼儿园5所、学位1530个，学前教育普惠率达90%。永川中学文昌校区、红旗小学建成投用，上游小学完成搬迁，北山中学、永五中完成改扩建。区妇幼保健院成功创建三甲医院，区儿童医院成功创建三级医院，江苏省中医院重庆医院（永川区）被纳入国家区域医疗中心建设项目。文体事业稳步发展。永川图书馆入选“书香重庆”十佳最美阅读空间。建成社会足球场4个、健身路径31条、环湖步道3.56公里，群众体育运动广泛开展。成功举办市第二届智力运动会。重庆永川茶山竹海女子足球队成功冲超。重庆文理学院篮球队晋级CUBA全国八强，创历史最好成绩。

二、发展中存在的问题

同时，发展中仍然存在一些突出问题和短板。一是产业结构还不优，传统产业占比较高，生产性服务业发展不够，上市公司仍未实现“零突破”；二是国家高新区体制机制优势发挥不够充分，创新投入不足，科技支撑能力还不强；三是就业、教育、社会保障、医疗卫生等民生保障与高品质生活要求和群众期盼还有差距；四是一些干部存在不作为、慢作为，还不适应中国式现代化建设要求。

三、2023年发展思路

2023年是全面贯彻落实党的二十大精神的开局之年，也是实施“十四五”规划承上启下的关键一年。要坚持以习近平新时代中国特色社会主义思想为指导，全面贯彻落实党的二十大精神和中央经济工作会议精神，认真落实市委六届二次全会精神和市委经济工作会议精神，主动把永川发展放到全国和全市大局中谋划推进，把推动成渝地区双城经济圈建设作为经济社会发展的总抓手总牵引，深入实施永川“2235”总体发展思路，坚持稳中求进工作总基调，完整、准确、全面贯彻新发展理念，积极服务和融入新发展格局，着力推动高质量发展，更好统筹疫情防控和经济社会发展，更好统筹发展与安全，持续提振信心、扩大内需、深化供给侧结构性改革，突出稳进增效、除险清患、改革求变、惠民有感工作导向，加快建设成渝地区双城经济圈桥头堡城市、“双百”区域性中心城市，打造高质量发展先行区、高品质生活示范区，书写好新时代新征程全面建设社会主义现代化新重庆永川篇章。

（一）扩内需稳增长，在促进经济恢复提振上展现新作为

大力开展抓项目促投资专项行动，开工建设市域（郊）铁路永川线（C4线）等项目78个，

建成投产长城汽车技改扩能等项目64个。积极引进国际国内高端品牌，发展“四首”经济、共享经济、新个体经济等业态，全力扩大消费需求。深入开展中缅通道建设研究，深度融入渝新欧、渝满俄、西部陆海新通道等国家战略。封关运行永川综合保税区，力争进出口贸易额突破100亿元，实际使用外资实现翻番、达到2000万美元。坚持以数字化改革引领系统性改革，用好“渝快办”“渝快政”平台，努力营造一流营商环境。

（二）加快产业升级，在构建现代化产业体系上实现新突破

培育壮大“5+3”产业体系，推进高端汽摩生态产业园、新材料产业园、生物技术产业园等特色园区建设，深入实施规模工业研发机构三年倍增计划、中小企业“专精特新”发展计划，推动重点企业“上云用数赋智”。做强数字文创产业，升级服务外包产业，提速自动驾驶产业，加快建设西部智能网联新能源汽车城。开发城市休闲游、特色乡村游、工业旅游等新业态，启动乐和乐都国家5A级景区创建，加快建设“双城会客厅·西部欢乐城”。力争全区存贷款规模突破2000亿元。建成投用会展中心，让会展经济成为永川发展新名片。

（三）推动城乡融合，在促进区域协调发展上迈出新步伐

科学编制国土空间分区规划，完善“多规合一”国土空间规划体系。加快推进北山片区城市更新项目，打造国家级城市更新示范区。加快建设望城坡、桃花山“城市田园”，打造现代化田园城市。迭代升级永川“城市大脑”，打造新型智慧城市。全面落实粮食安全责任，改造提升高标准农田10万亩。壮大茶叶、食用菌、名优水果“一主两辅”农业产业体系。扩面农村“三变”改革，纵深推进“三社”融合，着力增加农民收入。启动黄瓜山乡村振兴示范区建设，高质量打造市级美丽宜居示范镇、巴蜀美丽庭院示范片。

（四）强化区域联动，在推动双城经济圈建设上干出新业绩

加快建设渝昆高铁（永川段）、永璧高速、永津高速等项目，促进基础设施互联互通。建成泸永江100万亩优质粮油及稻田综合种养产业带（三期）等项目，打造现代高效特色农业产业带。务实推进“泸内荣永”国家高新区产业联盟合作事项，建设永川—蒲江中德产业合作示范园、永川—龙泉驿产业协同发展示范区，争创川渝两省市第二批产业合作示范园区。

（五）推进科教兴区，在培育发展动能上厚植新优势

强化学前教育普及普惠发展、义务教育优质均衡发展、高中教育多样化特色发展，新增公办幼儿园6所，加快推进萱花中学凤凰湖校区、旺龙湖红旗小学建设。实体化运行西部职教集团，升级打造职教4.0版本，加快建设重庆现代制造职业学院等项目，探索推进重庆技术大学建设，高水平建设西部职教基地。进一步发挥永川国家高新区优势，构建权责清晰、精简高效的运行体系。新增高新技术企业30家、科技型企业100家，全社会研发投入强度达到2.5%。深入实施“逐浪奔永”人才集聚工程，力争引育高层次人才400人、高技能人才500人。

（六）发展社会事业，在增进民生福祉上取得新成效

落实共同富裕政策措施，实施中等收入群

体倍增计划，优化收入分配格局。拓宽重点群体就业渠道，确保城镇新增就业2.4万人以上、城镇调查失业率控制在5.5%以内。实施全民参保计划，推动社保体制由制度全覆盖到法定人群全覆盖。积极应对人口老龄化，发展普惠型养老服务。积极推进区人民医院、区疾控中心创建“三甲”，深化医药卫生体制改革，打造国家区域医疗中心。积极创建国家一级图书馆，启动永川美术馆建设。

（七）加强生态环保，在生态优先绿色发展上探索新路子

持续打好碧水、蓝天、净土保卫战，高质量完成临江河幸福河项目建设，力争空气质量优良天数在324天以上。严格落实长江“十年禁渔”，压实护渔网格责任。完成生态红线和自然保护地优化调整。严格落实林长制，加强森林资源管护。推动产业结构、能源结构、交通运输结构、用地结构调整优化，建设市级绿色工厂5家、绿色园区1家。

（八）统筹发展和安全，在维护社会安全稳定上彰显新担当

落实新阶段疫情防控举措，稳妥有序实施“乙类乙管”。扎实做好保交楼、保民生、保稳定各项工作，确保房地产市场平稳健康发展。严格落实安全生产责任制，坚决遏制重特大事故发生。深化领导干部“定期接访”“灵活下访”“包案化解”机制，畅通和规范群众诉求表达、利益协调、权益保障通道。深化“枫桥经验”重庆实践永川行动，不断提高市域社会治理能力。持续开展扫黑除恶，严厉打击违法犯罪活动，确保社会大局安全稳定。

（执笔人：张淞）

南川区

南川区人民政府办公室

一、2022年发展回顾

2022年，南川区以习近平新时代中国特色社会主义思想为指导，深入学习贯彻党的二十大精神，坚持稳中求进工作总基调，全面落实“疫情要防住、经济要稳住、发展要安全”的要求，在市委、市政府的坚强领导下，紧紧团结依靠全区广大干部群众，高效统筹、科学调度、克难奋进，以扎实的工作实绩向党的二十大献礼，实现了本届政府良好开局。全区地区生产总值实现421.4亿元、增长3.4%，增速列主城都市区第5位；完成固定资产投资195.3亿元、增长7.5%；社会消费品零售总额实现215.7亿元、增长2.2%；城乡居民人均可支配收入分别增长3.4%、5.6%。10项工作获市政府激励表彰，总量列全市第二。

（一）大战大考交出合格答卷

打好稳经济组合拳，成立稳经济大盘工作专班，高频精准有力调度，以超常规举措推动经济企稳回升。深入开展政策大落实、项目大比拼专项行动，在全面落实全国、全市一揽子稳经济政策基础上，出台“助企纾困139条”“促消费20条”等措施，真金白银稳市稳岗，帮助企业渡过难关。落实“一人一企”“划片包干”结对帮扶机制，创新开展服务重点企业现场办公，点对点、清单化解决企业现实难题，有效激发市场活力。打好疫情转段攻坚战，始终坚持人民至上、生命至上，妥善处置突发疫情，以最快速度“围住、捞干、扑灭”，在全市率先实现社会面清零。全面落实“二十条”和“新十条”，迅速把防控重心从防感染向保健康、防重症平稳转段，全力保障全区人民平稳迎峰渡峰，工作经验在全市交流。打好高温持久战，面对历史罕见的连晴高温极端天气，齐心协力抗旱保收，全力保供迎峰度夏，为经济社会平稳运行提供坚强保障。面对多点散发的森林火情，日夜奋战、严防死守，快速处置“8·18”森林山火，最大限度保护了森林资源和群众生命财产安全。打好安全稳定保卫战，圆满完成党的二十大安保维稳任务。细化落实“十五条硬措施”，持续深化“安全大检查、百日大整治”专项行动和治安打击整治百日行动，生产安全事故起数、死亡人数分别下降42.3%、37%。坚决守住不发生区域性系统性风险底线，有效防控政府债务。稳妥有序推动房地产领域“恒大、类恒大”风险治理，信访矛盾化解率达99.8%，在第五次全国市域社会治理现代化试点工作会上做经验交流。

（二）同城化发展取得重大突破

积极融入成渝地区双城经济圈、“一区两群”协调发展战略。深化与四川地区协同联动发展，与广元市、乐山市、都江堰市缔结友好城市，发起成立川渝冰雪旅游联盟，加入成渝友城文旅营销联盟，承担“2023川渝春晚”重庆唯一外景分会场任务。聚焦同城化先行区精准抓、扎实干，渝湘高铁、渝湘高速复线、西环高速提速建设，市域铁路C6线即将动工，加快融入“一日生活圈”“轨道上的都市区”。与市政府口岸物流办合作建设西部陆海新通道节点城市，跨境班车南川首发。与市中新示范项目管理局共建中新（重庆）国际绿色发展示范基地，同新加坡能源集团等8家企业达成合作意向。成功举办新能源汽车配套产业发展高峰研讨会，与市经信委共建百亿级汽车轻量化配套示范基地，工业园区入列全市首批智能网联新能源汽车特色产业园区。立足市场需求打造主城康养度假首选地，全年销售康养物业22万平方米、16亿元。强力推动高新区创建，积极承接中心城区产业转移，累计签约项目62个，协议引资704亿元，到位资金133亿元。重庆工业职业技术学院南川校区签约供地，南川迎来第一所大学。

（三）高质量发展动能加快集聚

克服多重不利因素影响，提振市场信心，推动经济稳定恢复。投资量质齐升，154个重点项目累计完成投资319.8亿元，达到计划进度的95.5%。稳步推进太平场训练场建设。全年向上争资35.8亿元。工业提质增效，新开工工业项目18个，完成工业投资87.1亿元、增长13.3%。培育新能源汽车配套、页岩气加工利用、中医药及装配式建筑全产业链，上药慧远正式投产，华润三九、高性能镁基合金项目加快建设，新型建材、新能源产值分别增长40.1%、29.7%，全区规上工业增加值率达33.6%、列主城都市区第一位。消费加速回暖，南川被纳入全市首批商文旅体融合发展试点区县，改造升级水江、大观等11个乡镇商贸中心。新型消费蓬勃兴起，露营经济、民宿经济、冰雪经济表现亮眼，吸引游客678万人次、实现旅游收入38亿元。新培育丰必达、猛味科技等电商龙头企业3家，电商网络零售额实现9.3亿元。旅游释放活力，24个文旅重点项目完成投资56亿元，“一索二路三中心”项目有序推进，金佛山北坡酒店、奥悦湖畔滑雪场投用，金佛山上榜全国冰雪旅游精品线路，大观原点入选全国旅游产品创意案例，东街获评市级旅游休闲街区、夜间文化旅游消费集聚区，黎香湖跻身成渝十大文旅产业新地标，大观镇金龙村获评国家级乡村旅游重点村。农业农村基础稳定，扎实推进巩固拓展脱贫攻坚成果同乡村振兴有效衔接，积极创建国家农业现代化示范区。新建高标准农田5.7万亩，完成9265亩撂荒耕地复耕复种。严格落实耕地占补平衡，有序恢复补充耕地7394亩。重要农产品量足价稳，新发展农业特色产业4万亩，“3+2”农业特色产业综合产值突破40亿元。南川订制农业获国务院点赞表扬，“南川米”增产增收经验做法获中央农办肯定并向全国推广。大观镇获批国家级农业产业强镇，南川大树茶获第七届亚太茶茗大奖赛特别金奖。市场持续活跃，获批市级中小制造企业抵押增值贷款试点区县，新登记市场主体9024户、增长14%，新增注册商标764件。新培育规上企业16家、限上企业12家、国家级科技型中小企业39家，新认定高新技术企业35家，新获批市级“专精特新”企业36家、市级数字化车间4个、市级数字经济产业发展示范项目2个，国家知识产权优势企业、专精特新“小巨人”企业实现零突破。外贸保持平稳，完成进出口总值24亿元、增长46%。

（四）高品质生活底色更加彰显

19件民生实事全面兑现。老旧城区焕发新颜，新开工商品房65.9万平方米、竣工66万平方米、销售99.5万平方米，新增保障性租赁住房17.2万平方米。实施旧城改造项目21个，全年完成土地征收1.5万亩，累计拆迁房屋42.7万平方米，拆除违法建筑4.2万平方米。强力推进全国文明城区创建，持续巩固国卫创建成果。城市功能不断完善，投用金华体育公园，景城大道、渝南大道延伸路加快建设，城区智慧停车管理系统上线试运行，建成开通5G基站1100个。乡村基础设施不断改善，新（改）建“四好农村路”100公里，硬化农村生产生活便道198公里，改造城乡雨污管网36公里、农村无害化卫生厕所2280户，建成农村生活垃圾分类市级示范村103个，新建2个乡镇养老服务中心。全力做好稳就业工作，开展大规模职业技能培训1万余人次，发放创业担保贷款9423万元，城镇新增就业1.3万人。社会保障体系不断健全，居民养老保险、医疗保险参保率稳定在95%以上。出台防止返贫22条，全区无一人返贫致贫。区妇幼保健院、中医院二期投用。基础教育不断提升，获市政府教学成果特等奖2项。北师大南川实验学校平稳转制，新增城区公办幼儿园1所，公办幼儿园占比提高至55%、普惠率达89%。环境质量持续优化，关停2家氧化铝企业，城区空气质量稳居主城都市区前列，出境断面水质稳定达到Ⅱ类。文体事业繁荣发展，大力实施文化惠民工程，建成投用数字应急广播系统（一期）、川渝阅读一卡通，南川电影《大梦难忘》获第九届重庆艺术奖、重庆市第十六届精神文明建设“五个一工程”奖。

（五）政府治理能力明显提升

严格落实中央规定和市委、区委要求，围绕以实干实绩迎接党的二十大胜利召开主题主线，切实推动政府系统转作风、提效能，不断提高政府公信力、执行力、落实力。积极推进依法行政，着力规范行政执法行为，在全市率先开展行政执法协调监督体系建设试点工作，新创建全国民主法治示范村1个。主动接受区人大及其常委会法律监督和工作监督、区政协民主监督，高质量办理人大代表建议181件、政协委员提案206件，获得代表、委员一致赞誉。纵深推进简政放权，推动158项高频服务事项向镇（街）延伸，打通服务群众“最后一公里”。全面加强国资国企监督管理，规范国企投融资事项决策程序，强化投融资项目全过程管理，有效提升国有资金使用效益，坚决防止低效和重复投资。严格工程建设项目招投标管理，创新公共资源交易管理方式，累计节约财政资金2亿元。驰而不息转作风，深入开展“最差行政效能乡镇（街道）大家评”、“最难办事科室群众评”、优化营商环境专项整治行动，基层减负经验获人民日报采访报道。持续推进反腐倡廉，严格落实廉政建设责任制和厉行节约各项规定，确保“三公”经费只减不增。

二、发展中存在的问题

对照2022年确定的目标任务，全区地区生产总值、社会消费品零售总额、一般公共预算收入等部分指标未达预期，有疫情等超预期因素的影响，也暴露出南川发展中面临的总量不大、结构不优、速度不快、质量不高等不平衡不充分问题尚未得到有效解决，表现在：经济稳定恢复的基础还不牢固，具有引领作用的大企业、大项目不多，部分企业生产经营困难，实体经济内生动力不足；创新发展意识相对薄弱，企业自主创新能力不强，科技创新对经济发展的贡献度不高；社会事业发展不充分，公共服务仍不健全，补齐民生短板依然任务繁重；少数干部思想观念、工作能力和作风与发展新要求、群众新期盼还不适应。

三、2023 年发展思路

2023 年是贯彻党的二十大精神的开局之年，是实施“十四五”规划承上启下的关键之年，也是社会主义现代化新重庆建设的起步之年，做好各项工作意义重大。全区经济社会发展的主要预期目标是：地区生产总值增长 7% 左右，规上工业增加值增长 9% 左右，固定资产投资增长 10% 左右，社会消费品零售总额增长 7% 左右，一般公共预算收入增长 10% 以上，城镇新增就业 8000 人以上，全体居民人均可支配收入增长 7.5% 左右，粮食生产、节能减排降碳等指标完成上级任务。

全力以赴稳增长，保持经济运行在合理区间。把推动经济企稳恢复提振作为头等大事，加快同城化发展步伐、积极扩大有效投资、促进消费升级扩容、激发市场主体活力，努力跑出经济发展“加速度”。

加快构建现代产业体系，增强产业链韧性和竞争力。坚定不移把高质量发展的基点放在推动产业转型升级上，聚新培优推动工业提质、迭代升级文旅康养，着力构建市场竞争力强、健康可持续的现代产业体系。

统筹乡村振兴和城市提升，推动城乡融合发展。坚持系统谋划、整体推进、分步实施、重点突破，全面推进乡村振兴、持续推动城市提升，绘就城乡和谐共美新画卷，努力实现城市让生活更美好、乡村让人们更向往。

蹄疾步稳推动改革开放创新，培育高质量发展新动能。坚持新旧动能协调发力、平稳接续，更深层次推进改革、更大力度推动创新、更高水平扩大开放、打造一流营商环境，努力实现更高质量、更有效率、更加公平、更可持续的发展。

绿色引领筑牢生态本底，持续增强生态核心竞争力。坚持既要经济效益，又要生态效益，加强生态环境治理、加快绿色低碳发展、加紧生态保护修复，着力推进产业生态化、生态产业化，让绿水青山变成金山银山。

用情用力改善社会民生，积极回应群众所急所盼。围绕实施惠民暖心优服务行动，继续办好一批民生实事，健全社会保障体系、办好人民满意教育、优化卫生健康服务、繁荣公共文化事业，给全区人民带来更多看得见、摸得着的实惠。

牢牢守住风险防控底线，确保社会大局和谐稳定。更好统筹发展和安全，抓好风险防范、抓实安全生产、抓牢社会稳定，为经济社会发展营造良好环境。

2023 年南川区将更加紧密地团结在以习近平同志为核心的党中央周围，坚持以习近平新时代中国特色社会主义思想为指导，在市委市政府的坚强领导下，同心同向、开拓进取，踔厉奋发、勇毅前行，不断推动全区各项事业迈上新台阶，奋力谱写全面建设社会主义现代化新南川绚丽篇章！

（执笔人：赵立言）

綦江区

綦江区人民政府办公室

一、2022 年发展回顾

2022 年，是綦江区转型升级之年，也是干中求进、变中求进、稳中求进的一年。这一年，面对疫情、旱情、火情叠加，面对安全稳定的巨大压力，面对经济发展的迫切需要，綦江上下齐心协力、主动作为，踔厉奋发、顶压前行，推动经济社会发展呈现总体平稳、结构优化、质量提升、优势累积的良好局面。全年地区生产总值增长 3%，一般公共预算收入增长 0.9%；社会消费品零售总额增长 0.8%，全体居民人均可支配收入增长 7.1%。主要经济指标中，固定资产投资和工业投资分别增长 15.2%、30.3%，两项指标连续 7 个季度保持两位数增长的强劲势头，充分展现经济韧性强、潜力大和活力足的积极态势。

（一）坚持人民至上，有力应对重大考验

坚决遏制疫情。超前谋划建设逢春等隔离场所和兰花基地方舱医院，快速新建、租用核酸检测实验室。接收兄弟区县集中隔离人员 2420 人次，向外支援医护力量 753 人次，彰显綦江担当。严密管控火情。11 支森林防灭火应急支队、381 支村级应急小分队和 1300 余名干部群众连续坚守 52 个昼夜，无较大以上森林火灾。积极应对旱情。提前引水、蓄水超 1 亿立方米，有效保障生活生产、春耕春播用水需要。筑牢安全稳定防线。全区可防性案件、电信网络诈骗案件分别同比下降 40.5%、29.7%。专班推动恒大、类恒大房地产项目恢复建设，交付商品房 4300 余套。未发生较大以上安全生产事故。

（二）坚持项目为王，扎实稳住经济大盘

谋划做大投资盘子。全市最大的新建水利工程藻渡水库正式开工，国家区域医疗中心——江苏省人民医院重庆医院启动建设，中心城区至綦江（万盛）市域铁路纳入市政府开工计划。调查确认水泥用矿储量 2.56 亿吨，新探明页岩气 1.2 万亿立方米。创新拓展投资来源。争取交通水利等各类补助资金超 15 亿元。策划包装采煤沉陷区综合治理及绿色产业转型 EOD 项目，争取长周期、低成本资金。打包整合城市更新、城市防洪等项目，解决资金缺口问题。采取先建后购、先租后售等轻重资产分离模式，吸引一批产业项目加快落地。全力推动投资放量。区级重大项目完成投资超 100 亿元，其中 19 个项目如期建成投用，23 个项目超节点计划推进。蟠龙抽水蓄能电站 1 号机组完成安装。黄沙中型水库下闸蓄水。福林中型水库启动主体工程建设。正大集团已建成 1 个国家级、10 个市级生猪养殖场调控基地。

（三）坚持转型升级，高质量建设工业强区

强化指挥作战体系。成立工业经济高质量发展领导小组，全年召开工业经济专题会 36 次，会商审议招商协议 27 份，研究化解疑难问题 77 项。厘清发展思路。明确“突特色—强龙头—补链条—聚集群—促创新”总体思路，全面构

建“一区六组团多点”空间格局，协同推进高端装备制造、新材料、化工、新一代信息技术、消费品、节能环保等主导产业。拓展发展空间。扶欢、安稳、永桐新城等园城组团获市级批复，关坝—扶欢循环经济产业园成为全市七大化工园区之一。清理闲置土地1200亩、工业厂房24万平方米。集聚创新动能。全力创建国家高新区，新增科技型企业417家、高新技术企业20家。旗能电铝入选国家“2022年智能制造示范工厂”揭榜单位。炙焱动力等3家企业获国家级专精特新“小巨人”称号，荆江半轴入选国家重点支持“小巨人”企业。友利森正式启动独立上市流程。中国电信綦江云数据中心落地。重庆政务数据灾备中心获得授牌。安恒信息入驻数字经济产业园。綦江国家网络安全产业园纳入规划。努力招商引资。深入落实“洽谈即预审、签约即立项、拿地即开工”等服务举措，推动新视通等企业实现当年建设、投产、升规，落地鹏翔铝业等再生铝项目，引进忠润等LNG配套生产企业，区内首个预制菜生产基地——餐链和壹项目试运行。

（四）坚持城乡统筹，协调推进城市提质和乡村振兴

高位推动城市规划建设。永桐新城完成城市设计、综合交通、地下管廊等规划。精雕细琢綦河两岸综合治理、国家区域医疗中心、城市规划展览馆等重大项目规划方案。高位推动建设提质。开工建设发展大道、永庆路等项目，新增城区停车位约3000个，开工建设重庆经贸职业学院等项目，建成投用会务中心、实验小学、疾控中心（新址）等项目。高位推动管理提质。以全国文明城区创建为引领，点面结合整体提升城市形象。双龙一代家岗片区老旧小区改造项目成为全市示范项目。切实巩固脱贫成果。研究、出台易致贫返贫对象衔接政策30项。高分通过市脱贫攻坚同乡村振兴有效衔接考核评估。切实扭住产业振兴。坚决扛稳粮食安全政治责任，超额完成全年粮食作物播种计划。成功获批国家农村产业融合发展示范园，带动发展萝卜10万亩、辣椒7万亩。新增农村“三变”改革试点村60个，村集体经济平均经营性收入达37万元。切实加强乡村建设。“一村一策”持续改善农村人居环境，全区市级美丽宜居乡村达35个、乡村振兴示范村达2个。加快建设重庆重要红色文化高地，重庆红军长征纪念馆展陈大纲获市级批复，成功创建高庙坝市级旅游度假区。

（五）坚持改革开放，以更高工作效能开拓更广发展路径

积极构建高质量营商环境。深入开展“改作风抓落实优环境促发展”专项行动，“千人进千企”帮助企业解决89%以上反馈问题。创新实施“模拟审批”，99%以上的区级事项进驻大厅，已办理“一次办”事项4万余件。4家企业在重庆OTC上市。扎实推进高标准国企改革。聚焦南部矿区转型升级、装配式建筑产业等发展任务，调整组建綦创公司等一批新国企。全面完成区属国有企业公司制改革。主动推进高水平对外开放。积极融入成渝地区双城经济圈建设，中兴耐磨齿轮加工研究中心入驻川渝（綦江·自贡）产业合作示范园，岔滩站开通至成都简阳、遂宁等地的固定班列。三江物流基地（一期）建成投用。与重庆经开区建立战略合作关系，共同发展“飞地经济”。

（六）坚持民生导向，尽力而为解决好群众急难愁盼

扎实抓好惠企稳岗保就业。按时足额为225户企业兑现留抵退税资金3.39亿元，落实新的组合式税费支持政策6.24亿元。组织政银企对接，

帮助企业实现意向性融资10.45亿元。就业创业帮扶工作稳居全市前列，城镇新增就业2万余人。务实推进民生事业提质量。江苏省人民医院重庆医院过渡院区建成投用，中医院（二期）主体完工，医保参保率保持在95%以上。新增学前教育和义务教育阶段公办学位及普惠学位8730个。通惠中心幼儿园正式开园，39所薄弱学校完成整改提升。綦江职业技术学校建成投用。高校在校生人数突破1.7万人。电影《王良军长》入选全市精神文明建设“五个一工程”奖。启用綦江图书馆新馆。“养老服务机构安全智能监管平台”入围全市民政十大创新项目。互联网慈善募捐总额居全市第一。配租保障性住房4300余套。切实保护绿水青山好生态。科学划定“三区三线”，国土空间布局更加优化。治河经验入选全国河湖长制典型案例，通惠河国家湿地公园通过国家试点验收。全面完成全市生态环境保护专项督察反馈问题整改。大力整治农业面源污染，农村生态环境持续改善。

二、发展中存在的问题

同时，发展中仍然还存在一些突出问题和短板。个别经济指标、个别项目进展未达预期；减收增支矛盾持续凸显，财政运行面临较大挑战；产业转型升级步伐不够快、效果不够明显；经济总量偏小、产业结构偏低端；民生事业的发展水平、生活环境的改善效果与人民群众的期待还有一定差距；一些领域积累的问题逐渐浮现，存在影响社会稳定的风险；政府系统的工作作风和效能还需进一步改进。

三、2023年发展思路

全区经济发展预期目标是：地区生产总值增长7%以上，固定资产投资增长15%以上，规上工业增加值增长9%，社会消费品零售总额增长10%，一般公共预算收入增长5%，全体居民人均可支配收入增长7%。

（一）在推动重大基础设施加快建设上攻坚突破

加快推进渝南水塔建设，完成藻渡水库大坝枢纽和输水工程用地征用和福林水库堆石坝、溢洪道开挖，启动、开工16个水源性工程。加快区域交通枢纽建设，开工市域铁路C5线、安习高速，实施渝筑高速永城段改线，启动赶水集货分拨中心建设。提升能源保障基地地位，完成蟠龙抽水蓄能电站（一期），开工建设石壕等地风电项目，开展整区分布式光伏试点。

（二）在工业增产增效上攻坚突破

实施挖潜增效行动，依法收回闲置停产企业近2000亩土地资产，利用达到“拿地即开工”条件的近3000亩土地，围绕“产业图谱”开展重点招商。实施投产达效行动，全力实现普洛斯、有研重冶、友利森等企业竣工达产、达产增效、扩产扩能，加快释放扶欢、安稳产业园2500亩发展空间。实施扶强扶优行动，分类梳理“链主”企业、重点企业等6张培育清单，推动更多企业做大做精、升规上市。实施专业精准招商行动，创新招商激励机制，大力开展专业公司靶向招商、产业链“链主”招商等。实施优秀企业家成长行动，对优秀企业家授予荣誉称号，坚决保护企业家合法权益。

（三）在城市聚人提质上攻坚突破

加快建设高校集聚区，力争集聚10所高校、10万名大学生。加快建设区域医疗救治中心，将江苏省人民医院重庆医院打造成为全市医疗水平最高、管理水平最高的综合医院，建成投用中医院（二期）。加快建设宜居美丽幸福河，围绕綦河、通惠河、永丰河，打造安澜、生态、宜居、文化之河。高标准创建全国文明城区，推进城市建成区数字化管理全覆盖，城市规划展览馆开馆。

（四）在农业产业发展上攻坚突破

保障粮食安全，粮食播种面积和总产量分别稳定在 86.6 万亩、35.6 万吨以上。建设畜牧业大区，推进正大集团 100 万头生猪养殖及精深加工一体化项目，安稳山羊、蛋鸡养殖规模分别达 13 万头、100 万羽以上。打造品牌农业，利用老四川、草蔸萝卜等土特产，推动实现基地园区化、龙头企业升级化。推进乡村建设，建成通组公路 200 公里以上，实施农村供水保障工程 11 个，积极创建市级乡村治理示范村。促进增收致富，农村居民人均可支配收入增长在 7% 以上。

（五）在创建国家高新区上攻坚突破

大力实施数字化转型，加快建设綦江国家网络安全产业园，创建市级数字化车间和智能工厂 2 家以上，实施智能化改造项目 30 个，推动 5 家企业上云。大力培育创新型企业，研发经费投入占比高于全市平均水平，新增高新技术企业 50 家以上、入库科技型企业 200 家以上。大力构建创新发展新优势，建设科产教创新联盟，推动陆海传綦数据谷、天海星大健康产业园创建国家级孵化器。

（六）在红色旅游、康养产业上攻坚突破

用好红色资源带动旅游经济回暖，开工建设重庆红军长征纪念馆，打造渝黔跨区域红色游精品线路，加快横山国家级旅游度假区创建。瞄准“银发”市场加快康养产业升级，统筹布局“医疗 + 康养”“避暑 + 康养”产业。丰富市场供给，提升商贸消费活跃度，建设渝南黔北区域消费中心城市，积极实施县域商业体系建设。把握政策窗口促进房地产行业企稳，着力化解恒大世纪梦幻城等项目逾期交付风险，筹集保障性租赁住房 1700 套以上。

（七）在改革开放上攻坚突破

持续优化营商环境，创建全国社会信用体系建设示范区，加快智慧政务建设，力争实现 IPO 申报上市零的突破。促进市场主体稳健成长，坚持开展“千人进千企”解难题、办实事，全面落实优惠扶持政策和减税降费，实施新一轮国资国企改革行动。加快发展开放平台，更加积极地参与成渝地区双城经济圈建设，联动渝黔合作先行示范区建设，推动川渝天然气千亿方产能基地等项目取得突破，力争全年引进市外投资合同总额在 500 亿元以上，到位资金在 100 亿元以上。

（八）在民生保障补短板上攻坚突破

守护好群众生命健康，抓好重点人群、重点部位、农村地区疫情防控。全力申办市第八届运动会。发展好人民满意教育，深入推进国家学前教育普及普惠区和义务教育优质均衡发展区创建。建成投用共同小学、新兴小学。照护好各类重点群体，新增城镇就业人口在 1.5 万人以上，高校毕业生就业率达 90% 以上，普惠性幼儿园覆盖率巩固在 90% 以上，城乡居民基本养老保险、医保参保率巩固在 95% 以上。保护好自然生态环境，深化河长制，区内国控断面水质稳定保持 Ⅱ 类标准。推进林长制，巩固 23.5 万亩退耕还林成效。维护好平安稳定大局，创建国家市域社会治理现代化试点区、国家食品安全示范城市。深入推进公安派出所“两队一室”改革暨“社区警务一口清”市级试点。

（执笔人：韩杨）

大足区

大足区人民政府办公室

一、2022年发展回顾

一年来，全区坚持以习近平新时代中国特色社会主义思想为指导，全面贯彻落实党的十九大、二十大精神，坚决落实疫情要防住、经济要稳住、发展要安全的要求，紧紧围绕市第六次党代会、区第三次党代会的部署，统筹疫情防控和经济社会发展，统筹发展和安全，加快做靓享誉世界的文化会客厅、建强链接成渝的“两高”桥头堡，全力做好“国际文旅名城、特色产业高地、城乡融合示范”三篇文章，逆势进取、破题开篇，全力推动高质量发展、创造高品质生活。

（一）经济运行总体平稳

全区GDP达到817.2亿元、增长3.3%，农业、规上工业、服务业增加值分别增长3.6%、5.4%、1.9%。滚动实施项目“三张清单”，投产投用重点项目141个，固定资产投资增长8.2%，其中工业投资增长13.9%。推动招商提质增效，正式合同额806亿元，综合落地开工率52.3%，到位资金220亿元、增长10.3%。多措并举提振消费，大融城购物中心、“新印巷”夜市街区开业，被纳入全市商文旅体融合发展城市培育建设试点，规上服务业营业收入增长14.8%。出台75条稳经济政策包，扎实开展“大走访、大调研、大纾困”服务企业活动，为各类企业减免缓税费4.8亿元、兑现补助资金1亿元，金融支持实体经济贷款余额263亿元、增长20%，市场主体总量达到8.1万户、增长16%。

（二）文旅融合起势见效

大足石刻保护传承被列入国家“十四五”文化发展规划、中宣部“十四五”重点项目，圆觉洞综合性保护工程被纳入国家重点文物保护项目，文旅部重点实验室大足石刻示范应用基地、教育部首批“大思政课”实践教学基地正式挂牌，完成北山第168窟抢救性保护等9项重点文物保护项目。高标准实施宝顶山景区保护提升工程，宝顶小住精品民宿、如意花开广场等项目竣工，大足石刻游客中心、文物医院、数字展示中心建成投用。启动创建龙水湖国家级旅游度假区，投用西子湾国际假日公园（一期），获评“2022中国体育旅游精品景区”。做靓一批景区景点，香国公园成功创建4A级景区，重汽博物馆被授予“党史国史教育基地”。唱响“精美的石刻会说话”，《大足石刻全集》入选《奋进新时代》党的二十大主题成就展，举办中国文化和自然遗产日川渝主场城市活动，大足石刻系列微视频通过近600家国内外媒体平台向全球发布。

（三）特色产业加速壮大

新增规上企业36家，完成规上工业总产值926.3亿元、增长10.9%，工业经济综合运行指数居全市第二。“一链一策”补链延链强链，台铃电动车产业园、通润曳引机、达汉线路板等项目建成投产，“世界500强”河北敬业集团城市矿产循环再利用、江西环锂新能源公司动力电池综合利用、国威40万辆新能源摩托车、荷马数字创意产业园等重大项目落户，五金产业纳入全国首批中小企业特色产业集群。获批全市智能电梯产业示范园、新能源摩托车产业园，锶盐新材料产业园纳入全市新建培育化工园区。盛泰光电进入重庆制造业企业100强。元和精细化工获评工信部专精特新“小巨人”，双钱轮胎、重汽专用车等7家企业跻身全市“双百”企业。新增国家高新技术企业47家、国家科技型中小企业107家，建成市级工业科研院所7家。

（四）城市格局持续优化

统筹加强大足石刻文化城研究策划规划，“三区三线”划定成果获批，系统编制空间规划、城市设计、控制性详规。提速开放通道建设，成渝中线高铁（大足段）实质性开工，市域铁路璧山至大足线明确与璧铜线共站并同步实施，成渝高速扩能改造完成前期工作。启动天宫河片区综合开发，完成石刻大道、宝棠大道文化景观品质提升，投用九曲花溪公园，成功创建国家森林城市。海棠国际财信中心恢复重建，龙中路片区提质增颜，改造老旧小区78.4万平方米、棚户区8.8万平方米。推进全国文明城区创建“十百千万”工程，城市管理水平、文明程度持续提升。

（五）乡村振兴蹄疾步稳

全覆盖开展“大排查、大走访、大整改”，动态消除返贫或新致贫风险112户337人。发展壮大特色主导产业，大足黑山羊被列入全市十大优异农业种质资源，建成“稻+”“桑+”、中药材等万亩产业基地。加快现代农业园区建设，成功创建国家水产健康养殖和生态养殖示范区，优质粮油现代农业产业园进入市级创建名单。启动美丽巴蜀宜居乡村示范带先行区建设，实施农村人居环境整治提升五年行动，推进雍溪、玉龙“小镇焕新”工程，完成农村旧房整治提升3170户，新（改）建农村卫生厕所5000户。狠抓粮食安全，落实最严格的耕地保护制度，整改卫片执法问题土地2700亩，恢复补足耕地1.1万亩，复耕复种撂荒地1.5万亩。

（六）发展活力不断增强

全面开展“五个清理”，摸清家底、盘活“三资”。实施国企改革三年行动，战略性重组四大集团，实现政企分开、委司分离，获评“AA+”信用企业2家。试行国资经营预算，财政预算管理全链条贯通。规范管理政府投资项目，深化代建制、投融资模式等改革。推进国家城乡融合发展试验区建设，新增“三变”改革村45个，盘活宅基地202亩。深度融入成渝地区双城经济圈建设，共建项目完成年度投资18.4亿元。成为全市首个国家市场采购贸易方式试点，获评国家电子商务示范基地、全市跨境电商示范区、服务业扩大开放综合试点示范园，完成进出口总额22.5亿元。持续优化营商环境，政务服务事项办理时限平均压减83.5%、全程网办率达94.5%，新引入全国股份制银行2家，“五金产业贷”“实体企业信用贷”等惠及市场主体1.7万个。

（七）环境质量稳定向好

实施“岸上能看景、下河能游泳”五年行动计划，整治永定河、南门桥广场等片区雨污混流管网38公里，完成濑溪河、太平河生态修复37.7公里，国考、市考断面水质总体稳定达标。

积极开展大气污染防治“六大专项行动”，城区空气优良天数325天。深入落实河长制、林长制，完成河道综合整治19.9公里，治理水土流失61.7平方公里，新增国土绿化1.7万亩、国家储备林2万亩。启动“无废城市”建设，大足高新区进入国家绿色园区创建名单，发放“绿色矿山”贷款1.2亿元。龙水湖片区EOD项目被纳入国家生态环境部项目库，第二轮央督所涉生态环保问题如期全面整改销号。

（八）惠民安民有力有效

坚持人民至上、生命至上，积极应对疫情、旱情、火情，最大限度减少疫情灾情对经济社会发展和人民群众生产生活的影响。22件重点民生实事如期完成。城乡居民人均可支配收入分别增长4.1%、5.8%。新增城镇就业1.7万人，“大足雕客”上榜全国知名劳务品牌。筹集保障性租赁住房2163套、人才公寓353套。新（改、扩）建学校11所，新增学位1万余个，投用职教中心高新区分校。建成区第二人民医院新院区，区人民医院成功被纳入重庆医科大学直管附属医院。实现镇级养老服务中心、社区养老服务站、农村养老互助点全覆盖。发放低保、临时救助金、特困供养金等3.2亿元。退役军人参与基层社会治理经验在全国推广。着力防风险、保安全、护稳定，有效处置8个“四久工程”，全面排查消除自建房安全隐患，生产安全事故起数和死亡人数均下降22.2%，刑事发案率下降26.4%，被纳入第五批国家食品安全示范城市创建名单，群众的获得感、幸福感、安全感、认同感持续提升。

二、发展中存在的问题

同时，发展中仍然还存在一些突出问题和短板。一是经济总量不大，产业能级不高，产业总体处于价值链低端环节，产品主要集中在中低端领域，含金量、含新量、含绿量仍不够。二是文旅发展尚未跟上旅游和消费新趋势，产品供给亟待丰富，配套设施和公共服务体系建设还需加强。三是新城开发和老城更新步伐有待加快，乡村振兴任务依然艰巨繁重，民生领域还有不少薄弱环节。四是财政收支矛盾突出，债务管控、安全生产、社会治理等领域仍有不少风险隐患。五是政府自身建设仍有差距，营商环境还有较大提升空间。

三、2023年发展思路

坚持把落实成渝地区双城经济圈建设任务作为全区工作总抓手，紧紧围绕“加快做靓享誉世界的文化会客厅、建强链接成渝的‘两高’桥头堡”两大目标，进一步聚焦“国际文旅名城、特色产业高地、城乡融合示范”三篇文章，努力实现稳进增效、除险清患、改革求变、惠民有感，确保新时代新征程全面建设社会主义现代化新大足开好局、起好步。全年将重点抓好以下十个方面工作。

（一）着力抓好经济高质量发展

精准打好“提信心、稳增长、强主体”政策组合拳，积极扩大有效投资，持续强化招商引资，千方百计刺激消费，实现经济运行稳中求进、稳中向好。2023年，预计GDP增长在7%以上，一般公共预算收入增长在9.5%以上，固定资产投资增长在12%以上，社零总额增长在7%以上，居民消费价格涨幅控制在3%以内。

（二）着力抓好国际文旅名城建设

始终牢记“一定要把大足石刻保护好”的重

要要求，全力建设世界知名研究院，不断提升大足石刻景区国际化水平，推动龙水湖国家级旅游度假区创建，做优产品供给和配套服务，全面提升游客的体验感、舒适度，全区旅游消费基本恢复至疫情前水平。

（三）着力抓好特色产业高地建设

坚持“实业为本、制造强区”不动摇，立足“桥头堡”城市定位，不断夯实园区平台基座，提升产业能级，推动转型发展，育强市场主体，着力创建国家高新区、国家级经开区、国家级文化产业示范园区，奋力推进成渝地区先进制造业协同发展示范区建设。2023 年，规上工业总产值增长在 15% 以上、增加值增长在 10% 以上。

（四）着力抓好城市品质提升

统筹城市规划、建设、管理，进一步优化城市空间布局，完成国土空间分区规划、控制性详规、中心城区城市设计编制，强化土地利用管理，高标准建设大足石刻文化城，大力实施城市更新提升行动，全力争创全国文明城区，提升城市能级品质和集聚能力。

（五）着力抓好开放合作

促进交通互联互通，加快成渝中线高铁（大足段）、市域铁路璧山至大足线等重大项目建设。推动“双圈”合作走深走实，深入推动资大文旅融合发展示范区建设，与资阳共建石刻文创园区、大安农业园区。全力开展市场采购贸易试点，2023 年进出口总额在 45 亿元以上。

（六）着力抓好改革发展

积极推进数字化变革，推动产业数字化，开展“机器换人、设备换芯、生产换线”专项行动，布局建设数字经济产业园，加快发展数字装备、汽车电子、芯片封装、数字文创等产业。深化国资国企、财政体制、国家城乡融合发展试验区等重点领域和关键环节改革，形成一批可复制、易推广的“大足经验”。营造一流营商环境，开展“五减五办”工作，评选“锦旗、灰旗”科室，争创国家社会信用体系建设示范城市。

（七）着力抓好乡村振兴

守住守好巩固拓展脱贫攻坚成果、粮食安全、耕地保护“三条底线”。推进农业园区建设，加快创建国家现代农业产业园和农村产业融合发展示范园。培育壮大特色产业，新增优质粮油菜 2.5 万亩、“稻 +”2 万亩、中药材 5000 亩，大足黑山羊存栏 19 万只，全区农业总产值在 114 亿元以上、农业增加值增长在 5% 以上。

（八）着力抓好环境保护

深入打好污染防治攻坚战，着力解决群众反映强烈的突出生态环境问题，确保国考、市考断面水质全部达标，力争城区空气优良天数达到 333 天以上。推进绿色低碳发展，坚决遏制“两高一低”项目发展，加快企业节能改造、清洁诊断、产能置换。严守生态保护红线，实施重要生态系统保护和修复工程，全力筑牢生态安全屏障。

（九）着力抓好安全稳定

提升风险防范水平，有效化解债务、金融、房地产等领域风险，坚决守住不发生区域性系统性风险底线。持续加强和创新社会治理，积极开展全国市域社会治理现代化试点。扎实做好安全生产和自然灾害防治，坚决遏制较大及以上事故发生。

（十）着力抓好民生事业

扎实办好各项民生实事。促进就业社保健全有力，新增城镇就业 1.2 万人以上，保证城乡居民收入增长快于经济增长。紧盯群众急难愁盼问题，全面推进教育、医疗、交通、住房、文体、环境等领域公共服务水平提升，让群众得到实惠、看到变化、见到成效。

（执笔人：蔡海龙）

璧山区

璧山区人民政府办公室

一、2022年发展回顾

2022年，是璧山发展进程中“极不寻常、极不平凡”的一年。面对“承压前行”的经济环境、“罕见持续”的极端高温、“复杂严峻”的疫情形势，全区上下坚持以习近平新时代中国特色社会主义思想为指导，深入学习贯彻党的二十大精神，在市委、市政府和区委的坚强领导下，紧扣“两高”愿景，锁定“五新四城”目标，勠力同心、稳中求进，有力应对各种超预期因素冲击。地区生产总值实现921亿元、增长3.6%，增速位列主城都市区第三；全社会固定资产投资完成371.3亿元、增长4.9%，工业投资增长13.8%，规上工业增加值增长5.5%、居主城都市区第三位，社会消费品零售总额增长1.6%，全体居民人均可支配收入达到42408元，常住人口城镇化率提高到72.8%。

（一）科技创新能力增强

创设“璧玉计划”人才品牌，持续优化创新生态。实施企业研发机构倍增计划，落地总规模20亿元的科技成果转化股权投资基金，重庆大学璧山先进技术研究院揭牌，重庆高新技术产业研究院获批市级制造业创新中心，市级研发平台达到149个，博士后工作站增加到22个，创新生态社区入驻企业近80家、累计转化科技成果200余项。西部（重庆）科学城璧山片区创新能力持续增强，携手重科院共建易智网科技成果转移转化示范基地，力合清创实现全区国家级孵化器零的突破，青山工业成为国家技术创新示范企业并入选国家级智能工厂，空间太阳能电站实验基地获批教育部重大科创平台。入围首批国家知识产权强市建设试点城市，万人有效发明专利拥有量达到16.2件。科技型企业总量达1575家，有效期内高新技术企业360家、产值占比提高到57%，全社会研发投入占比达到3.3%。

（二）制造业持续转型升级

高新区获批国家新能源汽车电驱系统产业集群称号，进入首批市级智能网联新能源汽车产业园创建名单。比亚迪动力电池产值突破220亿元、启动新增20GWh扩能项目，中车恒通迁址璧山实现新能源客车量产，弗迪电池研究总院、中国兵装传动技术研究院相继落户，众泰汽车战略重组取得实质性进展。日联科技、平创半导体等30个项目投产达效，中国长安、凯磁科技等30个项目实现开工，IGBT芯片设计及模块封装测试生产线等82个制造业项目签约落地、总投资603亿元。聚焦新兴制造业开展“卡脖子”技术“揭榜挂帅”，康佳Micro LED加速实现产业化，恒渝光刻胶、脑陆科技等发力攻坚核心技术，战略性新兴产业占比提高到52%。工业总产值突破千亿元大关，规上工业企业达到443家，“专精特新”企业、“小巨人”企业总量分别达到138家、14家。出台质量督察工作办法，3家企业入围市长质量管理奖。

（三）城乡面貌不断改善

“云雾花涧”“茅莱仙境”等农文旅融合项目相继启动，七塘将军村获评全国乡村旅游重点村，“艺术活化村落”走进央视《山水间的家》。严格落实粮食安全和耕地保护责任，新建高标准农田6万亩，整治撂荒地和垦造水田超5000亩，恢复补足耕地近1.3万亩。签约落地万亩梯田、肉兔智能循环养殖等8个农业产业化项目，总投资超17亿元。市农科院璧山分院挂牌成立，粮油、蔬菜、水果研发中心实体化运营，新认证绿色食品27个、重庆名牌农产品12个，农产品网络销售额突破3亿元。开展农村利益联结机制探索，村均集体经济经营性收入达到30万元、增长22%，农村人均可支配收入提高到25393元。“三变”试点村增加到46个，“三社”融合覆盖率达100%，成为全国推进乡镇为农服务综合体建设试点区。巩固拓展脱贫攻坚成果同乡村振兴有效衔接，脱贫户年人均纯收入超2万元，“两不愁三保障”问题动态清零。

（四）营商环境深入完善

以专业化、市场化导向推动国企“机构重组、职能重塑、资源重配”，形成“3+5”矩阵体系，绿发集团主体信用评级提升为AA+，区属国企资产总额达到989亿元。启动“两城三片”建设，专班推进重点项目，以新型投融建模式助推“大片区、大开发”，曙光湖PPP项目撬动社会资本超150亿元。修订政府投资项目管理办法，深化公共资源交易监管改革，全流程电子标覆盖率达100%。精准落实国务院和全市稳经济一揽子政策，出台《实体经济高质量发展意见》，争取中央预算内资金4.9亿元、政策性开发性基金4.1亿元，新增政府债券23.9亿元。“八大资金池”助企融资11.8亿元，发放稳岗补贴2570万元，落实“退减缓免”税费政策超35亿元。六旗项目遗留问题妥善解决，争取国家保交楼专项借款8.9亿元，推动恒大、佳兆业等57个在建楼盘全面复工，实现交房1.2万套。深化“企业吹哨·部门报到”与“企业之家”互动融合，创新推出个体工商户信用便捷贷，新设立市场主体1万余户。

（五）对外开放潜力释放

配合完成重庆新机场集疏运体系规划，开展临空经济区规划研究。合璧津高速大兴至合川段通车，金凤隧道实现双洞贯通，成渝中线高铁、渝昆高铁、轨道27号线、璧铜线、渝遂高速复线、永璧高速等跨区通道建设进展顺利。加快中新（重庆）科技城建设，投用缅甸推广中心。积极投身“双城经济圈”发展战略和“一区两群”协同发展，参与共建4个成渝地区重大合作项目，落地19个产业项目、总投资127.5亿元，对口协作梁平卓有成效。启动无水港建设和自贸区联动创新区申报，首个公用保税仓投入运营，在外贸转型升级基地年度评估中排全市第一，“研究院经济”获评全市服务业扩大开放示范项目。签约招商引资项目115个、投资额735亿元，实际使用外资3241万美元，进出口总额增长30%，高于全市平均增速。

（六）生态之城更加优化

科学划定“三区三线”，新增规划空间30.8平方公里，城镇开发边界扩大到115.9平方公里。出台城市色彩规划管控导则，启动大成广场片区城市更新，排查整治经营性自建房500万平方米，新建城市道路10公里、“海绵城市”项目13个，建成城市“微客厅”和“口袋”公园7个，园林绿化提质补缺锦上添花。第二轮中央生态环保督查反馈的18个问题按期销号，出台空气质量改善考核与生态补偿办法，虎峰国控站空气质量优良天数比例超额完成市级考核任务，重污染天气全面消除。启动建设“固废云”系统，推进“无废城市”创建。参与完成缙云山璧山段林区专项规划，“林长制”实现“林长治”，森林覆盖率提高到48%。坚决落实总河长令，启动排水管网整治三期建设，“三河”水质稳定达标，河长制工作获国务院督查激励。

（七）活力之城朝气蓬勃

玉泉湖数字软件产业园启动建设，组建西算大数据公司，落地易平方、奇安信、为快科技等30余个数字产业项目，发布“梦界空间”品牌，元宇宙、网络安全、数字文创等新业态不断涌现。中科曙光先进数据中心投入试运行，参与建成国家量子保密通信骨干网“汉渝蓉”段，成功申报全市政务云“同城双活”中心，重庆国科入选市级数字化转型促进中心，西部网科成为市级电商示范企业，全区电子商务交易额达到258亿元，数字经济增加值达到97亿元。引进中关村国际中医药科技城、博乐CDMF工业设计等新兴服务业项目，开展千万消费券、汽车惠民购等活动，夜间经济、后备箱经济、数字直播等消费新场景迅速兴起，服务业增加值实现427.6亿元、增长2.1%。新增基金公司5家，银行业金融机构存贷款余额达到1445.5亿元、增长14%，贷存比提高到87%，金融业增加值占地区生产总值的比重提高到5.9%。

（八）民生实事更加温暖

有力兑现重点民生实事。基本养老、基本医疗保险参保率稳定在95%以上，落实“一金三制”，保障农民工工资按时足额支付。启动景山人才社区建设，开通“一站式”人才服务窗口，引进培育高层次人才4629名。强化退役军人服务保障，获得全国退役军人创业创新大赛一等奖。持续巩固“双减”成果，启动未成年人保护“一人一策”专项行动，新增公办幼儿园3所，建成重庆中医药学院，开工建设重庆璧山巴蜀中学、高新区实验学校、东林智慧学校，引进川美研究生院、轻工职业学院，入选智慧教育融合应用示范区。健康共同体实现“三医”联动，公办医疗卫生机构发热门诊、发热诊室全覆盖，区中医院新院区（重庆中医药学院附属医院）破土动工。养老、殡葬等社会事业取得新进步。推进信访“治重化积”，化解积案和突出矛盾纠纷264件，圆满完成党的二十大安保维稳任务。消防指挥中心主体完工，新型电气火灾智能预警系统试点扩面。强化食品药品全链条监管，食品安全满意度位列全市第一。落实安全生产“十五条硬措施”，全年未发生较大及以上生产安全事故。

二、发展中存在的问题

同时，发展中仍然存在一些突出问题和短板。一是服务业竞争力不够强。高端教育、国际医院、高档酒店、大型商业综合体缺乏，服务业增加值和社会消费品零售总额增速未达到预期。二是农业现代化水平不够高。优良品种研发和推广应用不够，农副产品科技含量不高、冷链基础设施薄弱、产品附加值不高，比如蔬菜产业等设施农业总量不足、覆盖率仅为16%。三是经济外向度不够高。外贸基地能级不高，缺乏高水平保税仓、物流口岸，外向型出口企业偏少、体量偏小。中新合作、缅甸推广中心等平台的纽带作用发挥得不够，未能在共建“一带一路”、RCEP合作机制中抓住更多机遇。四是经济证券化水平不高。种子企业培育力度不足，达到上市财务要求的企业相对较少，个别具备条件的企业上市意愿不强，还未形成市场化、可持续、后劲足的拟上市企业梯队。五是能源保障能力亟须增强。能源供需矛盾突出，受夏季限电影响，全区多数工业企业出现产量下滑、订单外流现象，电力基础设施建设较为滞后，“川电入渝”“疆电入渝”尚需时日，未来2~3年迎峰度夏电力保供压力仍然较大。六是环境承载能力有待提升。受高温、少雨等极端天气影响和“两山夹一谷”地形限制，全区易发生气旋型天气，加之缺乏有效治理手段，2022年空气优良天数不足300天。七是财政收支矛盾较为突出。地方财政总量偏小、结构不优，非税收入占比较大，总体还处于“吃饭财政”状态。

三、2023年发展思路

坚持以习近平新时代中国特色社会主义思想为指导，全面学习贯彻党的二十大精神，严格落实党中央和市委决策部署，把成渝地区双城经济圈建设“一号工程”作为总抓手总牵引，突出稳进增效、除险清患、改革求变、惠民有感的工作导向，在新时代新征程新重庆建设中打头阵、当先锋、做示范。力争2023年地区生产总值增长7%、固定资产投资增长10%、城乡居民收入增长8%。

牢记“国之大者”，积极融入成渝地区双城经济圈建设。全面落实“十项行动”，共建曙光湖智造城等12个川渝合作重大项目，联动打造“成渝零部件配套走廊”。深化川渝友好区市县战略合作和“一区两群”对口协同发展，扩大川渝“朋友圈”。

坚持稳进增效，厚植高质量发展新优势。深入实施“千亿集群、百亿链主、亿元规上、万家创新”四大产业培育工程，成立8个产业发展专班和14个重点项目指挥部，季度评选猛虎奖、蜗牛奖，打造千亿级智能网联新能源汽车产业集群，逐步将青山工业、中国长安、龙润、蓝黛等企业培育成百亿级企业，力争三年内培育新增100家亿元规上企业，加快形成科技企业“满天繁星”局面。抢抓数字经济新赛道，以玉泉湖“进化光环”片区为核心载体，做响做靓“梦界空间”品牌，加快建设全国一体化算力示范工程成渝枢纽节点璧山起步区。

强化除险清患，满足平安璧山新期待。强化房地产、政府债务、国有企业经营性债务等风险管控，健全扁平化矛盾纠纷化解机制，加强社会治安整体防控，全力以赴筑牢平安稳定基石。深入推进全国第二批市域社会治理现代化试点，突出整体智治理念，健全自治德治法治智治相结合的基层治理体系，打造“三级院坝会”等基层治理品牌。

突出改革求变，激发市场主体活力。聚焦国资国企、科技创新、营商环境、基层治理、服务便民等重点领域攻坚，形成更多具有辨识度、全国影响力的改革成果。积极对接西部陆海新通道，深度参与RCEP合作机制，规划建设空港新城，高水平建设中新（重庆）科技城，统筹推进过境高铁、高速、轨道交通建设，打造对外开放新门户。

注重惠民有感，不断增进民生福祉。统筹推动城市提升和乡村振兴，促进共同富裕。持续推进健康医共体建设，健全完善养老服务体系，增加优质教育、医疗等供给，倾力守护“一老一小”。深入推进污染防治攻坚战，厚植城市生态本底，创响“山水交融、百园千姿”公园城市品牌。

（执笔人：谭皓月）

铜梁区

铜梁区人民政府办公室

铜梁因辖内小铜梁山“山梁横亘、其色如铜”而得名，唐长安三年（公元703年）建县，2014年撤县设区。铜梁位于重庆西部，与合川、永川、大足、璧山、潼南等区接壤，地处成渝地区双城经济圈中轴线上的关键节点，是重庆主城都市区桥头堡城市，距重庆主城40公里，离成都2小时车程。铜梁是中国人民志愿军特等功臣、一级英雄邱少云，著名音乐家刘雪庵、金砂等名人故里，是中国民间文化艺术之乡、中国龙灯龙舞文化之乡。铜梁龙被誉为“中华第一龙”，铜梁龙舞首批入选国家级非物质文化遗产名录。铜梁先后获得国家产业转型升级示范区、国家园林城市、国家卫生区、国家城乡融合发展试验区、中国天然氧吧等荣誉称号。全区面积1340.48平方公里，现有耕地504.61平方公里，其中稳定耕地面积487平方公里（73.05万亩）；辖23个镇、5个街道，266个村、4050个村民小组，67个社区居委会、447个居民小组。区政府驻巴川街道。2022年末，全区户籍总人口84.2万人，常住人口68.80万人，其中，城镇常住人口43.98万人。常住人口城镇化率63.92%，比上年提高1.07个百分点。

一、2022年经济发展回顾

2022年是党的二十大胜利召开之年，是党和国家历史上极为重要的一年。铜梁区坚持以习近平新时代中国特色社会主义思想为指导，完整、准确、全面贯彻新发展理念，坚决落实疫情要防住、经济要稳住、发展要安全的要求，高效统筹疫情防控和经济社会发展，统筹发展和安全，坚持大抓工业、大抓产业、大抓实体经济、大抓开放发展，奋力打造产业高地、文旅胜地、宜居美地、民生福地，加快建设重庆西向发展桥头堡，努力争当成渝中部崛起排头兵，全区保持了平稳健康的经济环境、国泰民安的社会环境、风清气正的政治环境。面对前所未有的挑战和超预期因素的影响，经济发展保持了多重压力下的恢复态势，实现了稳增长稳就业稳物价的总体平衡。全年地区生产总值实现733.63亿元、增长3%，规上工业增加值增长4.4%，固定资产投资增长3.2%，社会消费品零售总额增长1.3%，一般公共预算收入扣除留抵退税因素后增长4.7%，进出口总值增长15.7%。

（一）全力稳住经济大盘

用好用足稳经济一揽子政策和接续措施，制定实施153条稳经济政策举措。着力强化投资带动。储备重大项目830个，争取上级资金、地方政府专项债券、各类政策性贷款98.1亿元，实施区级重点项目176个，拉动有效投资370亿元。着力提振消费信心。实施“巴渝新消费”行动，举办购车节、房交会、促销季等系列活动，拉动消费20亿元以上，批发业增速居全市前列。着力助企纾困解难。常态化开展亲商恳谈，建立企业服务直通车，做实政银企平台，为市场主体减轻负担和增加现金流12亿元，投放实体经济贷款160亿元、本息延期26.3亿元，市场主体总量达6.2万户、增长7.8%。

（二）沉着应对超预期影响

奋力战疫情。面对形势严峻的疫情，因时因势优化调整防控措施，统筹常态化精准防控和应急处置，有序恢复生产生活秩序，努力实现防疫情与稳增长、促发展与守底线的平衡。奋力抗高温。面对有完整气象记录以来最极端的高温干旱天气，科学调配、挖潜开源，城乡居民饮水安全实现应保尽保，730家企业平均每天压减负荷8.6万千瓦，全民参与节能减排，迎峰度夏实现安全平稳有序。奋力灭山火。面对近30年未遇的多点散发严峻火情，闻令而动、向火而行，团结一心、昼夜鏖战，迅速扑灭“8·20”森林山火，全力守护人民群众生命财产安全。

（三）加速提升工业能级

产业新赛道全力开辟。成功布局全市首个锂电储能整装项目，实现百亿级工业项目零突破，建成投用首批6个储能示范应用场景，新型储能产业发展示范区加快建设。产业规模不断壮大。促进工业高质量发展十条措施落地见效，新能源新材料、装备制造、电子信息等主导产业实现产值596.8亿元、增长10.2%。新引进工业项目54个、总投资442亿元，新开工工业项目23个，爱玛一期、铭利达一期等16个项目建成投产，新增规上工业企业25家，市级“双百”企业达到5家，规上工业企业产值增长8.1%。转型升级提速推进。工业技改投资42亿元、增长2.1%。推动产业数字化转型，实施智能化改造项目65个，新建数字化车间、智能工厂7个，新增“上云”企业14家，6个项目进入全市智能化赋能行动项目清单。“双新”企业产值增长13.5%。高新区功能不断完善。人才公园一期建成投用，人才公寓和大庙组团企业服务中心主体完工，东城污水处理厂启动提标改造。建成美业大道、大塘路延伸段。

（四）持续完善产业体系

农业稳产增效。夯实粮食安全根基，建成高标准农田8万亩，恢复补足耕地，整治利用撂荒地，粮食、生猪等重要农产品实现稳产保供。发展“铜梁莲藕”4万亩、“铜梁黑鸡”200万只，太平畜禽集中屠宰园区建成投用。实施集体经济产业项目81个，村均集体经营性收入达38万元。建立“1+1+N”品牌体系，新增及续展“三品一标”64个。入选国家农村产业融合发展示范园。服务业更加优质。龙城天街商圈获评市级文旅夜间消费集聚区，成功引进吾悦广场。广发银行、交通银行落户铜梁。新引进渝深科创等基金5只、基金管理公司1家。全市首个上市路演片区分中心落户铜梁，引导组建银团6个。新改建农贸市场6个，规划建设货运车等专业市场3个。文旅融合态势良好。第七届重庆文化旅游惠民消费季在铜启动，举办端午龙舟会、“一镇一主题”等节会活动。组建铜梁龙艺术团，推出非遗山水实景剧《追梦·铜梁龙》。小北海农文体商旅试验示范区启动建设。安溪茶文化基地等乡村旅游点提质增效，少云村入选市级乡村旅游重点村。巴岳山玄天湖获评市级旅游度假区，安居古城入选全国非遗旅游景区。

（五）发展壮大实体经济

民营经济加快发展。实施培育市场主体高质量发展十条措施。区内企业首次进入证监局上市辅导备案，新三板挂牌企业达5家。新培育市级“专精特新”企业66家、国家“小巨人”企业6家。民营经济增加值占比达75%。科技创新持续发力。融入环大学创新生态圈，开展产学研合作项目54个，新增市级创新平台8个。高新技术企业、科技型企业分别达174家、961家。105家企业获得知识价值风险补偿贷款2亿元。引进高层次急需紧缺人才335人。万人发明专利拥有量8件，全社会研发经费投入增长16%，研发强度达2.25%。要素保障不断加强。征收土地7338亩、报批5000亩，供应工业用地1500亩。建成同心桥水库枢纽工程。开工建设川渝1000千伏特高压交流工程，完成金龙220千伏变电站扩建。页岩气年开采量达2.23亿立方米，新增储备调峰日用气指标15万立方米。完成矿产资源总体规划编制，取得灰岩矿业权出让计划1.5亿吨。

（六）纵深推进改革开放

双城经济圈建设稳步推进。实施川南渝西融合发展等重点任务48项。与简阳缔结友好城市，有序推进“铜遂绵”涪江流域一体化发展。承办川渝青年创新创业大赛重庆地区决赛。合璧津高速铜梁段建成通车，渝遂高速扩能二期完成方案研究。重点改革不断深化。推进特色改革31项，经验做法获全国推介14条次。镇街和园区财政管理机制不断完善。稳妥化解存量债务，政府债务绿色可控。顺利完成国企改革三年行动。组建铜梁建发集团并获AA+信用评级。推进全国文旅市场信用经济试点，取得授信额度20亿元。全面推进农村“三变”改革，深化“三社”融合，“巴岳农庄”试点取得阶段性成效。营商环境持续优化。对标世界银行评价指标体系，推进市级营商环境创新试点任务82项。落实“川渝通办”三批事项清单，提供服务311项。“无差别”受理综合窗口提质增效，实现全流程数字化审批569项。全面推行电子招投标及保函应用。开放经济加快发展。招商引资取得突破，全年协议引资651.6亿元、到位160亿元。积极争创中国重庆自贸区联动创新区。引进外资项目5个，外贸实绩企业达70家，完成进出口总值14.5亿元。

（七）稳步促进城乡发展

城市发展新格局加快构建。科学划定“三区三线”，新增城市发展空间25平方公里、高新区产业用地10平方公里，“一轴两翼”“两城三区”发展格局初步形成。成渝中线高铁、城轨璧铜线、铜安高速、渝遂复线高速等对外大通道提速建设，开放发展基础进一步夯实。城市品质持续提升。打通金龙一路等断头路8条，建成书香路等城市道路6条，新增公共停车位4815个。开通铜梁至璧山城际公交。改造老旧小区16个、棚户区63户。西门片区获评市级传统风貌区。绿化美化坡坎崖31.2万平方米，新增城市绿地47.3万平方米。新建口袋公园和社区体育公园3个，凤山公园获评市级重点公园。全国文明城区创建有序推进。城市管理精细高效。深化“大城三管”和城市综合管理巡查，全面开展“多勤联动”综合整治。推行“云端办案、指尖普法”，城市管理智慧执法系统入选全市“四新”“四小”优秀成果。深入实施“五长制”“门前三包”，推动城市管理共治共享。实施镇街城市综合管理考评，场镇管理水平进一步提升。乡村建设有力有序。基础设施日益完善，建成农村联网公路50公里，硬化泥结石路116公里，获评“四好农村路”市级示范区县。新建农村供水管网200公里。常态化开展“五沿”整治，创建“美丽宜居乡村”7个，建成巴蜀美丽庭院1945户，改造农村低收入群体危房93户、无害化卫生厕所3000户。成功入选全市农房和村庄建设现代化试点区。

（八）不断改善生态环境

污染防治成效明显。打好蓝天、碧水、净

土保卫战，空气质量优良天数达311天，全面落实河长制，主要河流水质稳定达标，土壤环境质量总体稳定。淮远河综合治理经验做法入选全国案例。绿色发展步伐有力。稳步推进“碳达峰碳中和”。创建市级绿色工厂3家，生活垃圾焚烧发电厂建成投用。投放新能源公交车42辆、共享电动自行车1260辆，新增充电桩54个。创建市级示范绿色社区3个，新建绿色建筑占比达65.7%。西郊示范片获评市级“两山”实践创新基地。生态保护稳步推进。落实“三线一单”分区管控，严控“两高”项目盲目发展。划定生态保护红线138平方公里，完成矿山生态修复52公顷。深化林长制改革，强化森林资源保护，完成营造林7.9万亩，森林覆盖率达50%。安居镇获评巴蜀气候康养地。

（九）着力保障和改善民生

民生福祉实现新提升。民生支出占一般公共预算支出的80%以上，25件重点民生实事全面完成，全体居民人均可支配收入增长6.8%、达到3.9万元，人均预期寿命78.99岁、超过全国平均寿命0.8岁，群众安全感指数保持在99%以上。社会保障持续强化。城镇新增就业1.7万人，城镇调查失业率控制在5.5%以内。城乡养老保险参保率超95%，发放各类社会保险待遇26亿元、支付医保待遇9.8亿元、救助困难群体6.8万人。新建敬老院4个，新增3岁以下婴幼儿托位数579个。筹集保障性租赁住房1893套，推进灵活就业人员参加住房公积金制度试点。巩固拓展脱贫攻坚成果同乡村振兴有效衔接，守住不发生规模性返贫底线。社会事业不断发展。关溅小学、白龙小学、铜梁中学淮远校区加快建设。新增普惠性学位2640个。深入推进医共体建设，建成区域远程诊疗系统。投用基层区域医疗卫生中心2个。成功举办纪念周恩来总理珍品展,《铜梁焰火龙》荣获山花奖。铜梁龙足球俱乐部获中冠联赛亚军，代表重庆男子足球重回职业联赛。重庆青少年足球训练基地落户铜梁。成功创建中国龙狮运动名城。社会治理更加有序。深化重点行业领域专项整治，安全生产实现“两下降一杜绝”。组建森林消防专业队伍，设立村级预警工作站311个。扎实开展治安整治“百日行动”。探索建设“巴川共坊”，创新“铜心小院”院落微治理，建成“一站式”矛盾纠纷调处中心，六赢村文明乡风建设入选全国典型案例。

二、发展中存在的问题

经济总量还不大，产业能级还不够高；科技创新能力还不够强、人才支撑力不足，重大项目支撑、带动作用还未显现；市场主体培育和发展还不够充分，特别是中小微企业和个体工商户生产经营面临不少困难；居民稳定增收难度加大，消费意愿不足、消费能力下降，民间投资预期不稳；城乡区域发展差距仍然较大，生态环境治理成效有待巩固；民生保障还面临不少难题。

三、2023年发展目标

以成渝地区双城经济圈建设为总牵引，强化稳进增效、除险清患、改革求变、惠民有感工作导向，持续推动高质量发展、创造高品质生活，确保新时代新征程全面建设社会主义现代化新铜梁开好局、起好步。2023年全区经济社会发展的主要预期目标是：地区生产总值增长8%以上，规上工业增加值增长9.5%以上，固定资产投资增长11%，社会消费品零售总额增长8.5%，一般公共预算收入增长10%，常住人口城镇化率提高1个百分点，全体居民人均可支配收入增长8%以上。

（一）着力扩大有效需求，推动经济稳定向好

巩固扩大消费。积极参与“巴渝新消费”八大行动，举办线上线下房交会，开展家装节、新能源汽车促销、家电下乡和以旧换新等活动。持续办好铜梁龙马拉松、中华龙狮大赛、安居端午龙舟会、“一镇一主题”等活动。扩大有效投资。推进204个重点项目建设，完成年度投资478亿元。开工建设渝遂扩能二期等103个项目，加快推进成渝中线高铁、城轨璧铜线等101个续建项目。做细做实铁路西二环线等86个重大项目前期工作。推动房地产投资逐步回稳。民间投资增长15%。推进招商引资。全力招大引强，紧盯新能源新材料及新型储能、汽摩装备制造、智能家居等重点行业领域，“链群并重”引进产业链上下游项目。推进商贸文旅、现代农业招商，积极引进总部经济、科技金融、结算中心等现代服务业。全年协议引资600亿元、到位150亿元以上。

（二）加速新型工业化进程，推动制造业高质量发展

全力推动工业集聚。完成工业投资193亿元、增长13%，建成投产工业项目28个，新增规上工业企业25家。新型储能产业建成海辰储能一期等项目，建设独立储能电站和一批储能应用场景，打造新型储能产业园，加快实现“百G储能、千亿产值”。装备制造产业加快打造汽车零部件产业示范基地。电子信息产业推进智能家居、笔电配件等补链延链，加快打造智能终端建设基地。积极发展生物医药、消费品等特色产业。加快推进改造升级。新培育数字化车间、智能工厂3个，完成智能化改造项目50个以上。加快打造市级智能网联新能源汽车配套特色产业园，推动笔电配套产业向智能家居和汽车电子产业转型。新增市级“专精特新”企业30家、国家“小巨人”企业2家。加快和泰润佳等企业上市进程。“双新”企业产值增长18%。大力发展数字经济。规划建设数字经济产业园，引进培育优质数字产业项目。实施中小企业数字化赋能工程。规划建设“城市大脑”，持续推进公共服务智慧化发展。提升园区承载能力。加快打造“一中心两组团”。提速龙毓大道、龙翔大道、金蒲大道建设。开工建设能谷公寓，建成人才公寓。腾拓存量空间，盘活闲置厂房15万平方米。

（三）强化科教人才支撑，塑造创新发展动能

提升科技创新能力。全力争创国家高新区。创建铜生国家级科技企业孵化器，新增市级创新平台5个。新培育高新技术企业20家、科技型企业80家。与重庆大学、海辰储能共建联合实验室、工程技术中心等研发机构。争创国家知识产权强市示范城市。办好人民满意教育。积极创建全国义务教育优质均衡发展区，推动普通高中优质特色发展。建成关溅小学，启动安居中小学迁建工程等项目，推进铜梁二中扩建、白龙小学等在建工程。加快创建国家学前教育普及普惠区，学前教育普惠率达90%。支持高职院校“双高”建设，加快中职院校“双优”建设。增强人才集聚效应。实施“龙乡英才”集聚、培育、激励、暖心“四项工程”，建设人才强区。引进高层次急需紧缺人才300人以上，储备高技能人才500人以上。

（四）加快产业融合发展，做大做强现代服务业

推动商贸服务业转型增效。焕新升级龙城

天街商圈，推动万达广场、吾悦广场等商业综合体差异化发展，打造国际消费中心城市功能承载区。建设淮远河岸夜间经济集聚区。推进专业市场建设。创建市级农村寄递物流示范区。推动文化旅游业提档升级。用好龙灯龙舞、安居古城、少云故里等城市名片，打造全域旅游示范区。优化《追梦·铜梁龙》非遗山水实景剧。加快建设玄天湖环湖配套设施，打造温泉康养产业。完善安居古城配套服务设施，推进石马古街、琵琶岛等项目建设。推进小北海农文体商旅试验示范区首开区建设。加快建设少云村全国红色美丽村庄、围龙桥亭湖乡村综合体。推动新兴服务业集聚壮大。新引进金融机构2家，推动广发银行、交通银行开业运营。引进“铜梁首店”6家。创新孵化龙文化创意产业。加快发展楼宇经济，支持专业服务业发展。

（五）全面推进乡村振兴，建设宜居宜业和美乡村

提质增效现代农业。实施“稳粮扩油”工程，新建高标准农田7万亩。围绕“3+6”农业产业体系，发展壮大蔬菜、生猪、黑鸡“一主两辅”产业。建成蔬菜花卉西南研发中心。规划建设农产品加工园区，扩建畜禽集中屠宰园区，建设中新冷链物流园，启动预制菜产业园建设。推广“龙乡水土生”区域公用品牌。持续推进乡村建设。建设农村联网路，提质改造干线公路22公里。新建农村供水管网260公里，加快构建城乡一体化供水体系。深化农村人居环境整治，创建“美丽宜居乡村”8个，创建市级农村生活垃圾分类和资源化利用示范区。建设巴蜀美丽庭院850户以上。统筹城乡融合发展。加快构建“一轴两翼”“一主两副”城镇空间格局。改造提质23个场镇。发展新型农村集体经济，扩面“巴岳农庄”试点。

（六）全力推进城市更新提升，打造宜居韧性智慧城市

完善城市空间格局。加快打造科创新城，规划建设金辉大道、金山大道延伸段等骨干道路，加快推进重庆科技学院、重庆第二师范学院、重庆医药高等专科学校铜梁校区建设。完善淮远新区城市功能，加快铜梁中学淮远校区建设，规划建设文化艺术中心。完成龙腾新区控制性详规和城市设计。推进城市更新提升。更新提质老旧公园3个，改造老旧小区32个。建成投用气象科技馆。开通运行导轨电车试验线，打通金砂西路等断头路，完成迎宾路改造工程，新增公共停车位600个，建成藕塘湾地下停车场。实施民主路、马家湾、晏渡桥等片区更新提升。新增城市绿地20万平方米，创建市级生态园林城市。提升城市治理效能。建成垃圾综合处理中心。完善城市综合管理服务平台，打造特色惠民应用场景，实现城市运行“一网统管”。深化全国文明城区创建。

（七）深化改革扩大开放，激发市场主体活力

深化重点领域改革。实施新一轮国有企业改革深化提升行动，推进国有企业市场化转型。有序推进国家城乡融合发展试验区改革，积极推动进城落户农民依法自愿有偿转让退出农村权益改革试点。深化农村“三变”改革。纵深推进开放发展。深化川南渝西融合发展试验区建设。建成铜安高速铜梁段，加快建设渝遂复线高速，推进渝遂绵城际高铁、铜梁至重庆新机场高速前期工作。加快川渝1000千伏特高压变电站建设。积极融入RCEP行动计划，打造中新（重庆）项目重要承接地。支持民营经济发展。实施民营企业“龙头引领”行动，培育创新型民营企业。支持中小微企业和个体工商户发展，新增市场主体

1 万户。民营经济增加值占比达到 75.5%。打造一流营商环境。落实营商环境创新试点城市建设任务。持续深化“放管服”改革，推动“照后减证”和简化审批，完善水电气讯等“一站式”服务平台，做到网上办、掌上办、一次办。

（八）致力增进民生福祉，提高人民生活品质

促进就业和社会保障。城镇新增就业 8000 人以上。完善多层次社会保障体系，居民养老、医疗保险参保率稳定在 95% 以上。筹集保障性租赁住房 800 套。优化卫生健康服务。创建全国健康区。不断调整优化疫情防控措施，强化定点医院医疗救治和基层诊疗服务，着力保健康、防重症。完成区中医院迁建工程，开工建设精准医疗中心、托育中心等项目。推进区人民医院“三甲”创建。落实生育支持政策。繁荣文体事业。打造中华习字文化名城，创建市级文化生态保护区。提档升级匾额博物馆，推进图书馆、博物馆数字化建设。建设重庆市青少年足球训练基地，布局体育重点项目训练基地 13 个。办好铜梁龙足球队中乙联赛主场赛事。

（执笔人：王刚）

潼南区

潼南区人民政府办公室

一、2022年发展回顾

2022年，是潼南区发展进程中极不平凡、极为罕见、极具挑战的一年。潼南区坚持以习近平新时代中国特色社会主义思想为指导，认真学习贯彻党的二十大精神，坚决落实习近平总书记对重庆提出的系列重要指示要求，在市委、市政府和区委的坚强领导下，按照“疫情要防住、经济要稳住、发展要安全”的要求，坚持稳字当头、稳中求进，打出“战疫情、抗高温、保稳定、促发展”组合拳，尽最大努力争取了经济社会发展最好结果。全年地区生产总值558.5亿元，增长3%、高于全市0.4个百分点。

（一）深化协同提能级，“双圈”建设成势见效

全面融入双核联动，成功举办成渝地区双城经济圈农业科技成果推介会，联合规划布局储气调峰基地等项目143个。将市域铁路璧潼线、潼南至武胜高速纳入西部陆海新通道项目清单，渝遂高速扩能（潼南段）前期工作加快推进，渝西水资源配置工程开工建设，潼安大道建成投用。携手崇州、南充、资阳联动发展。遂潼合作迈开新步，高质量规划建设遂潼涪江创新产业园，启用遂潼“一卡通一码通”平台。联合推出5条精品旅游线路，开通跨省城际公交2条，发送乘客50余万人次，共建成渝中部地区教育联盟。建立急诊急救双向转诊绿色通道，建设重症医学等医疗专科23个。对口协作持续深化，启动建设潼南·彭水“飞地园区”，签约落户乌江非遗文旅等项目3个。成功举办消费帮扶展，销售农副产品1100余万元。缔结友好学校10所，定点推送就业岗位3045个。建成巨科环保重金属研究院，联合发布科研项目及成果26个。

（二）精准施策稳大盘，经济平稳健康发展

市场主体稳中有进，细化落实稳经济一揽子政策，减税降费、退税缓税7.95亿元，惠及市场主体1.78万户，清偿中小企业账款2204万元，促进中小微企业融资43.7亿元。深化“企业吹哨·部门报到”，186名特派员“点对点”助企纾困，新增市场主体1.1万户、增长18.3%。有效投资稳定增长，新签约项目175个，金额770亿元，中国华电、蜜雪冰城等一批优质企业落户建设，到位资金212亿元、增长32%。青石小学、“潼南绿”冷链物流等75个项目建成投用，铜车坝水库、东升大桥等129个项目加快推进，电力高专一期主体完工，双江航电枢纽、铜安高速（潼南段）等项目超序时推进，固定资产投资增长12.3%。财税收支总体平稳，推出财税增收12条措施，一般公共预算收入突破30亿元、增长29%，盘活国资存量资产15.4亿元。坚决落实过“紧日子”要求，压减一般性支出1.03亿元，持续兜牢“三保”底线。创业就业稳健推进，大力实施“英才潼行”工程，新引进硕士及以上研究生61名，入选重庆英才计划、鸿雁计划达45名。

推动“渝创渝新”创业促进计划，发放创业担保贷款5325万元，新开发公益性岗位768个，新增城镇就业1.2万人。

（三）多措并举调结构，产业质效稳步提升

工业经济扩量提质，大力实施工业强区行动，全面发力“千亿级”高新区，工业总产值突破700亿元。吉程生物等53个项目开工建设，耀辉环保等72个项目竣工投产，获批全市绿色建材产业园特色基地。新增“专精特新”企业16家，庆龙新材料入选国家“小巨人”企业，中防德邦获评国家级绿色工厂，巨科环保获批全国首批清洁生产审核创新试点，战新产业产值增长15%。现代农业势头强劲，建成高标准农田11.5万亩，粮食生产总体稳定，获创国家乡村振兴示范县等6块金字招牌，成功获评全国农作物全程机械化示范区。国内首条柠檬果胶生产线正式投产，获批国家柠檬生物火炬特色产业基地，农业抗旱减灾工作获央视《新闻联播》点赞。面对超气象记录最极端高温干旱天气考验，广蓄水、保供水、多增水、节用水，实现农业不减产、农民不减收。服务业提振恢复，推出促进消费19条措施，社零总额增长1.6%、高于全市1.9个百分点。叫响“周末到潼南”，建成一批“候鸟型”共享农场，成功创建市级涪江旅游度假区。举办菜花节、国际柠檬节等，双江古镇获评全国非遗旅游小镇。银行存贷款余额达883亿元、增长16.3%，存贷比84.1%。

（四）凝心聚力抓统筹，城乡融合深入推进

城市品质有新提升，确定城镇开发边界53.5平方公里，推动大佛坝、朝阳湖等片区综合开发。加快建设“双五十”城市，科学划定“三区三线”，为未来发展赢得充足空间，城区规模扩大至35平方公里。改造完成老旧小区99个、棚户区400户，建成智慧停车位6000个。创建“潼城管家”品牌，解决问题4.3万个，新增绿地面积43万平方米，建成区绿化覆盖率达45.8%。乡村振兴有新亮点，“农科城”纳入全市科创核心承载区，巩固脱贫成果后评估、全市乡村振兴战略实绩考核获“优秀”等次。开展农村人居环境“双赛”活动，成功创建市级美丽宜居乡村20个，双江金龙社区、太安蛇形村获批全国美丽乡村，潼南获评全国村庄清洁行动先进县。全覆盖建成“六无平安村居”，超半数行政村运用“积分制”，试点建设全市乡村建设和乡村治理融合推进区。城乡一体有新成效，农村集体经营性建设用地入市纳入全国试点，新增“农转城”8987人，获评“四好农村路”市级示范区。

（五）千方百计增动能，改革创新蹄疾步稳

重点改革纵深推进，118项重点改革事项全面完成，外贸进出口增长52%。优化重组区属国有企业，加快推动市场化运营，上缴税费1.4亿元。深化“放管服”改革，出台规范涉企行政执法“十项措施”，获评全市政务服务优秀窗口单位。医共体改革扎实推进，促进优质医疗资源下沉共享，基层就诊率稳定在70%以上。新增“三变”改革试点村30个，村集体经济收入达1.2亿元。开放合作不断拓展。完成国家外贸转型升级基地考评。深化“优质外企进潼南”行动，新增外贸经营备案主体23家，第五届进博会签约金额41亿元。持续推进服务业扩大开放综合试点，引进外资企业3家，实际使用外资480万美元、实现大幅增长。创新动能持续增强。成立涪江流域科创联盟，南昌大学重庆研究院获批市级高端研发机构，氪空间潼南创新中心建成投用，江川化工等5家企业被认定为市级企业技术中心，新增科研平台31个，农业科技现代化先行县建设考核获全国优秀。培育高新技术企业47家、科技型企业122家。发放知识价值信用贷款1.26亿元，新增有效发明专利44件。

（六）坚持不懈抓防治，生态环境不断优化

持续优化生态环境，空气质量优良天数328天，涪江首次全年保持Ⅱ类水质、琼江稳定保持Ⅲ类水质，川渝跨界联防联控工作入选全国典型案例。扎实打好蓝天保卫战，深度治理工业废气，全面完成涉气中小微企业综合整治，新建市级绿色工厂2家。开展扬尘污染专项治理，创建扬尘控制示范工地20个。淘汰老旧车740辆，发展新能源车1000辆。持续打好碧水保卫战，启动涪江右岸水资源工程前期工作，红岩嘴中型灌区、农村供水保障“一改三提”等项目快速推进。涪江流域综合治理PPP项目序时推动，升级改造镇村污水处理厂6个，农村自来水普及率84.7%，水质达标率90.3%。常态化巡河查河，治理岸线18.8公里，整治水土流失32.9平方公里，涪江获评全市美丽河湖。深入打好净土保卫战，全面治理农业面源污染，畜禽粪污综合利用率95%。加快低效闲置土地利用，拆除非法搅拌站18个，重点建设用地安全利用率100%。严格落实林长制，完成国土绿化3.95万亩。中央、市级环保督查反馈问题年度整改任务清零销号。

（七）用心用情办实事，民生福祉持续改善

社会事业稳步发展，新增学位7200个，普惠性幼儿园覆盖率99.3%。“四主联动”规范管理校外培训机构获评教育部优秀案例，“双减”经验全国推广。精准高效打赢疫情歼灭战，因时因势优化调整防控措施，推动疫情处置平稳转段。区人民医院新院区开诊，古溪、柏梓卫生院成功创建甲级卫生院。成立老年大学，成功承办全市非遗购物节。社会保障更加充分，建成体育健身广场5个，投用农体工程10个。养老服务设施全覆盖，建成全国示范型退役军人服务中心（站）24个，城乡居民参保率稳定在95%以上。全力以赴迎峰度夏，压减负荷83万千瓦，牢牢守住民生用电底线。社会治理成效明显，政府债务总体可控，14个“保交楼”项目稳步推进，生产安全事故起数和死亡人数“双下降”，信访总量下降46%，防汛“六步”工作法、少年儿童防溺水工作经验全市推广，法律援助入选全国指导案例。开展全民反诈“控新减存”专项行动，常态化推进扫黑除恶专项斗争，党的二十大安保维稳集中攻坚获全市先进，人民群众安全感不断提升。

二、发展中存在的问题

同时，潼南区发展还面临不少困难和问题，主要表现在：一是经济稳定增长面临较大压力，居民消费、文旅消费尚未完全恢复，中小微企业生产经营困难，市场主体投资信心不足；二是产业发展水平需加速提升，农业生产标准化程度不高，传统产业转型升级任务较重，新兴产业、新兴消费尚未形成有效支撑；三是防范化解风险任务仍然艰巨，基层“三保”压力加大，债务风险防范化解需要付出更多努力，安全隐患依然存在，本质安全水平有待提升。

三、2023年发展思路

2023年，潼南区将坚持以习近平新时代中国特色社会主义思想为指导，全面贯彻党的二十大精神，认真落实市委六届二次全会部署，突出“稳进增效、除险清患、改革求变、惠民有感”工作导向，坚持以成渝地区双城经济圈建设“一号工程”为总抓手和总牵引，紧紧围绕市委推进渝西地区一体化高质量发展全新目标定位，建设成渝中部重要先进制造业基地，建好国家农业现代化示范区、当好全市乡村振兴排头兵，培塑“郊游潼南”新地标，加快建设数字经济新兴高地，谋划打造中国西部与东盟农业贸易集散地和桥头堡，建设宜居、开放、活力、有尺度的滨江新城，奋力打造成渝地区中部崛起增长极、产城景融合发展桥头堡。

（一）聚焦聚力推动成渝地区双城经济圈建设“一号工程”

精准对接落实全市“十项行动”“四张清单”，充分发挥“桥头堡”独特优势，找准抓手、高效推进，全力打造成渝中部崛起现代化示范区。全力培育重大平台，全方位融入重庆都市圈，争创两江新区、重庆高新区创新联动区和产业配套区。纵深推进重大改革，推动经济区与行政区适度分离改革破题见效。提速建设重大项目，抓紧谋划推进一批引领性、牵引性、带动性强的重大基础设施项目。精准谋划重大政策，推动便企惠民政策同城化，争取跨区域地票交易、用电用气同网同价等政策，创建成渝地区双城经济圈政策协同示范区。

（二）一以贯之抓好“四件大事”

聚焦做成“四件大事”，将重点抓深化、求突破，加快形成更多标志性成果，实现“稳进增效”。奋力提升“双五十”城市能级，让“产城景”深度融合、“桥头堡”更具魅力。奋力壮大千亿级高新区“筋骨”，加快产业链延链、补链、强链，建好全市重要先进制造业基地。奋力强化“双百亿”产业集群支撑，加快建设国家乡村振兴示范县、全市乡村振兴示范引领区，推动“农业大区”变“农业强区”。奋力做靓“周末到潼南”品牌形象，加快建设国家涪江旅游度假区、区域消费中心城市。

（三）持续用力深化“四大战役”

坚持招商签约落地“双推进”、项目争取放量“双驱动”、生态保护治理“双发力”、营商服务效率“双提升”，为高质量发展蓄势增能。打好招商引资接力战聚动能，签约合同额1000亿元以上。打好项目建设大会战强支撑，以项目大提速带动经济大发展。打好生态环境保卫战促转型，着力提升发展“含绿量”。打好营商环境提升战优服务，推动各类企业敢闯、敢干、敢投。

（四）奋发有为抓实“三项重点”

坚持人民至上，树牢底线思维，深化改革创新，以更大力度、更高标准、更实举措提升经济发展指数、人民幸福指数。着力深化改革开放创新，聚焦“改革求变”，坚持以数字化改革引领系统性变革，加快释放发展动能。着力保障和增进民生福祉，做好兜底性、基础性、普惠性民生工作，切实做到“惠民有感”。着力防风险保安全护稳定，紧扣“除险清患”，全力营造良好发展环境。

（执笔人：罗瑞）

荣昌区

荣昌区人民政府办公室

一、2022 年发展回顾

2022 年，极不平凡、极其重要，也极具考验、极为难忘。面对严峻复杂的发展环境和叠加交织的风险挑战，在市委、市政府和区委的坚强领导下，坚持以习近平新时代中国特色社会主义思想为指导，深入学习贯彻党的二十大精神，深刻领悟“两个确立”的决定性意义，坚决落实“疫情要防住、经济要稳住、发展要安全”的重要要求，高效统筹疫情防控和经济社会发展，统筹发展和安全，迎难而上、承压奋进，稳住了经济大盘、稳定了社会大局。全年完成地区生产总值 817.3 亿元、增长 2.7%，第一、二、三产业增加值分别增长 0.6%、0.9%、5.7%，全社会固投增长 3.2%，社零总额增长 0.7%。城乡居民人均可支配收入分别达到 45429 元、23267 元，增长 3.6%、5.1%。市场主体培育、乡村振兴、医共体改革、河长制、征地拆迁等 5 项工作获得市政府督查激励通报，第四次被国务院表彰为“落实有关重大政策措施真抓实干成效明显地方”。

（一）全力稳住经济大盘

组建稳经济大盘工作专班，有效应对疫情旱情、缺水缺电影响，高频精准调度项目建设、招商引资、消费恢复等工作，推动稳经济 6 方面 33 项举措落地落实落细。开展重点项目“大比武”活动，争取中央预算内投资 4.6 亿元、地方政府专项债 29.6 亿元，推动娃哈哈饮品、艾伯耐特等 104 个项目开工建设和昊格新能源、荣耀电子等 60 个项目建成投产。开展招商引资百日攻坚行动，新签约市外项目 145 个，正式合同额 681.1 亿元，战略性新兴产业占比达到 51.7%。东箭汽车、中能国润等 114 个亿元以上项目成功落户。全力抓消费扩外贸，举办汽车消费节、音乐啤酒节等系列促销活动，发放惠民消费券 922 万元，拉动消费 1.6 亿元。网络销售额突破 35 亿元，进出口总额实现 21.5 亿元、增长 60%，增速居全市第一。

（二）全力推动产业升级

工业经济支撑强劲，工业增加值实现 343 亿元，工业投资增长 5.7%，新增规上工业企业 26 家。工业经济运行综合指数位居全市前列，对经济增长贡献率超过 40%。获评消费品工业“三品”战略示范城市，获批重庆市休闲食品特色产业基地，举行荣昌高新区建园 30 周年庆祝大会。现代服务业提质增效，举办中新（重庆）农业国际合作对接会，启动传化“公路港”建设。重庆（荣昌）生猪大数据中心获评全市服务业扩大开放综合试点示范项目。荣昌血橙首次出口新加坡，跨境电商出口实现“零突破”。数字经济加快发展，新建 5G 基站 286 个，实施智能化改造项目 128 个，新增智能工厂、数字化车间 7 个。华森制药获批工信部工业互联网管理优秀试点企业。生猪数字应用场景项目营收突破2300万元。数字经济增长17.64%。

（三）全力推动科技创新

创新平台加速集聚，编制完成国家畜牧科技城总体规划（2021—2035年），国家生猪技术创新中心、国家生猪大数据中心建设加快推进。国家区域性畜禽种业资源基因库、西南中兽药评价中心全面完工，武汉大学、重庆邮电大学等校企合作研发中心落户荣昌。创新主体加快成长，新培育市级科技型企业230家，新认定国家高新技术企业42家、达到151家。新增国家级两化融合贯标企业16家、市级“专精特新”企业54家，建有研发机构的规上工业企业达到157家。东矩金属跻身国家级专精特新“小巨人”企业。创新生态持续优化，出台《加快建设成渝腹心人才集聚地若干措施》《加强国家生猪技术创新中心人才集聚九条措施》。新认定棠城英才74名，新引进紧缺人才526名。全社会R&D经费投入占GDP的比重达2.0%，全区有效发明专利量达到736件。

（四）全力推动双城经济圈建设

重大项目有序推进，《内荣农高区建设方案》印发实施。川渝生猪产能指数纳入中国生猪产业指数体系。川南渝西综合物流园仓储中心建成投用，川南渝西页岩气集散中心一期工程竣工投产。互联互通稳步提速，渝自雅铁路纳入双城经济圈综合交通运输发展规划，成渝高速扩能、安荣合高速、荣昌环线高速、G348安富至四川界段等前期工作加快推进，S209观胜至仁义段路面改造工程竣工通车。公共服务共建共享，深化妇幼保健院、华西二院紧密型医联体建设，组建首批渝西川南名师工作室，开展内荣双城文旅互动主题营销季。设立川渝住房公积金一体化绿色通道，携手内江加强跨界河流联防联控，联合泸内资自打造区域法治共同体。

（五）全力推动城乡融合发展

扎实推进城市提升，获批市级历史文化名城，全国文明城区创建成效显著。迎宾儿童公园、植物科普园等11个城市公园建成开园，老干部活动中心竣工投用。黄金坡新区五支路、香国大道西延段等4条市政干道竣工通车，虹桥客运枢纽站主体完工。改造老旧小区、棚户区106.75万平方米。建成新型智慧城市综合运营服务中心。扎实推进乡村振兴，全面落实粮食安全责任制，坚决守住耕地保护红线，建成高标准农田9.14万亩、宜机化改造6000亩。入选国家现代农业产业园创建名单，发布荣昌猪系列地方标准，“河包粉条”成功注册国家地理标志证明商标，农产品加工业产值保持全市第一。新改建“四好农村路”162公里，完成卫生改厕4500户。建成干净整洁村60个、美丽宜居村30个。

（六）全力推动重点领域改革

财税金融改革稳步推进，预算管理一体化改革全面实施，上级资金、债券额度争取均创历史新高。金融机构存贷款余额突破千亿元大关。防范化解经济金融风险有力有效，政府债务风险由橙转黄，财政运行总体平稳。国资国企改革持续深化，国企改革三年行动圆满收官，68项改革举措全部完成。融资结构持续优化，贷款利率控制在6%以内，中长期贷款增长7.3%。“放管服”改革纵深发展，探索实施“交地即交证”，率先试点“证照并联注销”，创新推出“e公证”“公证签”。出台《关于进一步加快民营经济发展的意见》《关于进一步优化营商环境的意见》，打造“123456”营商环境品牌。新增市场主体8928户。

（七）全力推动生态环境治理

环境质量持续改善，蓝天、碧水、净土保卫战成效明显。空气优良天数298天，较上年增加7天。濑溪河、大清流河、马鞍河等国考市控断面均值达到Ⅲ类水质，荣峰河获评全国“最美家乡河”。短板弱项加快补齐，生活垃圾焚烧发电项目建成投产，镇街污水收集处理“厂网一体”PPP项目加快推进，城市污水处理厂三期扩建工程主体完工。改造雨污管网63.31公里。绿色发展全面推进，全面落实“双碳”行动，编制完成“两山”实践创新基地规划方案。支持荣昌高新区创建“绿色园区”，培育绿色工业示范企业5家。

（八）全力推动民生改善

社会保障持续加强，新增城镇就业1.31万人，发放失业保险稳岗返还资金1495.5万元。筹集保障性租赁住房2247套、人才住房400套。城乡社区居家养老服务设施实现全覆盖，广顺街道檬梓桥社区成功创建全国示范性老年友好型社区。医疗水平稳步提升，医共体改革纵深发展，“区聘镇用”“镇聘村用”成效显著。新增市级重点（特色）专科7个。区疾控中心迁建工程主体完工，残疾人康复中心建成投用。教育事业提质增效，“双减”工作成效明显，学科类校外培训机构压减率100%。海棠园、棠悦园、香国园等3所公办幼儿园竣工投用，荣昌中学新校区、西附荣昌实验学校正式招生办学。荣昌职教中心成功创建市级高水平中职，重庆城市职业管理学院荣昌校区建设加快推进。文体事业繁荣发展，持续推进国家体育消费试点城市建设，举办各类体育赛事178场次，入选全国首批、重庆唯一全民运动健身模范区。

（九）全力稳定社会大局

疫情防控有力有效，以快制快、科学精准，最晚采取封控，最早恢复生产，用最短时间打赢疫情防控歼灭战，以最小代价实现最大防控效果，疫情防控转段平稳有序。安全防线扎紧扎牢，严格落实“十五条硬措施”及66项重点任务，大力推行“两单两卡”。有力应对持续极端高温天气，妥善处置旱情火情，有效防范地质灾害。全面完成自建房安全隐患排查。创建国家食品安全示范城市成效显著。社会大局和谐稳定，常态化开展扫黑除恶，打击电信诈骗、跨境赌博成效显著，信访事项一次性化解率在95%以上。

二、发展中存在的问题

同时，发展中仍然还存在一些突出问题和短板。一是疫情、旱情交织造成经济下行压力持续加大，个别经济指标完成情况不及预期；二是缺乏重大项目、龙头企业带动，产业能级不高；三是科技创新支撑引领能力不足；四是城市品质仍需提升；五是生态环境依然脆弱；六是教育、医疗、养老等公共服务供给还存在短板弱项。

三、2023年发展思路

坚持以习近平新时代中国特色社会主义思想为指引，全面贯彻落实党的二十大精神和中央经济工作会议精神，认真落实市委六届二次全会、市委经济工作会议和区委十五届四次全会要求，坚持稳中求进工作总基调，完整、准确、全面贯彻新发展理念，积极服务和融入新发展格局，着力推动高质量发展，更好统筹疫情防控和经济社会发展，更好统筹发展和安全，持续提振信心，持续扩大内需，持续深化供给侧结构性改革，把成渝地区双城经济圈建设作为“一号工程”，以勇当“桥头堡”排头兵为工作的总抓手总牵引，锚定“两高三新”发展目标，突出“五大抓手”，把握“五个着力点”，努力实现稳进增效、除险清患、改革求变、惠民有感，更好发挥“两个作用”，切实推动“四个求突破、开新局”，确保新时代新征程全面建设社会主义现代化新荣昌开好局、起好步。

（一）着力扩内需稳增长

大力实施“抓项目促投资”专项行动，紧盯重大战略、利好政策，全力向上争取项目、资金支持，完善“三年滚动”重点项目库。提速项目建设，促进放量增长。大力实施“招商引资突破”专项行动，围绕“1+3+1”主导产业和新能源、新材料等战新产业，深耕细分领域，绘制产业图谱，精准“敲门”招商。全力优化消费供给、刺激消费需求、改善消费环境。

（二）着力壮大现代产业集群

大力实施“制造业高质量发展”专项行动，推进传统支柱产业提升和先进制造业集群培育，大力发展集成电路、汽车电子等产业，建好电子电路、休闲食品、眼镜等市级特色产业园。大力发展数字经济，打造具有西部影响力的农业数字产业集群。加快发展现代服务业，积极创建百强国家高新区。

（三）着力推动科技创新

大力实施“科技创新提质”专项行动，高标准建设国家畜牧科技城，加快建设国家生猪技术创新中心、国家生猪大数据中心、国家区域性生猪种业创新基地和国家生猪交易市场。实施高新技术企业和科技型中小企业倍增计划，大力发展研究院经济，建好荣昌高新技术产业研究院，加快科技成果产业化市场化。积极构建“近悦远来”人才生态，办好第十届中国畜牧科技论坛。

（四）着力深化重点领域改革

大力实施“民营经济发展壮大”专项行动，深化以提高企业满意度为导向的“放管服”改革，叫响做亮“123456”营商环境品牌，落实落细支持民营企业发展20条政策措施，切实为民营企业解难题、办实事。实施国企改革提效增能行动，提高国企核心竞争力。深化财税金融改革，推动财政平稳运行。

（五）着力推进双城经济圈建设

建好内荣农高区、川南渝西融合发展试验区，提速双昌产业大道、电子电路产业园、国家生猪大数据中心、内荣农高区基础设施等4个川渝重大合作项目建设。深化重点领域合作，争当“桥头堡”排头兵。

（六）着力提升城市能级

实施城市更新提升行动，推动虹桥片区、城南片区更新改造，开工建设龙湖荣昌天街，建成城市综合管理服务平台，争创全国文明城区、市级生态园林城市。

（七）着力推进乡村全面振兴

巩固拓展脱贫攻坚成果同乡村振兴有效衔接，建好国家现代农业产业园、国家农业科技现代化先行县、全国农业现代化示范区，深入推进城乡融合发展试验区建设。

（八）着力增进民生福祉

继续办好10件重点民生实事。坚决打赢蓝天、碧水、净土保卫战，加快创建市级“两山”

实践创新基地。全面提升就业、教育、医疗、养老、住房等领域的公共服务水平。

（九）着力稳定社会大局

成功创建国家食品安全示范城市。有效防范化解重大风险，扎实抓好经济金融风险防范、安全生产、应急处突、社会稳定等各项工作。

（执笔人：张从亮）

开州区

开州区人民政府办公室

一、2022年发展回顾

2022年，面对经济下行巨大压力、自然灾害多重考验、新冠疫情严重冲击，开州区坚持以习近平新时代中国特色社会主义思想为指导，深入学习贯彻党的十九大、十九届历次全会和党的二十大精神，认真贯彻落实党中央、国务院决策部署和市委、市政府工作安排，在区委的坚强领导和区人大、区政协的有力监督支持下，坚持稳中求进工作总基调，全面落实“疫情要防住、经济要稳住、发展要安全”要求，锚定建设“一极两大三区”现代化开州奋斗目标，聚焦“五个一批”主抓手，承压前行、克难奋进，交出了一份难中求成、殊为不易的答卷。全年实现地区生产总值662亿元，同比（下同）增长4.4%，居全市第4、渝东北第3；一般公共预算收入30.6亿元、增长2%，税收收入12.64亿元、增长-18.7%，固定资产投资212.8亿元、增长12.1%，社会消费品零售总额387.1亿元、增长1.8%；辖区金融机构存款余额突破千亿元大关；居民人均可支配收入30762元、增长7.9%。三次产业结构调整为14.0∶38.5∶47.5。城乡收入比降至2.12∶1。

（一）着力增强流动性，三次产业搏出“支撑力”

农业生产稳中向好。农业增加值达到96.95亿元、增长4.9%。建成高标准农田11万亩，完成耕地恢复和撂荒地复耕复种2.3万亩。生猪出栏113万头、全市第2。获创市级农业科技现代化先行区，获批市级现代农业产业园1个、市级产业强镇2个，新培育农产品加工规上企业15家，新增全国“名特优新”“两品一标”产品54个。工业经济负重前行。工业增加值达到133.6亿元、增长-1.3%。德凯三期等18个项目破土开工，重庆智海生物等12个项目竣工投产，四大主导产业规上工业产值占比达67%。德凯实业获批国家重点“小巨人”企业，新认定市级“专精特新”企业35家、居“两群”第1。成功举办重庆智博会第二届开州论坛，数字经济产业园初见雏形，智慧园区5G融合项目基本建成。浦里新区综合功能加快完善，临港24万平方米标准厂房建成投用。第三产业承压复苏。第三产业增加值达到314.6亿元、增长4.7%。新增限额以上商贸主体58家。区级电商产业园、网货供应中心和镇级电子商务运营中心主体完工，网络零售额达到22.5亿元、增长18%。红蓝绿金“四色旅游”蓬勃兴起，刘伯承元帅诞辰130周年、全国桨板锦标赛、汉丰湖马拉松等赛事活动备受瞩目，“帅乡帅湖、开心开州”“不墨湖山画、尤记刘帅情”文旅品牌齐声唱响。举办房交会提振市场信心，商品房销售121.8万平方米、增长4%。

（二）着力提升增长性，扩大内需增添“爆发力”

投资放量跑出“加速度”。完成交通投资30亿元，4条续建在建高速“齐头并进”，提质改造干线公路129公里、“四好农村路”273公里、安防工程200公里，普通公路里程达8269公里、居全市第3。完成水利投资15.7亿元、列全市第2，马扎营、上游、梨坪水库有力推进，赵家、岳溪供水管网完成改造。全年到位三峡后续补助资金6.23亿元、大中型水库后期扶持资金1.5亿元，创历史新高。凤凰梁大桥、开州大桥分别完成工程量73%、92%，观音山隧道形象进度超过2/3，浦里新区完成项目投资12.5亿元。消费恢复升腾“烟火气”。着力改善消费环境，万开云同城化区域消费中心城市建设试点获批，汽博中心即将完工，中心商圈人气商气加速聚集。着力挖掘消费潜力，统筹实施城乡消费、大宗消费、夜间消费等提振措施，“百万开奖·千店让利”系列活动拉动消费近60亿元，成功入选重庆夜经济影响力20强区县。房地产投资完成40.6亿元。

（三）着力拉高协同性，区域协作迸发“驱动力”

“一体化”深入推进。国家批复《推动川渝万达开地区统筹发展总体方案》。万达开“三地三级”机制高效运转，六大功能平台建设有力有效，累计推出“万达开通办”事项210项，签署实施合作协议30份，协同举办重大活动27场，三地协作互动越来越勤、范围越来越宽。“同城化”加力提速。联动万州、云阳创建国家三峡柑橘产业集群、联建三峡中药材大数据平台，G347等5条边界连接路改造完成，紫建电子等一批骨干企业配套成链，检验检查结果互认等7个便捷服务事项落地惠民。对口协同紧密有效。东西部协作、中央单位定点帮扶和市内对口协同发展持续深化，到位帮扶资金7650多万元、实施项目28个；鲁渝（寿光）蔬菜现代产业园复制“六统一分”模式初见成效；“重庆江津·开州产业合作示范园区”“重庆万盛·开州产业合作示范园区”挂牌运营。

（四）着力提升统筹性，公园城市秀出“吸引力”

城市开发加力提速。科学划定“三区三线”。投入45.4亿元实施城市提升项目67个。北岸滨湖公园建成开园，开州故城二期开街，汉丰印秀绚丽开灯，山水公园城市颜值更高、气质更佳。竹溪、丰乐井泉片区控规获批，浦里新区控规优化完成。环湖城区扩面提质，丰泰、大丘、红光、盛山片区品质初显，高铁新城、丰乐片区城市拓展有序推进，南北环湖马道基本贯通。31个老旧小区旧貌换新颜，6.5万平方米坡坎崖壁变绿变美。浦里新区挺进加快，“三横五纵”路网等一批重大项目压茬推进，赵家人才孵化基地建成投用。乡村振兴扎实推进。持续巩固拓展脱贫攻坚成果同乡村振兴有效衔接，整合涉农资金10.4亿元、实施项目269个。2293户返贫致贫风险“应消尽消”。代表重庆成功迎接2022年国家考核评估检查，探索防范化解因病返贫致贫长效机制和消费帮扶工作获全国示范推广。全国红色美丽村庄赵家周都崭新亮相，市级衔接示范镇大进、重点帮扶镇满月、先行示范镇竹溪亮点纷呈，50个区级乡村振兴重点帮扶、先行示范镇村全面铺开。要素保障日趋完善。临江110千伏输变电站主体开建。城镇燃气管网60公里建成投用。新建5G基站530个，环湖城区、浦里新区、重点集镇实现5G信号连片覆盖。

（五）着力提升开放性，动能转换催生“牵引力”

重点改革利企增效。优化重组区属重点国有企业2家，国企改革三年行动圆满收官。五大投资平台完成改革，按“四个顺序”筹措发展资金，盘活“三资”增加财力18.1亿元。新增市场主体1.2万户、“四上”市场主体98户。农村“三变”改革扩面至170个行政村，60%的村集体经济收入超10万元。对外开放深入拓展。新培育外向型企业7家，进出口总额3.4亿元。乡情大会暨第二届开商大会掀起返乡投资创业热潮，第三届道地中药材博览会、“三集中”活动、招商推介等成效明显，引进项目73个、合同引资322.9亿元，其中百亿级项目1个、十亿级项目7个、亿元级项目43个。创新驱动活力迸发。高新区以认促建扎实推进，万达开技术创新中心即将获批。新培育科技型企业51家、高新技术企业15家、市级企业技术研发中心7家，新认定两化融合贯标示范企业9家。发放知识价值信用贷款1.36亿元，海通环保纳入市级“科创板”上市储备库。引进高层次人才110人，柔性引进技术带头人10人，新增人才公寓70套。

（六）着力提升持续性，生态建设彰显“承载力”

生态保护持续强化。实施营造林28.4万亩，森林覆盖率达到56.4%。治理水土流失19.2平方公里，完成矿山生态修复25公顷。汉丰湖乌杨坝消落带生态修复项目，获得2022年亚太地区景观设计奖卓越奖。中央、市级生态环保督察反馈问题整改达到时序要求，铁峰山违建拆除和生态修复取得重大成果，作为正面典型案例上报生态环境部。生态治理力度加大。总投资14亿元的水环境综合治理PPP项目动工开建，31个乡镇雨污分流改造项目完工投用，辖区流域水质总体保持Ⅲ类，出境养鹿断面水质6个月达到Ⅱ类。综合整治“散乱污”企业，城区空气质量优良天数达354天，较上年增加1天。绿色发展稳步前行。环汉丰湖片区“绿水青山就是金山银山实践创新基地”通过市级评审。碳达峰碳中和工作稳妥推进，完成碳排放权交易19.1万吨。严格落实“三线一单”管控要求。万元GDP能耗强度下降3.5%，能耗双控考核取得满分成绩，发展“含绿量”持续提升。

（七）着力增强保障性，社会民生凝聚“向心力”

17件民生实事圆满完成。社会事业蓬勃发展。开州中学浦里校区、迎仙小学、盛景小学等5所学校建成招生。落实“双减”政策的做法在教育部《“双减”改革每日快报》3次登载。中小学课后服务惠及14.6万人。落实教育资助、营改补助2.19亿元。高考出口质量领跑渝东北，教育大区名片更加亮眼。区人民医院、区疾控中心2个改造项目完工投用。新增市级特色专科4个、公卫重点专科2个，创成甲级基层医疗卫生机构3个。“区聘乡用”打通优质资源下沉通道。医保经办服务、医保基金监管、医疗救助保障等工作成为全国、全市典范。503种药品集采为群众节支近亿元。文体惠民活动惠及400万人次。社会保障坚实有力。发放创业担保贷款2.78亿元，城镇新增就业1.4万人。发放城乡低保、临时救助和特困人员供养等资金4.86亿元，建设乡镇养老服务中心18个、片区特困失能照护中心2个，提档升级敬老院15家。社会大局和谐稳定。圆满完成重大活动安保任务，可防性案件立案数同比下降48.5%，群众安全感指数提升至98.98%。“治重化积”案件全部清零，“3+1”信访突出问题治理成效显著。严格落实安全生产“十五条硬措施”，生产安全事故起数、死亡人数“双下降”。防灾救灾减灾能力有效提升，灾害预警管理体系成为新范式在全市推广。

二、发展中存在的问题

全区经济总量不大，产业结构不够优，创新资源不足，工业对经济增长的支撑拉动作用不够强；万达开、万开云等发展平台的作用有待进一步发挥；生态环境较为敏感脆弱，水环境保护任务艰巨，绿色低碳发展任重道远；教育、医疗、养老等民生领域存在不少短板，离有效满足群众多元化需求还有差距；“四上”市场主体培育不够充分，招大商、大招商氛围还不浓厚；政府工作人员的专业、作风还有不适应的方面，营商环境还有较大提升空间。

三、2023 年发展思路

2023 年是全面贯彻落实党的二十大精神的开局之年，是实施“十四五”规划、奋进“一极两大三区”现代化新开州目标承上启下的关键之年，必须以习近平新时代中国特色社会主义思想为指引，全面贯彻落实党的二十大精神和中央、市委经济工作会议精神，认真落实市委六届二次全会、区委十五届三次全会精神和区委经济工作会议精神，坚持稳中求进工作总基调，完整、准确、全面贯彻新发展理念，积极服务和融入新发展格局，坚持以成渝地区双城经济圈建设为总牵引、总抓手，全力推动川渝万达开地区统筹发展，认真落实区委全面建设“一极两大三区”现代化新开州目标及“五个一批”重要部署，更好统筹疫情防控和经济社会发展，更好统筹发展和安全，按照稳进增效、除险清患、改革求变、惠民有感的工作导向，持续提振信心，持续扩大内需，持续深化供给侧结构性改革，以“大抓工业、大抓招商”为支撑，推动高质量发展，在新时代新征程谱写开州全面建设社会主义现代化的新篇章。全区经济社会发展的主要预期目标是：地区生产总值增长 7% 以上、总量突破 700 亿元；一般公共预算收入增长 3% 左右，税收收入增长 25% 左右；固定资产投资增长 12% 以上，社会消费品零售总额增长 8% 以上，全社会研发经费支出占 GDP 的比重提高到 1.9%；城镇新增就业 7000 人以上，城镇调查失业率控制在 5.5% 以内，全体居民人均可支配收入增长 7.5% 以上；森林覆盖率稳定在 56.4% 以上，辖区流域水质总体保持Ⅲ类以上，完成生态环境约束性指标任务。重点抓好以下八个方面工作。

聚力“一号工程”与改革求变，释放外向发展“新动力”。

聚力工业与招商，构建渝东北川东北产业版图“新地位”。

聚力农业农村与乡村振兴，提升“三农”工作“新境界”。

聚力城市更新与城镇提升，彰显魅力开州“新颜值”。

聚力有效投资与扩大内需，汇聚经济形态融合“新潜能”。

聚力科教兴区与人才强区战略，筑牢创新发展“新支撑”。

聚力生态建设与绿色发展，打造绿水青山“新名片”。

聚力社会事业与民生改善，创造美好生活“新品质”。

（执笔人：刘叶）

梁平区

梁平区人民政府办公室

一、2022年工作回顾

2022年，梁平区始终坚持以习近平新时代中国特色社会主义思想为指导，在市委、市政府的坚强领导和区委的带领下，以迎接党的二十大、贯彻党的二十大精神为主线，坚决落实疫情要防住、经济要稳住、发展要安全，大力推进新型工业化、新型城镇化、农业农村现代化、旅游产业化和明月山绿色发展示范带建设，较好地完成了区十八届人大第一次会议确定的目标任务。GDP达577.2亿元、增长4.2%，规上工业总产值增长9.5%，固定资产投资增长12.8%，社会消费品零售总额增长1.9%，一般公共预算收入增长10.8%，其中，税收收入增长2.1%，居渝东北第一，城镇、农村常住居民人均可支配收入分别增长5.5%、7.6%。

（一）制造业能级明显提升

创新平台加快建设，高新区获批中国产学研合作创新示范基地，都梁科技企业孵化器被认定为国家级科技企业孵化器，新获批认定国家高新技术企业27家、总量达93家，高新技术产业产值增长10.7%，新增国家知识产权优势企业4家、示范企业实现零的突破，科技创新工作获市政府督查激励，考核列渝东北第1。西部预制菜之都声名鹊起，成功举办中国预制菜产业峰会，发布全国首个预制菜产业园区建设地方标准，签约落地预制菜企业30余家，拉动全年工业投资增速达27.3%，成为新的经济增长点。被赛迪顾问消费经济研究中心评为“2023十大预制菜产业基地”，是全国第一、西部唯一入选的预制菜产业基地，综合服务功能加快汇集，产业集群加快聚集，中国西部预制菜之都的公共品牌影响力、聚集力急剧提升，已成为资本争夺的新IP、产业发展的新地标。主导产业快速增长，推动产业补链成群，集成电路、食品加工、新材料三大主导产业总产值增长10.8%，拉动规上工业产值增长6.7个百分点。市场主体量增质强，新培育“四上”企业88家、为历年之最，累计达500家，新增市场主体9329户、累计超过7万户。数字经济和实体经济融合发展，完成智能化改造项目26个，创成市级数字车间13家、“专精特新”企业达25家、国家级“小巨人”企业2家。金融服务不断加强，企业贷款平均利率下降37个基点。

（二）城市面貌焕然一新

城市规划科学高效，高质量完成“三区三线”划定，着力构建“一心两轴三组团”的空间格局。城市建设提速提效，开工建设金带互通立交、一环路南段等城市道路节点；建设知德中学、都梁大剧院、数字大厦、会展中心等功能性项目，万达广场项目落户梁平。城市更新持续推进，新改建雨污管网66公里，改造老旧小区10万平方米，新增绿地面积30公顷，城市滨河步道入选“重庆最美山城步道”。城市治理更加智慧，智能中枢平台等智慧城市项目加快建设，新建5G基站159个，投用智慧停车系统，建成智慧公园14个、智慧公厕3座。

（三）乡村振兴示范领跑

粮食安全扛稳守牢，高标准农田建设和改造提升16万亩，粮食产量稳定保持在35.5万吨，水稻耕种收综合机械化率达91%以上，居全市前列。特色产业质效提升，柚竹渔产业产值达47.8亿元，鱼菜共生AI工厂建成投用，油料、生猪、蔬菜实现稳定增长，农业综合产值达333亿元。农业产业化龙头企业突破220家，农业增加值增长6.3%。礼让镇川西村连续3年入选“全国乡村特色产业超亿元村”，蟠龙镇获批创建全国农业产业强镇。乡村建设加快推进，农村饮用水安全达标率、智慧灯杆安装率、行政村通客率、乡村绿道覆盖率等均实现100%。完成农村改厕1800户，创建市级美丽宜居乡村61个，新建“四好农村路”108公里、乡村绿道260公里，获批创建国家乡村振兴示范县、“四好农村路”全国示范县，全市农村人居环境整治提升暨“四好农村路”高质量发展现场推进会议在梁召开，人居环境整治考核连续两年居全市第1。促进乡村产业振兴、改善农村人居环境等重点工作获国家督查激励。区农业农村委获党中央国务院表彰的“人民满意的公务员集体”称号。

（四）文旅商贸蓬勃发展

抓实“旅游+”“+旅游”文章，全年接待游客、旅游综合收入分别增长22.9%、30.2%，百里竹海“竹山变金山”在党的二十大闭幕会中特别报道。文旅融合提质增效，对接“大都市”、联结“大三峡”，主动融入巴蜀文化旅游走廊建设，百里竹海国家级旅游度假区加快创建，双桂田园景区康养项目启动建设。百里竹海民宿节假日“一房难求”，仁贤采摘、蟠龙露营、安胜田园观光等乡村旅游人气爆棚。消费活力加速释放，积极融入成渝地区双城经济圈建设，明月山绿色发展示范带建设走深走实，成功举办首届明月山生态旅游文化节、“绿色中国行—走进美丽明月山”系列活动，长江三峡晒秋节、国际柚博会等品牌节会精彩纷呈，“中国年·梁平味”年货节等受到广泛好评。传统消费加快升级，新能源汽车消费增长107%，房地产优惠促销持续升温，电商经济、网红经济、新业态蓬勃发展，网络零售额增长22.8%。

（五）改革开放全面深化

深化改革成效明显，高新区、新城区两大“主战场”焕发勃勃生机，稳粮保供等5项改革经验入选全国典型案例。改革步伐蹄疾步稳，“放管服”改革不断深化，11595项政务服务事项纳入“渝快办”平台管理运行，直接取消涉企经营许可审批68项。区属国有企业完成优化重组，营业收入增长14.3%。财政预算一体化改革走在全市前列，农村改革工作获得市政府督查通报表扬。开放水平持续提升，梁平至开江高速建设过大半，开万梁高速启动建设，500万吨级集装箱货运场站、长垫梁（梁平段）快速通道等项目前期工作加快推进，通用航空飞行总时长等指标居全市第一。重庆巨能建安公司整体搬迁梁平、东方希望养殖重庆总部落户梁平，西部陆海新通道预制菜集散中心挂牌投用。开放环境明显优化，营商环境创新试点工作保持在全市前列，典型案例在全市推广；工业企业水电气要素成本处于渝东北较低水平。金融保障有力有效，银行贷款余额增长11.9%，落实新的组合式税费支持政策2.8亿元，惠及中小微企业3000余家。

（六）生态环境持续向好

打好蓝天、碧水、净土保卫战，梁平荣膺西

南地区唯一的国际湿地城市，成功创建国家森林城市。空气质量优良天数达 347 天，全面落实河长制，生态修复河道 49 公里，龙溪河流域综合治理实践入选全市生态环保督察典型案例，全区主要次级河流出境断面水质稳定达到或优于水环境功能要求。“乡村小微湿地 +”模式全国推广，湿地生物多样性保护入选全国优秀案例，梁平获全国首批“水美乡村试点县”终期评估优秀。深入推行林长制，完成马尾松林改培 2 万亩，矿山生态修复治理 37 公顷，为全国松材线虫病防治战略调整提供“梁平实践路径”。碳达峰碳中和有序推进，天更蓝、水更清、山更绿，环境更优美。

（七）社会事业全面发展

兜好兜牢民生保障底线，15 件重点民生实事全部完成，民生领域支出占一般公共预算支出的比重保持在 80% 以上，支付社会保险待遇 31.3 亿元，发放救助金 2 亿元，低保对象、残疾人等困难群众生活得到充分保障。教育资源布局持续优化，“双减”工作经验被教育部肯定，普惠性幼儿园覆盖率高于全市 0.2 个百分点，中小学学区化集团化办学占比超过 95%，福德学校、双桂幼儿园主体完工，袁驿小学建成投用。医药卫生投入力度加大，为 60 岁以上老年人免费发放健康包 20.4 万份，创新构建医共体服务体系，创成国家、市级临床重点（特色）专科 12 个，建成投用区疾病预防控制中心、区卫生应急物资储备库，改建乡镇卫生院 10 个，区人民医院成功创建三级“智慧医院”，医疗救治能力明显提升。投入 1.6 亿元改造城市燃气老旧管网，为 19 万余户群众免费安装天然气自动安全阀的工作正在加快推进中。建成乡镇养老服务中心 12 个，城乡社区居家养老服务设施覆盖率达 100%。投入 4000 万元改建市民文化中心，建成市级农民体育健身工程 8 个，更新提升城市公园 4 个，安装老旧小区电梯 65 部，开展流动文化服务进村、“全民健身月”等系列活动 1200 场次。人民群众的获得感、幸福感明显增强。

（八）平安梁平扎实推进

圆满完成党的二十大期间安保维稳工作，荣获全国信访工作示范区。金融风险防范化解有力有效，政府及国有企业债务风险可控。全国市域社会治理现代化试点成效明显，创新依法决策经验全国推广，人民调解成功率达 99.4%，治安案件下降 14.7%。疫情防控平稳转段，为生产生活秩序恢复赢得了主动。森林火灾零发生，工作经验获国务院综合检查组和市政府肯定。安全生产事故数、死亡人数分别下降 8%、31%，未发生生产安全较大事故。地质灾害、食药安全平稳可控，社会大局和谐稳定。

二、发展中存在的问题

同时，全区经济社会发展中还存在一些问题和短板，一是产业发展能级不高，创新能力不强，数字化建设滞后；二是城乡发展不平衡，基础设施、公共服务仍有短板，离基层治理现代化还有较大差距；三是营商环境还需进一步优化；四是部分干部思想解放不够，开放意识、斗争精神不强，少数干部担当、服务意识不足。

三、2023 年发展思路

坚持以习近平新时代中国特色社会主义思想为指引，全面贯彻落实党的二十大和中央经济工作会议精神，认真落实市委六届二次全会、市委经济工作会议精神，按照区委十五届三次全会安排部署，坚持稳中求进工作总基调，完整、准确、全面贯彻新发展理念，积极服务和融入新发展格局，着力推动高质量发展，更好统筹疫情防控和经济社会发展，发展与安全，持续提振信心、扩大内需，持续深化供给侧结构性改革，整体联动、系统推进新型工业化、新型城镇化、农业农村现代化、旅游产业化和明月山绿色发展示范带建设，努力实现稳进增效、除险清患、改革求变、惠民有感，确保为新时代新征程全面建设社会主义现代化新重庆作出梁平贡献开好局、起好步。

全区经济社会发展主要预期目标：地区生产总值增长7%以上，固定资产投资增长12%以上，社会消费品零售总额增长10%以上，规上工业增加值增长12%以上，一般公共预算收入增长9.5%以上，其中税收收入增长15%以上，城乡居民收入增长快于经济增长。

重点抓好以下工作。一是扎实抓好重大项目建设，实施“抓项目促投资主题年”，强化服务保障和全生命周期管理，实施重点项目170个，持续扩大有效投资。二是扎实抓好制造业迭代升级，锚定千亿级工业大区目标，加快创建国家高新区，做响中国西部预制菜之都品牌，推动集成电路、食品加工、新材料三大主导产业向高端化、智能化、绿色化转型发展。积极推动“微成长、小升高、高壮大、大变强”，加快推进平伟实业、欣维尔、远鸿电子等企业上市。三是扎实抓好重庆郊区新城建设，实施提升城市能级行动，抓好扩容提质，巩固提升国际湿地城市品质，争获中国人居环境奖。四是扎实抓好乡村全面振兴，坚持农业农村优先发展，实施乡村全面振兴行动，扎实抓好“五个振兴”，建设国家农业现代化示范区、国家乡村振兴示范县，加快实现农业农村现代化。五是扎实抓好文化旅游融合发展，深入实施“旅游+”“+旅游”融合发展战略，积极融入“大三峡”，加快建设具有国际影响力的康养文化旅游目的地。六是扎实抓好践行“两山”理念新范例打造，以更大力度融入成渝地区双城经济圈建设，培育生态优先、绿色发展动力源。七是扎实抓好开放高地建设，实施打造区域改革开放高地行动，加快推进数字化变革，深入推进重点领域改革，全面提高开放水平。八是扎实抓好科技、人才、金融“三大”支撑，实施科技创新高地建设行动、“梁平英才计划”等，争取更多研发平台落户梁平，培育更多“梁平工匠”，深化政银企对接，融资支持企业发展，促进科技人才金融良性循环。九是扎实抓好生态文明建设，持续攻坚污染防治，巩固重点流域水环境综合整治成果，全面加强生态保护，加快推动绿色转型，落实碳达峰碳中和政策措施，建设绿色工业园区。十是扎实抓好社会民生事业发展，实施高品质生活惠民富民行动，扎实办好一批重点民生实事，办好人民满意的教育，推进健康梁平行动，促进高质量充分就业。十一是扎实抓好各类风险防范，系统整治安全生产与自然灾害风险隐患，强化道路交通、消防、食品药品等领域安全监管，坚决防范和遏制较大及以上安全事故发生。

（执笔人：王英骄）

武隆区

武陵区人民政府办公室

一、2022 年工作回顾

2022 年，武隆区坚持以习近平新时代中国特色社会主义思想为指引，深入学习宣传贯彻党的二十大精神，坚决落实“疫情要防住、经济要稳住、发展要安全”的要求，统筹疫情防控和经济社会发展，统筹发展与安全，实现地区生产总值 265.94 亿元、增长 2.5%。工业增加值、固定资产投资、一般公共预算收入、社会消费品零售总额分别增长 1.2%、11.7%、28.8%、1%。全体居民人均可支配收入增长 10%，居民消费价格指数涨幅、城镇登记失业率控制在 3% 以内。主要抓了以下几方面工作。

（一）聚焦国际化，旅游“三次创业”引领产业升级

启动旅游国际化试点，细化“6+4”产业链，启动项目 113 个、完成投资 52.3 亿元，标志性项目小火车风景线开工建设。推行链长制，六条产业链快速构建。研学基地增至 13 个；成功举办第 17 届国际山地户外运动公开赛；白马山战役陈列馆序时建设，“奋进新时代 · 书画赞武隆”等活动提升了武隆的影响力，《上武隆》MV 获评“中国十大城市旅游形象歌曲”；11 个康养项目有序推进，区中医院蜂疗特色专科基本建成；成功举办大型婚恋联谊活动 5 场，“飞天之吻”项目提档升级；天生三桥旋转电梯试运营，智慧旅游等 17 个服务项目有序推进。全年接待游客 4252 万人次、综合收入 207 亿元，均增长 10% 以上。荆竹村获评联合国世界旅游组织“最佳旅游乡村”。主动“+ 旅游”，四大产业协调推进。策划“3+1”生态工业项目 71 个、总投资 38.5 亿元，已开工 4 个；穗通旅游巴士出口俄罗斯、菲律宾，出口额 1970 万元，新能源汽车产业实现产值 8 亿元；清洁能源产业实现产值 31 亿元，其中页岩气产值 3.61 亿元，增长 58.5%；启动实施绿色建材产业园规划，绿色建材产业实现产值 11 亿元；获批创建重庆市旅游装备产业园，旅游装备及消费品产业实现产值 4 亿元。实现规上工业总产值 54 亿元。推进房地产开发、城市门户更新，完成房地产投资 16.44 亿元，建筑业增加值同比增长 7%。获准商文旅体融合发展城市试点创建，新培育限额以上商贸企业 9 家。获评打造电子商务进农村综合示范县升级版，实现电商交易额 60 亿元，农产品上行率有效提升。狠抓农业产业高质量发展，新增特色产业 6 万亩、引种山羊 1.3 万只；粮食产量 18.82 万吨，生猪出栏 49.67 万头；推进实施高山番茄谷等农文旅融合项目 9 个。桐梓镇入选全国产业强镇项目库，高坪村获选全国“一村一品”示范村，“武隆高山茶”入选全国名特优新农产品名录。农业总产值增长 2.6%。

（二）聚焦稳大盘，经济运行有力有效

狠抓有效投资，打好重点项目季度攻势战、开展“四晒一比”，向上争资 45.39 亿元。

90个重点项目完成投资80.01亿元、同比增长20.31%。促进消费复苏，开展“爱尚武隆”系列促消费活动，旅游迎峰度夏服务有力有序，限上住宿、餐饮、零售营业额分别增长3.3%、6.8%、2.9%。稳住市场主体，按政策退减免缓税费5.05亿元。新增“四上”企业20户，新增市场主体5213户、增长15.8%。民营经济增加值占比达60%。创新投融资模式，仙女山碳中和景区及配套PPP项目实质性落地，喀斯特乡村振兴旅游景区基础设施公募REITs、旅游国际化配套项目PPP、渝湘高铁武隆南站TOD有序推进，2家区级国企成功通过AA信用评级。化解运行风险，严格执行“631”偿债资金落实制度，“跑冒滴漏盲”专项治理增加税收收入9936万元，区级税收收入8.64亿元、扣除留抵退税因素后增长9.5%。政府债务由红降橙、国企债务风险总体可控。

（三）聚焦强动力，改革开放创新不断深化

重点改革有力推进，96项国家、市级重点改革和25项自主改革任务全面落实。国企“一企一策”“去三闲、提三效”“促三增、抓两减”改革成效显著，营收和利润分别增长9.7%、30.71%。深化“放管服”改革，区政府领导常态化深入政务服务中心推进审批，依申请类政务服务事项承诺时限压缩85.47%。文化和旅游市场信用经济发展、农户信用体系建设试点有序推进，成功创建市级信用示范城市。农村“三变”改革、“三社”融合持续推进，村集体经济平均收入突破8万元。内陆开放走深走实，高铁、航电、高速等大通道建设累计完成投资超100亿元；仙女山机场开通航线6条，与黔江机场启动一体化运行。中新合作项目8项共识积极推进。与“成渝地区双城经济圈”有关城市商文旅协作取得新进展。新增外贸企业3家，实现进出口总额1290万美元。招商签约项目38个、金额235.4亿元，到位资金65.5亿元。科技创新动力增强。国家农业科技园加快建设，能源装备安全野外科学观测研究站签约落地。蚕桑科技小院入选教育部、农业农村部和中国科协建设支持名单。全社会研发经费投入预计增长在30%以上。

（四）聚焦促融合，统筹城乡发展彰显颜值

城市功能逐步提升。国土空间规划编制和“三区三线”划定工作取得阶段性成果。实施城市品质提升项目49个，完成投资31.6亿元，渝怀二线武隆客运站前广场建成投用，喀斯特文化休闲中心项目基本竣工。完成909户城区D级危房应急避险搬离，安置还房加快推进。依法依规处置隆城国际等8个房地产历史遗留问题。全力创建全国文明城区，常态化开展马路办公和视频曝光，完成城区生态绿化1000亩，新建口袋公园1个、公厕3座，改造人行道3万余平方米。乡村振兴取得积极成效。大力推进脱贫攻坚成果巩固和乡村振兴有效衔接，“两不愁三保障”问题动态清零，脱贫群众人均纯收入增长13.2%。统筹整合资金7.01亿元，实施涉农项目312个；落实帮扶资金1.14亿元；市级乡村振兴重点帮扶乡沧沟乡规划项目59个、完成28个。实施“四好农村路”219公里，整治高标准农田7万亩，建成农村生活垃圾分类示范村75个，创建美丽庭院300个，改厕1060户，大墓、“豪华墓”、“活人墓”专项整治走在全市前列。天生村成功申报第六批中国传统村落，天池苗寨被评为全国非遗与旅游融合发展优选项目。“五网”建设持续加快。平凤、鸭庙公路完工；4座水库完工试运行，2座水厂竣工投用；实施老旧小区燃气改造项目10个，新增充电桩105个；白马码头（一期）建成，快递物流中心主体完工；建成4G基站123个、5G基站161个。

（五）聚焦优生态，绿色发展实践创新推进

划定 743.55 平方公里生态保护红线，治理水土流失 32 平方公里，实施“两岸青山 · 千里林带”等营造林 20.16 万亩。深化落实河（湖）林长制，地表水环境质量列全市第二位；城区空气质量优良天数 356 天。启动绿色发展创新示范区创建，建成全市首个碳达峰碳中和温室气体监测基地、生态气候宜居监测与研究示范站。成功举办 2022 中国 · 重庆（武隆）绿色发展实践论坛、申遗 15 周年纪念大会；完成全市首笔绿色金融林业碳汇预期收益权质押贷款；打造“双创”示范建设工程 10 个，创建国家级节约型机关 65 个。

（六）聚焦惠民生，群众生活品质持续提升

民生支出占一般公共预算支出的 80% 以上，24 件重点民生实事总体完成。新增城镇就业 5806 人。城乡养老保险、医疗保险参保率巩固在 95% 以上。国家学前教育普及普惠区、国家义务教育优质均衡区推进创建，“双减”政策落地见效。推进“三医”联动、医共体“三通”建设，建成妇幼保健院儿科大楼；区人民医院三甲启动创建，“智慧医院”加快推进。“治重化积”实体化解信访疑难积案 36 件。刑事案件发案数、110 涉治安警情同比分别下降 8.5%、3.8%，群众安全感指数达 99.51%。大力推进国家食品安全示范城市创建，深入开展燃气、自建房、高层建筑消防等安全隐患专项整治，安全生产和自然灾害防治进一步强化，应急管理基层基础有效夯实，未发生较大及以上生产安全事故。特别是，面对严峻的疫情形势、有记录以来最严重的高温干旱，全区上下众志成城、共渡难关，打赢了疫情防控、防旱抗旱、森林防火“三场硬仗”。

（七）聚焦提效能，政府自身建设得到加强

深刻领会“两个确立”的决定性意义，增强“四个意识”、坚定“四个自信”、做到“两个维护”的氛围更加浓厚。严格落实中央八项规定精神及市委实施细则，驰而不息纠治“四风”。认真落实“五大行动”，精准实施“五大管理”，政府执行力、公信力和服务能力有大幅提升。严格控制和压减政府一般性支出，落实过紧日子各项措施。法治政府建设深入推进，各级行政机关负责人出庭应诉率 100%。办理人大代表建议 211 件、政协委员提案 177 件，办结率、满意率均达 100%。

二、发展中存在的问题

旅游“三次创业”项目推进偏慢，“+ 旅游”实效还需提升，旅游产品和消费品供给乏力，消费仍未全面恢复。投资结构不优，产业投资占比偏低，招商引资效果有待提升。制造业发展偏弱，智能制造、数字经济发展滞后，实体经济发展面临不少困难，营商环境还有较大提升空间。脱贫攻坚成果仍需进一步巩固。要素制约趋紧，一些重点项目建设推进较慢。教育医疗等民生领域还有不少短板。财政收支矛盾突出，政府性债务、国企、房地产等领域存在一定风险隐患。

三、2023 年发展思路

2023 年，经济社会发展主要预期目标是：地区生产总值增长 6%，工业增加值、固定资产投资、社会消费品零售总额、一般公共预算收入分别增长 7%、10%、6%、10%，旅游产业增加值增长 8%，全体居民人均可支配收入增长 9%，城镇新增就业 3000 人，常住人口城镇化率 52%

左右，居民消费价格涨幅3%以内。

重点抓好以下十一项工作。

一是全面主动融入成渝地区双城经济圈建设。将融入成渝地区双城经济圈建设作为经济社会高质量发展的总抓手、总牵引。对照全市“十项行动”和“四重清单”，建立健全与四川有关地区交流合作机制，推动落实一批重点项目和重点事项。

二是全力抓好扩内需稳增长。深入开展抓项目促投资专项行动，深化区领导联系重点项目机制，续建和新开工重点项目82个、完成投资84.7亿元。积极融入国际消费中心城市建设，启动商文旅体融合发展城市试点培育，全面落实各项助企纾困政策，不断激发市场主体活力。

三是大力推进“双招双引”。聚焦招商引资、招才引智，实施“6+4”产业链强链补链招商行动，实现年内招商签约260亿元、到位资金70亿元以上；推进市级青年发展型城市试点建设，开展“优化营商环境我先行”等五大专项行动，深化“一窗综办”改革，推进全市最佳政务环境区创建。

四是持续提升“6+4”产业链质效。以旅游国际化为引领，持续深化“6+4”产业链链长制，提速建设仙女山碳中和景区及配套PPP、旅游国际化配套等项目，推动一二三产业主动“+旅游”深度融合，积极培育数字经济，加快建设现代化产业体系。

五是加快推进创新驱动发展。承接落实全市创新链产业链资金链人才链深度融合发展行动，以数字化改革引领系统性变革，加快武隆全域智治平台建设，全社会研发经费投入强度在0.6%以上，切实提升科技创新能力和整体效能。

六是加力深化改革扩大开放。深化“放管服”、财税、国企、投融资等重点领域改革，提高扩大改革开放水平，鼓励支持民营经济发展，为构建新发展格局贡献武隆力量。

七是奋力推进乡村全面振兴。持续推动巩固拓展脱贫攻坚成果同乡村振兴有效衔接，以乡村建设行动为抓手，精准推进“五大振兴”。全面深化农村改革，不断提升“三农”现代化水平。

八是有效提升城市品质。坚持以精致理念引领城市发展，完善规划体系，提升城市功能品质，完成城建投资33亿元以上，深化改革城市治理，协调推进新型城镇化建设。

九是不断提高生态文明水平。深刻践行“绿水青山就是金山银山”理念，深入推动长江经济带发展相关工作，加速创建绿色发展创新示范区，加快打造绿色创新发展新高地、人与自然和谐宜居新典范。

十是切实保障和改善民生。积极落实稳就业措施，抓好重点群体就业创业。加快学前教育普及普惠区创建，推进义务教育优质均衡区创建，巩固“双减”成果。推进区人民医院三甲创建，妇幼保健院创建二甲。落实新冠病毒感染“乙类乙管”。大力发展在线演艺等新业态，文化产业增加值增长10%。

十一是坚决防范和化解重大风险。坚持总体国家安全观，严格落实“十五条”硬措施，持续深化安全生产大排查大整治大执法，扎实开展重点领域专项整治，防范化解重大经济金融风险，加强和创新社会治理，力争将沧沟乡基层社会治理打造成市级示范。

（执笔人：陈怡）

城口县

城口县人民政府办公室

一、2022年发展回顾

全县上下深入贯彻习近平新时代中国特色社会主义思想，全面贯彻落实党的二十大精神，坚持稳进增效、除险清患、改革求变、惠民有感工作导向，加快推进“三县一城一枢纽”建设，坚定不移推动高质量发展，各项工作取得新进展。

（一）守住底线、聚焦重点，乡村振兴迈出新步伐

严格落实“四个不摘”要求，推动巩固脱贫攻坚成果同乡村振兴有效衔接。一是巩固脱贫攻坚成果。用好“一县一策”政策，制定政策52项，细化项目清单43项。健全防止返贫动态监测帮扶机制，动态清零“两不愁三保障”和饮水安全问题，群众认可度稳定在95%以上，脱贫人口人均纯收入增长11.8%。二是全面推进乡村振兴。健全完善县委统一领导责任机制，组建乡村振兴五大工作专班和25个县级帮扶集团，建立“1+N”乡村振兴帮扶机制和分层分类推进机制。大力发展乡村特色产业，构建起“一主、两辅、多支撑”（“一主”为城口老腊肉，“两辅”为中药材和山地鸡，“多支撑”为食用菌、核桃、茶叶等区域特色产品）的乡村特色产业体系。深化农村“三变”改革、“三社”融合，持续壮大新型集体经济。

（二）生态优先、绿色发展，绿色崛起走出新路子

锚定绿色发展目标，坚持走生态优先、绿色发展之路。一是加强生态环境保护。全面关闭退出锰产业落后产能，启动全国森林城市创建，全面落实“河长制”“路长制”“林长制”，空气质量优良天数常年保持在360天以上，生态环境质量综合指数连续12年保持全市十个重点功能区第一，荣获“国家生态文明建设示范区”“国家水土保持示范县”称号。二是推动产业绿色转型。全力推进“大巴山硒谷、大巴山药谷、大巴山碳谷”“三谷”建设。推动城口“老腊肉　再出发”，城口老腊肉产量达8000吨、产值提高到10亿元。大力发展现代中药，引进天宝药业等8家龙头企业，中药材种植面积36万亩、产值达7亿元。成功申报全国首个“大巴山碳谷”注册商标，建成清洁能源装机容量38万千瓦（含水电），在建风光清洁能源装机47万千瓦。三是推动全域旅游发展。加快推进亢谷旅游度假区等重点景区建设，拟定2022年6月18日全面开放，创建土城红军老街国家4A级景区。举办“乐GO城口电商直播节”“消夏康养节”等系列活动，累计接待游客510万人次、旅游综合收入10.3亿元，分别增长18.7%、16%。

（三）发挥优势、彰显特色，区域协调发展打开新格局

全面推进市委成渝地区双城经济圈建设“一

号工程”，加快推进区域协调、城乡融合发展。一是区域协同发展取得新进展。更新城宣万革命老区振兴发展示范区建设实施方案，建立两地“一把手”定期召开例会和不定期互访机制，商议重大合作事项，督促推进重点项目。谋划推动协同发展重大项目36个，其中，城宣大邻高速重庆段完成工可招标，万源至城口天然气长输管道城口段已建成，万源段已完成招标即将开工，力争2022年底城口老百姓用上天然气。积极融入渝东北三峡库区城镇群和万达开统筹发展示范区，谋划推动合作事项21项。深化山东临沂东西部协作和九龙坡区对口协同。二是基础设施建设取得新突破。始终把改善交通作为最紧迫的任务，2022年12月30日，G69银百高速城开段建成通车，结束了重庆县县不通高速的历史。2022年11月，渝西高铁全面开工，将城口至万源、城口至巫溪高速公路等重大项目纳入市级“十四五”规划，辖内国省县乡村道路网密度达137公里/百平方公里。三是城市发展品质不断提升。坚持老城减量提质、新城有序开发，城镇开发边界拓展到11.6平方公里，城镇人口增加到8.4万。完成东部新区高速高铁“站城一体”高山生态康养城城市设计规划，已启动建设巴山大道、育才中学等一批重点项目。

（四）尽力而为、量力而行，民生福祉交出新答卷

坚持以人民为中心，着力保障和改善民生，不断满足人民对美好生活向往。一是抓好就业创业工作。探索“校企合作”“按需培训”模式，推进对口劳务协作，推动8.8万人转移就业。优化创业扶持，发展“归雁经济”，发放创业担保贷款近亿元，扶持1000余人自主创业。二是全力推进社会事业健康发展。引进九龙坡区优质教育资源，与重庆育才中学深度合作办学，投资7.5亿元建设城口育才中学，2023年秋季开始招生。未开班之前，开设“南开班”“育才班”各2个，反响好、效果好。推进县医院改扩建、县妇幼保健院迁建工程，县人民医院成功创建2甲医院，村级标准化卫生室全覆盖，在东部新区谋划建设康养一体的特色中医医院。建设落实“三通”医共体改革，县内就诊率达90.2%。三是健全乡村治理体系。健全完善党建引领下自治、法治、德治“三治”融合的治理体系，推行基层治理“三事分流”工作机制，“群众说事、干部答题”经验做法被中央政法委肯定并予以推广。

二、发展中存在的问题

受区位条件、交通条件等因素制约，城口经济高质量发展仍然面临一些突出问题。

一是经济基础差、底子薄。城口目前仍是全市经济总量最小的区县，产业结构不优、增长乏力，对上级转移支付依存度高达90%，人均GDP仅为全市平均水平的33.8%，城乡居民人均可支配收入仅为全市平均水平的62.2%。

二是交通制约突出。G69银百高速城岚段、渝西高铁预计最快分别于2025年、2029年实现贯通，安张铁路、城口至万源、巫溪高速虽然列入市级规划，但并无明显进展，当前城口与周边区县互联互通水平还不高，要素“进不来”、产品“出不去”，交通仍是全县发展最大的瓶颈。

三是生态环境承载能力较弱。城口60.3%的辖区面积被划入生态保护红线管控，自然保护区涉及12个乡镇56个行政村、3.4万余常住人口，生态保护与乡村振兴任务较重。由于山高坡陡地质结构破碎复杂，地质灾害、水土流失易发多发，生态保护修复和安全稳定压力较大。

三、2023年发展思路

下一步，城口将始终保持奋进者姿态，激发创造性张力，传承红色血脉、守好蓝天碧水、走好红色之路，快速推进“三县一城一枢纽”建设，走出一条小而美、小而精的红色、蓝色、绿色高质量发展之路。

一是全面优化县域空间布局。站在重庆看城口，是最远的县，处于最北端；站在全国看城口，处于我国的腹心，是重庆向北的重要连接点，力争全面融入渝东北三峡库区城镇群、川东北经济区发展，加快推进城宣万革命老区振兴发展示范区建设，争取成为万达开川渝统筹发展示范区观察员。同时，按照老城减量提质、新城有序开发，科学布局生产、生活、生态空间，构建中心城区城镇圈、沿高速产业轴、沿任河文旅轴的“一圈两轴”生产力空间布局，创建为生态康养、观光旅游的养心之城。

二是不断提升基础设施能级。加快推进渝西高铁建设，力争到2028年完工；快速推进银百高速（城岚段）建设，争取到2026年通车。全力推进城宣大邻、城口至万源高速公路，围绕产业路、旅游路、瓶颈路，提升路网覆盖率，构建内畅外快的交通体系，成为川东北、渝东北向北（西安）方向的重要连接点。

三是加快推进绿色产业转型。持续推动农文旅融合发展，做好“红色”“绿色”两篇文章，与宣汉、万源共同打造大巴山国际旅游度假区，建设一批高端民宿。加快推动“大巴山硒谷、大巴山药谷、大巴山碳谷”“三谷”建设，深入开展城口“老腊肉　再出发”活动，着力打造以“城口老腊肉”为主的“小规模、多品种、高品质、好价钱”的山地特色高效农业体系。加强人才引育，突出招大引强，开展以商招商、精准招商、产业链招商。

四是全力提升治理效能。聚焦提升乡村“气质”，加强党建引领，构建自治、法治、德治、智治“四治”相融合的治理体系，深化“院落制”“清单制”“积分制”，全面打造善治乡村。持续推广“群众说事、干部答题”特色品牌，深化拓展新时代文明实践积分超市建设，积极推动数字乡村建设，实现乡村治理“一网揽尽”。

（执笔人：段中耀）

丰都县

丰都县人民政府办公室

一、2022 年发展回顾

2022 年是党的二十大召开之年，也是新一届政府开局之年，更是全县上下开拓进取、砥砺奋进之年。面对经济下行压力加大，疫情、旱情、火情“三情”叠加，丰都县坚持以习近平新时代中国特色社会主义思想为指导，全面贯彻党的十九大、十九届历次全会和党的二十大精神，在县委坚强领导下，立足新发展阶段，完整、准确、全面贯彻新发展理念，主动融入新发展格局，高效统筹疫情防控和经济社会发展，较好完成县十九届人大一次会议确定的目标任务。全年地区生产总值增长 4%、达到 391.2 亿元，完成固定资产投资 142.4 亿元、增长 10.2%，社会消费品零售总额 232.6 亿元、增长 2.4%。一般公共预算收入 25.2 亿元、增长 5.4%。城镇、农村常住居民人均可支配收入分别达 41728 元、18829 元，增长 5.3%、7.1%。经济增速保持在合理区间，实现了稳健增长。

（一）工业创造开局良好

整体性重构工业招商机制，推行重大招商“专班制”、区域招商“组长制”、产业招商“链长制”。企业化改革工业园区平台，全面施行“一企一专班”，收回闲置土地 8 宗 195 亩，清退闲置标准厂房 5 家 2.7 万平方米，解决 29 家企业 792 亩用地遗留问题，新增“专精特新”企业 7 家、增长 230%，新增高新技术企业 5 家、增长 45%。系统性重塑工业主导产业，投资 9 亿元的东方希望 PC 构件项目建成投产、投资 9 亿元的绿岛源建材廊道顺利投用，投资 6.3 亿元的 LNG 及储备调峰项目成功落地，莲花山和五洞岩三期风电项目并网发电、风电总装机达到 42 万千瓦，牛肉精深加工及冻库项目投产运营，光明食品屠宰加工项目即将完工，材料工业、清洁能源、食品加工齐头并进。全县规上工业总产值达 156.9 亿元、同比增长 5.2%。

（二）文旅融合相得益彰

成立全市唯一的区县级文化和旅游研究院，深度挖掘丰都文化本底。整体策划名山文化公园，长江（丰都）重要文化遗址长廊等 3 个项目被纳入长江国家文化公园项目库，丰都民俗文化博物馆加快建设，名山景区亮化提升工程基本完工，汇南墓群保护性工程加快实施，陈国勇艺术馆试开园，小官山成功创建 AAA 级景区，中元节活动登上央视《航拍中国》栏目。建成投用南天湖体育公园美食街、梦月湖水上乐园、厢坝季节性停车场，南天湖景区成功入选“2022 中国体育旅游精品项目”、首次进入全国最热门景区 20 强。创新开展系列旅游惠民消费活动，成功举办丰都祈福文化节、第三届南天湖冰雪旅游季，全县接待游客人数突破 2500 万人次，旅游综合收入 126.9 亿元。

（三）现代农业增量提质

新建社坛、虎威等乡镇高标准农田 4.5 万亩，复耕复种撂荒地2.7万亩，蔬菜、榨菜基地面积分别达到12万亩、26万亩，烟叶种植面积增至2.1万亩，投用红心柚加工储藏集散中心，丰都入选全市油茶产业示范园区建设目录，榨菜、萬头出口量稳居全市第一，活鱼出口全市唯一。挂牌成立肉牛产业研究院，新增庭院牧场30个，肉牛存出栏分别达16万头、9万头，进口冰鲜牛肉8万吨、居全市第一。存栏20万羽华裕蛋种鸡场开工建设，204个温氏肉鸡代养场达产运行，孵化雏鸡5000万羽、出栏肉鸡1000万羽、产蛋6亿枚。2个存栏5000头智慧种猪场、30个存栏2400头生猪代养场建成达产，开工重庆良选饲料加工厂，完工温氏屠宰加工厂主体工程。探索建立“新农人+村集体+农户”发展机制，培育“新农人”727户，带动发展新型农业经营主体151家，新认证“两品一标”10个。

（四）乡村振兴蹄疾步稳

扎实开展“大走访大排查大整改”行动，新识别监测对象158户466人，467个问题全面销号。促进脱贫人口外出务工就业3.8万人，消费帮扶购销金额达2.3亿元，小额信贷新增1.2亿元、累计获贷率稳居全市第一，脱贫人口人均纯收入增长13%、达到18230元。完成水利部定点帮扶投资6.6亿元，争取市人大帮扶集团和巴南、荣昌援助资金3999万元，到位枣庄东西协作资金4680万元。统筹涉农资金6.1亿元，实施项目555个，思源水库下闸蓄水、除险加固病险水库8座，建成“四好农村路”150公里、成功创建市级“四好农村路”示范县。全面推进农村人居环境整治，入围中国传统村落8个，创建市级美丽宜居乡村9个，新（改）建农村户厕1145户。强化乡村振兴示范引领，栗子乡乡村振兴工作获市领导肯定性批示，三建乡获“全国五一劳动奖状”。

（五）郊区新城提速成势

科学划定“三区三线”，全面构建“多规合一”国土空间体系，划定城镇开发边界36.7平方公里，新增建设用地7.5平方公里；高标准完成“两水四岸”滨水空间城市设计，优化长江河道管理，释放滨水开发空间3894亩，城市发展更可持续。高铁片区、龙河东至峡南溪快速通道、三湾儿童公园启动征地拆迁，开工丰都港提档升级工程，新增城市口袋公园和街心绿地8个、城市绿地11公顷，基础设施配套更趋完善。龙河生态廊道全线贯通，幸福小学环线、千集汇环线建成通车，商业二路提档升级、峡南溪右转车道拓宽工程如期竣工，道路“微循环”逐步畅通。金科集美东方二期开工建设，千集汇农贸城一期项目、歌德再生资源分拣交易中心、公路物流港建成投用，麻辣鸡产业园入驻投产，电子商务进农村综合示范（升级版）项目深入实施，新增电商市场主体256家，农产品网络零售额实现23亿元、同比增长21%。

（六）改革动能加速释放

积极融入成渝地区双城经济圈和“一区两群”协调发展，与南充合作推动教育资源共享、文旅协作共创。保税仓成功通过审批，丰恒公司取得牛肉进口资质，牛肉进口额5000万元，自由贸易试验区联动创新区建设扎实推进。“放管服”改革持续深化，减少行政审批环节584个，全程网办占比提高至93.2%，实现川渝营业执照、道路运输证、养老保险等34项证照互认共享。国企改革成效卓著，初步构建2个集团统筹、5个专业化公司运营新模式，新增经营性资产293亿元。投融资改革走深走实，策划包装融资项目101个，获批资金66.1亿元、到位45.6亿元，分别增长28.9%、11.6%。加压推动争资立项，到位中央预算内投资、专项债券等资金 16.6 亿元，创历年之最。在全市率先优化复垦政策，全面破解“一户多宅、建新未拆旧”遗留难题，实现地票交易 3.8 亿元，惠及农户 4500 户。营商环境不断优化，大力推行企业遍访、企业评议制度，帮助解决问题 263 个，累计减税降费 3.6 亿元，“企业吹哨·部门报到”逐见效果，“丰速度·助你行”服务品牌广受好评。

（七）生态屏障更加牢固

贯彻落实市级总河长令，实施碧溪河、小佛溪、汀溪河流域水环境综合整治，完成 15 个乡镇 120 公里排水管网改造，长江干流、龙河水质稳定保持为Ⅱ类，渠溪河、赤溪河水质稳定保持为Ⅲ类，河长制工作获市政府督查激励。强化饮用水水源地规范化建设，城乡集中式饮用水水源地水质达标率均达 100%。开展“打击非法捕捞专项行动”，深入实施长江流域“十年禁渔”。强化农业面源污染治理，畜禽粪污综合利用率达 80% 以上。农村生活垃圾收集率、城市生活垃圾无害化处理率均达 100%。加大空气污染防治攻坚力度，新增高污染燃料禁燃区 5.9 平方公里，建成环保烟熏腊肉服务点 15 个、秸秆收储点 50 个，投入新能源出租车 110 辆，空气优良天数增加 7 天、达 343 天。深化落实“林长制”，实施“两岸青山·千里林带”营造林 2.5 万亩。治理水土流失面积 12.5 平方公里，实施矿山生态修复 245.8 亩，66 座小水电全面完成清理整改。

（八）民生事业加快发展

教育资助 8.9 万人次，“双减”工作成为全市先进典型，丰都中学获准重庆大学定向帮扶，职业教育质量位居全市前列。人民医院成功跻身全国首批“千县工程”示范单位，中医院针灸康复成功创建国家级特色专科，县域内就诊率提升至 93.6%。发放创业担保贷款 1 亿元，开展职业技能培训 4750 人次，新增市级创业孵化中心 1 个。基本养老保险参保人数达到 51.1 万人，医疗保险参保率达 96.5%，首批享受长期护理险 154 人。发放民政救助 2.2 亿元，建成“1+3”特困失能照护中心，启动全市未成年人保护试点工作。动态排查自建房 14.5 万栋，拆除危房 26 万平方米，筹集保障性住房 400 套。常态化开展扫黑除恶，新型电信网络诈骗发案率下降 13.4%。安全生产十五条硬措施全面落实，生产安全事故起数、死亡人数实现“双下降”。

始终坚持以人民为中心，推动 10 件重点民生实事落地见效。引进名校重庆谢家湾学校共建幸福小学顺利开学，新增城区学位 1620 个。城镇新增就业 10545 人。中医院住院综合楼主体完工。农村妇女“两癌”免费筛查 2 万人次，孕前优生优育检查 3000 人。建成社区居家养老服务中心 5 个、村级互助养老点 36 个。完成名山街道等 5 个乡镇水厂“一改三提”工程，保障 5 万群众饮水安全。完成老旧小区改造 272 万平方米。新增停车泊位 3347 个。实施农村公路生命护栏工程 260 公里，整治危桥 9 座。完成法律援助 638 件。

二、发展中存在的问题

在充分肯定成绩的同时，也清醒地看到，受疫情灾情旱情、上级政策调整等因素影响，在年初确定的目标任务中，固定资产投资增速等经济指标、老旧小区改造等民生事项没有完成。丰都“双欠”的基本县情尚未发生根本改变，推进高质量发展还有许多瓶颈，面临不少困难和问题，主要有：经济总量不大，产业结构不优，拳头产品不多。市场主体量小质弱，科技创新能力不足。城市建设管理水平有待提高，城乡协调发展还有很多功课要做。政府债务风险还需加力防控、稳妥化解，重点领域改革还有不少“硬骨头”要啃，生态环境保护任务依然艰巨。营商环境还需持续优化，少数干部担当精神不够、斗争本领不强、实干劲头不足，等等。

三、2023年发展思路

2023年，是贯彻落实党的二十大精神的开局之年，是“十四五”承上启下关键之年。2023年政府工作的总体要求是：坚持以习近平新时代中国特色社会主义思想为指引，全面贯彻党的二十大精神，深入落实中央、市委、县委经济工作会议精神，在县委的坚强领导下，坚持稳中求进工作总基调，完整、准确、全面贯彻新发展理念，积极服务和融入新发展格局，着力推动高质量发展，更好统筹疫情防控和经济社会发展，更好统筹发展和安全，持续提振信心，持续扩大内需，持续深化供给侧结构性改革，努力实现稳进增效、除险清患、改革求变、惠民有感，争分夺秒、真抓实干，推动经济实现质的有效提升和量的合理增长，加快建设现代化的美丽丰都。

坚定不移攻坚重大项目，努力稳定投资扩大消费。抢抓政策窗口期、市场机遇期，先人一步、快人一拍，激发市场主体活力，赋予投资更大空间，让市场消费稳健增长。

坚定不移接续工业创造，提速建设全市绿色工业基地。举全县之力打造投资热土，引进大项目，建设大集群，筑牢工业经济“压舱石”，夯实县域经济发展硬支撑。

坚定不移以文塑旅，加快落实“一园三线”总蓝图。顺应旅游经济恢复式增长的社会预期，瞄准年轻人发展新旅游，全面推进文化创意、旅游创业，提速打造国际知名的文化旅游目的地。

坚定不移建设郊区新城，加快推进以县城为载体的新型城镇化。坚持人民城市人民建、人民城市为人民，提高城市规划、建设、治理水平，让丰都更具“时尚感”、更有“烟火气”。

坚定不移发展现代农业，建设宜居宜业和美乡村。培育“新农人”发展新农业，聚焦“名特优新”，打造国家农业现代化示范区，实施乡村建设行动改善基础面貌，加快实现产业兴、乡村美、农民富。

坚定不移深化改革创新，着力激活发展新动能。深入推进改革创新，深化基础性、关键性领域的改革，强化创新创造，为丰都发展注入新的活力。

坚定不移推动绿色发展，努力建设美丽山水之地。牢固树立和践行绿水青山就是金山银山的理念，协调推进降碳、减污、扩绿、增长，推进生态优先、节约集约、绿色低碳发展。

坚定不移增进民生福祉，不断提高人民生活品质。坚持尽力而为、量力而行，注重在发展中保障和改善民生，解决好人民群众急难愁盼问题，不断实现人民对美好生活的向往。

（执笔人：陈柳潼）

垫江县

垫江县人民政府办公室

一、2022年发展回顾

2022年，垫江县坚决贯彻党中央国务院决策部署、市委市政府工作要求，坚决落实“疫情要防住、经济要稳住、发展要安全”要求，加快构建“三个功能区”，扎实推进“四大工程”，稳住经济大盘、稳定社会大局取得实际成效。地区生产总值实现530.6亿元、增长4.3%；一般公共预算收入21.1亿元、增长12.3%；城镇、农村常住居民人均可支配收入分别增长5.6%、7.5%。

（一）着力稳增长，经济发展稳中提质

扩投资促消费。固定资产投资增长14.2%，社会消费品零售总额增长2.2%。高新区23个项目落地开工，20个项目建成投产；东部新区PPP项目累计完成投资92%；明月山乡村振兴示范带开发建设完成顶层设计，八大引擎项目陆续展开；大垫丰武高速公路顺利开工，长寿至垫江快速物流通道进入上位规划。开展系列消费惠民活动，带动销售收入20多亿元；电子商务进农村综合示范项目通过商务部绩效评价。育主体增活力。新培育“四上企业”43家，新注册市场主体增长15.7%；累计“退缓减降”税费5.2亿元、惠及市场主体1.4万户次；护航保障工业企业迎峰度夏供电，助力企业抗疫、生产“两不误”。壮产业强实体。规上工业增加值增长4.9%，三大主导产业产值占规上工业总产值的85.7%；中材渝建节能环保材料等32个项目成功落户，瑞谷星汽车零部件及智能农机产业园等10个亿元级项目落地动建，川久食品、清水湾食品入选全市消费品工业重点培育品牌企业。“建筑强县”有新起色，新增一级建筑企业7家，入围全市装配式农房建设试点县。农业效益不断显现，粮食种植近100万亩、产量超40万吨，大豆玉米带状复合种植2.4万亩，发展牡丹、芍药等特色高效农业3万亩，获评国家级农业现代化示范区创建县、国家级水稻制种大县、市级油菜制种大县。服务业加速升级，渝东国际农贸城（A区）建设完工，渝东国际汽贸城、明月夜巷特色街区建成营业，牡丹樱花世界（二期）、瓜子坪露营基地建成投用，近郊休闲游、都市微度假渐成气候。

（二）着力强动能，改革开放创新不断深化

改革引领发展。完成四大集团组建，资产规模增长13.7%，投融资能力有效提高；制定全县机关事业单位、教育系统和医疗卫生系统人事调配办法，全面实行国有企业新进人员集中统一公开招聘；完善乡镇（街道）财政管理体制、东部新区财政预算管理体制；农村“三变”改革试点村覆盖率达62.5%，杠家镇花园村种植联盟被纳入农业农村部农业社会化服务典型并在全国推介；“县管乡用”破解基层医疗人才短缺难题经验做法获新华社报道。开放带动发展。主动融入双城经济圈建设，5个项目纳入川渝合作重点事项，上线“垫江—大竹”科研设施与仪器共享平

台；长垫对口协同发展取得实效，联合引进4万吨生物质颗粒燃料生产项目落户垫江；全年招商签约项目213个、到位资金60亿元。创新驱动发展。高新区创建指标达标11项、序时推进2项；高技术产业、战略性新兴产业产值分别增长24.4%、31.7%，全社会研发经费投入增长10%；引育国家高新技术企业25家，新增市级科技型企业25家、市级“专精特新”企业18家、国家级专精特新“小巨人”企业2家；成为国家知识产权强县建设试点县；科技特派员服务“三农”信息化平台获评全市数字乡村建设“十佳优秀案例”。

（三）着力优生态，减污降碳协同增效

生态本底持续巩固。科学划定“三区三线”，守好152.2平方公里生态保护红线；治理水土流失59平方公里，完成矿山绿色改造2个、废弃矿山生态修复110亩，森林覆盖率保持在46%。污染防治有力有效。城乡污水处理率分别达99%、87%，主要河流水质稳定达到Ⅲ类，城区空气质量优良天数346天、增加19天。节能降碳有序推进。完成“两高”项目整改7个、节能技改项目10个，捷力轮毂建成全市最大屋顶分布式光伏发电项目，天圣制药获评市级“绿色工厂”，万元GDP能耗下降3.1%。

（四）着力提品质，城市承载能力增强

功能开发提速。高标准完成东部新区产业策划和城市设计，三合湖湿地公园、优质教育基地等功能性设施建成投用，城区面积拓展至25.4平方公里，常住人口城镇化率提高1个百分点。品质气质提升。完成老城区重点地段和城市空间节点品质提升设计方案编制，改造老旧小区102.5万平方米、棚户区3.5万平方米，靓化提升文笔湖公园等4个城市公园，加快建设白龙湖公园，新增城市绿地45万平方米。管理治理提档。治理城市违法建筑1.3万平方米，拆除城区建筑物外立面防护网和雨棚近3万个，新建24小时免费停车位1150个，建筑垃圾消纳场、生活垃圾焚烧发电厂建成投用，城市生活垃圾分类示范覆盖率达100%。

（五）着力促振兴，乡村更加富裕美丽

脱贫成果有效巩固。消除脱贫监测风险户308户890人，促进脱贫劳动力和监测对象就业9946人，实现消费帮扶1亿元，没有一户一人因疫情、旱情、灾情返贫致贫。示范引领逐见成效。明月山乡村振兴示范带“三区三带”、明月天香旅游度假区启动建设，大石乡市级重点帮扶示范加快打造，沙坪镇、新民镇获评市级乡村振兴示范镇，周嘉镇获评市级乡村振兴示范产业乡镇，坪山镇、大石乡获评市级农业产业强镇。人居环境明显改善。建成“四好农村路”254公里，安装安全防护栏150公里，改造农村危房148户、户厕1966户，创成市级美丽宜居乡村3个，农村生活垃圾分类工作机制被纳入住房和城乡建设部示范案例。

（六）着力办实事，社会民生持续改善

就业和社保体系更加完善。城镇新增就业增长24.1%，基本养老、医疗保险参保率均保持在95%以上，发放各类救助资金1.9亿元、惠及31万人次，社会救助工作获全国先进表彰，成为全市构建未成年人保护协调联动机制唯一试点县。社会事业加快发展。学前普惠性幼儿园覆盖率达95.6%，公办园在园幼儿占比达52%；建成投用学校7所，新增学位8000余个；落实“双减”政策满意率达98.6%；高考本科上线率提升至65.2%，特殊类型资格线上线率30.7%、增长6.6%。县级养老护理院全面建成，县医院内科大楼、中医院康复示范中心完工投用，中医院成为重庆中医药学院首家县级附属医院。全市首部乡村振兴题材音乐剧《牡丹红》成功上演。民生实事落地见效。15件重点民生实事全部兑现，免费为4714户困难群众安装燃气安全装置，完成玉河水厂技改，改造老旧管网572公里，农村集中供水普及率达94.2%，城乡供水水质稳步提升。

（七）着力防风险，底线底板切实筑牢

坚决守住红线。加强财政运行调度，政府债务风险总体可控；县域内银行业金融机构不良贷款率小于1%；妥善处置“1·17”凝析油泄漏事故，全年未发生较大以上突发环境事件；撂荒地复耕2.2万亩、复种1.7万亩，补足耕地缺口8000亩，坚决遏制耕地“非农化”、防止“非粮化”。不断夯实底线。圆满完成党的二十大等重要时间节点安保维稳工作，刑事案件、侵财案件、可防性案件分别下降18.5%、29.6%、35%；开展全民反诈专项行动，避免和追回群众经济损失916万元；开展“治重化积”专项行动，信访事项及时受理率、按期办结率均达100%；全年生产安全事故起数和死亡人数分别下降35.7%、43.8%；沙坪镇毕桥村获评全国先进基层群众性自治组织、全国民主法治示范村。全力稳固防线。科学应对极端高温干旱天气，森林火灾实现“零发生”；成功处置“10·4”“11·7”两起突发疫情，防控工作从“防感染”向“保健康、防重症”平稳转段。

二、发展中存在的问题

主要体现在：一是工业支撑偏弱。二是优强大型企业不多。三是城市能级不足。四是财政收支压力增大。五是民生领域仍有短板。

三、2023年发展思路

2023年是全面贯彻落实党的二十大精神的开局之年，是新时代新征程新垫江发展的关键之年。经济社会发展主要目标是：地区生产总值增长7%以上，争取实现更好结果；固定资产投资增长12%左右，社会消费品零售总额增长7%左右，一般公共预算收入增长10%左右，全体居民人均可支配收入增长8%左右，居民消费价格涨幅控制在3%以内，城镇调查失业率控制在5.5%以内，粮食生产、节能减排降碳等指标完成市上下达任务。

（一）全力抓项目促投资

实施重点项目提速行动，加快建设“四大工程”等重点项目，谋划储备中央预算内投资、专项债券等项目，强化土地、能源、资金等要素保障，确保完成固定资产投资在245亿元以上。

（二）全力抓招商增后劲

秉承精准、舍得、执着的招商理念，树立抓招商就是抓产业、促发展、谋未来的意识，更加注重招商落地投产达效，更加注重产业链和企业家招商，聚力实施“逐梦他乡、回报垫江”垫商回归行动、金牌“垫小二”助企行动，提升“投资垫江”品牌的显示度和影响力。

（三）全力兴园区强产业

充分发挥高新区作为垫江发展第一引擎的作用，全面完成市级高新区“以认促建”任务，做优新材料、汽摩装备、消费品三大主导产业，做实数字经济，开展工业企业高质量发展评价，实施智能制造示范工程、推动集约制造、提升亩均效益，确保全年规上工业增加值增长10.5%。

（四）全力提能级强城市

抢抓国家实施以县城为重要载体的城镇化建设契机，对标主城都市区等质提升城市规划建设管理水平，加快完善东部新区商贸、服务、产业功能，推进旧城有机更新，增强城市集聚效应和县城承载功能，推动常住人口城镇化率提高至53%。

（五）全力促振兴富乡村

以市县镇三级分类示范为点，以明月山乡村振兴示范带为线，统筹推进农产品主产功能区、农文旅融合功能区发展，实施种业提升、农业机械化扩面、本土品牌塑造行动，着力改善交通、住房、用水等人居环境，守住不发生规模性返贫、粮食安全、耕地保护三条底线，推动乡村全面振兴。

（六）全力畅通道活经贸

着力更深参与双城经济圈大循环，更好融入主城都市区，打通外部“大动脉”、疏通内部“微循环”，以实施电商壮大行动为契机畅通市场物流循环，活跃商贸文旅消费，聚集人气、提振商气。

（七）全力促改革添动能

纵深推进数字政府、国资国企、“放管服”“三农”等重点领域改革，深度融入成渝地区双城经济圈建设，加快明月山绿色发展示范带和长垫对口协同发展，加快构建以企业为主体的创新体系，积极引育国家高新技术企业、市级科技型企业、“专精特新”企业、创新型中小企业，全面提升科技创新能力，着力以改革破除机制障碍、以开放促进内外循环、以创新激发发展活力。

（八）全力护生态降能耗

坚持走生态优先、绿色发展之路，协同推进降碳、减污、扩绿、增长，创建一批节约型机关、单位、企业，加快创建“无废城市”，真正让明月山常绿、龙溪河常清、垫江蓝常在。

（九）全力惠民生保稳定

滚动实施20件重点民生实事，实施独居老人关爱行动，提高就业、社保、医疗、教育等领域的公共服务水平，落实新冠病毒感染“乙类乙管”各项举措，深化市域社会治理现代化试点，开展安全生产风险专项整治，化解房地产、政府债务等风险，坚决守住安全稳定底线。

（执笔人：王嘉辉）

忠县

忠县人民政府办公室

一、2022 年发展回顾

2022 年，是本届政府开局之年，是忠县发展历程中极不寻常、极不平凡的一年。在市委、市政府和县委坚强领导下，忠县坚持以习近平新时代中国特色社会主义思想为指导，按照市第六次党代会部署，全面落实“疫情要防住、经济要稳住、发展要安全”指示要求，高效统筹疫情防控和经济社会发展，统筹发展和安全，坚持“双特”发展思路，加快建设“一地一城三区”，旗帜鲜明讲政治，坚定不移抓落实，千方百计出成果，全年实现地区生产总值 508.1 亿元、增长 4.1%，固定资产投资 233.7 亿元、增长 11.5%，全体居民人均可支配收入 33831 元、增长 8.9%，经济运行保持在合理区间。

（一）坚持人民至上不动摇，大战大考的“底气”更足

以快制快战疫情。面对形势严峻的疫情，坚持人民至上、生命至上，因时因势优化调整疫情防控措施，设置发热门诊（室）及发热哨点 594 个，扩容 ICU 床位 153 张，建立乡村救治小分队 372 个，60~79 岁人群疫苗全程接种率、加强免疫接种率均超过 95%，80 岁以上人群疫苗第一剂接种率、全程接种率、加强免疫接种率均超过 90%，超额完成疫苗接种任务，防控工作重心从“防感染”向“保健康、防重症”平稳转段。严防死守战火情。面对全市 20 多个区县发生森林火灾的严峻形势，建立健全“抓住四个关键、管住七类人员、消除三个隐患、压实六方责任”森林防灭火工作机制，66 起火情均做到“打早打小打了”，全县实现森林“零火灾”，县国有林场获评全国森林草原防火工作先进单位。多管齐下战旱情。面对有完整气象记录以来最极端的高温干旱天气，坚持“先生活、再生产、后生态”原则，科学做好水资源统筹调配，累计为 8 万多群众应急送水，全县未出现因旱返贫、整村连片缺水断水、因缺水导致人员伤亡等现象。

（二）坚持转型升级添动能，县域经济的“底盘”更稳

绿色工业做大做强。市级高新技术产业开发区提速创建，新增国家级专精特新“小巨人”企业 1 家、市级“专精特新”企业 13 家，培育高新技术企业 8 家、科技型企业 24 家，规上工业增加值增长 5.2%、位列渝东北片区第三。新能源产业势头强劲，特瑞新能源产值突破 30 亿元，忠润能源成为西南地区最大 LNG 加工处理基地，天辉能源部分产品掌握国内市场定价话语权。生物医药产业持续发展壮大，海南海药西部（忠县）医药产业基地试投产，天地药业产品氨曲南的国内市场占有率居第一。智能装备产业发展快速，新润星形成 5000 台高端数控机床产能，宇豪光学医疗设备专用摄像头的国内市场占有率超过 90%。资源加工产业前景可观，海螺水泥智能工厂生产线完成升级改造，成功入选全

市装配式建筑产业链“链主”企业；派森百新增年加工能力12万吨鲜果榨汁生产线，完成双线联动生产线改造。现代山地特色高效农业做精做细。加快构建“3+2+4”现代农业产业体系，发展“一村一品”经济作物38.2万亩，农业增加值增长3.7%。加强粮食和重要农产品稳定安全供给，实施高标准农田建设及土地整治12万亩，全年粮食产量超过40万吨，获评全国大豆科技自强示范县。加力打造特色品牌，获评重庆名牌农产品14个、列全市首位，忠县蜂糖李被纳入全国名特优新农产品名录，派森百获评农业农村部2022年农业品牌创新发展典型案例。加速推动“接二连三”，省部共建国家级（忠县）柑橘交易市场获批，全国绿色食品原料（柑橘）标准化生产基地成功创建，中国（重庆）国际农产品加工产业园规划建设提速，累计培育规上农产品加工企业24家、加工示范企业12家，农产品加工业产值突破40亿元。现代服务业做优做实。发展文化旅游业，“三峡库心·长江盆景”入选巴蜀文化旅游走廊十大主题游，皇华城考古遗址公园入选长江国家文化公园（重庆段）十大重点项目，独珠江村成为市民新打卡点，新立获评全市首批乡村旅游重点镇，新立文笔社区入选第四批全国乡村旅游重点村，全年接待游客突破1200万人次、旅游综合收入71.8亿元。发展商贸服务业，县城商业体系不断完善，万达广场正式入驻忠县，成功推出“临江鱼”“笋竹宴”等一批本土特色餐饮品牌，《白居易——心安即是归处》美食集在央视纪录频道播出，农村电商交易额43.5亿元，“柑橘网”累计交易额突破60亿元。发展物流业，县邮政业发展中心揭牌成立，新生港物流园区产业规划全面完成，万商国际仓储物流园、忠农智慧冷链物流基地等项目加力推进。发展研发设计、信息服务等新兴业态，累计培育科技服务机构37家。

（三）坚持统筹协调促均衡，城乡面貌的“底色”更靓

城市品质有新提升。提升功能品质，完成“三区三线”划定，九蟒市政道路A线、㽏井河二桥、苏家污水处理厂三期等建成投用，金天门等城市易涝点完成改造。提升生活品质，动态消除城市照明暗盲区，完成老旧小区改造57万平方米，“数字城管”覆盖面积扩大至20平方公里。提升生态品质，忠义大道绿化美化全面完成，10个老城区环境“小而美”惠民提升项目全面完工，5处山城花境成为城市特色品牌，新增城市绿地15万平方米。提升人文品质，全国文明城市顺利通过年度测评，三峡留城·忠州老街保护修缮做法入选全市城镇老旧小区改造示范目录，白公祠、石宝寨被命名为全市首批历史名园。乡村振兴有新进展。持续巩固拓展脱贫攻坚成果，“两不愁三保障”及饮水安全问题实现动态清零，未出现一例返贫和新致贫户。持续完善基础设施，安装生命护栏140公里，建成“四好农村路”100公里，成功创建市级“四好农村路”示范县，三峡橘乡·田园综合体环线获评全市“最美农村路”；黄钦水库扩建工程加快建设，农村饮水安全“一改三提”行动提速推进，农村自来水普及率达92%。持续建设美丽乡村，花桥东岩古寨被《人民日报》整版宣传，复兴凤凰村白鹭飞翔的美丽奇观多次登上国家主流媒体，磨子竹山村获评中国美丽休闲乡村，成功创建市级美丽宜居乡村5个、美丽庭院350个。城乡环境有新改善。城区空气质量优良天数达350天，比2021年增加8天，城市空气更加清新。长江“十年禁渔”深入实施，长江干流忠县段及主要支流水质稳定达Ⅱ类标准，城乡集中式饮用水水源地水质达标率均为100%，一江碧水更加清澈。完成国家储备林收储10万亩，完成国土绿化营造

林30.4万亩，实施“两岸青山·千里林带”工程3.8万亩，忠州大地更加翠绿。碳达峰碳中和有序推进，县工业园区成功创建市级绿色园区、成为全市唯一获此命名的县级园区，单位地区生产总值能耗下降3%，绿色生产方式应用更加广泛。生活垃圾全生命周期管理链条基本建成，厨余垃圾处理中心一期项目建成投用，无烟党政机关实现全覆盖，绿色生活氛围更加浓厚。

（四）坚持改革开放注活力，内外联动的“底座”更优

重点改革持续深化。扎实推进供给侧结构性改革，全面清理国有资产164亿元，盘活国有资产124亿元，去除房地产库存40万平方米。扎实推进国资国企改革，圆满完成国企改革三年行动40项重点任务，国企内部管理能力和水平全面提升，金土公司实现市场化运营，经营性国有资产集中统一监管率达100%。扎实推进农村改革，率先在全市实现涉农村（社区）“三变”改革全覆盖，成功举办全市“三变”改革经验交流会，县农村经济经营管理站获评全国农村集体产权制度改革工作先进集体，村集体经济组织经营性收入达1.29亿元。扎实推进公共资源交易监管改革，公开招标项目电子招标投标率达100%。开放能级持续强化。拓宽开放通道，渝万高铁忠县段开工建设，忠信大道建成通车，忠石沿江旅游公路形象初显，新生港铁路专用线、梁忠石高速等项目前期工作取得积极进展。提升开放平台，工业园区入驻企业120家，新生港货物吞吐量超过400万吨，“数字产业特色小镇”获评首批全市服务业扩大开放综合试点示范项目。壮大开放主体，全年引进项目169个、协议引资332亿元，实际到位资金106亿元，招商引资工作居渝东北片区前列；自营进出口权备案企业58家，进出口总额超过9000万元。唱响开放品牌，“忠橙”常态化出口东南亚，年出口量突破3000吨，“忠县造”的品牌影响力越来越大。营商环境持续优化。精准助企纾困，全面落实各项稳企惠企政策，开展“企业吹哨·部门报到”专项行动，协调解决100余家企业发展难题，累计为市场主体减负让利近5亿元。优化政务服务，“放管服”改革持续深化，“渝快办”实现政务服务事项全覆盖，工程建设项目全流程审批时限压缩7%，企业开办时间缩短至1个工作日，新增市场主体8465户、增长14.1%。激发企业活力，累计发放知识价值信用贷款5.2亿元，新增授权专利216件、注册商标752件，南泰电子、庆之都建材、聚融建设3家企业获评国家知识产权优势企业。

（五）坚持改善民生增福祉，共同富裕的“底子”更实

民生实事更贴心。扎实推进年度民生实事办理，15件重点民生实事全面完成，消除高层建筑火灾隐患220处，加装多层建筑电梯6部，建成“劳动者港湾”示范点6个。建立网上民生实事办理机制，主动听民意解民忧，坚持“有呼必应、有应必行”，动态办理网上群众意见建议317件次，切实解决老百姓反映的违法搭建、噪声扰民、乱停乱靠等“家门口”身边事。社会保障更暖心。兜牢民生保障底线，发放社会救助金超过2亿元，城乡居民基本养老、医保参保率稳定在95%以上。优化养老服务供给，建成乡镇养老服务中心7个、村级互助养老点50个，实现城乡社区养老服务设施全覆盖。扩大残障福利范围，“百千万惠残助残行动”顺利完成，创建“渝馨家园（残疾人之家）”6家，为残疾人提供辅助器具适配服务1185人次；启动长期护理保险制度试点，解决117名重度失能人员日常照护问题；在全市率先推进精神障碍社区康复服务向农村地区扩展试点，惠及精神障碍患者1000余

人。持续深化双拥创建，发放抚恤补助和优待金8000万元，退役军人服务规范化建设全面达标。推进安置房交付使用，完成分房入住3520套、33.6万平方米。社会事业更舒心。坚持就业优先，城镇新增就业1.13万人，新增创业5800余人。办好人民满意教育，忠州三小新校、忠州幼儿园鸣玉校区建成投用，学生课后服务参与率高于全市平均水平，义务教育“双减”成果不断巩固。强化全方位健康保障，县人民医院获评三级医院，人均预期寿命提高到78.6岁，筑牢基层医疗防线做法登上央视《新闻联播》，全国卫生县城通过复评。繁荣文化体育事业，3人荣登“中国好人榜”，县文保中心获评全国石窟寺专项调查先进单位，小品《爷爷的奖杯》获全国群星奖重庆选拔赛一等奖，电影《99万次拥抱》获全市精神文明建设“五个一工程”优秀作品奖，开展流动文化进村服务1600余场，举办全市篮球超级联赛等体育活动60余场次。

（六）坚持安全稳定固根基，社会和谐的“底线”更牢

安全生产形势稳定向好。建立实施“五查四改月述考”抓安全工作机制，生产安全事故起数、死亡人数实现“双下降”，连续十年未发生较大及以上生产安全事故，安全综合监管经验被市安委办印发交流，安全生产和自然灾害防治工作获评全市先进等次。加强重点领域安全监管，“两单两卡”制度实现全覆盖，道路交通、建设施工等领域事故起数大幅下降，消防、危化烟爆、城镇燃气、地质灾害等领域实现人员“零伤亡”，全年“特护期”实现“零事故”。提高防灾减灾救灾能力，自然灾害事件起数下降44.4%，累计救助受灾困难群众11.3万人次。社会治理水平稳步提高。抓好基层社会治理，在全市率先探索城乡社区治理“四单”工作法，新立桂花村获评全国民主法治示范村，法治副主任工作做法在全国市域社会治理研讨中获得肯定。抓实矛盾纠纷化解，制定集访非访快反处置“五条措施”，创新开展手机信访，“治重化积”专项治理取得明显成效，信访联席会规范化建设“三三制”得到市信访办充分认可。抓牢社会治安防控，电信反诈工作全市第一，十八年来首次实现命案“零发案”，刑事警情、治安警情、案件立案数实现“三下降”，忠州第一派出所获评全国优秀公安基层单位，县公安局荣获集体三等功。防范化解重大风险稳妥推进。圆满完成党的二十大维稳安保工作，政治、经济、社会、意识形态等领域风险得到有效控制。严控政府债务风险，建立实施债务管理“1631”工作机制，综合债务率控制在红色警戒线下。着力化解房地产市场风险，积极争取“保交楼”专项借款资金，恒大系项目风险化解取得实质性进展，化解路径和做法被推广借鉴。扎实推进清欠工作，清偿拖欠中小企业账款4558万元。

二、发展中存在的问题

同时，发展中还存在一些问题和短板。一是经济总量、综合实力仍然较弱，以数字化改革推动产业转型升级、增强科技创新能力需持续用力。二是项目策划深度还不够、转化能力有差距、要素保障有缺口，投资亟待放量增效。三是城乡融合度还不高，需加快破解交通、能源、水利等基础设施瓶颈。四是财政收支矛盾突出、平衡压力较大，提升就业、教育、医疗、社保、养老等民生保障水平需久久为功。

三、2023年发展思路

全县经济社会发展主要预期目标是：地区生

产总值增长7%左右，工业增加值增长14%左右，固定资产投资增长12%左右，社会消费品零售总额增长在11%以上，一般公共预算收入增长在10%以上，全体居民人均可支配收入增长在8%以上。主要约束性指标是：长江干流忠县段水质满足水域功能要求，PM2.5年均浓度控制在35微克/米^{3}以内，城镇新增就业6000人以上，粮食产量稳定在40万吨以上，居民消费价格涨幅控制在3%以内，单位地区生产总值能耗下降3%左右。

一是聚力抓项目投资，在保持经济合理运行上狠下功夫。千方百计抓项目、抓招商、抓资金，切实稳住经济基本盘。二是聚力抓绿色工业，在壮大四大产业集群上狠下功夫。坚持科技是第一生产力，把制造业高质量发展放在更加突出的位置，推动四大产业集群增量增效。三是聚力抓现代服务业，在释放市场活力上狠下功夫。大力发展数字经济，推动商贸物流提档升级，促进商文旅体融合发展，努力打造新的经济增长点。四是聚力抓特色江城，在建设山水宜居之城上狠下功夫。扎实推进以县城为重要载体的城镇化建设，不断提高城镇发展的协同性整体性，打造宜居、韧性、智慧城市。五是聚力抓乡村振兴，在加快农业农村现代化上狠下功夫。坚持农业农村优先发展，扎实推进乡村发展、乡村建设、乡村治理，打造城乡融合发展示范区。六是聚力抓改革开放，在营造一流发展环境上狠下功夫。推动改革开放相互促进、协同发力，让忠县成为投资发展的沃土、创业兴业的热土。七是聚力抓减污降碳，在提高生态环境质量上狠下功夫。加强生态环境治理和保护，促进经济社会发展绿色转型，不断改善生态环境，让绿色成为忠州大地最动人的色彩。八是聚力抓民生福祉，在改善群众生活品质上狠下功夫。坚持在发展中保障和改善民生，滚动办理一批重点民生实事，落实好网上群众意见建议办理机制，让群众的获得感、幸福感、安全感更加充实、更有保障、更可持续。

（执笔人：谭陶、谢娟）

云阳县

云阳县人民政府办公室

一、2022年发展回顾

2022年，云阳县坚持以习近平新时代中国特色社会主义思想为指导，全面贯彻落实党中央、国务院决策部署和市委、市政府工作安排，紧紧围绕把习近平总书记殷殷嘱托全面落实在重庆大地上这条主线，统筹疫情防控和经济社会发展，统筹发展和安全，踔厉奋发、勇毅前行，经济社会发展态势良好。实现地区生产总值557.7亿元，增长4.7%；一般公共预算收入18.1亿元，增长0.3%；全社会固定资产投资302.4亿元，增长17.7%；社会消费品零售总额394.3亿元，增长2%；城乡居民人均可支配收入达到27572元，增长11.7%。

（一）坚定不移稳住经济大盘、发展现代产业，推动高质量发展实现新突破

一是推动经济稳增长有力有效。统筹疫情防控和经济社会发展，科学高效处置多点散发疫情，“云上健康”经验做法在全市交流推广，“乙类乙管”平稳有序转段，疫情期间不停课、不停产、不休市，有力实现“两个最大”目标。坚持“盯着项目干”，173个重大项目完成投资206.8亿元；全国首单政策性金融基金8亿元投放云阳，获克强总理肯定性批示；投资超10亿元的华地云谷、雲扬电子、洞鹿风电在云阳“安家落户”。着力“围着主体转”，创新开展“我为企业找政策”“大比武”，兑现暖心惠企政策5.2亿元；实施市场主体培育“双增”行动，净增市场主体1.2万户、“四上企业”137家。大力激发消费活力潜力，滨江购物公园建成开街，成功举办第二届“天生云阳”金秋节系列活动，累计拉动消费150亿元。二是现代产业加快发展。“三大产业集群”总产值超300亿元，规上工业增加值增长4.7%；成功培育国家级“专精特新”小巨人企业1家、市级11家，云海药业、金田塑业入围全市制造业100强。柑橘、中药材产值突破26亿元，新培育市级以上农产品品牌16个，农业增加值增长6.3%。环湖绿道成功创4A，荣登2022年全国县域旅游发展潜力百佳县榜首。航运运力排名保持全市第一。三是创新驱动持续增强。“中国复眼”落户云阳，历史性迎来国家级重大科技项目。培育国家高新技术企业16家、市级科技型企业72家。首期人才公寓正式启用，124名青年人才“拎包入住”。成功入选国家知识产权强县建设试点。

（二）坚定不移促进城乡融合、改善社会民生，创造高品质生活取得新进展

一是城市更新提升深入实施。黄石高铁新城焕然一新，东部新城、水口产业新城建设全面提速。加快公园城市建设，新增城市绿地面积53万平方米，人均公园绿地面积达20.4平方米，实现“城在花园中、人在风景里”。不断完善城市功能，完成城镇老旧小区改造234万平方米、棚户区改造15.8万平方米，2.9万户市民“旧居换

新颜”；柏杨湾智慧农贸市场如期开市，“一盏灯”点亮“四街四镇”。央视“走进县城看发展”让全国目光聚焦“天生云阳”。二是乡村振兴加快推进。围绕农业增产，耕地补充恢复8122亩、撂荒地复耕复种6469亩，实施高标准农田建设和宜机化改造6万亩，粮食产量稳定在40.2万吨以上，稳粮保供工作获国务院领导肯定批示；强化“一综两园四带”示范引领，“五指印江”田园综合体开工建设。围绕农民增收，推动巩固拓展脱贫攻坚成果同乡村振兴有效衔接，脱贫人口转移就业6.3万人，全县村集体经营性收入突破1亿元。围绕农村增美，大力开展以道路交通为主的通道环境综合整治，100公里重点路段成为靓丽风景线；新（改）建农村卫生厕所3700户，农村生活垃圾有效治理率达98%以上；创新推进积分制，“小积分”兑出乡风“大文明”。三是基础设施加快完善。加速打通对外大通道，郑渝高铁全线通车，云阳融入全国“八横八纵”高铁大动脉；江龙高速、巫云开高速进度分别达58%、42%，万云奉巫江南高速成功被纳入国家高速路网规划。持续畅通内部大循环，龙耀路、后青路等一批国省干道建成通车，村民小组通畅率达96.5%。天然气长江穿越工程全线贯通。现代化水网主骨架加速构建，青杉、马包圆、大堰滩水库下闸蓄水，杉树沟、中和水库竣工投用，农村集中供水率达88%。四是人民生活持续改善。全面完成市县重点民生实事20件。就业保障更加充分，城镇新增就业人口11896人、增长87.6%。“云阳面工”获央视新闻、《人民日报》点赞。教育质量不断提升，改扩建学校115所，新增优质学位7010个，初四中、职教中心东城校区开学招生，重庆幼儿师专梨园校区在校大学生达到2500人，义务教育“双减”政策有效落实，学科类校外培训机构在全市率先清零。医疗服务持续增强，县妇女儿童医院、县人民医院龙缸分院建成投用，在全市率先推进医疗保障服务下基层，19项服务让群众“近享快享”。兜底保障更加稳固，6.4万名困难群众基本生活得到有效保障，城乡居民医疗、养老保险参保率稳定保持在95%以上。县乡村三级养老服务体系实现全覆盖。安全生产事故实现“两防控两下降两杜绝”，社会大局和谐稳定，人民群众安居乐业。

（三）坚定不移优化营商环境、深化改革开放，融入内陆开放高地迈出新步伐

发布云上营商数字化治理平台，自主开发“政策通”等“云上+”系列产品，让数字多跑路、群众少跑腿，营商环境工作获市政府督查激励。深化国资国企改革，“四盘”清理扎实开展，资产总量突破600亿元。抢抓RCEP机遇，“云阳红橙”出口东南亚，“两朵菊花”远销北美、新加坡，进出口总额达2.5亿元。英国、日本、菲律宾大使、参赞相聚巴阳枇杷节，“让云阳知道世界、让世界知道云阳”蜚声海外。

（四）坚定不移增强“上游意识”、担起“上游责任”，建设山清水秀美丽之地展现新成效

牢固树立“绿水青山就是金山银山”理念，尊重自然、顺应自然、保护自然，不断擦亮绿色本底，生态“名片”更加亮丽。一是生态修复持续强化。全县森林覆盖率达到61.2%，“林长制”工作获国务院督查激励。综合治理水土流失面积70.2平方公里，完成矿山修复17.5公顷。高标准完成第二轮中央环保督查整改任务。龙缸片区获批市级“绿水青山就是金山银山”创新实践基地。二是减污治污扎实推进。深化蓝天、碧水、净土三大保卫战，在全市率先实现涉气“散乱污”企业整治销号清零，空气质量优良天数占比达97.8%，为历史最好水平；完成长江入河排污口整治152个，“一江九河”水质稳定保持在

Ⅲ类以上，集中式饮用水水源地水质达标率实现100%。河流保护考核等级评价经验做法被水利部全国推广。三是节能降碳深入实施。坚决遏制“两高”项目盲目发展，成功创建市级绿色工厂3个，在全市率先建设“双碳”常态化监测平台，“碳惠通”正式上线，能耗强度总量“双控”年度目标圆满完成。

（五）坚定不移发挥“节点作用”、强化区域协同，推动成渝地区双城经济圈建设打开新局面

认真落实成渝地区双城经济圈建设规划纲要和万开云同城化发展实施方案，用好东西部协作、定点帮扶、对口协同机遇，以更高站位、更大格局、更实举措推动区域协调发展。签订实施跨区域合作协议21个，311项川渝通办事项无差别办理。向阳水库、恐龙地质公园纳入共建成渝地区双城经济圈重点项目库。联合自贡共建古生物省部级重点实验室。深化万达开云政务服务协同发展，打造一体化政务服务体系。承办第二届万达开云职业技能邀请赛。牵头实施“万达开云奉巫”文旅联合推介，龙缸、张飞庙纳入巴蜀文化旅游走廊十大主题游。联合制定万开云产业协同发展行动方案。万云快速通道、开云快速通道前期工作加快推进。住房公积金同城办理等一批便捷服务事项落地惠民。加快打造东西部协作、中央单位定点帮扶“升级版”。深化江苏对口支援，强化渝北云阳对口协同，共建渝北对口协同云阳产业园、孵化园，合作经济持续“开花结果”。

二、发展中存在的问题

同时，发展中还存在一些突出问题和短板，主要是：产业发展水平有待提高，科技创新支撑能力需进一步增强。城乡发展差距仍然较大，基础设施短板较为突出，乡村面貌需进一步改善。营商环境还有优化空间，部分市场主体生产经营仍存在困难，消费活力需进一步提振。民生保障依然存在不少短板，社会治理水平需进一步提升。政府系统干部抓现代化建设的能力还需持续提升，政府自身建设还需进一步加强。

三、2023年发展思路

坚持以习近平新时代中国特色社会主义思想为指导，全面贯彻党的二十大精神和中央经济工作会议精神，认真落实市第六次党代会、市委六届二次全会和市委经济工作会议要求，细化落实县第十五次党代会、县委十五届四次全会和县委经济工作会议安排，把深入落实市委“一号工程”、全面建设现代化新云阳作为全县工作的总抓手总牵引，充分发挥云阳在成渝地区双城经济圈中的“节点作用”，深度融入川渝万达开地区统筹发展，深入推动万开云同城化发展，坚持稳中求进工作总基调，完整、准确、全面贯彻新发展理念，积极服务和融入新发展格局，着力推动高质量发展，更好统筹疫情防控和经济社会发展，更好统筹发展和安全，持续提振信心，持续扩大消费，持续深化供给侧结构性改革，提能升级、实干争先，努力实现稳进增效、除险清患、改革求变、惠民有感，积极探索山区库区强县富民现代化新路子，确保社会主义现代化新云阳建设开好局、起好步。2023年全县经济社会发展的主要预期目标是：地区生产总值增长在7%以上，一般公共预算收入增长5%左右，全社会固定资产投资增长在18%以上，社会消费品零售总额增长在8%以上，城乡居民人均可支配收入增长在8%以上。

（一）聚焦“加快建设现代化产业体系”，抓实抓好量的增长、质的提升

一是全力推动扩内需稳增长，发挥有效投

资的关键作用，全面激发释放消费活力，扶优培强市场主体，做实做优招商引资。二是全力推进“千亿工业”，聚力提升企业质效，着力壮大重点产业，持续增强平台支撑。三是发展壮大数字产业，加快推动数字产业化、产业数字化，夯实数据底座。四是加快构建现代服务业体系，推动旅游业企稳回升增效，生活性服务业品质化发展，生产性服务业专业化发展，建设渝东北三峡库区城镇群现代服务业集聚区。五是增强科技创新能力，夯实创新平台，壮大创新力量，优化创新生态。六是提升对外开放水平。七是厚植绿色发展本底，积极推进低碳发展，打好污染防治攻坚战，系统推进保护修复。

（二）聚焦“加快建设现代化城市”，抓实抓好城市更新、能级提升

一是高站位推动区域协同发展，着力发挥云阳在成渝地区双城经济圈中的节点作用，深度融入川渝万达开地区统筹发展，积极推动“一区两群”协调发展。深入推动万开云同城化发展。二是高质量推进“五城同建”。按照“一道两江三环”的城市空间格局，推进黄石高铁新城、东部新城、水口产业新城、小江青科城、清水康养城建设，接续做大城市体量、凸显城市特色、提升城市品位。三是高标准推进城市更新提升。完善城市功能，扮靓城市颜值，优化城市管理服务。四是高水平提升城市软实力，办好人民满意的教育，深入实施人才强县战略，繁荣发展文化事业和文化产业。

（三）聚焦“加快建设现代化农业农村”，抓实抓好宜居宜业和美乡村

一是强化乡村振兴示范引领，抓好“五指印江”“两园”“四带”建设，抓好融合示范。二是提质增效现代农业，提升重要农产品供给品质，提升特色农业效益，提升农产品精深加工水平。三是更大力度促进农民增收农村增美，巩固拓展脱贫成果，激发农业农村活力，改善乡村面貌环境。四是夯实城乡公共基础设施，加快交通基础设施建设，加快水利基础设施建设。加快公共设施建设。

（四）聚焦“推进基层治理体系和治理能力现代化”，抓实抓好发展环境、惠民有感

一是着力深化重点领域改革。二是着力打造优无止境的营商环境，推进数字化治理，提升便利化水平，加强制度化管理。三是着力在发展中保障和改善民生，让就业渠道更加畅通多元，让社会保障更加健全有力，让健康服务更加公平可及。四是着力统筹发展和安全，深入抓好安全生产，着力提升社会治理效能，防范化解重点领域的风险。

（执笔人：秦双）

奉节县

奉节县人民政府办公室

一、2022年发展回顾

2022年，实现地区生产总值395.2亿元、增长4.5%，固定资产投资增长10%，社会消费品零售总额增长1.6%，一般公共预算收入增长4%，全体居民人均可支配收入增长10.6%。

（一）全方位推进乡村振兴

脱贫成果有效巩固。滚动开展“大走访大排查大整改”行动，动态清零“两不愁三保障”及饮水安全问题，守住了无一人返贫底线。产业提升步伐加快。以返乡创业为抓手，建成“1+7+N”返乡创业园，就业帮扶车间达到101家、居全市第一。农村集体经济村均收入达17.7万元。乡村建设扎实有序。布局打造“6+8+20”试点示范格局，创成现代化村庄8个、美丽村庄50个、美丽庭院400个，兴隆镇回龙村入选“第六批中国传统村落”。基层治理持续深化。着力构建“六治”融合治理体系，培养“法律明白人”500名，鹤峰乡长连村荣获“全国民主法治示范村”，安坪镇三沱村荣获“全国乡村治理示范村”，平安乡被评为“全国平安建设先进集体”，龙桥土家族乡创成“全国民族团结进步示范乡镇”。

（二）深层次构建产业体系

现代农业质效双升。落实最严格的耕地保护制度，新建高标准农田8万亩。创成国家现代农业产业园、全国绿色食品原料（脐橙）标准化生产基地，现代山地特色高效农业达到80万亩。生态工业加速发展。新引进眼镜企业55家，累计投产41家，实现产值20.1亿元，获批重庆市特色（眼镜）产业示范基地。华电奉节电厂发电57亿度，实现产值23亿元。新增制造业企业257家、“专精特新”企业9家，规上工业增加值增速5.5%。文化旅游持续升温。诗词美景连续6年登上《中国诗词大会》，“中国·白帝城”国际诗歌节、中国·重庆奉节国际橙博会、中国自然岩壁攀岩年度总决赛等节会活动备受瞩目。深入推进“六个接得住”行动，“游三峡·到奉节”成为热潮。全年累计接待游客2560万人次，实现旅游综合收入143亿元，分别增长12.3%、18%。现代服务业提档升级。金融机构达到32家，存贷款余额779亿元、增长10.6%，存贷比达93%。大数据产业蓬勃兴起，引培企业22家，15家投产运营，提供就业岗位800个。城区商业网点面积达到60万平方米，夔门印像获评市级美食街。

（三）全景式推进城市提升

城市空间持续优化。科学划定“三区三线”，新增城镇建设用地7平方公里。高铁生态城建设加快推进，路网、冲沟治理项目全面铺开，TOD综合开发项目开工建设。城市品质持续提升。滨江路改造升级投用，规划展览馆焕新开馆，体育场及游泳馆、中国诗词大会服务中心正式开工。

完成22个老旧小区改造，新（改）建公厕20座、口袋公园28个，新增公共停车位1961个，绿化美化坡坎崖30万平方米。新开发商品房26.7万平方米。扎实推进全国县级文明城市创建，城市综合管理巡查督办解决问题3.2万个，整治违法建筑4.4万平方米。城乡基础设施持续完善。改造干线公路86公里，实施“一改三提”饮水项目18个，草坪河水库通过蓄水验收，西牛冲、水竹槽水库主体完工70%，新建5G基站568个，完成云阳至奉节天然气复线管网工程，年售电量首次突破10亿千瓦时。

（四）高站位筑牢生态屏障

严格落实“河长制”。持续巩固长江“十年禁渔”成果，投资22.7亿元长江大保护PPP项目开工建设，新（改）建14.4公里雨污管网，启动163个长江入河排污口整治，完成170艘注册船舶“零排放”改造。清漂工人何登琼荣获全国“十大最美河湖卫士”称号。严格落实“林长制”。提质建设“两岸青山·千里林带”工程，完成营造林19.2万亩，治理水土流失、石漠化和废弃矿山51平方公里，获得“全国绿化先进集体”荣誉称号。扎实推进绿色发展。气象工作深度融入经济社会发展，奉节被授予“中国气候宜居县”“三峡凉都”称号。平安乡、青龙镇、永乐镇创成全市“两山”实践创新基地。森林覆盖率达到63.5%，空气质量优良天数达到355天，“一江五河”水质稳定达标。

（五）战略性推动改革创新

重点改革深入推进。推出“奉公办·更快捷”政务服务品牌，722个事项“即来即办”，1154个事项“全程网办”。成立民营经济促进中心，设立“民营企业家节”。全年净增市场主体9076户、总量达到8.5万户，新增“四上”企业92家。对外开放稳步拓展。积极融入成渝地区双城经济圈建设和“一区两群”协调发展，持续深化东西部协作、中央单位定点帮扶和市内对口协同发展。全面抢抓RCEP机遇，培育外贸企业61家，建成农业出口基地5个，实现外贸出口4000万元。物流体系加快完善，城乡智能快递分拣配送中心、区域节点仓储物流中心建成投用。创新驱动活力迸发。创成全国首批创新型县，新培育科技型企业23家、高新技术企业6家，创新平台达到50个，万人有效发明专利拥有量达到4.5件，发放知识价值信用贷款2.06亿元。引进高层次人才79人、技术带头人734人。

（六）全身心提升民生福祉

社会事业蓬勃发展。“双减”工作扎实推进，夔州小学建成招生，开通“双师课堂”教学班67个，投资1.9亿元实施改善办学条件项目11个。完成32个基层医疗机构设备更新换代，建成渝东北片区首家职业病诊断中心、县中医院综合楼，市级临床重点（特色）专科达到11个。文体惠民活动惠及200余万人次。社会保障坚实有力。发放创业担保贷款4.04亿元，城镇新增就业10538人。城乡居民养老保险、基本医疗保险参保率达到95%。发放各类救助金2.1亿元。新建乡镇养老服务中心7个，老干部活动中心搬迁投用。妥善安置退役军人23人。社会大局和谐稳定。扎实开展安全生产大排查大整治大执法，生产安全事故起数、死亡人数分别下降18.2%、14.3%。地灾防治点连续18年零伤亡。深入推进平安建设，现行命案破案率连续16年100%，刑事、治安警情分别下降32.1%、16.7%。全力推进“治重化积”专项工作，信访总量下降5%。办理“民生之声”问政事项1.6万件，群众满意度达96.5%。

二、发展中存在的问题

奉节的发展还很不充分，经济结构不优，产业支撑不强；基础设施薄弱，城乡差距较大，民生保障还有短板；安全风险较多，社会治理能力还需加强。政府系统部分干部的思想观念与高质量发展要求不适应，缺乏系统思维和久久为功的定力，部分工作存在原地踏步、有始无终的现象。

三、2023 年发展思路

2023 年是全面贯彻落实党的二十大精神的开局之年，是新时代新征程新重庆建设的起步之年，做好各项工作意义重大。全县将坚持抓纲带目、综合集成，系统迭代、整体提升，继续深入实施"九项行动计划"，打造更多具有奉节辨识度的有形载体、有效抓手。2023 年全县主要预期目标是：地区生产总值增长 7% 以上、争取实现更好的结果，规上工业增加值、固定资产投资、社会消费品零售总额增长 10% 以上，一般公共预算收入增长 9% 以上，城镇新增就业 1 万人以上。

（一）深入实施乡村振兴行动计划，奋力开创农业农村现代化新局面

严守"三条底线"。完善防止返贫精准监测帮扶机制，守好不发生规模性返贫底线。全面落实粮食安全党政同责制度，打造 4 个万亩粮油产业基地。落实最严格的耕地保护制度，全面压实乡镇长包片责任，新（改）建高标准农田 8.4 万亩。抓实"三项行动"。加快产业提升，重点打造脐橙、中药材、蚕桑、茶叶、木本油料、畜牧产品 6 条全产业链，持续擦亮"奉节脐橙"品牌，扛起"三峡柑橘"推广大旗，新增绿色优质农产品品牌 10 个，产业增加值增长 5% 以上，农产品加工总产值增长 10% 以上。推进乡村建设，集中力量打造"6+8+20"试点示范，实施"一改三提"饮水项目 11 个，建成垃圾分类村 20 个，农村卫生厕所普及率、乡镇污水集中处理率分别达到 70%、85%，打造市级美丽宜居乡村 56 个、美丽庭院 450 个。深化基层治理，新建 12 个便民服务中心，打造新时代文明实践示范点 66 个。深化农村改革。扩面深化农村"三变"改革、"三社"融合发展，新培育家庭农场、农民合作社等新型经营主体 100 个。全面盘活扶贫资产，拓展集体经济产业业态，村均收入增长 20%。大力推进返乡入乡创业就业，打造就业帮扶车间 2.0 版、新认证 50 家，回引企业 200 家。

（二）深入实施生态工业提速行动计划，奋力培植现代化产业体系新支撑

提升集群能级。新招引眼镜企业 25 家以上、新增投产企业 50 家以上，力争年产值突破 30 亿元。开工菜籽坝抽水蓄能电站、金凤山风电场扩建项目，新增并网投产装机容量 57.4 万千瓦。开工农产品加工产业园项目，引入特色农副产品加工企业 20 家以上。工业增加值增长 10% 以上，占 GDP 比重提升至 15% 以上，工业园区实现税收 3 亿元。提升承载能力。保障工业用地 927 亩，新开工 60 万平方米标准厂房。争取批复 2~3 个中小企业集聚区发展规划。新增制造业企业 200 家、规上工业企业 20 家、"专精特新"企业 5 家、产值过亿元企业 15 家。创建数字车间 2 个以上、市县级中小企业技术研发中心 3 个以上，实施智能化改造项目 8 个以上。

（三）深入实施文旅融合发展行动计划，奋力书写诗和远方新篇章

持续丰富自驾行摄、生态康养等"六张名

片”主题产品。加快推进中国诗词大会永久会址、奉节杜甫草堂、白帝城诗歌小镇、大白帝城遗址建设。新引进5家旅行社、20家民宿客栈，培育品牌餐饮店20家，新增餐位1200个、床位1000个以上。系统挖掘江峡文化、诗词文化、三国文化三大文化，推进文化艺术精品创作，启动《夔州诗全集》续编工作，开展“竹枝词”全球征集活动。加快推进兴隆国家级旅游度假区创建，新创成1个4A景区，打造1个国家级乡村旅游重点村镇。高水平办好诗歌节、橙博会、三峡凉都避暑季、半程马拉松赛、攀岩赛等节会活动。力争年接待游客突破3000万人次，购票游客、过夜游客、旅游综合收入分别增长16%、15%、18%以上，文化旅游产业增加值增长20%以上。

（四）深入实施现代服务业升级行动计划，奋力打造区域性消费中心新优势

加快完善物流体系。新增物流产业发展用地280亩，引进培育现代仓储物流企业5家。发挥“黄金水道”效益，水路货运增长6%以上。新增货运企业5家，公路货运量达1200万吨。大力发展大数据产业。投运三峡集团·京东（奉节）新经济人才中心，打造“腾讯区块链应用基地”，引进培育大数据企业30家以上，新增从业人员1000人。深入实施“光网·奉节”工程，新建5G基站410个，通信传输光缆2100千米、光网端口3万个。持续提升金融服务水平。常态化开展政银企融资对接会，实现小微企业贷款余额增速10%以上。完善政银风险共担机制，风险补偿基金总规模扩大至1亿元。培育壮大商贸服务业。推动商圈升级，加快建设万达广场，提档升级海成商圈、环彬商圈、天佑商圈。促进农村消费，培育4个乡镇商贸服务中心。支持传统产业、本地企业进行电商化改造，新发展电商主体60家，电商交易额达到60亿元。

（五）深入实施城市品质提升行动计划，奋力彰显美丽奉节新气质

中心城区建成区面积扩大到15平方公里，新增商品房供给40万平方米，城镇化率提高至53.5%。实施“强镇带村”工程，加快南北两岸互动、城市乡村互促。优化城市业态和发展环境，实施移民安置区人居环境改善工程、清水场镇提升工程，改造老旧燃气管网30公里，建成邵家包、清河水岸2座停车场，建设新能源充电桩300个。新建口袋公园10个，新增城市绿地5万平方米。全力推动全国县级文明城市创建工作。加强城区“三无”小区管理和背街小巷整治，开展城区街道垃圾分类示范创建。加快建设城市综合管理服务平台，构建市政、园林、环卫、执法“一网统管”智慧系统。

（六）深入实施生态文明建设行动计划，奋力绘就绿水青山新画卷

强化污染防治。扎实推进生态环境“三年行动”剩余问题整改，持续深入打好蓝天、碧水、净土保卫战。全面落实“河长制”，抓好长江“十年禁渔”，深入开展“三排”“三乱”“三率”整治专项行动，确保“一江五河”水质稳定在Ⅱ类以上。推进工业废气减排、交通污染、城市扬尘、城市噪声、餐饮油烟、露天焚烧等专项治理，确保空气优良天数稳定在350天以上。全面落实“林长制”，提质实施“两岸青山·千里林带”“绿满夔州·花漾奉节”，实施营造林18万亩，完成废弃矿山修复、石漠化、水土流失治理45平方公里，森林覆盖率达到63.6%以上。强化农牧业面源污染防治，推动农药、化肥使用量“双下降”。加强国土空间规划和用途管控，严控“两高”项目，推动减污降碳协同增效，构

建清洁低碳能源供给体系。创建6个市级生态文明示范乡镇，争创市级生态文明建设示范县，争取“奉巫巫”市级气候投融资试点。

（七）深入实施改革开放创新行动计划，奋力激发高质量发展新动力

强化改革攻坚。深化“放管服”改革，丰富“全程网办”“一件事一次办”服务套餐。深化国资国企改革，建成国有资产信息化管理平台，全力推进赤甲集团“旅游+脐橙”双主营业务上市。深化财税金融改革，加大税收大数据应用力度。扩大对外开放。加快奉建高速公路建设，启动长江二桥、半岛隧道、南滨路建设，开工建设夔门港一期、安坪码头。深化区域消费交流合作，加快发展脐橙、食品、眼镜、鞋服等外向型产业，外贸进出口总额超1.5亿元，RCEP成员国进出口贸易额超2000万元。建设数字奉节。坚持以数字化变革引领系统性变革，推动经济社会发展和市域治理体系数字化重塑，打造1个城市运行指挥中心、1个数字展厅体验中心、1个奉节移动端App、N个场景运用的“1+1+1+N”数字城市体系。

（八）深入实施保障和改善民生行动计划，奋力创造美好生活新品质

推动就业社保更加健全。新发放创业担保贷款1亿元以上，统筹开发公益性岗位2000个以上，高校毕业生就业率达90%以上，城镇调查失业率控制在5.5%以内。推进社保参保扩面，城乡居民养老保险、基本医疗保险参保率均达到95%以上。启动建设残疾人综合服务中心，创建“渝馨家园”8家，改造提升“儿童之家”示范点4个。加强国防动员和后备力量建设，创建全国“双拥”模范城市。推动健康服务更加完善。推动县人民医院创建三级甲等综合医院、县中医院新院区投入使用，新增标准住院床位400张以上，新建市级特色专科2个。打造医防融合新模式，促进优质医疗资源扩容和下沉，推进农村区域医疗中心建设，困难群众家庭医生签约率达到100%。落实新阶段疫情防控各项举措，平稳有序实施“乙类乙管”各项工作。完善城乡运动圈、健身圈，新增体育场地10万平方米。推动教育发展更加优质。普惠性幼儿园覆盖率保持在98.7%以上。实施奉节中学、职教中心等7所学校办学条件改善提升工程，新增学位2000个以上。

（九）深入实施统筹发展和安全行动计划，奋力实现平安建设新成效

严格落实安全生产“十五条硬措施”，确保各类安全生产事故起数、死亡人数实现“双下降”。持续开展食品安全“守查保”专项行动，保持包保覆盖率、包保到位率、问题整改率均达100%。提升防灾减灾救灾能力，新增农村公路安全防护栏300公里，组建专业应急救援队10支，建设应急消防工作站33个。毫不放松抓实社会稳定。纵深推进常态化扫黑除恶斗争，构建社会治安群防群治防控体系，依法严厉打击各类违法犯罪行为，刑事、治安警情均下降5%以上。扎实开展“来信来访”减量行动，信访总量下降5%。毫不放松抓实风险化解。牢固树立总体国家安全观，严厉打击各种渗透颠覆破坏活动和暴力恐怖活动。健全历史遗留问题处置长效机制。防范化解政府性债务、房地产、金融、网络等领域风险，守住安全发展底线。

（执笔人：李志成）

巫山县

巫山县人民政府办公室

2022年，深入学习贯彻党的二十大精神，坚持以习近平新时代中国特色社会主义思想为指导，按照“疫情要防住、经济要稳住、发展要安全”要求，以担当实干践行初心使命，统筹疫情防控和经济社会发展，统筹发展和安全，有效应对需求收缩、供给冲击、预期转弱“三重压力”，妥善处置多轮疫情、高温旱情“两情冲击”，全年地区生产总值增长4.1%、增速位居全市第7，营造平稳健康的经济环境、风清气正的政治环境、国泰民安的社会环境。

一、2022年发展回顾

（一）经济运行稳中有进

实现地区生产总值222.24亿元，同比增长4.1%。坚持稳字当头、稳中求进，扎实落实稳定经济6方面33项措施。滚动推进重大项目开工、在建、前期“三张清单”，交通、水利等56个重点项目强力推进，获批债券资金26.39亿元，争取上级资金50.4亿元。实施促消费19项政策，推动大众消费、大宗消费、新兴消费，实现社会消费品零售总额117.51亿元，同比增长1.4%。新增市场主体4366家、“四上”企业32家，新增城镇就业4791人。全年人均地区生产总值47912元，增长4.0%。一般公共预算收入10.22亿元，同口径增长2.1%。其中税收收入3.51亿元，下降24.1%；非税收入6.71亿元，增长41.1%。一般公共预算支出54.77亿元，增长5.7%。综合来看，发展环境越来越好，发展动力越来越足，群众的腰包越来越鼓。

（二）产业发展欣欣向荣

成功创建全国“绿水青山就是金山银山”实践创新基地，绿色GDP占比达78%。以农业为主的一产增加值增长6.3%，新增绿色食品品种27个，稳定粮食产量21.37万吨，获评全国休闲农业重点县。创建国家“巫山脆李”标准化示范区，“巫山脆李”搭乘邮政专机飞往全国、走向世界。以绿色工业为主的二产增加值增长4.2%，投产一批中药材加工、果品加工项目，风电和光伏总装机容量达27.45万千瓦。以康养旅游和商贸服务为主的三产增加值增长3.4%，三峡之光、天路下庄创国家4A景区，巫山云雨康养旅游度假区创市级旅游度假区，举办云端国际红叶节，开展“坐高铁·趣巫山”主题营销，全网流量达7.5亿人次，实现旅游综合收入91.34亿元。建成荣科综合物流园，“农村物流+客货兼运”入选全国农村物流服务品牌。

（三）发展活力持续迸发

完成国企改革三年行动，清理盘活优质资产总额160亿元，有效提升国企运营能力。投融资改革持续推进，化解政府债务11.7亿元。开展“三变”改革试点111个，完成农村集体产权制度改革整县试点。行政许可事项时限压缩率、全程网办率分别达82%、88%，受理事项按时办结率达 100%。成立重科院乡村振兴研究院巫山分院，新增市级专精特新企业 3 家、科技型企业 12 家，认定国家高新技术企业 3 家，R&D 经费增长 34.3%。组建专业招商队伍，引进中冶建工、中交路桥等国企央企，签约项目 36 个，协议投资达 314.37 亿元。

（四）城市品质持续跃升

完成“三区三线”划定和国土空间规划编制工作。龙江新区红叶广场等设施加快建设，巫山高铁站前广场投用，三峡里 · 竹枝村开街迎客，桂花大桥、双龙大桥等交通要道建成通车。全面开展城市体检，完成老旧小区改造 10 个，安装电梯 152 部，新增停车位 3000 余个，建成标识化管理小区 28 个，城镇化率增至 47.05%，建成区绿化率 43.5%。“保交楼”项目稳步推进，有效消除群众后顾之忧。深入推进全国文明城市创建，“城市三管”不断深化，“马路办公”常态开展，通过国家卫生城市复审。

（五）乡村振兴全面推进

扎实开展防止返贫动态监测和帮扶，“三保障”及饮水安全动态清零，易地搬迁后续扶持不断深化，完成中央单位定点、东西部协作和市文化旅游委帮扶集团帮扶项目建设，消除返贫致贫风险 643 户 1930 人，脱贫人口返岗务工增长 11.3%，守住了不发生规模性返贫的底线，“四步协同”防返贫成为全市优秀教学案例。全面推进乡村振兴，整合衔接资金 3.87 亿元，实施项目 304 个，四大特色产业发展示范区和粮食安全示范片建设有序推进，黑龙、东坪水库下闸蓄水。骡坪鸳鸯、双龙兴凤创建“大美乡村市级示范片”，官渡大塘、福田莲花等被评为市级第四批美丽宜居乡村，5 个乡村进入第六批中国传统村落名录，“厕所革命”入选农业农村部公共服务典型案例，下庄村乡村治理体系建设入选第五批全国农村综合改革标准化试点示范项目。尤其是，脱贫人口人均纯收入增长 13.39%。

（六）生态建设不断加强

第二轮中央环保督查反馈意见年度任务圆满完成。严格落实长江“十年禁渔”，整改清理小水电 57 座。新增“两岸青山 · 千里林带”22.19 万亩，治理水土流失 55 平方公里，森林覆盖率达 67.6%。新改建供水和雨污管网 238.8 公里，长江干流水质保持在Ⅱ类。空气、噪声和土壤环境质量持续改善，优良天数达 360 天，声功能区环境质量达标 100%。创建 13 个市级“生态文明建设示范乡镇”。在三峡后续综合考核中连续 5 年排库区首位。

（七）社会事业蓬勃发展

坚持尽力而为、量力而行，扎实办好 16 件重点民生实事，民生支出达 2.4 亿元。全体居民人均可支配收入增长 7.8%，城乡居民低保满意度提高 13%、基本医保参保率在 95% 以上，医疗救助 12.2 万人次。整合优化教育资源，新建学校 8 所，新增学位 1800 余个，“双减”工作经验被教育部多次推送。深化国防动员和教育，建成 37 个全国示范型服务站。中医院摩天岭医院、妇女儿童医院一期投用。建成文化振兴示范村 10 个，县文化馆被评为国家一级文化馆。有效化解一批信访积案，刑事、治安案件分别下降 11.3%、30.4%，生产安全事故和死亡人数均下降 33.3%。

二、存在的问题

巫山集大农村、大山区、大库区于一体，经济结构性体制性矛盾依然突出，总量小、基础差、底子薄，债务风险问题依然存在，产业聚集带动作用不强。要素保障的瓶颈亟待突破，资源配置效率不高、开发利用不足，土地、能耗、环保等约束趋紧。满足人民美好生活需要方面的弱项较多，社会事业短板需要补齐，公共服务和城市综合治理水平有待提升。行政效能还需提升，末端见效还不够，营商环境还不优。

三、2023 年发展目标

2023 年是全面贯彻落实党的二十大精神的开局之年，是实施“十四五”规划承上启下的关键之年，做好各项工作意义十分重大。预期目标：地区生产总值增长 7% 以上，固定资产投资增长 13% 左右，社会消费品零售总额增长 10% 左右，一般公共预算收入增长 7.5% 左右，城乡居民人均可支配收入增速高于经济增速。节能减排等约束性指标完成市上下达任务。为此，将重点抓好以下七方面工作：一是稳住经济发展基本盘。开展抓项目促投资攻坚行动，41 个市县重点项目力争完成 101.9 亿元投资实物量。推进县域商业体系建设，培育建设商文旅体融合发展试点城市。力争签约项目 300 亿元以上，资金到位 70 亿元以上。二是激发市场发展活力。进一步优化重组国有企业，深化财税体制改革，积极推进营商环境创新试点，建设数字政府，试点推进“一街一镇”数字集成和智能管理。三是构建具有巫山特色的现代化产业体系。坚持生态优先绿色发展，聚焦特色、找准特色，打造世界级知名旅游目的地、全国优质生态产品供给地、多式联运商贸物流枢纽。四是打造产城景融合三峡港湾城。加快推进“以人为本”的新型城镇化，建成商品房 30 万平方米，创建全国文明城市，城区绿化率增至 44.1%。五是建设宜居宜业和美乡村。强化防止返贫监测和帮扶，做好低保、特困等兜底保障，守好不发生规模性返贫底线。守住粮食安全底线，粮食产量达 20.9 万吨以上。深入推进“三变”改革、“三社”融合，所有集体经济组织年经营收入达 5 万元以上。六是建设山清水秀美丽之地。常态长效推进生态环境问题整改。巩固“绿水青山就是金山银山”实践创新基地成果，创建全国生态文明示范区。七是改善人民生活品质，全面兜牢社会保障。新增城镇就业人口 2800 人以上，调查失业率控制在 5.5% 以内，基本养老、医疗保险参保率稳定在 95% 以上。提质发展社会事业。高质量打造三峡库区教育高地，大力提升城乡医疗能力。

（执笔人：熊枭）

巫溪县

巫溪县人民政府办公室

一、2022年发展回顾

2022年，面对经济下行巨大压力、自然灾害多重考验、新冠疫情严重冲击，巫溪县严格落实“疫情要防住、经济要稳住、发展要安全”的要求，高效统筹疫情防控和经济社会发展，统筹发展和安全，县域经济健康发展，社会大局和谐稳定。全年实现地区生产总值123.87亿元、增长2.7%，人均地区生产总值31869元、增长1.8%；固定资产投资82.7亿元、增长3.2%，社会消费品零售总额65.7亿元、增长1.4%。其中，第一产业增加值27.68亿元、增长3.7%；第二产业增加值29.77亿元、增长5.2%；第三产业增加值66.41亿元、增长1.3%。三次产业结构调整为22.3∶24.0∶53.7，三次产业对经济增长的贡献率分别为32.5%、42.7%、24.8%。全年一般公共预算收入88435万元、增长19.7%；一般公共预算支出498215万元、下降12%。全县居民人均可支配收入20918元、增长7.9%，其中，城镇、农村常住居民人均可支配收入分别为32117元、13163元，增长4.1%、6.9%。全县居民人均生活消费支出15182元、增长5.3%，人民生活水平不断提高。

（一）突出脱贫成果巩固，乡村振兴工作衔接推进

守住防返贫底线，“两不愁三保障”问题动态清零，消除返贫风险830户2568人；帮助4.5万脱贫群众外出务工，开发公益性岗位8400余个，发放产业贷款2.9亿元，助销农特产品2亿元，脱贫群众家庭经营性收入增长14.2%。推进乡村振兴，整合资金6.8亿元，实施衔接项目554个；325名产业指导员常态深入田间指导，探索推进党支部领办专业合作社，98%的村集体经济组织增收明显；推进农村改厕、美丽庭院等建设，农村人居环境持续改善；探索形成“五治融合”“六讲六评”等实践经验，26个村试点创建“幸福家园”；通城镇高起点、高质量推进乡村振兴，发生可喜变化，“1+2+5+10”重点乡镇（村）引领带动作用逐步显现。提升帮扶实效，水利部、吉林省、山东泰安、市政府办公厅帮扶集团、渝中区派出131名帮扶干部、专技人才，扎根基层支农、支教、支医，推动帮扶从“输血”向“造血”转变。

（二）突出交通项目建设，基础设施条件加快改善

加速推动交通互联互通，完成交通投资36亿元，加快改善交通条件；巫（溪）—镇（坪）、巫（溪）—云（阳）—开（州）高速加速推进，巫（溪）—巫（山）高速墨斗互通拼宽部分基本完成、长江三峡风景名胜区调规通过审查；巫（溪）—神（农架）道路三期（清水桥至大九湖段）即将开工，国道调规被纳入《国家公路网规划》；一批干线公路完成改造，一批“四好农村路”建成投用，“生命工程”让群众出行更

加安全，“窄路拓宽”让农村道路更加通畅，内联外畅交通网络加快形成。不断完善其他基础设施，大宁河上游环境综合整治、柏杨河流域（上古片区）综合治理等项目加快建设，孝子溪水库、中梁三期堤防全面建成；严格落实耕地保护制度，新增耕地3.9万亩，完成高标准农田3.1万亩、高效节水灌溉3500亩、土地整治900亩、农村建设用地复垦1450亩；升级改造配电网136公里，供电能力和可靠性持续提升；天然气长输管道（巫溪段）线型工程基本完工，新增燃气用户3000余户；城区和重点乡镇实现5G网络全覆盖。

（三）突出产业提质增效，生态产业体系加快构建

生态农业稳定发展，守住粮食安全底线，保障重要农产品供给，粮食产量23.56万吨；市级名牌农产品达到11个；成功争取国家“巫溪晚李”特色产业集群和“巫溪洋芋”市级现代产业园项目支持，建成市级太白贝母标准化示范点，“巫溪老鹰茶”入选全国名特优新农产品名录，“巫溪秀芽”获“中绿杯”名优绿茶产品金奖；农业增加值增长3.7%。绿色工业有序发展，落实稳工业经济政策措施，酵爵啤酒入园建设，国能光伏项目达到并网发电条件，坤隆药业当年引进、当年投产、当年升规，全年新增规上企业3家，工业固定资产投资增长38.4%，规上工业产值13亿元。生态旅游提速发展，编制完成旅游总体发展、泛红池坝片区等旅游规划；实行“景长”负责制，创成灵巫洞4A级旅游景区，红池坝镇、通城镇长红村获评市级乡村旅游重点镇和村；开工建设通城画家村，启动大宁盐场遗址修缮保护，试运行红池坝滑雪场；成功举办第四届中国巫咸文化旅游艺术季等系列活动，联合腾讯推出手游《妄想山海》巫溪灵山版本，唱响“天地灵气 逍遥巫溪”品牌。商贸服务恢复发展，新增限上商贸企业20家，社会消费品零售总额65.7亿元；水园商城完成初步升级，三级物流服务体系融合发展成为市级示范；电商产业蓬勃发展，电商交易额同比增长6%，渝溪电商产业园入驻企业66家；消费政策全面落实，大宁古城入选市级夜间文化和旅游消费聚集区，成功申报“国际烤鱼之乡”。

（四）突出城市品质提升，城镇化发展加快推进

坚持规划引领，科学编制国土空间总体规划，完成“三区三线”划定，启动凤凰水城、大宁古城规划设计，宁厂古镇历史文化名镇保护规划获市政府批准。加快城市建设，改造城市棚户区和老旧小区40万平方米，海成·澜溪别院等商住小区全面建成，海成·公园里、春申云玺等项目加快推进，竣工城镇房屋30万平方米，城市建成区9.95平方公里；南环大道加快建设，马镇坝殡仪馆等项目完工。强化城市管理，深化“城市三管”，拓展“马路办公”，推行“党建+物业”管理，推进“六项创建”，在全国文明城市测评中位列西部地区“全国县级文明城市”第一，国家级县域节水型社会建设通过市级验收，国家生态文明建设示范县创建指标全面达标，国家卫生县城通过市级复检。

（五）突出生态保护优先，绿色发展本底不断夯实

加强生态保护修复，全面落实市总林长令，国土绿化扩面提质，完成营造林12.2万亩，抚育改培10万亩，生态综合治理5.3万亩，林业横向生态补偿1.1万亩，森林覆盖率达70.2%；扎实开展地灾防治，全力推进矿山修复。妥善处置“6·23”白鹿中坝滑坡灾害。打好污染防治攻坚

战，城区空气质量优良天数341天、同比增加15天；深入推进“河长制”，流域考核断面水质保持在Ⅱ类，水域功能区、集中式饮用水水源地水质稳定达标；开展长江“十年禁渔”专项行动，查获非法捕捞案件48件；行政村生活垃圾有效治理率100%，土壤环境质量保持稳定；整改销号环保督察反馈问题157个，生态环境质量持续向优。

（六）突出改革创新驱动，发展活力不断释放

推进重点领域改革，深化放管服改革，建成“渝快办”移动端巫溪专区，推行“网上办”“掌上办”，推进跨省、川渝、全渝通办，强化一窗受理、并联审批、联合验收等集成办理，政务服务好评率达99.9%；1.8亿元减税降费政策红利直达企业，培育市场主体4565户、增速12%；国企改革三年行动圆满收官，县属国企完成新一轮整合重组；“三变”改革试点村扩至128个，“三社”融合发展深入推进；财税金融、教育医疗等领域改革扎实开展。推进创新开放，积极争取深空探测项目，有序推进马铃薯区域重点实验室、中药材野外科学观测站等科研平台建设；国家乡村振兴重点帮扶县科技特派团与基层农技体系改革有效衔接，实现服务指导全面覆盖；登记科技成果16个，新培育科技型企业10家、国家高新技术企业2家，新授权专利192件，万人有效发明专利拥有量3.1件、排渝东北第二；加强对外合作交流，与璧山、梁平、神农架林区达成战略合作，与山东泰安、渝中区协同发展不断深化；完善招商体制机制，对外招商签约50.2亿元、到位资金9.17亿元。

（七）突出改善民计民生，群众幸福指数稳步提升

社会事业不断进步，城镇新增就业4232人，城镇零就业家庭保持动态为零，城乡基本医疗、养老保险参保率稳定在95%以上，发放创业担保贷款6600余万元、社保待遇13.5亿元，兑现民政救助及补贴1.5亿元；发放教育惠民资金7000余万元，“双减”成效明显，集团化办学加快推进，普通高中大班额同比下降26.2%，县职教中心成为海尔智家、长安汽车技能人才培养基地；投入1.4亿元更新改造医疗设备，县人民医院住院楼（二期）建成投用，县中医院门急诊楼整体搬迁，基层医疗机构甲等医院实现零突破；体育健身设施实现村（社区）全覆盖，人均体育面积达到市级平均水平；文化惠民活动惠及群众15万人次，短视频《重庆巫溪兰英村——“天路”变成致富路》获习近平总书记脸书专页转发，《重返陡崖》新闻作品获全市区县首个中国新闻奖。社会大局保持稳定，深入推进平安巫溪建设，全时空缉枪治爆“扫雷行动”全国推广，全警私家车安装预防酒驾语音提示器在全市推广，县公安局获评“重庆市优秀公安局”，信访工作取得明显进步，圆满完成党的二十大等重要节点安保维稳任务，道路安全措施20条在全市推广；通城镇长红村获评全国民主法治示范村，徐家镇枣树村、双阳乡白果村获评全市民主法治示范村。

二、发展中存在的问题

同时，巫溪发展仍然还面临一些突出问题和短板，受多重因素影响的状态没有根本改变。一是经济增长、税收等部分指标不及预期，经济总量小、县级财力弱。二是工业经济基础不牢，科技创新能力不足，市场主体抗风险能力较弱，现代产业体系尚未形成。三是城乡居民收入水平低，优质教育、医疗等公共服务供给相对不足。

三、2023 年发展思路

2023 年，全县经济社会发展的总体要求是：坚持以习近平新时代中国特色社会主义思想为指导，全面贯彻落实党的二十大、中央经济工作会议精神，坚持稳中求进工作总基调，完整、准确、全面贯彻新发展理念，加快构建新发展格局，着力推动高质量发展，更好统筹疫情防控和经济社会发展，更好统筹发展和安全，全面落实市第六次党代会、市委六届二次全会和县第十四次党代会部署要求，锚定“绿色崛起”目标，围绕“项目大会战、产业大推进、消费大提振”集中攻坚、持续用力，把落实扩大内需战略同深化供给侧结构性改革有机结合，突出做好稳增长、稳就业、稳物价工作，有效防范化解重大风险，推动经济运行整体好转，全力促进县域经济实现质的有效提升和量的合理增长，奋力推动巫溪在全面建设社会主义现代化征程上迈出新步伐、呈现新气象、展现新作为。

全年经济社会发展的主要预期目标是：地区生产总值增长 6.5% 左右；一般公共预算收入增长 5%，其中，税收收入增长 11.1%；固定资产投资增长 20%；社会消费品零售总额增长 10%；全体居民人均可支配收入增长 8%；能耗强度在“十四五”规划期内统筹考虑。

重点抓好以下工作：一是在推动乡村全面振兴上持续发力，坚持把巩固拓展脱贫攻坚成果同推进乡村振兴有效衔接作为头等大事来抓，扎实推动“五个振兴”。二是在培育旅游业这一支柱产业上持续发力，坚持“旅为龙头”，推动一二三产业融合发展，一产围绕旅游调结构、二产围绕旅游抓转型、三产围绕旅游强服务，让好山好水变成好风景、良好生态变成生产力。三是在推动工业绿色发展上持续发力，坚持把绿色工业作为后发赶超的重要抓手，发挥好园区“主战场”作用，推动工业经济绿色高质量发展。四是在扩大有效需求上持续发力，主动对接落实扩大内需战略，充分发挥消费的基础作用和投资的关键作用，更好融入全国统一大市场和国内国际“双循环”。五是在深化改革开放创新上持续发力，坚定不移推动更深层次改革、更高水平开放、更大力度创新，积聚高质量发展新动能。六是在建设山清水秀美丽巫溪上持续发力，深入践行绿水青山就是金山银山的理念，大力推进生态优先、节约集约、绿色低碳发展，加快建设山清水秀美丽巫溪和长江经济带生态优先绿色发展先行示范区。七是在建设高品质生活宜居地上持续发力，坚持“一尊重、五统筹”，协同推进产业园区、生活社区、商贸街区、文旅景区建设。八是在增进民生福祉上持续发力，采取更多惠民生、暖民心举措，着力解决好人民群众急难愁盼问题，不断提高人民生活品质。九是在推动民主法治建设上持续发力，坚持党的领导、人民当家作主、依法治国有机统一，推动民主法治建设不断取得新成效。十是在建设更高水平的平安巫溪上持续发力，坚定不移贯彻总体国家安全观，更好统筹发展和安全，深入推进更高水平的平安巫溪建设。十一是在从严管党治党上持续发力，认真落实新时代党的建设总要求，持之以恒推进全面从严治党。

（执笔人：卢镇波）

石柱土家族自治县

石柱县人民政府办公室

一、2022年发展回顾

2022年，地区生产总值突破200亿元大关、达到209.07亿元、增长4%，增速居全市第9位、渝东南第1位；全社会固定资产投资106.3亿元、增长10%；社会消费品零售总额98.5亿元、增长1.1%；接待游客1950万人次，创旅游综合收入146亿元、增长14.1%；银行机构存贷款余额610亿元、增长11.3%；一般公共预算收入12.9亿元、增长19.4%；全体居民人均可支配收入31591元、增长13.9%；全县森林覆盖率63%，空气优良天数359天。

（一）全力打好乡村振兴主动仗

脱贫成果全面巩固。坚持将巩固脱贫成果作为乡村振兴的首要任务，严格落实“四个不摘”要求，充分发挥中核集团、山东淄博、市委宣传部帮扶集团、南岸、綦江等的帮扶作用，动态清零“两不愁三保障”及饮水安全突出问题，守住不发生规模性返贫的底线。富民产业蓬勃发展。保有耕地72万亩，连续3年实现粮食面积稳定增长。整合各类资金7.4亿元，因地制宜发展乡村特色产业，成功打造桥头写生基地、中益研学基地、金铃民俗风情街。农村“三变”改革试点持续扩面，“三社”融合不断深化，实现74.6%的村集体经济经营性收入超过5万元。人才支撑作用不断增强。实施“人才柱石”工程，统筹推进农村教育、医疗、科技等人才队伍建设，新招录700余名专业技术人才扎根基层，选派102支驻乡驻村工作队定点帮扶。乡村文化持续繁荣。广泛开展新时代文明实践活动，深入挖掘乡土文化、农耕文化，举办第五个中国农民丰收节等系列节日民俗活动，文明乡村建设有序推进。农村环境更加宜居。实施农村人居环境整治提升五年行动，农村卫生厕所普及率、生活污水集中处理率分别达83%、91%，村组道路通畅率、垃圾收运处置率均达100%，8个村上榜市级美丽宜居乡村。

（二）全力打好产业升级主动仗

特色农业提质增效。狠抓以黄连、辣椒、莼菜为代表的“三色”产业的提质发展，积极创建全国现代农业产业园，农业产业规模达60万亩以上。成立石柱黄连创新产业研究院、教育部黄连开发与利用工程中心“石柱分中心”。新增“两品一标”农产品180个，创建重庆名牌农产品7个，石柱黄连入选全市“十大优异农业种质资源”。全年实现农业总产值57.5亿元、增长7%。生态工业蓄势向好。聚焦以清洁能源、康养消费品、新型材料、装备制造为重点的“四大产业集群”，推动工业经济扩面提质。“工业大道”建成通车，渝东南智慧仓储物流园建成投用，国能风电、朝盛科技园等10个项目建成投产，方斗山绿色新型建材产业园建设有序推进，新培育规上工业企业3家、高新技术企业6家、“专精特新”企业9家，完成工业投资22亿元。康养旅游业势头强劲。黄水旅游度假区焕然一新，夏季避暑游客单日突破35万人次。冷水国际康养旅游度假区规划策划快速推进，西沱古镇入选全国首批非遗旅游小镇，千野草场、万寿山、广寒宫等旅游景区带动全域旅游蓬勃发展。现代服务业加快发展。县域“一带一核五区”商贸格局基本形成，康德中央大街、新天地等重点商圈业态更加完善，中药材、家居建材等专业市场持续壮大。新增限额以上商贸单位40家，培育千万级电商企业2家、百万级网店31家。新建石柱县特色农产品冷链物流电商产业园。洪九果品挂牌上市，成为渝东南首家上市企业、“中国水果第一股”。新培育外贸企业10家，外贸进出口总额28.4亿元、增长10%。

（三）全力打好城市更新主动仗

城市规划高位引领。聚焦“风情土家寨·精致山水城”目标蓝图，按照“总策划、微改造、大提升”基本思路，精心编制“两河四岸两山九桥”设计方案，着力挖掘土家特色文化、完善城市基础设施，努力在三年内将县城创建成为国家4A级旅游景区，实现城市功能更完善、城市品质大提升、城市经济更繁荣。城市建设有序推进。策划实施城市品质提升项目54个、总投资56.7亿元。水环境综合治理PPP项目加快推动，城市品质提升基础设施PPP项目完成招标。全面完成县城三环路路面改造工程，启动芭蕉路口人行天桥建设。新开工房地产16万平方米，销售商品房51万平方米。改造老旧小区35万平方米，改造经验获得住房和城乡建设部表彰。城市管理精细高效。深入开展城市综合管理突出问题专项整治，推进“马路办公”向社区延伸，整改各类问题1.4万余件，办结率、满意率均达96%以上。投资1.6亿元，推进城市公园提升、街头绿地提质、城市园林绿化等49个项目建设。加强城市消防安全宣传和整治，拆除建筑可燃雨棚1100余平方米，整治高层建筑消防隐患179处。强化居民供水保障，深入推进城市生活垃圾分类工作，城市更加干净整洁、宜居宜业。

（四）全力打好动能提升主动仗

项目投资不断扩大。加大100个重点项目建设力度，渝利铁路黄水站建成通车，成功争取沪渝蓉高铁在县内设站。梁忠石高速、石彭高速前期工作加快推进，国道G351金铃至湖北等公路项目建成投用。回龙场水库开工建设，崔家坪水库、万宝风电等项目提速推进。争取各类专项资金62亿元、增长19%。储备2023年新开工项目245个、总投资323.6亿元。招商引资全面提升。探索“中核给市场、石柱搭平台、企业来落地”招商新模式，与东方雨虹、深圳万讯等30余家国内知名企业签订合作协议，建设核工业配套产品生产基地。与中核汇能、华润、大唐等一批实力企业签约风力、光伏发电等项目11个，总装机容量191万千瓦，建设全市清洁能源基地。引进筐多多、温州诗平泵阀等企业，打造康养消费品产业园和泵阀产业基地。全年签约招商项目41个，合同引资141.4亿元，到位资金10.4亿元。重点领域改革深入推进。开展县属国企改革，实现瘦身健体、优化重组，国企营业收入增长14%。深化“放管服”改革，开展营商环境突出问题专项整治，新增市场主体5046户、增长3%。推广“贵和”工作法，中益派出所被命名为全国第二批“枫桥式公安派出所”。对外开放水平逐步提高。主动融入成渝地区双城经济圈建设和市域“一区两群”协调发展，协同推进“三峡库心·长江盆景”、渝东南武陵山区文旅产业融合发展示范区建设。成功争取重庆市政府与中核集团签订合作备忘录，石柱成为联结中核集团与重庆市的“桥头堡”。举办中国·重庆（石柱）第六届康养大会暨2022年湘鄂渝黔四省市政协联席会议，联合发布“石柱共识”，携手武陵山区11个市（区）县共建全国生态康养胜地。

（五）全力打好绿色转型主动仗

污染防治纵深推进。坚决打好碧水、蓝天、净土三大保卫战，深入落实“河长制”，改造提升城区污水管网51.3公里，4个出境断面水质达到考核要求，城乡生活污水集中处理率分别达98%、91%，空气优良率达到99%，铅锌矿生态环境治理深入推进，土壤环境质量稳步提升。生态保护修复取得实效。投资8.9亿元，分年度实施山水林田湖草沙一体化保护和修复项目22个。全面推行“林长制”，实施“两岸青山·千里林带”市级林业重点工程1.7万亩，完成退耕还林整改提升5.6万亩，新增营造林22.9万亩，治理水土流失面积33平方公里。绿色低碳加快发展。编制实施碳达峰“十四五”行动计划，深入推进制造业绿色行动，支持大唐火电等企业实施节能低碳改造。加快绿色清洁能源开发，风电并网总装机容量达到32.64万千瓦。成功创建重庆市生态文明建设示范县，累计创建重庆市生态文明建设示范乡镇23个。

（六）在全力打好“五大主动仗”的同时，始终坚持在发展中保障和改善民生

疫情防控精准有效。坚持人民至上、生命至上，因时因势调整疫情防控举措，最大限度保障了人民群众生命安全和身体健康。民生保障全面兜牢。着力增加财税收入，财政“三保”底线兜牢兜实。新增城镇就业4900人。城乡居民基本养老、医疗保险参保率持续稳定在95%以上。“双减”工作扎实推进，义务教育阶段学生入学率、巩固率均保持在100%。县域内就诊率达90%以上。流动文化服务进村1042场次，新改造体育场地面积3.4万平方米，文体服务线上线下供给更加多元化。社会大局持续稳定。深入落实安全生产“十五条硬措施”，全县未发生较大及以上生产安全与自然灾害事故。矛盾纠纷排查化解有力有效，依法治访成效明显。深入推进平安石柱建设，全县刑事案件、治安案件分别下降36.7%、25.6%。国防动员、后备力量建设、民兵建设取得新成效。

二、发展中存在的问题

一是经济总量不大，结构不优。全县GDP总量排名在全市仍然靠后。三次产业中，工业经济占比仍然偏小，经济发展对农业、商贸服务业等依赖程度仍然较大。二是产业基础不牢，后劲乏力。产业链条不长、规模不大，市场主体“小、散、弱”，防范市场风险的机制体制不健全。农业在品种研发、品质提升、品牌打造方面尚未形成体系和规模。工业缺乏拳头产品，企业科技赋能、创新发展不足。服务业尚未形成多元化发展格局，可持续发展能力不足。三是城乡发展不平衡，民生保障水平有待提升。乡村振兴建设任务繁重，农村产业发展尚未形成规模效应，农民持续增收基础还需夯实。县城建设相对滞后，还存在不少短板，建设“风情土家寨·精致山水城”的任务艰巨。财税增收渠道不多，“三保”压力仍然较大。四是开拓创新张力不足，主动担当作为有待加强。少数部门单位仍然存在工作标准不严、工作效率不高的现象，缺乏敢想、敢闯、敢干、敢担的争先意识，缺乏精心、精细、精准、精致的工匠精神。

三、2023年发展思路

2023年，全县经济社会发展的预期目标是：地区生产总值增长7%、努力争取更好的结果；规上工业增加值增长7.2%；全社会固定资产投资增长20%以上；社会消费品零售总额增长8%；一般公共预算收入增长11.7%；全体居民人均可支配收入增长8%。重点抓好以下七个方面的工作：一是抓乡村振兴。在守住“三条底线”基础上，深化乡村振兴重点帮扶，加快推进以产业振兴为重点的乡村振兴。提质发展“三色”产业，巩固发展特色种养业，因地制宜发展思政研学、艺术写生等新业态，加快推进国家级现代农业产业园创建。二是抓产业升级。提高特色农业效益，力争“三色”产业年产值在35亿元以上，带动实现农业总产值增长9%。聚焦“四大产业集群”，开展产业延链补链强链专项行动，加大工业招商引资、规上企业培育、企业生产服务力度，完成工业投资25亿元、规上工业产值增长18%。推进以科技创新为核心的创新驱动发展，推动黄连素提取、黄连左金胶囊等科研成果实现价值转化。支持企业技术创新，新培育专精特新企业、创新型企业和高新技术企业16家以上。三是抓投资消费。实施抓项目扩投资促增长行动，加快建设沪渝蓉高铁石柱段、方斗山建材产业园、回龙场水库等重大项目。开展产业链招商、以商招商，突出抓好招引项目落地，力争实现合同引资120亿元、到位资金25亿元。加快培育商贸主体，推动社会消费品零售总额增长8%。打造文旅品牌，推进黄水国家级旅游度假区创建，积极创建万寿山国家5A级旅游景区和太阳湖、秘境黄水4A级旅游景区，力争全年接待游客1950万人次、创旅游总收入146亿元以上。四是抓城市品质提升。聚焦“风情土家寨·精致山水城”目标定位，加快提升功能品质，推动重点片区形象品质提升，开工建设县城四环路等基础配套项目，完善城市基础配套设施，推动老城提质、新区拓展。五是抓生态文明建设。持续打好碧水、蓝天、净土保卫战，落实河长制，开展水环境综合整治，确保出境断面水质达标。落实林长制，完成营造林15万亩以上，森林覆盖率达到63.2%，空气质量优良率稳定在95%以上。巩固市级生态文明建设示范县创建成果，推进国家生态文明建设示范县创建。加快促进生态价值转化，培育壮大清洁能源、绿色建材、节能环保等产业。六是抓社会民生保障。加快完善就业服务体系，新增城镇就业4500人以上，发放创业担保贷款8000万元以上。统筹推进教育、医疗、住房、养老等民生事业，滚动实施一批重点民生实事。七是抓风险防范化解。强化税源培植和税收征管，大力压减非重点、非刚性支出，坚决兜住“三保”底线，强化债务风险管控和化解。深入落实安全生产“十五条硬措施”，坚决杜绝较大及以上生产安全事故。深入推进依法治访，有效化解矛盾纠纷。

（执笔人：刘浪）

秀山土家族苗族自治县

秀山土家族苗族自治县人民政府办公室

一、2022 年发展回顾

2022 年，秀山县坚持以习近平新时代中国特色社会主义思想为指导，深入贯彻党的二十大精神，围绕习近平总书记对重庆提出的营造良好政治生态，坚持“两点”定位，“两地”“两高”目标，发挥“三个作用”，推动成渝地区双城经济圈建设和西部陆海新通道建设等重要指示要求，更好统筹疫情防控和经济社会发展，更好统筹发展和安全，改革发展稳定各项工作取得新成效，高质量发展之路越走越宽广。

（一）有力应对大战大考，经济运行稳中有进

奋战百年不遇极端旱情，全力保障用水安全、抢抓农业生产、强化森林防火预警处置，有力守护了群众生命财产安全。统筹全县各方力量科学高效防控疫情，获得了国家工作组高度肯定。以超常规举措应对超预期挑战，制定出台稳经济政策措施，154 个重点项目抢进度、补损失，系列促消费活动有力提振市场信心，为企业减税降费 2.3 亿元，有效缓解了经济下行压力。入选国家农业现代化示范区、全国传统村落集中连片保护利用示范县创建名单，顺利通过国家卫生城市复审，应急管理、招商引资、生态环保等工作获得市级表彰，产业发展、改革创新、城市提升等工作频频亮相主流媒体。全年实现地区生产总值 358.2 亿元、增长 3.5%，工业增加值、固定资产投资、社会消费品零售总额、一般公共预算收入分别增长 4.1%、0.6%、0.9%、19.1%，城乡居民人均可支配收入分别增长 4.9%、7.1%，县内金融机构存贷款余额较年初分别增长 5.2%、8.7%。

（二）工业转型势头强劲，竞争实力持续提升

全力推动绿色工业转型升级，完成工业投资 30.4 亿元。安华鞋业、华尔特纺织、杰森电子等 19 家企业建成投产，红日药业、湘大饲料、迈思科电子等企业增产增效，新增专精特新企业 11 家，东星炭素成为全县首家专精特新“小巨人”企业，在库规上工业企业达 80 家，中医药、新材料、食品、电子产业产值分别增长 32%、60%、62%、79%，汽配产业产值突破 10 亿元。市级高新技术产业开发区正式挂牌，制定出台支持高新区发展实施意见，路网、管网等基础设施不断完善，教育、医疗、住房等保障服务不断优化，新入驻工业企业 24 家，累计入驻 107 家。编制完成 5 个中小企业集聚区规划，发展支撑不断巩固。发放知识价值信用贷款 5380 万元，支持企业开展技术攻关，新增企业技术中心 5 个、市级数字化车间 1 个，认定高新技术企业 5 家，入库市级科技型企业 63 家，研发经费投入达 1.5 亿元。申请专利 215 件，企业知识产权创造运用能力稳步提高。

（三）特色产业优势凸显，乡村振兴步伐加快

务实推进“通道三化”，统筹整合涉农资金5.3亿元，实施农业项目763个。识别监测对象3223人，引导脱贫人口稳岗就业3.6万人，资助困难学生7.4万人次。消费帮扶线上馆被纳入全国百大电商平台，完成消费帮扶2.3亿元。金融综合服务平台发放贷款1.7亿元，入选全市金融支持乡村振兴优秀案例。建设高标准农田、“千年良田”5.3万亩，粮油、蔬菜产量保持稳定，生猪出栏量突破40万头。实施完善特色产业可持续发展十条措施，培育新型经营主体39家，新增市级名牌农产品8个、巴味渝珍9个，茶叶、山银花综合产值超过30亿元，建成高产油茶示范片，“秀山鸡”被列入重庆十大优异农业种质资源，隘口镇创成全国农业产业强镇。持续开展农村人居环境整治，建成市级美丽宜居乡村10个、绿色示范村3个，改造农村户厕1200座，平江河水系连通及水美乡村国家试点项目加快实施。积极推进农村公路、电网建设，清溪水厂与兴隆坳水厂联网运行，群众饮水安全更有保障。

（四）重点景区加快建设，文旅产业提质增速

洪安边城三省风情街（一期）、洪安河水环境治理、老街提升改造等项目建成投用，并被纳入市级文旅特色小镇创建名单。西街“四方秀城”即将开工。川河盖景区宋家索道服务站、星空营地、环线公路及自行车道等项目全面完工，核心景区花海景观林多节点开工，外地游客纷至沓来，创成市级旅游度假区。重庆市第五届斗茶大赛暨首届武陵山茶文化节活动丰富多彩，协议采购金额达3.18亿元。乡村旅游蓬勃发展，培育全国茶乡旅游精品线路1条、市级农旅融合精品线路4条，兴隆坳入选全国乡村旅游重点村，龙凤坝镇大寨村获评全国非遗旅游村寨。积极参加“2022·中国武陵文旅峰会”，携手武陵山文旅发展联盟区县在重庆主城都市区打造武陵文旅推广中心，聚力唱响“大武陵旅游名片”，“书中边城·画里秀山”旅游品牌价值不断提升。

（五）商贸物流扩容增量，消费市场复苏回暖

澳维酒店落户秀山，肯德基、屈臣氏等品牌即将入驻爱琴海广场，名品名店加快聚集。新开通秀山至福建、浙江、广东3条物流专线，武陵山仓储物流枢纽项目、铁路集装箱货场扩能改造加快推进，获评“重庆市多式联运示范工程”。武陵山冷链物流中心建成投用，开行秀山至广州、重庆冷链物流班车，沿海地区海产冻品、中西部地区果蔬冻品双向流通。十大专业市场入驻商户突破2000家，县外销售占比稳步提升，逐步向产业化、规模化发展。落地实施2个线上直销银行贷款项目。直播电商快速发展，家居、汽车、食品等销售业态迭代升级。新增电商主体525家，巴谷鲜获评“全国电子商务示范企业”，云仓、电商大数据中心高效运转，县域快递上行件、网络零售额分别增长6.5%、7.2%，农村电商入选第三届全球减贫案例。

（六）基础设施日益完善，城市品质提档升级

高质量完成“三区三线”划定，城镇开发边界增加5.5平方公里，建成区面积达23.6平方公里。黄杨大道北段、凤栖东支路、学府北支路等城市道路建成通车，秀南大道、黄杨大道南段等主干道路加快延伸，学府大道西段连通外环线，西部片区功能配套不断完善。锦绣府、麓湖郡等楼盘建设加快推进，阳光御园、豪生国际等房地产领域遗留问题有序化解。大力实施“增绿添彩”行动，持续规范占道经营和交通秩序，加强智能停车系统建设，城市综合管理服务平台逐步完善，“出门见绿、四季见花”

的城市美景崭新呈现。邓阳至石耶、龙池至石堤等公路工程建成通车，环城联网公路基本贯通，秀印高速挂网招标，黔江至吉首高铁开展勘察设计招标。马西、桐梓水库加快建设，兴隆坳水厂应急泵站正式运行，延伸供水管网251公里，城乡供水一体化基本完成。新建充电桩151台，新增5G基站330个，能源、通信等基础设施建设有序推进。

（七）改革开放不断深化，发展活力加速释放

集体土地征收补偿新政策全面实施，房票补偿安置制度加快推行。国企改革三年行动如期收官，2家获得AA主体信用评级。农村“三变”改革扩面推广，新增试点村56个。引进市场主体运营乡镇养老机构，多层次养老供给体系不断完善。市级城乡融合发展先行示范区建设有序推进，财税体制、投融资、公共资源监管等改革深入开展。加大引资引智工作力度，签约项目30个、协议引资118亿元，到位资金37.2亿元，引进优秀人才598名。对口帮扶取得积极进展，产业、劳务、消费等领域协作迈上新台阶。积极融入西部陆海新通道建设，铁路集装箱到发货物5000标箱。新办理进出口权企业8家、累计达63家，进出口总额达1.7亿元。积极融入全市营商环境创新试点城市建设，改善用电、用水、用气服务，缓解招工、融资、物流困难，融洽亲清有度的政商关系，新增市场主体6808户。优化审批服务事项68项，政务服务高效便捷，网上政务服务能力排名全市前列。

（八）污染防治精准发力，生态环境显著改善

深入打好蓝天保卫战，城区空气优良天数达350天。深化落实河长制，国控、市控断面水质稳定达标，集中式饮用水水源地水质达标率100%。建设污水管网74公里、雨污合流管网5.2公里，城乡生活污水集中处理率分别达96%、85%以上。噪声扰民问题得到有效控制，学林佳苑创成市级安静居住小区。推动出台全国首部历史锰渣场环境风险管控技术指南，23个锰渣场整治深入开展。全面落实林长制，新增营造林12万亩，完成自然保护地优化整合，治理水土流失29平方公里。全力整改卫片图斑问题，实施清溪场老山沟、涌洞大小垭口等片区生态修复436亩。划定生态保护红线657平方公里，签署酉水河流域上下游横向生态补偿协议，完成渝黔跨界流域次生突发环境事件应急联合演练，联手共治“三省界河”、联合同建“绿色家园”经验做法全国推广。立案调查环境违法案件23件，受理环境问题投诉329件，解决了一批群众反映强烈的环保问题。

（九）社会事业全面发展，民生保障坚实有力

聚焦群众关心的热点难点问题，15件民生实事全部完成。新建公办幼儿园5所，鹭秀小学香林校区、迎风小学官湖校区建成投用，义务教育学校标准化率达90%以上。积极探索普通高中特色化办学改革，高考特殊资格线上线1622人，核心指标持续领跑渝东南。持续强化突发公共卫生事件应急体系建设，紧密型“医共体”建设深入推进，医疗服务能力不断提升，县域就诊率、基层医疗机构就诊率分别达91%、65%以上。新增国家级非遗品牌3个，群众性文化体育活动丰富多彩，荣获“全国围棋之乡”称号。开展职业技能培训3904人，发放创业担保贷款9200万元，城镇新增就业5131人，零就业家庭保持动态清零。养老服务设施不断完善，建成10个乡镇养老服务中心，城乡居民基本养老保险、医疗保险参保率均稳定在95%以上，发放低保、临时救助等各类补助资金2.3亿元，新增保障性租赁住房1200套。

（十）平安建设纵深推进，社会大局和谐稳定

深化开展民族团结进步创建工作，持续加强宗教场所规范化管理。大力推进立体化治安防控体系建设，严厉打击各类违法犯罪活动，常态化推进扫黑除恶，禁毒攻坚整治成效显著，刑事、电诈发案率分别下降16.6%、10.9%。纵深推进“八五”普法，建立社会工作三级服务体系，受理法律援助案件1094件，为困难群众挽回经济损失1012万元。不断健全矛盾纠纷多元化解体系，落实领导包案制度，信访形势持续好转。严格落实国务院“十五条硬措施”和重庆市66项重点任务，扎实开展“安全大检查、百日大整治”行动，狠抓各类问题排查整改，全面扎牢食药安全防线，全年未发生较大以上事故，安全生产形势持续向好，群众的获得感、幸福感、安全感不断增强。

二、发展中存在的问题

同时，发展中仍然存在一些突出问题和短板。一是民间投资预期不稳，消费恢复基础尚不牢固，中小微企业和个体工商户生产经营面临不少困难。二是产业能级和科技创新水平有待提升，新旧动能转换仍需付出更大努力。三是交通、水利、能源等基础设施建设任重道远，教育、医疗、养老等优质公共资源供给不足，城市品质还需提升。四是财政收支压力较大，经济金融领域存在风险隐患。五是政府系统中少数工作人员能力作风与现代化建设要求还不适应。

三、2023年发展思路

2023年，秀山县将全力以赴抓发展、拼经济、保稳定，按照中央“六个统筹”要求，把握国家“五大政策取向”，从改善社会心理预期、提振发展信心入手，加速推进“一城五心一枢纽”建设，扎实做好稳增长、稳就业、稳物价工作，有效防范化解重大风险，努力实现稳进增效、除险清患、改革求变、惠民有感。2023年全县经济社会发展的主要预期目标是：地区生产总值增长7.0%以上，工业增加值增长12.0%以上，固定资产投资增长12.0%以上，社会消费品零售总额增长10.0%以上，一般公共预算收入增长5.4%以上，居民人均可支配收入增长8.5%以上，节能减排降碳等约束性指标完成市上下达任务。

重点抓好以下六个方面的工作。一是抓产业提质效，筑牢富民强县坚实基础。大力发展实体经济，促进产业转型、结构优化，提高供给质量和水平。二是抓统筹聚合力，引领乡村振兴高位推进。坚持农业农村优先发展，因地制宜塑造优势，加快打造乡村振兴样板。三是抓建设优管理，彰显最美城市独特魅力。全力补短板、提功能、强内质，加快打造宜居宜业宜游的现代化城市。四是抓改革强本领，激活内生发展动力引擎。坚持纵深推进、多点突破，以改革增红利、开放拓空间、创新促发展。五是抓环保护生态，擦亮绿水青山靓丽底色。协同推进降碳、减污、扩绿、增长，促进人与自然和谐共生，建设美丽秀山。六是抓民生增福祉，提升人民群众幸福指数。全力办好民生实事，促进共同富裕，让发展更有温度、幸福更有质感。

（执笔人：车之禹）

酉阳土家族苗族自治县

酉阳土家族苗族自治县人民政府办公室

一、2022年发展回顾

2022年，酉阳县坚持以习近平新时代中国特色社会主义思想为指导，认真学习贯彻党的十九大、十九届历次全会和二十大精神，全面落实习近平总书记对重庆的重要指示要求，在市委、市政府的坚强领导下，砥砺奋进，实干作为，推动经济发展和社会事业取得新成效。实现地区生产总值231.7亿元，增长2.3%，民营经济增加值136.1亿元，增长7%。固定资产投资增长11.6%；实现社会消费品零售总额99.3亿元，增长0.2%；完成一般公共预算本级收入15.1亿元，增长0.8%；金融机构贷款余额289.5亿元，增长12.1%；城乡常住居民人均可支配收入分别为33298元、13789元，增长1.6%、7%。

（一）扎实推进乡村振兴

整合财政涉农资金9.2亿元，实施补短板项目639个。着力于脱贫人口稳就业稳收入，开发公益性岗位1.5万个，引导就业6.3万人，1.5万户脱贫户与256户企业建立利益联结机制，脱贫人口人均经营性收入占比提高到13.4%。分层分类推进乡村振兴，在9个乡镇（街道）开展先行探索，创建全市乡村振兴示范村20个，进入国家乡村振兴示范县创建名单。探索共富乡村模式，在6个行政村创设共富乡村合作社，建立资金池450万元，村均集体经营性收入390万元，带动农户增收1.2万元以上。牢牢守住粮食安全底线，稳定粮食种植面积128万亩，产量36.7万吨。建成绿色高质高效高产示范片68个、市级万亩水稻单产提升攻关示范片1个，谷物、油料、生猪等重要农产品量足价稳。发展特色产业，建成十万亩级油茶产业带1个、万亩级油茶示范基地10个、万亩级蔬菜产业区8个，新发展标准化茶叶基地2万亩、中药材12万亩。精心打造农业品牌，培育涉农规上企业10户，新增涉农品牌58个，酉阳油茶、酉阳贡米入选“全国名特优新农产品”，入选全国油茶生产重点县，成功创建全国休闲农业重点县、国家现代农业产业园、国家全产业链标准化示范基地，实现农业总产值72亿元，增长6.1%。

（二）转型升级特色产业

扎实开展“创A增星”，启动龚滩国家级旅游度假区创建工作，叠石花谷、松鼠丛林乐园晋级国家4A级景区，重庆乌江·龚滩旅游度假区成功创建市级旅游度假区。全年接待游客2122万人次、旅游综合收入101亿元，分别增长5.8%、19.3%。聚力发展“生态工业”，实施工业项目32个，完成投资9亿元。投用19万平方米标准厂房，犇逸牛仔服、聚展服装、齐大制衣项目建成投产，水洗服装产能达5000万条/年。全年实现工业总产值60.5亿元，增长15.4%。做活做强商贸服务，创建市级农商互联示范县，建成三级冷链物流体系。“酉云·满天星”培育电商企业136户，电商交易额81.5亿元、增长

12.1%。完成鲁渝消费协作6000万元。稳定外资外贸，新发展外贸企业5户，进出口总额21亿元，列渝东南第2位。充分发挥金融的撬动作用，建立政银企联席会议制度，完成企业融资授信30亿元，投放贷款16.7亿元。银行贷款不良率降至0.7%，低于全市0.4个百分点。

（三）持续改善城乡面貌

划定城镇开发边界面积40.6平方公里。提速桃花源新城建设，完成新城策划方案和11个专项规划，落实新城建设用地指标2550亩。建设“五横四纵”通道11公里，建成综合管廊1.2公里、排水管网3.9公里。全面实施旧城提升，改造城南公交总站片区（一期）、老交通局片区等棚户区房屋面积达33.7万平方米。城投·伴山华府、桃源世家、锦绣华城投放市场，新增商品房销售面积13万平方米。实施城市综合管理“七大工程”，数字化服务平台上线运行，办结城市管理问题7386个，海绵城市面积增至8平方公里。推广生活垃圾分类，创建市级示范村7个。完成县城“坡坎崖”治理面积达5.9万平方米。实施城市河流景观灯饰亮化工程，改造滨河景观面积6.4万平方米、人行道面积1.3万平方米，县城优质绿地面积达到141万平方米。

（四）加速完善基础设施

完成酉彭高速酉阳段投资21.3亿元。启动县城“一环七射”交通网络建设，改造国省干线20公里、乡通畅公路50公里、农村公路190公里。实施农村公路安防工程260公里。深化农田水利建设，实施重点水利工程7个，完成年度投资3.6亿元。新建高标准农田4万亩，恢复耕地8110亩，酉水河灌区续建配套节水改造项目完成投资2620万元。桃花源水库大坝主体工程完工，龙潭水库除险加固等工程加快建设。实施农村供水“一改三提”项目，完工供水保障项目97个。提升供电能力，建成投运35kV可大输变电工程，启动110kV酉阳至秀山联接线、35kV龙麻和四麻线路增容工程，新建10kV电力线路133公里。改善通信条件，新建4G基站150个、5G基站418个，实现20户以上居民聚居点4G信号全覆盖，县城区及乡镇集镇5G信号、千兆光纤全覆盖。实施“数字乡村”创新试点，建成“互联网小镇”10个、互联网村59个。

（五）深入推进改革增效

收官国企改革“三年行动”，重组整合县属国有企业53户，成立实体型国有重点企业17户。清理国有闲置资产13亿元，完成资产类产权证办理43亿元，县属国有企业资产总额达到628.8亿元，实现营业收入22.9亿元、增长63.1%。深化农村集体产权制度改革，确认集体经济组织成员20万户76万人，经营性资产突破1亿元。实施2个乡镇和100个村“三变”改革试点，推进“三社”融合，276个涉农村（社区）集体经济平均经营性收入达25万元。深化殡葬领域改革，火葬区覆盖10个乡镇（街道）。农村供水工程管护机制全覆盖，管护供水工程3042处。深化“放管服”改革，企业开办时限压减至1个工作日，工程项目全流程线上审批时间压减至22个工作日，招投标实现全流程电子化。支持市场主体创新，发放知识产权价值信用贷款1.1亿元，企业研发投入突破1亿元、增长25%。10户企业实施数字化融合创新，新增产值3.5亿元。中组部团中央博士服务团、国家科技特派团、市委办公厅帮扶集团的132名专家、技术骨干扎根酉阳，推广新技术47项。桃花源科普基地获批全国科普教育基地。提高开放水平，积极融入成渝地区双城经济圈建设和市域“一区两群”协同发展，与眉山、泸州建立双向互助联系，江北·酉阳对口协同完成“酉货进城”6982万元。深化鲁渝协作、“致酉合作”，到位帮扶资金1.03亿元。开展产业链精准招商，签约项目87个，协议引资61亿元，超额完成市级下达任务。

（六）着力建设生态文明

建设“两岸青山 · 千里林带”9200亩，完成农村“四旁”植树1.5万亩，实施营造林29.4万亩。流转国有林场经营权5.5万亩，完成国家储备林收储24万亩，实现林地流转收益4.7亿元。深入推行“林长制”，680名三级林长巡林1.4万次，查处“四乱”案件60件。创建市级生态文明示范乡镇12个，菖蒲片区创建市级“两山”实践示范区。坚决打好污染防治攻坚战，在年度成效考核中位列全市第一名。推进碳达峰碳中和，完成节能环保支出1.1亿元。开展高污染燃料禁燃区燃煤整治，划定县城高污染燃料禁燃区面积达11.4平方公里。投用乡镇污水处理厂（站)80座，新建8座农村污水处理设施，配套管网13公里。贯彻落实第4号市级总河长令，整治“两江一河”入河排污口49个。编制11个污染地块风险管控方案，重点建设用地安全利用率达100%。强化综合治理，实施渝东南生物多样性保护与生态综合治理项目，持续整改落实中央环保督查反馈问题。回收废弃农膜861吨，秸秆综合利用率、畜禽粪污综合利用率90%以上。行政村生活垃圾治理有效率、城镇生活垃圾无害化处理率、自然村组收运处置体系覆盖率均达100%。深入实施厕所革命，新（改）建户厕4000座，新建农村无害化公厕32座。开展村庄清洁行动，创建美丽庭院302个、市级美丽宜居乡村10个。

（七）不断增强民生福祉

实现教育支出16.1亿元。实施教育项目48个，完成投资7.5亿元。23所中小学建成投用，新增校舍面积5.2万平方米、中小学学位2295个。提升医疗服务能力，县人民医院门急诊大楼、县疾控中心PCR实验室、致公名医工作站、6个乡镇卫生院业务综合楼完工投用。建设医共体“三通”，43所公立医疗机构实现跨省异地就医直接结算。县人民医院通过二级甲等医院复评，县人民医院、县中医院启动创建三级甲等医院工作。李溪卫生院进入全国乡镇卫生院500强。172个村级养老互助点建成投用。全民健身中心加快扫尾工作，新增体育场地面积5万平方米。

二、2023年的发展思路

2023年是贯彻党的二十大精神的开局之年，是实施“十四五”规划的关键之年。酉阳将以习近平新时代中国特色社会主义思想为指导，全面学习贯彻党的二十大精神和习近平总书记对重庆的重要指示要求，深入贯彻落实市第六次党代会和市委六届二次全会精神，完整、准确、全面贯彻新发展理念，融入和服务新发展格局，深度融入成渝地区双城经济圈建设和市域“一区两群”协调发展，着力推动高质量发展，更好统筹疫情防控和经济社会发展，统筹发展和安全，大力提振市场信心，持续扩大内需，打好生态、乡村、文旅三张牌，放大优势、形成胜势，在稳进增效、除险清患、改革求变、惠民有感、提升干部能力上展现新作为，全面建设社会主义现代化新酉阳。

（一）明确主要目标

完成地区生产总值增长8%、力争10%，固定资产投资增长18%，一般公共预算收入增长8.1%，社会消费品零售总额增长20%。农业增加值、工业增加值分别增长8%、12%。常住人口城镇化率提高到47%。城镇新增就业3000人以上。

（二）明确总体方向

一是打好生态牌，加快打造山清水秀美丽之地新样板。推进产业生态化、生态产业化，重塑城乡融合发展新格局，引领保护修复生态环境新风尚，形成绿色生产生活新方式，培育高质量发展新动能。二是打好乡村牌，加快打造全国乡村振兴新示范。推动农业“接二连三”，扩面共富乡村、数字乡村试点，打造全国宜居宜业和美乡村，促进农业高质高效、乡村宜居宜业、农民富裕富足。三是打好文旅牌，加快打造世界知名旅游新胜地。推动文景产城融通融合，打造世界一流的旅游产品、旅游服务、旅游品牌、文旅体验、康养基地，提升旅游集约化、现代化、国际化水平，全力建设“世外桃源·宁静酉阳”。

（三）明确重点任务

一是着力扩内需促消费，努力在稳进增效上展现新作为。将实施扩大内需战略同深化供给侧结构性改革结合起来，稳投资、促消费，稳住经济大盘，推动经济发展质量效益整体提升。二是着力保安全优环境，努力在除险清患上展现新作为。增强忧患意识、坚持底线思维，打好风险防范主动战，全力以赴护健康、保平安、促和谐。三是着力深化改革开放，努力在改革求变上展现新作为。坚持创新驱动、改革推动、开放带动，推动数字化变革，构建新发展格局，积极融入国内国际“双循环”。四是着力增进民生福祉，努力在惠民有感上展现新作为。坚持尽力而为、量力而行，增强公共服务的均衡性、可及性，不断增进民生福祉。五是着力学习提升，努力在提升干部能力上展现新作为。不断加强思想淬炼、政治历练、实践锻炼、专业训练，不断提升党员干部面向现代化、适应现代化、引领现代化的能力水平。

（执笔人：吴昱彤）

彭水苗族土家族自治县

彭水苗族土家族自治县人民政府办公室

一、2022年发展回顾

2022年，彭水自治县坚持以习近平新时代中国特色社会主义思想为指导，以迎接党的二十大和贯彻党的二十大精神为动力，紧紧围绕把习近平总书记殷殷嘱托全面落实在彭水大地上这条主线，坚持稳中求进工作总基调，统筹发展和安全，高效落实稳住经济大盘一系列政策措施，持续保障和改善民生，全县经济稳健运行、社会大局平安和谐。

（一）经济运行总体平稳

实现地区生产总值282.1亿元、增长3.5%，总量和增速均位居渝东南第二；固定资产投资增长10.1%；规模以上工业总产值53.4亿元、增长4.8%；建筑业总产值32.2亿元、增长18.6%，增速位居渝东南第二；社会消费品零售总额143.3亿元、增长2.5%，增速位居渝东南第一；一般公共预算收入16.8亿元、增长23%，增速位居渝东南第二；一般公共预算支出70.2亿元、增长17.5%，增速位居渝东南第二；城镇和农村常住居民人均可支配收入分别达到37220元、15882元，增长1.1%、6.9%。

（二）产业实体齐头并进

文旅融合蓄势向好，摩围山创建国家级旅游度假区基础设施建设项目被纳入财政部PPP项目库，阿依林海成功创建国家AAA级旅游景区，摩围山入选全市首批森林康养基地，成功举办“养心彭水梦 · 同源苗乡情”2022武陵山国际森林音乐季，蚩尤九黎城获授“中国华侨国际文化交流基地”，鞍子苗寨和阿依河景区分别入选2022年非遗与旅游融合发展全国优选项目名录和全市优秀案例，“苗乡养心古镇游”被纳入全国乡村旅游精品线路，黄家镇先锋社区、善感乡周家寨村获评市级乡村旅游重点村，连续四年获评全国县域旅游综合实力百强县。生态工业势头强劲，建材、包装饮用水、矿产品深加工等传统产业稳健运行，新培育规模以上工业企业8家，全年工业投资增长35%。生态农业稳定提质，建成国家级和市级“一村一品”示范村镇31个，有效期内“两品一标”农产品达96个，红薯产业、烤烟产业被农业农村部列入“一县一业”主导产业名录。商贸经济加速恢复，两江城商圈初步成形，升级改造乡镇商贸中心30个，成功打造电子商务进农村综合示范升级版，全年实现电子商务交易额55亿元。

（三）城市更新提升破题起势

优化编制国土空间总体规划，科学划定“三区三线”。统筹推动老城、新城、蚩尤九黎城和高铁片区一体化建设提升，加紧推进县城城镇化补短板强弱项建设示范PPP项目，城镇化率提高到51.3%。两江大桥维修加固工程完成，乌江滨河带状公园投用，城北隧道至九曲河连接道改造完成工程竣工，打造黔中大道等城市景观长廊21

条。新城征地拆迁实现重大突破，重要交通节点全面贯通，新增房建面积37万平方米，累计集聚市民4.8万人。招引中国水电基础局等5家央企入驻，分批启动高铁片区开发建设。实施渝湘高铁、渝湘复线高速公路提速工程，石（柱）彭（水）务（川）高速公路、丰都暨龙至彭水龙射高速公路被纳入全市高速路网规划，“40分钟重庆主城、1小时周边”交通圈逐步形成。持续深化“大城三管”“马路办公”工作机制，城市社区生活垃圾分类实现全覆盖，城市生活污水集中处理率达96.2%，建成全市最大三角梅滨河生态景观长廊。

（四）乡村振兴扩面提质

强化落实防止返贫动态监测帮扶机制，全县无一户返贫和新的致贫现象，脱贫人口稳定就业人口在5万人以上，易地搬迁后续扶持再获全国通报表扬。布局建设“六线六片”示范带，“1+3+8+2”重点帮扶和示范建设纵深推进，重庆市乡村振兴国际合作示范点创建工作顺利启动。承接落实国家乡村振兴重点帮扶及市级“一县一策”个性化帮扶政策，成功举办2022年全国社会力量助力彭水乡村振兴协作交流会。整合投入财政资金9.5亿元，统筹实施巩固拓展脱贫攻坚成果和乡村振兴项目583个，获评全国以工代赈工作积极主动成效明显县。全国首笔“乡村人居环境贷”4800万元落户彭水，鞍子镇干田村、太原镇区阳村、石盘乡石新村获评市级美丽宜居乡村，善感乡周家寨村获评2022年中国美丽休闲乡村，鹿角镇横路村和岩东乡岍山村、堰塘村入选第六批中国传统村落名单。

（五）发展动能持续增强

加强重点领域改革，完成国企改革三年行动任务，整合重组县属国有企业，“一窗综办”“一照通办”改革有序推进，不动产、林权登记工作获全市通报表扬，率先在全市实现存量房转移登记与水电过户联动办理。持续深化“放管服”改革，“渝快办”实现政务服务事项全覆盖，行政许可实现全面清单化管理且99%的事项“最多跑一次”，房屋建筑和市政基础设施工程竣工联合验收时限压缩42%，企业开办时间缩短至1个工作日、最快只需2小时。“三变”改革试点范围稳妥扩大至57个村（社区），全县村集体经济经营性收入突破6200万元，“富民贷”放贷额度位居全市第一。大力开展招商引资，全年签约正式合同项目41个，总投资82.3亿元、增长43.4%，近两年签约落地项目到位资金19亿元、增长30%，成功引进中国华能、华润电力、三峡能源等5家上市企业。加快推进科技创新，新增科技型企业12家、高新技术企业2家、专精特新企业2家。培育壮大市场主体，落实各项助企纾困政策，为市场主体减免缓退税费2.1亿元，新培育市场主体5292户，新增规模以上市场主体116户。

（六）环境质量不断优化

深入打好蓝天保卫战，强化工业、交通、扬尘、生活污染控制，加强高污染禁燃区管控，PM2.5、PM10等污染指标明显下降，县城空气质量优良天数达362天、优良率99.2%，创历史新高、位居全市第一。深入打好碧水保卫战，全面落实河长制、长江“十年禁渔”和市级总河长令，乌江、郁江国控断面水质达到或优于国家地表水Ⅱ类标准，城乡集中式饮用水水源地水质达标率100%，城市水质综合指数（CWQI）位居全市第一，乡镇和村级污水处理设施出水水质稳定达标排放。深入打好净土保卫战，化肥、农药施用量实现零增长，畜禽粪污综合利用率达96%，城乡垃圾处理设施实现全覆盖。全面推行林长制，完成各类营造林22.8万亩，在林业有害生物防控工作考核中位居全市前列。加强噪声综合治理，噪声扰民问题得到有效遏制，声环境质量主要监测指标符合国家限定标准。有序推进碳达峰碳中和，能耗“双控”符合市级下达目标要求，成功创建节水型社会建设达标县。

（七）社会事业长足进步

优先保障民生投入，在财政收支压力较大的情况下，保持基本民生投入只增不减，累计民生支出30.6亿元，13项重点民生实事办好办实。落实稳岗就业政策，城镇新增就业5315人，农民工外出返岗复工率达99%。促进教育高质量发展，公办幼儿园在园幼儿占比达52.3%，“双减”成效和义务教育阶段课后服务质量巩固提升，县职教中心成功申报重庆市“双优计划”项目建设，并入选“信息化支撑职业院校校企合作专业共建项目”首批共同体成员名单。优化城乡医疗资源配置，县中医院新城分院住院楼、县公共卫生服务中心、县人民医院关口传染病区等医疗卫生项目竣工，基层医疗机构诊疗量占比达72%。繁荣文化体育事业，开展流动文化进基层和全民健身活动2100场次，获评全市首个最佳体育助力乡村振兴县。兜牢基本民生底线，养老服务设施基本实现全覆盖，最低工资、残疾人“两项补贴”、孤困儿童保障和优抚对象抚恤补助标准稳步调增，基本医疗保险、基本养老保险参保率均保持在95%以上。

（八）社会大局和谐稳定

积极应对极端高温干旱天气，高效应对处置自然灾害19起，有效解决13万余人饮水困难，组织1.6万受灾农户“补种补栏”，森林火灾受害率控制在0.3‰以下。连续19年杜绝重大安全生产事故，连续18年获全市目标考核先进等次。推广汉葭司法所“管的宽、民众安”工作法，针对“五老”自治模式在全市市域社会治理现代化试点工作现场会上作交流发言。“3 · 31”涉医骗保案成功告破并获公安部致电祝贺，强化债务限额管理和预算管理，严格执行国企“631”偿债机制，政府债务风险总体可控。黔龙阳光国际三期、四期工程有序复工复建，房地产市场平稳健康发展。全面加强食品药品和特种设备安全监管，油电气供应安全、保障稳定。

二、发展中存在的问题

同时，发展中还存在一些困难和问题。一是居民消费、文旅消费尚未完全恢复，民间投资预期不稳，稳增长压力较大；二是产业实体量小质弱，科技创新有待加强，发展转型升级任重道远；三是城乡区域发展不够协调，交通、水利、能源、通信等基础设施仍有短板，基本公共服务还有薄弱环节；四是财政收支矛盾突出，国企运行较为艰难，政府债务、房地产、安全生产等领域面临风险；五是营商环境还有较大提升空间。

三、2023年发展思路

2023年，彭水自治县坚持以习近平新时代中国特色社会主义思想为指导，全面贯彻党的二十大精神和中央经济工作会议精神，认真落实市委六届二次全会、市委经济工作会议和市“两会”部署要求，紧扣县委“三四六”工作思路，坚持稳中求进工作总基调，立足新发展阶段，完整、准确、全面贯彻新发展理念，积极服务和融入新发展格局，着力推动高质量发展，更好统筹发展和安全，持续提振信心，持续扩大内需，持续深化供给侧结构性改革，努力实现稳进增效、除险清患、改革求变、惠民有感，保持经济运行在合理区间，保持社会大局平安稳定。

2023年全县经济社会发展的主要预期目标是：地区生产总值增长在7%以上、争取实现更好的结果，规模以上工业总产值增长15%，固定资产投资增长15%，社会消费品零售总额增长12%，一般公共预算收入增长5.1%，城镇和农村常住居民人均可支配收入分别增长8%、10%，常住人口城镇化率提高1.5个百分点，高质量发展态势加快呈现，经济活力创造力和质量效益进一步提升，城乡居民收入增速快于经济增速，粮食生产、节能减排降碳等约束性指标完成市级下达任务。

（执笔人：赵桂林）

第六编　附录

2022年重庆经济和社会发展要事选登

2022年1月

1月1日　2025年重庆入选国家“双一流”建设学科达到5个。

1月2日　全年重庆招商力争拉动全市经济增长超1个百分点。

长安汽车充分发挥产业和技术能力——带动两万家企业在渝发展、提供就业岗位达80万个。

1月4日　重庆计划2025年智能新能源汽车产量达100万辆以上。

成渝地区双城经济圈建设跑出“加速度”。

1月6日　重庆构建绿色低碳循环发展经济体系成效初显。

1月7日　西部（重庆）科学城加速构筑人才新高地。

1月8日　冰雪运动成为重庆热时尚。

1月9日　重庆江北机场上年旅客吞吐量居全国第四，达3576.6万人次。

1月10日　公共服务事项川渝“通办”两地群众直呼方便。

1月12日　重庆“芯屏器核网”全产业链加速补链强链。

川渝联手打造内陆改革开放新高地。

1月13日　2025年基本建成全国大健康产业融合发展先行区。

第九批第二期援藏专技干部帮助当地打造农业品牌146个。

1月14日　重庆开展四项专项行动，破解“三农”融资难题。

1月15日　重庆化医集团上年营收超800亿元，三个发展“秘诀”引领建设“双千亿级”企业。

1月16日　突出重庆特色打造国际消费中心城市。

重庆3113家企业上年通过国家科技型中小企业评价。

1月18日　重报圆桌会丨加快产业转型升级，建设国家重要先进制造业中心。

1月19日　2021年重庆外贸进出口创新高，达8000.6亿元。

1月20日　2021年重庆GDP 27894.02亿元、同比增长8.3%，实现了“十四五”良好开局。

1月21日　渝企全国首创铝产业数字化转型解决方案，上榜全国工业互联网试点示范项目。

1月22日　力争把重庆打造成西部种业高地。

1月23日　重庆启动创建“设计之都”，到2025年设计服务收入超100亿元。

1月24日　重庆出台《重庆市推动公立医院高质量发展实施方案》。

1月25日　重庆力争5年建成全国地方科协综合

改革示范区。

1月26日 2021年重庆社零总额增速排名全国第3。
重庆综合科技创新水平指数排名继续保持全国第7。

1月27日 2021年重庆为制造业中小微企业办理缓税费15.8亿元。
西部（重庆）科学城核心区2021年GDP增长12.9%。

1月28日 印发《成渝地区双城经济圈优化营商环境方案》。

1月29日 郑渝高铁万州北至巫山段进入联调联试。

1月30日 重庆慰问帮扶生活困难全国道德模范。

2022年2月

2月4日 重庆果园港24小时作业忙，假期前三天实现铁路货运进港量55万吨，同比增长7%。

2月5日 “云端经济”成重庆春节消费新亮点。

2月6日 重庆发行2022年首批政府债券274亿元。

2月7日 2021年重庆市级重大项目完成投资4093亿元。

2月8日 全年重庆行政村“三变”改革试点比例将达30%以上。

2月9日 共建成渝地区双城经济圈2022年重大项目名单发布。

2月10日 渝西工程加快推进，力争一季度完成投资7亿元。

2月11日 打造百亿级重庆小面产业。

2月12日 重庆两江新区突出项目引领加速推进“十大工程”。

2月13日 重庆采取延长失业保险降费、缓缴公积金等十项措施支持困难行业纾困恢复。

2月14日 上千吨俄罗斯非转基因菜籽油搭乘中欧班列（成渝）抵渝。

2月15日 2035年重庆将基本实现新型城镇化。

2月16日 重庆召开创新投融资模式片区会。
全年重庆市投资130亿元建普通公路。

2月17日 光庭信息全国第二总部入驻重庆仙桃数据谷。
支付手续费降费政策落地见效，重庆近65万户小微企业和个体户受益。

2月18日 成渝地区全国一体化算力网络国家枢纽节点建设启动。
“十四五”时期重庆将新筹集保障性租赁住房40万套。
重庆新增32家新型研发机构。

2月19日 重庆：抓项目促复工强保障，力创“开门红”“开门稳”。
重庆出台“专精特新”企业发展行动计划。

2月20日 重庆构建“三带四屏多廊多点”生态安全格局。

2月21日 全年重庆招商项目中工业占比将达四成。
重庆加速建设国家先进制造业中心。

2月22日 重庆“十四五”将建成轨道上的“半小时万达开”。
奋进新征程，建功新时代|重庆规上工业总产值实现2.6万亿元。

2月23日 重庆全年新建2000个村级预警工作站。

2月24日 唱好“双城记”共建经济圈|川渝将共建氢走廊和电走廊。

2月25日 一县一策重庆4县获“个性化”政策支持。

2月26日 重庆区县一批重大项目开工，努力实现一季度经济“开门红”。

2月27日 国家商务部与重庆市政府签署部市合作协议，支持主要分为十二个大项的重点任务。

2月28日 我国拟设立成渝金融法院。

2022年3月

3月1日 重庆永川综保区建设加快推进。

3月2日 重庆推出56条措施为服务业纾困。

3月5日 重庆力争全年实现社会消费品零售总额增长7%。

郑万高铁重庆段年内开通运营。

3月6日 重庆计划全年新培育市级“专精特新”企业300家。

3月7日 加强粮食等重要农产品稳产保供以“三农”之稳服务全市全局之稳。

3月9日 重庆多措并举推进城市更新，力争全年完成城市更新基金筹建。

3月10日 西部（重庆）科学城实现“双医”联办审批。

3月11日 重庆“信易贷·渝惠融”平台正式启动。

全年重庆科技型企业力争突破4万家。

3月13日 重庆大渡口签约22个项目总投资额超126亿元。

3月14日 到2025年中心城区城市绿地率将不低于40%。

3月15日 重庆全年计划培育创建50家绿色工厂。

3月16日 重庆助渝企加速创建企业技术中心。

3月17日 新业态新场景展现重庆消费新魅力。

3月20日 重庆印发方案推动重点领域节能降碳25个重点行业能效2025年达基准水平。

3月21日 重庆沙坪坝“环大学创新生态圈”年产值已超30亿元。

重庆出台《重庆市战略性新兴产业发展“十四五”规划（2021—2025年）》。

3月22日 重庆重大项目建设呈现建设早、投入大、结构优三大特点。

3月23日 重庆新生港开港半年吸引外来投资超50亿元。

3月24日 重庆执行两档最低工资标准上调300元。

3月25日 重庆工业互联网国家节点标识注册量累计达69.4亿元。

3月26日 支持高校院所协同创新，西部（重庆）科学城最高奖励3000万元。

3月27日 1~2月重庆国际生物城产值同比增长20.59%。

3月28日 重庆产业转型升级板块的重大项目有240个，年度计划投资高达836亿元。

3月30日 重庆市首个光伏生产企业在荣昌建成投产。

3月31日 重庆正着力建设5座“灯塔工厂”，为加速打造国家重要先进制造业中心引路。

重庆启动落实稳企惠企政策集中攻坚行动。

2022年4月

4月1日 成渝地区双城经济圈2021年实现地区生产总值73919.2亿元，同比增长8.5%，经济增速领跑西部地区。

4月2日 重庆推出40余项惠民措施，提振文旅消费。

4月3日 重庆发布全年国有建设用地供应计划。
为促进工业经济平稳增长，出台五方面39项政策措施。

4月4日 重庆忠县第一季度15个项目开工，总投资近100亿元。

4月5日 重庆13家首批市级森林康养基地出炉。

4月6日 重庆已有近80万人获得个税退税“红包”。
重庆大足一季度开工55个项目，总投资200亿元。

4月7日 重庆市级新能源汽车重大项目加快建设，一季度10个项目完成投资6.9亿元。

4月8日 重庆调拨首批留抵退税资金17.8亿元。

4月9日 重庆江北启动一批商贸业重大项目，总投资约700亿元。

4月10日 重庆北碚2022年第一批21个重点项目签约，金额达208.7亿元。

4月11日 重庆出台金融政策助力新市民安居乐业，新市民创业就业可享精准金融服务。
重庆铜梁打造更高能级更强支撑的产业高地。

4月12日 重庆中新互联互通项目再落地30个合作项目。

4月13日 重庆西部陆海新通道平台在中国国际贸易单一窗口上线。
“十四五”期间重庆稻渔综合种养面积将达120万亩。

4月14日 重庆市上年发放创业担保贷款54亿元。

4月15日 一季度重庆轨道交通投资增长30%。

4月17日 西部（重庆）科学城将建环大学城创新生态圈。

4月18日 重庆近8000家科技型中小企业获知识价值信用贷款超137亿元。
一季度电子信息产业市级重大项目完成投资40亿元。

4月19日 一季度重庆市固定资产投资同比增长10.9%。

4月20日 一季度重庆外贸进出口稳中向好，外贸进出口总值1970.9亿元。

4月21日 一季度重庆GDP 6398亿元同比增长5.2%。

4月22日 市级重大项目一季度完成投资795亿元。
重庆出台20条金融措施支持乡村振兴。

4月24日 重庆实施六大专项行动全面振作工业经济。

4月25日 一季度重庆市水利固定资产投资首超50亿元，同比增长26.3%。

4月26日 重庆多措并举拓宽高校毕业生就业渠道。

4月27日 一季度重庆社零总额达3519.8亿元，同比增长4.2%。

4月28日 西部（重庆）科学城核心区一季度实现GDP143.7亿元，增速居全市第一。

4月29日 重庆万州248个重大项目按下“快进键”，一季度完成投资35.66亿元。

4月30日 西部陆海新通道再添新成员，重庆跨境公路班车南川首发。

2022年5月

5月1日 234万人次参与2022“乡村振兴·重庆专场”，共募集资金3.79亿元。

5月2日 重庆大力推进英才服务港建设，面向高层次人才推出68项服务。

5月3日 全国一体化算力网络成渝国家枢纽节

点（重庆）正式启动。

5 月 5 日 璧山区一季度抓项目稳投资引领产业转型发展。

国家科技特派团出招助力巫溪产业提质增效。

5 月 6 日 重庆出台26条金融措施助企纾困解难。

5 月 7 日 重庆酉阳全力打造文旅融合新标杆。

5 月 8 日 重庆力争 2025 年建成国家生态园林城市。

10 家科研院所入驻两江协同创新区，将把更多科创资源引入重庆。

5 月 9 日 1~4 月重庆市级重大项目完成投资 1152 亿元。

重庆市金融服务疫情防控和经济社会发展政银企融资对接会召开，369 家企业获得授信放款 516 亿元。

5 月 10 日 重庆双桥经开区上年招商逾300亿元。

5 月 11 日 64 家 A 股上市渝企一季度赚逾 153 亿元。

我国首部生物经济发展五年规划明确成渝地区双城经济圈将建设先导区。

5 月 12 日 到 2023 年全市建成换电站 200 座以上。

5 月 13 日 重庆 5.6 万户服务业市场主体获贷 545 亿元。

5 月 14 日 重庆确定县域商业发展“十四五”目标。

5 月 16 日 重庆到 2030 年将建成 1960 万亩高标准农田。

5 月 17 日 开展贸易外汇收支便利化试点，近两年 重庆业务规模已达 53.6 亿美元。

5 月 18 日 重庆公布重大品种研发与推广后补助项目名单。

5 月 19 日 重庆新增4个国家外贸转型升级基地。

5 月 21 日 重庆 2025 年基本建成内陆国际物流枢纽和口岸高地。

5 月 22 日 重庆打出“降、返、补、扶”组合拳，26 万户企业减少支出 12 亿元、稳定岗位 474 万个。

2022 年重庆市社会资本投融资项目对接 24 个基础设施项目计划引资 1420 亿元。

5 月 23 日 重庆将实施 16 项重点任务 加强科技社团建设和管理。

5 月 24 日 两江新区实施“链长制”9 个月成效显著，每条产业链产值实现两位数增长。

5 月 25 日 前 4 个月重庆完成重大基础设施投资逾 700 亿元，同比增长 14.4%。

5 月 26 日 留抵退税新政实施首月、两万余户渝企 130 亿余元“红包”落袋。

西部（重庆）科学城将打造百亿级智能网联汽车产业集群。

5 月 29 日 重庆大渡口打赢双创翻身仗。

5 月 30 日 重庆知识产权质押融资额一季度同比增长 15%。

2022 年 6 月

6 月 1 日 重庆装备产业加速迈向高端化。

1~4 月重庆规上工业营收同比增长 9.6%。

6 月 2 日 1579 家企业获评本年度市级“专精特新”企业。

6 月 3 日 重庆小春粮油作物种植面积、总产量“双增长”。

6 月 4 日 餐饮工业化，让重庆綦江安稳“羊”帆启航。

6 月 5 日 重庆各区县商家打出“组合拳”，提振消费。

6月6日 重庆端午假期消费市场平稳增长。

6月8日 重庆市商务委将实施六大工程助力乡村振兴。

印发《重庆市地方志事业发展规划纲要（2021—2025年）》。

6月10日 助力重庆稳住经济大盘，前5月政策性金融机构投放贷款703亿元。

6月11日 促进大学生就业，重庆有措施有行动。

6月12日 第七届重庆非物质文化遗产暨老字号博览会开幕。

6月13日 1~5月重庆累计“退减缓免”税费358亿元。

6月15日 重庆出台15条促进房地产业良性循环和健康发展措施。

两江新区出台《推进“专精特新”企业高质量发展专项行动计划（2022—2025年）》助推“专精特新”企业发展。

重庆五大方面推动区域经济协同发展。

6月16日 “十三五”重庆碳强度累计下降21.9%，超额完成国家下达的目标任务。

重庆三部门联合印发7方面26条助企纾困措施。

6月17日 重庆297个新建三峡后续项目预计6月底前全部开工。

6月19日 面向海内外招商引智，重庆两江新区发布促进产业高质量发展系列政策。

6月20日 郑渝高铁今日通车，高铁开进渝东北，交通强市加速跑。

重庆发布稳经济政策包，惠及工业、交通运输、文化旅游等多个行业领域市场主体。

6月22日 重庆再推110条举措优化营商环境。

重庆出台新增近百万个岗位等系列措施保就业。

重庆长安三工厂片区城市更新项目签约开工，总投资约208亿元。

6月23日 “十四五”重庆绿色新兴产业计划实现8000亿元产值。

为企业精准嫁接金融资源，降低融资成本，沙坪坝区建成金融服务港湾35个。

6月24日 重庆大足72个重大投资项目集中开竣工，总投资216.8亿元。

重庆巴南二季度集中签约40个项目，总投资269亿元。

中欧班列（渝新欧）重箱折列突破1万列。

6月29日 重庆黔江举办2022年第二次招商引资项目集中签约活动，总投资85.27亿元。

6月30日 重庆出台政策“干货”推动链主企业加快产业链融通发展。

重庆涪陵集中签约25个重点项目，协议投资179.78亿元。

重庆永川集中签约72个项目，协议投资255.6亿元。

2022年7月

7月1日 西部（重庆）科学城两年实施校地院地合作项目43个。

7月3日 2022年以来，重庆果园港中转四川港口货物增长超160%。

7月4日 到“十四五”末，重庆风电光伏总装机将超370万千瓦。

7月6日 重庆两江新区推出一揽子惠民政策，涉及社保医保就业创业等5类50条。

7月7日 重庆加速推进租赁住房建设，筹集租赁房源 19.8 万套。

7 月 8 日　中国西部预制菜产业博览会花落重庆梁平，将设立西部预制菜运营中心。

重庆江津 60 个项目集中签约，总投资 227.4 亿元，亿元级项目占比超六成。

7 月 9 日　1~5 月统计数据显示，助企纾困持续发力，重庆经济保持增势。

重庆首只基础设施 REITs 成功上市。

7 月 11 日　全年重庆将完成水利固定资产投资 212 亿元。

7 月 13 日　重庆推进巩固拓展脱贫攻坚成果同乡村振兴有效衔接反馈问题整改 85 项整改任务已完成 57 项。

7 月 15 日　重庆出台十三条政策措施，促进脱贫人口稳岗就业。

7 月 18 日　160 个共建成渝地区双城经济圈重大项目开工 152 个。

7 月 19 日　上半年重庆外贸进出口创历史新高，同比增长 12.5%，高于全国平均水平。

7 月 20 日　上半年重庆 GDP 同比增长 4%，达 13511.64 亿元。

上半年全市固定资产投资同比增长 6.9%。

7 月 22 日　中欧班列（重庆）开行突破 1 万列。中欧班列成为畅通中欧贸易的“稳定器”和“加速阀”。

7 月 23 日　重庆跨境电商进口额位居西部第一，拥有西部最大的跨境电商消费市场。

7 月 24 日　福布斯发布中国消费活力城市榜单，北京、上海、重庆位列前三。

7 月 25 日　第四届西洽会闭幕重庆集中签约重大项目 66 个投资额超 2200 亿元。

前 5 个月，重庆近 2000 户出口企业享受出口退税超百亿元。

7 月 26 日　引入龙头、引进人才、优化环境，重庆科学城落户软件类企业近 300 家。

7 月 27 日　上半年重庆跨境人民币实际收付结算量同比增长 121.9%。

7 月 28 日　推动成渝地区工业互联网一体化发展 6 家国内软件企业“加盟”。

7 月 31 日　第二届川渝住博会在渝闭幕，共发布重庆区县和四川市州项目 523 个、投资总规模约 6290 亿元。

2022 年 8 月

8 月 1 日　“十四五”重庆将建设 30 多个 TOD 项目。

8 月 2 日　重庆市政府办公厅发布《关于推动城乡建设绿色发展的实施意见》，推动城乡建设绿色发展。

8 月 3 日　重庆将建工业化装修展示交易中心。

重庆 1~7 月新增就业近 50 万人。

8 月 4 日　上半年西部（重庆）科学城核心区 GDP 增长 9.2%。

8 月 5 日　“投资重庆”首期产业机会清单发布，涉及 150 个招商项目。

8 月 6 日　1~7 月市级重大制造业项目完成投资 411.8 亿元。

探索促进“一区两群”协调发展的新路径，重庆首支区域性产业投资基金诞生。

8 月 8 日　重庆实现“一级政府一个复议机关”。

8 月 10 日　《中国城市夜经济影响力报告（2021—2022）》发布，重庆连续 3 年荣登十强城市榜首。

8 月 12 日　重庆国家顶级节点接入企业达2802家。

8月13日 聚焦五大领域，推出27条举措，重庆财政金融联动支持实体经济发展。

重庆智能工业机器人产业集群形成。

8月15日 “十四五”时期，重庆将建传统村落保护发展项目60个以上。

8月16日 “成渝电走廊暨换电重卡”项目启动，将打造全国首条高速公路重卡换电走廊。

8月17日 上半年市属国企净利润同比增长12.8%。

8月19日 上半年重庆市帮77.9万脱贫人口找到工作，提前完成全年稳岗就业目标任务。

8月21日 重庆云阳建全抽水蓄能电站项目开工，工程总投资91亿元。

8月22日 川渝两地校企合作打造拱桥技术创新高地。

8月23日 2022中国（西部）科技金融峰会举行，科技助力金融发展金融赋能科技创新。

8月24日 从智博会看重庆“智造重镇”“智慧名城”建设新成效。

8月25日 支持双城经济圈市场主体健康发展，川渝发布一揽子政策措施。

8月26日 重庆农民专业合作社达3.73万家，农户参合率44%。

8月27日 上半年重庆“万企兴万村”行动开展消费帮扶4.9亿元。

重庆市绿色金融改革创新试验区建设启动。

8月28日 避高温、增设施、保进度，重庆重点交通项目建设稳步推进。

8月29日 重庆加大财政支持力度，保秋粮丰收。

8月31日 聚焦五大重点任务，重庆全面推进产业工人队伍建设改革。

2022年9月

9月1日 渝万高铁有望9月底全线开工、2027年前建成投用。

9月2日 重庆大学等单位镁离子电池项目获2022年国际镁未来技术奖。

9月3日 重庆12个村入选“2022中国美丽休闲乡村”。

9月4日 精准帮扶助高校毕业生就业，全年重庆市已开展精准就业服务4.12万人次，促进就业2.25万人。

9月5日 重庆市人力社保局等12部门联合出台《关于推进新时代人力资源服务业高质量发展的实施意见》，到2025年重庆人力资源服务行业营收将达1500亿元。

9月6日 为高校毕业生提供就业岗位，重庆已发布见习岗位8万余个。

9月7日 12家渝企上榜2022中国企业500强榜单，另有32家渝企跻身制造业及服务业500强。

9月8日 《重庆都市圈发展规划》公布，范围包括重庆主城都市区21个区和四川广安全域，总面积3.5万平方公里。

9月9日 重庆市政府印发《重庆市建设世界级智能网联新能源汽车产业集群发展规划（2022—2030年）》，2030年建成世界级智能网联新能源汽车产业集群。

9月11日 304个渝企项目获市级重点专项资金支持，单个项目最高可获补助500万元。

9月12日 围绕八大重点产业33条产业链，重庆市将编制高层次人才图谱手册。

9月13日 重庆中秋消费回稳向好，主要商圈和重点监测商贸企业零售额同比增长5.4%。

9月14日 推动内陆开放，服务成渝地区双城经济圈，改变西部物流格局，重庆果园港以“一港荣”促“一城兴”。

9月15日 重庆1~8月市级重大项目完成投资2698亿元，年度投资进度达73.4%，领先时间进度6.7个百分点。

9月16日 重庆市统计局发布《十八大以来重庆消费市场发展报告》，十年来重庆社会消费品零售总额年均增长12.3%。

9月17日 “魅力之城”重庆经贸合作交流对接会在广西南宁举行，现场签约22项合作协议额约53亿元。

9月18日 重庆两江新区与赛力斯签署战略合作协议，助力重庆打造世界级智能网联新能源汽车产业集群。

9月19日 重庆蔡家智慧新城机会清单发布，涵盖29个项目涉金额约938亿元。

9月20日 2022年1~7月重庆实现软件业务收入1559亿元、同比增长14.9%，预计全年将超3000亿元。

9月21日 国务院国资委公布最新“双百企业”名单，8家重庆国企入围。

9月22日 重庆市印发《重庆临空经济示范区建设实施方案（2022—2025年）》，2025年临空经济示范区产值达到1000亿元。

9月23日 鲁渝签12个协作项目，金额78亿元，两地聚力打造协作“升级版”。

9月24日 重庆城市提升市级重大项目，前8月共完成投资1602.4亿元。

中新（重庆）跨境电商产业园在江北嘴揭牌。

9月25日 重庆将创建政策性金融服务乡村振兴实验示范区，拟建立3000亿元规模项目储备库。

9月26日 农业保险助力乡村振兴，前8月重庆174万户次农户受益。

9月28日 中欧班列（渝新欧）实现覆盖12个上海合作组织国家。

9月29日 重庆力推6方面14项举措优化金融信贷营商环境。

新疆哈密至重庆特高压直流工程配套煤电项目开工，系“疆电入渝”工程重要项目，总投资约145亿元。

9月30日 重庆成都双核联动联建合作项目事项清单出炉，共计34个，涵盖交通基础设施、现代产业体系等多个领域。

万达开川渝统筹发展示范区和川渝高竹新区建设取得重大进展，“近邻”变“队友”，发展入佳境。

2022年10月

10月1日 1~8月，重庆出口退税超160亿元。

10月2日 重庆市统计局发布《十八大以来重庆科技发展报告》，10年来重庆研发投入年均增长15.9%。

10月3日 重庆四项举措入选城镇老旧小区改造可复制清单。

10月4日 文化大餐受欢迎，本地旅游人气高，重庆假期活动丰富多彩。

10月6日 国庆期间173个在建项目不停工，西部（重庆）科学城2万余名建设者坚守一线。

10月7日 渝昆高铁开始无砟轨道施工。

10月8日 国庆期间重庆消费市场购销两旺，主要商圈和重点监测商贸企业零售额同比增长4.8%。

10月9日 渝西高铁安康至重庆段初步设计获批。

10月10日 重庆永川区将推动建设西部智能网联新能源汽车城。

10月11日 前三季度重庆8类市级重大产业

项目完成投资近800亿元，电子信息、数字经济项目已超额完成年度投资。

10月12日 重庆规上文化企业十年增长1.9倍达1147家。

10月13日 重庆出台《外贸行动计划》，推动外贸高质量发展，外贸进出口总值2024年将突破1万亿元。

10月14日 十年间从650亿元增至2103亿元，重庆社保基金预算支出年均增长15%。

重庆已筹集保障性租赁住房近15万套。

10月15日 年均增长11.4%，十年来重庆金融业增加值达2459.8亿元。

投资突破3000亿元，前三季度市级重大项目建设呈六大趋势。

300家绿色工厂"十四五"重庆工业领域碳达峰拟出实施方案。

10月16日 重庆将改造提升50万亩高标准农田。

10月17日 以政府"紧日子"换取百姓"好日子"，重庆财政民生支出占比连续10年保持在80%左右。

10月18日 陆海新通道国际合作取得新进展，泰国玛达浦—老挝万象—重庆江津成功首发。

10月20日 重庆制造业企业推动中国制造高端化智能化绿色化。

10月21日 重庆市统计局发布《十八大以来重庆市汽车产业发展报告》，重庆汽车工业产值10年来年均增长6%。

10月22日 重庆全年2097亿元政府债券发行完毕。

10月25日 前三季度科学城核心区新增在孵企业280家、同比增长超50%，在孵企业达到1230家。

10月26日 前三季度区县牵头市级重大项目投资进度达85.2%，九龙坡、高新区等6个区县提前完成年度计划投资。

10月27日 前三季度重庆实现地区生产总值20835.06亿元。

10月28日 重庆出台行动计划建设智能网联新能源汽车零部件产业，到2025年产业规模将达2500亿元。

10月29日 重庆市智能网联新能源汽车基础设施项目首批站点开工，首批充换电站点约30个、总充电车位约800个，预计2023年投运。

10月30日 前三季度重庆进出口总值达6259.5亿元，同比增长8.5%。

1~9月重庆软件业务收入达2010.5亿元，同比增长2.6%，预计全年实现营收3000亿元。

10月31日 西部（重庆）科学城金融"翔凤"政策助企发展，累计兑现1500万元，撬动1.3亿元社会资本投资科学城企业。

2022年11月

11月1日 重庆万达开云签订政务服务协同发展战略框架协议。

11月2日 重庆67家A股上市公司前三季度营收5276.23亿元。

重庆规上工业增加值稳步增长。

11月3日 前三季度重庆工业企业销售收入增长10.2%。

11月4日 宏观经济大数据分析实验室（重庆）挂牌并发布前期研究成果。

11月6日 重庆城口县12个招商项目集中签约23万千瓦风电项目，投资20亿元。

11 月 7 日 第五届进博会重庆投资贸易合作恳谈会签约金额超 470 亿元。

第十四届“重庆 · 台湾周”来了，重点开展四大板块十六个分项活动。

11 月 8 日 强化创新引领、增强动力活力，重庆全力推动科改专项行动走深走实。

中新（重庆）互联互通项目进入发展新阶段。

11 月 9 日 川渝鄂皖苏共推万州新田港多式联运枢纽建设。

中新（重庆）文化和旅游产业联盟成立。

11 月 10 日 160 个共建成渝地区双城经济圈 2022 年重大项目，提前完成全年投资任务。

11 月 11 日 为提振消费，重庆需打造更多特色消费业态和场景。

11 月 12 日 助力“天舟五号”升空，“重庆造”铝材又建功。

11 月 13 日 本年度第三批加氢站开建重庆再添一座加氢站。

11 月 15 日 7 家渝企物联网案例跻身本年度工信部评选项目库。

11 月 16 日 陆海新通道中老铁路经重庆（达州—万象）班列首发。

11 月 17 日 重庆铁路枢纽东环线全线实现“电通”。

11 月 18 日 重庆全年已下达农业保险保费补贴 6 亿元。

11 月 19 日 重庆成为全国唯一兼有“水陆空生产服务”四种类型国家物流枢纽的承载 省（区市）。

11 月 20 日 工业互联网标识解析国家顶级节点全面建成，重庆顶级节点服务覆盖西部 9 省市、19 个行业。

11 月 21 日 克服疫情保投资抢进度，渝湘复线高速 1~10 月完成投资超 160 亿元。

11 月 22 日 重庆城开高速进入抗疫情保通车“决战期”，鸡鸣至城口县城段路、桥、隧进度超 98%。

11 月 23 日 重庆商协会为抗疫捐资捐物超 2500 万元。

11 月 24 日 “重庆造”5G 模组亮相“2022 中国 5G+ 工业互联网大会”，相关企业产品和服务出口至 180 余个国家及地区。

11 月 25 日 重庆綦江页岩气田探明储量超千亿立方米。

11 月 26 日 重庆农产品产销对接平台上线，全力守好市民“菜篮子”。

11 月 27 日 发展装配式建筑，重庆 3 项经验在全国推广。

11 月 28 日 成渝中线高铁开工建设，成渝地区双城经济圈将新增一条大通道。

11 月 29 日 走进照母山，发现新领域新赛道大型调研报道——让工业仿真软件实现“重庆造”。

11 月 30 日 重庆大足“云”签约 34 个项目、金额 296 亿元。

2022 年 12 月

12 月 1 日 重庆市逾八成规上企业实现闭环生产。

12 月 2 日 重庆两江新区有序推进工业企业复工复产和正常生产。

12 月 3 日 加强蔬菜管理做好畜禽防冻，重庆农业部门积极应对寒潮、确保生产有序。

12 月 4 日 重庆中心城区部分商场购物中心恢复营业。

12月5日　重庆市在建23个高速路重点项目全部复工复产。

12月6日　重庆市700多家电子产业规上企业复工复产。

12月7日　前9月重庆跨境人民币实际收付结算量超2525亿元。

12月8日　复工复产提振消费，重庆银保监局出台16条支持措施。

12月9日　重庆市属国企全力推进复工复产，重点制造企业产能已恢复八成以上。

12月10日　西部（重庆）科学城323个市级以上科研平台全面复工。

长城汽车在永川基地再投资18亿元开工建设技改项目。

12月11日　川渝高竹新区税费征管服务中心网上办线下办，保障辖区企业正常生产经营。

12月12日　成达万高铁重庆段全面开工建设。

12月13日　重庆国企高质量发展，过去一年中欧班列（成渝）开行量和货值均居全国首位。

12月14日　重庆印发十二条措施支持个体工商户中小微企业发展。

12月15日　投放基金291亿元，带动项目总投资2185亿元，重庆49个基金项目已全部开工加快推进。

12月16日　1~10月重庆市软件产业实现收入2235亿元、同比增长11.3%。

12月17日　全力冲刺抢进度，重庆万州30个重大项目集中开工。

12月18日　重庆市人社局发布“25条措施”，助力软件和信息服务业高质量发展。

重庆江北机场运输生产快速恢复，日均航班恢复至400余架次，通航点恢复至100余个。

12月20日　世界首个纳米金属工艺数据库在重庆启动建设。

12月21日　重庆渝中区签约17个软件和信息服务业项目。

12月22日　未来五年，数字经济、绿色经济、开放型经济将成为重庆高质量发展新动能。

重庆将实施千个和美乡村示范创建行动。

12月23日　发放上亿元文旅消费补贴，重庆文化旅游惠民消费季（冬季）启动。

12月24日　8个软件和信息服务业项目落户两江新区，锁定方向助力重庆数字经济加速发展。

12月25日　重庆两江新区“促消费十条”落地见效，多个商家推出优惠活动备战年底消费季。

12月26日　新时代、新征程、新重庆，长安打造千亿级汽车科技产业。

12月28日　全年新增上市及过会待发企业数创历史新高，重庆企业上市跑出“加速度”。

重庆出台16条政策措施促进房地产市场平稳健康发展。

12月29日　重庆卫星互联网产业园——助力两江新区打造空天信息千亿级产业集群。

12月30日　前三季度成渝地区双城经济圈GDP超5万亿元。

重庆再添一个多式联运枢纽型港口万州新田港铁路集疏运中心工程投运。

12月31日　西部陆海新通道川渝总运量突破60万标箱。

2022年直辖市及西部省（区）经济发展统计比较

表1　地区生产总值

地　区	地区生产总值（亿元）	三次产业增加值（亿元）			人均地区生产总值（元）	构成（地区生产总值=100）			指数（上年=100）				
		第一产业	第二产业	第三产业		第一产业	第二产业	第三产业	地区生产总值	第一产业	第二产业	第三产业	人均地区生产总值
直辖市													
北　京	41610.9	111.5	6605.1	34894.3	190313	0.3	15.9	83.9	100.7	98.4	88.6	103.4	100.8
天　津	16311.3	273.1	6038.9	9999.3	119235	1.7	37.0	61.3	101.0	102.9	99.5	101.7	101.8
上　海	44652.8	97.0	11458.4	33097.4	179907	0.2	25.7	74.1	99.8	96.5	98.4	100.3	100.0
重　庆	29129.0	2012.1	11693.9	15423.1	90663	6.9	40.1	52.9	102.6	104.0	103.3	101.9	102.5
西部地区													
内蒙古	23158.6	2653.7	11241.8	9263.1	96474	11.5	48.5	40.0	104.2	104.3	106.5	102.2	104.2
广　西	26300.9	4269.8	8938.6	13092.5	52164	16.2	34.0	49.8	102.9	105.0	103.2	102.0	102.6
四　川	56749.8	5964.3	21157.1	29628.4	67777	10.5	37.3	52.2	102.9	104.3	103.9	102.0	102.9
贵　州	20164.6	2861.2	7113.0	10190.4	52321	14.2	35.3	50.5	101.2	103.6	100.5	101.0	101.2
云　南	28954.2	4012.2	10471.2	14470.8	61716	13.9	36.2	50.0	104.3	104.9	106.0	103.1	104.7
西　藏	2132.6	180.2	804.7	1147.8	58438	8.4	37.7	53.8	101.1	106.2	105.6	97.6	101.4
陕　西	32772.7	2575.3	15933.1	14264.2	82864	7.9	48.6	43.5	104.3	104.3	106.2	102.6	104.3
甘　肃	11201.6	1515.3	3945.0	5741.2	44968	13.5	35.2	51.3	104.5	105.7	104.2	104.4	104.7
青　海	3610.1	380.2	1585.7	1644.2	60724	10.5	43.9	45.5	102.3	104.5	107.9	97.5	102.1
宁　夏	5069.6	407.5	2449.1	2213.0	69781	8.0	48.3	43.7	104.0	104.7	106.1	102.1	103.5
新　疆	17741.3	2509.3	7271.1	7961.0	68552	14.1	41.0	44.9	103.2	105.3	104.8	101.5	103.3

注：表中绝对数按当年价格计算，指数按不变价格计算。数据为初步核算数。

表 2 居民消费价格分类指数

（上年 =100）

地 区	总指数	食品烟酒	衣着	居住	生活用品及服务	交通和通信	教育文化和娱乐	医疗保健	其他用品及服务
直辖市									
北 京	101.8	103.1	100.6	100.6	101.6	105.0	100.6	100.7	101.6
天 津	101.9	102.2	101.4	100.3	101.6	105.9	101.8	100.2	100.3
上 海	102.5	104.5	99.0	101.0	102.0	104.4	103.5	102.1	100.6
重 庆	102.1	103.9	100.0	99.9	101.4	105.5	101.6	99.7	100.6
西部地区									
内蒙古	101.8	102.0	100.3	100.5	101.1	105.8	101.2	100.3	101.8
广 西	101.9	101.9	100.7	100.4	100.5	104.5	104.0	100.9	101.0
四 川	102.0	101.9	101.4	101.0	101.3	105.4	102.0	100.6	101.7
贵 州	101.6	101.0	100.6	100.5	100.8	105.4	101.5	100.3	101.4
云 南	101.6	101.1	100.4	100.2	100.8	105.4	101.6	100.8	102.2
西 藏	101.5	100.8	100.8	100.5	100.5	106.1	100.3	99.9	102.0
陕 西	102.1	102.6	100.5	101.1	101.0	103.8	103.4	100.8	101.9
甘 肃	101.9	102.8	100.4	100.8	100.9	105.0	100.9	100.5	101.2
青 海	102.4	102.8	101.5	101.1	101.2	104.7	103.6	100.4	100.9
宁 夏	102.3	102.2	99.2	100.9	101.4	106.8	101.5	102.3	101.1
新 疆	101.8	101.4	99.8	101.4	101.0	106.1	100.7	100.0	102.3

表 3　居民人均消费支出构成

单位：元

地　区	消费支出	食品烟酒	衣着	居住	生活用品及服务	交通和通信	教育文化和娱乐	医疗保健	其他用品和服务
直辖市									
北　京	42683.2	9223.2	1860.8	17170.3	2193.3	4129.3	3008.0	3981.5	1116.8
天　津	31323.7	9313.1	1630.4	7468.1	1789.0	3888.6	2546.0	3555.5	1132.9
上　海	46045.4	12653.0	1716.7	17073.5	2128.0	4529.2	3099.6	3616.5	1229.0
重　庆	25371.1	8599.9	1698.0	4782.7	1656.6	3078.2	2585.0	2350.5	620.2
西部地区									
内蒙古	22298.4	6269.4	1546.5	4836.3	1225.4	3457.8	2111.1	2262.7	589.3
广　西	18342.8	5873.0	662.4	3892.6	970.1	2438.5	2396.4	1803.3	306.5
四　川	22301.9	7738.3	1316.5	4361.8	1465.4	2806.4	2005.7	2105.4	502.4
贵　州	17938.7	5607.1	1117.1	3414.3	1108.8	2729.8	2216.2	1373.7	371.8
云　南	18950.8	6116.9	939.6	4111.1	1008.1	2556.4	2028.0	1825.2	365.4
西　藏	15885.6	5747.4	1305.1	3321.4	1092.0	2519.7	792.8	726.5	380.8
陕　西	19848.4	5594.6	1171.3	4524.9	1254.9	2455.8	2001.1	2400.3	445.5
甘　肃	17489.4	5364.2	1137.6	3918.5	1000.1	2322.2	1775.7	1612.6	358.5
青　海	17260.8	5874.3	1211.9	3318.2	953.4	2526.9	1175.2	1768.3	432.5
宁　夏	19136.3	5643.9	1260.8	3681.8	1220.0	2719.0	2129.8	2067.2	413.8
新　疆	17927.1	5765.3	1186.0	3303.4	1009.2	2357.0	1495.4	1968.5	842.3

表 4 农林牧渔业总产值及指数

地区	绝对数（亿元）					指数（上年=100）				
	农林牧渔业总产值	# 农业	# 林业	# 牧业	# 渔业	农林牧渔业总产值	# 农业	# 林业	# 牧业	# 渔业
直辖市										
北　京	268.2	129.8	86.5	42.3	3.9	98.0	102.8	97.4	89.8	94.8
天　津	521.4	276.8	8.9	147.2	70.5	102.9	106.9	102.7	97.9	99.0
上　海	273.5	149.3	8.3	46.4	51.2	98.9	99.6	88.8	103.9	102.7
重　庆	3068.4	1881.8	176.4	800.9	137.0	104.5	103.9	106.6	105.2	103.7
西部地区										
内蒙古	4316.8	2208.5	107.5	1876.3	31.3	104.9	103.9	109.0	105.5	105.3
广　西	6938.5	3977.7	548.5	1509.5	575.8	105.0	105.3	104.7	105.1	103.0
四　川	9859.8	5528.8	438.2	3281.7	343.1	104.5	104.5	106.5	104.3	104.5
贵　州	4908.7	3313.7	340.0	941.4	79.6	104.2	103.5	103.9	105.7	106.5
云　南	6635.8	3629.9	492.2	2192.3	119.9	105.5	105.1	106.9	105.9	103.0
西　藏	278.6	121.0	7.0	143.4	0.2	104.8	100.8	168.6	106.6	72.4
陕　西	4601.9	3310.4	86.1	925.4	36.2	104.6	103.9	110.9	105.4	106.6
甘　肃	2680.7	1806.4	36.4	662.2	1.7	105.9	105.5	109.4	107.0	89.1
青　海	566.2	238.3	13.1	302.3	4.3	104.6	104.4	99.1	105.1	102.7
宁　夏	845.9	455.6	11.5	323.5	22.8	104.9	102.0	101.4	109.3	104.7
新　疆	5469.0	3754.0	53.5	1305.3	32.1	105.8	105.7	63.1	106.5	100.7

注：表中绝对数按当年价格计算，指数按可比价格计算。2003 年起总产值包括农林牧渔专业及辅助性活动产值。

表 5　货物进出口总额

单位：亿元

地　区	按收发货人所在地分			按境内目的地和货源地分		
	进出口	出　口	进　口	进出口	出　口	进　口
直辖市						
北　京	36420.1	5884.2	30535.9	9662.9	2263.6	7399.4
天　津	8302.3	3729.1	4573.2	10928.1	3718.7	7209.4
上　海	41810.8	17101.5	24709.2	40100.1	13810.6	26289.4
重　庆	8102.8	5196.2	2906.6	6993.5	4654.7	2338.8
西部地区						
内蒙古	1506.6	613.4	893.1	2185.0	797.8	1387.2
广　西	6464.2	3587.3	2876.9	7096.3	2662.5	4433.9
四　川	10044.3	6187.7	3856.6	10283.5	5958.0	4325.6
贵　州	729.9	458.5	271.4	698.7	465.1	233.6
云　南	3244.0	1533.4	1710.5	3392.0	1635.3	1756.7
西　藏	46.1	43.1	2.9	23.9	22.6	1.3
陕　西	4754.6	2976.1	1778.5	4158.6	2730.5	1428.2
甘　肃	567.9	119.9	448.1	641.7	188.3	453.4
青　海	40.5	24.0	16.4	43.1	38.1	5.0
宁　夏	214.6	161.0	53.5	385.6	307.9	77.7
新　疆	2457.5	2086.3	371.2	3542.0	1944.2	1597.8

表 6　社会消费品零售总额

单位：亿元，%

地　区	2021 年		2022 年	
	社会消费品零售总额	比上年增长	社会消费品零售总额	比上年增长
直辖市				
北　京	14867.7	8.4	13794.2	-7.2
天　津	3769.8	5.2	3572.0	-5.2
上　海	18079.3	13.5	16442.1	-9.1
重　庆	13967.7	18.5	13926.1	-0.3
西部地区				
内蒙古	5060.3	6.3	4971.4	-1.8
广　西	8538.5	9.0	8539.1	0.0
四　川	24133.2	15.9	24104.6	-0.1
贵　州	8904.3	13.7	8507.1	-4.5
云　南	10731.8	9.6	10838.8	1.0
西　藏	810.3	8.7	726.5	-10.3
陕　西	10250.5	6.7	10401.6	1.5
甘　肃	4037.1	11.1	3922.2	-2.8
青　海	947.8	8.0	842.1	-11.2
宁　夏	1335.1	2.6	1338.4	0.2
新　疆	3584.6	17.0	3240.5	-9.6

表 7　企业信息化及电子商务情况

地　区	企业数（家）	期末使用计算机数（台）	每百人使用计算机数（台）	企业拥有网站数（个）	每百家企业拥有网站数（个）	有电子商务交易活动		企业电子商务销售额（亿元）	企业电子商务采购额（亿元）
						企业数（家）	比重（%）		
直辖市									
北　京	40699	5290838	81	21786	54	10061	24.7	36792.5	21284.9
天　津	25506	1152505	45	8197	32	1982	7.8	6974.9	4385.8
上　海	51573	4951441	68	27929	54	6111	11.8	39597.8	24329.0
重　庆	26486	1316021	30	11565	44	3265	12.3	14206.3	4338.5
西部地区									
内蒙古	11498	608965	38	3575	31	921	8.0	4466.6	2863.8
广　西	26654	948034	31	6846	26	2318	8.7	3703.8	1634.5
四　川	57360	2723254	33	24359	43	6136	10.7	9092.5	5430.7
贵　州	18833	640320	33	5887	31	1655	8.8	3520.5	994.5
云　南	22072	859379	36	6865	31	2077	9.4	2326.3	912.3
西　藏	1509	45577	42	632	42	126	8.3	174.7	33.2
陕　西	29424	1392860	40	12755	43	2968	10.1	4034.5	2208.7
甘　肃	11145	413904	31	4170	37	855	7.7	1174.2	1136.2
青　海	2501	149062	44	935	37	305	12.2	820.0	315.8
宁　夏	4209	201049	36	1651	39	358	8.5	468.6	341.5
新　疆	17087	593701	33	3597	21	1047	6.1	1725.9	1432.3

表 8　规模以上工业企业新产品开发及生产情况

单位：项，万元

地　区	新产品开发项目数	新产品开发经费支出	新产品销售收入	
				# 出口
直辖市				
北　京	16838	6503315	56037315	9631096
天　津	16711	3173750	48684233	7268584
上　海	27316	11394201	107853308	17465853
重　庆	22057	5440210	67957239	13546392
西部地区				
内蒙古	4920	1755523	31474555	1462101
广　西	11634	2227761	28604514	2404781
四　川	28673	6200605	68318949	6964635
贵　州	5805	1181164	13598616	520103
云　南	6498	1562594	16313423	317914
西　藏	78	12625	84198	
陕　西	13423	3767599	43640760	4771920
甘　肃	2520	686626	11219647	394547
青　海	327	213279	3751761	23368
宁　夏	2347	783017	9244972	228765
新　疆	2535	1356929	6854785	138967

编纂说明

由重庆市人民政府办公厅主管，重庆社会科学院、重庆市人民政府发展研究中心主办的《重庆经济年鉴》，是一部全面介绍重庆经济发展状况的大型工具书，极具史存性、实用性和工具性。2023年卷为《重庆经济年鉴》的第二十三卷。

一、本卷《重庆经济年鉴》的特点

本卷年鉴总体结构上由“特载、部门经济运行与管理、产业发展、开发区与园区建设、区县经济、附录”共六编组成。

二、本卷《重庆经济年鉴》的稿件来源

本卷年鉴主要收录了市第六届人民代表大会第一次会议上的部分文献，其他文稿、数据、图表等主要来自市级有关部门、各区县政府，部分开发区与工业园区，围绕重庆经济社会热点难点开展的专题研究成果。

三、本卷《重庆经济年鉴》编纂的有关技术性说明

（一）本《年鉴》以编为单位进行编纂。每编大体反映一项相对独立的经济内容；编以下不设章、节；本卷共六编。

（二）本《年鉴》侧重对重庆市2022年度经济运行状况的反映，这与其他类型的年鉴有明显的区别。为了突出经济内容，本书对文化、教育、体育、卫生等社会发展方面的内容未专设编目。文中涉及社会事业发展方面内容的，根据具体情况，作了适当保留。

（三）本《年鉴》表现形式大体采用专题文章。文章体例大致是：年度主要状况及分析、存在的问题、发展展望。“特载”、专题研究、“附

录”等编目，则未作统一的体例要求。

（四）本《年鉴》中的统计数据，截止到2022年底，个别内容则稍作延伸。统计资料来源于重庆市统计公报、市统计局和国家统计局。另外，有必要指出的是，因统计口径的不同，有关部门和各区县（自治县）所用数据与“统计公报”中的数据不尽一致，采用时请予注意。

（五）本《年鉴》有关材料，系相关单位、部门所撰写，所用技术术语、专业名词、名称以稿件提供单位为准。不属于专业用语的，从习惯。

（六）根据年鉴因承相袭的惯例，本年度反映上年度的内容。2023年卷《重庆经济年鉴》也从这一惯例。

2023年卷《重庆经济年鉴》的编辑工作，得到了重庆市各部门、各单位、各级领导及广大读者的热情支持，在此深表谢意。另外，尽管编辑部的同志在编纂过程中尽了最大努力，但因时间紧、内容多、来稿渠道广，加之编辑部水平能力有限，本卷《重庆经济年鉴》存在疏漏，热忱希望得到读者的指正。

《重庆经济年鉴》编辑部

二〇二三年十二月

图书在版编目（CIP）数据

重庆经济年鉴. 2023 / 刘嗣方主编. -- 北京：社会科学文献出版社，2024.1

ISBN 978-7-5228-2599-1

Ⅰ. ①重… Ⅱ. ①刘… Ⅲ. ①区域经济-重庆-2023-年鉴 Ⅳ. ①F127.719-54

中国国家版本馆CIP数据核字（2023）第193290号

重庆经济年鉴 · 2023

主　　管 / 重庆市人民政府办公厅
主　　编 / 刘嗣方

出 版 人 / 冀祥德
组稿编辑 / 梁艳玲
责任编辑 / 吴　敏
责任印制 / 王京美

出　　版 / 社会科学文献出版社（010）59367127
地址：北京市北三环中路甲29号院华龙大厦　邮编：100029
网址：www.ssap.com.cn
发　　行 / 社会科学文献出版社（010）59367028
印　　装 / 三河市东方印刷有限公司

规　　格 / 开　本：889mm×1194mm　1/16
印　张：36　字　数：849　千字
版　　次 / 2024年1月第1版　2024年1月第1次印刷
书　　号 / ISBN 978-7-5228-2599-1
定　　价 / 498.00元

读者服务电话：4008918866